"十二五"普通高等教育本科国家级规划教材

住房城乡建设部土建类学科专业"十三五"规划教材

高等学校工程管理专业规划教材

# 工程财务管理（第二版）

叶晓甦　编著

中国建筑工业出版社

图书在版编目（CIP）数据

工程财务管理/叶晓甦编著.—2版.—北京：中国建筑工业出版社，2017.1（2022.1重印）
"十二五"普通高等教育本科国家级规划教材. 住房城乡建设部土建类学科专业"十三五"规划教材. 高等学校工程管理专业规划教材.
ISBN 978-7-112-20282-9

Ⅰ.①工… Ⅱ.①叶… Ⅲ.①建筑工程-财务管理-高等学校-教材
Ⅳ.①F407.967.2

中国版本图书馆 CIP 数据核字（2017）第 009951 号

本书紧密结合我国工程管理的实践，将工程实践与财务管理知识体系有机结合，全面、系统地阐述工程财务基本理论及其应用；以工程项目建造及管理、工程企业生产经营活动为基本对象，以财务决策为核心，遵循财务预测、财务决策、财务预算、财务控制和财务分析等基本逻辑，运用财务价值管理方法实现工程产品的最佳决策。

全书共 12 章，包括：第 1 章工程财务管理概论；第 2 章工程财务管理的理论基础；第 3 章工程融资管理；第 4 章工程金融资产管理；第 5 章工程项目投资管理；第 6 章工程项目投资风险分析；第 7 章工程营运资产管理；第 8 章工程项目成本管理；第 9 章工程结算和收入管理；第 10 章工程财务分析与评价；第 11 章工程资金规划与控制；第 12 章企业财务预警管理。本书可作为高等院校工程管理类专业课教材，也可作为广大从事工程管理和工程财务实际工作者的学习与参考用书。

为更好地支持相应课程的教学，我们向采用本书作为教材的教师提供教学课件，有需要者可与出版社联系，邮箱：jckj@cabp.com.cn，电话：01058337285，建工书院 http://edu.cabplink.com。

\* \* \*

责任编辑：张　晶
责任校对：李欣慰　刘梦然

"十二五"普通高等教育本科国家级规划教材
住房城乡建设部土建类学科专业"十三五"规划教材
高等学校工程管理专业规划教材

**工程财务管理**（第二版）

叶晓甦　编著

\*

中国建筑工业出版社出版、发行（北京海淀三里河路 9 号）
各地新华书店、建筑书店经销
北京红光制版公司制版
河北鹏润印刷有限公司印刷

\*

开本：787×1092 毫米　1/16　印张：25¼　字数：624 千字
2017 年 5 月第二版　　2022 年 1 月第二十次印刷
定价：**48.00** 元（赠教师课件）
ISBN 978-7-112-20282-9
（29745）

# 第二版前言

本书为"十二五"普通高等教育本科国家级规划教材，重庆市市级精品课程教材。

现代工程建设市场面临着激烈竞争，表现为建设项目质量与价格竞争，实质是凝聚在建设项目全寿命周期的建造实力和综合管理核心能力。从工程财务管理角度，建设项目始终都是买方市场，建筑施工企业能为客户创造最优的产品价值，提供最优的管理服务，自己才能实现最佳的财务目标。因此，工程项目管理本质是工程产品的价值管理，价值管理的实质是工程项目全寿命周期的资金运动规律，创造工程产品价值是企业的永恒主题。

第二版《工程财务管理》仍保留第一版12章的基本结构，对原章节从学习目标、知识点内容和实践案例做全面的修订，力求反映现代工程财务管理理论与实践的新进展和发展方向以及工程管理本科指导性专业规范对教学的新要求。

本书修订的特征：第一，明晰目标。掌握扎实的工程财务理论知识点，才能更好地应用工程实践，作出有效的财务决策；第二，突显知识点。工程管理类本科专业教材特征之一就是注重在掌握知识与实践结合脉络点，通过知识转变为实际的工程财务管理工作能力；第三，提炼规律。重点在教材体系、教学内容和教学语言的组织与梳理方面，力求做到符合教学规律和认知特点，在突出主要概念的同时，更加贴近实用，增强了学生对所学知识的系统性、规律性的认识；第四，案例引导。全书应用典型工程建设实例，辅助读者实现对工程财务管理知识的理解及掌握。

教材由重庆大学叶晓甦编著，编著过程中参阅了国内外专家学者的经典论著，谨此向他们表示最真挚的谢意！由于编著者水平有限，书中不足之处，恳请读者批评指正。

# 第一版前言

《工程财务管理》是我国高等学校工程管理专业指导委员会,根据"工程管理专业培养方案及课程教学大纲"制定的工程管理专业主干课程教材编写计划编写的教材之一,是2007年重庆市市级精品课程教材。

本教材在汲取了国内外优秀教材和研究成果的基础上,紧密结合我国工程管理的实践,将工程实践与财务管理知识体系有机结合,全面、系统地阐述工程管理中财务基本理论及其应用;它以工程项目建造及管理、工程企业生产经营活动为基本对象,以财务决策为核心,按照财务预测、财务决策、财务预算、财务控制和财务分析等财务行为为内容,运用财务价值管理方法实现工程管理活动中的最佳决策行为并实施有效管理。

本教材共12章,主要包括:第1章工程财务管理概论;第2章工程财务管理的理论基础;第3章工程融资管理;第4章金融资产投资管理;第5章工程项目投资管理;第6章工程项目投资风险分析;第7章工程营运资产管理;第8章工程项目成本管理;第9章工程结算和收入管理;第10章工程财务分析与评价;第11章工程资金规划与控制;第12章企业财务预警管理。

写作本书所遵循的原则:第一,强调基础知识。我们确信只有掌握扎实的基础知识,才能更好地应用财务基本技能为工程项目管理实现有效的决策;同时提供了课外阅读材料,加深基础知识的理解。第二,注重工程管理实践对知识的需要。本书强调如何让学习者理解财务管理基本原理与方法,协调实现工程项目管理中的"五大"目标。第三,新增阅读案例,并将这一观点贯穿于工程管理的全过程,本书提供了工程建设中新颖、适量的实践案例,以满足工程财务管理学习的需要。

教材适用于国内普通高等学校工程管理专业,并可作为"工程与土木水利"专业学生的专业基础课程的教学参考书,同时也可作为广大从事工程管理和工程财务实际工作者的学习辅导书。教材由重庆大学叶晓甦编著。

教材编写过程中,学习了国内外专家、学者的相关著述,均在本书所附参考文献中列出。在此谨向他们表示最真挚的谢意。

# 目　　录

# 1 工程财务管理概论

**【学习目标】**

本章为全书提供科学性、纲领性和基础性的财务管理理论、原理和概念。

掌握财务管理的基本概念和内容；掌握工程财务特点及工程与企业财务管理之间的差异性；熟悉工程财务管理目标的重要性；熟悉工程财务管理环境对工程建设的影响；理解不同财务环境对财务决策的重要性；理解工程财务管理内容及财务管理不同环节的管理过程。

**【重要术语】**

工程财务管理　财务管理　财务环境　财务目标　财务关系　资金循环　财务决策　财务活动　经营活动

## 1.1　工程财务管理的内涵

为什么需要学习工程财务管理呢？答案很简单：我们的工程企业处于激烈竞争的国际国内市场环境，工程项目的竞争方案除了必须具备特定的工程技术要求和物质资源支撑以外，必须满足工程项目的财务指标，财务指标体现了工程项目的全寿命周期活动。工程项目的财务活动是伴随着工程项目建设生产经营活动而展开的，围绕着工程项目在不同时期、不同地点和不同建设规模的建设项目资金投入量及项目建设经济环境等条件因素，实施财务预测、财务预算、财务计划、财务考核、财务分析和财务决策，以期实现建设项目的最佳经济效益和社会效益。

因此，工程财务管理是以有效的时间和空间，作出最佳建设工程项目的财务决策，实现企业创造工程价值最大化目标。掌握工程财务原理、方法和逻辑思维，是每个工程管理者必备的专业知识、能力和素质。

### 1.1.1　工程项目概念

工程建设是实现社会固定资产再生产的一种经济活动，是建造、购置和安装固定资产的活动及其相联系的有关工作，如公路、桥梁、铁路、商店、住宅、医院和学校等建设活动。

工程建设活动分为广义的建设活动和狭义的建设活动，广义的建设活动是指建筑与房地产企业建设项目的生产、流通和分配等多个环节的综合性经济活动，其工作内容包括建设项目可行性研究与决策、建筑设计与勘察、建造与设备安装和使用与物业管理四个阶段。狭义的建设活动是指建筑施工企业的工程项目全寿命周期投融资、施工建造和竣工验收结算三个阶段。

工程项目是以建筑物或构筑物为建造对象，为实现业主特定目的而进行投融资的一次性建设任务。例如建造工厂的厂房；建造的公路、医院、文化、娱乐和体育设施，建造的住宅及住宅小区等。

### 1.1.2 工程项目的特点

工程项目是建筑施工企业与房地产企业最终的产品或商品。其建造活动与工业生产活动相比较，建筑产品具有以下特征：

（1）唯一性

工程项目的使用性质是为特定对象提供的建筑产品或服务功能。因而，工程项目的应用对象具有唯一性。按使用投资主体分为公共投资项目和商业投资项目；按建筑使用功能分为居住建筑物和商业建筑物；按使用性质分为民用建筑、公共建筑、工业建筑、农业建筑和军事建筑等。

主要特点：第一，工程项目建设的时间、地点、自然环境等条件具有差异性；第二，工程项目的功能、结构、用途等不同，例如，水坝、桥梁、高速铁路、公路等工程；第三，工程项目用户或服务对象不同；第四，工程项目的资金投资规模等不同。因此，工程财务管理就是依据工程项目的特性展开投资活动、融资活动、成本管理活动，实现建造工程项目的经济利益。

（2）固定性

工程项目的建筑或建筑安装产品建造在确定的地基基础之上，因而所有建筑产品具有固定性。

主要特点：不同地方的建设工程项目所在地自然环境如资源、气候、地质等条件不同；政策环境不同如政府治理机制、招投标管理规定、地方财税规则和地方市场监管等；市场金融环境不同如市场竞争程度、生产要素供求（资金、土地、原材料等）、市场风险、金融风险等，工程项目必须由项目业主单位进行招标，由承包商中标后实施施工建造。因而，实施工程财务管理必须依据所在地的特定环境，才能作出准确的工程项目财务管理方案。

（3）流动性

工程项目的固定性，决定了工程项目建造活动具有流动性。

主要特点：工程项目建造随着业主单位的变化而移动，承包商的劳动力资源、施工机械及设备、建筑材料都必须随之流动。承包商建造和建筑项目具有从基础工程、主体工程、安装工程和装饰装修工程逐步施工的特定规律，因而整体的建造活动是流动的。承包企业承包的工程项目在同一城市分散在不同地点或在不同的城市承包建造，因而工程项目不能像工业产品一样集中在同一地点的工厂中进行生产，形成了工程项目建造的流动性，生产组织的分散性。因此，实施工程财务管理必须依据承包商组织的特征，采取"项目部财务机制"或实施"分散与集中"相结合的财务管理模式。

（4）风险性

工程项目由于建造周期较长，面临着未来各种环境的不确定性。工程项目建成一般需要2～3年，巨型工程项目甚至需要建造10年左右，既包涵了时间因素的不确定性，同时又包括环境的系统性风险和非系统性风险。系统性风险包括市场风险、金融风险、政策风险、技术风险等，非系统风险主要有自然风险、管理风险和项目投资规模风险等，工程项目风险构成工程财务管理的基本特征之一。

主要特点：【案例1】我国的"青藏铁路"工程，从2001年初国务院批准开工建设到正式通车，建设期长达 6 年。【案例 2】"长江三峡工程"，从新中国成立初期提出建设设想、可行性研究到第一阶段建成发电的时间，历经 20 几年时间。从 1992 年 4 月第七届全国人民代表大会第五次会议通过《关于兴建长江三峡工程决议》，到 2003 年第一期工程并网发电，也经历了 11 年。因此，实施工程财务管理必须做好持续的项目投融资方案预测，资金风险预测，原材料价格变动、人工费用变动等方案预测等。"一带一路"国际大型或特大型工程还涉及国际资金借贷、资金利率变动，外汇汇率等风险预测。

(5) 投融资金巨大

工程项目投融资是工程项目财务的基本特征之一。

主要特点：【案例 1】"青藏铁路工程"投资总额为 139.2 亿元人民币。【案例 2】"长江三峡工程"静态总投资约为人民币 900 亿元（1993 年 5 月末价格），其中工程投资 500 亿元，移民安置投资 400 亿元。预测动态总投资将可能达到 2039 亿元，估计实际总投资约 1800 亿元左右[①]。面对巨额投融资的工程项目，工程财务需要通过信息"大数据"及"云计算"完成工程项目的财务方案评估、预测及决策，科学、准确和全面地对工程项目财务投融资及资金成本方案比较。

因此，工程财务是工程建设全寿命周期活动中重要的管理模式，学习工程财务理论、财务管理方法、财务管理技能和财务管理组织是每位工程项目建造师、项目经理、工程财务人员必备的职业能力。

**专栏 1-1　工程财务实践**

**入藏铁路四个方案，为何首选青藏线[②]？**

青藏铁路工程格尔木—拉萨段，将于今年三季度开工建设。举世瞩目的跨世纪工程—青藏铁路就要启动，这一在 20 世纪 50 年代就开始反复论证的高原铁路工程，历经了半个世纪。经过甘藏、川藏和滇藏三条铁路规划方案的反复比较，为何青藏线首先胜出呢？本义将在线路长度、造价、造桥、运能和建设工期等方面，来论证其最终胜出的原因。

青藏铁路与其他几条进藏通路相比，具有以下明显优势。

以 1995 年底物价水平为基础，青藏线投资为 139.2 亿元，甘藏线为 638.4 亿元，川藏线为 767.9 亿元，滇藏线为 653.8 亿元。

从（新建）线路长度看，青藏线格尔木至拉萨段实际建筑长度为 1118km，甘藏线为 2126km，川藏线为 1927km，滇藏线为 1594km。

从各线桥隧总长度及密度看，青藏线桥隧总长 30.6km，其中最长隧道 1210m，桥隧总长占线路总长 2.8%；甘藏线桥隧总长 438.69km，其中最长隧道 8800m，桥隧总长占线路总长 20.6%；川藏线桥隧总长 819.24 km，其中最长隧道 19500m，桥隧总长占线路总长 42.5%；滇藏线桥隧总长 710.65km，其中最长隧道 15300m，桥隧总长占线路总长的 42.97%。

从造价（静态）指标看，青藏线为 1289 万元/km，甘藏线为 3003 万元/km，川藏线为 3985 万元/km；滇藏线为 3952 万元/km。

从工期看，青藏铁路自 20 世纪 50 年代末期至今，作了大量的前期工作，基础资料比较可靠可信，是其他三条进藏铁路无法比较的。总工期青藏线为 6 年，甘藏线为 32 年，川藏线为 38 年，滇藏线为 32 年。

---

① 资料来源 http://baike.baidu.com/view/209280.htm

② 资料来源：《经济日报》2001 年 2 月 1 日 http://www.people.com.cn/GB/shizheng/252/5506/5509/index.html

从施工条件看，青藏线所经大部分地区地势平缓，无重大约定控制工期的工程，且基本与青藏公路并行，交通条件最为方便，为铁路组织大型机械施工、加快施工进度创造了有利条件。甘藏、川藏、滇藏线均不具备此条件。

从运输经路看，拉萨至北京、上海，经青藏线为 3952 km、4326km，经甘藏线为 4022km、4396km，经川藏线为 4063km、4366km，经滇藏线为 5204km、5089km。青藏线比其他短 730～1150km，是西藏自治区通向华东沿海地区最便捷的通道。

从工程地质条件看，青藏铁路除冻土外，已绕避了大部分不良地质地段，全线无雪崩、沙漠、沼泽等，不良地质现象较少。

高原问题青藏、甘藏、川藏、滇藏四条线均不可避免，此外，各线所面临的主要技术问题：青藏线为冻土问题，但经几十年的试验研究，从工程角度讲，已经基本得到解决；甘藏线为崩塌、滑坡、泥石流、地热、岩爆及雪害等；川藏线为崩塌、错落、滑坡、高地震区、地热、岩爆等；滇藏线为高地震区、泥石流、雪崩、崩塌与滑坡，高地温、高地应力、活动断层等。

从以上几个方面可以清楚地看出，青藏线工程地质条件好、工程简易、投资少、工期短、进藏物资道路合理，无论哪方面讲都占有优势，在技术上是可行的，在经济上更是合理的。以目前我国的科技水平及施工水平，以国家目前所具备的财力，进藏铁路首先续建青藏铁路看来是最佳的。

### 1.1.3 工程财务管理的特点

**1. 财务管理概念**

关于财务管理对象，目前讨论中主要存在两类观点：

一类观点是财务货币论，表现为"货币关系论"和"货币资金运动论"，于 20 世纪 50 年代从苏联引入，以 A. M. 毕尔曼为代表。认为财务的本质是在物质生产领域内，企业进行生产、交换、分配过程中发生的货币关系，这种货币关系实质是经济关系；或者认为财务的本质是企业货币资金运动的形成和使用，即货币资金运动。

另一类观点是财务资金关系论，产生于我国的 20 世纪 50 年代末 60 年代初，认为企业财务的本质就是企业资金运动及其形成的经济关系，而企业的资金运动就是企业资金的筹集、运用和分配，20 世纪 80 年代进一步发展为资金运动论。

从上述财务本质观点可以看出，财务本质都是以企业生产活动的资金为对象开展的，资金是财务活动领域的基本细胞。为了保证生产经营活动能够正常进行，企业就要筹集一定数量的资金。企业拥有一定数量的资金，是进行生产活动的必要条件。

因此，企业财务是指企业的财务活动，即企业生产与再生产过程中的资金运动，是企业资金及其运动形成的经济关系，即财务关系。财务活动就是企业客观上存在着的聚财、用财、生财的活动，具体内容包括资金筹集、资金投资、资金营运和资金分配等环节，亦称财务行为。

财务管理是对财务活动或财务行为的管理，它直接表现为财务主体对管理资金客体的主动行为，它赋予企业管理者按照既定目标对财务活动实施控制和管理的职能。因此，财务管理本质是指对企业资金运动及其在此运动过程中形成的各种财务关系的管理行为。

**2. 工程财务管理概念**

工程财务管理的全称是工程项目财务管理，是以工程建设企业的建造活动的客观规律为基础，以工程建设项目的资金运动为管理对象，以工程项目资金筹划、筹集为运动起点，依次经过资金投资、原材料及设备采购、工程建造和资金结算等复杂过程，表现为由货币资金转化为储备资金、建造资金、成品资金，最后经过工程产品资金结算回到货币资金形态。因此，工程财务管理是以有效的时间和空间，作出最佳工程项目的财务预测与决策，控制工程成本，解决工程财务风险，实现工程价值最大化目标。

工程财务的对象是工程项目建设全寿命周期过程中工程资金不间断运动的过程，是工程资金运动过程中表现及形成的各方财务关系的货币价值运动。

工程项目财务管理与企业财务管理对象的区别主要在三个方面：

（1）是工程项目全寿命周期运动中的资金运动；

（2）是工程项目全寿命周期运动中的融资决策、投资决策、成本管理、财务分配决策、税务管理、财务风险决策等财务关系；

（3）是工程项目全寿命周期运动中的财务分析与评价方法。

3. 工程财务管理特点

（1）系统性。工程财务是工程项目全寿命周期工程管理活动的价值表现，核心是系统、全面地揭示工程项目及其工程活动的价值结构，资金流量和价值功能，科学、合理和适时地揭示工程建设活动的财务风险与风险控制。

（2）复杂性。工程财务不仅是工程项目客体的全面管理，而且需要对参与工程的各方主体的经济利益及形成的财务关系进行计划、协调。

（3）风险性。工程财务不仅关注可能出现的各项财务风险，更要关注工程项目环境风险、市场风险、汇率及利率风险、资金成本风险和工程成本控制风险等。

（4）特殊性。工程财务管理的基础是工程项目载体，本质是对特定的工程项目的资金价值及其运动实施财务政策、财务预测、财务计划和财务决策。因而，工程项目的特殊性，决定了每个工程项目财务管理方案的个性化，甚至财务方案本质的差异性。

### 1.1.4　工程财务对象

1. 资金运动

工程管理的对象是工程项目建设中的各种施工建造活动及各类施工、合同、安全、技术和环境等管理方案，工程财务管理对象是工程项目建设活动中产生的资金运动。工程财务活动从始至终需要经历资金筹集、投放与运用、收回与分配等财务管理环节。工程资金运动从货币资金形态开始，不断转化为物质形态，最终又回到货币形态，从而完成一次资金循环。这种循环周而复始，不断进行，便称为资金周转。

以工程建设项目总承包企业为例，企业工程项目资金及其运动过程如图 1-1 所示。

通过上图得出，工程项目资金运动与工程项目建造活动保持一致，反映了工程资金运动的内在必然联系，这就体现了工程财务的预测、决策、计划、分析、核算、考核及控制等财务管理全过程见图 1-2。

2. 工程资金风险管理特征

工程项目的建设特点，即投入资金巨大，建设时期较长，涉及项目环境因素及其关系变动的不确定性，产生了建设项目资金预测风险、项目融资风险、项目投资风险、项目成本管理风险、偿还贷款风险、项目结算风险以及项目受货币利率、汇率变动的金融风险等。

工程项目财务风险按承担者不同划分为：

（1）业主/法人的财务风险

项目业主一般是建设项目发起方或企事业单位（简称甲方），他们针对建设项目需要

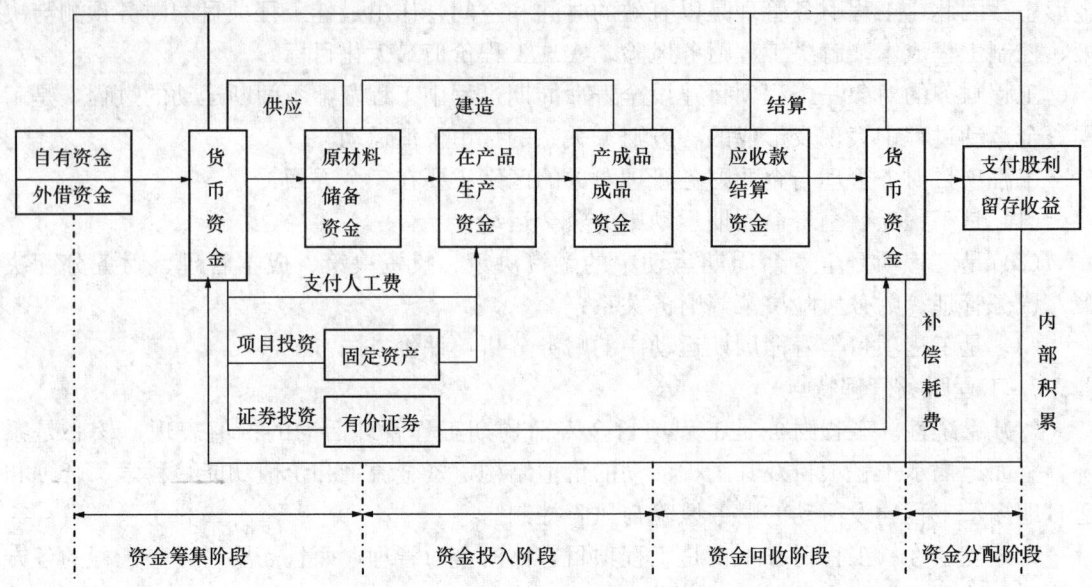

图 1-1  工程项目资金及其运动图

企业财务活动流程

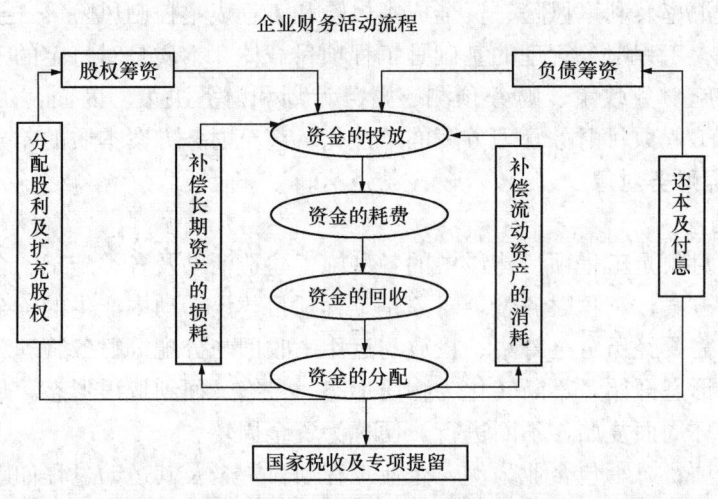

图 1-2  建筑企业财务活动流程

根据建设项目规模、建设项目性质、建设项目产生经济效益期望等因素，承担建设项目全过程中的资金总额投入。融资渠道不同、融资方式不同、决策方案不同，必然影响工程财务决策，具体包括：

1）资金预测风险。项目业主根据项目的建设目标，针对建设项目规模、类型、市场以及项目功能、用途、结构、作用等综合因素确定项目投资总额，并对项目资金进行预测，在预测的基础上进行资金预算，以防止资金需求风险。

2）项目融资风险。业主对已确定的建设项目需要进行项目融资，选择不同的资金来源，组成项目资金；由于资金渠道不同，存在资金利率风险、资金成本风险、资金渠道决策风险等。因此，业主必然要求资金来源的最优组合，寻求资金组合结构成本最优，从而作出降低融资风险决策。

3）项目投资风险。业主投资项目目的是实现投资收益最大化，风险主要来源于市场需求变化，造成投资效益不稳定；市场物价动荡不定，形成通货膨胀；项目投资回收期长，造成资金筹措困难等。

4）成本管理决策风险。传统的成本管理中业主并不重视对项目成本控制，往往按工程造价标底招标后，由承包商进行管理，从而在观念上形成了项目成本风险；主要包括材料成本管理风险、成本预算风险、成本决算风险和成本结算风险，工程变更成本风险，工程合同风险，工程安全风险，工程被索赔风险等。

5）偿还贷款风险。偿还项目贷款是项目业主的义务，主要包括贷款本金和利息两部分。一般情况下，贷款依据项目经营收入偿还，如果项目决策正确，项目符合市场经济目标，财务风险应该是小的。然而，由于项目建设期长，金融环境变动，影响到建设项目的建造，因此产生了偿还贷款的财务风险。

6）汇率及外汇风险。建设项目的资金来源包括国外资金的筹集，也包括了国外采购中支付的原材料、设备等资产的资金。因此，必然产生国外货币资金的兑换汇率风险和原材料及设备采购外汇兑换的财务风险。

（2）承包商的财务风险

工程项目承包商通常是指建设项目施工承包方（简称乙方）。在承建建设项目的活动中由企业建造活动和企业其他经营活动，影响到施工企业可持续经营活动的财务盈亏后果。其财务风险包括工程筹资风险、项目成本管理及决策风险、企业各项资产运营及处置财务风险、工程索赔风险、税务风险和企业并购风险等内容。

1）工程筹资风险。施工企业的筹资活动主要是为承包项目取得其流动资金、采购大型施工设备筹集固定资产资金，以及为建设项目必需的项目准备金等发生的贷款行为，通常企业都会采取这财务杠杆行为，达到"借鸡下蛋"的目的，因此产生了筹资风险。

2）工程成本管理风险。工程成本管理是工程建设中实施财务行为的核心，是依据工程组织、计划和方案，落实工程资金计划的全过程。在这一过程中，财务行为主要体现在制定工程成本计划、成本预算、实施成本控制、进行成本核算、成本分析与考核等方面。成本风险管理的主要影响因素包括施工合同条款履行、违约责任索赔；施工进度控制；工程质量控制；施工安全管理等。

3）工程偿债风险。工程项目投资巨大，不仅需要做好资金的借贷计划，同时也必须做好借贷资金的偿还规划。然而在工程实践中由于其周期长、环境变动不确定，容易形成与还款计划不一致，工程承担着由于资金周转问题的偿债风险，工程流动资金借款风险。

4）工程税务风险。工程建造活动中由于工程存在大量的原材料结算、流动资金结算、工程款项结算、劳务薪酬结算，以及利润分配结算等，必须及时预测各类结算增值税方案、所得税结算方案。因此，现行工程项目税务风险加大。

（3）财务风险分析与评价

工程财务风险分析与评价，是以特定的工程项目为对象，对项目建设过程中所发生的融资行为、采购行为、投资行为、项目成本管理行为以及收入和利润分配等进行价值管理的过程。它与一般企业财务评价有联系也存在区别：其一，对象差异，工程项目财务分析是以工程项目建设活动为对象进行的财务管理，企业财务分析则是以全部企业活动为对象；其二，财务报表指标差异，工程项目财务分析主要注重项目现金净流量，企业财务分析注重财务利润；其三，项目报表信息披露形式差异，一般企业的是按《企业会计准则》规范的 4 大报表，即资产负债表、利润表、现金流量表和所有者权益变动表，必须公开披露；工程项目财务报表一般是在特定范围内公开，并不是强制公开。

## 1.2 工程财务管理内容

工程财务管理是企业管理系统中的一个重要组成部分，属于工程项目的价值管理，是组织工程建设财务活动、处理财务关系的一项重要的管理工作。

工程财务管理包括工程建设资金运动及其形成的财务关系内容，具体包括：筹资管理、投资管理、营运资产管理、工程成本管理、税收筹划管理、工程结算与分配管理等。其中营运资产管理属于流动资产管理，具体包括：资金的取得和使用管理；成本管理属于工程实施过程中费用的控制管理；工程结算、收入和利润管理包括工程价款结算、收入形成、利润分配等。狭义的工程财务管理包括筹资管理、投资管理、税收筹划管理和收入结算及分配管理。

### 1.2.1 融资管理

工程项目融资管理（Financial Management）要解决的问题是如何取得建设项目资金和企业投资项目所需要的资金来源方式，包括优选融资渠道与方式、明晰资金结构、确定筹集资总金额、科学配置资金成本和资金还款方案等，亦称为资金流入量管理。

### 1.2.2 投资管理

工程项目投资（Investment Management）是指为取得工程建设经济效益，工程建设项目从前期准备到全部建成竣工验收为止所发生的全部资金费用，亦称为资金流出量管理。主要内容包括工程项目建设投资和工程建设运营投资。工程项目建设投资形成工程实体部分，构成建设项目总投资，主要有固定资产投资和流动资产投资两部分，如图 1-3 所示。

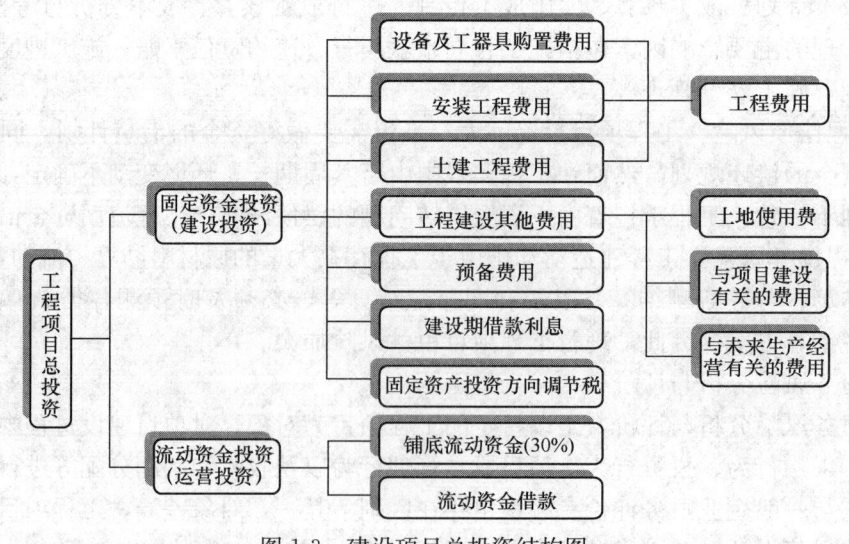

图 1-3 建设项目总投资结构图

### 1.2.3 税务管理

工程项目税务筹划（Tax Planning Management），一般也称为税收筹划、税务计划或纳税计划等。是指依据法律法规和国家政策，通过对工程项目未来发生的经营活动、投融资活动、财务活动及管理活动等涉税事项科学、合理和系统地制定出纳税方案而实施的行为。工程项目的基本特征和市场交易性特点，决定了工程项目建设活动税务筹划是工程财务内容中十分重要的管理工作，它不仅是工程成本费用的组成部分，同样是工程价值与工程收益的组成部分。因此，工程税务计划方案与其他财务管理具有同样的科学管理价值。

### 1.2.4 结算与分配管理

工程结算与分配管理（Management and Allocation of Income）是企业经营活动中在一定会计年度内对经营收入与经营费用支付情况进行总结与核算的过程。一般建筑与房地产企业的结算既包括一般业务的收支结算，也包括工程项目建设活动的工程收支情况支付过程，但重点是工程项目承包方与业主方工程收入与工程成本的支付。工程项目收支结算依据双方合同约定，可分为按月结算、按进度结算和竣工结算三种主要方式。工程结算作用主要有：第一，通过工程价款结算实现双方权利与义务分配；第二，完成结算分配的财务关系；第三，促进承包的收入流入与成本费用的补偿，发包方投资与利润的完成，促进双方企业可持续经营。

工程结算保证企业持续而稳定增长的利润，是工程项目进行业绩评价和利润分配的前提；是工程项目收入的形成与工程成本的控制阶段性财务成果；是加速工程资金周转的重要财务管理措施。建筑施工与业主依据工程合同结算工程款，有利于偿还债务，有利于资金循环，有利于降低资金运营成本。因此，做好工程价款结算工作是实现工程项目利润的重要来源，也是解除业主受托责任和承包商新项目开工的重要资金来源。

## 1.3 工 程 财 务 关 系

财务关系（Financial Relations）是指企业在组织工程项目财务活动过程中与内外部各方所发生的经济利益关系。工程建设是由参与工程建造的各方主体共同完成的，必然涉及各方的经济利益，也就形成了财务关系，例如向政府缴纳的各项税费关系，向投资人分配利润或股利关系，向企业职工发放工资关系等。

按工程项目全寿命周期建设活动，工程项目建设人与以下利益相关者的财务关系可概括为七个方面。

### 1.3.1 投资者的财务关系

投资者，包括国家主体、公司法人、个人和国外投资人。他们按照投资合同或协议、章程的约定履行出资者义务，以便及时形成企业的资本。企业利用资本进行营运，实现利润后，应该按照出资比例或合同、章程的规定，向投资者支付投资报酬，因此，这一部分财务关系性质上属于企业所有权关系，处理这种财务关系必须维护投资者、受资者的合法权益。

### 1.3.2 债权人的财务关系

企业债权人包括本企业发行债券的持有人、贷款银行或提供贷款的金融机构、商业信用提供者、其他出借资金给企业的单位和个人。企业利用债权人的资金按约定的利息率及时支付利息，债务到期时要按时归还本金，因此，其财务关系属于债务与债权关系性质，表现为从工程项目完成收益中偿还债务资金。

### 1.3.3 政府的财务关系

政府担负着维持社会正常秩序、保卫国家安全、组织和管理社会活动等职责。政府行使行政职能，要求无偿参与企业利润的分配。企业必须按照税法的规定向政府缴纳各种税费款。政府财务关系体现一种强制和无偿分配关系，财务关系属于法律关系，表现为企业依法纳税，工程项目的经济关系。

### 1.3.4 被投资者的财务关系

企业以持有股票或直接投资的形式成为其他企业的投资者，就应按约定履行出资义务，同时享有依据其出资份额参与受资者的经营管理和利润分配的权利。因此，其财务关系体现所有权性质的收益分配经济关系。

### 1.3.5 债务人的财务关系

企业以购买债券、提供借款或商业信用等形式出借资金给其他企业资金，其他单位则成为本企业的债务人，企业将资金借出后，有权要求债务人按约定的条件付息还本。因此，其财务关系反映着偿还债权的经济关系。

### 1.3.6 企业内部的财务关系

企业在生产经营活动中，由于分工协作会产生内部各单位相互提供产品或劳务的经济关系，为实行经济核算制和经营责任制，各单位相互提供产品、劳务也要计价结算，其财务关系形成内部的资金结算关系或利益分配关系（图1-4）。

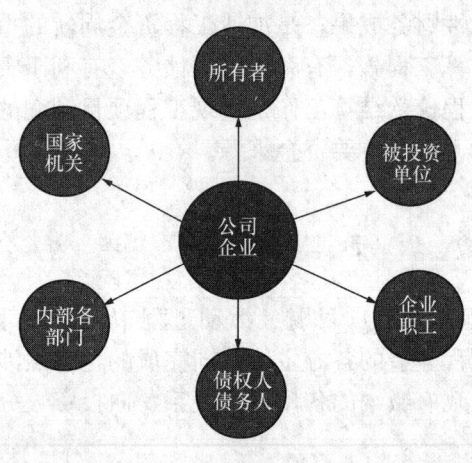

图1-4 企业财务关系

### 1.3.7 职工的财务关系

职工是企业的劳动者，又是被雇佣者，他们要按劳动合同约定履行工作责任，企业按约定应支付给职工劳动报酬、分派福利等。因此，其财务关系体现了职工与企业工程项目上的经济利益分配关系。

综上所述，依据经济学利益相关者理论[①]，工程财务管理正是基于企业或工程项目建造生产过程中客观存在的财务活动及财务关系而产生的，是工程企业组织工程项目财务活动、处理与各方面财务关系的一项经济管理工作。资金运动及其形成的财务关系，就是工程财务管理的内容。

---

① 1984年弗里曼出版了《战略管理：利益相关者管理的分析方法》明确提出了利益相关者理论。其理论认为任何一个公司的发展都离不开各利益相关者的投入或参与，企业追求的是利益相关者的整体利益，而不仅仅是个别业主的利益。

# 1.4　财务管理目标

### 1.4.1　财务管理目标

财务管理目标（Financial Management Objectives）是指在特定的经济体制和财务管理环境中，通过对企业财务工作的科学组织和对资源的合理配置所要达到的具体标准。在企业目标确定后，财务管理目标就是企业财务管理具体实施的准绳，是引导和激励财务管理人员乃至全体员工努力工作所追求的目的和方向，也是评价和衡量企业各项财务工作的标准。

财务管理目标具备以下特征：

（1）统领性。财务管理目标是依据企业总体目标和市场部环境为基础，而制定的实现企业财务行为的价值标准。企业依据发展战略需要分为近期（1～2年）、中期（3～5年）和长期（5年以上）的财务管理目标，保障企业经营行为和市场行为的实现。因此，具有统领性、目的性和实际操作性。工程建设项目同样具备财务目标，根据财务管理要求包括利润目标、成本目标、销售目标等。

（2）动态性。企业经营活动既保持相对稳定性，同时也需要因市场环境、产业政策环境、金融环境等变动而发生灵活的调整。例如2008年的全球金融危机，影响到建筑与房地产市场需求，因而需要及时调整；例如2015年我国房地产市场商品用房库存量超过市场预期，导致各房地产企业资金积压、市场需求疲软，也需要调整。

（3）层次性。企业是市场组织，组织内部是以财务管理目标进行考核。财务管理目标企业财务总目标，需要进行分解和层次性考核。工程项目的总体财务目标，分解为项目利润目标、成本目标、资金目标和销售目标等；房地产项目目标包括融资目标、投资目标、财务风险预警目标；各管理部门包括管理费用目标、财务费用目标和职工工资目标等。其目的是完成目标考核，实现工程项目效益及效果的最佳。

（4）可度量性。财务管理目标是由具体的财务指标组成，因而具备可度量性特点。例如，工程项目的年利润指标、成本降低指标或利润增长率指标等，还包括资金周转率指标、资产利用率指标等。

（5）可操作性。无论是企业财务管理目标，还是工程项目建设的财务目标，共同的特点是它是工程产品实际的价值总和。因此，在制定具体目标时，既要有前瞻性，同时也要挖掘企业生产要素，特别是人的主观能动性，通过企业各方面的努力，保证财务目标的切实实现。

### 1.4.2　财务管理目标确立

从本质上说，财务管理目标编制依据于企业目标，是企业目标的货币价值标准。根据现代企业管理理论和实践，企业财务目标包括利润最大化、产值最大化、股东权益最大化和企业价值最大化等财务管理目标，其中，最具有代表性的财务管理目标聚焦两种观点，即：利润最大化目标和企业价值最大化目标。

1. 利润最大化目标

利润是企业财务的最终成果，表现为企业所创造的财富，利润越多说明企业的财富增加得越多，企业经营状态、财务状态和现金流量越好。利润最大化是企业永恒不变的主题，也是最基本的财务目标。其财务目标的基本功能是：

（1）企业经营活动的基本标准。企业完成工程项目建造活动是为了创造产品的剩余价值，剩余价值是项目收入与成本的余额，即利润。因此，利润额最大化是企业及项目取得货币价值最直观、明晰和准确的表现。

（2）企业资源的重要来源。在自由竞争的市场经济活动中，资本的使用权最终将属于获利最大的企业。企业一方面通过生产经营活动获取持续发展的资源；另一方面，通过投资行为、管理行为和融资行为等获得投资资本增值、管理费用降低和资金成本最优，也就意味着取得了各种经济资源的支配权。因此，利润最大化有利于资源的合理配置。

（3）企业业绩考核的重要指标。企业追求利润最大化，遵循了市场经济竞争规律，只有创造利润金额，企业才能可持续发展，否则，企业就将面临财务危机、资金危机、甚至清算破产的境地。以利润为考核目标有利于企业直接确定实施管理行为。

（4）企业积累财富的基本前提。企业通过追求利润最大化的目标，一方面保证了自身的可持续经营；另一方面，也促进整个社会经济活动的良性循环，实现全社会财富积累实现极大化。

利润最大化目标的缺陷是：

（1）静态性。它从本质上只关注今天的财务目标，而不明确未来的财务可持续目标，关键，是未能区分不同时间的报酬，没有考虑资金目标的时间价值。

（2）单一性。一般只注重现有资本或资产产生的经济利益，没有考虑其他资产，特别是资本投资所获利润和投入资本额的关系。

（3）风险性。一般以实体资产为基础，对于无形资产、金融资产以及其他资产可能产生的风险却未能考虑风险因素，因而高额利润往往需要承担超过经营杠杆的风险。

（4）短期性。以此为财务目标，企业财务决策往往带有短期经营行为，即只顾实现目前的最大利润，而不顾及企业的长远利益发展，导致企业经营不可持续。

2. 企业价值最大化目标

企业价值（Enterprise Value）是指企业全部资产的市场价值，它是以一定期间归属于投资者的现金流量，按照资本成本或投资机会成本贴现的现时价值。企业价值不同于企业利润，利润只是新创造价值的一部分，而企业价值不仅包含了新创造的价值，还包含了企业潜在的或预期的获利能力。

企业价值是通过企业的科学经营，采用最优的财务政策，在考虑资金时间价值和风险报酬的情况下使企业的市场总价值达到最佳状态。在经营者的经济利益、资产其他拥有者、使用者和管理者等利益相关方都科学确定的基础上，实现经营管理综合效益最佳，即实现企业价值最大。

企业价值最大化目标的优点：

（1）科学性。基于资本资产时间价值和风险价值理论，从资金的时间价值和投资的风险价值角度确立财务目标，有利于统筹安排长短期规划、合理选择投融资方案、有效控制产生经济行为、合理制定股利分配政策等。

（2）增值性。基于资本资产可持续理论，这一目标反映了对企业资产保值、增值的要求。从某种意义上讲，股东财富越多，企业市场价值就越大，追求股东财富最大化的结果可促使企业资产保值或增值。

（3）关系性。基于委托代理和利益相关者理论，从多主体、多利益和多关系角度确立企业财务目标，有利于企业防范目标的片面性、利益性和短期性行为。

（4）可持续性。基于市场经济有效需求与有效供给理论，确立财务目标有利于企业依据自身环境合理配置市场资源，组织经营产生，协调各方关系，实现企业及社会效益最大化。

其财务目标的不足：

（1）计量存在不确定性。企业价值需要严格的前提条件约定，例如对金融资产计量如果不存在公允价值，则很难准确计量交易性金融资产的实际价值；例如企业并购、重组或借壳上市等活动，同样需要资产的市场有价，才能确定计量适时资产价值。

（2）应用范围选择性。一般对于资本市场的上市企业，确定企业价值最大财务目标，不仅能提升实现企业的实际利润目标，同时还创造了整体的企业潜在利润目标。对非上市的企业，由于很难准确计量其资产价值，给日常财务管理的评价标准和评估管理方式造成困难，不易客观和准确计量，因而可选择利润最大目标。

可以说，无论是企业利润最大化目标，还是企业价值最大化目标，简单地确立为财务目标都存在不足，企业应根据自己实际情况，将这两者财务目标有机结合，才能保证企业的可持续发展。

# 1.5　财务管理环境

环境是指某一事物赖以生存和发展的各种外部条件或影响因素。财务管理环境（Financial Management Environment）是指对企业财务活动具有直接或间接影响作用的内外部条件或影响因素，它是企业财务管理难以改变的约束条件。基于工程建造的全寿命周期理论和工程项目产品建造活动的特征，其必然经历系统性影响环境因素和非系统性影响环境因素；从环境影响结构性质分为：宏观经济环境和微观经济环境。

### 1.5.1　宏观经济环境

宏观经济环境是指影响工程项目建设中财务管理的各项宏观经济因素，主要包括：国家经济环境、金融环境、财税环境、产业政策和汇率政策等。

1. 经济环境

（1）经济周期

企业理财必须明确所处的国家经济发展时期。经济通常都不会较长时间地持续增长或较长时期地萎缩，而是在波动中发展。在其波动中大体上经历复苏、繁荣、衰退和萧条等阶段的循环，这种循环叫做经济周期。在不同经济周期中，企业的财务管理政策及策略也是不同的，可归纳为表1-1。

（2）通货膨胀

通货膨胀对企业财务管理的影响表现在：

① 企业资金需求不断膨胀。

② 资金供应持续性短缺。

③ 货币性资产因不断贬值会产生购买力损失，持有货币性负债会因贬值产生购买力收益。

经济周期中的理财策略 表 1-1

| 复苏阶段 | 繁荣阶段 | 衰退阶段 | 萧条阶段 |
|---|---|---|---|
| 1. 增加厂房设备 | 1. 扩充厂房设备 | 1. 停止扩张 | 1. 建立投资标准 |
| 2. 实行长期租赁 | 2. 继续建立存货 | 2. 出售多余设备 | 2. 保持市场份额 |
| 3. 建立存货 | 3. 提高价格 | 3. 停产不利产品 | 3. 缩减管理费用 |
| 4. 引入新产品 | 4. 开展营销规划 | 4. 停止长期采购 | 4. 放弃次要利益 |
| 5. 增加劳动力 | 5. 增加劳动力 | 5. 削减存货 | 5. 削减存货 |
| | | 6. 停止扩招员工 | 6. 裁减员工 |

货币性资产是指企业所拥有的现金及固定金额的债权，货币性负债是指由企业承担的支付定量货币的义务。

④ 实物性资产，如原材料、产成品、固定资产等会相对升值，产生持有收益。

一般价格不断上涨，会引起资金占用的迅速增加；通货膨胀还会引起利息率的上升，增加企业的筹资成本；通货膨胀时期有价证券价格的不断下降，给筹资带来相当大的困难；通货膨胀会引起利润虚增，造成企业资金流失。对工期较长的工程项目而言，通常都难以在开工前就备足全部建设物资，因此受通货膨胀影响更大。企业财务人员必须对通货膨胀有所预测，从而采取相应的措施，减少损失。

（3）政府经济政策

政府宏观经济政策对工程建设领域的影响是比较大的。如国家对某些地区、某些行业的产业政策（体现为鼓励性产业投资政策、限制性产业投资政策和禁止性产业投资政策等，此外还包括技术性产业政策、产业布局政策等）、财政政策和货币政策（金融政策、价格政策）等，成为政府调节产业发展或建设项目投资的重要手段，俗称为政府调节经济的"三驾马车"政策。

2. 法律与税收环境

企业财务管理的法律环境是指影响财务管理的各种法律因素。财务管理是一种社会经济行为，必然要受到法律规范的约束。按照法律规范的层次性和强制程度，可以作如下分类：

（1）法律制度

1）财务管理工作必须遵循的各项法律：如民法通则、建筑法、公司法、会计法、合同法、商业银行法、证券法、证券交易法、税法、票据法、仲裁法等。

2）财务管理工作必须遵循的规定和条例：如企业会计准则和财务通则、国有企业财产监管条例、国库券条例、股票发行与监管条例、工程登记管理条例、企业债券管理条例，企业财务报告条例等。

3）财务管理工作必须执行的各种规章、制度：包括不同行业的企业财务制度、不同时期各级政府发布的有关财务管理工作的通知以及对有关财务问题的处理意见等。

国家的税收法律和法规政策也是企业财务管理所必须面对的重要外部环境。税收是国家以政权为依托所进行的一种特殊分配方式，依法纳税是每个企业及公民的义务。无论是企业还是工程项目以国家课税的方式解托义务责任，因而企业依法律和税收环境的适应性，构成财务管理的重要任务。

因此，成功的财务管理者应清楚地了解税收制度并随时注意税法条文的更替。

（2）企业组织形式

企业理财必须考虑企业的组织模式，不同的组织模式采用的理财政策不同。设立一个企业，首先面临的问题是要采用哪一种组织形式。企业组织模式通常有三类：独资企业、合伙企业和公司制企业。

1）独资企业

独资企业是指由一个人出资经营，归个人所有和控制的企业。独资企业具有结构简单、开办容易、利润独享、限制较少等优点。但独资企业要承担无限责任，一旦企业发生亏损倒闭，企业所有者的损失不是以资本为限，而是须将全部私人财产拿出来抵债。独资企业的另一个缺点就是筹资困难，个人财力有限，在借款时往往因信用不足而遭到拒绝，这可能使独资企业丧失有利可图的机会。

2）合伙企业

由两个以上的业主共同出资，共同拥有，共同经营的企业叫合伙企业。合伙企业具有开办容易，信用较佳的优点，但也存在责任无限、权力分散、决策缓慢等缺点。

3）公司制企业

公司制是由股东共同出资设立、各股东以出资额为限对公司债务负有限责任的法人企业，而法人则是有权用自己的名义从事经营、与他人订立合同、向法院起诉或被法院起诉的法律实体。公司的最大优点是工程所有者（股东）只承担有限责任，股东对公司的债务责任以投资额为限。另一方面，公司型企业比较容易筹集到大量资金，使公司比独资企业和合伙企业具有更大的发展的可能性。

不同的组织形式对企业理财有重要影响。如果是独资企业，理财比较简单，主要利用的是业主自己的资金和供应商提供的商业信用。因为信用有限，其利用借款筹资的能力亦相当有限，银行和其他人都不太愿冒险借钱给独资企业。合伙企业的资金来源和信用能力比独资企业有所增加，盈余分配也更加复杂，因此，合伙企业的财务管理要比独资企业复杂得多。公司制企业引起的财务问题最多，企业不仅要争取获得最大利润，而且要争取让企业价值最大化；公司的资金来源多种多样，筹资方式也很多，需要进行认真分析和选择；盈余分配也不像独资企业与合伙企业那样简单，而要考虑企业内部和外部的许多因素。

3. 金融环境

金融环境（Financial Environment）的变化对企业财务管理有着十分重要的影响，财务人员必须了解金融市场，熟知金融机构和汇率利息率的变化情况。

（1）金融市场

金融市场是资金融通关系的总和。金融市场与企业理财的关系为：金融市场是企业投资和筹资的场所；金融市场可为企业提供有价值的信息；企业通过金融市场能使长短期资金互相转化。金融市场是以资金交易为对象的市场，主要分类为：

1）按营业的性质划分为外汇市场、资金市场和黄金市场三大类。

2）按时间长短可分为货币市场和资本市场。货币市场是指资金的短期市场（通常为一年以内），资本市场是指资金的长期市场（通常在一年以上）。

3）按证券发行或交易过程可分为初级市场和二级市场。初级市场又称为一级市场、发行市场，是由新证券第一次发行而形成的市场；二级市场又称为交易市场，是由已发行证券买卖而形成的市场。金融市场分类如图 1-5 所示。

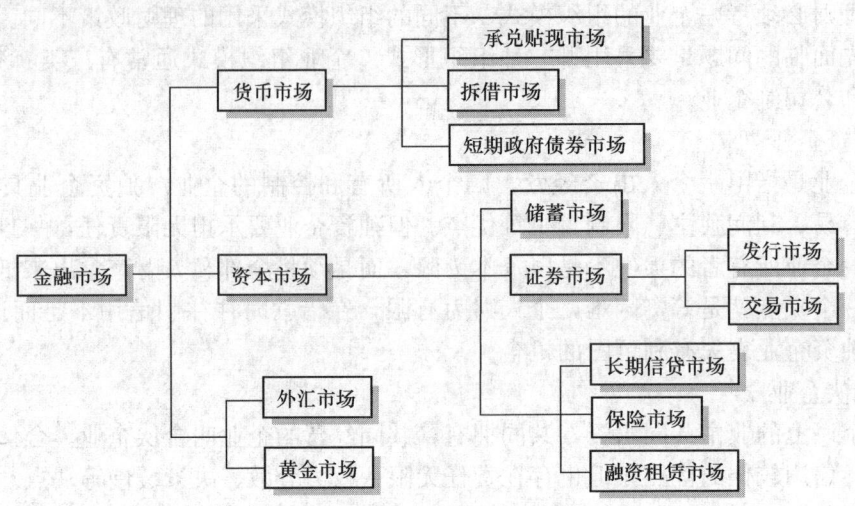

图 1-5　金融市场结构

(2) 金融市场结构

金融市场结构由市场主体、客体组成。

金融市场主体是指市场交易者。它包括从事金融活动的主体及其他主体类型，前者是指银行和非银行金融机构，是金融市场的中介机构，是连接资金供给者和需求者的桥梁。我国金融机构的组成见表 1-2。

我国金融机构组成　　　　　　　　　　　　　　表 1-2

| 金融机构类别 | 金融机构名称 | 主要职能 |
|---|---|---|
| 中央银行 | 中国人民银行<br>银监会、保监会、证监会 | 代表政府管理全国的金融机构和金融活动、经营国库和监督功能 |
| 政策性银行 | 国家开发银行<br>中国进出口银行<br>中国农业发展银行 | 由政府设立，以贯彻国家产业政策、区域发展政策为目的，保本投资，不以营利为目的 |
| 商业银行 | 中国工商银行<br>中国农业银行<br>中国建设银行<br>中国银行<br>交通银行<br>光大银行<br>深圳发展银行<br>中信银行等<br>城市银行<br>邮政储蓄<br>城市商业银行<br>社区银行 | 以经营存款、放款、办理转账结算为主要业务，以营利为目的 |

续表

| 金融机构类别 | 金融机构名称 | 主要职能 |
|---|---|---|
| 非金融机构 | 保险公司<br>信托投资公司<br>证券机构等<br>租赁<br>金融资产管理公司（中国华融、中国长城、中国信达、中国东方） | 经营保险业务<br>以委托人的身份代人理财<br>从事证券业务，如证券工程、证券交易所等<br>接管四大国有商业银行不良资产 |
| 消费信贷 | 企业集团财务公司<br>货币经纪公司<br>汽车金融公司<br>消费金融公司<br>村镇银行<br>农村信用合作社组织<br>小额贷款公司<br>住房金融 | 主要面向各类企业、个人消费的金融服务 |
| 境外银行 | 港澳银行<br>国外银行 | 主要服务于外资企业、港澳台企业和个人消费者等 |

从表 1-2 看出，我国经过改革开放，特别是 2015 年金融体制改革，目前金融组织机构呈现三大特点：第一，金融机构多层次，多结构，适应我国市场经济体制；第二，金融机构以银行为主体的多元化，服务对象化；第三，我国除商业银行外，面对消费金融、中小企业金融和农村信用合作社、小额贷款公司更加方便，如图 1-6 所示。

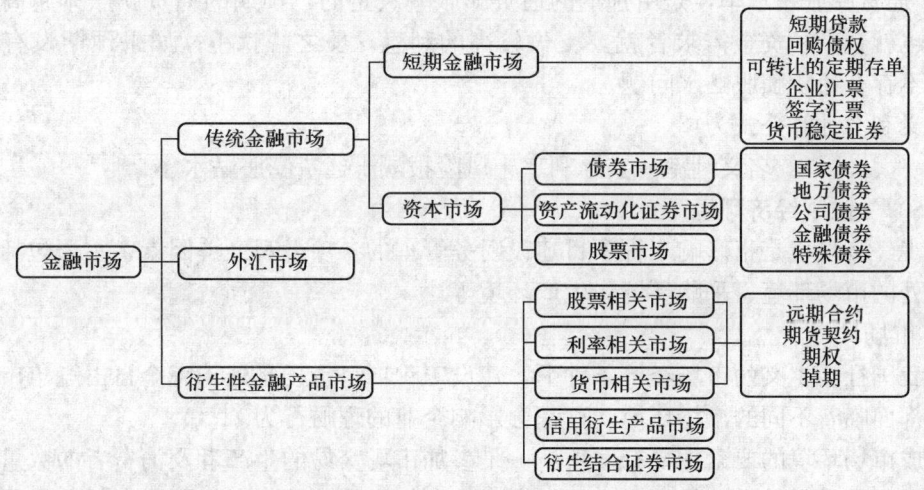

图 1-6　中国金融系统运行结构图

客体是指金融市场上的交易对象，如货币资金，外汇、黄金、有价证券等，建筑行业主要是业主、项目工程、承包商、供应商等。

金融市场交易形式主要是资金供应者与资金需求者之间直接或间接的交易方式，主要体现为三种交易形式：

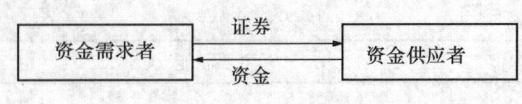

图 1-7 资金供求双方的直接交易

1）资金供应者与资金需求者之间进行直接交易，其形式如图 1-7 所示。

2）资金供应者与资金需求者之间通过投资银行进行间接交易，其形式如图 1-8 所示。

3）资金供应者与资金需求者之间通过其他金融机构进行间接交易，其形式如图 1-9 所示。

图 1-8 资金供求双方通过投资银行进行的间接交易

图 1-9 资金供求双方通过商业银行等进行的间接交易

金融市场上的交易是通过资金的交易价格即利息率体现的。人们通常所说的利息率是指名义利息率，由以下三部分构成：

1）实际报酬率或实际利率，其高低主要由资金的供给与需求关系、平均利润率和国家金融政策调节的影响。

2）风险报酬，是指对风险可能的损失加以补偿的额外报酬，风险越大，这部分越高，资金需求者支付的风险补偿也就越多；反之，风险小，这部分报酬就低。

3）通货膨胀贴水率，是由预期的通货膨胀率决定的，预期的通货膨胀率越高，补偿贴水率也就越高，资金需求者就要支付较高的利息，反之，就小；如果预期没有通货膨胀，则不存在通货膨胀贴水问题。

名义利率计算公式为：

$$名义利率＝实际利率＋风险报酬＋通货膨胀贴水率$$

### 1.5.2 微观经济环境

微观经济环境是指影响工程项目建设财务管理的各项微观经济因素，主要包括企业或工程所处的市场环境、采购环境、生产环境等。

1. 市场环境

在我国社会主义的市场经济条件下，建设工程项目市场是处于完全自由竞争市场，每个企业都面临着不同的市场环境，这都会影响企业的理财行为。

构成市场环境的要素主要有两项：一是参加市场交易的生产者及消费者的数量；二是参加市场交易的商品的差异程度。一般说来，参加交易的生产者和消费者的数量越多，竞争越大；反之，竞争越小。而参加交易商品差异程度越小，竞争程度越大；差异程度越大，竞争程度越小。

对工程项目而言，建设单位和施工单位通过建设市场进行承发包交易，双方的财务管理都要注重建筑市场供求状况和工程差异程度两方面因素；对生产性、开发性建设项目而言，建设单位的财务管理还受到未来项目产品市场的重大影响。

## 2. 采购环境

采购环境又称为物资来源环境，对企业理财有重要影响。按不同标准可对采购环境做不同分类。

（1）采购环境按物资来源是否稳定，可分为稳定的采购环境和波动的采购环境。前者对企业所需资源有比较稳定的来源；后者则不稳定，有时能采购到，有时则无法采购。企业如果处于稳定采购环境，则可少储备存货，减少存货占用的资金；如果处于波动的采购环境，则必须增加存货的保险储备，以防止存货不足影响生产。

（2）采购环境按价格变动情况，可分为价格上涨的采购环境和价格下降的采购环境。在物价上涨时，企业应尽量提前进货，以防止物价进一步上涨而受到损失，这就要求在存货上多投入资金；反之，物价下降的环境中，应尽量推迟使用采购，以便从价格下降中获得好处，也可以尽量少占资金。

工程项目的采购环境有一个特点是：相当多的采购通过招标方式进行，这一方面有利于降低工程成本，另一方面也造成工程财务管理中的一些难以准确预测的变化。

## 3. 生产环境

不同的生产企业和服务企业具有不同的生产环境，这些生产环境对财务管理有着重要影响。比如，企业的生产如果是高技术型的，那就有比较多的固定资产而只有较少的生产工人。这种企业在固定资产上占用的资金比较多，而工薪费用较少，这就要求企业财务人员必须筹集到足够的长期资金以满足固定资产投资；反之，如果企业生产是劳动密集型的，则可较多地利用短期资金。再如，建筑工程生产周期较长，企业要比较多地利用长期资金；反之，生产食品的企业，生产周期很短，当然可以比较多地利用短期资金。

目前，我国建设项目大多采用劳动密集型方式建设，并且人员流动性较大，建设周期较长，但生产资源投入又按建设进度分阶段进行，这些也导致工程财务管理的生产环境具有不同于其他财务管理生产环境的特点。

**专栏 1-2 财务环境**

### 中国公司金融危机受损情况报告

自从美国次贷危机大规模爆发，特别是雷曼兄弟公司破产以来，中国公司陆续发布直接或间接受到的影响，揭开了中国经济受到金融危机影响的面纱，从中国"双铁"折载汇兑，到众多公司受到金融衍生品影响，再到东莞玩具工厂倒闭，一一证明金融危机确实已经影响到中国的实体经济。

通过分析不难发现金融危机影响中国的途径：一、外部需求的放缓导致订单减少。二、欧美国家对市场的注资以及减息，使得人民币不断升值，缺乏有效对冲手段与经验的企业出现大量汇兑损失；三、海外资产缩水。欧美的金融风暴使得全球汇市动荡，中资企业持有的海外资产大幅缩水，企业不得不计提损失。四、涉足高风险的外汇衍生品，经济危机的影响使得外汇市场大幅波动，企业亏损严重。典型的例子就是中信泰富。

**A股上市公司金融危机受损的情况报告**

| 公　司 | 总资产（元） | 亏损金额（元） | 亏　损　原　因 |
|---|---|---|---|
| 中国银行 | 65925.25亿 | 19.96亿（美元） | 持有美国次按相关债券、持有美国次级住房贷款支持债券（MRS）、美国雷曼兄弟及美国"两房"债券资产缩水 |

续表

| 公　司 | 总资产（元） | 亏损金额（元） | 亏　损　原　因 |
|---|---|---|---|
| 工商银行 | 93843.47 亿 | 13.14 亿（美元） | 工行持有与美国次按相关债券、持有美国次级住房贷款支持债券（MBS）、美国雷曼兄弟及美国"两房"债券资产缩水 |
| 建设银行 | 73236.31 亿 | 6.73 亿（美元） | 持有美国次级按揭贷款支持债券、美国房利美公司和房地美公司相关债券账面缩水 |
| 交通银行 | 24263.66 亿 | | 交行共持有雷曼兄弟控股公司及其子公司发行的债券 7002 万美元 |
| 招商银行 | 13957.91 亿 | | 公司持有美国雷曼兄弟公司发行的债券敞口共计 7000 万美元；其中高级债券 6000 万美元，次级债券 1000 万美元 |
| 中国人寿 | 9464.18 亿 | 10.08 亿 | 汇兑损失 |
| 中国平安 | 6663.85 亿 | 157 亿 | 平安投资富通亏损 157 亿，一次性计提 |
| 中国国航 | 975.54 亿 | 19 亿 | 国航持有的油料衍生工具套期保值亏损，汇兑收益消失 |
| 东方航空 | 754.71 亿 | 23.34 亿 | 航油期权亏损 23.34 亿 |
| 中信泰富 | 594.73 亿 | 147 亿 | 澳元对美元贬值。中信泰富购买的澳元外汇交易合约大幅下挫 |
| 江铜集团 | 325 亿 | 10 亿 | 子公司金瑞期货在沪铜期货合约上亏损 10 亿 |
| 碧桂园 | 1163 亿（港元） | 18 亿 | 衍生品投资损失 |
| 华能国际 | 1620.18 亿 | 3.4 亿 | 海外电厂大士能源，由于三季度美元兑新元大幅升值，大士能源美元贷款产生 3.35 亿元的汇兑损失 |
| 中国中铁 | 2341.26 亿 | 19.39 亿 | 179 亿元人民币澳元结构性存款，由于澳元的突然贬值导致汇兑损失扩大 |
| 中国铁建 | 2055.28 亿 | 3.2 亿 | 15.38 亿元人民币的澳元存款。汇兑损失 3.2 亿元人民币 |
| 佑威国际 | 28.1 亿 | 破产 | 纺织业受经济危机影响抽口大幅下降。融资渠道被堵，银行逼债 12 亿被迫清盘 |
| 合计 | 8.36 亿 | 破产 | 金融危机导致出口大幅受阻。投资失败 |

资料来源：网易财经 2008 年 10 月 30 日 http：//money.163.com/08/1030/17/4PH4VK3B00251LJJ.html

# 1.6　财务管理环节

　　财务管理环节是指财务工作的基本工作方式和流程，主要包括：基本财务环节；金融市场预测；财务风险管理；税收筹划管理等财务决策；财务控制和财务监督；参与金融市场；风险管理等。

## 1.6.1　基本环节

　　基本财务环节是财务管理的主要工作和基础环节，主要包括财务分析、财务预测、财务计划、财务控制和财务决策等五个基本环节。

（1）财务分析。财务分析就是运用各种分析工具及技术分析财务报表中的有关资料，揭示其重要的相关性。财务分析不仅可以评价企业过去的经营业绩，而且也可以剖析企业目前的财务状况。通过财务分析可以避免仅凭预感、直觉作决策，减少决策的盲目性。

（2）财务预测。财务预测是制定财务计划的重要依据，任何一个企业对于未来的发展需要作出多种设想和方案，这些方案中的收入、成本、利润和资金需要量等数据都是财务预测提供的。财务预测通过对销售前景的预测，有助于评估增加或减少生产能力的必要性，从而安排筹资计划。

（3）财务计划。财务计划可以分为财务规划和财务预算。财务规划是有计划有目的地使资金、利润和成本相互协调，以适应企业的发展规模和水平，财务规划工作的重点在于对各部门活动进行协调，为财务预算提供基础。财务预算是对未来的财务状况和经营成果作出科学的估计。财务预算是财务计划工作的重要成果，它不仅使财务决策更加具体化，而且也是财务控制的依据。

虽然财务分析、预测和财务计划在很大程度上依赖于财务报表，但其目的在于评估工程现金流量，建立规划以确保企业有足够的现金流来支持企业财务管理目标的实现。

（4）财务决策。财务决策是指企业在经营活动中，对各类财务预测方案运用科学方法进行方案选择和决定的过程。财务决策的目的是获得企业或工程建设项目最佳的财务执行方案，取得最佳的经济效益，实现创造企业或建设项目价值最大化的财务目标。在工程项目全寿命周期过程中，财务决策通常处于工程项目的可行性研究和项目立项阶段，主要包括工程项目方案的财务可行性决策、工程项目资金筹集方案决策和工程项目投资决策等，因此，财务决策是工程项目财务环节的核心，也是整体财务管理的核心。

工程项目建设财务决策主要包括工程项目财务目标，经历财务预测、财务分析、财务方案评价和比选，最后筛选出最优财务方案决策，制定财务计划完成执行的过程。财务决策是一个提出问题、分析问题和解决问题的分析判断过程。财务决策并不是一次性完成的，往往需要返回到以前的阶段。如在拟定解决问题的备选方案时往往会发现预测的信息并不完善，需要重新补充收集新的内容和决策依据等。

（5）财务控制与财务监督。控制是落实计划和执行决策的手段。财务控制是通过财务管理的特定方法、措施和程序，在财务计划执行过程，实现企业经营效益、资产安全、财务信息真实可靠，最终达成财务目标。主要内容有资金流量控制、成本控制、预算控制和资产安全控制等，其中以资金流量和成本控制为重点。财务控制的作用，一是有助于实现企业经营方针和目标；二是保护企业各项资产的安全和完整；三是保证企业经营信息的真实性和完整性。工程项目财务控制的重要内容是保证工程项目成本控制有序进行，确立项目成本方案，运用工程造价、工程管理、工程技术手段和工程进度等管理方法，实现创造工程项目价值的目标（图1-10）。

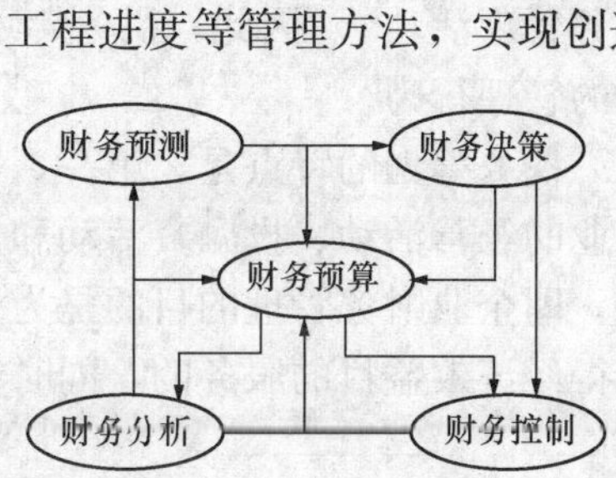

财务监督是运用财务指标对企业经营计划、方案的执行情况进行观察、判断、诊断、建议和执行的过程。财务监督的核心是运用财务价值指标完成比较的过程，及时发现企业及部门在执行财务计划过程出现的偏差，找出存在问题的原因，协调计划，进一步落实调整方案等。财务监督属于经济监督的工作，同时具有执行财务

图1-10 财务管理环节

法规的职能，因而通过财务监督能够及时制止企业违反国家财经管理法律、法规的行为和可能造成出资者资产损失的经营行为。

工程财务监督不仅是运用财务指标，还包括工程项目的造价指标、合同指标和技术指标综合反映的过程。在工程项目建设的基本过程中，主要有材料采购成本指标、工程施工成本指标、工程结算指标、工程资金指标和工程管理指标等。

### 1.6.2　金融市场预测

财务管理部门必须参与金融市场。这是因为：首先，企业通过金融市场上的交易实现资金融通，使企业的生产经营活动能够顺利进行；其次，金融市场也为企业财务管理提供了非常有价值的信息，市场利率、汇率的变化反映了金融市场的供求关系，促使企业优化筹资、投资的方向与规模，以发挥资金利用效益。同时，有效的证券市场客观真实地反映了投资者对工程价值的评价，以企业市场价值最大化为目标的财务管理必须以此作为企业投资、筹资和日常经营决策的重要依据。

### 1.6.3　财务风险管理

财务风险有广义财务风险和狭义财务风险，广义的财务风险泛指企业财务活动中发生的各类财务的不确定性。例如偿债风险、成本风险、利润风险、资本风险等。狭义财务风险是指企业融资风险，主要表现为负债与资本结构不合理或不能偿还借款及利息而发生的财务责任。

财务风险的主要特征：①客观性，任何企业经营活动都必然存在资金需求的不确定性，因而财务风险是客观存在的。②系统性，企业财务风险存在于企业的整个经营活动中，无论采购原材料、实施生产活动、管理活动，还是筹资、投资、金融资产和销售活动等均会产生财务风险。③环境性，产生财务风险的诱因是企业的内因或外因，企业主动筹集资金，而无法偿还，是属于内因；因外部市场竞争激烈造成经营产品销售不易，则属于外因。

因此，工程项目建设活动是诱发财务风险最容易的载体，取决于工程项目的特点，因而对财务风险的管理是最为重要的。

### 1.6.4　税收筹划管理

税收筹划是企业在遵守国家法律法规和税务政策的前提下，按照工程项目建造活动、交易活动和投融资管理活动等进行旨在减轻税负费用的纳税计划和纳税对策。税收筹划是指在遵循税收法律、法规的情况下，企业为实现企业价值最大化或股东权益最大化，在法律许可的范围内，自行或委托代理人，通过对经营、投资、理财等事项的安排和策划，以充分利用税法所提供的包括减免税在内的一切优惠，对多种纳税方案进行优化选择的一种财务管理活动[①]。因此，税务筹划属于企业财务管理的内容，是企业为实现经济利益而采取的管理行为。

税务筹划的特点是，第一，合法性，即在遵守法律法规的前提；第二，目的性，即为企业的经营活动、投融资活动和其他市场交易活动而采取增进企业管理效益；第三，经济性，即企业财务管理的目的是为企业创造价值为出发点，因而企业税务筹划也是为了企业取得经济效益目的服务的，同时也是为提升企业纳税效率服务。

---

① 2015 全国注册税务师执业资格考试教材编写组 2013 年《税务代理实务》，中国税务出版社，2013 年 1 月 1 日

建设项目税务筹划有别于一般企业税务筹划，具有自身的特点。其一，工程建设项目纳税是企业整体税务筹划系统，同时工程项目建造活动的独立性，通常是以项目采购、建造、交易、投融资为特点形成的各类税费结构；其二，项目成本投融资模式的差异性，各类项目纳税结构不同，纳税时间不同和纳税效率不同，导致税务成本结构不同；其三，工程项目性质不同，税务法规差异，纳税、减税或免税规则存在差异，因而企业必须作出科学的纳税财务方案，保证税费缴纳的同时，取得自身的经济利益。

综上所述，在财务管理规律的各环节中，财务决策是核心；财务预测是决策和预算或财务计划的前提；财务预算是财务决策的具体化，是以财务决策确立的方案和财务预测提供的信息为基础编制的，同时又是控制财务活动的依据；财务控制是落实计划任务，保证财务预算实现的有效措施；财务分析可以掌握各项财务预算的完成情况，评价财务状况，以改善财务预测、决策、计划和控制工作，提高管理水平。财务活动就是在财务各项专项工作中通过预测、决策、预算、计划、控制和分析首尾相接，形成完整的工程财务管理体系。

## 思 考 题

1. 简述工程财务管理的概念、特点及其主要内容。
2. 工程财务管理目标及其对财务管理的要求有哪些？
3. 请你分析工程财务管理目标所持的观点。
4. 什么是财务管理环境，请正确简述工程财务管理的环境影响因素。
5. 为什么说税务筹划属于财务管理内容？简述增值税对工程财务及企业理财的影响。
6. 工程财务管理的对象和内容是什么？
7. 简述工程财务管理环节？如何理解财务管理各环节之间的内在联系。
8. 工程项目投融资风险的特点是什么，如何做好狭义财务风险管理策略？

# 2 工程财务管理的理论基础

**【学习目标】**

本章重点掌握工程财务管理中价值管理的两个基本观念，即时间价值观念和风险价值观念。

熟练掌握财务管理两个基本观念，是学习工程财务管理学规律的前提。理解财务管理的企业价值与资本结构、资本资产定价、期权定价等重要财务基础理论，是应用财务管理技术与编制财务管理方案的核心能力。通过本章学习，重点应掌握时间价值和风险价值之间的内在必然联系，熟练掌握基本计算方法，并能应用这两个观念去思考、分析和解决财务活动出现的问题。了解财务管理基本理论的产生与发展沿革，理解财务管理学科基础理论是熟练运用财务规律的必要条件。

**【重要术语】**

资金时间价值　复利　现值　终值　年金　风险价值　标准差　风险报酬

## 2.1 资金时间价值观念

### 2.1.1 资金时间价值的概念

资金时间价值（Time Value of Money）就是一定量的资金在不同时点上价值量的差额，是货币资金经过一定时间的投资使用或再投资过程中形成的增值额。

资金时间价值是资金在特定空间的周转使用过程中产生的资金增值金额，资金增值部分金额是原有资金本金的基础上产生差额，如果不参与企业生产、投资活动的循环和周转，即使是存放一定时间，也不能产生货币增值。因此，资金时间价值虽然必须有时间因素，更重要的是资金在循环和周转中的载体，例如将货币资金存入银行，货币资金投入工程项目建造。否则不仅不能产生增值，反而会带来资金损失。

从经济学定量的角度，资金的时间价值相当于假设不考虑风险和通货膨胀条件下的社会平均资金利润率。由于市场竞争的存在，经济生活中的各个部门投资的利润率趋于平均化。在利润平均化规律的作用下，等量的资本在相同的时间内应获得等量的利润。每个企业在进行投资决策时，都希望至少要取得符合社会平均利润率的回报。因此，资金时间价值成为评价工程项目投资方案、融资方案和各类财务预测方案的基本标准。

需要重点提示的是，资金价值量运动存在不同方向与量的多少，财务学一般称为资金的流入（收入）量或资金的流出（支出）量，因此，不同时间的货币资金流量不能直接进行比较，需要把它们换算到相同的时间基础上，然后才能进行量化比较和比率的计算。

### 2.1.2 资金时间价值的计算

在资金时间价值计算中，经常需要用到以下基本量值：

$P$——本金，又称期初金额或定义为现值；

$F$——本利和或称为终值；

$A$——年金，即每一年相等的金额；

$I$——利息，本金与单位时间价值率的乘积；

$i$——利率、折现率；

$n$——期限。

**1. 单利的计算**

单利计息制度，是指每期都按初始本金计算利息，当期利息即使不取出也不计入下期本金。即，本生利，利不再生利，见表 2-1。

单利计息制度 表 2-1

| 期 数 | 期 初 | 利 息 | 期 末 |
|---|---|---|---|
| 1 | $P$ | $P \cdot i$ | $P+P \cdot i$ |
| 2 | $P+P \cdot i$ | $P \cdot i$ | $P+2P \cdot i$ |
| 3 | $P+2P \cdot i$ | $P \cdot i$ | $P+3P \cdot i$ |
| ... | ... | ... | ... |
| $n$ | $P+(n-1)P \cdot i$ | $P \cdot i$ | $P+n \cdot Pi$ |

由表 2-1 可知，单利计息的公式为：

$$I = P \cdot n \cdot i$$

单利计息的本利和公式为：

$$F = P + I = P + P \cdot n \cdot i = P(1+n \cdot i)$$

**【例 2-1】** 我国国库券的利息是以单利计息的。设国库券面额为 100 元，3 年期，年利率为 14%，则到期后的本利和是多少？

**【解】** $\quad F = P(1+n \cdot i) = 100 \times (1+3 \times 14\%) = 142$ 元

**【例 2-2】** 某人拟从证券市场购买一年前发行的五年期年利率为 10%（单利），到期一次还本付息，面额 100 元的国库券，求在余下的四年中获得 8% 的年利率（单利），问此人应该以什么价格买入？

**【解】** $\qquad P(1+8\% \times 4) = 100(1+10\% \times 5)$

$$P = 113.64 \text{ 元}$$

**2. 复利的计算**

复利计息方式，是指以当期末本利和为计息基础计算下期利息，即利上加利。按照这种方法，每经过一个计息期，要将所生利息加入本金再计利息，俗称"利滚利"，参见表 2-2。

复利计息制度 表 2-2

| 期 数 | 期 初 | 利 息 | 期 末 |
|---|---|---|---|
| 1 | $P$ | $P \cdot i$ | $P(1+i)$ |
| 2 | $P(1+i)$ | $P \cdot (1+i)i$ | $P(1+i)^2$ |
| 3 | $P(1+i)^2$ | $P(1+i)^2 \cdot i$ | $P(1+i)^3$ |
| ... | ... | ... | ... |
| $n$ | $P(1+i)^{n-1}$ | $P(1+i)^{n-1} \cdot i$ | $P(1+i)^n$ |

工程财务分析中普遍采用复利计息。复利计息的计算按支付方式不同，分为以下几种形式，如图 2-1 所示。

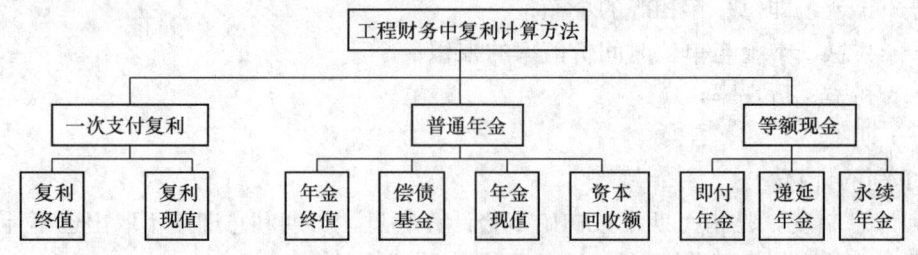

图 2-1 复利计算类型图

(1) 一次支付复利的计算

1) 复利终值的计算（已知 $P$，求 $F$）

其财务含义是，已知支出本金（现值）$P$，当利率为 $i$ 时，在复利计息的条件下，求第 $n$ 期期末所得的本利和，即终值 $F$。

$$F_n = P(1+i)^n = P(F/P, i, n)$$

上式中，$(1+i)^n$ 称为一元钱的复利终值，或复利终值系数，记作 $(F/P, i, n)$，其中斜线下的 $P$ 以及 $i$ 和 $n$ 为已知条件，而斜线上的 $F$ 是所求的未知量。系数 $(F/P, i, n)$ 可查复利系数表（见本书附录）得到。

【例 2-3】某人将 20,000 元存放于银行，年存款利率为 6%，在复利计息方式下，三年后的本利和为多少？

【解】
$$F = 20000 \times (F/P, 6\%, 3)$$

经查表得：$(F/P, 6\%, 3) = 1.191$
$$F = 20000 \times 1.191 = 23820 \text{ 元}$$

2) 复利现值的计算（已知 $F$，求 $P$）

复利现值是复利终值的逆运算，即将某一时点（非零点）的资金价值换算成资金的现值（零点处的值）。其计算公式为：

$$P = \frac{F}{(1+i)^n} = F(1+i)^{-n} = F(P/F, i, n)$$

上式中，$(1+i)^{-n}$ 称为一元钱的现值，或复利现值系数，记作 $(P/F, i, n)$。

【例 2-4】某企业投资项目预计 6 年后可获得收益 800 万元，按年利率 12% 计算，则这笔钱的现值为多少？

【解】
$$P = 800 \times (P/F, 12\%, 6)$$

经查表得：$(P/F, 12\%, 6) = 0.5066$
$$P = 800 \times 0.5066 = 405.28 \text{ 万元}$$

其财务学意义为：工程投资的期初货币资金。

(2) 普通年金（等额现金流量序列）的计算

连续若干期等额支付的款项称为年金。按其每次收付发生的时点不同，可分为普通年金、即付年金、递延年金、永续年金等几种。它们的计算都是以普通年金的计算为基础的。

普通年金，是指从第一期起在一定时期内每期期末等额发生的系列收付款项，又称后付年金。它的基本特征是从第一期末起各期末都发生系列等额的款项。由于期末收付款项在日常生活中比较普遍，故称普通年金。

1）普通年金终值的计算（已知 $A$，求 $F$）

其含义是，对连续若干期期末等额支付的现金流量 $A$，按利率 $i$ 复利计息，求其第 $n$ 期期末的终值，即本利和。普通年金终值的见图 2-2。

其公式：$F = A\dfrac{(1+i)^n - 1}{i}$

上式中：$\dfrac{(1+i)^n - 1}{i}$ 称为"一元年金的终值"或"年金终值系数"，记作：$(F/A，i，n)$。

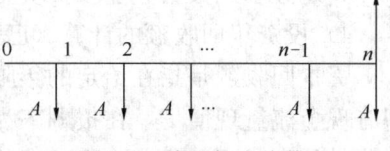

图 2-2 普通年金终值

【例 2-5】某建筑工程 5 年建成，每年末投资 100 万元，若年利率为 10%，求 5 年末的实际累计总投资额。

【解】 $\qquad F = 100(F/A，10\%，5)$

查表得：$(F/A，10\%，5) = 6.1051$

$\qquad F = 100 \times 6.1051 = 610.51$ 万元

其财务学意义为企业实际将投资的总额。

2）偿债基金的计算（已知 $F$，求 $A$）

其财务含义为，在利率为 $i$，复利计息的条件下，如果要在 $n$ 期期末能一次收入 $F$ 数额的现金流量，那么，在这 $n$ 期内连续每期期末等额支付（支出）值 $A$ 应是多少？

偿债基金的计算实际上是年金终值的逆运算，其计算公式为：

$$A = F\dfrac{i}{(1+i)^n - 1}$$

上式中的分式 $\dfrac{i}{(1+i)^n - 1}$ 称作"偿债基金系数"，记作 $(A/F，i，n)$。

【例 2-6】假设某企业 4 年后需要有一笔的 100 万元的资金用于固定资产设备更新改造，若存款年利率为 10%，问从现在开始该企业每年应向银行存入多少资金？

【解】 $\qquad A = 100 \times (A/F，10\%，4)$

查表得：$(A/F，10\%，4) = 0.2155$

$\qquad A = 100 \times 0.2155 = 21.55$ 万元

其财务学意义为企业应准备的资金金额。

3）普通年金现值的计算（已知 $A$，求 $P$）

普通年金现值是指一定时期内每期期末等额收付款项的复利现值之和。即在利率为 $i$，复利计息的条件下，求 $n$ 期内每期期末发生的等额分付值 $A$ 的现值 $P$。年金现值如图 2-3 所示。

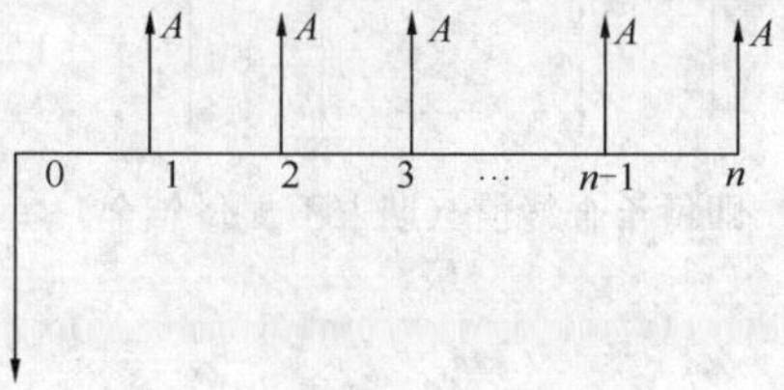

图 2-3 普通年金现值

其公式为：$P = A\dfrac{1-(1+i)^{-n}}{i}$

上式中 $\dfrac{1-(1+i)^{-n}}{i}$ 称为"一元年金的现值"

或"年金现值系数"，记作 $(P/A，i，n)$。

【例 2-7】在未来 4 年中，每年年末回收资金 12000 元，年复利率为 8%，则现需要向银行存入多少钱?

【解】
$$P=12000\times(P/A，8\%，4)$$
查表得：$(P/A，8\%，4)= 3.3121$
$$P=12000\times3.3121\approx39745.20 元$$

其财务学意义为企业投资资金的金额。

4）投资年回收额的计算（已知 $P$，求 $A$）

资本回收额是指在给定的年限内等额回收初始投入资本或清偿所欠债务的价值指标。即有现金流量现值 $P$，在报酬率为 $i$ 并复利计息的条件下，在 $n$ 期内与其等值的连续的等额分付值 $A$ 应是多少?

年投资回收额的计算是年金现值的逆运算。其计算公式为：

$$A = P \frac{i}{1-(1+i)^{-n}}$$

上式中的分式 $\frac{i}{1-(1+i)^{-n}}$ 称作"投资回收系数"，记为 $(A/P，i，n)$。

【例 2-8】某工程项目预计投资 1000 万元，在 10 年内等额投入，以年利率 12% 计算，则每年应投入的金额为多少?

【解】
$$A=1000\times(A/P，12\%，10)$$
查表得：$(A/P，12\%，10)=0.1770$
$$A=1000\times0.1770=177 万元$$

财务学的意义为企业投资流出的货币资金金额。

3. 其他年金（等额现金流量序列）的计算

1）即付年金的计算

即付年金，是指每期期初等额收付的系列款项，又称先付年金、预付年金。它的特征是从第一期开始每期期初都产生一个等额的款项的收付。如零存整取，等额支付租金等。即付年金与普通年金的区别是款项发生的时点不同，由于期初与期末可以转换，即第二期期初也是第一期期末，所以即付年金的计算可通过普通年金的计算转化后求得。

即付年金终值的计算（图 2-4、图 2-5）。

方法一：
$$F = A(F/A,i,n+1) - A = A[(F/A,i,n+1)-1]$$

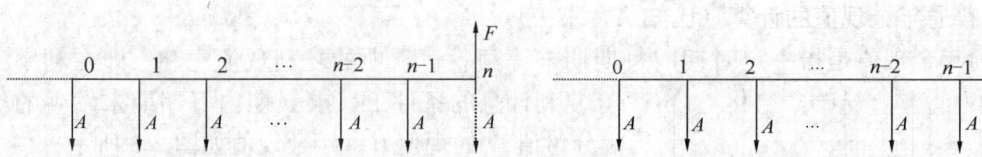

图 2-4　即付年金终值（期末支付年金）　　　图 2-5　即付年金终值（期末不支付年金）

$$F = A(F/A，i，n)(1+i)$$

【例 2-9】已知某人每年年初存入银行 10000 元，连续存入 5 年，存款利率为 5%，请试求该人在第 5 年末一次能取出的本利和金额。

【解】

方法一：查表得，$(F/A, 5\%, 6) = 6.8019$

$$F = 10000 \times (F/A, 5\%, 6) - 10000 = 58019 \text{ 元}$$

方法二：查表得，$(F/A, 5\%, 5) = 5.5256$

$$F = 10000 \times (F/A, 5\%, 6) \times (1+5\%) = 58019 \text{ 元}$$

【例 2-10】某工程项目预计 6 年内建成，年利率为 10%时，每年初等额投资 200 万元，试计算该项目投资总额的现值。

【解】

方法一：查表得，$(P/A, 10\%, 5) = 3.7908$

$$P = 200 \times [(P/A, 10\%, 5) + 1] = 200 \times [3.7908 + 1] = 958.16 \text{ 万元}$$

方法二：查表得，$(P/A, 10\%, 6) = 4.3553$

$$P = 200 \times (P/A, 10\%, 6)(1+10\%) = 200 \times 4.3553 \times 1.1 = 958.16 \text{ 万元}$$

其财务学的意义为企业投资总资金金额。

2）递延年金和永续年金的计算

① 递延年金现值的计算

递延年金是指开始若干期内没有年金，若干期后才有的年金。递延年金是普通年金的特殊形式，凡不是从第一年开始的年金都是递延年金。递延年金的终值实际上就是普通年金的终值，所以下面简要介绍递延年金的现值的计算（图 2-6）。

假设没有年金的期限为 $m$ 期，有年金的期限为 $n$ 期，则递延年金现值的计算公式为：

方法一：把递延年金视为（$n-m$）期的普通年金，求出递延期末的现值，然后再将此现值调整到第一期初。其计算公式则为：

$$P = A(P/A, i, n-m)(P/F, i, m)$$

方法二：假设递延期中也进行支付，先求出 $n$ 期的年金现值，然后，扣除实际未支付的递延的年金现值，即可求出结果。其计算公式则为：

$$P = A(P/A, i, n) - A(P/A, i, m) = A[(P/A, i, n) - (P/A, i, m)]$$

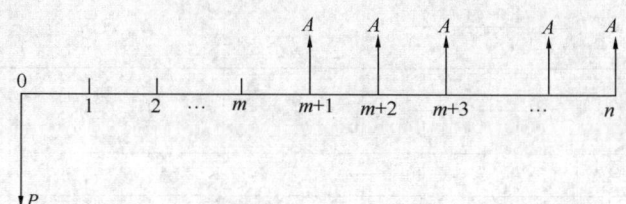

图 2-6 递延年金现值

【例 2-11】某投资项目，预计 5 年后可建成投产，每年末可获得收益 10000 元，经营期 10 年，年利率为 8%。计算此项目总受益的现值。

【解】

方法一：$P = 10000 \times (P/A, 8\%, 5)(P/F, 8\%, 5)$

查表得，$(P/A, 8\%, 5) = 3.9927$；$(P/F, 8\%, 5) = 0.6806$

$$P = 10000 \times 3.9927 \times 0.6806 \approx 27174 \text{ 元}$$

方法二：$P = 10000 \times [(P/A, 8\%, 10) - (P/A, 8\%, 5)]$

查表得，$(P/A, 8\%, 10) = 6.7101$；$(P/A, 8\%, 5) = 3.9927$

$$P = 10000 \times (6.7101 - 3.9927) \approx 27174 \text{ 元}$$

② 永续年金计算

永续年金，是指无限期等额收付的特种年金。可视为普通年金的特殊形式，即期限趋于无穷大的普通年金。在现实工作中，符合永续年金的例子较少，如：存本取息、购买优先股定期取得的固定股利等。由于永续年金持续期无限，没有终止的时间，因此不能计算终值，只能计算现值。永续年金现值的公式可通过普通年金现值的计算公式导出：

$$P = A \frac{1 - (1+i)^{-n}}{i}$$

当 $n \to \infty$，$(1+i)^{-n} \to 0$。

$$P = A/i$$

【例 2-12】某人持有的某公司优先股，每年每股股利为 2 元，若此人想长期持有，在利率为 8% 的情况下，试问该优先股的价值。

【解】 $P = A/i = 2/8\% = 25$ 元

我们将计算公式归纳整理，见表 2-3。

时间价值计算公式 表 2-3

| 计算模型 | 计算公式 | 已 知 | 期 末 |
|---|---|---|---|
| 一次支付复利计算 | $F_n = P(1+i)^n = P(F/P, i, n)$ | $P$、$i$、$n$ | 复利终值的计算 |
| | $P = \frac{F}{(1+i)^n} = F(1+i)^{-n} = F(P/F, i, n)$ | $F$、$i$、$n$ | 复利现值的计算 |
| 普通年金 | $F = A \frac{(1+i)^n - 1}{i}$ | $A$、$i$、$n$ | 普通年金终值的计算 |
| | $A = F \frac{i}{(1+i)^n - 1}$ | $F$、$i$、$n$ | 偿债基金的计算 |
| | $P = A \frac{1 - (1+i)^{-n}}{i}$ | $A$、$i$、$n$ | 普通年金现值的计算 |
| | $A = P \frac{i}{1 - (1+i)^{-n}}$ | $P$、$i$、$n$ | 投资年回收额的计算 |
| 等额现金流量 | $F = A[(F/A, i, n+1)] - 1$ | $A$、$F$、$i$、$n$ | 即付年金的计算 |
| | $P = A(P/A, i, n-m)(P/F, i, m)$ | $P$、$A$、$m$、$i$、$n$ | 递延年金现值的计算 |
| | $P = A \frac{1 - (1+i)^{-n}}{i}$ | | 永续年金的计算 |

## 2.2 风 险 报 酬 观 念

如前所述，时间价值是假定在没有风险和没有通货膨胀条件下的投资报酬率。但是，风险是客观存在的，做财务管理工作必须考虑风险与报酬问题，力争实现企业和工程项目管理效益的最佳。

### 2.2.1 风险的概念及特征

企业财务活动是在一定的条件下进行的，这是因为未来的财务活动相对于现在来说具有一定的不确定性，因此存在一定的风险性。由于国家的产业政策、金融环境、技术发展、市场竞争、建设工期、建设资金、通货膨胀等因素的变化，都会对未来的工程建设产生影响，从而使得未来的经济效果具有不确定性，即具有风险性。由此可见，风险在财务活动中是广泛存在的，并且对企业实现财务目标有着重要影响，在财务活动中考虑风险报酬原理，正确地揭示风险与报酬的关系，是财务管理的一项基础工作。

（1）风险的概念

风险用英文表达为 risk，对风险含义的理解角度不同，会产生不同的解释。广义的风险概念是指在特定的环境条件和时期，某一事件产生的实际结果与预期结果之间的差异程度。因此，对于某项财务管理目标来讲，其风险可定义为它实现现金流量偏离其预期现金流量的偏差程度，这种偏差程度越大，则该项目的风险也就越大。

如果企业的一项活动存在多种可能的结果，其未来的财务结果是不确定的，这就认为有风险。若某项活动只有一种结果，就认为没有风险。风险就是某项行动的结果具有多样性。例如，将一笔资金用于购买国库券，其到期时还本付息是可以确定的，现在可以预知，因而通常认为是没有风险的。

在工程建设中，由于建设周期一般较长，在此期间技术水平、劳动力及材料价格以及工程建设的社会经济环境以及自然地理环境等都具有不确定性，工程建设的经济效果存在着不确定因素，不可能十分精确地估算工程建设的收益，因此，工程建设是具有风险的。

（2）风险的特征

财务管理风险具有四个基本特征。

1）客观性。风险是客观存在的，是条件本身的不确定性。人们不能拒绝它或否定它。风险是客观环境的不确定性因素存在而产生的，因而风险也必然是无处不在、无时不有的客观存在。特定项目投资的风险大小是客观存在的，是否去冒风险或冒多大的风险是主观的。风险的客观性要求人们采取正确的态度，承认风险和正视风险，积极地去应对风险。

2）动态性。风险作为一种潜在的可能性，其出现是有条件的。风险损失或收益的大小也是可变的，会因为时空的变化而有所改变。对于不确定的事件，我们无法知道其准确的结果，但是随着时间的推移，事件的不确定性在缩小，待事件完成，其结果则完全肯定，风险也就不存在了。因此，风险总是一定时期内的风险。

3）可控性。不确定性是风险的本质，但这种不确定性不是指对于事物的变化全然无知，人们可以根据以往发生的一系列类似事件的统计资料，经过分析，对大多数种类的风险发生的概率及其造成的经济损失程度作出主观判断，对导致风险的因素进行控制，从而对可能发生的风险进行预测、衡量和控制。

4）一体性。风险的发生会带来损失，但人们冒险也可能获得额外的报酬，从而获得风险报酬。因此，对待风险不能仅仅消极预防，而要具体风险具体分析，有的风险可以被当作一次经营机会，在对可能的风险损失拟定预防措施的基础上，以适当的方式承担风险，就有可能在冒风险中获得最大的报酬。

风险和不确定性是有区别的。风险是指事先知道所有可能的结果，以及每种后果的概率；不确定性是指事先不知道所有可能的结果，或者虽然知道可能的结果，但不知道它们出现的概率。在实际工作中，风险和不确定性往往很难区分，风险问题的概率往往不能准确知道，不确定性问题也可以估计一个概率。因此，实务中对两者不加以区分，视为"风险"问题对待。

### 2.2.2 风险的分类

为做好风险管理工作，风险可以从以下不同角度进行分类：

（1）按公司投资主体划分，风险可以分为系统风险和非系统风险两类。

系统风险或市场风险是指对特定环境中所有企业产生影响的因素引起的风险。产生系统风险的影响因素一般属于宏观因素。如金融危机、通货膨胀、经济衰退等。由于这些因素是会对经济社会全局产生影响的，涉及所有的企业，所有的投资对象，因此不能通过投资决策的组合来分散风险，由此产生的风险又称为不可分散风险或市场风险。如投资者投资于股票，由于国家经济衰退导致整个大盘下跌，则无论投资于哪种股票，都要面临股价下跌带来的损失，也就是都要承担市场风险。

非系统风险是指发生于个别企业特有事项造成的风险。这种风险不是每个企业都面临的，而是发生于个别企业，如罢工、诉讼失败、失去销售市场等。非系统风险只与个别企业或少数企业相联系，是由每个企业自身的经营状况和财务状况所决定的，并不会对大多数企业产生普遍的影响。因而，不同公司的风险可以相互抵消，可以通过投资决策的组合回避这个风险。这种风险也称为可分散风险或公司特有风险。

（2）按公司内部经营管理分类，可分为经营风险和财务风险两类。

经营风险是指因企业生产经营的不确定性而带来的风险。企业的供、产、销等各种生产经营活动都存在着很大的不确定性，都会对企业损益产生影响。如原材料供应地政治经济情况变动，运输方式改变、价格变动等，这些因素会造成材料供应方面的风险；由于质量不合格、生产组织不合理、安全事故等因素会造成生产方面的风险；由于消费者爱好改变、市场竞争加剧、广告推销不力等也会造成销售方面的风险。此外，企业外部环境的变化、国家经济政策变化、通货膨胀、自然灾害等因素都会给企业经营带来不确定性，从而导致经营风险。

对于工程建筑企业来说，其经营风险主要来自以下几个主要方面：

1）建筑材料价格的变动，尤其是主体建筑结构需要的主要材料（如水泥、钢材等）的价格变动对建筑安装成本影响较大。

2）建筑施工中安全事故的发生，也会影响企业的损益，甚至可能导致施工进程的暂时中止，从而影响施工的进度。

3）建筑工程款的拖欠风险。工程款的拖欠在工程建设中大量存在，严重影响了工程建设企业的现金流量和经济效益。此外，自然灾害，建筑工工资水平的变动，以及投标竞争的变动对工程建筑企业的损益也会产生影响，从而使工程建设过程具有较大的风险性。

财务风险是指由于对外借款而增加的风险，也称筹资风险。企业经营活动的资金有两个来源，一是自有资金，二是借入资金。由于借入资金需要还本付息，一旦无力偿还到期债务，企业就会陷入财务困境甚至破产。

一般财务风险大小受借入资金与自有资金比例的影响。借入资金比例越大，财务风险程度越大；借入资金比例越小，财务风险程度越小。

财务风险管理，关键是要保持一个合理、适用和实际的资金结构，在维持适当的负债水平时，既要充分利用举债经营这一手段获取财务杠杆利益，提高资金营利能力；又要注意防止过度举债而引起的财务风险加大，避免陷入财务困境。

### 2.2.3 风险与报酬的关系

（1）风险报酬的概念

一般而言，投资者投资时，力求回避风险或降低风险，从而实现投资收益的最大化。那么，为什么有的投资人敢于进行风险投资呢？这是因为他可得到高于风险损失以外的更多的额外报酬——风险报酬（Risk Premium）。风险报酬，是指投资者冒着风险进行投资而要求的超过时间价值的那部分额外报酬。风险报酬通常有绝对数和相对数两种表达方法，在财务管理中，通常用相对数，即按百分数或百分率加以计量。

一般投资报酬率就是时间价值和风险报酬率之和，如果加上通货膨胀率就是实际的市场报酬率。因此，资金时间价值和资金风险报酬成为财务管理活动中必须考虑的两项基本要素。

（2）风险与报酬的关系

风险和报酬的基本关系是，风险越大，要求的报酬越高；风险越小，要求的报酬就越低。

投资者进行投资，所期望的投资报酬率由两部分组成：无风险报酬率和风险报酬率，即：

$$期望投资报酬率＝无风险报酬率＋风险报酬率$$

期望投资报酬率与其组成部分的关系如图 2-7 所示。

无风险报酬率与风险大小无关，如购买国库券的收益率，由于政府信用良好稳定，到期肯定可以按发行时约定足额还本付息，所以可以将其视为无风险报酬率。无风险报酬率的实质是最低的社会平均报酬率。

风险报酬率与风险大小有关，风险越大则要求的报酬率就越高，与风险程度成正比。

$$风险报酬率＝风险报酬斜率×风险程度$$

上式中，风险报酬率为风险程度的函数，风险程度通常用标准差或变异系数等计量。风险报酬斜率取决于全体投资者的风险回避态度。如果大家愿意冒风险，则风险报酬率就较小，反之，则风险报酬率就较大。风险报酬率如图 2-8 所示。

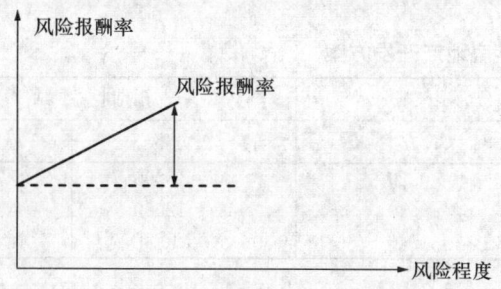

图 2-7 期望投资报酬率与其组成部分

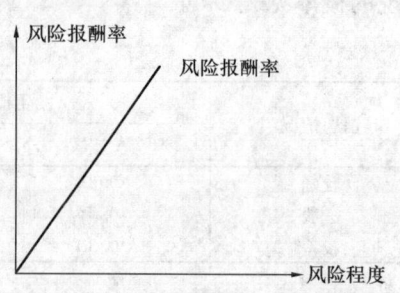

图 2-8 风险报酬率与风险程度

### 2.2.4　风险报酬的计算

学好工程财务管理，必须掌握在工程项目投融资中对风险报酬的计算方法。风险报酬的测量通常采用数学中概率论和统计学等方法。

风险报酬的计算是一个比较复杂的问题，下面结合实例分步加以说明：

1. 确定概率分布

在企业经营活动中，某一事件在完全相同的条件下可能发生，也可能不发生，既可能出现这样的结果，也可能出现那样的结果，则该事件为随机事件。例如，承包一个工程项目，完工后建筑企业的利润有 60% 的机会增加，有 40% 的机会减少。如果把所有可能的事件或结果都列出来，且每一事件都给予一种发生的机率或概率，把它们列示在一起，便构成了概率分布。上例的概率分布可用表 2-4 表示。

企业利润概率分布表　　　　　　　　　　　　　　　　　表 2-4

| 可能出现的结果（$i$） | 概率（$P_i$） |
| --- | --- |
| 利润增加 | $0.6 = 60\%$ |
| 利润减少 | $0.4 = 40\%$ |
| 合计 | $1.00 = 100\%$ |

依据数理统计原理，概率分布必须符合以下两个要求：

（1）所有的概率即 $p_i$ 都是在 0 和 1 之间，即 $0 \leqslant p_i \leqslant 1$。

（2）所有结果的概率之和应等于 1，即 $\sum\limits_{i=1}^{n}(P_i = 1)$，$i = 1, 2, \cdots, n$。

概率分布有两种类型：一是离散型概率分布，二是连续型概率分布。若随机变量只取有限个值，并且对应于这些值有确定的概率，则称随机变量的分布为离散型概率分布。若随机变量取无数个值，并且这些值有确定的概率，其概率分布在一个连续曲线上，则称随机变量的分布为连续型概率分布。

2. 计算期望收益率或收益报酬率

期望收益率是指所有可能收益用概率加权后的加权平均报酬率。其计算公式为：

$$\overline{E} = \sum_{i=1}^{n}(X_i \cdot P_i)$$

【例 2-13】某房地产开发公司现有两种类型的房地产开发方案，其净收益和各种收益出现的概率见表 2-5。

某房地产开发方案　　　　　　　　　　　　　　　　　　表 2-5

| 销售情况 | 发生概率（$P_i$） | | 预期收益（$X_i$） | |
| --- | --- | --- | --- | --- |
| | A 方案 | B 方案 | A 方案 | B 方案 |
| 较好 | 0.20 | 0.20 | $X_i = 18000$ | $X_i = 30000$ |
| 一般 | 0.50 | 0.40 | $X_i = 12000$ | $X_i = 20000$ |
| 较差 | 0.30 | 0.40 | $X_i = 4000$ | $X_i = -8000$ |

【解】由上表数据可以计算 A、B 两个方案各自的期望收益：

A 方案　$\overline{E} = 18000 \times 0.20 + 12000 \times 0.50 + 4000 \times 0.30 = 10800$ 万元

B 方案　$\overline{E} = 30000 \times 0.20 + 20000 \times 0.40 + (-8000) \times 0.40 = 10800$ 万元

从上面的计算可知，A、B 两个开发方案期望收益相同，但其概率分布不同。A 方案期望收益的分散程度较小，B 方案期望收益的分散程度较大。在期望收益相同的情况下，概率分布越集中，实际收益越接近期望收益，即风险程度越小；概率分布越分散，实际收益与期望收益的偏差越大，即风险程度越大。因此，在上例中，A、B 两个开发方案期望收益相同，但风险大小不同，A 方案风险较小，B 方案风险较大。

3. 计算标准差

计算风险的大小，常用统计学中衡量概率分布离散程度的有关指标。

离散程度是用以衡量风险大小的统计指标。一般来说，离散程度越大，风险越大；离散程度越小，风险越小。反映离散程度大小的指标主要有方差、标准离差（率）等。这里主要介绍标准离差和标准离差率两个指标。

标准离差是随机变量的预期值偏离期望值的程度。其计算公式为：

$$\sigma = \sqrt{\sum_{i=1}^{n} \left[ (X_i - \overline{E})^2 \cdot P_i \right]}$$

标准离差以绝对数衡量决策方案的风险，在期望值相同的情况下，标准离差越大，风险越大；反之，标准离差越小，风险越小。

【例 2-14】依例 2-13 计算结果，分别计算 A、B 两个开发方案的标准离差。

【解】依据标准离差是随机变量的预期值偏离期望值的程度公式：

A 方案：

$$\sigma_A = \sqrt{(18000 - 10800)^2 \times 0.2 + (12000 - 10800)^2 \times 0.5 + (4000 - 10800)^2 \times 0.3}$$
$$= 4995 \text{ 万元}$$

B 方案：

$$\sigma_B = \sqrt{(30000 - 10800)^2 \times 0.2 + (20000 - 10800)^2 \times 0.4 + (-8000 - 10800)^2 \times 0.4}$$
$$= 15778 \text{ 万元}$$

A 开发方案的标准离差 4995 万元远小于 B 开发方案的标准离差，说明 A 开发方案的风险小于 B 开发方案的风险。

标准离差以绝对数反映方案风险大小，在评价方案风险大小时，只适用于期望值相同方案间的比较。期望值不同，标准离差的大小不具有可比性。

4. 计算标准离差率

标准离差是反映随机变量离散程度的绝对值，只能用于比较期望报酬率相同的各项投资的风险程度，而不能用来比较在期望值不同的情况下的各项投资风险程度。因此，评价和比较在期望值不同的情况下的各项投资风险程度，只能借助于标准离差率这一指标。标准离差率是标准离差与期望值的比值，是一个相对数指标。用符号 $Q$ 来表示，其计算公式为：

$$Q = \frac{\sigma}{E}$$

标准离差率既可以进行期望值相同方案的比较，也可以进行期望值不同方案的比较。在期望值相同或不同的情况下，标准离差率越大，风险越大，标准离差率越小，风险越小。

【例 2-15】以例 2-14 数据为例，计算 A、B 两个开发方案的标准离差率。

【解】依据标准差率公式，可计算得：

A 方案　　　　　　　　　$Q = \dfrac{4995}{10800} = 0.4625$

B 方案　　　　　　　　　$Q = \dfrac{15778}{10800} = 1.4609$

A 开发方案的标准离差率小于 B 开发方案的标准离差率，说明 A 开发方案比 B 方案风险小。

通过上述标准离差和标准离差率的计算，对于单个方案，决策者可以根据标准离差（率）的大小，并将其同设定的可接受的此项指标最高限值对比，若前者低于后者，则方案可以采纳；若前者高于后者，则方案应当放弃。对于多个方案，决策者选择的基本原则应该是低风险高收益的方案，即标准离差（率）低、收益高的方案。但由于收益高的方案风险也大，因此，需要权衡收益与风险，并且取决于决策者对待风险的态度。喜欢冒险的决策者可能会选择风险和收益都较高的方案，而不喜欢冒险的决策者可能会选择风险和收益均较低的方案。

### 2.2.5　计算风险报酬

1. 单项投资风险报酬的计算

风险与报酬的关系，一般是风险越大，所要求的报酬率越高。标准离差率虽然可以正确地评价投资风险程度的大小，但这还不是风险报酬。要计算风险报酬，还必须借助一个系数——风险报酬系数，或称风险报酬斜率。风险报酬、风险报酬系数和标准离差率之间的关系可以用公式表示如下：

$$R_R = b \cdot Q$$

式中　$R_R$——风险报酬率；

　　　$b$——风险报酬系数（风险报酬斜率）；

　　　$Q$——标准离差率。

对于风险报酬系数的确定，有如下几种方法：

（1）根据以往的同类项目的历史资料加以确定。风险报酬系数 $b$，可以参照以往同类投资项目的历史资料，运用以下公式进行计算确定。

$$b = \frac{R - R_F}{Q}$$

式中　$b$——风险报酬系数；

　　　$R$——以往项目的投资报酬率；

　　　$R_F$——无风险报酬率；

　　　$Q$——标准离差率。

（2）根据标准离差率与投资报酬率之间的关系加以确定。如前所述，标准离差率是衡量风险程度大小的重要标准，因而，可以利用标准离差率同投资报酬之间的关系来估算风险报酬系数。在已知公司过去年度的多项投资报酬率和标准离差率之间的关系的情况下，可以利用以下公式计算确定该公司的风险报酬系数。

$$b = \frac{最高报酬率 - 最低报酬率}{最高标准离差率 - 最低标准离差率}$$

（3）由企业领导或由企业组织有关专家确定。以上两种方法，都必须是在历史资料比较充分的情况下才能使用，如果缺乏历史资料，则可由企业领导，如公司总经理、财务总监、总会计师等根据经验加以确定，也可由企业组织有关专家确定。风险报酬系数的确定，在很大程度上取决于公司对风险的态度。敢于冒风险的公司，往往把 $b$ 值定得较低；反之，比较稳健的公司，则常常将 $b$ 值定得高些。

（4）由国家有关部门组织专家测算。国家有关部门，根据各行业的条件和有关因素，确定各行业的风险报酬系数，由国家定期公布，作为国家参数供投资者参考。

2. 证券组合投资风险报酬的计算

（1）证券组合风险报酬性质

与进行单项投资一样，证券组合也要求对承担的风险进行补偿。证券的风险越大，要求的报酬率越高。但是，与单项投资不同的是，证券组合投资要求补偿的风险只是不可分散风险，而不要求对可分散风险进行补偿。

证券组合的风险可以分为两种性质不同的风险，即可分散风险和不可分散风险。

可分散风险又称为非系统风险，是指某些因素对单个证券造成经济损失的可能性。可分散风险可通过证券持有的多样化来抵消。国外资料显示，一种股票的证券组合的标准差 $\sigma_1$ 大约为 28%，而由所有股票组成的证券标准差 $\sigma_m$ 则为 15.1%，这样一个包含有 40 种股票而又比较合理的证券组合，可分散风险都能消除，但不能全部消除风险。

不可分散风险又称为系统性风险，即前面提到的市场风险，指由于某些因素给市场上所有的证券都带来经济损失的可能性。这种风险会影响到所有的证券，因此无法通过证券组合进行分散。但是，不可分散风险对不同公司有不同的影响。对于这种风险大小的程度，通常可以通过"贝塔"系数 $\beta$ 来衡量。

如果某种股票的"贝塔"系数 $\beta=1$，即某种股票的风险情况与整个股票市场的风险情况一致；

如果某种股票的"贝塔"系数 $\beta>1$，说明其风险大于整个市场的风险；

如果某种股票的"贝塔"系数 $\beta<1$，说明其风险程度小于整个市场的风险。

对于证券组合，其"贝塔"系数 $\beta$ 是单个证券投资"贝塔"系数的加权平均，权数为各种股票在证券组合中所占的比重。

其计算公式如下：

$$\beta = \sum_{i=1}^{n} x_i \beta_i$$

式中　$\beta$——证券组合的"贝塔"系数；

　　　$x_i$——证券组合中第 $i$ 种股票所占的比重；

　　　$\beta_i$——第 $i$ 种股票的贝塔系数；

　　　$n$——证券组合中股票的数量。

（2）计算证券组合的风险报酬

因为可分散风险可以通过证券组合进行分散和消减，不可分散风险由市场变动产生，对所有证券都有影响，不能通过证券组合消除。因此，证券组合投资要求补偿的风险只是不可分散风险，而不要求对可分散风险进行补偿。因此，证券组合的风险报酬是投资者因承担了不可分散风险而要求的。超过时间价值的那部分额外报酬。证券组合的风险报酬可以用以下公式进行计算：

$$R_R = \beta(R_M - R_F)$$

式中　$R_R$——证券组合的风险报酬；

　　　$\beta$——证券组合的"贝塔"系数；

　　　$R_M$——所有股票的平均报酬率，也就是由市场上所有股票组成的证券组合的报酬率，也称为市场报酬率；

　　　$R_F$——无风险报酬率。

**【例 2-16】** 格林公司持有由甲、乙、丙三种股票构成的证券组合，它们的"贝塔"系数分别为 2.0，1.0 和 0.5。它们在证券组合中所占的比重分别为 60%，30% 和 10%，股票的市场报酬率为 14%，无风险报酬率为 10%，试计算确定这种证券组合的风险报酬率。

**【解】** 确定证券组合的"贝塔"值：

$$\beta = \sum_{i=1}^{n} x_i \beta_i$$
$$= 60\% \times 2.0 + 30\% \times 1.0 + 10\% \times 0.5 = 1.55$$

计算该证券风险报酬：

$$R_R = \beta(R_M - R_F)$$
$$= 1.55 \times (14\% - 10\%) = 6.2\%$$

## 2.3　财务管理基本理论

理论是某一研究领域的一套前后一致的假设、概念和实用原则所构成的系统[1]。财务理论是财务管理学科的基石，是揭示财务活动及协调财务关系的要素之间本质的、稳定的、规律性的联系与差异性，从而解释财务管理实务和预测未来的财务管理结果[2]。建立一套完整的财务管理理论体系、科学框架的理论功能是什么？美国著名会计学家 R. K. Mauts 曾指出："那么，究竟是什么促使我们一个接一个地创造理论？创造理论的目的又是什么呢？后一问题的答案是简单的：因为我们喜欢融会贯通（comprehensn）"[3]。"确实，某种职业没有一个全面的、完整的理论结构来支持，是难以确立的"[4]。没有科学的财务理论，将不能准确解释企业财务管理活动的实时活动，无法准确解释，也很难适时地、合理地控制财务行为，以实现企业既定财务目标。

### 2.3.1　财务理论产生与发展

从西方财务管理的发展与演进来看，财务管理作为一门独立的学科产生于 19 世纪末，美国财务学家格林（Thomas L. Greene）1892 年撰写的《公司财务学》专著标志着现代财务管理学科诞生；20 世纪 50 年代的美国经济学家 M. 米勒（Merton H. Miller）和弗兰克·莫迪格莱尼（Franco Modigliani）的《资本成本、公司财务和投资理论》的专著出版，共同提出了公司资本成本定理，即以他们名字命名的"莫迪格莱尼-米勒定理"，简称 MM 定理。弗兰克·莫迪格莱尼和米勒分别在 1985 年和 1990 年荣获诺贝尔经济学奖，标

---

[1] 《韦氏国际词典》（Webster's New International Dictionary）第三版

[2] 汪平《财务理论》. 经济管理出版社. 2003 年 4 月. P9.

[3] R. K. Mauts. 《审计理论研究》

[4] 《证券组合选择：投资的有效多样化》，约翰·威科利出版社 1959 年。

志着现代财务管理学创立。我国财务学经过40年的改革与发展，在借鉴西方财务理论的基础上融入我国经济、制度和文化等因素，在财务学基础理论、公司财务学理论和特殊财务学理论方面进行了开创性研究。

人类共同的财务管理理论，在我国财务学基础理论上形成以价值为核心的连贯、协调和内在一致性认识观点；在公司财务学理论方面，借鉴西方传统理论对我国上市公司进行大量的实证研究，还研究了公司制度财务学和公司形态财务学等问题；在特殊财务学理论方面，突破了传统公司范围，研究了国家财务学、发展财务学和广义财务学。

全球财务管理理论发展大致经历了萌芽阶段、发展阶段、现代财务学阶段和延伸阶段。

1. 早期财务管理阶段（15世纪至19世纪末）

（1）产生环境。企业财务管理大约起源于15世纪末16世纪初。西方社会正处于资本主义萌芽时期，欧洲的地中海沿岸的许多商业城市出现了由公众入股的商业组织，入股的股东有商人、王公、大臣和市民等。商业股份经济的发展客观上要求企业合理预测资本需要量，有效筹集资本。19世纪末20世纪初，工业革命促进了企业规模的不断扩大、生产技术的重大创新和工商活动的丰富与发展，特别是新型股份公司快速发展，公司制成为工业革命后期占主导地位的企业组织形式，以股份公司为载体的资本需求量规模的扩大，客观上促使筹资渠道和筹资方式发生了重大变化，企业筹资活动得到进一步强化，筹集资本扩大经营规模，成为企业关注的重点。因而众多公司纷纷建立了一个崭新的管理部门——财务管理部门，从此财务管理开始从企业管理中分离出来，成为一种独立的管理职业。财务学理论界将这一时期归纳为融资财务管理时期或筹资财务管理时期。

（2）研究成果。财务管理的主要研究成果有：1897年，美国财务学者格林（Green）出版了《公司财务》，详细阐述了公司资本的筹集问题，该书被公认为是最早的财务著作之一；1910年，米德（Meade）出版了《公司财务》，主要研究企业如何最有效地筹集资本，该书为现代财务融资理论奠定了基础。

2. 中期财务管理阶段（20世纪初至20世纪50年代）

（1）发展环境。20世纪初，即1929年爆发的世界性经济危机，西方国家经济整体的萧条与动荡，导致大量企业破产，工人失业，投资者损失惨重。为保护投资人利益，维护市场经济秩序，一方面，西方各国政府加强投融资领域的法制管理，如1933年和1934年美国相继出台了《联邦证券法》和《证券交易法》，对公司证券融资作出严格的法律规定，维持市场经济法制。另一方面，西方企业面对激烈的市场竞争和买方市场趋势的出现，企业管理层及职业财务经理们普遍认识到，单纯依靠扩大融资规模、增加产品产量已无法适应市场需求发展需要，因而，财务总监面临的主要任务应是解决公司内部资金利用效率问题，保持公司内部合理的资本结构和偿还债务问题，公司内部的财务决策上升为最重要的研究与运行。因此，西方财务学家将这一时期称为"守法财务管理时期"或"内部财务管理时期"。

（2）研究成果。20世纪50年代以后，西方财务学家将这一时期称为"内部决策时期（Internal Decision-Making Period）"。美国洛弗（W. H. Lough）的《企业财务》首先提出了企业财务除筹措资本外，还要对资本周转进行有效的管理。英国罗斯（T. G. Rose）的《企业内部财务论》特别强调企业内部财务管理的重要性，认为资本的有效运用是财务研究的重心。以固定资产投资决策为研究对象的资本预算方法日益成熟，财务管理的重心由重视外部融资转向注重资金在公司内部的合理配置，使公司财务管理发生了质的飞跃。

3. 成熟发展阶段（20 世纪 50 年代至 70 年代）

（1）发展环境。50 年代后期，西方财务理论与实践重视公司整体价值的评价与治理，是财务管理理论发展的重要成熟阶段。一方面，财务理论集中在公司内部的财务决策方面，注重对投资决策程序、方法和指标体系的研究；另一方面，投资者和债权人往往根据公司的营利能力、资本结构、股利政策、经营风险等一系列因素来决定公司股票和债券的价值。由此，资本结构和股利政策的研究受到高度重视。

（2）研究成果。展示理论研究的丰硕成果有：1951 年，美国财务学家迪安（Joel Dean）出版了最早研究投资财务理论的著作《资本预算》，对财务管理由融资财务管理向资产财务管理的飞跃发展发挥了决定性影响；1952 年，哈里·马科维茨（H. M. Markowitz）发表论文《资产组合选择》，认为在若干合理的假设条件下，投资收益率的方差是衡量投资风险的有效方法。

1958 年，弗兰克·莫迪格莱尼（Franco Modigliani）和米勒（Merto H. Miller）在《美国经济评论》上发表《资本成本、公司财务和投资理论》，提出了著名的 MM 理论，米勒教授认为，企业价值为企业未来自由现金流量的资本化价值，即 $V_L = V_U = \text{FCF}/\text{WACC}$，其中，$V_L$ 为有杠杆企业价值，$V_U$ 为完全股权资本企业价值，FCF 为自由现金流量，WACC 为企业加权平均资本成本，企业价值命题确立了企业价值最大化财务目标理论。米勒教授与著名的财务专家尤金·法玛（Eugene Fama）教授共著的《The Theory Finance》一书，创立了财务学的确定性模型与不确定性模型，根据他对公司财务理论作出的贡献，瑞典皇家科学院评价是现代财务学理论的奠基人之一。

此后，1959 年，美国金融学会主席，金融学、财务学马科维茨（Harry Markowitz）教授出版了专著《资产组合：有效的多样化》，首次应用资产组合报酬的均值和方差这两个数学概念，从数学逻辑角度明确地定义了投资者偏好，第一次将边际分析原理运用于资产组合的分析研究，马科维茨教授也被公认为资产组合理论流派的创始人，并于 1990 年分享荣获诺贝尔经济学奖。

1964 年夏普（William Sharpe）、林特纳（John Lintner）等在马科维茨理论的基础上，提出了著名的资本资产定价模型（Capital Asset Pricing Model 简称 CAPM），资本资产定价模型使资产组合理论发生了革命性变革，系统阐述了资产组合中风险与收益的关系，区分了系统性风险和非系统性风险，明确提出了非系统性风险可以通过分散投资而减少等观点，它可以用来解决所有投资者都追求最佳证券组合时，如何确定证券的均衡价格和收益期望值问题。这一理论为现代投资理论和现代金融市场价格理论的核心。因此他与马科维茨共同获得第 22 届诺贝尔经济学奖的荣誉。

总之，20 世纪 70 年代是西方财务管理理论走向成熟的时期。财务理论由于吸收自然科学和社会科学的丰富成果，财务管理进一步发展成为集财务预测、财务决策、财务计划、财务控制和财务分析于一身，以筹资管理、投资管理、营运资金管理和利润分配管理为主要内容的管理活动，并在企业管理中居于核心地位。1972 年，法玛（Fama）和米勒（Miller）出版了《财务管理》一书，这部集西方财务管理理论之大成的著作，标志着西方财务管理理论已经发展成熟。

4. 现代财务管理阶段（20 世纪 70 年代以后）

（1）发展环境。20 世纪 70 年代末，企业财务管理进入深化发展的新时期，并朝着国际化、精算化、电子化和互联网网络化财务方向发展。该阶段典型的环境特征是经济全球化趋势加快、信息技术迅猛发展、金融市场趋于完善、金融创新日新月异、国内外市场竞争激烈和经济风险日益加剧，因而该阶段财务管理理论研究的内容向纵深拓展，涵盖企业筹资管理、投资管理、营运资金管理和利润分配管理等领域，集财务预测、财务决策、财务控制和财务分析评价于一体，更加注重企业财务战略、跨国公司财务、企业风险管理和金融产品定价等新领域的开发。

20 世纪 80 年代中后期，拉美、非洲和东南亚发展中国家陷入沉重的债务危机，苏联和东欧国家政局动荡、经济濒临崩溃，美国经历了贸易逆差和财政赤字，贸易保护主义一度盛行。因此，企业在其财务决策中日益重视财务风险的评估和规避，其研究成果如效用理论、线性规划、对策论、概率分布、模拟技术等数量方法在财务管理工作中的应用与日俱增。财务风险问题与财务预测、决策数量化受到高度重视。进出口贸易筹资、外汇风险管理、国际转移价格问题、国际投资分析、跨国公司业绩评估等，成为财务管理研究的热点，由此产生了一门新的财务学分支——国际财务管理，国际财务管理成为现代财务学的分支。

20 世纪 90 年代中期至今，随着数学方法、应用统计、优化理论与电子计算机等先进方法和手段在财务管理中的应用，公司财务管理理论发生了一场"革命"。财务分析向精确方向飞速发展，诞生了企业财务管理信息系统；企业财务活动依托信息通信技术、计算机技术和网络信息技术，开创了财务管理领域的一场伟大革命——互联网财务管理，已经成为财务管理研究热点。

（2）研究成果。这一阶段代表性的成果有：1997 年 10 月，第 29 届诺贝尔经济学奖授予哈佛商学院罗伯特·默顿（Robert Merton）教授和斯坦福大学迈伦·斯克尔斯（Myron Scholes）教授，肯定了布莱克创立和发展的布莱克-斯克尔斯期权定价模型（Black-Scholes Option Pricing Model），为包括股票、债券、货币、商品在内的新兴衍生金融市场的各种以市价变动定价的衍生金融工具的合理定价奠定了基础的杰出贡献。法玛（Eugene Fama）创立的有效市场理论、詹森（Michael Jensen）和威廉·麦克林（William Meckling）提出的委托代理理论、梅耶斯（Mayers）的新优序的信息不对称理论和新优序融资理论是最早系统地将不对称信息引入企业财务管理领域；罗斯（Stephen A, Ross）和斯宾塞（Andrew Michael Spence，1973）的信号传递理论、史密斯等人的财务契约论、哈里斯（Harris，1991）等人的企业治理结构学派等。这一阶段财务管理理论的研究注重不确定条件下企业价值的确定以及市场有效性对企业价值的影响等方面，充分重视风险报酬的权衡，研究领域百花齐放，研究方法以实证研究和数量模型的应用为主，同时重视规范研究与实证研究的结合。

### 2.3.2  现代财务基础理论

正如前面梳理财务管理理论与实践发展与演变历史，掌握财务管理理论对解释企业投融资、资本资产经营、股利分配、财务方案预测、计划、分析和决策等具有重要的理论与应用意义。

1. 资本结构理论（Capital Structure）

资本结构理论是研究公司筹资方式及结构与公司市场价值关系的理论。是财务研究与实践领域著名的"MM 定理"。1958 年莫迪利安尼和米勒的研究结论是：在完善和有效率的资本市场上，企业价值与资本结构和股利政策无关——MM 理论。米勒因 MM 理论获1990 年诺贝尔经济学奖，莫迪利尼亚 1985 年获诺贝尔经济学奖。

MM 定理先后进行两次修订：

① 1958 年 MM 定理是在严格的假设前提之下，以无套利分析技术论证了资本结构与企业价值之间的不相关关系。其主要无税模型包括三个命题：

命题一：企业价值命题

即：
$$V_L = V_U = EBIT/K_{WACC} = EBIT/K_{SU}$$

式中 $V_L$——有杠杆企业价值；

$V_U$——完全股权资本企业价值；FCF 为自由现金流量；

WACC——企业加权平均资本成本。

命题二：风险补偿命题

即：
$$K_{SL} = K_{SU} + (K_{SU} - K_D)(D/S)$$

式中 $K_{SL}$——风险补偿报酬率；

$K_{SU}$——处于一定风险等级中资金来源全部为股权资本投资期望报酬率；

$K_D$——负债利率；

$D$——负债市场价值；

$S$——股票市场价值。

命题三：投资报酬率命题

即：
$$IRR \geqslant K_D = K_{SU}$$

应用意义在于：

命题一说明：只要 EBIT 相等，那么处于同一风险等级里的企业，无论是负债经营的企业还是无负债经营为股权资本经营的企业，它们的价值相等。企业的资本结构与企业加权平均资本成本、企业价值毫不相关。

命题二说明：在 MM 的世界里，资本结构对资本成本、企业价值不产生影响，是因为负债率提高在降低加权平均资本成本的同时，又会由于风险的加大而使得股权成本提高，即所谓的风险补偿 $(K_{SU} - K_D)(D/S)$。负债率（$D/S$）越高，负债因素使得加权平均资本成本的水平降低得越多，但股权资本的风险补偿也会越多，这又会提高加权平均资本成本的水平。两者相互抵消，使得企业的加权平均资本成本的水平始终与无负债状态下的股权资本成本相同，即 $K_{SL} = K_{SU}$。

命题三说明：内含报酬率大于加权平均资本成本或者预期报酬率是进行投资决策的基本前提。只有采纳了内含报酬率大于加权平均资本成本即净现值大于 0 的项目，企业价值才能得以增加。在有效的资本市场上，公司股票的行市也会有所提高。

总之，这一定理为工程项目投融资决策、项目财务方案决策提供理论证据。

【例 2-17】有风险相同的 A、B 两家公司，除了 A 公司完全没有负债，而 B 公司有60 000 元、利率为 5% 的负债外，其他各方面均相同。依据这一原理，由于 B 公司采用了成本较低的负债作为资金来源，会通过降低加权平均资本成本来提高企业价值。因而，B公司的价值应当高于 A 公司的价值，即 $V_A < V_B$。

但 MM 定理认为，这种认识是错误的。原因是 B 公司的价值被高估了，而且这种情况无法持续下去，因为套利行为会使得两公司的价值最终趋于相等。理性的投资者即套利者会出售被高估企业股票，购买低估企业股票，这个过程将会一直持续到两企业的市场价值完全相等为止。B 公司的投资人可以投资于 A 公司而等到相同金额的报酬。同时，在不需要增加融资风险的情况下，还能以较低的支出得出上述结果。由于投资者可以通过支出较少的投资来增加财富，因此，B 公司的投资人将出售所持有的 B 公司股票，购买 A 公司股票。

②1963 年，MM 定理增加所得税因素后的命题。

命题一：企业价值命题

即：
$$V_L = V_U + TD$$

命题二：风险补偿命题

即：
$$K_{SL} = K_{SU} + (K_{SU} - K_D)(1 - T)(D/S)$$

命题三：投资报酬率命题

即：
$$IRR \geqslant K_{SU}[1 - T(D/V)]$$

式中，$T$ 为所得税率。

MM 定理有公司所得税模型的原理是：由于利息的支付是可以抵扣所得税的，因此，财务杠杆降低了公司税后的加权平均资本成本，进而提高了企业价值。

【例 2-18】有 A、B 两家公司，A 公司为全股权资本经营企业，没有负债；B 公司有 80 000 元、利率为 5％的公司负债。公司所有税率为 50％，其他材料相同，见表 2-6。

表 2-6

| 项　　目 | A 公司 | B 公司 |
|---|---|---|
| （1）营业净利 | 20 000 | 20 000 |
| （2）公司所得税 | 10 000 | 10 000 |
| （3）息前税后净利 | 10 000 | 10 000 |
| （4）无负债公司税后资本化率 | 8％ | 8％ |
| （5）（3）之资本化价值 | 125 000 | 125 000 |
| （6）负债利息 | 0 | 4 000 |
| （7）（1−税率）×（6） | 0 | 200 |
| （8）利息抵税额 | 0 | 200 |
| （9）利率 | — | 5％ |
| （10）（8）之资本化价值 | 0 | 4000 |
| 公司总价值 | 125 000 | 129 000 |

第 5 项为股权资本价值，即息前税后净利的资本化价值；第 10 项为负债价值，即利息抵税额的资本化价值。依据 MM 定理，当公司所得税存在时。这两项之和即为公司总价值。公司总价值可用以下公式进行计算求得：

即解为：
$$V = O(1-T)/\rho_K + TD$$
$$= 20000(1-0.5)/0.08 + 0.5(8000)$$
$$= 125000 + 4000$$
$$= 129000 \text{ 元}$$

式中　$O$——预期营业净利润；

　　　$T$——所得税率；

$\rho_K$——某一风险等级下无负债公司的税后资本化率（普通股东要求报酬率）；

$D$——负债市场价值。

上式表明，一公司的价值会随着负债的增加而增加。就某种意义上说，政府补贴作用负债的公司，负债越多，政府给予企业的补贴就越多，因而增加了企业价值。

同时，在不考虑财务风险条件下，使用负债越多，企业的加权平均资本成本就越低。经税负调整后的资本成本为：

$$K_{WACC} = \rho_K[1 - T(D/D+S)] \times 100\%$$

因此：

A 公司资本成本＝$0.08 \times [1-0.5(0/0+125000)] \times 100\% = 8\%$

B 公司资本成本＝$0.08 \times [1-0.5(8000/8000+125000)] \times 100\% = 7.6\%$

总之，依据 MM 定理，一公司可经过财务杠杆的不断提高而持续不断降低其资本成本，增加企业价值。财务杠杆程度越高，资本成本越低，企业价值就越大。100％的负债率是使企业价值达到最大的负债率水平。

这一理论同样可以推广到判断一个工程项目的投资价值，从而为工程项目建设投资和融资提供了决策依据。

2. 资本资产定价模型（Capital Asset Pricing Model，简写为 CAPM）

CAPM 是现代财务中资产组合理论，也是关于最佳投资组合的理论。1952 年马科维茨（Harry Markowitz）提出了该理论，他的研究结论是：只要不同资产之间的收益变化不完全正相关，就可以通过资产组合方式来降低投资风险。

资本资产定价模型在西方金融学和财务管理学中，有许多模型论述风险与报酬的关系，其中一个最重要的模型为资本资产定价模型。这一模型为：

$$R_i = R_F + \beta_i(R_M - R_F)$$

式中　$R_i$——第 $i$ 种股票或第 $i$ 种证券组合的期望报酬率或必要报酬率；

$R_F$——无风险报酬率；

$\beta_i$——第 $i$ 种股票或第 $i$ 种证券组合的贝塔系数；

$R_M$——所有股票的平均报酬率。

【例 2-19】现行国库券的收益率等于 12％，平均风险股票的必要报酬率为 16％。A 股票的贝塔系数等于 1.5，试确定该股票的期望报酬率。

【解】由题目可知，无风险报酬率为 12％，

风险报酬率＝$16\% - 12\% = 4\%$

$R = 12\% + 1.5 \times (16\% - 12\%) = 18\%$

3. 期权定价理论（Option Pricing Model）

期权定价理论是有关期权（股票期权，外汇期权，股票指数期权，可转换债券，可转换优先股，认股权证等）的价值或理论价格确定的理论。1973 年哈佛商学院教授罗伯特·默顿（Robert Merton）和斯坦福大学教授迈伦·斯克尔斯（Myron Scholes）合作，提出了期权定价模型，称为布莱克-斯克尔斯-默顿期权定价模型。Black-Scholes-Merton 期权定价模型（Black-Scholes-Merton Option Pricing Model）简称 B-S OPM 模型。期权定价已成为世界金融领域投资决策的重要理论工具，因此，1997 年斯克尔斯和莫顿获诺贝尔经济学奖。

期权定价理论产生于各国的资本市场，主要用于投资者对投资对象风险与报酬评价或定价决策，对投资决策可靠性、科学性和正确性等进行判断。同时，在工程项目建设的投融资领域有更广泛的应用价值。

工程建设项目的投融资决策，与期权定价的基本原理如出一辙。但它与一般证券估价理论不同，期权定价技术关注的不是企业未来的现金流的多少或有无，而是对风险价值进行直接的估算。一项期权价值的大小，不是依赖于未来投资者所获得的现金流，而是取决于作为其基础资产的价值（股票）或其他资产的价格波动的幅度，这种不确定性越大，期权的价值就越大。

B-S OPM 模型：

$$V = P[N(d_1)] - Xe^{-k_{RF}t}[N(d_2)]$$
$$d_1 = \frac{\ln(P/X) + [k_{PF} + (\sigma^2/2)]t}{\sigma\sqrt{t}}$$
$$d_2 = d_1 - \sqrt{t}$$

式中　$V$——买权的现行价值；

$\quad\quad P$——基础股票的现行价值；

$\quad\quad N$——标准正态分布自 $-\infty$ 到 $d_1$ 累计概率，$N(d_1)$ 与 $N(d_2)$ 各自表示的标准正态分布函数下的面积；

$\quad\quad X$——期权的行使价格；

$\quad\quad e$——为 2.7183；

$\quad\quad k_{RF}$——无风险利率；

$\quad\quad t$——期权有效期；

$\quad\quad \sigma^2$—— 股权报酬方差；

$\ln(P/X)$——为 $P/X$ 的自然对数。

由此，B-S OPM 模型关键要素：①股票的价格；②期权有效期；③期权的行使价格；④基础资产即股票报酬率水平的波动程度，也就是风险程度；⑤无风险报酬率。

具体应用原理：

（1）作为基础资产的股票价格上涨，买权价格上涨，卖权价格下跌。

（2）行使价格提高，买权价格下跌，卖权价格上涨。

（3）股票收益波动增强（风险），买权价格与卖权价格均上涨。

（4）期权有效期延长，头权与卖权价格均上涨。

（5）利率水平提高，买权价格下跌，卖权价格上涨。

（6）如果加入股利因素，则股利增加，买权价格下跌，卖权价格上涨。

因此，投资者可以通过买进（投资）股票，同时，卖出（收益）基础资产的买权的方式，构成一个无风险证券的组合。在均衡的状态下，期权的价值必然反映无风险特征。通过连续地构造其套期组合，使其保持无风险状态，并运用连续时间数学技术解决了期权的定价难题[1]。

---

① Eugene F. Brigham & Louis C. Gapensk: Intermediate Financial Management, 5th edition, p5. The Dryden Press, 1996.

案例：某建设项目投资价值为 100 亿元，年产出效益为 50 万元。项目市场售价估计每年增长 3%。项目采用 PPP 模式，企业合作有效期经营 20 年。建设项目初始投资为 1 亿元，企业的平均经营成本为 250 元，且每年估计增长 5%。市场经营价格波动标准差为 20%，当经营产品价格为 375 元。无风险利率为 9%。则投资项目的价值预期是多少。

分析：这是一个典型的项目投资决策问题，企业能否做 PPP 项目，取决于未来对合作项目投资风险价格的确定。因此，完全可以以期权定价模式进行测算。

依据 B-S OPM 模型：

(1) 基础资产的价值 $V=P\left[N\left(d_1\right)\right]-Xe^{-k_{RF}t}\left[N\left(d_2\right)\right]$

(2) 行使价格＝初始投资成本＋经营成本现值

$$=1000＋（500000×250）×（1-1.05^{20}、1.09^{20}）/（0.09-0.05）$$

(3) 价格波动方差＝0.04

(4) 期权有效合作期＝20 年

(5) 无风险利率＝9%

(6) 投资所得利率＝延期一年生产损失＝1/20＝5%

(7) 根据以上数据，按 B-S OPM 模型，这项投资的期权价值为：

$$d_1=1.5578;d_2=0.6634;$$

$$N(d_1)=0.9403;N(d_2)=0.7464;$$

PPP 项目投资期权价值＝$（211.79e^{-0.05×20}×0.9403）-（174.55e^{-0.09×20}×0.7464）$

$$=5173（万元）$$

这个 PPP 项目的价值为 5173 万元，而按传统资本预算技术的计算，该项 PPP 投资价值的净现值为 3724 万元（211.79 百万-174.55 百万）。这多出来的 1449 万元，正是直接来自于与投资项目的期权性质。

4. 有效市场假说理论（Efficient Markets Hypothesis，EMH）

有效市场假说是对财务管理学发展影响最大的经济学说之一。有效市场假说事实上是关于财务管理行为的环境条件假设。必须知道的是，完全资本市场所侧重的是资本市场的纯粹性，即"无摩擦资本市场（frictionless capital markets）"，即无交易费用、无所得税、无进入市场障碍、机会均等，实际上都是不可能的。是研究者所假想出来的一种资本市场环境，目的是为了理论分析。理论主要贡献者是法玛（Fama）。

法玛理论的基本结构是：

(1) 弱式有效市场（Weak-Form Market Efficiency），即当前的证券价格完全地反映了已蕴含在证券历史价格中的全部信息。即任何一个投资者按照历史价格或盈利信息进行交易，均不能获得额外盈利。

(2) 次强式有效市场（Semi-Strong Market Efficiency），即证券价格完全地反映所有公开的可用的信息。这样根据一切尽可能公开的信息，如公司的年度报告、证券交易所行情或公开的投资咨询报告等，投资者均不可能获得额外的盈利。

(3) 强式有效市场（Strong-Form Market Efficiency），即证券价格完全地反映一切公开的或非公开的信息。

如果承认弱式有效市场假说，那么就承认股票价格是"随机行走"的，其重要性在于，它提供了所有新信息均能很快地在证券价格上得到反映，目前的财务信息与未来股市的变化并不相关。

如果是次强式有效资本市场，企业财务信息盈利报告与资本市场的相关关系。任何人在交易决策中运用公开信息者无法获得额外盈利，因为证券价格已经被公开信息进行了调整；同时，也不可能对未来的价格进行预测。

如果是强式有效资本市场，无论可用信息是否公开，价格一定能完全地、同步地反映所有信息。然而内部交易者即董事会成员、公司管理者以及持股比例在10％以上的受益者是能够获得非常盈利的。

理解意义：

告诉人们能够运用不同类型信息对有效资本市场的公允对策模型进行经验上的验证。目的是让财务管理者做出的财务决策势必影响到资本市场；同时，资本市场对财务决策的反应，也是判断一项决策是否合理的一个重要方面。

【案例】相信市场价格

1981年杜邦公司试图出资75.4亿美元接管柯诺克公司，这是一件较大的兼并交易。1981年6月6日，这一消息被披露。随之，杜邦公司的股市下跌了8.05％，而柯诺克公司的股市却上扬了11.87％，在短短的一天之内，杜邦公司的股东财富下降了6.24亿美元。这一消息对杜邦公司的管理者而言是不能接受的，市场告诉他们犯了决策错误。这个事件的寓意非常简单：相信市场价格。

这件事情告诉财务管理者，在有效的资本市场中管理人员应当充分相信价格，每一种证券的价值均包含了所有可用信息。由于价格对所有信息的及时吸收，对大部分投资者而言，无法长期地获得较高的收益率。

【案例】均衡市场下的投资者决策

某企业投资者投资决策时，对均衡市场条件下，投资者的要求报酬率＝预期报酬率＝实际报酬率。按照现代财务学理论和投资理论，投资者购买某W股票，无风险报酬率为8％，市场平均报酬率为12％，如果投资人购买了一支贝塔系数为2的股票，那么，按资本资产定价模型应当是：

$$K_W = K_{RF} + (k_M - k_{pf})bX$$

他们要求的报酬是多少？

作为理性投资人，他们的买卖行为代表他们要求报酬的多少。

因此，计算式：如果W股票投资预期报酬率高于16％，即要求的报酬率；他们会购进该股票；如果股票W的预测报酬股票低于预期报酬率，低于16％，则会出售该股票；如果预期报酬率等于要求报酬率，买卖行为不会发生。

5. 投资者与管理者：代理关系理论（Agency Theory）

代理理论是研究不同筹资方式和不同资本结构下代理成本的高低，以及如何降低代理成本提高公司价值，1976年10月，詹森（Michael C. Jensen）教授和梅克林教授（William H. Mecking）共同发表了学术论文，即《厂商理论：管理行为、代理成本与所有权结构》（载美国《金融经济学杂志》）。他们认为的代理关系（Agency Relationship）本质就是契约关系，是指一个或多个委托人（如股东），雇佣另一个代理人（管理者），并授予后者以决策的权力，促进其完成某些活动。从公司财务管理角度，代理关系主要存在于股东与管理者之间、股东与债权人之间。

例如有如下案例，一个需要投资 1000 万元的项目，其中 500 万元来自股票投资，300 万元来自公司债务融资，200 万元来自建设过程中的项目流动负债（称为自然融资）。股票资本成本为 18%，公司债务融资成本为 9%，应付款项融资成本为 3%。因而，在同一项目中，风险程度相同，为什么不同的投资人要求的风险报酬率存在差异？表现为不同的资本成本。

企业在接受了投资者投入的资金后即开始了生产经营活动的全过程，目的是创造企业现金流量的最大化，也就是企业财务目标，企业价值最大。只有通过企业创造的现金流量最大，才能实现企业价值最大。如果企业投资人与管理人之间不存在利益冲突，不存在障碍企业经营决策行为，则双方一定会沿着共同的财务目标前进。然而，投资人与管理者之间存在着严重的利益冲突的事实，如生产什么，如何生产，融资来源渠道的选择，融资成本的选择等，实际上这些冲突均会影响企业的财务目标。此外，由于选择融资渠道、规模和结构的不同，索偿权的顺序也会不同，就会发生利益冲突。企业管理者的种种"私欲"行为会影响到企业的长期发展，对这种投资人与管理者冲突的分析与解决途径建议，正是代理关系理论展开研究的内涵，从某种财务学意义上说，并非财务管理的主题。

如果我们站在财务管理角度，将企业投资人与管理者的目标及行为转化为通过追求企业经营活动现金流量的最大化，既可以实现企业价值最大的财务目标，也可以实现投资人与管理者对各自报酬率的要求。这样就会将代理冲突问题研究转化为对企业经营活动现金流量的追求，是对财务管理理论的创新性的发展。

6. 信息不对称理论

企业代理关系的存在，必然形成企业内部管理与企业外部投资人之间的获取的信息差异，也就是通常所说的信息不对称。

科斯定理是由诺贝尔经济学奖得主罗纳德·哈里·科斯（Ronald H. Coase）命名。他于 1937 年和 1960 年分别发表了《厂商的性质》和《社会成本问题》两篇论文，科斯定理的精华在于发现了交易费用及其与产权安排的关系，提出了交易费用对制度安排的影响，为人们在经济生活中作出关于产权安排的决策提供了有效的方法。科斯定理是产权经济学研究的基础，其核心内容是关于交易费用的论断。更为重要的是，在此基础上，三位美国经济学家乔治·阿克罗夫（G. Akerlof），迈克尔·斯彭斯（M. Spence）和约瑟夫·斯蒂格利茨（J. E. Stiglitz）持续研究，发现了市场经济体制信息不对称的规律。在 2001 年度授予他们三位诺贝尔经济学奖，以表彰他们 20 世纪 70 年代在"使用不对称信息进行市场分析"领域所做出的重要贡献。

从财务学理论研究角度，其目的乃是揭示财务对象各要素之间的本质的、稳定的、规律性的必然联系，从而解释在市场经济环境中企业财务管理实务活动中资本资产定价、股权、风险与收益、财务估价和股利分配等逻辑意义。

财务管理的最本质的内容就是企业价值理论，而企业价值理论的两个核心：一是现金流量；二是资本成本。因此，核心内容的信息对称，就是财务管理本质，如图 2-9 所示。

（1）资本投资风险

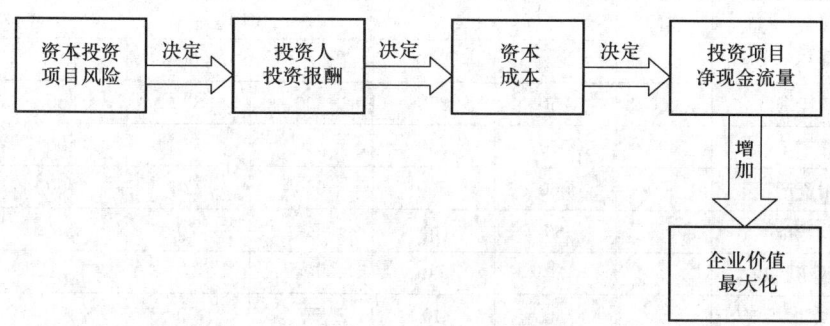

图 2-9 工程财务管理理论逻辑框架

风险存在于企业的一切经营活动中，起点就是企业的投资活动。财务管理活动的重大特征之一便是对企业经营活动中客观存在的种种风险进行度量和规避，这是信息对称的基本做法。

理财人员的重要责任之一在于进行财务决策——投资决策或融资决策，投资决策决定融资决策。风险的度量在前面的风险价值观念中得到学习，这里主要是他们的理论基础。按企业价值理论，所谓风险是指企业未来一定时期经营活动创造的现金流量的不确定性。这种不确定在于不同企业存在着两类风险，一类是系统风险，如政府金融政策、税收政策和财政政策等；另一类是非系统风险，即企业内部的管理治理结构，财务政策，生产资料要素价格等。从由于种种原因，从管理角度，实现企业价值最大目标的关键是资本预算的企业价值估价。

（2）财务估价

所谓财务估价是对企业持续经营价值进行判断、估计的过程。财务估价的目的是确定在持续经营条件下的企业价值，也称为财务决策。财务估价的基本程序如下：

第一，明确被估价的对象。对象依据决策的范围不同可以分为，企业价值估价、建设项目价值估价和投融资价值估价等。

第二，收集被评估对象的信息资料。

第三，分析企业发展目标及相关经营活动财务指标资料。

第四，选择科学财务评估方法，计算企业价值或项目价值，而财务评估方法一般选用的是现金流量折现值法。

即：$FV = \sum_{t=1}^{t=n} \dfrac{CF_t}{(1+i)^t}$ 或 $FV = \dfrac{CF_1}{r-g}$（戈登模型，Gordon Model）

式中　$FV$——企业价值；

　　　$CF_t$——$t$ 期的现金流量；

　　　$r$——反映各项的折现率。

自由现金流量＝营业现金流量—营业用资本总投资

＝税后净营业利润—营业用资产新增投资

式中营业现金流量＝税后净营业利润＋折旧

【案例 2-20】　某企业在未来的 6 年内自由现金流量见表 2-7。

**某企业自由现金流量**（单位：万元）　　　　　　　　　　表 2-7

| 自由现金<br>流量 | 实际<br>1999 | 预测 | | | | | |
|---|---|---|---|---|---|---|---|
| | | 2000 | 2001 | 2002 | 2003 | 2004 | 2005 |
| 净营业用营运资产 | 200 | 250 | 270 | 300 | 330 | 360 | 380 |
| 固定资产 | 300 | 310 | 330 | 350 | 390 | 400 | 410 |
| 净营业用资产 | 500 | 560 | 600 | 650 | 720 | 760 | 790 |
| 营业用新增资产 | | 60 | 40 | 50 | 70 | 40 | 30 |
| 税后净营业利润 | | 52 | 60 | 50 | 70 | 40 | 30 |
| 营业用资产新增投资 | | 60 | 40 | 50 | 70 | 40 | 30 |
| 自由现金流量 | | −8 | 20 | 0 | 20 | 56 | 70 |

根据预测，该企业在 2005 年之后进入固定资产增长时期，增长率这 5%。加权平均资本成本为 10%。按照戈登股利估价模型，2005 年企业价值为：

$$FV_{2005} = \sum_{t=1}^{t=n} \frac{FCF_t(1+g)}{(r-g)} = \frac{70(1+0.05)}{10\%-5\%} = 1470 \text{ 万元}$$

在 1999 年底，该企业的价值为：

$$FV_{1999} = \sum_{t=1}^{t=n} \frac{-8}{(1+10\%)} + \frac{20}{(1+10\%)^2} + \frac{0}{(1+10\%)^3} + \frac{20}{(1+10\%)^4}$$
$$+ \frac{56}{(1+10\%)^5} + \frac{70}{(1+10\%)^6} + \frac{1470}{(1+10\%)^6}$$

该企业的未来现金流量价值＝936.224 万元

基本要求是：一是预测企业未来时期的现金流量；二是根据现金流量的风险程度及投资人的要求报酬折现率。

## 思　考　题

1. 简述资金时间价值观念。
2. 简述风险价值观念。
3. 风险有哪些特征？
4. 说明投资报酬率、货币时间价值、风险报酬之间的关系。
5. 如何运用资本结构理论工程项目创造价值？
6. 运用 MM 定理对于工程项目负债融资及负债风险如何理解？
7. 运用资本资产定价原理，对于房地产项目存在风险的问题投资者如何决策？
8. 试述系统风险与非系统风险的区别。
9. 运用财务估价原理，即折现率评价房地产投资项目，如何定价？
10. 简述资本资产定价模型对风险与报酬关系。

## 计　算　题

1. 假设以 10% 的年利率借得 30000 元，投资于某个寿命为 10 年的项目，为使该项目有利可图，每年至少应收回的现金数额为多少？
2. 某公司拟购置一处房产，房主提出两种付款方案：
从现在起，每年年初支付 20 万元，连续支付 10 次，共 200 万元；

从第五年开始，每年年初支付 25 万元，连续支付 10 次，共 250 万元。

假设该公司的资金成本率（即最低报酬率）为 10%，你认为该公司应选择哪个方案？

3. A、B 两个投资项目，投资额均为 10000 元，其收益的概率分布见下表：

| 概率 | A 项目收益额 | B 项目收益额 |
| --- | --- | --- |
| 0.2 | 2000 | 3500 |
| 0.5 | 1000 | 1000 |
| 0.3 | 500 | −500 |

试计算这两个项目的期望收益、标准差以及标准离差率，并判断两个项目的优劣。

4. 某公司的投资组合中有五种股票，所占比例分别为 30%，20%，20%，15%，15%。其贝塔系数分别为 0.8，1，1.4，1.5，1.7。股票必要风险收益率为 10%，无风险收益率为 8%。试求该投资组合的期望报酬率。

5. 某人准备购买一套住房，他必须现在支付 15 万元现金，以后在 10 年内每年年末支付 1.5 万元，若以年复利率 5% 计，则这套住房现价多少？

# 3 工 程 融 资 管 理

## 【学习目标】

本章重点介绍企业和工程项目融资的基本原理、方法和流程。

掌握工程财务管理融资的基本原理；掌握工程项目融资的动机和融资分类，分析工程项目各种可能的融资方式；掌握工程项目融资资金成本原理、各类融资方式的资金成本的计算方法；理解权益融资和负债融资、对工程项目融资来源进行分析的方法；掌握工程项目资金结构对融资方案最优决策；掌握工程项目融资方案编制。

## 【重要术语】

工程项目融资 权益融资 负债融资 资金成本财务风险 最优资金结构

## 3.1 工程财务融资概述

企业筹集资金，也称为企业融资，是指企业向外部有关单位或个人以及从企业内部筹措和集中生产经营所需资金的财务活动。工程项目筹集资金是指为保证工程项目建设全寿命建设对资金的需求，向内外部企业单位或个人等筹集资金的财务活动。资金筹集是工程建设的起点，也是资金运动的起点，是决定工程建设项目建造经营活动的条件，是工程财务管理的一项重要内容。为了探讨工程项目如何才能实现有效地筹集工程资金，首先必须理解财务筹资活动中的基本概念、原理和方法。

### 3.1.1 工程融资的概念

1. 融资渠道与融资方式

融资渠道是指企业或工程项目资金的来源和通道，体现着所筹集资金的来源地和资金性质，从来源地划分为外部融资和内部融资；从资金性质分为政府资金、商业资金和企业自有资金等。

融资方式是指企业或工程项目取得资金的具体形式，体现着不同的经济关系，即表现为所有权关系或债权关系两大类。

建设项目资金来源与方式，既有区别又有联系。两者的关系是：一定的融资方式，可能只适用于某一特定的融资渠道，但同一渠道的资金往往可以采取不同的融资方式获得，而同一种融资方式又可以适用不同的融资渠道。认识筹集资金渠道是为了掌握每种资金渠道的特点，有利于企业开展筹集资金；掌握资金筹集方式是为了选择不同筹集手段，有效组织资金筹集和组合。

工程项目融资方式主要有：股票、债券、银行借款、租赁、保留盈余、商业信用和商业票据等，特定的建设项目还可以采用项目融资方式。

工程项目融资渠道主要有：政策性金融、开发性金融和商业性金融三类。具体渠道主要包括：政府性银行信贷资金和投入资金；开发性金融信贷资金和权益资金；商业性金融有银行信贷资金、非银行金融机构资金（保险公司、信托投资公司、专业财务公司、共同基金、养老基金等）、企业法人资金、政府及公共团体的资金和个人或家庭的资金等。

2. 短期融资与长期融资

按融资资金偿还期分类为：短期融资和长期融资。

短期融资通常是指供短期（一般为一年以内）使用的资金，主要目的是解决项目临时性或季节性资金的需要。短期资金主要用于现金、应收账款、材料采购、发放工资等，属于企业或项目的流动资金，可以在短期内偿还或收回。短期融资方式有商业信用、银行短期贷款、商业票据等。

长期融资指使用期在一年以上资金，是保证建设项目顺利建成的必备条件。主要目的是用于工程项目、新产品开发、扩大生产规模的固定资产建设资金。一般需要几年甚至十几年才能偿还或收回。长期融资方式一般采取发行股票、债券，向银行中长期借贷款和保留盈余等。

公司或工程项目的资金来源中，短期融资和长期融资所占的比例称作融资结构，又叫融资组合。不同的融资组合对公司或项目的风险与报酬有不同的影响，财务管理人员必须设计最佳的融资方案，实现财务管理目标。

3. 权益融资与负债融资

公司向社会发行股票和运用企业内部的保留盈余等方式筹集资金，表示了公司或项目对资金具有所有权，因此称为权益融资或主权资本，也称为项目资本金。

公司向社会发行债券、向银行借款、利用商业信用、融资租赁等方式筹集资金，代表了对公司的债权，因此称为公司或企业负债融资或负债资本。

公司筹集的资金总额中权益资金与负债资金所占的比例，称为资金结构或资本结构。不同的资本结构对公司或项目的风险和成本也有不同的影响，财务管理人员必须依据公司财务目标，科学、合理地安排资本结构，降低财务风险。

4. 资金成本与财务风险

资金成本是企业理财的重要概念。工程项目投资与筹集资金都必须认真考虑借款而付出的资金代价，另外，投资人即公司的股东或债权人将资金投资于公司是为了获取资金报酬。受资公司不能免费使用资金，必须从经营利润中拿出一定数量的资金付给投资人。因此，资金成本就是企业取得并使用资金所必须付出的费用。从投资者角度分析，资金成本则是投资人要求的最低收益率，也是投资项目的机会成本。因此，公司的资金成本与投资人的投资报酬是同一事物的两个方面。

资金成本是选择资金来源、确定筹资方案的重要依据，同时也是企业承担财务风险大小的标准，其相互关系见表3-1。

**融资方式对照表**          表 3-1

| 融资类型 | 融资方式 | 融资渠道 | 资金成本 | 财务风险 | 资金性质 |
|---|---|---|---|---|---|
| 短期融资 | 银行借款（短期） | 银行 | 较高 | 较大 | 债务 |
| | 商业票据 | 银行、公司等投资人 | 很低 | 最大 | 债务 |
| | 商业信用 | 公司客户 | 不稳定 | 一般 | 债务 |
| | 应付费用 | 职工或政府 | 最低 | 一般 | 债务 |
| | 应收账款代理 | 代理公司 | 很高 | 无 | |

| 融资类型 | 融资方式 | 融资渠道 | 资金成本 | 财务风险 | 资金性质 |
|---|---|---|---|---|---|
| 长期融资 | 股票 | 资本市场 | 很高 | 很小 | 权益 |
| | 保留盈余 | 公司内部 | 很高 | 很小 | 权益 |
| | 债券 | 企业、金融公司、居民 | 较低，高于短期债务 | 较大 | 债务 |
| | 中长期借款 | 银行、保险等公司 | 较低，高于短期债务 | 较大 | 债务 |
| | 租赁 | 租赁公司、金融机构等 | 高 | 一般 | |

### 3.1.2　工程项目融资动机

建设项目主体融资通常具有针对性的融资目的，基本目的是保证建设项目全寿命周期资金需要。为了做好工程融资决策，提高筹集资金的综合效益，融资目的归纳起来主要有四类，即新建项目融资动机、扩张融资动机、调整资本结构动机和混合融资动机等。

1. 新建项目融资动机

是指在企业新建项目时为满足正常大量基础设施和建设项目主体需要所产生的融资动机。企业在筹措固定资产资金需要量和流动资金需要量的同时，还必须筹集规定数额的资本金，不足部分则要求筹集短期或长期的银行借款。

2. 扩张融资动机

是指企业根据自身或社会发展需要，因扩大企业生产经营规模或追加对外投资而产生的融资动机。任何项目主体的发展，都是以资金的不断投放作保证。这种动机具有良好的发展前景、处于企业成长期、市场需求或消费增长期。扩张融资动机产生的直接后果，使企业的资产总额和权益总额增加。

3. 调整资本结构动机

是指企业在不增减资本总额的条件下，为了改变资本结构时机形成的融资动机。例如企业应付账款中有 400 万元到期，长期借款中有 600 万元到期，该企业决定向银行借入短期借款 1000 万元清偿债务。如果其他条件不变，企业只是调整了负债的方式，并没有改变了资产和权益的总额，只改变了企业的资本结构，即以新债还旧债。任何项目主体都希望具有合理和相对稳定的资本结构，但由于在资本结构中任何项目及其数额（绝对额、相对额）的变化都可能会引起资本结构的变动，进而引起资本结构的不合理，项目主体就需要采用不同的筹资方式筹集资金以调整其资本结构，使之趋于合理。

4. 混合融资动机

是指企业为建设项目融资，即需要考虑资金成本结构最优，同时调整外部环境的任何变化都可能会影响到项目主体的经营。比如通货膨胀引起项目主体原材料价格上涨造成资金占用量的增加，从而增加项目主体的资金需求等，因此，项目主体就既需要为扩大经营而增加长期资金，又需要改变原有的资本结构，即混合融资动机。这种融资动机，既会增加项目资本总额，又能调整资本结构。

### 3.1.3　项目融资的基本原则

坚持融资原则是要求企业在融资时，明确融资因素、明晰资金融资综合效益。具体要求如下。

1. 规模适宜原则

筹集资金的目的在于确保项目主体生产经营所必需的资金，筹资的数量不能盲目地确定，必须做到以需定筹。若筹资不足，必然会影响其生产经营活动的正常开展；反之，又会造成资金浪费，降低资金的使用效率，因此，项目主体在筹资时必须掌握一个合理的规模，使资金的筹集量与需求量达到平衡。

2. 时机适宜原则

项目主体筹资的时机应依据资金的使用时间来合理安排。筹资过早会造成资金闲置，筹资太迟又会影响投资机会。

3. 经济效益原则

项目主体筹资渠道和筹资方式多种多样，不同筹资渠道和筹资方式的资金成本、筹资的难易程度、资金供给者的约束条件等可能各不相同，因此，项目主体筹资时，应综合考虑，力求以最低的综合资金成本实现最大的投资效益。

4. 结构合理原则

工程项目主体有多种不同的资金来源，不同来源的资金对工程项目主体风险程度的影响是不同的。合理的资金来源结构包括两个方面内容：一是合理安排权益资本和债务资金的比例；二是合理安排长期资金和短期资金的比例。因此，项目主体在筹资过程中，应合理安排筹资结构，寻求筹资方式的最优组合。

### 3.1.4　工程资本金制度

1. 资本金概念

现代企业的资金来源分为两大部分：权益资金和债务资金。以权益方式投资于公司的资金，投资方可成为公司的所有权人；以债务方式投资的资金，投资方只能称为公司的债权人。

项目资本金，是指在投资项目总投资中，由投资者认缴的出资额，对投资项目来说是非债务性资金。主要包含以下几个含义：

（1）从性质上，资本金是投资者投入的资本，是权益资金。

（2）从目的上，资本金是经营性资金，需要未来的盈利来增加。

（3）从功能上，资本金是以此为承担民事法律责任的标准。按照我国《企业会计财务通则》规定，资本金按照投资主体，分为国家资本金、法人资本金、个人资本金和外商资本金。

国家资本金是有权代表国家投资的政府部门或机构以国有资金投入企业或项目形成的资本金。法人资本金是由法人资格的单位或公司以其依法可以支配的资产投入项目形成的资本金。其他法人可能有多种成分的经济体组成（如国有企业、私营企业、个人独资企业、外商企业等）。个人资本金是社会个人或本企业内部职工以个人合法财产投入企业形成的资本金。外商资本金是外国投资者以及我国的香港、澳门和台湾地区投资者投入企业或项目形成的资本金。

2. 项目资本金的资金筹集

（1）投资项目资本金的出资方式

按照我国有关规定，投资项目资本金的出资方式包括：货币资金和实物、工业产权、非专利技术、土地使用权作价出资。对于作价出资作为资本金的，必须经过有资格的资产评估机构依照法律、法规评估作价，不得高估或低估。其中，以工业产权、非专利技术作价出资的比例不得超过投资项目资本金总额的 20％，国家对采用高新技术成果投资不得超过 30％。

以货币资金方式构成项目资本金的资金来源有：

1）各级人民政府的财政预算内资金、国家批准的各种专项建设基金、"拨改贷"和经营性基本建设基金回收的本息、土地批租收入、国有企业产权转让收入、地方人民政府按国家有关规定收取的各种规费及其他预算外资金。

2）国家授权的投资机构及企业法人的所有者权益（包括资本金、资本公积金、盈余公积金和未分配利润、股票上市收益资金等）、企业折旧资金以及投资者按照国家规定从资金市场上筹措的资金。

3）社会个人合法所有的资金。

4）国家规定的其他可以用作投资项目资本金的资金。

（2）筹资期限

投资项目的资本金一次认缴，并根据批准的建设进度按比例逐年到位。

（3）投资标准

投资项目资本金占总投资的比例，不同行业的标准不同，见表 3-2。

项目资本金占项目总投资的比例      表 3-2

| 投资行业 | 项目资本金占项目总投资的比例 |
| --- | --- |
| 交通运输、煤炭 | 35％及以上 |
| 钢铁、邮电、化肥 | 25％及以上 |
| 电力、机电、建材、化工、石油加工、有色、轻工、纺织、商贸及其他行业 | 20％及以上 |

其中，总投资是指投资项目的建设资金与铺底流动资金之和。

投资项目资本金的具体比例，由项目审批单位根据投资项目的经济效益以及银行贷款意愿和评估意见等情况，在审批可行性研究报告时核定。经国务院批准，对个别情况特殊的国家重点建设项目，可以适当降低资本金比例。

外商投资项目则另有规定，按照目前有关法规，外商投资企业的注册资金与具体执行标准见表 3-3。

外商投资企业注册资金占投资总额的比例      表 3-3

| 投资总额 | 注册资金占总投资的最低比例 | 附加条件 |
| --- | --- | --- |
| 300 万美元以下 | 70％ | |
| 300 万～1000 万美元 | 50％ | 其中投资总额在 400 万美元以下的，注册资金不低于 210 万美元 |
| 1000 万～3000 万美元 | 40％ | 其中投资总额在 1250 万美元以下的，注册资金不低于 500 万美元 |
| 3000 万美元以上 | 1/3 | 其中投资总额在 3600 万美元以下的，注册资金不低于 1200 万美元 |

其中，投资总额是指投资项目的建设投资与流动资金之和。

3. 项目资本金制度的作用

项目资本金制度是国家对有关资本金的筹集、管理以及项目所有者的权利与责任等所作出的法律规范。主要体现在国务院颁布的行政法规中，建立项目资本金制度具有以下重要作用：

（1）有利于明晰项目产权关系，保障所有者权益。

（2）有利于维护债权人的合法权益。

（3）有利于保障企业生产经营的正常进行。

（4）有利于计算企业经营项目盈亏，合理评价项目投资效益。

**【案例讨论】** 2008年北京奥运国家体育场馆"鸟巢"项目资金本金结构的组成见表3-4。

国家体育场馆项目资本金结构　　　　　　　　　　　　　表 3-4

| 投资股东 | 出资比例（％） | 项目公司比例（％） | 资本金金额（万元） |
| --- | --- | --- | --- |
| 北京市国家资产管理委员会 | | 58 | 182062 |
| 中信集团 | 65 | 27.3 | 85695 |
| 北京城市建设集团 | 30 | 12.6 | 39551 |
| 美国金州公司 | 5 | 2.1 | 6592 |
| 总计 | 100 | 100 | 313900 |

请你根据以上表所示，讨论以下问题：

（1）该项目资本金来源与资金方式是什么？

（2）该项目资本金性质是什么？

（3）该项目资本金结构组成方式是什么？

（4）综合以上问题，请分析该项目资本金主要使用对象、资本金结构的合理性。

# 3.2　权　益　融　资

权益融资的主要方式有普通股、优先股、认股权证、优先认股权、吸收直接投资、项目主体内部积累等。其共同优点是财务风险较低，权益融资属长期资金，不需要归还本金，缺点是融资成本较高。

## 3.2.1　普通股融资

1. 普通股概述

普通股是股份有限公司为筹措自有资本而发行的无特别权利的有价证券，是持有人拥有公司股份的凭证。它代表了持股人在公司拥有的所有权。股票持有人为公司的股东，并按投入公司的资本享有所有者的资产管理、收益分配、参与公司决策的权利。普通股筹资是股份有限公司筹集权益资本的基本方式。

按不同的标准，普通股有不同的分类。

（1）按票面是否标明持有者姓名

记名股票是在股票票面上记载股东姓名的股票。这类股票的股权只属于股票上所记载的股东，且该类股份的转让有严格的法律程序与手续，需办理过户手续。

不记名股票指股票票面上不记载股东姓名的股票。这类股票的转让灵活方便，无需办理过户手续。目前我国股份公司发行的社会公众股，可以采取记名股票方式，也可以采用不记名股票方式。

（2）按股票票面是否标明金额

有面值股票指股票票面上标有一定的金额。股东对公司享有权利和承担义务的大小，依其所持有的股票票面金额占公司发行在外股票总面值的比例而定。

无面值股票是不在票面上标出金额，只载明所占公司股本总额的比例或股份数的股票。股东对公司享有权利和承担义务的大小，直接以股票上所标明的比例而定。

（3）我国股票按发行与上市地区和对象

A股股票指供我国国内个人和法人买卖的，以人民币标明票面金额并以人民币认购和交易的股票。

B股股票指可供境内外投资者买卖的，以人民币标明面值，但以外币认购和交易的股票。

境外股是指中国的股份公司在境外发行和上市的股票。根据上市公司地点可简称为H股、S股、P股。

此外，按发行公司当前时期的业绩，可在评价中将其股票分为绩优股、绩差股等。

2. 股票的发行方式、销售方式和发行价格

（1）股票的发行方式

股票发行方式是指股份公司通过何种途径发行股票。

1）从是否需要股东出资的角度

有偿增资，指认购者必须按照股票的某种发行价格支付现金或实物，方能获得股票。采用这种方式发行股票，可以直接从外界募集股本，增加资本金。

无偿增资，指认购者不必向股份公司交纳现金或实物，就可获得股票的发行方式，发行对象仅限于原股东。由于这种方式不能从外界募集股本，一般只在股票分红派息和法定公积或盈余公积转作资本时采用，目的在于以增强股东信心、提高公司信誉或调整资本结构等。

搭配增资，股份公司向原股东分摊新股时，仅让股东支付发行价格的一部分就可获得一定数额股票的方式，以达到既能让原股东享受到优惠，又能实现公司增资计划的目的。

2）按发行是否面向社会公众和通过中介机构

公开间接发行，是指通过金融机构，公开向社会公众发行股票。这种发行方式的范围广、发行对象多，易于足额募集资本；股票的变现性强，流通性好；提高发行主体知名度的优点，其不足之处是手续复杂，发行成本高。

不公开直接发行，指不对外公开发行股票，只向少数特定的发行对象发行，因而不通过金融机构进行。这种发行方式弹性较大，发行成本较低，但发行范围小，股票变现性差。

（2）股票的销售方式

股票的销售方式，指发行主体向社会公开发行股票时所采取的销售方式。

1）自销方式，发行主体直接将股票销售给认购者，不经过证券承销机构。这种发行方式可节约发行成本，但风险完全由发行公司承担。

2）承销方式，指发行公司将股票销售业务委托给证券经营机构代理。这种销售方式是发行股票时所普遍采用的。我国《公司法》规定，股份有限公司向社会公开发行股票，必须与依法设立的证券经营机构签订承销协议，由证券经营机构承销。股票承销包括包销和代销两种具体形式。

（3）股票的发行价格

严格意义上，股票的发行价格分为两种，即股份公司成立时初次发行股票的发行价格和股份公司配股时股票的发行价格。由于目前股份公司配股时股票的发行价格尚无统一的规定，本章所指股票的发行价格是指前者。

一般而言，由于不同的发行目的和种类，股票的发行价格有：

1）平价发行，即以股票的票面金额作为发行价格。这种发行方式，由于市价往往高于面额，溢价部分被投资者得到，但发行主体不能根据市场情况及时合理地调整发行价格。

2）时价发行，即以流通市场上本公司股票的现行市价为基准确定股票发行价格。一般是高于票面额，属于溢价发行，时价发行使发行者能以相对少的股份融通到相对多的资金。

3）中间价发行，即以股票票面金额和股票市价的中间值（不一定是简单平均数）为发行价格。对发行公司而言，实际上是将差价收益一部分归购买者所有，一部分归发行公司所有，达到既能吸引购买者，又能融通到所需资金的目的。我国股份公司对老股东配股时，基本上都采用这种方式。

4）折价发行，即以低于票面金额的价格发行。各国一般规定发行价格不能低于票面金额，这种方式通常是在股份公司对现有股东搭配增资时采用，发行价格低于票面金额的部分由发行主体的公积金抵补。我国《公司法》规定，股票发行价格不得低于票面金额。

（4）普通股股东的权利和义务

发行普通股融集的资金为普通股股本，普通股的持有者为普通股股东。作为普通股股东，一般具有如下权利：

1）行使公司管理权。普通股股东管理权主要体现在依法享有投票表决权、查账权和阻止越权的权利。

2）收益分配权。这是普通股股东的一项基本权利。盈余的分配方案由董事会决定，每一个会计年度由董事会根据企业的盈利大小和财务状况来决定配发股利的方式和金额。

3）优先认股权。当公司增发普通股票时，持有股票的原有股东有权按持有公司股本的比例，优先认购新股票，这主要是体现现有股东保持其在公司股份中原有所占的百分比，以保证他们的控制权。

4）剩余财产清偿权等权利。当公司清算、解散时，普通股东对剩余财产有要求权。但这项要求权是在首先偿还了债务人的负债、支付优先股东利益后，才能分配给普通股东，实际上只能分配很少的剩余财产。

普通股东也要承受一定的风险，体现在：遵守公司章程规定的一切义务；普通股股票一旦出售便不能再退股，但可在二级市场转让；普通股股利不固定，收益取决于公司的业绩和股利政策。

（5）普通股融资的优缺点

公司通过发行普通股融资有优点也有一定的缺点。

其优点有：

1）无需还本。可理解为投资者投入的资金没有固定的到期日，公司可通过普通股获得稳定的永久性资金，完成公司长期资金计划，获得收益。

2）降低公司的财务风险。普通股股票没有到期日，没有固定的利息负担，股利视公司的盈利状况而定，这自然可降低公司的财务风险。

3）提高公司的信誉。发行股票筹集的资金是主权资金，有了主权资金就能为债权人提供较大的损失保障。因而，发行股票能提高公司的信用程度，还能为债务资金提供保障。

其缺点有：

1）可能会分散公司的控股权。普通股股东有投票表决权，持股比例达到一定水平后就可对投票结果产生较大影响，从而影响董事会组成或分配方案的通过与否，进而影响到公司重大决策。另外，当公司增发新普通股时，新股东的加入意味着原股东的持股比例相应下降，原股东对公司的控股权分散。

2）融资成本较高。发行普通股需要投入大量的人力、物力和财力，一般而言，发行证券费用最高的是普通股，然后是优先股、公司债券，另一方面，公司支付给普通股股东的股利只能从税后利润中支付，这自然也就失去了像债券利息一样享受抵减税负的好处。

3）可能导致股价下跌。增发新的普通股，可能会因新股东分享了公司的盈余降低了每股净收益而导致股价下跌。

### 3.2.2　优先股融资

优先股与普通股具有很多相似之处，是股票的一种。它主要指优先分得股利和剩余财产。其特点是：优先股股息固定，与债券特征相似，但优先股没有还本期限，这又与普通股一样。另外，一般情况下，优先股没有投票表决权，无法参与公司的经营管理，因此，优先股可看作是一种特殊的股票。

1. 优先股的种类

股份公司发行优先股时，可根据需要附加不同条款，设计不同的优先股。

（1）累积优先股和非累积优先股

累积优先股是指对过去欠发的优先股股利，公司有责任在后期累积补付，在未付清累积的优先股股利之前，不能派发普通股股利。非累积优先股则不需累积补发。可见，发行非累积优先股更有利于维护发行主体的利益。

（2）参加优先股和非参加优先股

参加优先股指优先股股东按规定获取股息后，还有权与普通股股东一起参与剩余利润的分配。它又可分为全部参加优先股和部分参加优先股。实践中比较常见的多为非参加优先股。

（3）可转换优先股和不可转换优先股

可转换优先股是指按照发行公司规定的条件和比例，在将来一定时期转换成公司其他证券的优先股。当公司盈利能力提高或与欲拥有表决权时，优先股股东可选择将优先股转换成普通股，转换优先股赋予股东一种选择权，能增加对投资者的吸引力。

（4）可赎回优先股和不可赎回优先股

可赎回优先股指公司可以按事先规定的赎回条款，按一定的价格收回的优先股。赎回的价格是事先确定的，通常高于股票面值，以保护投资者的利益。

2. 优先股融资的优缺点

优先股融资的优点主要体现在：

（1）不分散普通股股东的控股权。由于优先股股东不参加公司的经营管理，没有投票权，故发行优先股不会分散普通股股东对公司的控股权。

（2）可改善公司的财务状况。由于优先股不必偿还本金，因此，通过优先股筹集资金，可减少公司的偿债风险和压力，保持公司良好的财务状况。

（3）可产生财务杠杆作用。由于优先股股息固定，因此，当公司发行优先股而获得丰厚的利润时，普通股股东会享受到更多的利益。

缺点主要体现在：

（1）融资成本较高。优先股成本低于普通股，但高于债券，股利不能像债券利息一样在税前扣除。

（2）股息固定可能影响企业的发展。固定了的优先股股息使项目主体无法根据需要保留更多的利润用于投资，从而对项目主体的利润分配形成负担。

### 3.2.3　其他权益融资方式

权益融资的其他方式主要包括直接投资、项目主体内部盈余积累。

直接投资是指非股份公司以协议等形式吸收国家、其他法人单位、个人和外商等直接投入资金，形成工程项目主体资本金的一种融资方式。直接投资不以股票为媒介，是非股份制项目主体筹集主权资本的一种基本形式。这种融资方式的优点表现在可以筹集现金，也能够直接获得所需的先进设备和技术，尽快形成工程项目主体的生产经营能力；另外，由于通过这种方式筹集到的是工程项目主体自有资金，与债务资金相比，财务风险小，且所融资金能改善工程项目主体的资本结构，降低负债比率。其不足之处主要是产权流动性差，另外，由于没有证券为媒介，也使得产权的交易和流通变得困难。

此外，内部积累利润转化为盈余公积金及公积金转化为资本金也是项目主体进行权益融资的重要方式。

## 3.3　债　务　融　资

债务融资是指向银行、其他金融机构、其他企业单位等借入的，具有特定偿还时间、偿还利息和本金的融资方式，又称为债权性融资。债务融资是项目企业一项重要的资金来源。按融资金使用期限的长短，可分为长期负债融资和短期负债融资两大类。长期负债融资是指筹集的使用期限在一年以上的借款，其融资方式主要有长期借款、长期债券、融资租赁等；短期负债融资，是指筹集的偿还期不超过一年的债务资金，其融资方式主要有短期借款、商业信用、商业票据、应计（付）项目等。它们的共同优点是融资速度快、成本较低，缺点是融资风险较大，还本付息的压力也较大。

### 3.3.1　长期负债融资

1. 长期借款

长期借款是指项目主体向银行和其他金融机构借入的使用期限在一年以上的资金，主要用于固定资产投资和长期流动资产投资等方面的需要。

（1）长期借款的分类

1）按照不同的借款来源，长期借款可划分为：政策性银行贷款、商业银行贷款和其他金融机构贷款。

政策性银行贷款是指执行国家政策性贷款业务的银行向国家重点建设项目或地方政府建设项目发放贷款，通常为长期借款。如国家开发银行为满足企业承建国家重点项目的资金需求而提供的贷款，也包括出口信贷的款项等。

商业银行贷款是指由各商业银行向企业提供的贷款，以满足企业生产经营资金的需要，包括长期和短期贷款。

其他金融机构贷款主要是指由信托投资公司取得的货币和实物形式的信托投资贷款；从财务公司取得的各种商业中长期贷款；从保险公司取得的工程、财产等保险贷款。其他金融机构贷款一般较商业银行贷款的时间要长，要求的利率要高，对贷款人信用要求和担保的条件要严格。

2）根据贷款用途，可划分为基本建设贷款、专项贷款和流动资金贷款。

基本建设贷款是指政府或企业为新建、改建、扩建生产经营固定资产，城市建设基础设施，公益设施等而向银行申请借入的款项。

专项贷款是指政府或企业因为专门用途而向银行申请借入的款项，包括更新改造贷款、大修理贷款、科技开发贷款、小型技术措施贷款、出口方向贷款等。

流动资金借款是指企业专门为了满足流动资金需求而向银行申请借入的款项，包括生产周转借款、建设项目铺底流动资金、临时借款、流动基金借款等。

3）按贷款有无担保和担保方式，可划分为信用贷款、保证贷款、质押贷款和抵押贷款。

信用贷款是指工程项目主体不需提供任何担保，仅凭其信用而获得的贷款。这种方式的优点是手续简便，但对于发放贷款的金融机构而言，缺乏安全保障，因此，这类贷款一般是信用等级较高的项目主体才能获得。

担保贷款是指以担保方式为条件而获得的贷款。贷款的担保方式有三种：保证贷款是以第三人为借款人提供还款保证作为条件的担保贷款，它受到保证人经济能力和资信程度限制；质押贷款是以借款人或第三人提供质物为条件的贷款，质押物必须转移给贷款人占有，常用的质物有国库券、可转让定期存单等；抵押贷款是以借款人或第三人提供抵押物为条件的贷款，抵押物不转移占有，仍由提供者（抵押人）占有和使用，但必须进行抵押登记，未经贷款银行（抵押权人）允许不得将抵押物变卖、赠送、交换或抵押给他人，常用的抵押物主要是不动产。

（2）长期借款的利率及偿还方式

由于长期借款涉及的金额大、期限长，因此，项目主体应预先对借款的偿还做好安排，常见的偿还方式有：到期一次还本付息；分期付息，到期还本；定期偿还本金和利息等。无论采用何种方式偿还借款，项目主体都应计算出每年需支付的利息和偿还的本金，利息作为财务费用在税法允许的范围内可抵减所得税，本金用税后利润偿还，这些都可通过编制还款计划表来完成。

（3）长期借款融资的优缺点

长期借款融资的优点主要有：

1）融资速度快。在借贷双方协商一致，签订合同后，借方即可获得资金，而不必经过证券管理部门的审核批准，手续简单，能迅速融集到所需资金。

2）资金成本低。有两方面的原因，其一，项目主体向金融机构借款，不必像发行证券那样需要支付较高的发行费用，融资费用低。其二，长期借款的利息可在所得税前支付，具有抵税作用。

3）具有财务杠杆的作用。长期借款的利息相对普通股而言是固定的，故与债券融资、优先股融资类似，具有财务杠杆的作用，即当项目主体获得丰厚的利润时，普通股股东会享受到更多的利益。

4）不影响普通股股东的控制权。由于提供长期借款的贷款人无权参与项目主体的经营管理，无投票表决权，因此，不会影响项目主体股东的控股权。

缺点主要有：

1）财务风险大。既然是借款，就需要按期还本付息，长期借款虽然期限较长，但也必须按期归还本金和利息，当项目主体经营业绩不佳时，借款的偿付会增大项目主体的财务风险。

2）融资数额有限。利用长期借款融资不能像发行股票那样在大范围内筹集大额的资金。

3）限制条件较多。贷款合约中有许多限制性条款（如指定借款的用途），可能会对项目主体的经营活动带来一定的影响。

2. 长期债券融资

（1）债券的概述

债券是指依法定程序发行，约定在一定期限内还本付息的有价证券。发行债券也是工程项目融资的一种重要形式。

（2）债券的种类

1）按发行主体不同，可分为政府债券、金融债券、公司债券。

政府债券是由政府作为发行主体，为筹集资金向社会公众发行的债务凭证，包括国家债券和地方政府债券。政府债券对于保障国家非营利性基础设施建设具有重要作用。

金融债券是由商业银行等金融机构作为发行主体，为筹集资金而向社会公开发行的债券。金融债券具有和政府债券一样可流通转让、不可提前支取、面额固定以及利息一般固定的特点。金融债券利率一般要高于同期存款利率，这就会增加金融机构的融资成本，继而会加重借款人的利息负担。金融债券的票面利率介于国家债券和公司债券之间。

公司债券是项目公司为主体为项目建设和经营资金需要而发行的债券，也称为企业债券或公司债券。与前两种债券相比，企业债券的利率较高。

2）按债券是否记名，分为记名债券和无记名债券

记名债券是在债券上记录持有债券人姓名的企业债券，同时要把持有债券人的姓名也登记在名册上，目的是为了偿还本金和利息，也为了办理过户手续。

无记名债券则在债券上不记录债券持有人姓名，还本付息时仅以债券为凭证，企业见票即还本付息。

3）按偿还期限的长短，分为短期债券、中期债券和长期债券

短期债券是指偿还期在一年以内的债券，通常分为三个月、六个月、九个月三种。长期债券是指偿还期超过一年的债券。在其中可根据需要进一步划分为中长期债券和长期债券。

其他还有多种划分分类，如按利率的不同，可分为固定利率债券和浮动利率债券；按发行人有无抵押品作为还款担保，分为抵押债券和信用债券；按债券利息支付方式，分为一般附息债券、附息票债券、贴现债券；按发行对象的国别，分为境内债券和境外债券等。

（3）债券发行价格

1）概念。债券发行价格是指债券发行时使用的价格，也即投资者在发行市场上购买债券时实际支付的价格。债券的发行价格通常有三种：平价、折价、溢价。平价是指债券的发行价与债券的票面金额相等。溢价是指债券的发行价高于债券的票面金额。折价是指债券的发行价低于债券的票面金额。这是因为在发行市场上，票面利率一经标定在债券上，就无法更改，而市场利率是随时会发生变化的，为了在债券发行时，使发行主体的发行成本与投资者的投资收益合理化，发行主体就需要调整其发行价格，即当票面利率高于市场利率时，以溢价发行债券；当票面利率低于市场利率时，以折价发行债券；当票面利率等于市场利率时，以平价发行债券。在我国，目前债券以平价发行为主。

2）债券的发行价格确定因素，主要有四种：第一，是债券票面价值，即面值，债券售价的高低，从根本上取决于面值的大小，它是企业将来需要偿还的数额。第二，是债券的利率。它是债券利息标准，利率越高，企业偿还的成本也就越高。第三，是市场利率，它是衡量债券利率高低的参照指标，与债券价格成反比。第四，债券期限。债券发行期越长，则风险越大，售价越低。

3）债券发行价格计算

债券发行价格的计算公式为：

$$债券发行价格 = \frac{票面金额}{(1+市场利率)^n} + \sum_{t=1}^{n} \frac{票面金额 \times 票面利率}{(1+市场利率)^t}$$

式中　$n$——债券期限；

　　　$t$——付息期数。

市场利率指债券发行时的市场利率。

【例 3-1】　某工程项目主体为项目建设拟发行一种面值为 100 元、利率为 8％的 5 年期债券，利息每年末支付一次，到期一次还本。如果在债券发行时，同类债券市场利率降至 6％、升至 10％、保持 8％的原利率水平，试问该发行主体该如何调整其发行价？

【解】　当市场利率为 6％时，票面利率高于市场利率，为溢价发行：

$$发行价格 = \frac{100}{(1+6\%)^5} + \sum_{t=1}^{n} \frac{100 \times 8\%}{(1+6\%)^5}$$

$$= 100 \times (P/F, 6\%, 5) + 8 \times (P/A, 6\%, 5)$$

$$= 100 \times 0.747 + 8 \times 4.212 = 74.7 + 33.696$$

$$= 108.40 \text{ 元}$$

当市场利率为 10％时，票面利率低于市场利率，为折价发行：

$$发行价格 = \frac{100}{(1+10\%)^5} + \sum_{t=1}^{n} \frac{100 \times 8\%}{(1+10\%)^5}$$

$$= 100 \times (P/F, 10\%, 5) + 8 \times (P/A, 10\%, 5)$$

$$= 100 \times 0.621 + 8 \times 3.791 = 62.1 + 30.328 = 92.43 \, 元$$

当市场利率为8%时，票面利率等于市场利率，为平价发行：

$$发行价格 = \frac{100}{(1+8\%)^5} + \sum_{t=1}^{n} \frac{100 \times 8\%}{(1+8\%)^5}$$

$$= 100 \times (P/F, 8\%, 5) + 8 \times (P/A, 8\%, 5)$$

$$= 100 \times 0.681 + 8 \times 3.993 = 68.1 + 31.944 = 100.04 \, 元$$

（4）长期债券融资的优缺点

与其他长期负债融资方式相比，长期债券融资有优点，也有不利的一面。如发行债券，投资人分散、广泛，资金使用不受限制，但受市场利率与供求关系的影响，债券发行能否筹集到足够的资金也无法确定等。

具体体现在：

1) 资金成本低。因为与发行股票融资方式相比，债券的发行费用较低，另外，债券的利息可以在所得税前支付，具有抵税作用。因此，债券的资金成本一般低于权益资金的融资成本。

2) 具有财务杠杆的作用。长期债券的利率一般是固定的，无论发行公司盈利状况如何，公司只需向持有人支付固定的利息。因此，当项目主体获得丰厚的利润时，普通股股东会享受到更多的利益。

3) 不影响普通股股东的控制权。债券是一种债权凭证，债券持有人只享有按期收回本利的权利，无权参与企业的经营管理，无投票表决权。因此，不会影响项目主体股东的控股权。

债券融资的缺点：

1) 财务风险大。债券固定的本息偿还要求可能会使发行主体面临较重的财务压力，一旦发行主体的资金周转出现困难，可能因无法履约而陷入困境，甚至可能破产。

2) 融资数额有限。当项目主体负债规模达到一定程度后，与长期借款方式一样，受法律的约束，将不能再利用这种方式融资。

3) 限制条件较多。发行债券契约书中的限制条件比发行优先股和长期借款更为严格，可能会对项目主体的经营活动带来一定的影响。

### 3.3.2　短期负债融资

短期负债融资最主要的形式是商业信用和短期借款。

1. 短期借款

短期借款是指借款人向银行和非银行金融机构借入的期限在一年以内的借款。

按借款的目的和用途可分为生产周转借款、临时借款、结算借款等；按偿还方式的不同可分为一次性偿还借款和分期偿还借款；按利息支付方式不同，可分为收款法借款、贴现法借款和加息法借款；按无担保和有担保时的担保方式分为信用借款、保证借款、质押借款和抵押借款等。

2. 短期借款的还本付息方式

（1）本金偿还方式

短期借款的本金偿还方式有到期一次性偿还和贷款期内定期等额偿还两种方式。一般而言，贷款人不希望采取前一种偿还方式，而借款人则不希望采取后一种偿还方式。

（2）短期借款的付息方式

一般而言，借款人可以采用三种方法向银行支付利息。

1）收款法。指在借款到期时向银行支付利息的方法。银行发放的贷款大都采用这种方法。

2）贴现法。指银行在发放贷款时，先从本金中扣除利息，到期时由借款人偿还全部本金的计息方法。采用这种方法，借款人借款的实际利率高于名义利率。

$$贴现法的实际利率 = \frac{名义利率}{1 - 名义利率} \times 100\%$$

3）加息法。指银行发放分期等额偿还贷款时采用的利息收取方法。在分期等额偿还贷款的情况下，银行要将根据名义利率计算的利息加到贷款本金上，计算出贷款的本利和，要求借款人在贷款期内分期偿还本息之和。

（3）短期借款融资的特点

与长期融资方式相比，具有以下优缺点：

1）短期借款的优点

①融资效率较高。借款方取得短期借款的条件和手续相对较为简单，融资效率较高。

②灵活性较强。借款方可根据经营状况需要，调整借款数额，便于对资金的灵活安排。特别是对于季节性和临时性的资金需求，采用这种方式更为方便。

2）短期借款的缺点

① 资金成本较高。与其他短期融资方式相比，资金成本较高，特别是有补偿性余额时，以及利息负担或其他限制条款的情况下。

② 限制条款较多。与商业信用相比，短期借款融资的限制条件一般较多，贷款银行一般会对借款人的经营和财务状况提出一定的要求。

### 3.3.3 商业信用

商业信用在短期负债融资中占有相当大的比重。商业信用是企业或项目主体商品交换中自然形成的，也称为"自然性融资"。

工程项目的大供应商所提供的金额较大的设备，允许购货方以延期付款的方式支付货款。这实际上是向工程项目主体融通了资金。当然，采用这种方式，供应商有可能抬高设备价格，增大项目成本，这时的商业信用实质上是高价融资。

1. 商业信用的具体形式

商业信用的具体形式有应付账款、应付票据和预付账款等。

（1）应付账款

由于商品赊购而形成的欠款，是最典型、最常见的商业信用形式，即卖方允许买方在购货后一段时间内付款，相当于卖方以应付账款的形式向买方提供了一笔短期贷款。对买方而言，形成其短期资金来源。

（2）应付票据

买方根据购销合同，向卖方开出承兑商业汇票，从而延期付款的一种商业信用。由于应付票据与应付账款相比是一种有正式法律凭据的赊账方式，销货方更愿采用应付票据的商业信用形式。

应付票据可以带息，也可以不带息，带息票据的利率一般要比银行借款的利率低，因此，应付票据的融资成本相对较低，但应付票据到期必须支付，否则要支付较高的罚金，因此，其融资风险相对较高。

（3）预收账款

卖方先向买方收取货款，延期到一定时间以后再交货的一种商业信用形式，相当于卖方从买方借入一笔资金。这种形式通常运用于工程项目主体购买紧俏商品或者生产周期长、资金需要量大的商品。

此外，广义而言，应付工资、应交税金、其他应付款等在一定程度上也能缓解项目主体短期的资金需求，因此，也可以称为项目主体短期融资的形式。在实际业务中，在施工企业间竞争激烈的情况下，有时会出现施工企业垫资承包工程的情况，实际上是施工企业向工程发包方提供商业信用，这种情况下施工企业往往面临较大的信用风险。

2. 商业信用的成本

运用商业信用融资同样具备融资成本，主要是交易费用、现金折扣和信用成本。

（1）与应收账款的信用条件政策相对应，应付账款也存在商业信用条件。所谓信用条件是指销货人对付款时间和现金折扣所作的具体规定。

商业信用成本是项目主体利用商业信用形式融资时所付出的代价。应付账款的信用代价可分为三种：

1）免费信用。免费信用指买方在规定的折扣期限内享受的折扣，这部分信用的融资是免费的。如果供应商没有提供现金折扣，或者能尽快地付款而获得现金折扣，那么买方利用供应商的商业信用就没有成本。

例如，在"2/10，$n/30$"信用条件下，某工程项目主体购入1000元的设备商品，如果该主体在10天内付款，就可以享受10天的免费信用期，并可享受现金折扣2%，即该项目主体在第一到十天内付款只需支付98%的价款。如果该项目主体选择了在第10天付款，则可视为获得了98%价款的为期10天的短期资金来源。

信用条件表示为（2/10、$n/30$），指在十天之内付款，可享受2%的现金折扣，若不享受现金折扣，货款应在30天内付清。

2）有代价信用。当供应方提供了现金折扣，而买方没有获得折扣则意味着有买方机会成本。买方由于放弃现金折扣的成本为：

$$放弃现金折扣成本 = \frac{折扣百分比}{1-折扣百分比} \times \frac{360}{总信用期限-折扣期限}$$

上例中，如买方超过折扣期限付款（如在第30天付款），则买方不能享受本来可以享受到的现金折扣，也就是买方为多享受20天的商业信用而放弃了现金折扣，其隐含的成本为：

$$\frac{2\%}{1-2\%} \times \frac{360}{30-10} = 36.7\%$$

展期成本：展期指买方超出规定的信用期限再付款，则买方利用商业信用隐含的成本将降低。推迟付款的时间越长，其利息成本越小。在上例中，若工程项目主体在第50天付款，其成本为：

$$\frac{2\%}{1-2\%} \times \frac{360}{50-10} = 18.4\%$$

当然，这样买方也存在较大的风险，如信用受损，供应商停止供货，甚至可能引起法律纠纷。

（2）商业信用融资方式的优缺点

商业信用融资方式的优点主要有：

1）商业信用方便易行，是一种自发性融资。商业信用与商品交易相伴而生，随商业经营活动的持续而存在，不需要办理任何手续，使用比较方便。通过商业信用融通短期资金已成为项目主体经常性融资的组成部分。

2）商业信用融资成本低。例如，如果信用条件中没有现金折扣，或使用不附息的应付票据，则利用商业信用融资不需付出任何成本。

3）利用商业信用融资限制少。商业信用一般只对还款期限作出规定，一般不包含其他限制性条款，因此对项目主体经营影响较小。

4）商业信用融资灵活方便。买方可根据需求，决定商业信用的取得时间、偿还时间，方式简便。

缺点主要有：

1）融资的期限较短，只能作为短期资金的运用。

2）在存在现金折扣的条件下，如果项目主体放弃现金折扣，所付出的资金成本较高。

3）有一定自发性，当商业信用不规范、当事人诚信程度较低时，风险较大。

### 3.3.4 商业票据

1. 商业票据概述

商业票据是由债务人开出，允诺一定时间内以一定金额支付给债权人的债务凭证。规模大、信誉好的公司可通过出售商业票据借入短期资金，因此，商业票据可成为项目主体进行短期融资的重要途径。商业票据的发行者主要是一些信誉卓著、实力雄厚的公司，商业票据的面额一般较大。

2. 商业票据的成本

商业票据的发行成本包括利息成本和非利息成本，其中利息成本取决于贴现率；非利息成本主要是发行和销售过程中的一些费用，包括评级费、保证费、承销费等。

商业票据以贴现方式发行，通过票据贴现，持票人将未到期票据以低于票面金额的价格售出，取得货币资金，到期支付给买方票面金额。商业票据的年融资成本由票据的期限和借款利率水平所决定。年融资成本的公式为：

$$年融资成本（年度百分比利率） = \frac{票面利率}{1 - 票面利率 \times \dfrac{票据期限}{360}} \times 100\%$$

【例 3-2】 某公司以 10% 的利率发行了 10 亿元，期限为 90 天的商业票据，则其年融资成本为多少？

【解】

$$\frac{10\%}{1 - 10\% \times \dfrac{90}{360}} = 10.26\%$$

3. 商业票据融资的评价

商业票据到期必须归还，风险较大。另外，对于投资人而言，由于面临票据发行人到期无法付款的风险，因此，票据市场上对票据发行人的资信等级有严格的要求，信用等级低的票据发行成本相对较高。

# 3.4　资金成本和资金结构决策

资金成本是衡量项目融资、投资效益的重要指标。工程项目融资的核心问题就是确定最优的资金结构，资金结构是权益资金与债务资金的比例，这一比例的本质就是资金成本。只有当建设项目的投资收益率高于资金成本率时，才能表明融资和使用的资金达到预期的目标。

## 3.4.1　资金成本概述

1. 资金成本的概念

项目主体为筹集和使用资金而付出的代价称为资金成本。在上述工程项目的融资渠道中，除了政府拨款和各种赠款以外，使用债务资金和权益资金必须付出代价，即要支出资金成本。对于新筹集的资金，也可称为融资成本。在商品经济条件下，资金作为一项特殊商品有其使用价值，融资者融资以后，就暂时取得了这些资金的使用价值，就需要为资金所有者的让渡使用价值而付出一定的代价，也是资金成本。因此，资金成本是指企业为取得和使用资金而支付的各种费用，资金成本主要包括资金使用费用和融资费用两部分。

资金成本的构成：

$$资金成本＝资金使用费用＋融资费用$$

其中，资金使用费用，是指工程项目使用资金而发生的各种费用。他是资金成本的主体部分，也是降低资金成本的主要方向。具有经常性、定期性的特征，主要包括借款利息、债券利息、股息、红利等。

融资费用，是指在资金筹措过程中所发生的各种费用，主要包括律师费、咨询评估费、公证费、证券印刷费、发行手续费、担保费、承诺费、银团贷款管理费等。

资金成本可以用绝对数表示，也可以用相对数表示。通常情况下以相对数的形式表示资金成本，即资金成本率。

其计算公式如下：

$$资金成本率＝\frac{资金使用费用}{融资总额 - 融资费用}×100\%$$

$$＝\frac{资金使用费用}{融资总额(1-融资费用率)}×100\%$$

$$K＝\frac{D}{P-F}×100\%$$

$$K＝\frac{D}{P(1-f)}×100\%$$

式中　$K$——资金成本率；

　　　$D$——使用资金费用；

　　　$P$——融资费用；

$f$——融资费用率，即融资费用与融资总额比率；

$F$——融资费用。

上列式中，分母 $P-F$ 具有的价值意义是：

(1) 融资费用属于一次性费用；

(2) 融资费用是在筹集资金时发生的，需要在当时支付，因而差额为融资的净额；

(3) $D/(1-f)$，表明资金成本同利息率或股利率在含义上和数量上都不同。

2. 资金成本分类

资金成本按用途，可分为单项资金成本、加权平均资金成本或边际资金成本等。

单项资金成本，是指一种融资方式的成本，如长期借款成本、长期债券成本、优先股成本、普通股成本等，一般用于不同融资方式的比较和评价。

综合资金成本，又称加权平均资金成本，是指以各种资金占全部资金的比重为权数，对各种个别资金成本进行加权平均后的资金成本，其权数可以在账面价值、市场价值和目标价值中选择。

边际资金成本，是指追加筹措资金所需负担的成本。任何工程项目的边际资金成本都是该项目追加一单位资金所需追加的成本。

3. 资金成本的作用

1) 资金成本是比较融资方式、选择融资方案的依据。

2) 个别资金成本是比较各种融资方式优劣的基础，可以做为不同方式下资金成本优缺点的依据，但并不是唯一依据。

3) 边际资金成本是比较追加投资、融资方案的重要依据。

4) 资金成本率是评价项目可行性的主要经济指标。

5) 资金成本也是评价企业经营成果的最低尺度。

### 3.4.2 个别资金成本计算

1. 权益资金成本

(1) 普通股成本

由于普通股股东的收益是随着项目主体税后收益额的大小而变动的，每年股利各不相同，而且这种变化深受项目主体融资意向与投资意向及股票市场股价变动因素的影响，因此，确定普通股成本通常比确定债务成本及优先股成本更困难。

普通股成本的计算方法有三种，分别是股利折现值模型法、债券收益加风险报酬法（风险溢价法）和资本资产定价模型法（CAPM 法）。

1) 股利折现值模型法

它是假定股票市价 $P_0$ 等于未来各年股利的现值，以普通股权益报酬率即 $K_s$ 为贴现率，则有

$$P_0 = \sum_{t=1}^{\infty} \frac{D_t}{(1+K_s)^t}$$

式中　$P_0$——当年普通股市场价格；

$D_t$——第 $t$ 年的现金红利；

$K_s$——普通股东要求的收益率。

如果现金红利以年增长率 $g$ 递增，且增长率 $g$ 小于投资者要求的收益率，则有：

$$K_s = \frac{D_1}{P_0} \times 100\% + g$$

式中　$K_s$——普通股资金成本；

　　　$P_0$——当年普通股市场价格；

　　　$D_1$——第 1 年股利；

　　　$g$——普通股股利每年预期增长率。

【例 3-3】　假定某公司普通股的现行市价为每股 15 元，第一年支付股利为每股 1.5 元，预计每年股利增长率为 6%，则普通股成本为多少？

【解】

普通股成本为：　　　$K = \frac{1.5}{15} \times 100\% + 6\% = 16\%$

如果是发行新的普通股，则应将融资费用考虑进去，有：

$$K_s = \frac{D_1}{P_0(1-f)} \times 100\% + g$$

式中　$P_0$——当年普通股市场价格；

　　　$D_1$——第 1 年股利；

　　　$f$——普通股融资费用率；

　　　$g$——普通股股利每年预期增长率。

这种方法的难点在于股利增长率的预计，另外，上述公式是假定股利每年以定率持续增长，如果股利增长率是变动的或者股利呈间歇增长，则需要对上式作相应的修正。

2）债券收益加风险报酬法

按照风险和收益相匹配的原则，普通股股东所要求的收益率，应该以债券投资者要求的收益率，即项目主体的税前债务成本为基础，加上一定的风险报酬率确定，而债券的资本成本率相对比较容易计算。其计算公式为：

$$K_s = K_d + RP_s$$

式中　$K_s$——普通股资金成本率；

　　　$K_d$——债券的税前资本成本率；

　　　$RP_s$——普通股的风险报酬率。

$RP_s$ 主要取决于普通股相对于债券而言的风险程度大小而定。一般只能从经验获得信息，资本市场经验表明，公司普通股的风险溢价对公司的债券而言，绝大部分在 3%～5%之间。

这种方法有其特定用途，当公司不发放现金股利时，这种方法就无从应用。

3）资本资产定价模型法（CAPM 法）

上述两种方法都要求由普通股股东要求的收益率推算出资金成本，当不具备这样的条件时，可采用 CAPM 法，根据同行业类似项目的投资收益确定。

$$K_s = K_{rf} + \beta \times (K_m - K_{rf})$$

式中　$K_s$——普通股资金成本；

　　　$K_{rf}$——社会无风险投资收益率（通常以政府债券利率代替）；

　　　$\beta$——行业、公司或项目的资本投资风险系数（某项目主体股票收益相对于市场所有股票收益的变动幅度）；

$K_m$——社会平均投资收益率。

这种方法的难点在于要求事先获得股票的 $\beta$ 系数。

**【例3-4】** 假设社会无风险投资收益率为 5%，社会平均投资收益率为 10%，投资风险系数 $\beta$ 为 1.2，则该普通股资金成本：$K_s = 5\% + 1.2 \times (10\% - 5\%) = 11\%$

4）优先股的资金成本

与债券相同，优先股的股利通常是固定的，因此，优先股成本与债券成本计算有相同之处。不同之处在于，优先股无届满期限，另外，优先股股利在所得税后支付，不涉及税款扣减问题。因此，优先股成本计算公式为：

$$K_p = \frac{D_p}{P_p(1-f)}$$

式中 $K_p$——优先股资金成本；

$D_p$——优先股每年的股利；

$P_p$——优先股发行总额；

$f$——优先股融资费用。

**【例3-5】** 某公司发行 100 万元优先股，发行费用为 5%，每年支付 10% 的股利。试计算该公司优先股成本。

**【解】** 根据资本资产定价原理，得到：

$$K_p = \frac{100 \times 10\%}{100 \times (1-5\%)} = 10.5\%$$

2. 债务资金成本

（1）长期债券资金成本

长期债券资金成本包括债券利息的支付和债券融资费用等。由于长期债券资金利息作为财务费用计入所得税前成本费用内，可以抵税作用，因此，工程项目主体实际负担的成本应为税后债券成本。其计算公式为：

$$K_d = \frac{I(1-T)}{B(1-R)}$$

式中 $K_d$——债券成本；

$I$——债券年利息；

$T$——项目主体所得税税率；

$B$——债券发行总额；

$R$——融资费用率。

**【例3-6】** 某工程项目主体平价发行一批面值为 100 万元的债券，票面利率为 12%，融资费用率为 2%，公司所得税率为 33%。试计算该批债券成本。

**【解】**

$$K_d = \frac{100 \times 12\% \times (1-33\%)}{100 \times (1-2\%)} = 8.2\%$$

（2）长期借款的资金成本

长期借款成本与债券成本的计算相同。借款利息也在所得税额中列支，但融资费用一般较低（主要指借款的手续费）。

**【例3-7】** 某工程项目主体向某银行借得年利率为 7% 的 5 年期借款 200 万元，每年付息一次，到期一次还本。项目主体所得税率为 33％，融资费用率为 0.5％。试计算这笔借款的资金成本。

【解】 长期借款资金成本 $= \dfrac{200 \times 7\% \times (1 - 33\%)}{200 \times (1 - 0.5\%)} = 4.7\%$

### 3. 综合资金成本

综合资金成本是工程项目全部长期资金的总成本，通常是以各种资金占全部资金总额的比重为权数，对个别资金成本进行加权平均确定的，所以也称为加权平均资金成本。加权平均资金成本（WACC）表示，将工程项目各种来源的资金成本按加权平均方法进行平均才能真正代表工程资金成本水平。其计算公式如下：

$$K_w = K_j \times W_j$$

式中　$K_w$——加权平均资金成本；

　　　$K_j$——第 $j$ 种资金成本；

　　　$W_j$——第 $j$ 种资金占全部资金的比重，即权数。

【例 3-8】 某项目主体的资金来源及资金成本的计算见表 3-5。

某项目主体的资金来源及资金成本的计算　　　　　　　表 3-5

| 资金来源 | 融资金额（万元） | 各种来源资金占全部资金的比重 | 资金成本 | 加权平均资金成本 |
|---|---|---|---|---|
| 长期借款 | 100 | 0.05 | 4.5％ | 0.225％ |
| 债券 | 420 | 0.21 | 8.3％ | 1.743％ |
| 优先股本 | 200 | 0.1 | 13％ | 1.3％ |
| 普通股本 | 1280 | 0.64 | 15％ | 9.6％ |
| 合计 | 2000 | 1 | — | 12.868％ |

### 4. 边际资金成本

边际资金成本是工程项目中追加融资的成本，工程建设中追加投资并融资决策时，必须考虑边际资金成本的高低。在前面个别资金成本和综合资金成本的基础上，企业或项目追加融资时，不能仅考虑目前使用的资金成本，还要考虑新融资成本，即边际资金成本。

项目追加融资，有时可能只采取某一种融资方式。但融资数额较大，或在目标资金结构既定的情况下，则需要通过多种融资方式的组合来实现。这时，边际资金成本需要按加权平均法来计算，其权数必须是市场价值权数，不应采取账面价值权数。

加权平均资金成本计算步骤如下：

（1）首先测定各类资金来源的资金成本分界点。资金成本分界点是指使资金成本发生变动时的筹资金额。如某项目主体长期借款在 100 万元及以下时，借款的资金成本为 5％，当超过 100 万元时，其资金成本就上升到 6％，则 100 万元就成为借款筹资方式的成本分界点。

（2）确定追加筹集资金的资金结构。

（3）确定筹资突破点和划分与之对应的筹资范围。筹资突破点是指使某种资金来源的资金成本发生变动时的筹资总额。在筹资突破点以内筹资，资金成本保持不变，一旦超出了筹资突破点，即使资金结构维持不变，其资金成本也会发生变化。

筹资突破点＝某种资金来源的成本分界点筹资金额/该种资金来源占筹资总额的比重

（4）分组计算追加筹资数额的边际资金成本。

【例 3-9】 假定某工程项目主体为了满足追加投资的需要，拟筹集一定金额的长期资金来源。通过对资金市场状况和公司有关条件的分析，得到了如下的各种筹资方式下筹资规模与资金成本关系方面的资料，见表 3-6。

各种筹资方式下筹资规模与资金成本之间的关系　　　　　　　表 3-6

| 筹资方式 | 资金成本分界（万元） | 个别资金筹资范围（万元） | 资金成本（%） |
|---|---|---|---|
| 长期借款 | 100<br>200 | 100 以内<br>100～200<br>200 以上 | 5<br>6<br>7 |
| 长期债券 | 150<br>300 | 150 以内<br>150～300<br>300 以上 | 6<br>7<br>8 |
| 普通股票 | 300<br>600 | 300 以内<br>300～600<br>600 以上 | 12<br>13<br>14 |

通过分析，确定追加筹资的资金结构为长期借款 20%，长期债券 20%，普通股票 60%。试计算边际资金成本。

根据前述加权平均边际资金成本的计算方法，其计算结果见表 3-7、表 3-8。

（1）计算筹资突破点

筹资突破点的计算　　　　　　　　表 3-7

| 筹资方式 | 资金成本（%） | 资金成本分界点 | 筹资结构 | 筹资突破点 | 筹资范围 |
|---|---|---|---|---|---|
| 长期借款 | 5 | 100 | 20% | 500 | 0～500 |
|  | 6 | 200 | 20% | 1000 | 500～1000 |
|  | 7 | ＞200 | — | — | ＞1000 |
| 长期债券 | 6 | 150 | 20% | 750 | 0～750 |
|  | 7 | 300 | 20% | 1000 | 750～1500 |
|  | 8 | ＞300 | — | — | ＞1500 |
| 普通股票 | 12 | 300 | 60% | 500 | 0～500 |
|  | 13 | 600 | 60% | 1000 | 500～1000 |
|  | 14 | ＞600 | — | — | ＞1000 |

（2）计算加权平均边际资金成本（表 3-8）。

加权平均边际资金成本的计算　　　　　　　　表 3-8

| 筹资范围 | 筹资方式 | 资金结构 | 个别资金成本 | 加权平均资金成本 |
|---|---|---|---|---|
| 0～500 | 长期借款 | 20% | 5% | 1% |
|  | 长期债券 | 20% | 6% | 1.2% |
|  | 普通股票 | 60% | 12% | 7.2%<br>9.4% |

| 筹资范围 | 筹资方式 | 资金结构 | 个别资金成本 | 加权平均资金成本 |
|---|---|---|---|---|
| 500~750 | 长期借款 | 20% | 6% | 1.2% |
| | 长期债券 | 20% | 6% | 1.2% |
| | 普通股票 | 60% | 13% | 7.8% / 10.2% |
| 750~1000 | 长期借款 | 20% | 6% | 1.2% |
| | 长期债券 | 20% | 7% | 1.4% |
| | 普通股票 | 60% | 13% | 7.8% / 10.4% |
| 1000~1500 | 长期借款 | 20% | 7% | 1.4% |
| | 长期债券 | 20% | 7% | 1.4% |
| | 普通股票 | 60% | 14% | 8.4% / 11.2% |
| >1500 | 长期借款 | 20% | 7% | 1.4% |
| | 长期债券 | 20% | 8% | 1.6% |
| | 普通股票 | 60% | 14% | 8.4% / 11.4% |

各筹资范围内边际资金成本分布图如图 3-1 所示。

### 3.4.3 杠杆原理

杠杆作用原本是力学中的一个概念，应用于财务管理中，是指工程项目主体通过对固定成本的运用对项目主体的盈亏产生放大的作用。杠杆作用会使项目主体在享受到一定利益的同时，也相应增大风险，如何在二者之间合理权衡，是项目主体在资金结构决策中应考虑的一个重要因素。财务管理中涉及的杠杆有财务杠杆、经营杠杆和复合杠杆。

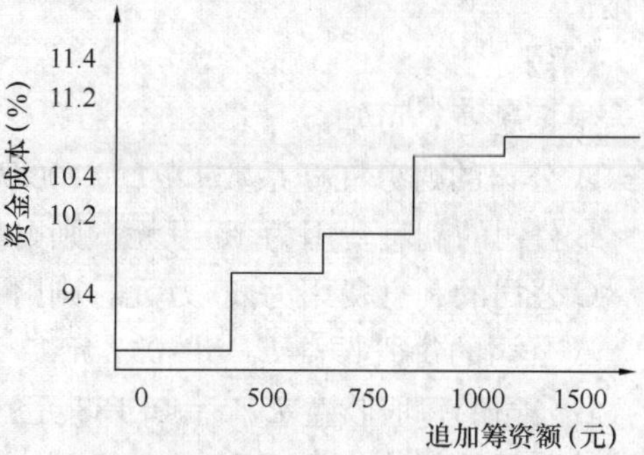

图 3-1 各筹资范围内边际资金成本分布图

1. 财务杠杆

财务杠杆是指项目主体对固定融资成本对增加所有者（即普通股持有者）收益的利用程度。它反映的是普通股每股收益与息税前利润的关系。财务杠杆的作用程度大小可用财务杠杆系数来衡量。

财务杠杆系数（Degree of Financial Leverage，缩写为 DFL），是指普通股每股收益变动率（或普通股本利润率的变动率，而在非股份企业只可用净资产利润率的变动率）对于息税前利润变动率的倍数。由借债而引起的普通股每股利润的不确定性称为财务风险。财务杠杆系数越大，项目主体的财务风险就越大。

$$DFL = \frac{\Delta EPS}{EPS} \div \frac{\Delta EBIT}{EBIT}$$

式中　　$DFL$——财务杠杆系数；

　　　　$EPS$——普通股每股利润；

$EBIT$——息税前利润；

$\Delta EPS/EPS$——普通股每股利润变动率；

$\Delta EBIT/EBIT$——息税前利润变动率。

普通股每股利润与息税前利润之间具有一定的关系，用公式表示为：

$$DFL = EBIT / \frac{EBIT - I - DP}{1 - T}$$

式中　$I$——利息费用；

　　　$T$——所得税税率；

　　$DP$——优先股股息。

当没有优先股时，$DP=0$，则财务杠杆系数的计算公式可简化为：

$$DFL = \frac{EBIT}{EBIT - I} = \frac{EBIT}{EBT}$$

式中　$EBT$——税前利润。

**【例 3-10】**　有 A、B、C 三家公司，全部长期资本皆为 1000 万元。A 公司全部为普通股股本；B 公司的负债比例为 25%，利率为 6%，普通股股本为 750 万元，无优先股；C 公司的负债比例为 60%，利率为 10%，普通股股本为 400 万元。假定预期息税前利润为 100 万元，所得税税率为 33%。分别计算三个公司的财务杠杆系数。假设普通股每股 1 元，如果下一年度三家公司息税前利润可能增加 10%，这三家公司的普通股每股收益将如何变化？

**【解】**

根据题意，可知：

A 公司的财务杠杆系数 $DFL$＝100 万元/100 万元＝1

B 公司的利息费用为 15 万元，则财务杠杆系数 $DFL$＝100/(100−15)＝1.18

C 公司的利息费用为 60 万元，则财务杠杆系数 $DFL$＝100/(100−60)＝2.5

A 公司的每股收益 $EPS$＝0.1 元

B 公司的每股收益 $EPS$＝0.133 元

C 公司的每股收益 $EPS$＝0.25 元

如果下年度三家公司息税前利润可能增加 10%，根据财务杠杆系数的含义，这三家公司的普通股每股收益将分别增加：

A 公司普通股每股收益增加：1×10%＝10%。则每股收益 $EPS$＝0.11 元

B 公司普通股每股收益增加：1.18×10%＝11.8%。则每股收益 $EPS$＝0.139 元

C 公司普通股每股收益增加：2.5×10%＝25%。则每股收益 $EPS$＝0.625 元

以上计算表明，在资本总额、息税前利润相同的情况下，负债比例越高（即资金来源中资本成本固定型资本所占比重越高），财务杠杆系数越来越大。C 公司的财务杠杆系数最大，其对财务杠杆利益的影响也最强，承担的财务风险也最高；A 公司的财务杠杆系数等于 1，不能获得财务杠杆利益，也不承担财务杠杆风险。

2. 经营杠杆

经营杠杆也称为营业杠杆、营运杠杆，是指项目主体运用固定经营成本对营业利润产生的影响。经营杠杆的存在使项目主体有可能享受到经营杠杆利益，但同时也可能承担更

大的经营风险，即当项目主体的销售量增加时，营业利润会以更大的幅度增加，但也使其承担的经营风险增大，即营业利润的不确定性增大；当项目主体的销售量下降时，营业利润会以更大的幅度下降，使其遭受更大的损失。同样，杠杆作用对项目主体的盈亏也有同样的放大作用。

经营杠杆的作用程度可通过经营杠杆系数来衡量。

经营杠杆系数（Degree of Operating Leverage，缩写为 DOL），是指营业利润变动率对销售变动率的反应程度，其计算公式为：

$$DOL = \frac{\Delta EBIT}{EBIT} \bigg/ \frac{\Delta Q}{Q}$$

式中　$DOL$——经营杠杆系数；

　　$EBIT$——息税前利润；

　　　$Q$——销量；

　　　$\Delta Q$——销售量变动量。

为便于应用，经营杠杆系数可通过销售量和成本来表示：

$$DOL = \frac{S - VC}{S - VC - F} = \frac{EBIT + F}{EBIT}$$

式中　$F$——固定成本；

　　$Q$——基期销售量；

　　$S$——基期销售额；

　　$VC$——变动成本总额。

【例 3-11】　某项目主体的固定成本总额为 50 万元，变动成本率为 50%，当销售额为 300 万元时，息税前利润为 100 万元，试求经营杠杆系数。

【解】　$DOL = (300 - 300 \times 50\%)/100 = 1.5$

或　　　　$DOL = \frac{EBIT + F}{EBIT} = (100 + 50)/100 = 1.5$

3. 总杠杆

经营杠杆反映了销售变动对营业利润变动的影响，财务杠杆反映了营业利润变动对普通股每股利润变动的影响。一般而言，工程项目主体会同时存在经营杠杆和财务杠杆，这两种杠杆的共同作用就形成了总杠杆作用，它反映普通股每股利润变动对销售变动的敏感程度。它和以上两种杠杆一样，既可以产生杠杆利益，也可能带来杠杆风险。

总杠杆作用程度的大小可通过总杠杆系数（Degree of Total Leverage，缩写为 DTL）来表示，DTL 是经营杠杆系数和财务杠杆系数之乘积，其计算公式（假设无优先股）：

$$DTL = DOL \times DFL$$
$$= \frac{EBIT + F}{EBIT - I} = \frac{Q(P - V)}{Q(P - V) - I - F} （假设无优先股）$$

【例 3-12】　某工程项目主体长期资本总额为 2000 万元，其中长期负债占 30%，利率为 10%，销售额为 200 万元，固定成本总额为 10 万元，变动成本率为 60%，试求总杠杆系数。

【解】
$$EBIT = 200 - 10 - 200 \times 60\% = 70 万元$$

$$I = 2000 \times 30\% \times 10\% = 60 \text{ 万元}$$

$$DTL = \frac{EBIT + F}{EBIT - I} = \frac{70 + 10}{70 - 60} = 8$$

当然，也可以采取先分别计算经营杠杆系数和财务杠杆系数的方式求得。

经营杠杆系数可用来衡量项目主体的经营风险大小，财务杠杆系数可用来衡量其财务风险大小，总杠杆系数可用来衡量总体风险大小。显然，总杠杆的作用程度要比单一的经营杠杆或财务杠杆的作用程度更大。两种杠杆可以有多种组合，项目主体在决策过程中应根据自身承受风险的程度，来确定合理的经营杠杆和财务杠杆，以便将项目主体的总风险控制在适当的范围内。

### 3.4.4  最佳资金结构决策

工程项目的资金来源是多渠道的，对一个工程项目主体而言，如何将多渠道的资金结合起来以确定一个最佳资金结构或最佳资金结构的区间范围，是非常困难的，但同时它又是任何一个理性的理财者所追求的目标。

1. 资金结构概念

工程项目主体资金结构是指工程项目主体各种资金的构成及其比例关系。在实务中，资金结构有广义和狭义之分。广义的资金结构是指工程项目主体全部资金的构成及其比例关系；狭义的资金结构是指工程项目主体长期资金的构成及其比例关系，故有人称之为资本结构。资金结构变化会引起加权平均资金成本的变化，而资金结构的不同，特别是债务资金占总资金的比例大小，直接影响工程项目主体的收益和风险，必须予以足够的重视。

2. 影响资金结构的因素

资金结构的形成在实践中是一个十分复杂的问题，受多种因素影响，主要有：

（1）资产结构。比如劳动密集型企业比技术密集型企业更偏重于负债，特别是短期负债，因为其流动资产所占比重较大，资本周转速度快。

（2）信用等级。企业能否以负债的方式筹集到资金和能筹集到多少资金，与企业的信用等级有很大的关系，因为，如果信用等级不高，而且负债率已经较高，企业将无法筹集到所需要的负债额。

（3）增长速度。处于高速成长期的企业，增长速度快，资金需要量大，自有资金很难满足其业务扩张的需要，故更倾向于使用债务资金。

（4）盈利能力。盈利能力强的企业，内部资金来源比较充分，故这类企业对债务资金的依赖程度不大。

（5）税收因素。债务利息可以在应税所得额中列支，使企业少缴纳所得税，因此，所得税税率越高，则企业越愿意使用更多的债务资本。

（6）法律限制。企业的融资行为是受到法律限制的。

此外，行业差异、经营者与所有者的态度、企业类型等都可能影响到企业的资金结构。

3. 工程项目的资金结构

项目的资金结构，是指项目融集资金中各种资金的构成和比例关系。项目的资金结构安排和资金来源选择在项目融资中起着非常关键的作用，巧妙地安排项目的资金构成比例，选择合适的资金形式，可以达到既能减少项目投资者自有资金的直接投入，又能提高项目综合经济效益的双重目的。在工程项目的总资金中，短期债务资金占用时间短，融资风险小，对资金结构的影响不大。所以，资金结构的核心问题就是资本结构问题。

（1）项目资本金与负债融资比例

这是项目资金结构一个基本的比例关系。项目的发起人和贷款人对项目资金结构所追求的目标是不同的，发起人关心的是如何以较低的资本金投资争取更多的负债融资，而对于提供债务资金的债权人，则希望债权风险能得到有效的控制。一般而言，资本金比例越高，贷款的风险越低，贷款的利率就可以越低；而负债比例越高，财务风险越高，负债比例越低，财务风险越小。因此，合理的资本结构需要各参与方共同决定。

（2）股本金结构

项目股本金是指由项目的发起人、股权投资人以获得项目财产权和控制权的方式投入的资金。项目中的股本投入构成了项目融资的基础。对于提供债务融资的债权人来说，项目的资本金可看做其融资的安全保障，因为在资金偿还序列中，股本资金后于债务资金受偿，这样可降低债权人的风险。股本金结构包括项目股本金占项目总投资的比例以及参与投资的各方投资人的出资比例。

为了建立有效的约束机制，控制投资规模，国家对固定资产投资实行股本金制度。根据规定，投资项目股本金占总投资的比例，不同行业实行的规定不同。

参与投资的各方投资人的出资比例对于项目的成败有着重要影响。因此，出资比例应综合考虑各方的背景、特长，各方的资金、技术、市场开发能力等对项目的贡献大小，以便于利用各投资人的优势，使项目成功得到更大的保障。

（3）债务资金结构

债务资金的基本结构问题需要考虑债务资金的融资成本、融资风险、融资方式、币种、期限以及偿还顺序等。

1）融资期限

债务的到期时间是区分长短期债务的一个重要界线。项目负债结构中，长短期借入资金数量要合理安排。在其他条件相同的情况下，债务期限越长，资金成本也就越高，但如果短期资金过多，就会增大项目的财务风险。大型工程项目融资结构中的债务资金基本上都是长期性资金，长期负债融资的期限应当与项目期限相匹配。

2）债务序列

偿债顺序安排包括偿债的时间顺序及偿债的受偿先后顺序。

一般情况下，在多种债务中，债务人应优先偿还利率较高的债务；若借款涉及外币，还需要考虑货币的币值，优先偿还未来货币币值可能上升的硬货币等。

3）外汇币种选择

不同货币的汇率总是不断变化的。为了降低借款成本，可选择软货币作为还款货币，当然，软货币的贷款利率通常较高，这需要借款人在汇率和利率之间作出权衡和选择。大型项目的融资安排往往并不局限于一个国家的金融市场上，也不局限于一种货币融资，资金来源多样化是减少汇率风险的一种有效途径。

4）融资风险

项目融资中可能会遇到各种可能的风险，主要包括信用风险、国家风险、利率风险和汇率风险等。

信用风险主要指预定的出资人不能按照预定方案出资的风险。

国家风险主要是指由于出资人所在国家的法律、政治、经济环境的变化，导致出资人无法出资或出资行为受限制的风险。

利率风险指未来市场利率的变动而引起资金成本的不确定性。事实上，无论采用固定利率或是浮动利率都存在利率风险。在采用浮动利率时，若市场利率上升，借款的实际利率上升，资金成本随之上升。而若采用固定利率，在市场利率下降时，项目的资金成本就不能相应下降。使用较为普遍的债务资金形式，如国际辛迪加贷款，采用的多为浮动利率，一般以 LIBOR（伦敦同业拆借利率）或美国银行的优息利率（Prime Rate）等为基础，根据项目的风险状况及金融市场上的资金供求状况等因素加一定的百分点形成借款的实际利率。实际操作中，可采用利率掉期方式将二者进行调换，以改变利率风险。

汇率风险又称货币风险，是指项目使用某种外汇借款融资，借款货币由于汇率的变化而使项目的资金成本发生变化。目前，国际外汇市场外汇汇率变化频繁，若项目采用硬货币贷款利率较低，但将来偿还借款时，外汇币值的上升需要更多的本币兑换，从而导致项目的借款成本增高。若采用软货币借款，但借入货币的汇率也可能由于各种因素的影响，在还款时发生变化而成为硬货币。此外，有关项目融资中要考虑的融资成本、融资方式等因素问题，在有关章节已有论述。

### 3.4.5　最佳资金结构决策

要实现项目主体的财务管理目标，必须寻找最佳的资金结构。实践中，无论理论上还是实务上，要找到一个最佳的资金结构都是非常困难的，但寻找到一个区间范围却是可行的。目前，已有综合资本成本比较法、每股收益分析法以及综合分析法可供选择。下面以综合资本成本比较法来进行说明。

综合资本成本比较法是通过对各种可能的融资方案的综合资金成本进行计算和比较，选择综合资金成本最低的方案作为最优方案。

例如，某一工程项目初始有关的融资方案和资料，见表3-9。

某项目主体初始融资方案资料

表3-9

| 融资方式 | A方案 | | B方案 | | C方案 | |
| --- | --- | --- | --- | --- | --- | --- |
| | 融资额（万元） | 个别资金成本（%） | 融资额（万元） | 个别资金成本（%） | 融资额（万元） | 个别资金成本（%） |
| 长期借款 | 400 | 6 | 500 | 5 | 600 | 6 |
| 债　券 | 800 | 8 | 1100 | 7 | 1200 | 9 |
| 优先股 | 400 | 10 | 400 | 10 | 300 | 10 |
| 普通股 | 2400 | 12 | 2000 | 12 | 1900 | 12 |
| 合计 | 4000 | | 4000 | | 4000 | |

表中三个方案的综合资金成本计算如下：

$K_w(A) = 10\% \times 6\% + 20\% \times 8\% + 10\% \times 10\% + 60\% \times 12\% = 10.4\%$

$K_w(B) = 12.5\% \times 5\% + 27.5\% \times 7\% + 10\% \times 10\% + 50\% \times 12\% = 9.55\%$

$K_w(C) = 15\% \times 6\% + 30\% \times 9\% + 7.5\% \times 10\% + 47.5\% \times 12\% = 10.05\%$

其次，可再考虑项目主体的其他因素，对各方案修正之后，再选择其中成本最低的方案。

若为满足投资计划需要，进行追加资本结构决策，可以直接比较各备选方案的边际资本成本，也可以将各备选融资方案与原始资本结构汇总，比较各追加融资条件下资本结构的综合资金成本，以确定最优融资方案。

此外，每股收益分析法和公司价值分析法都可以用来分析工程项目主体的资本结构问题。

## 3.5 项 目 融 资

项目融资（Project Financing）是国际上 20 世纪 70 年代末 80 年代初兴起的一种新的融资方式。项目融资方式与传统的筹资方式相比，能有效地解决大型基础设施建设项目的资金问题，因此，被世界上越来越多的国家应用。从 1984 年我国采用 BOT（Build－Operate－Transfer）方式建设深圳沙头角 B 电厂项目开始，我国逐步尝试采用项目融资的方式进行大型工程建设，即项目融资方式。它既属于中长期融资的一种形式，又是为某一特定工程项目而进行筹集资金的形式。

### 3.5.1 项目融资概述

1. 项目融资的概念

项目融资相对于企业融资而言目前还处在不断发展的阶段，其基本概念主要表现为金融术语，到目前为止并没有一个公认的概念，国外经济学界对于项目融资的理解主要有两种观点：

一种认为项目融资仅指无追索或有限追索的融资。以美国财务会计准则委员会（FASB）为代表："项目融资是指对需要大规模资金的项目而采取的金融活动。借款人原则上将项目本身拥有的资金及其收益作为还款资金来源，而且将其项目资产作为抵押条件来处理"，通常称为狭义的项目融资。

另一种观点认为，彼得·内维特（P. K. Nevitt）（1983）《项目融资》认为："为一个特定经济实体所安排的融资，其贷款人在作出考虑安排贷款时，将满足于使用该经济实体的现金流量和收益作为偿还贷款的资金来源，并且将满足于使用该经济实体的资产作为贷款的安全保障"。

Scott Hoffman（1998）《国际项目融资的法律与实务》提出，项目融资是指无追索权或有限追索权融资结构，在这种结构中债务、股本和信用担保结合在一起，并集中在资本密集型的行业，贷款人提供贷款的依据是项目本身的收入和项目单位的资产，如作为债务担保的合同，而不是项目发起人的一般资产和信用。Wood（1995）则认为一切针对具体项目所安排的融资都划归为项目融资的范畴，从而项目融资的概念可以分为广义项目融资。

我国原国家计委与外汇管理局共同发布的《境外进行项目融资管理办法》对项目融资的定义是以境内建设项目的名义在境外筹措外汇资金，并仅以项目自身预期收入和资产对外承担债务偿还责任的融资方式。中国银监会发布 2009 年《项目融资业务指引》中明确指出项目融资是为用于建造一个或一组大型生产装置、基础设施、房地产项目或其他项目，包括对在建或已建项目的再融资；还款资金来源主要依赖该项目产生的销售收入、补贴收入或其他收入。

因此，无论是广义项目融资还是狭义项目融资，具有基本特征：基于建设项目为融资载体；还款资金来自项目本身；组建项目公司或法人。

2. 项目融资的特征

项目融资与企业融资相比，具有以下一些特征：

(1) 建设项目是偿还的标的

项目融资主要依赖于项目未来的净现金流量和项目本身的资产价值。同时，投资人或贷款人可要求项目主体人提供相应的担保或其他形式的信用支持，以保证贷款资金的安全得以保障。

(2) 债务有限追索或无追索

在普通的融资方式中，投资者向金融机构的贷款尽管是用于项目，但是债务人是投资者而不是项目，整个投资者的资产都可能用于提供担保或偿还债务；也就是说债权人对债务有完全的追索权，即使项目失败也必须由投资者还贷，因而贷款的风险对金融机构来讲相对较小。而在项目融资中，投资者只承担有限的债务责任，贷款银行一般在贷款的某个特定阶段（如项目的建设期）或特定范围可以对投资者实行追索，而一旦项目达到完工标准，贷款将变成无追索。

无追索权项目融资是指贷款银行对投资者无任何追索权，只能依靠项目所产生的收益作为偿还贷款本金和利息的唯一来源，最早在 20 世纪 30 年代美国得克萨斯油田开发项目中应用。由于贷款银行承担风险较高，审贷程序复杂，效率较低等原因，目前已较少使用。

(3) 融资风险分散，担保结构复杂

由于项目融资资金需求量大，风险高，所以往往由多家金融机构参与提供资金，并通过书面协议明确各贷款银行承担风险的程度，一般还会形成结构严谨而复杂的担保体系。如澳大利亚波特兰铝厂项目，由 5 家澳大利亚银行以及比利时国民银行、美国信孚银行、澳洲国民资源信托资金等多家金融机构参与运作。

(4) 融资结构合理，融资成本高

项目融资主要考虑项目未来能否产生足够的现金流量偿还贷款以及项目自身风险等因素，对投资者投入的权益资本金数量没有太多要求，因此绝大部分资金是依靠银行贷款来筹集的，在某些项目中甚至可以做到 100% 的融资。

由于项目融资风险高，融资结构、担保体系复杂，参与方较多，因此前期需要做大量协议签署、风险分担、咨询顾问的工作，需要发生各种融资顾问费、成本费、承诺费、律师费等。另外，由于风险的因素，项目融资的利息一般也要高出同等条件抵押贷款的利息，这些都导致项目融资同其他融资方式相比融资成本较高。

(5) 资产负债表外融资信息

即项目的债务不表现在投资者公司的资产负债表中。资产负债表外融资对于项目投资者的价值在于使某些财力有限的公司能够从事更多的投资，特别是一个公司在从事超过自身资产规模的投资时，这种融资方式的价值就会充分体现出来。这一点对于规模相对较小的我国矿业集团进行国际矿业开发和资本运作具有重要意义。由于矿业开发项目建设周期和投资回收周期都比较长，如果项目贷款全部反映在投资者公司的资产负债表上，很可能造成资产负债比失衡，影响公司未来筹资能力。

3. 项目融资的类型

（1）无追索权项目融资

无追索融资是指在融资的任何阶段，贷款人对项目的借款人没有任何追索权，只能依靠项目所产生的收益及项目资产作为还本付息的来源。借款人也不提供任何形式的担保，若该项目建设或经营失败，贷款人无权向借款人追索。完全无追索的项目融资只在很少的情况下采用，目前多用于有一定垄断性的特许经营投资项目，如收费公路、BOT 电厂等。

（2）有限追索权的项目融资

这是国际上普遍采用的一种项目融资形式，也是通常所说的项目融资。所谓有限追索，是指贷款人除依赖项目投产后所取得的收益及项目资产作为还款来源外，还可在项目单位资产上设定担保物权以及要求与项目完工有关的第三方提供各种担保，但各担保人对项目债务所负的责任，仅以各自所提供的担保金额或协议规定义务为限的一种融资形式。

4. 项目融资的适用范围

项目融资作为一种特殊的融资手段，对于大型工程项目，特别是资金密集型的城市基础设施具有很大的吸引力。

目前，在发达国家，主要应用于资源项目，包括石油项目、天然气、煤炭、铁、铜等开采业；基础设施项目，这是项目融资应用最广的领域，一般包括铁路、公路、港口、电信和能源等项目；制造业项目是应用范围较小的领域，因为制造业中间产品多，工序多，操作起来较为困难，另一方面，资金需求也不如前两种领域大。而在发展中国家，主要集中在基础设施项目上。我国则主要集中在城市基础设施项目如公路、桥梁、电厂、污水处理等，并向城市公益设施、市政设施发展。

### 3.5.2 项目融资与传统融资

1. 贷款对象不同

在传统贷款方式中，贷款人将资金贷给借款人，借款人再将该资金用于某一项目，此时，贷款人更看重借款人本身的信用。在项目融资方式中，项目的实际投资者一般都专门为某项目的融资和经营而成立一家项目公司，作为项目的直接主办人，对偿还贷款承担直接责任，贷款人以该项目的收益决定是否向项目公司贷款。

2. 还款来源不同

在传统贷款方式中，贷款人是依赖借款人所有的资产及收益作为偿债来源，即贷款人为项目借款人提供的是完全追索形式的贷款。而在项目融资中，贷款人仅仅依赖项目投产后所取得的收益及项目资产作为还款来源，若日后项目的收益不足以偿还贷款，项目的实际投资者不承担偿还全部项目贷款的义务，则仅以其在项目公司的资产为限，即贷款人为项目借款人提供的是有限追索或无追索形式的贷款。

3. 贷款担保不同

在项目融资中，贷款人取得了借款人以土地、建筑物、厂房、机器设备等资产作抵押品以及转让借款人经营过程中的各种合同权益作为借款人的违约补救，即由与工程项目有利害关系的单位对贷款可能发生的风险进行担保，以保证该工程按计划完工、营运，有足够的资金偿还贷款。在传统贷款方式中，则不一定会形成这种环环相扣的担保形式。

4. 融资成本较高

与传统的融资方式相比，项目融资的融资成本相对较高。因为项目融资涉及面广，技术性工作和融资文件比一般公司融资要多很多，导致组织项目融资花费的时间更长，另外，项目融资具有有限追索性质，这些都会导致项目融资的成本更高。

5. 风险分担不同

通过项目融资的有限追索，对于与项目有关的各种风险要素，项目投资者将本应由自己承担的还款义务，部分地转移到该项目身上，也就是将原来由借款人承担的风险部分地转移给贷款人，由借贷双方共担项目风险。

此外，项目融资更注重发挥税务结构的作用也是项目融资与传统融资方式相比的一个优点。

### 3.5.3　项目融资的资金来源

融资结构是项目的核心内容，针对同一个项目，选择不同的融资结构，最终所得到的结果可能会有相当大的差别。股本资金是由工程项目的发起人（一般也是项目投资者）为拟建项目以现金或实物投入形成的资本金，债务资金是指项目资金中除资本金外，以负债方式取得的资金。在现代国际工程项目融资中，债务资金所占的比重要大大高于股本资金，项目融资所采用的债务资金来源主要有：政府资金、出口信贷、世界银行及国际开发协会的贷款、商业银行贷款等，前面已有论述，这里不再重复。

### 3.5.4　项目融资的方式

项目融资广泛地运用于各国在城市基础设施项目中，其目的是将公共设施的一部分经营权让渡给私人投资人，并利用社会投资实现公共项目的建设、服务和经营，从而提高公共项目的社会效益和项目的经济效益。

典型的公共项目融资方式有：BOT、BTO、TOT、PPP、BT 等方式。

1. BOT（Build-Operate-Transfer）项目融资

（1）定义。是建设-经营-移交的英文缩写，是指政府部门通过特许权协议，授权项目发起人/项目公司（主要是私营机构）进行项目（主要是基础设施建设）的融资、设计、建造、经营和维护，投资人在规定的特许期内向该项目（产品/服务）的使用者或消费者收取特定的费用，由此回收项目的投资、经营、维护等成本，并获得经营利润。在特许期满后，项目公司将项目无偿移交给政府。

（2）BOT 项目融资基本原理。BOT 项目融资的基本原理，从经济学角度提出了市场经济"看不见的手"调整资源配置，同时政府以"看得见的手"调整国家控制下的公共资源配置。无论是市场经济手段，还是政府宏观调控手段，都各自存在着一定的缺陷，特别是在政府管理的公共项目资源建设领域其问题就更加突出。因而在公共项目建设领域出现了市场经济逐渐演变成市场和计划相结合的混合经济。BOT 项目融资模式恰恰具有这种市场机制和政府干预相结合的混合经济的特色，得到世界各国政府的选择，更好地发挥了公共项目建设、效益和管理综合功能。

例如，BOT 项目融资模式的雏形出现在 17 世纪的英国。当时英国的领港公会负责管理海上事务，包括建设、经营和管理航海灯塔，拥有建造灯塔和向船只收费的特权。根据英国经济学家罗纳德·科斯（R. Coase）的调查，从 1610 年到 1675 年的 65 年当中，领港公会连一个灯塔也未建成，而同期私人投资者建成的灯塔至少有 10 座。运行方式是，私人投资者首先向政府提出准许建造和经营灯塔的申请，申请中必须包括众多船主的签名以证明将要建造的灯塔对他们有利，并且表示愿意支付过路费。在申请获得政府的批准以后，私人投资者向政府租用建造灯塔必须占用的土地，在政府规定的特许期内管理灯塔并向过往船只收取过路费。特许期满以后，政府将灯塔收回并交给领港公会管理并继续收费。到 1820 年，在全部 46 座灯塔中，有 34 座是私人投资建造的。这种私人投资者建造、运营和管理灯塔的投资方式和当今 BOT 项目融资模式类似。

（3）BOT 项目融资结构。BOT 项目融资的基本组成结构如下：

① 项目发起人。所在国政府是公共项目的发起人，通过政府明确项目立项，并以政府特许协议的方式将特许权授予参与项目的私人投资企业。

② 产品购买者或接受服务消费者。在项目规划阶段，项目发起人或项目公司就应与产品购买方签订长期的产品购买合同。产品购买方必须有长期的盈利历史和良好的信誉保证，购买产品的期限一般与 BOT 项目的贷款期限相同，产品的价格也应保证使项目公司足以回收股本、支付贷款本息和股息，并能获得利润。

③ 项目公司。BOT 项目公司是该项目融资、建设和管理的具体实施者。项目公司组成特点是产权明晰、管理先进、法人模式。参与者可以是金融企业、保险企业、建造企业、运营商和政府等。

金融企业，作为债权人同意提供项目公司所需的所有资金贷款，并按照协议规定的时间、方式支付。当政府计划转让资产或进行资产抵押时，债权人拥有获取资产和抵押权的第一优先权；项目公司若想举新债必须征得债权人的同意；债权人并获得合理的利息。

建造商，可以是股东即项目建筑发起人，同时他必须拥有很强的建造能力、优秀的建设队伍、先进的建造技术和管理能力，在 BOT 协议规定的期限完成建设任务。

保险公司，他的责任是对 BOT 项目中可能出现的重大风险承担风险保险，包括建筑商风险、运营业务中断风险、整体责任风险、政治风险（战争或政府违约）等。由于这些风险不可预见性很强，造成的损失巨大，所以要求保险公司的财力、信用都很高。

运营商，是在项目建成后负责项目运营管理。为保证项目运营管理的连续性、盈利性，项目公司与运营商应签订长期合同，期限一般等于还款期。对运营商的要求是 BOT 项目的专营者，既有较强的管理技术、市场运营能力、市场开拓能力和企业管理水平，其责任是实现项目盈利，分配各利益相关者的经济收益和偿还项目贷款的责任。

此外，有的特定 BOT 项目还必须有原料供应商，以保证建设时建筑材料的供应，项目运营时原料供应等。但是真正能保证 BOT 项目融资模式顺利开展的关键是东道国的政府，政府对于 BOT 的态度以及在 BOT 项目实施过程中给予的支持将直接影响项目的成败。

（4）BOT 项目融资运行结构。BOT 项目融资针对的项目各异，但根据其基本原则，组成的运营基本结构及运行如图 3-2 所示。

（5）特征

① 投资企业获得政府授予的项目融资特许权，组成项目公司，取得项目的建设和特许经营权。

② 在特许专营权期限内，投资企业负责项目的建设、经营、管理，负有取得项目的收益偿还贷款责任。

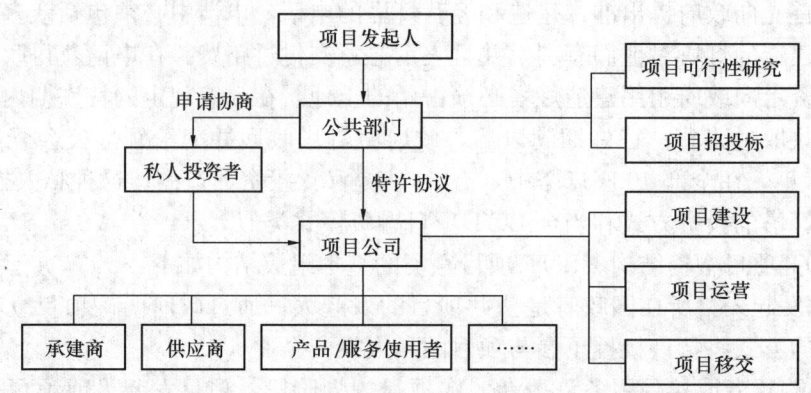

图 3-2　BOT 模式组织和运行结构图

③ 在特许权期限到期时，项目公司必须无偿将该项目移交给政府管理。

④ BOT 项目融资模式是混合经济模式，该模式是公共项目的提供方式，也是融资模式。

在此基础上演变或创新了不同的、类似的 BOT 模式，如 BOOT（Build-Own-Operate-Transfer），即建设-拥有-运营-移交；BOO（Build-Own-Operate），即建设-拥有-运营；BOOST（Build-Own-Operate-Subsidy-Transfer）：建设-拥有-运营-补贴-移交；BT（Build-Transfer）：建设-移交。即项目建成后立即移交，可按项目的收购价格分期付款；BTO（Build-Transfer-Operate）：建设-移交-运营等，极大地丰富了特定的项目融资类型。

（6）开展 BOT 项目融资模式的基本条件

① 实施 BOT 项目融资必须存在较完善的法律体制。

② 运行 BOT 必须存在完善的市场投资机制、投资评价机制和较完善的市场保障机制。

③ 实施 BOT 项目一定是具备准公共项目即存在盈利必要条件的项目，对非营利性公共项目则成功概率很小。

④ 政府对 BOT 项目则必须要放弃部分公共和公众利益，会存在公众对政府的意见较大，同时公共项目的公共效益难以达到理想的程度。

2. PPP（Public Private Partnership）项目融资

（1）PPP 项目融资的本质

PPP 是具有特定的概念的项目融资模式，各国都有特定的定义，以下是 PPP 具有代表性的定义：

① 联合国培训研究院的定义是，PPP 涵盖了不同社会系统倡导者之间的所有制度化合作方式，目的是解决当地或区域内的某些复杂问题。PPP 包含两层含义，其一是为了满足公共产品需要而建立的公共和私人倡导者之间的各种合作关系，其二是为了满足公共产品需要，公共部门和私人部门建立伙伴关系进行的大型公共项目的实施。

② 加拿大公私合作协会（Canadian Council for Public Private Partnerships）的定义是，PPP 是公共部门和私人部门之间的一种合作经营关系，它建立在双方各自经验的基础上，通过适当的资源分配、风险分担和利益共享机制，最好地满足事先清晰界定的公共

需求。

③ 美国PPP国家委员会的定义是，PPP是介于外包和私有化之间并结合了两者特点的一种公共产品提供方式，它充分利用私人资源进行设计、建设、投资、经营和维护公共基础设施，并提供相关服务以满足公共需求。

④ 我国定义的PPP概念，划分为广义概念和狭义概念，广义的PPP概念指公共部门和私人部门为提供公共产品或服务而建立的各种合作契约关系的总称，其中包括：特许经营BOT（Build-Operate-Transfer）建设-运营-移交、BT（Build-Transfer）建设-移交、BOOT（Build-Own-Operate-Transfer）建设-拥有-运营-移交等融资模式；狭义的PPP概念是指公共部门和私人部门为提供公共产品或服务，实现特定公共产品的公共效益而建立的项目全生命期的契约合作关系。我国PPP项目融资模式中的公共部门是指政府、公用事业管理部门、事业单位等公共项目的发起主体或以非营利性资金投资项目的投资主体；私人部门界定为企业、公司或个人（包括公有制、私有制、外商、民营性质等多种经济性质）等参与公共项目的投融资主体。

（2）PPP项目融资模式经济性特点。PPP项目融资模式中包含的经济关系具有以下4个方面特性：

① 项目所有权的公有性，PPP项目一般属于准公共产品和非营利的公共产品，因此其公共产品所有权归国家所有。

② PPP项目的全过程合作中政府与投资方的经济关系属于共同参与、权利平等、风险共担、利益均衡的平等合作关系。

③ 建设公共项目经济目的实现社会效益为第一要件，同时实现项目的经济效益，与BOT项目相比较，具有很强的公益性。

④ PPP项目公私双方共同参与公共项目投融资、建设和运营全过程，利益与风险共享，因而PPP项目成功的关键是组建和谐的混合经济公司合作模式。

（3）PPP项目的特点和作用

① 依据其经济性，其运行方式的特点是：政策性、自然垄断性、外部性、行业综合性等。

② 相对于传统项目融资模式，其作用表现在：第一，能促进公共项目管理模式的改善，能充分提高公共产品管理效率。第二，能充分发挥私人资本效率和经营管理的优势。第三，有效配置并发挥公私各自的资源优势。第四，公共项目建设、运营和管理风险分担更合理。

（4）PPP项目的应用范围

按PPP项目的经济性，应用范围主要包括：城市基础设施；农田、水利；教育、体育和文化；保障性住房；医疗卫生、城市生态、军事及监狱等公共设施，其中所占比例较大的是城市基础设施。他为公共产品或服务实现最佳的公共效益提供了广阔的应用前景。

**专栏融资方案**

### 国家体育场"鸟巢"方案的融资模式

国家体育场是2008年奥运会的主体育场，是北京奥林匹克公园内的标志性建筑，也是北京市最大的、具有国际先进水平的多功能体育场。

2008年8月9日，北京市人民政府在人民大会堂举行北京2008年奥运会主体育场——国家体育场

"鸟巢"项目签约仪式，历时9个月的国家体育场项目法人合作方招标投标工作终于尘埃落定，中国中信集团联合体被确定为国家体育场项目法人合作方的中标人。

签约仪式上，中国中信集团联合体分别与北京市人民政府、北京奥组委、北京市国有资产有限责任公司签署了《特许权协议》、《国家体育场协议》和《合作经营合同》3个合同协议。根据3个合同协议，中国中信集团联合体将与北京市国有资产有限责任公司共同组建项目公司，由中信集团联合体负责该项目的设计、投融资（除政府出资外的）、建设、运营及移交，项目公司将获得2008年奥运会后30年的国家体育场经营权。

国家体育场项目法人合作方的中标人是以中国中信集团公司为代表的联合体，联合体成员包括北京城建集团有限责任公司、美国金州控股集团公司以及中信集团公司所属国安岳强有限公司，项目融资模式为PPP模式。

由于国家体育场的特殊性，参照国内外类似项目融资的经验，为降低项目的融资成本和运营成本，市政府将向本项目提供总投资额52%的资金，中信集团联合体投资总额48%资金，由政府资金委托北京市国有资产经营有限责任公司作为出资代表注入项目公司，双方共同经营国家体育场及水立方游泳馆的商业运营。关于政府出资外的投资，引进市场化的运作机制，采用国际招标方式选择国家体育场项目法人合作方，与国资公司签订合作经营合同，共同组建项目公司，由项目公司负责该项目的设计、融投资（除政府出资外的）、建设、运营及移交。

（5）PPP项目运行机理

依据PPP项目融资模式概念及特点，PPP项目的运行机理主要体现在项目全过程的公私合作的特征，具体见图3-3。它与BOT项目融资模式的主要差异是：

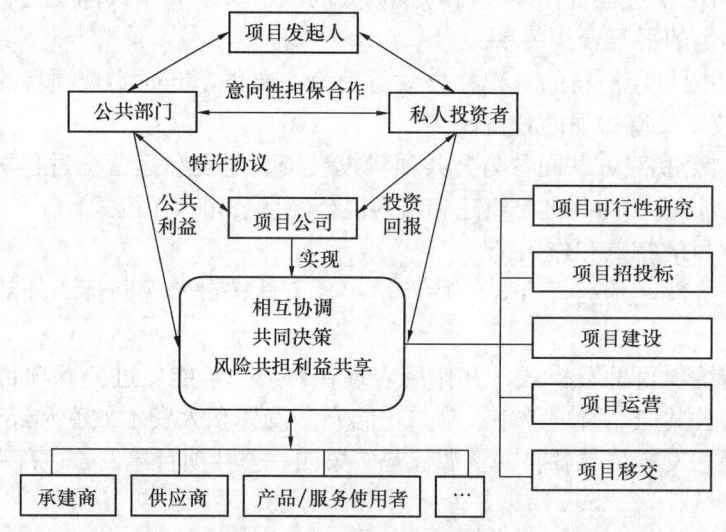

图3-3　PPP项目融资模式组织结构和运行机理图

① 合作目标差异。PPP模式是项目全生命完整的公私合作概念，是建立在以公私双方"相互协调、共同决策、利益共享、风险共担"为目标理念的基础上，各主体参与方的合作形式；BOT则是以私人投资者根据东道国政府或政府机构授予的特许协议或许可证，以自己的名义从事授权项目的设计、融资、建设及经营。从本质上就与BOT形成了差异。

② 组织机制和主体不同。PPP模式是政府与私人投资者以及其他参与方基于某个项目而形成的以"双赢"或"多赢"为原则设计运行机制，在项目公司中公共部门同样是参

与建设、运营和管理的合作主体，他的组织机构设置如图 3-3 和图 3-2 比较，二者之间最大的区别在于 PPP 必须建立协调机制。在 BOT 项目组织结构中，公共部门和私人投资者之间是形成管理与被管理的主体关系，项目运行机制以投资者自己组织的项目公司为主体的全过程运行方式。

③ 政府的参与程度不同。两者共同点是都存在必须由政府发起项目，但是在 PPP 模式中，公共部门从始至终在项目中发挥重要的参与合作作用，政府部门强力的协调、统筹与推动根本性地保障了项目的顺利进行。因此，公共部门的强力推动，使 PPP 模式比 BOT 模式有更佳的运作环境，也提高了项目效率。BOT 模式中政府只是在项目发起阶段和移交阶段的参与，在授予特许权后就由私人投资者按特许协议负责完成项目的建设、运营和管理，因而这一阶段是以投资者为主体，政府的行政影响力较弱。

PPP 与 BOT 项目融资也存在共性，如以项目导向、有限追索、风险分担、信用结构多样化、严格的法律环境、融资成本较高等。但就其本质上而言，PPP 模式和 BOT 模式是目前差异性较分明的两类项目融资模式。学习掌握不同融资模式的根本点，会对设计项目融资方案起到重要的帮助作用。

3. 项目融资的阶段

项目融资一般要经历融资结构分析、融资谈判和融资执行三个阶段。

（1）项目融资结构分析。在项目融资分析阶段，主要通过对项目立项报告书、项目可可行性报告、项目规划设计、项目地区社会、经济、环境、法律等因素，结合项目融资模式特点，展开深入而广泛的研究，再聘请项目融资咨询公司，协助投资者制定科学、合理的出融资方案，为成立项目公司提供依据。

（2）项目融资谈判。在谈判阶段，融资咨询公司将代表投资者同银行等金融机构接洽，提供项目资料及融资可行性研究报告。贷款银行经过审核、考察、调查及多轮谈判后，将与投资者共同起草融资的有关文件。同时，投资者还需要按照银行的要求签署有关销售协议、担保协议等文件。整个过程需要经过多次的反复谈判和协商，既要在最大限度上保护投资者的利益，又能为贷款银行所接受。

（3）融资执行阶段。由于融资银行承担了项目的风险，因此会加大对项目执行过程的监管力度。通常贷款银行会监督项目的进展，并根据融资文件的规定，参与部分项目的决策程序，管理和控制项目的贷款资金投入和现金流量。通过银行的参与，在某种程度上也会帮助项目投资者加强对项目风险的控制和管理，从而使参与各方实现风险共担，利益共享。

一般的项目融资申请条件：

（1）项目本身已经经过政府部门批准立项。

（2）项目可行性研究报告和项目设计预算已经政府有关部门审查批准。

（3）引进国外技术、设备、专利等已经政府经贸部门批准，并办妥了相关手续。

（4）项目产品的技术、设备先进适用，配套完整，有明确的技术保证。

（5）项目的生产规模合理。

（6）项目产品经预测有良好的市场前景和发展潜力，盈利能力较强。

（7）项目投资的成本以及各项费用预测较为合理。

（8）项目生产所需的原材料有稳定的来源，并已经签订供货合同或意向书。

（9）项目建设地点及建设用地已经落实。

（10）项目建设以及生产所需的水、电、通信等配套设施已经落实。

（11）项目有较好的经济效益和社会效益。

（12）其他与项目有关的建设条件已经落实。

### 3.5.5 项目融资的特点

1. 采用项目融资方式融资的优势

（1）可获得超过融资者融资能力的资金。目前，项目融资主要用于资金需求量较大的基础设施项目，对于发展中国家而言，这种方式既可以解决政府财政不足的困难，又可以避免项目实体因国际信用不高而造成的融资困难。

（2）负债规模不受影响。当工程项目主体负债规模达到一定程度后，受法律的约束，将不能再利用长期债券、长期借款等方式融资，但由于项目融资具有有限追索权或无追索权的特征，因此，采用项目融资不会影响项目发起人的资产负债表结构，自然也就不会影响该项目实体从其他方面进一步借款的能力。

（3）分散融资风险。当采用有限追索权的项目融资方式时，与项目有关的各种风险要素，就在项目投资者（借款人）与项目开发有直接或间接利益关系的其他参与者和贷款人之间进行了分担，从而分散了融资风险。

2. 项目融资的过程特点

（1）项目前期时间较长。由于项目融资涉及面广，从项目的初议、各种保证以及贷款协议的签订，到最后筹集到资金以及资金的使用，融资结构复杂、手续复杂，往往耗时较长。

（2）项目资金成本较高。在项目融资中，贷款银行承担了较大的风险，因此，贷款利率较普通贷款高。

（3）项目过程法律程序复杂。项目融资的交易行为和环节较多，各种契约形式多样，涉及专门的法律及程序等，因而需要专业的机构（律师事务所、审计事务所或会计师事务所等）和专业人员（法律、经济、会计、技术等人员）共同参与，才能保证项目各环节的顺利进行。

### 3.5.6 项目融资案例

1. 英法海峡隧道建设项目

英法海峡隧道项目属于 BOOT 项目融资模式。

（1）项目基本情况。英法海峡隧道包括 2 条直径 7.3m 的铁路隧道和 1 条直径 4.5m 的服务隧道，全长 50km。项目公司 Eurotunnel 由英国的海峡隧道集团、英国银行财团、英国承包商以及法国的 France - Manehe 公司、法国银行财团、法国承包商等 10 个单位组成。特许权协议于 1987 年签订，该项目于 1993 年建成。政府授予 Eurotunnel 公司 55 年的特许期（1987~2042 年含建设期 7 年）建设、拥有并经营隧道，55 年之后隧道由政府收回。

（2）项目融资过程。项目总投资 103 亿美元。在特许权协议中，政府对项目公司提出了 3 项要求：

①政府不对贷款作担保；

②本项目由私人投资，用项目建成后的收入来支付项目公司的费用和债务；

③项目公司必须持有 20%的股票。项目资金来源依靠股票和贷款筹集。其中，股票 20 亿美元，由银行和承包商持有 2.80 亿美元，由私有机构持有 3.70 亿美元，由公共投资者持有 13.50 亿美元。在 1986～1989 年间分 4 次发行。贷款为 83 亿美元，由 209 家国际商业银行提供，其中用于主要设施 68 亿美元，用于备用设施 15 亿美元。

（3）特许条件。政府允许项目公司自由确定通行费，其收入的一半是通过与国家铁路部门签订的铁路协议产生的，用隧道把伦敦与欧洲的高速铁路网相连接；其他收入来自通过隧道运载商业机动车辆的高速火车收费。政府保证，不允许在 30 年内建设第二个跨越海峡的连接通道。

项目公司承担隧道建设的全部风险，并且为造价超支设置了 18 亿美元的备用金。在岸上施工的部分，工程量执行一个固定价格合同。隧道则以目标费用为基础。项目公司按实际费用加上目标价值 12.36% 的固定费向承包商支付，该费用估计为 2.5 亿美元。如果隧道在目标价格以下建成，承包商将得到所节约资金的一半；如果实际费用或进度超过目标值，承包商将支付一项特定数量的损失费用给项目公司。另外，由于不可预见的地质条件或通货膨胀，合同要服从于价格调整。

【简要解析】

英法海峡隧道项目具有以下几个特点：第一，项目投资金额巨大；第二，项目建设期及运营期长；第三，不可控制因素多，如金融、技术、自然条件复杂，还涉及两国的消费者态度、消费价格、文化背景等差异；第四，隧道的建设技术复杂性不同，这也是世界上较复杂的工程。面对风险和收益的不确定性，采用什么样的项目融资模式是首选。如前教材介绍的 BOT 还是 BOT 的演化形式，取决于项目营运期、政府的态度和项目特许权收益条款。

如果采用 BOT 项目融资模式，则该项目建成、运营后必须归还政府，面对巨大的投资金额，要鼓励私营投资者投资，必须具有项目经营权的吸引力；如果采用 BOO 项目融资模式投资，则项目的公司所有权不受任何时间限制地拥有并经营项目设施。当然在决策时政府处于投资金额、项目建成后对欧洲的经济一体化、项目对经营管理成本的综合权衡，选择了激励投资者，政府同时也将拥有项目产权方式的 BOOT 项目融资模式。该项目其他因素分析阅读者可参考 2008 年 12 期《土木工程学报》文章"英法海峡隧道的失败对 PPP 项目风险的启示"资料。

2. 我国西部城市某自来水厂建设项目

（1）项目概况。西部城市某自来水厂 BOT 项目是 1997 年 1 月经国家计委批准立项的全国第一个城市供水设施 BOT 试点项目。1998 年 8 月 11 日，城市市政府与"法国通用水务——丸红供水有限公司"正式签署了《特许权协议》，特许期 18 年。"法国通用水务——丸红供水有限公司"作为项目业主在为期 18 年的特许期内全面负责该项目的融资、设计、建设和运营，特许期结束后，水厂将无偿移交给城市市政府，经营所得作为建设投资的收益。

在项目总投资中，资本金的 30%约 3200 万美元由项目公司的股东方直接投入，其中，法国通用水务集团占 60%，日本丸红株式会社占 40%；其余 70%的投资则由项目公司通过对外贷款方式解决。该项目对外贷款融资业务以法国里昂信贷银行为主承销，并联合亚洲开发银行、欧洲投资银行和日本进出口信贷银行共同为该项目提供贷款资金。

（2）项目合同结构

在该城市自来水六厂BOT项目融资过程中，项目公司主要通过提供各种合同作为项目担保，因此，项目主要合同的订立非常关键。在该项目中，项目公司主要取得了以下合同：

1）特许权协议：项目公司与市政府签订此协议，以明确项目公司据以融资、设计、建设项目设施，运营和维护水厂，并将项目设施移交给政府或其指定人——市自来水总公司的条款和条件。

2）购水协议：由项目公司与市政府指定授权的自来水总公司签订，用以规定自来水总公司的购水量和付费，以及项目公司按照购水协议规定的标准提供一定量净水的义务。

3）交钥匙建设合同：由项目公司与总承包商签订，用以规定购买设备及项目承建等内容。

4）融资文件：项目公司与各贷款人就项目的债务融资部分签订的协议。

5）保险协议。

（3）项目风险分担结构

BOT项目融资将涉及完工风险、生产风险、市场风险、融资风险、政府风险及不可抗力风险等，并可按照时间顺序分为完工前、完工后两个阶段。自来水厂BOT项目风险分担重点考虑了原水供应、净水销售、金融风险、法律风险和不可抗力风险，并采取了切实可行的防范措施：

1）生产过程中的原水供应风险

对于生产过程中的原水供应风险由市政府承担。在特许权协议中明确规定：如果原水供应不足以使项目公司履行其提供规定数量的净水及按照市自来水总公司的调度指定供应净水的义务，此原水量不足应被视为不可抗力事件；如果原水量不足不是由于自然不可抗力事件所导致，市自来水总公司应支付实际供应的净水量的运营水费、原水费和额外不可抗力付款。

2）净水销售风险

按照购水协议，净水销售风险由市政府、市自来水总公司承担。其中，市政府是首要义务人，即保证在特许经营期内按照协议确定的购水价和生产能力所确定的数量，从项目公司购买净水。

3）金融风险

①利率风险：在自来水厂BOT项目中，为了规避利率风险，项目公司制定了利率管理承诺，即通过安排对冲贷款额度，来控制定期贷款中至少80％未偿债务的利率波动风险。

②汇率风险：在建设期，根据建设合同，承包商承担所有由外汇汇率变动引起的建设成本上升的风险。建设完工以后，由市政府、项目公司和贷款人共同承担汇率风险，如在特许权协议和购水协议中规定的运营水价浮动部分，即包含了一个考虑美元与人民币汇率变化的汇率系数。

③外汇兑换风险：根据协议，由于外汇短缺所造成的风险，由项目公司自己承担；对外汇汇出风险，则由市政府和项目公司或贷款人共同承担。由于人民币已经在经常项目下可兑换，所有自来水厂BOT项目中的外汇汇兑问题得到了一定程度的解决。

④通货膨胀风险：在自来水厂 BOT 项目中，整个特许期内的运营水价由投标人在标书中确定，投标人需自行为整个特许期内的通货膨胀作出假设，由此项目公司承担了因实际通货膨胀与假设不相同所带来的风险。

4）法律变更风险

该风险由成都市政府承担。根据特许权协议，如果因法律变更使项目公司无法履行其重要义务或使其履行重要义务按照适用法律成为非法行为，则此项法律变更将被视为不可抗力事件，项目公司有权终止履行其义务；如果法律变更阻止项目公司履行其义务连续超过 90 天，项目公司和市政府协商决定继续履行特许协议的条件或同意终止协议。任何一方有权在法律变更事件后 180 天经书面通知终止协议。在此情况下，市政府将需支付项目公司相等于项目公司未偿还的本金加累计利息及股本投资额的终止补偿金。

5）不可抗力风险

在自来水厂 BOT 项目中，项目公司自费购买运营期内的保险，包括财产一切险、机器故障损坏险及业务中断险，以保障其因自然不可抗力事件导致的损失及其引起的利益损失。如果在运营期内，由于非自然不可抗力事件使项目公司无法履行规定义务，则市自来水总公司支付实际供应的净水量的运营水费、原水费和额外不可抗力付款。

【简要解析】

自来水六厂 BOT 项目在投融资建设方式方面具有以下几个特征：

第一，该项目是我国继广东省深圳市沙头角电厂 BOT 项目之后，在国内西部地区城市公共项目建设领域规范性采用的首个国际化 BOT 项目融资模式。水厂项目属于公共基础设施项目，在该项目实施中，市政府除了在原水供应和净水销售、外汇汇出、法律变更等方面提供了一定的担保外，没有提供财政投入资金，项目投资全部由外方投资者自行承担，相应的投资建设和经营风险也主要由外方投资者承担。同时，政府作为公用事业的所有者代表，并没有放弃对该项目的终极所有权，其目的是因为供自来水的消费者属于城市居民，经营用水属于商业模式，选用 BOT 模式能让政府参与行政指导，特别是城市居民用水价格的指导，让经营者目标不能偏离社会效益目标。

第二，该项目在城市基础设施和公用事业投融资建设和经营领域实现了所有权与经营权的适度分离。在自来水厂 BOT 项目中，政府只是将该项目的投资建设和建成后一定运营期内的经营管理权和受益权让渡给投资者，投资者在特许经营期满后仍然要将该项目资产完整地移交给政府或被授权的国有企业，政府拥有该项目的终极所有权。但另一方面，在特许经营期内，投资者拥有项目的经营管理自主权和收益权。

第三，该项目在投融资建设和经营管理上，大量引入国外先进技术、管理方式和管理经验，努力降低投资建设和运营成本，提高投资效益。

3. 英国 Hillyfield 学校 PPP 项目

英国是 PPP 模式的倡导者，在英国，有近 700 个公共服务项目签署了 PPP 协议，涉及合同金额达 450 亿英镑。其中，450 个项目已投入运营。PPP 已被认为是英国政府提供现代、优质的公共服务以及提升国家竞争力战略的关键因素。

现以位于该国首都伦敦的 Hillyfield 初级学校（已于 2005 年 11 月正式投入运营）项目为例，进行说明。

（1）产业化方式

特许经营 PPP 项目融资模式，共同经营。

（2）运作过程

1）决策阶段

该校年久失修，环境脏乱差，学校难以继续运营。当地政府资金匮乏，向中央政府申请支持后，中央政府提出如按照 PPP 方式进行融资可以支持。地方政府便决定拟用 PPP 模式建设和运营该校。

2）招标阶段

政府决策成熟后，地方政府拟专人按照 PPP 模式策划、设计该学校的建设和运营，制定招标文件，采取公开招标方式选择投资人。

在招标文件的制定过程中，政府、学校以各种方式征求老师、学生、学生父母、社区人员等各可能使用方的意见，对学校的硬件和软件设施提出明确的要求——使标的物更具实用性；同时，招标文件列明：投资人负责具体的项目设计、融资、建设、维护工作——使标的物更具专业性。

3）运营管理阶段

签订合同：中标公司，投资 800 万英镑修建该校。

合同列明：该校建成 30 年内该校内所有标的物由投资方租借给校方/当地政府使用；雇佣专业的物业管理公司负责后勤管理工作；学校仅负责教学工作；合同期满后，其产权无条件归地方政府所有。

4）利益分配

政府方：有效控制投资成本，提供了较好的教学环境。

校方：获得稳定收入，集中精力教学。收入：每年政府按学生数量拨付的费用、捐赠收入以及课余时间学校设施的出租收入的 50%（与投资方均分该项收入）；支出：教师工资、房屋租金、物业管理费。

投资方：获得稳定投资收益。收入：校舍的租金收入（学校支付的 15 万英镑和区政府每年的补贴 15 万英镑），以及学校设施出租收入的 50%。

【简要解析】

值得我们注意的是，专业物业管理公司的涉入是实施了 PPP 模式后的学校与传统方式运营的学校的极大区别——使得学校的后勤服务迅速、专业、到位；更是一种新型校园管理模式的试探。另外，引进第三方进行管理，更大大降低了极可能出现的校方与投资方的管理摩擦，以及可能引起的利益矛盾。

学校成立的董事会其成员包括区政府指定人员、教师和学生家长，但不包括投资人。董事会一年一选，一年三次会。学校负责人在全国范围内公开招聘，教师由校长、副校长和董事会面试产生。换句话说，投资人仅仅拥有了校舍等固定资产一定年限的所有权，对于校内其他管理事务并没有权限。这对学校的教学等软环境管理来说更为统一，并保证始终能以教学质量为优先考虑。

以上管理方式决定：投资人要想扩大收益就只能通过更高效地利用校舍等固定资产——校舍等出租收入的 50% 归校方所有的（在"利益分配"中说明）——投资人在努力增加自身收益的同时也使学校受益。

4. 我国西部某城市供水政府与社会资本合作（PPP）项目

（1）项目基本概况。某市水务集团有限公司于 2000 年 11 月 14 日经市人民政府批准，在原市自来水公司、市排水有限公司、市公用事业基建工程处、公用事业投资开发公司等国有企业基础上正式组建成立。主要对市政府授权范围内的国有"水务"资产行使管理职能，并从事该城市供水与排水设施的建设、管理和经营。

（2）合作方式。中法水务投资有限公司是由全球排名第 70 位的法国苏伊士集团和香港新世界发展有限公司合资组成。目前已在中国拥有 18 家合资水务企业，投资总额超过 3 亿美元，供水人口超过 3900 万人。2002 年 11 月，市水务集团以集团资产投资，与中法水务投资有限公司以 4：6 的比例投资 12.3 亿元合资成立该市"中法供水有限公司"，主要为该市"五区一镇"生产及销售、相关水厂和配套设施的建设经营及管理及与供水相关的业务，合作经营期限为 50 年。

政府承诺：为了实现规模经营和降低成本，以及提供符合国家规范和标准的供水服务，市政府同意在特许经营权期限内不再批准任何个人和企业进入特许经营区域从事供水服务。确保合作公司实现排他性经营。

2008 年 4 月 6 日，法国水务企业苏伊士环境集团联合香港新创建集团共同收购了该市水务控股（集团）有限公司 15% 的股份，作价 16 亿元，并签订战略投资协议。根据合作协议，苏伊士环境集团和新创建集团各持有所购股份的 50%，三方还签署了业务合作的长期协议。

【简要解析】

案例特点：

①同样是供水项目融资，政府方提出了公私合营的项目融资方式，项目所有权归国有公司，给予外资项目公司经营权，并长达 50 年。虽未能明确 BOT 或其他形式的项目融资，此仍属于公共项目公私合作模式。

②项目公司营利点非常明确，一是垄断供水市场；二是提供专利技术对项目公司完成关键技术控制；三是，规模经营逐步完成兼并。

③公私合作成效。改善了原供水系统，提供高质量水产品，实现"合作共赢"承担了原公司 80% 负债，经过三年后，市水务集团的总资产达到 130 亿元，实现利税约 3.4 亿元。

④在定价方面，政府以社会公众利益为重，并约定投资人不得擅自调价，并由政府监督部门以及社会公众对其水质和服务质量进行监督、评价，保证其供水质量和数量满足区域内公众生活和工作的需要。如因水价不敷支出或者因政策的原因以及各种非公司原因的突发事件等造成公司亏损，则政府采用"基于公共项目效益正外部性支付转移机制"，对合作公司予以直接补亏或对该亏损额暂时挂账，由合作公司先行垫付，垫付金额以及由此产生的利息通过下次水价听证调整后予以调整解决。

5. 我国重庆市"菜园坝"长江大桥建设项目

（1）项目概况。重庆菜园坝长江大桥项目（以下简称项目）地处重庆市主城区腹地，北接渝中区菜园坝和中山三路，南接南岸区南坪地区，是重庆主城区向外辐射的南北主干道，北岸可连接"渝合"高速公路、"渝涪"高速公路、"成渝"高速公路，南岸可连接"渝黔"高速公路。在重庆主城区内的路网中，是连接渝中区、江北区、南岸区，沟通长江南北两岸的重要交通主干道。

（2）项目经济指标

大桥选用中承式无推力钢管混凝土系杆拱桥，工程全长 4.009km，其中主线桥全长 1923.1m，主桥 620m，主桥为六车道，车道宽 3.75m，设计车速 60km/h。评估后项目总投资为 149540.43 万元，其中：工程费用 95695.89 万元，设备及工器具购置费 3788.35 万元，工程建设其他费用 29390.01 万元，预备费 11598.68 万元，建设期贷款利息 9067.50 万元。项目拟从 2003 年 1 月开始施工，2005 年 12 月完工，总建设工期 3 年。

（3）项目建设条件

1）项目性质。项目是重庆市政府"十五"计划市政基础设施建设重点专题规划方案确定的，是实现主城区与外环高速公路内的各组团中心及重要节点，政府市区交通"半小时工程"的关键交通枢纽。

2）政府态度。市政府提出加快城建投资体制的创新，发展培育新型投融资机制，积极吸引民营、私营企业、个人投资和外商直接投资等政策。

3）交通现状。受山城地形限制和长江、嘉陵江的分隔，过江交通设施已不能满足重庆经济社会发展的需要，两江交通已成为制约城市经济发展的"瓶颈"。

4）效益模式。2002 年 7 月重庆市实施新的路桥收费制度的改革，重庆市主城区路桥收费实行年费制。

以上政治、经济、自然和交通等环境的变化，为该项目的投融资模式创新提供了设计前提。

（4）BT 运行机制设计

按照国际 BT（Build Transfer）案例融资模式，我们设计了与 BOT 相似的一整套运行机制，即项目确定和拟定、招标、选标、开发、建设和移交的相关制度，法律文件及合同规则。

1）项目的确定。主要根据市政府的城市交通"十五"发展规划，政府拟定了菜园坝长江大桥建设项目设想，并对项目进行建设的可行性和必要性论证。

2）项目决定采取 BT 融资模式，进行邀请招标。

3）选标，按照 BT 融资模式的基本要求和规则，以及我国招投标法规，组成专家评价组，依据市场规则进行选择。

4）融资主体及融资方案分析。项目严格按照项目业主制，通过竞争确立重庆城市投资公司为项目法人，采用 BT 方式融资。同时政府支持该公司，经国家证券管理部门同意发行城市建设债券 15 亿元，这一措施保证了项目资金的到位和建设的顺利进行。并按三年建设期资金分配比例，35％、35％和 30％分期投入。因而，其资金成本方案见表 3-10。

**项目筹资成本测算及方案选择** 表 3-10

| 资金来源 | | 自有资金 35％ | 银行贷款 30％ | 发行债券 35％ | 资金成本 | 加权资金成本 |
|---|---|---|---|---|---|---|
| 筹资金额（万元） | 方案 1 | 52339.15 | 44862.13 | 52339.15 | 7％ | 6.42％ |
| | 方案 2 | 53339.15 | 97201.28（65％） | — | 6％ | 6.81％ |

如果投资者要求的收益率为 12％，贷款利率为 6％，所得税率为 33％，则测算出方

案 1 优于方案 2。

5）财务评价。财务评价作为项目的微观经济测算，是保证 BT 融资具备一定的偿债能力，同时体现项目的可行性。项目收入测算（项目运行 30 年）：过桥费总收入为15602.4 万元，广告总收入 200 万元/年；项目成本构成：建设期投入，维修和管理费（分别为 50 万元和 150 万元），大修费（按上两项的 12 倍），营业税（3%）和所得税（33%），折旧费。折现率分别为 6%、7%，则净现值方案测算结果为：

$$NPV_1 = 17745.85 \text{ 万元} \qquad NPV_2 = 3245.37 \text{ 万元}$$

6）社会效益。主要体现在：第一，行车效率显著提高，目前车速为 10～20km/h，而未来菜园坝大桥建成后，车速可提高到 60km/h；第二，环境改善，汽车行驶速度的提高，可减少 1/2 的车辆气态排放物。同时，由于交通量的分流，道路服务水平的提高，从而减少噪声影响；第三，更符合山水园林城市形象；第四，提高人民的出行生活质量；第五，带动全市各行业经济的飞跃。

【简要解析】

（1）选择 BT 项目的动因。政府因素，在于重庆城市交通收费制度改革的需要；项目因素，在于大桥项目如果收费，必将影响通行流量；社会因素，提升交通效率是建设重庆交通"半小时主城区"目标，公众支持；经济因素，项目投资额适中，整体环境风险较小。

（2）模式特征。BT 与 BOT 项目相比的特点：①政府主体，既是一个与私人投资者或企业地位平等的伙伴，又是一个具体实施的监督者，具有双重身份。②项目客体，即基础设施项目，如桥梁、公路等，属于社会公益项目，东道主国享有绝对的建设权和代管权。③所有权，投资商在建设期拥有全部所有权，建成后移交政府，投资商拥有债权，所以保证公众利益。④融资效率较高，项目的投资商为了尽快收回资金，一般都会在政府的指导下尽快完成项目的前期工作，以及设计、施工、项目的试运行等过程，以压缩建设工期，达到尽早回笼资金的目的。

（3）项目风险。BT 项目融资主要风险有：市场风险、设计变更风险、工程技术风险、政府信用风险等。对于市场风险，政府在合作过程中，对于投资者，造成可能存在的不确定因素，比如原材料涨价、人工涨价等，这些都可能引起投资总额的增加导致项目亏损，政府与投资商可以签订预算增加的补偿保证合同来回避此风险。

对于设计变更风险和工程技术风险，主要通过投资者对方案不断进行优化，采取节约资源、节约成本的方案；而政府应该鼓励，特别是技术创新或采用新技术，在合同中明确其奖励条款，但对于不利的设计变更政府应该进行监督指导。

对于政府信用建设，政府的承诺在出具的书面担保方式、信用条款、信用实现、信用保证等必须做到规范、符合法律法规，特别是政府行政部门的程序应当透明、公正和效率。

专栏项目融资政策

中国银监会关于印发《项目融资业务指引》的通知

银监发〔2009〕71 号

机关各部门，各银监局，各政策性银行、国有商业银行、股份制商业银行，中国邮政储蓄银行：

为加强项目融资业务风险管理，促进项目融资业务健康发展，银监会制定了《项目融资业务指引》，现印发给你们，请遵照执行。

请各银监局将本通知转发至辖内银监分局和银行业金融机构。

二〇〇九年七月十八日

## 项目融资业务指引

**第一条**　为促进银行业金融机构项目融资业务健康发展，有效管理项目融资风险，依据《中华人民共和国银行业监督管理法》、《中华人民共和国商业银行法》、《固定资产贷款管理暂行办法》以及其他有关法律法规，制定本指引。

**第二条**　中华人民共和国境内经国务院银行业监督管理机构批准设立的银行业金融机构（以下简称贷款人）开展项目融资业务，适用本指引。

**第三条**　本指引所称项目融资，是指符合以下特征的贷款：

（一）贷款用途通常是用于建造一个或一组大型生产装置、基础设施、房地产项目或其他项目，包括对在建或已建项目的再融资；

（二）借款人通常是为建设、经营该项目或为该项目融资而专门组建的企事业法人，包括主要从事该项目建设、经营或融资的既有企事业法人；

（三）还款资金来源主要依赖该项目产生的销售收入、补贴收入或其他收入，一般不具备其他还款来源。

**第四条**　贷款人从事项目融资业务，应当具备对所从事项目的风险识别和管理能力，配备业务开展所需要的专业人员，建立完善的操作流程和风险管理机制。

贷款人可以根据需要，委托或者要求借款人委托具备相关资质的独立中介机构为项目提供法律、税务、保险、技术、环保和监理等方面的专业意见或服务。

**第五条**　贷款人提供项目融资的项目，应当符合国家产业、土地、环保和投资管理等相关政策。

**第六条**　贷款人从事项目融资业务，应当充分识别和评估融资项目中存在的建设期风险和经营期风险，包括政策风险、筹资风险、完工风险、产品市场风险、超支风险、原材料风险、营运风险、汇率风险、环保风险和其他相关风险。

**第七条**　贷款人从事项目融资业务，应当以偿债能力分析为核心，重点从项目技术可行性、财务可行性和还款来源可靠性等方面评估项目风险，充分考虑政策变化、市场波动等不确定因素对项目的影响，审慎预测项目的未来收益和现金流。

**第八条**　贷款人应当按照国家关于固定资产投资项目资本金制度的有关规定，综合考虑项目风险水平和自身风险承受能力等因素，合理确定贷款金额。

**第九条**　贷款人应当根据项目预测现金流和投资回收期等因素，合理确定贷款期限和还款计划。

**第十条**　贷款人应当按照中国人民银行关于利率管理的有关规定，根据风险收益匹配原则，综合考虑项目风险、风险缓释措施等因素，合理确定贷款利率。

贷款人可以根据项目融资在不同阶段的风险特征和水平，采用不同的贷款利率。

**第十一条**　贷款人应当要求将符合抵质押条件的项目资产和/或项目预期收益等权利为贷款设定担保，并可以根据需要，将项目发起人持有的项目公司股权为贷款设定质押担保。

贷款人应当要求成为项目所投保商业保险的第一顺位保险金请求权人，或采取其他措施有效控制保险赔款权益。

**第十二条**　贷款人应当采取措施有效降低和分散融资项目在建设期和经营期的各类风险。

贷款人应当以要求借款人或者通过借款人要求项目相关方签订总承包合同、投保商业保险、建立完工保证金、提供完工担保和履约保函等方式，最大限度降低建设期风险。

贷款人可以以要求借款人签订长期供销合同、使用金融衍生工具或者发起人提供资金缺口担保等方式，有效分散经营期风险。

第十三条 贷款人可以通过为项目提供财务顾问服务，为项目设计综合金融服务方案，组合运用各种融资工具，拓宽项目资金来源渠道，有效分散风险。

第十四条 贷款人应当按照《固定资产贷款管理暂行办法》的有关规定，恰当设计账户管理、贷款资金支付、借款人承诺、财务指标控制、重大违约事项等项目融资合同条款，促进项目正常建设和运营，有效控制项目融资风险。

第十五条 贷款人应当根据项目的实际进度和资金需求，按照合同约定的条件发放贷款资金。贷款发放前，贷款人应当确认与拟发放贷款同比例的项目资本金足额到位，并与贷款配套使用。

第十六条 贷款人应当按照《固定资产贷款管理暂行办法》关于贷款发放与支付的有关规定，对贷款资金的支付实施管理和控制，必要时可以与借款人在借款合同中约定专门的贷款发放账户。

采用贷款人受托支付方式的，贷款人在必要时可以要求借款人、独立中介机构和承包商等共同检查设备建造或者工程建设进度，并根据出具的、符合合同约定条件的共同签证单，进行贷款支付。

第十七条 贷款人应当与借款人约定专门的项目收入账户，并要求所有项目收入进入约定账户，并按照事先约定的条件和方式对外支付。

贷款人应当对项目收入账户进行动态监测，当账户资金流动出现异常时，应当及时查明原因并采取相应措施。

第十八条 在贷款存续期间，贷款人应当持续监测项目的建设和经营情况，根据贷款担保、市场环境、宏观经济变动等因素，定期对项目风险进行评价，并建立贷款质量监控制度和风险预警体系。出现可能影响贷款安全情形的，应当及时采取相应措施。

第十九条 多家银行业金融机构参与同一项目融资的，原则上应当采用银团贷款方式。

第二十条 对文化创意、新技术开发等项目发放的符合项目融资特征的贷款，参照本指引执行。

第二十一条 本指引由中国银行业监督管理委员会负责解释。

第二十二条 本指引自发布之日起三个月后施行。

## 思 考 题

1. 工程项目主体筹集资金应遵循哪些基本原则？

2. 权益筹资有哪些方式？各有哪些优缺点？

3. 负债筹资有哪些方式？各有哪些优缺点？

4. 长期借款的还本付息方式主要有哪些？项目主体应如何做好还款计划安排？

5. 什么是资金成本？资金成本有具备什么作用？

6. 综合资金成本有哪些计算方法？各有何特征？

7. 什么是边际资金成本？边际资金成本在工程项目主体筹资及投资中有何作用？

8. 什么是经营杠杆和经营风险、财务杠杆和财务风险？财务杠杆作用原理对项目主体筹资决策有何指导意义？

9. 在公共产品项目融资模式中，选择项目融资模式的根本点是什么？

10. BOT 项目融资模式、PPP 项目融资模式和 BOOT 项目融资模式主要区别，存在的共同点是什么，对设计融资方案有何不同？

## 计 算 题

1. 某项目主体发行一批债券，面值 100 元，票面利率 6%，期限 5 年，每年付息一次，到期一次还本。实际发行价格为面值的 120%，筹资费率为 3%，所得税税率为 33%。试计算该债券的资金成本。

2. 某项目主体是一家股份有限公司，其普通股的发行价为 20 元/股，发行费用为每股 0.5 元，第一年预计发放现金股利 1 元/股，预计股利将以每年 3% 的比率稳定增长。试计算普通股的成本。

3. 某项目主体的目标资金结构为：长期借款 10%，债券 20%，优先股 10%，普通股 60%。该公司长期借款的年利率为 7%；债券面值 1000 元，票面利率 9%，每年付息一次，发行价格 990 元，筹资费率为 4%；优先股面值 100 元，年股息率 11%，发行价格为 102 元，筹资费用 2 元/股；已知无风险利率为 6%，预计证券市场平均股票收益率为 15%，该项目主体普通股的 $\beta$ 系数为 1.2，所得税税率为 33%。试计算该项目主体的综合资本成本。

4. 某项目主体在初创时拟筹资 500 万元，现有甲、乙两个备选筹资方案。有关资料经测算见表 3-11。

表 3-11

| 筹资方式 | 筹资方案甲 | | 筹资方案乙 | |
| --- | --- | --- | --- | --- |
| | 筹资额（万元） | 个别资金成本（%） | 筹资额（万元） | 个别资金成本（%） |
| 长期借款 | 80 | 7.0 | 110 | 7.5 |
| 公司债券 | 120 | 8.5 | 40 | 8.0 |
| 普通股票 | 300 | 14.0 | 350 | 14.0 |
| 合计 | 500 | | 500 | |

试测算比较该项目主体甲、乙两个筹资方案的综合资金成本。

5. 某工程项目主体通过对资金市场状况和公司有关条件的分析，得到了如下的各种筹资方式下筹资规模与资金成本关系方面的资料，见表 3-12。

表 3-12

| 筹资方式 | 资金成本分界点（万元） | 个别资金筹资范围（万元） | 资金成本（%） |
| --- | --- | --- | --- |
| 长期借款 | 100<br>200 | 100 以内<br>100～200<br>200 以上 | 5<br>6<br>7 |
| 优先股 | 150<br>300 | 150 以内<br>150～300<br>300 以上 | 8<br>9<br>10 |
| 普通股票 | 300<br>600 | 300 以内<br>300～600<br>600 以上 | 12<br>13<br>14 |

该项目主体通过分析，确定追加筹资的资金结构为长期借款 20%，优先股为 20%，普通股票为 60%。

要求：试确定该项目主体筹措新资金的边际资金成本，并绘制各筹资范围内边际资金成本分布图。

6. 某建筑材料生产企业生产的某单一产品售价 200 元/件，单位变动成本为 100 元/件，年固定经营成本为 60 万元，试问：（1）该公司当年需要销售多少产品才能盈亏平衡？（2）假定该公司上年在上述经营条件下销售了 1 万件，经营杠杆系数是多少？如果本年预计销售量增加 10%，那么营业利润将会增长的百分数是多少？（3）该企业现有普通股 10 万股，长期负债 150 万元，年利率 10%，公司所得税税率为 50%。如果上年息税前利润为 40 万元，则普通股每股利润是多少？财务杠杆系数是多少？（4）如果本年销售量在上年的基础上增长 20%，会引起普通股每股利润增长多少？

# 4 工程金融资产管理

## 【学习目标】

本章依据《企业会计准则第 22 号—金融工具确认和计量》准则，对金融资产可以定义为，资产负债表中除了实物资产和无形资产之外的资产。金融资产主要包括库存现金、应收账款、应收票据、贷款、垫款、其他应收款、应收利息、债权投资、股权投资、基金投资、衍生金融资产等，属于企业重要的金融资产。

本章重点介绍工程企业金融资产投资的基本原理、方法和流程。

本章掌握工程财务管理投资的基本原理；掌握工程投资的动机，理解工程投资分类、工程项目投资内容等；掌握工程投资资金成本原理、各类融资方式的资金成本的计算方法；理解权益投资和负债投资对工程项目投资效益分析方法；掌握工程项目资金结构对投资方案最优决策；熟悉工程项目投资方案编制。

## 【重要术语】

债券投资　股票投资　基金投资　财务评价　固定资产投资现金流量　财务净现值　财务内部收益率　投资回收期　投资收益率　资本限量决策

## 4.1 投资管理概述

投资是企业生存的基础，也是企业持续发展的动力。对外投资是企业重要的经营活动，是以自身拥有的现金、实物、无形资产等方式或以购买股票、债券等有价证券向其他企业进行投资的方式，目的是未来获得经济收入或收益的财务管理行为。

### 4.1.1 投资的种类

投资可以按不同的标志进行分类。

1. **按投资时间长短分类**

可以分为短期投资和长期投资。

（1）短期投资。是指能够随时变现、持有时间不超过一年的有价证券及不超过一年的其他投资。短期投资是利用债券、股票等有价证券进行的投资，具有投资风险小、变现能力强、收益率高等特点。

（2）长期投资。是指不准备随时变现、持有时间超过一年的有价证券及超过一年的固定资产投资或其他投资。长期投资可以利用现金、实物、无形资产、有价证券等方式进行，具有风险大、变现能力差、收益率高且时间长等特点。

长期投资和短期投资的主要区别特征是：准备随时变现，能够随时变现。只有同时满足这两个条件，才能列入短期投资，否则列入长期投资。通常在企业中这些属于日常投资管理。

2. 按投资行为分类

可以分为直接投资和间接投资。

(1) 直接投资（Foreign Direct Investment）。简称为 FDI，是指投资者将货币资金直接投入投资项目，形成实物资产或者购买现有企业的资产供自己生产经营使用，通过直接投资，投资者便可以拥有全部或一定数量的企业资产及经营的所有权，直接进行或参与投资的经营管理。直接投资包括对现金、厂房、机械设备、交通工具、通信、土地或土地使用权等各种有形资产的投资和对专利、商标、咨询服务等无形资产的投资等。直接投资具有投资企业依据资本大小取得被投资企业部分或全部管理控制权，获取被投资企业的市场、人力和资源，方便企业贯彻经营策略与管理措施等特点。

(2) 间接投资。是指投资者以其资本购买公债、公司债券、金融债券或公司股票、基金等，各种有价证券，以预期获取一定的投资收益。由于其投资形式主要是购买各种各样的有价证券，形成企业的可交易性金融资产、持有至到期的金融资产和可出售的金融资产，因此也被称为证券投资。其投资与直接投资相比较具有流动性大、收益取得快、风险性小、无参与被投资企业管理经营权等特点。

直接投资与间接投资同属于投资者对预期能带来收益的资产的购买行为，但二者存在实质性的区别：直接投资是资金所有者和资金使用者的合一，是资产所有权和资产经营权的统一运动，一般是生产事业，会形成实物资产；间接投资是资金所有者和资金使用者的分解，是资产所有权和资产经营权的分离运动，投资者对企业资产及其经营没有直接的所有权和控制权，其目的只是为了取得其资本收益或保值。

同时，两者还有着非常密切的联系，通过间接投资，可以为直接投资筹集到所需资本，并监督、促进直接投资的管理。

3. 按投资权属分类

可以分为股权投资和债权投资。

(1) 股权投资。是指投资企业以购买股票、兼并投资、联营投资等方式向被投资企业进行的投资。投资企业拥有被投资企业的股权，股权投资形成被投资企业的资本金。股权投资根据方式不同分为股票投资和项目投资，股票投资是以购买发行企业的股票的方式对其他企业进行的投资；项目投资是指企业以现金、实物、无形资产等方式对其他企业的投资。其特点是拥有企业的管理权、决策权和收益权。

(2) 债权投资。是指投资企业以购买债券和租赁投资方式向被投资企业进行的投资。投资形成被投资企业的负债，投资企业形成债权或债权人。债权投资与股权投资相比，具有投资收益稳定、收益小、风险低的特点。

4. 按投资的财务风险分类

可以分为确定性投资和风险性投资。

(1) 确定性投资。是指在对未来影响投资决策的各种因素的影响方向及程度都明确掌握的情况下进行的投资。例如，企业购买债券，还本付息日期以及还本付息金额都事先知道，因此属于确定性投资。

(2) 风险性投资。是指在对未来影响投资决策的各种因素的影响方向或影响程度不能明确掌握的情况下进行的投资。例如，企业购买股票，发行股票企业收益数额往往不能事先准确知道，甚至就是收益还是损失都不能把握，这种投资的决策属于风险性投资决策。

以上两者相比，风险性投资风险大，期望的收益也大，确定性投资风险小，其收益也小；同时确定性投资对企业的财务风险影响也要小，对投资企业主营生产经营的影响也相对较小。

5. 按财务投资的内容分类

可以分为金融资产投资和非金融资产投资。

（1）金融资产投资。是指企业以货币资金的形式，对外购入被投资企业的债券、股票和基金。投资企业金融资产管理按持有金融资产的目的可分为：交易性金融资产，即短期持有的债券、股票等；持有至到期投资的金融资产，即长期债券投资；可出售的金融资产，是指初始确认时即被指定为可供出售的非衍生金融资产，以及除下列各类资产以外的金融资产：第一，贷款和应收款项；第二，持有至到期投资；第三，以公允价值计量且其变动计入当期损益的金融资产。金融资产一经分类，不得随意进行重分类，因而需要加强管理。

（2）非金融资产投资。主要是指以原材料、固定资产实物和无形资产的对外投资。

### 4.1.2 投资的目的

企业投资的目的是降低财务风险，增加经济收益。具体表现为：

1. 资金保值与增值

资金是企业资产的价值的货币表现，也是工程资产的价值组成。有效地利用企业拥有和控制的经济资源，不仅会使企业取得收益，而且也必然使资金在运动中保值，并且带来不断增加的新价值。但是，企业在生产经营过程中，由于市场的变化或企业管理的原因，时常造成企业资产、资金闲置，或者资产报酬率降低甚至亏损的情况，这时就可以考虑利用现有资产对外投资，进行资产重组，以优化资源配置，增加企业收益。因此，追求工程项目的收益、实现资金保值增值是企业对外投资的基本目的。

2. 企业扩张与控制

为了持续发展，扩大产品市场份额，企业往往要不断地通过投资手段扩张经营规模或控制其他企业。企业投资主要方式有两种：一是通过对内投资，包括固定资产投资、流动资产投资、无形资产投资或其他投资等，扩张企业的经营规模，一般这种模式速度较慢；二是通过对外投资，包括股票投资、债权投资、其他直接投资等，扩张企业的经营规模，这种投资模式扩张速度较快，往往在比较短的时间内保证企业在市场竞争中的主动地位或控制对方企业。例如，在某企业股份分散的情况下，一般拥有该企业25%以上的股份时，就可以控制该公司的经营活动，稳定本企业的原材料供应、巩固原有的销售网点、占据新的市场，从而达到增加本企业市场竞争力的目的。

3. 转移与分散风险

由于市场竞争的日趋激烈，企业在经营过程中面临着各种不同程度的风险。例如，企业为了增强偿债能力，降低财务风险，必须保持资产的良好流动性，在企业的资产中，长期资产的流动性较差，一般不能直接用于偿还债务，流动资产中现金可以直接偿还债务，但储备现金过多，又会降低现金的流动性，降低资产的收益率；如果通过购买股票和债券来调剂资金的储备，不仅保持了现金的流动性，而且还降低了现金的风险，也增加了企业的收益。

### 4.1.3　投资环境

投资环境（Investment Environment）是指伴随投资活动整个过程的各种影响要素和条件的总和。概括起来，投资环境包括政治与法律环境、经济与金融环境、人文社会环境、自然地理环境等。

（1）政治与法律环境

主要包括政治体制、政局的稳定性；政策是否具有连续性；法律法规是否齐备和公允。

政治环境是指企业市场营销活动的外部政治形态。主要有稳定的政局、持续的政策、运行机制和政府官员素质等。如果政局稳定，政策持续与高效的管理，就会给企业营销打造良好的环境。相反，政局不稳、政策变动或管理低效，就会影响经济发展和市场的稳定，因而影响到企业对外进行的投资决策。

法律环境是指国家或地方政府所颁布的各项法规、法令和条例等，它是企业投资活动的准则，企业只有依法进行各种投资活动，才能受到国家法律的有效保护。例如，日本政府规定，任何外国公司进入日本市场，必须要找一个日本公司同它合伙，以此来限制外国资本的进入。只有了解掌握了投资国的相关法律法规，才能有效制定投资对策，在对外投资中取得主动。

（2）经济与金融环境

主要包括宏观经济发展状况、市场、基础设施、经济政策等。

企业对外投资经济环境主要由社会经济结构、经济发展水平、经济体制和宏观经济政策四个要素构成。

社会经济结构指国民经济中不同的经济成分、不同的产业部门以及社会再生产各个方面在组成国民经济整体时相互的适应性、量的比例及排列关联的状况。社会经济结构主要包括五方面的内容，即产业结构、分配结构、交换结构、消费结构、技术结构，其中最重要的是产业结构。

经济发展水平是指一个国家经济发展的规模、速度和所达到的水准。反映一个国家经济发展水平的常用指标有国内生产总值，国民收入、人均国民收入、经济发展速度、经济增长速度。

经济体制是指国家经济组织的形式。经济体制规定了国家与企业、企业与企业、企业与各经济部门的关系，并通过一定的管理手段和方法，调控或影响社会经济流动的范围、内容和方式等。

经济政策是指国家、政党制定的一定时期国家经济发展目标实现的战略与策略，它包括综合性的全国经济发展战略和产业政策、国民收入分配政策、价格政策、物资流通政策、金融货币政策、劳动工资政策、对外贸易政策等。

金融环境是影响投资者的重要因素之一。因为投资的目的是为了取得投资回报，即公司的经济利益，借贷方式灵活、借贷机制稳定、借贷机构高效和可持续的外汇返回政策，可以激励投资者向各个产业领域的投资，通常称为自由贸易金融区。

因此，企业的经济环境分析就是要对以上的各个要素进行分析，运用各种指标，准确地分析宏观经济环境对企业投资的影响，从而制定出正确的企业投资经营战略。

（3）人文社会环境

主要包括公民的文化教育水平、宗教、风俗习惯等。人文社会环境是指企业所处的社会结构、社会风俗和习惯、信仰和价值观念、行为规范、生活方式、文化传统、人口规模与地理分布等因素的形成和变动。人文社会环境是影响企业投资诸多变量中最复杂的变量。它主要由特定的价值观念、行为方式、伦理道德规范、审美观念、宗教信仰及风俗习惯等内容构成，它影响和制约着人们的消费观念、需求欲望及特点、购买行为和生活方式，对企业投资行为产生间接影响。

（4）自然地理环境

主要包括地理位置、自然条件、自然资源等。

企业项目投资必然地要考虑项目所在地的自然地理环境，这也是目前项目环境评价的必要条件。项目的生态环境，项目对自然环境的影响，项目投资后其生产产品的自然资源的程度等，都是投资项目可持续发展的前提条件，因此企业项目投资及对外投资都必须考虑这一因素。

以上影响因素中，政治与法律要素、自然地理要素是投资决策的先决条件；经济与金融要素是投资决策的基本条件；人文社会要素是企业投资决策的重要条件。

此外，企业在进行投资决策时还必须根据企业自身条件，从以下三个方面考虑投资影响。

1）企业自身的财务状况。即企业在投资决策时，必须考虑企业目前的财务能力，如资产的盈利能力、偿债能力、未来几年现金流动性能力、企业融资能力等，它是企业投资的重要影响因素。

2）企业经营目标。企业投资必须以本企业的总体经营目标出发，对外投资目标与企业总体经营目标一致，有利于通过投资目标来更好地实现企业战略目标，根据战略目标来选择合适的投资项目和投资方式，并作出投资决策。

3）投资对象的收益与风险。任何投资项目都是为了取得经济利益的流入，同时实现经济利益必然存在着投资风险，要认真估算投资的收益与风险的对称性，在保证实现投资收益的前提下，尽可能地减小风险对收益的影响，实现投资目标。

## 4.2 债券投资管理

### 4.2.1 债券投资管理特点

1. 债券投资的概念

债券是政府、金融机构、生产企业等直接向社会借债筹措资金时，向投资者发行、并且承诺按一定利率支付利息并按约定条件偿还本金的债权债务凭证。债券的本质是价值的证明书，具有法律效力。债券购买者与发行者之间是一种债权债务关系，债券发行人即债务人，投资者即债权人。

债券是一种有价证券，债券投资是企业为获取固定利息收入，或在金融市场中获取交易差价收入等而购入的有价证券的财务行为。

2. 债券投资的基本要素

债券是发行人依照法定程序发行的、约定在一定期限向债券持有人还本付息的有价证券。债券投资是一种债权凭证，反映了购买者与销售者之间形成的债权债务关系。债券的基本的要素具体包括：

（1）债券面值。债券面值是指债券的票面价值，是发行人对债券持有人在债券到期后应偿还的本金金额，也是企业向债券持有人按期支付利息的计算依据。债券的面值与债券实际的发行价格并不一定是一致的，发行价格大于面值称为溢价发行，小于面值称为折价发行，发行价格等于面值称为等额发行。

（2）票面利率。票面利率是指债券利息与债券面值的比率，是发行人承诺支付给债券持有人报酬的计算价值标准。债券票面利率的确定主要受到银行利率、发行者的资信状况、偿还期限和利息计算方法以及当时资金市场上资金供求情况等因素的影响。

（3）付息期。付息期是指企业发行债券后的利息支付的时间。它可以是到期一次支付，或 1 年、半年或者 3 个月支付一次。在考虑货币时间价值和通货膨胀因素的情况下，付息期对债券投资者的实际收益有很大影响。到期一次付息的债券，其利息通常是按单利计算的；而年内分期付息的债券，其利息是按复利计算的。

（4）偿还期。债券偿还期是指企业债券上载明的偿还债券本金的期限，即债券发行日至到期日之间的时间间隔。公司要结合自身资金周转状况及外部资本市场的各种影响因素来确定公司债券的偿还期。

3. 债券管理特点

债券投资是投资者通过证券市场上购买各种债券进行的对外投资，它是证券投资的一个重要组成部分。一般来说，债券按其发行主体的不同，分为政府债券、金融债券和公司债券。

相对于股票投资，其财务管理具有如下特点：

（1）投资性质是形成债权。债券投资由于是投资人购入的，相对于发行人而言他是发行公司的债权人，定期获得利息收益并到期收回本金，这类投资无权参与发行公司的经营管理，因此债券投资人与发行公司形成了债权与债务关系。

（2）债券投资的风险较小。债券由于收益金额和收回时间确定，即使发行公司财务状况困难，债券的最终求偿权位于股票投资人之前，因此债券投资到期能够收回全部本金或部分本金，其风险较股票投资小。特别是投资政府债券，有国家财政作保证，其本金的安全性非常高，通常称为金边债券或无风险债券。

（3）债券投资收益稳定。债券投资通常按债券票面金额和票面利率计算利息收益及转让差价，与发行公司的经营状况无关，因此一般不受利率变化的影响，投资收益比较稳定。

（4）债券价格波动性小。债券发行市场上虽有转让价格变化，但发行价格或投资价格一经确定，在相对的收益期变动较小。

（5）债券投资流动性强。投资人持有的政府债券或企事业债券，一般都可以在证券市场上交易，因此当债券持有人急需资金时，可以在交易市场随时卖出，具有很好的流动性。

### 4.2.2 企业债券分类

企业债券按不同标准分为很多种类。市场中最常见的分类有以下几种：

（1）按照期限划分，企业债券有短期企业债券、中期企业债券和长期企业债券。根据我国企业债券的期限划分，短期企业债券期限在 1 年以内，中期企业债券期限在 1 年以上

5 年以内，长期企业债券期限在 5 年以上。

（2）按是否记名划分，企业债券可分为记名企业债券和不记名企业债券。如果企业债券上登记有债券持有人的姓名，投资者领取利息时要凭印章或其他有效的身份证明，转让时要在债券上签名，同时还要到发行公司登记，那么，它就称为记名企业债券；反之称为不记名企业债券。

（3）按债券有无担保划分，企业债券可分为信用债券和担保债券。信用债券指仅凭筹资人的信用发行的、没有担保的债券，信用债券只适用于信用等级高的债券发行人；担保债券是指以抵押、质押、保证等方式发行的债券，其中，抵押债券是指以不动产作为担保品所发行的债券，质押债券是指以其有价证券作为担保品所发行的债券，保证债券是指由第三者担保偿还本息的债券。

（4）按债券可否提前赎回划分，企业债券可分为可提前赎回债券和不可提前赎回债券。如果企业在债券到期前有权定期或随时购回全部或部分债券，这种债券就称为可提前赎回企业债券；反之则是不可提前赎回企业债券。

（5）按债券票面利率是否变动，企业债券可分为固定利率债券、浮动利率债券和累进利率债券。固定利率债券指在偿还期内利率固定不变的债券；浮动利率债券指票面利率随市场利率定期变动的债券；累进利率债券指随着债券期限的增加，利率累进的债券。

（6）按发行人是否给予投资者选择权分类，企业债券可分为附有选择权的企业债券和不附有选择权的企业债券。附有选择权的企业债券，指债券发行人给予债券持有人一定的选择权，如可转让公司债券、有认股权证的企业债券、可退还企业债券等。可转换公司债券的持有者，能够在一定时间内按照规定的价格将债券转换成企业发行的股票；有认股权证的债券持有者，可凭认股权证购买所约定的公司的股票；可退还的企业债券，在规定的期限内可以退还。反之，债券持有人没有上述选择权的债券，即是不附有选择权的企业债券。

（7）按发行方式分类，企业债券可分为公募债券和私募债券。公募债券指按法定手续经证券主管部门批准公开向社会投资者发行的债券；私募债券指以特定的少数投资者为对象发行的债券，发行手续简单，一般不能公开上市交易。

### 4.2.3 债券投资价格

企业投资债券，其目的是为了获取未来稳定的收益或转让差价收入，因此评估债券的价值是判断未来收益的财务管理行为。投资人如果按照等于债券价值的价格购买，他将获得预期的投资报酬，达到投资人所要求的投资收益率；如果按照小于债券价值的价格购买债券，他将获得高于预期的投资报酬，即超过了预期要求的投资报酬率；如果投资人按照大于债券价值的价格购买债券，他将不能获得预期的投资报酬，即不能实现要求的投资报酬率。因此，判断投资债券价值的主要决定因素：一是债券的预期总收益，包括利息收入、转让差价与本金之和，二是投资人预期的投资报酬率。

通常计算债券投资价值的方法有两种。

（1）基本公式。它是指在复利方式下，通过计算债券各期利息现值及债券到期收回收入的现值来评估的方法。其公式为：

$$P = \sum_{t=1}^{n} \frac{F \cdot i}{(1+K)^t} + \frac{F}{(1+K)^n}$$

$$= \sum_{t=1}^{n} \frac{I}{(1+K)^t} + \frac{F}{(1+K)^n}$$

$$= I \times PIFA_{k,i} + F \times PIF_{k,n}$$

式中　$P$——债券价格；

　　　$i$——债券票面利息率；

　　　$F$——债券面值；

　　　$I$——每年利息；

　　　$K$——市场利率或投资人期望的必要收益率；

　　　$n$——付息总期数。

【例 4-1】　某债券面值为 1000 万元，票面利率为 8%，期限为 6 年，某建筑企业对这种债券进行投资，当前的市场利率为 10%，该债券价格多少时才能进行投资？

【解】　债券价格 $P = I \times PVIFA_{k,i} + F \times PVIF_{k,n}$

$$= 1000 \times 8\% \times PVIA_{k,n} + 1000 \times PVIF_{k,n}$$

$$= 80 \times 4.355 + 1000 \times 0.565 = 913.40 \text{ 万元}$$

即投资该种债券的价格必须低于 913.40 万元时，该投资企业才能购买。

（2）期末一次还本付息的债券价格计算。其估价公式为：

$$P = \frac{F + F \times i \times n}{(1+K)^n}$$

$$P = (F + F \times i \times n) PVIF_{k,n}$$

公式符号与上式相同。

【例 4-2】　某建筑公司拟购买一次还本付息的企业债券，该企业债券面值为 800 万元，期限为 6 年，票面利率为 8%，不计复利，目前市场利率为 10%，该债券发行价格为多少时，企业才能购买？

【解】　根据以上公式可知：

$$P = \frac{F + F \times i \times n}{(1+K)^n} = \frac{800 + 800 \times 8\% \times 6}{(1+10\%)^6} = (800 + 800 \times 8\% \times 6) \times 0.564$$

$$= 667.78 \text{ 万元}$$

即当债券价格必须低于 667.78 万元时，企业才能购买。

### 4.2.4　债券投资收益计算

债券的投资收益主要有两部分：一部分是债券利息收入，一般用债券投资收益率来衡量债券收益的高低；另一部分为债券转让价差，即债券到期按债券面值收回的偿还金额或到期前出售债券的价款与购买债券时投资金额之差。投资收益率是一定时期内债券投资收益与投资金额的比率，它是衡量债券投资是否可行的重要标准。

1. 单利债券投资收益率计算

附息债券是指在债券面额上附有各种息票的债券，息票上标明应付利息金额和支付利息时期；债券到期时，只要将息票从债券上剪下就可以据此领取本期利息。

单利计算方法是每期利息金额都是相等的，在计算时不考虑债券的再投资，其计算公式为：

$$R = \frac{P + \dfrac{S_n - S_0}{n}}{S_0} \times 100\%$$

式中 $R$——债券的年投资收益率；

$S_n$——债券到期的偿还金额或到期前出售的价款；

$S_0$——债券投资时购买债券的金额；

$P$——债券年利息额；

$n$——付息总期数。

附息债券投资收益率也可以用下面的公式计算：

$$R = \frac{M - S_0}{n \times S_0} \times 100\%$$

式中 $M$ 为债券持有期间所取得的本利和，其他符号与上式相同。

【例 4-3】 某工程公司于 2007 年 10 月 1 日购入面额为 1000 元的附息债券 80 张，票面利率为年利率 6%，以发行价格每张 1010 元买入，到期日为 2009 年 10 月 1 日。试计算该债券到期时的投资收益率。

【解】 根据上面公式：

$$R = \frac{P + \dfrac{S_n - S_0}{n}}{S_0} \times 100\% = \frac{1000 \times 80 \times 6\% + \dfrac{1000 \times 80 - 1010 \times 80}{2}}{1010 \times 80} \times 100\%$$
$$= 5.45\%$$

2. 复利计算附息债券投资收益率

这一方法的关键之处是考虑债券的利息收入和转让价差及债券再投资。

债券投资收益率计算公式为：

$$R = \sqrt[n]{\frac{S_n + P \displaystyle\sum_{i=1}^{n} (1+i)^{i-1}}{S_0}} - 1$$

式中 $i$——债券利息的再投资收益率，一般用市场利率；

$\sum (1+i)^{i-1}$——年金终值系数；

$P \sum (1+i)^{i-1}$——债券利息的年金终值。

其他符号与前式相同。

【例 4-4】 某房地产企业于 2006 年 10 月 1 日以发行价格每张 1020 元购入面值为 1000 元的附息债券 100 张，票面利率为 10%，到期日为 2008 年 10 月 1 日。如果市场利率为 9%，要求利用复利计算方法计算该债券的投资收益率。

【解】 根据上述计算公式，得：

$$R = \sqrt[n]{\frac{S_n + P \displaystyle\sum_{i=1}^{n} (1+i)^{i-1}}{S_0}} - 1$$
$$= \sqrt[n]{\frac{1000 \times 100 + 1000 \times 100 \times 10\% \displaystyle\sum_{i=1}^{2} (1+9\%)^{2-1}}{1020 \times 100}} - 1$$
$$= 8.87\%$$

一般单利与复利计算方法是有差异的，期限越长，差异就会越大。因此，在债券投资收益率计算时最好用复利计算方法，显然这种方法考虑了资金时间价值，时间越长，时间价值就越重要。

### 4.2.5　债券投资风险管理

任何投资都必须考虑投资风险因素，划分风险要素，并对投资风险进行充分估计，这样才能做好债券投资的财务管理。债券的投资风险要素主要有：

债券的市场价格以及实际收益率受许多因素影响，因素变化可能使投资者的实际利益发生变化，从而使投资行为产生各种风险。债券投资者的投资风险主要由以下几种风险形式构成：

#### 1. 利率风险

利率风险是指因为市场利率的上升而导致债券价格与收益率发生下跌，从而造成投资人承受损失的风险。债券是一种法定的契约，大多数债券的票面利率是固定不变的（浮动利率债券与保值债券例外）。一般情况下，市场利率受金融市场上资金供求关系的影响，当资金供应大于需求时，市场利率就下降，当其跌至债券利率以下时，将会导致债券价格上升；反之，当市场利率上升时，债券价格下跌，使债券持有者的资本遭受损失。因此，投资者购买的债券离到期日越长，则利率变动的可能性越大，其利率风险也相对越大。

#### 2. 购买力风险

购买力风险又称为通货膨胀风险，是指单位货币可以购买的商品和劳务的数量，在通货膨胀的情况下持续下降，造成债券到期或出售时所获得的现金的购买力减少。债券是一种货币性资产，因为债券发行机构承诺在到期时付给债券持有人的是现金，而非其他有形资产。由于通货膨胀的发生，债券持有人从投资债券中所收到的现金的实际购买力降低，通货膨胀剥夺了债券持有者的收益，而债券的发行者则从中大获其利。

#### 3. 信用风险

信用风险（Credit Risk）是指投资债券中发生的一种风险，即为发行债券者违约的风险。主要表现在企业债券的投资中，发行债券企业由于各种原因，不能完全履行其偿还本金和利息支付责任。企业发行债券以后，其营运成绩、财务状况都直接反应在债券的市场价格上，发行企业一旦财务状况发生危机，债券持有人担心企业无法在债券到期时履行契约，按规定支付本息。债券持有者卖出其持有的公司债券，债券市场价格也逐渐下跌，这将造成债券持有人收益或本金全部或部分损失。

#### 4. 收回风险

某些债券在发行时规定了发行者可提前收回债券的条款，这就有可能存在债券在不利于债权人的时刻被债务人收回的风险。当市场利率低于债券利率时，收回债券对发行公司有利，这种状况使债券持有人面临着不对称风险，即在债券价格下降时承担了利率升高的所有负担；但在利率降低，债券价格升高时却没能得到相应的好处。

#### 5. 突发事件风险

突发事件风险是指由于突发事件使发行债券的机构还本付息的能力发生了重大的事先没有料到的风险。这些突发事件包括突发的自然灾害和意外的事故等，例如，国内的突发事件，水灾、地震等，造成证券市场的波动；国际金融、政治上的环境变动，例如金融危机、石油危机及发动战争等，对债券和股票价格的影响尤为严重。突发事件使发行债券机构承受了重大的事先没有料到的风险，极大地损害了发行公司还本付息的能力，造成债券投资人的利息和本金的损失。

### 6. 政策风险

政策风险是指由于政策变化导致债券价格发生波动而产生的风险。例如，我国在1992年国库券发行的1年多以后，突然宣布给两个券种实行加息和保值贴补，导致092和192债券价格暴涨；1995年5月，证监部门又突然宣布暂停国债期货交易，使现券市场价格暴跌，特别是092债券，跌幅达10%以上。

### 7. 流动性风险

流动性风险指的是由于债券持有人将出售债券获取现金时，其所持债券不能按当前合理的市场价格在短期内出售而形成的风险，也称为变现力风险。如果一种债券短期在市场上大量出售，说明这种债券的流动性较强，投资该种债券所承担的流动性风险较小；反之，一种债券在当前的市场上不能出售或出售很困难，则说明其债券的流动性差，投资人则将随流动性发生损失。一般说来政府债券或大公司债券的流动性较强，而不知名的小公司债券的流动性较差。

总之，与债券投资相关的所有风险称为总风险，总风险可分为可分散风险和不可分散风险：分散风险包括流动性风险、信用风险、收回风险等；不可分散风险包括政策风险、突发事件风险、利率风险、购买力风险等。

## 4.3 股票投资管理

股票是股份公司为筹集自有资金而发行的代表所有权的有价证券。购买股票是企业投资的一种重要方式。股票投资目的主要有两种：第一，是为了获利，即取得普通股权的证券投资，取得股票卖出收入与买进差价收益；第二，是为了控制被投资企业，从而实现经营企业的利润分配，相对于债券投资，股票投资风险更大。

### 4.3.1 股票投资管理特点

股票投资相对于债券投资而言性质不同，它是代表了所有权的投资，因而属于权益性投资，其特点表现为投资具有高风险、高收益、流动性极强，主要反映在以下几个方面。

#### 1. 股票投资是权益性投资

股票投资与债券投资同属于证券投资，相比之下，债券投资属于债权，而股票投资属于所有权。这种权利表现为参与被投资企业经营管理、参与重大事项决策、参与公司分配，同时也承担被投资企业的损失，因而是利益与风险共享的投资行为。

#### 2. 股票投资风险大

投资股票的购买者一旦购入股票后，其本金不能从股份公司收回，只能在股票流通市场转让。因此，他们主要面临两方面的风险：一是股票发行公司经营不善或财务状况恶化，造成年终不能分配利润，甚至投资股票的公司破产，由于偿还债务在债权人之后，因而股东不能收回投资；二是股票流通市场价格的变动，不能实现期望的投资差价收益，承担市场变动的投资损失。

#### 3. 股票投资收益不稳定

一般来说，股票投资规律是投资风险越高，期望获得的报酬率也越高，即取得的收入也越高；股票投资风险越小，期望报酬率就相对较低，即取得收入相对较少。股票投资作为一种收益不确定的投资，其收入的取得，并不仅仅是由公司的经营状况决定，还必须受到经济环境、政策环境、市场环境等诸多因素的影响，并且还取决于投资人对风险的态度，因此股票的收入是在瞬息万变的价格变动中实现的。

4. 股票价格的波动性大

股票价格既受到发行公司经营状况的影响，又受到股市投机等因素的影响，波动性极大。因此，不宜冒险的资金不要用于股票投资，而应选择风险较小的债券投资。

### 4.3.2　股票投资价格的计算

1. 股票价格概念及分类

股票价格（Stock Price），也称股票行市，是指股票在证券市场上买卖的价格。股票价格有市场价格和理论价格之分。

（1）股票的市场价格

股票的市场价格即股票在股票市场上买卖的价格。股票市场可分为发行市场和流通市场，因而，股票的市场价格也就有发行价格和流通价格的区分。股票的发行价格就是发行公司与证券承销商议定的价格。股票发行价格的确定有三种情况：

1）股票的发行价格就是股票的票面价值。

2）股票的发行价格以股票在流通市场上的价格为基准来确定。

3）股票的发行价格在股票面值与市场流通价格之间，通常是对原有股东有偿配股时采用这种价格。

国际市场上确定股票发行价格的参考公式是：

股票发行价格＝市盈率还原值×40％＋股息还原率×20％＋每股净值×20％＋预计当年股息与一年期存款利率还原值×20％

这个公式全面地考虑了影响股票发行价格的若干因素，如利率、股息、流通市场的股票价格等，值得借鉴。

股票在流通市场上的价格，才是完全意义上的股票的市场价格，一般称为股票市价或股票行市。股票市价表现为开盘价、收盘价、最高价、最低价等形式。

其中收盘价最重要，是分析股市行情时采用的基本数据。

（2）股票的理论价格

股票代表的是持有者的股东权。这种股东权的直接经济利益，表现为股息、红利收入。股票的理论价格，就是为获得这种股息、红利收入的请求权而付出的代价，是股息资本化的表现。

从静态看，投资者是把资金投资于股票还是存于银行，这首先取决于哪一种投资的收益率高。按照等量资本获得等量收入的理论，如果股息率高于利息率，人们对股票的需求就会增加，股票价格就会上涨，从而股息率就会下降，一直降到股息率与市场利率大体一致为止。依据此分析，可以得出股票的理论价格公式为：

$$股票理论价格＝\frac{股息红利收益}{市场利率}$$

2. 三种股票价格的估算

（1）股利稳定的股票估价

股价的高低取决于股票持有期间的现金流量的现值，因此价格就是永续年金的现值之和，其计算公式为：

$$V = \frac{d}{K}$$

式中　$V$——股票现在的价格；

　　　$d$——每年固定股利；

　　　$K$——投资人要求的收益率。

【例 4-5】某建筑公司购入一种股票准备长期持有，预计每年股利 4 元，预计期收益率为 10%，则该种股票的价格为多少？

【解】
$$V = \frac{d}{K} = \frac{4}{10\%} = 40 \text{ 元}$$

（2）股利固定增长的股票估价

如果发行股票公司经营效益状况良好，其股利分派一般呈现逐年增长，因此股票的价格计算公式为：

$$V = \frac{d_0(1+g)}{K-g} = \frac{d_1}{K-g} = \frac{d_1}{V} + g$$

式中 $d_1$ 为第 1 年的股利，其他符号意义相同。

【例 4-6】某建筑公司准备投资购买 A 股份公司的股票，该股票上年每股股利为 4.8 元，预计以后每年以 5% 的增长率增长，经 A 公司分析后，公司需要的希望报酬率为 10% 才能购入该股票，其价格为：

【解】
$$V = \frac{d_1}{V} + g = 4.8 \div (10\% - 5\%) = 96 \text{ 元}$$

即，A 公司股票的价格在 96 元以下时，才能购买。

（3）未来准备出售的股票估算

通常企业发现短期股票具备价差盈利时，便会将它转让，并获得差额收入，于是投资者应对未来的股票价格进行估算，其公式为：

$$V = \sum_{i=1}^{n} \frac{d_t}{(1+K)^n} + \frac{V_n}{(1+K)^n}$$

式中　$V_n$——未来出售时预计的股票价格；

　　　$d_t$——第 $t$ 期的预测股利；

　　　$n$——预计持有股票的期数。

【例 4-7】某公司拟购入 B 企业发行的股票，预计 4 年后出售并取得收入 2500 元，该股票在 4 年中每年可取得收入 150 元，该股票预期收益率为 16%，则其价格为多少？

【解】
$$V = \sum_{i=1}^{n} \frac{d_t}{(1+K)^n} + \frac{V_n}{(1+K)^n}$$
$$= \sum_{i=1}^{4} \frac{150}{(1+16\%)^4} + \frac{2500}{(1+16\%)^4}$$
$$= 150 \times 2.789 + \frac{2500}{(1+16\%)^4}$$
$$= 1799.70 \text{ 元}$$

由以上计算可知，股票估价的关键在于确定能抵抗风险因素和适当的收益率，因此，必须对股票投资风险有足够的估算。

### 4.3.3 股票投资收益计算

股票的投资收益主要以投资收益率进行衡量，因而对投资收益只需估算它的投资收益率即可。

1. 不考虑时间价值的估算方法

其公式为：

$$R = \frac{A + S_1 + S_2 + S_3}{P} \times 100\%$$

式中　$P$——股票购买价格；

　　　$R$——股票投资收益率；

　　　$S_1$——股价上涨的收益；

　　　$S_2$——新股认购收益；

　　　$S_3$——公司偿还增资收益；

　　　$A$——每年收到的股利。

【例 4-8】某房地产公司于 2005 年年初以每股 1.5 元的价格购入 10000 股、股票面值 1 元的 C 公司股票，该股票每年每份派股利 0.25 元，每年上涨股票价格率 8%，该批股票的投资收益率为多少？

【解】依据公式为：

$$R = \frac{A + S_1 + S_2 + S_3}{P} \times 100\%$$

$$= \frac{10000 \times 0.25 + 10000 \times 1.5 \times \left[(1 + 8\%)^4 - 1\right]}{10000 \times 1.5} \times 100\%$$

$$= \frac{2500 + 10000 \times 1.5 \times (1.36 - 1)}{15000} \times 100\%$$

$$= 52.67\%$$

该指标说明投资某一种股票所取得综合收益，指标越高，股票投资的收益越好。

2. 考虑时间价值条件的估算方法

在财务管理中必须以时间价值作为长期股票投资收益的重要条件，才能准确估算股票投资的真正收入。其基本公式为：

$$V = \sum_{j=1}^{n} \frac{d_j}{(1+i)^j} + \frac{F}{(1+i)^n}$$

式中　$V$——股票的购买价格；

　　　$F$——股票的出售价格；

　　　$d_j$——第 $j$ 年的股利；

　　　$n$——投资期限；

　　　$i$——股票投资收益率。

【例 4-9】某建筑公司于 2003 年 1 月 1 日以每股 3.2 元价格购入 D 公司股票 500 万股，2004 年、2005 年、2006 年分别分派现金股利每股 0.25 元、0.23 元、0.45 元，并于 2006 年 4 月 2 日以每股 3.5 元的价格出售，要求计算该投资的收益率。

【解】首先，根据现金时间价值方法，测算出出售年的净现值见表 4-1。

**股利现金流量测算表**　　　　　　　　　　　　　　　　　　表 4-1

| 时间<br>（年） | 股利及其出售股票<br>的现金流量 | 测试 | | 测试 | | 测试 | |
|---|---|---|---|---|---|---|---|
| | | 系数 10% | 现值<br>（万元） | 系数 12% | 现值<br>（万元） | 系数 14% | 现值<br>（万元） |
| 2003 | −1600 | 1.00 | −1600 | 1.00 | −1600 | 1.00 | −1600 |
| 2004 | 125 | 0.909 | 113.625 | 0.893 | 111.625 | 0.877 | 109.625 |
| 2005 | 160 | 0.826 | 132.160 | 0.797 | 127.520 | 0.769 | 123.040 |
| 2006 | 1973 | 0.751 | 1483.225 | 0.712 | 1406.2 | 0.675 | 1333.125 |
| 净现值 | | | 129.010 | | 45.345 | | −34.210 |

第二，运用现值插入法计算投资收益率，如下：

$$\frac{x}{2\%} = \frac{45.345 - 0}{45.345 - (-34.21)} = \frac{45.345}{79.555}$$

$$x = 1.13\%$$

该项目投资收益率为 $12\% + 1.13\% = 13.13\%$

## 专栏　投资风险

### "澳元门"摞倒中国双铁关注 12 只深度涉澳 A 股[①]

受经济危机影响，除了全球股市暴跌外，全球汇市也剧烈震荡，澳大利亚元兑美元汇率在短短不到半年时间里下跌 40%。中信泰富由于炒汇巨亏，亏损 147 亿元人民币，市值在短短两天内缩水 66%。中国中铁、中国铁建等大型企业也因澳元的汇率暴跌栽了跟头。

10 月 22 日，中国"双铁"A 股双双跌停，而中国中铁 H 股更是暴跌 20.48%，中国铁建 H 股也暴跌 16.07%。"双铁"之所以惨遭暴跌，明显与其关于持有的澳元资产遭受损失的传闻有很大关系。而从昨日成交量来看，成交明显放大，机构出货迹象十分明显。

澳大利亚作为近期中国对外投资的热点，国内部分有实力的银行也通过信贷方式鼓励中国企业收购澳大利亚资产。据统计，2007 年 6 月～2008 年 6 月，中国企业在澳大利亚投资额超过 300 亿澳元。当然，这些企业并非都像中国"双铁"一样卷入了澳元"漩涡"，但在澳有重大投资项目的企业又有哪几家？他们的境况值得投资者重点关注！

**在澳有重大投资项目的公司一览表**

| 公司名称 | 中资公司在澳大利亚投资项目和资产 | 资产规模 |
|---|---|---|
| 中国石油 | 2007 年 9 月 9 日中国石油天然气集团向澳大利亚最大的油气生产商伍德赛德石油公司购买至多价值 450 亿澳元的液化天然气 | 450 亿澳元 |
| 中国中铁 | 172.38 亿元人民币的澳元存款。汇兑亏损 19.39 亿元人民币 | 172.38 亿元人民币 |
| 中国铁建 | 15.38 亿元人民币的澳元存款。汇兑损失 3.2 亿元人民币 | 15.38 亿元人民币 |
| 中海油服 | 中海油斥资 3.48 亿美元收购的澳大利亚西北大陆架 LNG 项目的上游产品及储量权益 | 3.48 亿美元 |
| 中国铝业 | 2008 年中国铝业增持力拓股份 11% 股权。<br>2007 年中国铝业在澳大利亚昆士兰州东海岸建成年产 210 万吨的氧化铝厂及 1000 万吨铝土矿山和相关设施，项目总投资约 30 亿澳元 | |

---

① 资料来源：网易财经　2008 年 10 月 23 日 http：//money.163.com/08/1023/18/4OV7G89K00251LJJ.html

| 公司名称 | 中资公司在澳大利亚投资项目和资产 | 资产规模 |
|---|---|---|
| 鞍钢股份 | 鞍钢股份和金达笔公司组建"卡拉拉矿业公司",双方各持50%的股份。项目总投资18亿澳元 | 9亿澳元 |
| 华菱管线 | 公司认购澳大利亚金西资源有限公司新发行的1440万股普通股,增发价格为1.85澳元/股,折合人民币约为1.7亿元。增发完成后,华菱管线在金西资源的持股比例将达11.39% | 约1.7亿元人民币 |
| 中国石化 | 中石化集团5.61亿美元(约合38.64亿元人民币)购买澳大利亚石油生产商AED Oil Ltd帝汶海Puffin油田60%权益 | 38亿人民币 |
| 宝钢股份 | 澳大利亚新兴矿山企业FMG集团与宝钢集团的全资子公司宝钢贸易有限公司签署合资协议,双方将勘探并开发潜在储量为10亿吨的西澳磁铁矿 | |
| 云南铜业 | 云南铜业总公司持有中国云铜澳大利亚有限公司26.7%股权 | 230万澳元 |
| 西部矿业 | 公司于2008年5月出资认购澳大利亚从事铁矿风险勘探的FerrAus公司10%增发股份,开始介入新的矿产品种经营领域——铁矿 | 3.48亿元人民币 |

# 思 考 题

1. 简述资金时间价值。
2. 简述风险价值。
3. 风险有哪些特征?
4. 说明投资报酬率、货币时间价值、风险报酬之间的关系。
5. 对于存在风险的问题投资者如何决策?
6. 试述系统风险与非系统风险的区别。
7. 简述资本资产定价模型对风险与报酬关系的表述。

# 计 算 题

1. 某建筑公司在2001年5月1日拟将400万元的资金进行证券投资,目前证券市场上有甲、乙两种股票可以买入。有关资料如下:

购买甲股票100万股,在2002年、2003年和2004年的4月30日每股可分得现金股利分别为0.4元、0.6元和0.7元,并于2004年4月30日以每股5元的价格将甲股票全部出售。

购买乙股票80万股,在未来的3年中,每年4月30日每股均可获得现金股利0.7元,并于2004年4月30日以每股6元的价格将乙股票全部抛出。

分别计算甲、乙两种股票的投资收益率,并确定该公司应投资于哪种股票。

2. 某房地产公司去年支付的股利为每股1元,一位投资者预计此公司股利按固定比率5%增长,该股票的$\beta$系数为1.5,无风险利率为6%,所有股票的平均报酬率为15%。

(1) 计算投资者投资于该股票的必要报酬率。

(2) 该股票的市场价格为多少时,该投资者才会购买?

3. 某人以15000元购进某公司债券,两月后以16000元售出,购入和售出时分别另支付手续费60元和68元。计算本债券投资收益额及持券期间的收益率。

# 5  工程项目投资管理

【学习目标】

本章重点介绍工程项目投资管理的基本财务原理、方法和运行机制。

掌握工程项目投资的财务评价条件、财务评价方法和投资流程的基本原理；掌握工程项目投资的动机和投资内容，分析工程项目的投资方式；掌握工程项目投资案例财务分析及方案决策，了解工程项目财务评价与可行性研究的关系；了解固定资产投资财务管理基本流程；掌握工程项目财务投资方案编制。

【重要术语】

现金流量  财务评价  固定资产投资现金流量  财务净现值  财务内部收益率  投资回收期  投资收益率

## 5.1  项目投资概述

工程项目投资是企业可持续发展的前提，也是企业取得经济收入的来源和竞争力的基础。不同的企业其投资目的不同，无论是作为固定资产投资，还是作为主营业务收入投资，都是财务管理的重要内容。

### 5.1.1  项目投资的概念和种类

1. 项目投资的概念

广义的投资包括了证券投资和项目投资，证券投资由企业的财务目标决定；项目投资取决于企业的经营目标，例如扩大再生产能力、扩大市场竞争能力和企业规模等。什么是项目投资呢？一般的解释是以特定项目为对象，与新建项目和更新改造项目有关的长期投资行为。而这里的项目不是广义的项目概念，而是以特定的土木工程建设物质条件为对象的，在建设领域中为某种特定的目的而进行投资建设并含有一定建筑物或建筑安装工程的建设项目。例如：企业建造有一定生产能力的流水线、一定生产能力的工厂或车间；建设一定长度和等级的公路；建设一定规模的医院、文化娱乐设施；建设一定规模的住宅小区等。

因而，在一定的时期，为建设企业的特定建筑物或建筑安装工程而准备的各种货币资金、货币化物资和无形资产都称为项目投资。

项目投资与证券投资比较，其特点是：

（1）投资金额大。由于项目本身具有地域性、一次性、复杂性和过程多样性等特点，因此项目投资不仅仅涉及主体项目，还包括与项目直接和间接相关的各项投资内容，其所需的资金量是巨大的，如投资金额巨大的项目"三峡水利工程"、"青藏铁路工程"、"南水北调工程"等。而一般企业的车间项目，不仅只是车间建筑物主体工程，还包括设备安装工程、设备采购项目等。

（2）项目投资性质属于投资活动。证券投资属于间接投资，而项目投资形成实物或购买现有企业资产供自己生产经营使用，形成了投资资金所有者和资金使用者的统一，因此项目投资归属为直接投资。

（3）项目投资影响时间长。由于项目投资与项目本身的全生命周期紧紧相关，而项目的生命全过程包括了筹划期、建设期、营运期和结束期四个主要阶段。因而，建设项目投资的影响必然与这四个时段紧密相关，项目投资不仅影响到初始投资决策，而且影响到建设期投资控制、营运期投资收回和结束期的再投资决策；从管理内容方面，涉及筹资管理、成本管理、外汇管理、利率管理、风险管理等，甚至还涉及生态环境管理、安全管理、人力资源管理等内容。

（4）投资风险较大。一个工程项目要建成往往需要1年以上或几年，有的甚至更长，建设过程涉及面广，由于各种情况的变化带来的不确定因素较多；在建设过程中不提供直接生产效益，只有在建成验收交付使用后才能发挥效益或产出收益。因而，其不确定性因素多样，易于受各种环境因素变化的影响。如2008年爆发的全球金融危机，其项目投资最大的风险就是外汇风险。另外，项目筹资通常以借贷资金为主要方式，因而产生了财务风险；项目建设过程中还有采购风险、资金借贷产生的财务风险；项目产品收入市场后还受市场风险、成本风险、利率风险等的作用。

因此，必须在项目投资前、进行中、结束后加强项目投资的风险管理，科学安排资金来源，准确预测风险大小及可能产生的损失，才能做好项目投资的工作。

2. 项目投资的分类

科学认识项目投资分类，是做好项目投资管理的前提条件。一般项目投资分类如下：

（1）按投资方向划分，分为对内投资和对外投资

对内投资是指向企业内部非独立机构或子公司所进行的投资；对外投资是指向本企业外部单位或部门进行的投资。对内投资一般增加本企业资本金，同时增加对被投资企业内部单位固定资产；对外投资则直接形成生产经营活动的能力，为从事某种生产经营活动创造必要条件。

（2）按投资对象划分，分为固定资产投资和无形资产投资

固定资产投资是指投资主体垫付货币或物资，以获得生产经营性或服务性固定资产的过程。固定资产投资包括改造原有固定资产以及构建新增固定资产的投资。在我国会计实务中，将使用年限在一年以上的房屋、建筑物、机械设备、器具、工具等生产经营性资料作为固定资产，对于不属于生产经营主要设备的物品，单位价值在2000元以上，且使用年限超过两年的，也作为固定资产。由于固定资产投资在整个社会投资中占据主导地位，因此，通常所说的投资主要是指固定资产投资。无形资产投资是指投资人以拥有的专利权、非专利技术、商标权、土地使用权等作为投入的资源。

（3）按投资在再生产过程中的作用划分，分为新建企业投资、简单再生产投资和扩大再生产投资。

新建企业投资是指为一个新企业建立生产、经营、生活条件所进行的投资。简单再生产投资是指为了更新生产经营中已经老化的物质资源和人力资源所进行的投资。扩大再生产投资是指为扩大企业现有的生产经营规模所进行的投资。

（4）按投资决策方案的划分，分为采纳与否投资和互斥选择投资

采纳与否投资决策是指决定是否投资于某一项目的决策。在两个或两个以上的项目中，只能选择其中之一的决策，叫互斥选择投资决策。

（5）按投资对企业发展的影响划分，分为战术性投资和战略性投资

战术性投资是指不牵涉整个企业前途的投资，如对企业的福利设施投资、住房投资、设备投资。战略性投资是指对企业全局有重大影响的投资，如新建企业固定资产投资、厂房和生产线投资等。

（6）按投资主体划分，分为政府项目投资、企业项目投资和外商项目投资

政府项目投资是指为了适应和推动国民经济或区域经济的发展，为了满足社会的文化、生活需要，以及出于政治、国防等因素的考虑，由政府通过财政资金，发行国债或地方财政债券，利用外国政府赠款以及国家财政担保的国内外金融组织贷款等方式独资或合资兴建的固定资产投资项目。企业项目投资则是由企业自有资金、贷款资金或发行企业债券、股票等筹资方式，为企业生产性发展战略而进行的投资项目。外商投资指以国外投资人、政府组织、国际组织、民间组织或个人资金投资的项目。不同的投资主体形成了项目投资的不同的评估特点与管理特点，本书以企业项目投资为主要内容。

### 5.1.2 项目投资资金来源

我国项目投资资金主要来源有：国家预算内资金、国内贷款、利用外资、自筹资金和其他资金来源。

1. 国家预算内资金

指中央财政和地方财政中由国家统筹安排的基本建设拨款和更新改造拨款，以及中央财政安排的专项拨款中用于基本建设的资金和基本建设拨款改贷款的资金等。

2. 国内贷款

指报告期内企事业单位向银行及非银行金融机构借入的用于固定资产投资的各种国内借款。包括银行利用自有资金及吸收的存款发放的贷款、上级主管部门拨入的国内贷款、国家专项贷款、地方财政专项资金安排的贷款、国内储备贷款、周转贷款等。

3. 利用外资

指报告期内收到的用于固定资产投资的国外资金，包括统借统还、自借自还的国外贷款，中外合资项目中的外资，以及对外发行债券和股票等。国家统借统还的外资指由我国政府出面同外国政府、团体或金融组织签订贷款协议，并负责偿还本息的国外贷款。

4. 自筹资金

指建设单位报告期内收到的，用于进行固定资产投资的上级主管部门、地方和企事业单位自筹资金。

5. 其他资金来源

指报告期内收到的除以上各种拨款、固定资产投资按国民经济行业分建设项目归哪个行业，按其建成投产后的主要产品或主要用途及社会经济活动性质来确定。按建设项目划分国民经济行业，更新改造、国有单位其他固定资产投资及城镇集体投资根据整个企业、事业单位所属的行业来划分。一般情况下，一个建设项目或一个企业、事业单位只能属于一种国民经济行业。

### 5.1.3 项目投资决策遵循的原则

企业在进行项目投资时应遵循以下五项原则。

### 1. 系统性原则

一般情况下，工程项目是由各个子项目组成，各子项目之间存在必然的联系，组成了工程项目投资系统。影响投资环境的要素既有宏观要素也有微观要素；既有自然地理、基础设施等硬件要素也有法律法规、经济政策、社会文化等软件要素，还有工程技术、组织和管理等组成的系统。因而投资项目决策必须有规律的、科学的划分系统因素，在项目投资决策时应从系统条件出发，做出准确的判断。

### 2. 可操作性原则

由于项目投资系统本身所固有的综合性，所以项目投资评价时许多指标不能只停留在描述系统状态。同时，项目投资也存在一些较难操作的定性指标，如对环境、生态以及社会的影响等。可操作的定量指标则较少，或者即使有一些定量指标，其精确计算或数据的取得也极为困难，这样就使得指标体系的可操作性不强甚至不具备可操作性。因此，在构建项目投资评价指标体系时，应依据国家、地区或行业标准的要求，确定符合项目特点、能够准确反映项目系统实际情况的指标，使得所构建的指标体系具有较强的可操作性，能够做出真实客观的评价。

### 3. 客观性原则

项目投资必须按投资程序进行，项目投资必须是企业现实与未来发展的实际发生情况的最优结合。因而，对项目投资评价要从实际出发，以事实为依据，不能从主观愿望出发想当然地进行投资。

### 4. 科学性原则

项目投资成功与否，取决于事先是否具备可靠的判断，可靠的判断来源于科学的依据、方法和真实可靠的数据。每一个项目的投资决策必须建立在科学的依据之上，做出科学的、正确的、准确的判断。历史经验证明，符合科学决策的项目投资，能为企业带来发展与进步；相反，违背科学原则的项目投资，则必定造成企业的投资失误甚至失败。

### 5. 相关性原则

相关性原则是指项目投资评价信息要同信息使用者的经济决策相关联，即可以利用评价信息作准确和正确的投资决策；同时如果评价信息通过帮助决策者评估过去、现在或将来的事件，或者通过确定或纠正使用者过去的判断，而影响到使用者的决策，就符合相关性原则。

总之，系统性原则是项目投资评价决策的基础；可操作性原则是进行项目投资评价的前提；客观性原则是项目投资决策评价的出发点；科学性原则是项目投资决策评价的依据；相关性原则是项目投资决策评价成功与否的标准。

#### 5.1.4　项目投资程序

项目投资必须严格遵循科学的投资程序，即遵循"先论证，后决策"的原则。一般项目投资程序为：

### 1. 项目投资的提出

这一阶段主要由企业决策层提出投资机会建议，各专家组对项目投资机会进行初步论证，提出初步可行性报告。

### 2. 项目投资的评价

该阶段是项目投资最重要的过程，在遵循项目投资原则的基础上，运用科学评价依据、手段和方法，对投资项目进行综合的、全面的、准确的科学论证，并编制出项目可行性研究报告，提供多方案的比较，为企业或政府管理部门、社会评价机构、资金贷款银行等提供决策方案。

3. 项目投资的决策

该阶段由企业决策层根据项目投资研究报告，结合企业发展战略目标、社会经济状况、国际国内市场竞争情况、资金来源与成本结构等各种组成要素，决定项目立项。

4. 项目投资的实施与再评价

投资项目经企业、政府或股东决策后，企业管理部门实施建设的管理过程。

## 5.2 项目投资财务评价

项目投资财务评价是为了确定拟建项目在其生命周期全过程中的可行性和必要性，针对项目生命周期每阶段特点，应用财务管理的科学评价理论和方法，采用规范的评价指标，严格遵循评价程序，对投资项目所进行的多指标、多方案比选。特别是计算、分析投资项目发生的财务效益和费用，编制财务报表，计算评价指标，考察项目的盈利能力、清偿能力等财务状况，据以判断项目的财务可行性。它是投资项目可行性研究的核心内容，其评价结论是决定项目取舍的重要决策依据。在进行项目投资财务评价之前，必须掌握以下几个方面的知识。

### 5.2.1 项目投资财务评价的内容

1. 财务评价的作用

（1）衡量投资项目的盈利能力；

（2）制定适宜的资金规划；

（3）为协调项目投资的企业利益与国家利益提供依据。

2. 项目投资计算期及投资资金构成

（1）项目计算期

项目投资的全生命周期概念就是指项目投资从投资建设开始到最终清理结束整个过程的全部时间。它包括项目建设期和项目投产经营的运营期，见表5-1。

项目投资计算表

表 5-1

| 含义 | 构成 | 要点解释 |
|------|------|----------|
| 项目投资计算期 | 建设期 | 建设期，指从项目资金正式投入开始到项目建成为止所需要的时间，建设期的第一年初为建设起点，建设期的最后一年末称为投产日 |
| | 运营期 | 从投产日到终点之间的时间间隔称为运营期，又包括试产期和达产期（完全达到设计生产能力）两个阶段。试产期指项目投入生产，但生产能力尚未达到设计标准时的过渡阶段。达产期是指达到设计生产能力后的时间。运营期一般应根据项目主要设备的经济使用寿命期确定 |

（2）项目投资资金投入方式

对于项目投资来说，首先必须知道以下概念：

1）项目投资的原始投资，它是指投资项目所需现实资金的价值指标，是为了项目完全达到设计生产能力、开展正常经营而投入的全部实现资金，主要包括建设投资和流动资金投资两项，见表5-2。

项目投资资金内容　　　　　　　　　　　　　　　　　　表 5-2

| 原始投资 | 建设投资 | 建设投资，是指在建设期内按一定生产经营规模和建设办公室自动化内容进行的投资，具体包括固定资产投资、无形资产投资和其他资产投资三项内容；<br>固定资产投资，是指项目用于购置或安装固定资产应当发生的投资；<br>固定资产原值＝固定资产原始投资＋建设期资本化利息 |
| --- | --- | --- |
| | 流动资金投资 | 流动资金投资：<br>（1）投资该项目之前的流动资金<br>　　＝该年末流动资产－该年末流动负债<br>（2）投资该项目之后的流动资金<br>　　＝该年末流动资产－该年末流动负债<br>（3）投资该项目引起的流动资金增加金额<br>　　＝投资该项目之后的流动资金－投资该项目之前的流动资金<br>　　＝增加的流动资产－增加的流动负债 |

2）项目总投资，它是指投资项目占资金的总和，其表达式为：

项目总投资＝原始投资＋建设期资本化利息，该指标反映项目投资的总体规模。

3）建设期资本化利息，是指项目投资建设期发生的与购建项目所需的固定资产、无形资产等长期资产有关的借款利息，该指标重点在于其属于建设期内的借款利息。

【例 5-1】已知某完整工业投资项目预计投产第一年的流动资产需用数为 100 万元，需要流动负债可用数为 40 万元；投产第二年的流动资产需用数为 190 万元，流动负债可用数为 100 万元，则投资第二年新增流动资金数额为多少万元？

【解】第一年流动资金投资金额＝第一年的流动资产需用数－第一年的流动负债可用数＝100－40＝60 万元

第二年流动资金需用数金额＝第二年的流动资产需用数－第二年流动负债需用数＝190－100＝90 万元

第二年流动资金投资金额＝第二年流动资金需用数－第一年流动资金投资金额＝90－60＝30 万元

4）项目投资方式主要包括两种：一次性投入方式和分次投入方式。

一次性投入方式，是指投资行为集中一次发生在项目计算期第一年度的年初或年末；分次投入方式，是指项目投资行为涉及两个或两个以上年度，或虽然只涉及一个年度，但同时在该年度初期和年度末期发生。

### 5.2.2　项目投资现金流量分析

项目投资决策中的现金是区别于会计学中的观念货币的现实货币资金，即指的是广义的现金概念，不仅包括货币资金，同时也包含了固定资产、无形资产、其他资产的货币化价值。

1. 现金流量的含义

（1）现金流量

现金流量是指项目投资过程中现金流入及现金流出的数量。项目投资中的现金流量是指特定的投资项目所引起工程项目的现金流入和现金流出的数量。这里的现金概念可以是货币资金、存货、固定资产和无形资产等。

为了便于理解并且简化现金流量计算，建立如下假定前提：

1）投资项目时间假设。现金流量以年为时间单位发生，假设现金流量均发生于某时间，主要是各年年初或年末。

2）投资项目类型假设。投资项目只包括单纯固定资产投资项目、完整工业投资项目和更新改造投资项目三种类型。

3）投资项目全额投入假设。在实际投资项目中建设期与经营期并不一定完全分开，部分项目是边投资边生产，即在项目部分完工时就投入生产。这种情况下的现金流计算比较复杂，因而为简便计算，通常都是将投资金额以建设期为界线。

4）所需全部投资为自有资金假设（全投资假设），即项目相关现金流量不会受投资资金的取得方式的影响。

5）经营期与固定资产折旧年限一致原则。

6）时点现金流量假设。即项目投资都以某个投资起点，投资金额均发生在某个建设期的年初；流动资金投资金额则发生在建设期的年末；经营期内有关收入、成本、折旧、摊销、利润、税金等项目的确认均在年末发生。

7）现销、现购假设。假设企业产品销售收入的实现时间与现金流入时间一致，各种现金支出时间与流出时间一致。

（2）现金流量概念的区别

在项目投资评价中的现金流量与会计学中的现金流量概念是存在差异的，见表 5-3。

**现金流量概念比较表** 表 5-3

| 区　　别 | 项目现金流量 | 财务会计中的现金流量 |
| --- | --- | --- |
| 反映对象不同 | 反映的是投资项目的现金流量 | 反映某一企业的现金流量 |
| 期间特征不同 | 包括整个项目计算期 | 仅为一个会计年度 |
| 表格结构不同 | 包括表格部分和指标部分 | 分为主表和辅表两部分 |
| 勾稽关系不同 | 表现在各年现金流量具体项目与现金流量合计之间的关系上 | 通过主表、辅表分别按直接法和间接法确定的净现金流量进行勾稽 |
| 信息属性不同 | 预计的未来数据 | 真实的历史数据 |

2. 现金流量的构成

按现金流动方向划分，可分为现金流入量和现金流出量。

（1）现金流入量的构成

投资项目的现金流入是指该项目所引起的企业现金流入的增加额，通常包括如下内容：

1）经营收入。是指该项目直接引起的经营收入，如因扩大企业的生产经营能力所增加的销售收入。它是投资项目的最主要的现金流入。在期初期末应计项目的假设下，经营收入就是项目投资后的年销售收入额。

2）固定资产的残值收入。即项目终了后所收回的固定资产清理净值，通常是一次性收入。至于更新改造决策中因购置新设备而变卖旧设备所得的中途变价收入，实为继续使用旧设备的机会成本，所以通常将其作为旧设备的初始投资考虑，而不作为现金流入处理。

3）垫支流动资金的收回。特定项目投资终了，垫支流动资金亦可收回移作他用，因而是项目的现金流入。

4）其他现金流入。除上述各项以外的其他现金流入，如项目终结时的土地出让金。

（2）现金流出量的构成

项目投资有关的现金流出是指该项目所引起的企业现金流出的增加额，通常包括如下内容：

1）建设性投资。包括固定资产、无形资产、开办费等项目的投资，如固定资产购入或建造造价成本、运输成本和安装成本等。最简化的建设性投资为一次性支出，但现实经济生活中也有不少为分期投出。

2）垫支流动资金。指项目投产前一次或分次投放的流动资金追加额，该追加额必须是该项目投资直接引起的。通常垫支的流动资金将在该项目终了时方能收回，并转作他用。

3）经营支出。包括项目投产后生产经营中发生的各项付现成本及各项税金，是项目投产后最主要的现金流出。年付现成本不同于各期与收入配比的总成本的概念，总成本中包括一部分非付现成本，如固定资产折旧、无形资产和递延资产摊销费等，它们均未实际构成现金流出，而且，全投资假设下，利息不包括在相关的现金流出中，税金则包括营业税、消费税、所得税等。由于营业税、消费税等在所得税前的利润中列支，是企业营业总成本的一部分。因此，在确定现金流出时通常只有所得税项目单列。

4）其他现金流出。除上述内容以外的其他现金流出项目，比如项目导致的营业外支出、投资的机会成本等。

（3）按现金流量发生阶段分类

按照发生阶段分类，现金流量可归集为初始期现金流量、经营期现金流量、终结期现金流量三类。

1）初始期现金流量。主要包括：购建固定资产投资，包括购建固定资产成本、运输成本和安装成本；流动资金垫支投资，包括经营期周转使用的原材料、在产品、产成品和现金等方面的投资；其他投资，包括与项目有关的无形资产投资、职工培训费、谈判费、注册费等；原有固定资产变现收入，主要是指更新改造项目中原有固定资产的变现收入。

2）经营期现金流量。主要包括营业收入、经营支出及各种税款。营业收入主要是投资项目投产后每年实现的全部销售收入或营业收入；经营支出是经营期内为满足正常生产经营而动用实现货币资金支付的成本费用，称为付现费用或付现成本；各种税款，主要是项目投产后依法缴纳的各项税款，主要包括：营业税、所得税等。经营期现金流量通常以营业现金净流量表示。

3）终结期现金流量。主要包括资产净残值的收回或变价收入、流动资金垫支的收回，均表现为现金流入。

不同项目类型现金流入量和流出量存在着差异性，见表 5-4。

不同类型投资项目现金流量关系　　　　　　　　　　　　表 5-4

| 投资类型 | 含义 | 相关现金流量 | 具体内容 |
| --- | --- | --- | --- |
| 单纯固定资产投资项目 | 是指只涉及固定资产投资而不涉及无形资产、其他资产投资和流动资金的建设项目 | 现金流入量 | (1) 增加的营业收入<br>(2) 回收固定资产余值 |
| | | 现金流出量 | (1) 固定资产投资<br>(2) 新增经营成本<br>(3) 增加的各项税款 |
| 完整工业项目投资 | 是指以新增工业生产能力为主要的投资项目，其投资内容不仅包括固定资产投资，而且还包括流动资金投资 | 现金流入量 | (1) 营业收入<br>(2) 补贴收入<br>(3) 回收固定资产余值<br>(4) 回收流动资金 |
| | | 现金流出量 | (1) 建设投资<br>(2) 流动资金投资<br>(3) 经营成本<br>(4) 营业税金及附加<br>(5) 维持营业投资<br>(6) 调整所得税 |
| 固定资产更新改造投资项目 | 可以分为以恢复固定资产生产效率为目的的更新项目和以改善企业经营条件为目的的项目两种 | 现金流入量 | (1) 因使用新增固定资产而增加的营业收入<br>(2) 处置固定资产的变现净收入<br>(3) 新旧固定资产回收固定资产余值的差额 |
| | | 现金流出量 | (1) 购置新固定资产的投资<br>(2) 因使用新固定资产而增加的经营成本<br>(3) 因使用新固定资产而增加的流动资金投资<br>(4) 增加的各项税款等内容<br>其中：因提前报废旧固定资产所发生的清理净损失而发生的抵减当期所得税额用负值表示 |
| 各类投资项目现金流量的关系 | | (1) 三类投资项目涉及的共同现金流入量：① 营业收入；②回收固定资产余值<br>(2) 三类项目共同现金流出：①固定资产投资；②经营成本；③增加的各项税款<br>(3) "维持运营投资"引起的现金流出量通常仅在完整工业项目投资中涉及，其他两类不涉及；<br>(4) "流动资金投资"引起的现金流出以及"回收流动资金"引起的现金流入量在单纯固定资产投资中不考虑，其他两类中必须考虑 | |

**3. 现金流量的估算**

对于项目投资的现金流量估算应该注意以下问题：

(1) 遵循相关性的原则。即必须是与投资项目直接相关的现金流入量和现金流出量。只有新增加的现金流量才是与投资项目相关的现金流量，由于实施某个投资项目引起的现金流入增加额，才是该项目的现金流入量；由于实施某个投资项目引起的现金流出增加额，才是该项目的现金流出量。也就是说，确认时必须考虑投资项目的相关成本，沉没成本不考虑在其中。

（2）必须考虑机会成本。机会成本虽未构成实际的现金流出，但它减少了收益的机会，因此也是项目的相关成本。机会成本的计价以现实重置成本为计价基础。

（3）必须建立高效调查。在对相关历史资料和市场调查研究的基础上，技术部门、营销部门、财务部门等都要积极参与。

一般说来，对于投资初期现金流量的测算，若建设期超过一年，资金分次投入，既涉及固定资产投资又涉及流动资产投资，此时的现金流量测算应以有关技术管理部门的预算及其与工程承建单位的合同等，作为投资初期的现金支出估计的依据。

（4）必须考虑重要经济参数。①销售部门负责预测销售量和销售单价，涉及产品价格弹性、广告效果、竞争者动向等；②生产和成本部门负责估计制造成本，涉及原材料采购价格、生产工艺安排、产品成本等。③财会部门则为销售、生产等部门的预测建立共同的基本假设条件，如物价水平、贴现率、可供资源的限制条件等。

总之，评价投资项目优劣的基础是现金流量，而不是会计利润。因为会计利润是按责权发生制计算的，而现金流量则是按收付实现制计算的，能科学地反映资金的时间价值。

【例 5-2】新星公司准备购入一台设备扩展企业生产能力。现有甲、乙两个方案，其中甲方案需要投资 1 亿元，使用寿命 5 年，采用直线法提取折旧，到期后无残值，5 年中每年销售收入 6000 万元，每年付现成本 2000 万元；乙方案需要投资 1.2 亿元，采用直线法提取折旧，5 年后有残值收入 2000 万元，5 年中每年销售收入 8000 万元，付现成本第一年 3000 万元，以后每年增加付现成本 400 万元（修理费），另外垫付流动资金 3000 万元。假设所得税率 40%。请计算两方案的现金流量，见表 5-5。

【解】

$$甲方案的每年折旧费 = \frac{固定资产投资原值 - 净残值}{使用时间} = \frac{10000 - 0}{5} = 2000 万元$$

$$乙方案的每年折旧费 = \frac{固定资产投资原值 - 净残值}{使用时间} = \frac{12000 - 2000}{5} = 2000 万元$$

投资项目现金流量计算表（单位：万元）　　　　　　　　　　表 5-5

| 时　间 | 1 | 2 | 3 | 4 | 5 |
|---|---|---|---|---|---|
| 甲方案 | | | | | |
| 销售收入(1) | 6000 | 6000 | 6000 | 6000 | 6000 |
| 付现成本(2) | 2000 | 2000 | 2000 | 2000 | 2000 |
| 折旧(3) | 2000 | 2000 | 2000 | 2000 | 2000 |
| 税前利润(4)=(1)-(2)-(3) | 2000 | 2000 | 2000 | 2000 | 2000 |
| 所得税(5)=(4)×40% | 800 | 800 | 800 | 800 | 800 |
| 税后利润(6)=(4)-(5) | 1200 | 1200 | 1200 | 1200 | 1200 |
| 现金流量(7)=(1)-(2)-(5)或(3)+(6) | 3200 | 3200 | 3200 | 3200 | 3200 |

续表

| 时间 | 1 | 2 | 3 | 4 | 5 |
|---|---|---|---|---|---|
| 乙方案 | | | | | |
| 销售收入(1) | 8000 | 8000 | 8000 | 8000 | 8000 |
| 付现成本(2) | 3000 | 3400 | 3800 | 4200 | 4600 |
| 折旧(3) | 2000 | 2000 | 2000 | 2000 | 2000 |
| 税前利润(4)＝(1)-(2)-(3) | 3000 | 2600 | 2200 | 1800 | 1400 |
| 所得税(5)＝(4)×40% | 1200 | 1040 | 880 | 720 | 560 |
| 税后利润(6)＝(4)-(5) | 1800 | 1560 | 1320 | 1080 | 840 |
| 现金流量(7)＝(1)-(2)-(5)或(3)+(6) | 3800 | 3560 | 3320 | 3080 | 2840 |

投资项目现金流量计算表

| 期间 | 0 | 1 | 2 | 3 | 4 | 5 |
|---|---|---|---|---|---|---|
| 甲方案 | | | | | | |
| 固定资产投资 | −10000 | 3200 | 3200 | 3200 | 3200 | 3200 |
| 营业现金流量 | | 3200 | 3200 | 3200 | 3200 | 3200 |
| 现金流量合计 | −10000 | | | | | |
| 乙方案 | | | | | | |
| 固定资产投资 | −12000 | 3800 | 3560 | 3320 | 3080 | 2840 |
| 流动资金垫资 | −3000 | | | | | 2000 |
| 营业现金流量 | | | | | | 3000 |
| 固定资产残值 | | 3800 | 3560 | 3320 | 3080 | 7840 |
| 流动资金收回 | | | | | | |
| 现金流量合计 | −15000 | | | | | |

# 5.3 项目投资决策财务评价指标及其计算

### 5.3.1 财务评价的主要指标及分类

1. 项目投资财务评价指标分类

项目投资财务评价是指企业运用一定的评价方法来确定投资项目的净收益。其财务评价指标分类为：

（1）根据是否考虑时间价值，分为非贴现现金流量评价指标和贴现现金流量评价指标。

非贴现现金流量评价指标，主要有平均成本、投资回收期和平均报酬率。贴现现金流量评价指标，有净现值、内部报酬率和获利指数。

（2）按指标性质不同分类：正指标，反指标。

（3）按指标数量特征分类：绝对量指标，相对量指标。

（4）按指标重要性分类：主要指标，次要指标和辅助指标。

（5）按指标计算的难易程度分类：简单指标，复杂指标。

以上指标见表5-6。

项目投资决策财务评价指标分类　　　　表5-6

| 评价指标的分类 | 按是否考虑资金时间价值分 | 非折现指标（静态指标：投资利润率、静态投资回收期） |
| --- | --- | --- |
| | | 折现指标（动态指标：净现值、净现值率、获利指数、内部收益率） |
| | 按指标性质分 | 正指标（越大越好：除静态投资回收期以外的指标） |
| | | 反指标（越小越好：静态投资回收期） |
| | 按数量特征分 | 绝对量指标（静态投资回收期、净现值） |
| | | 相对量指标（其余指标） |
| | 按指标重要性分 | 主要指标（净现值、内部收益率等） |
| | | 次要指标（静态投资回收期） |
| | | 辅助指标（投资利润率） |

2. 总结以上项目投资财务评价指标分类

(1) 项目投资财务评价时，可分为静态经济评价指标和动态经济评价指标，如图5-1所示。

(2) 根据指标的性质分类可以分为时间性指标、价值性指标、比率性指标，如图5-2所示。

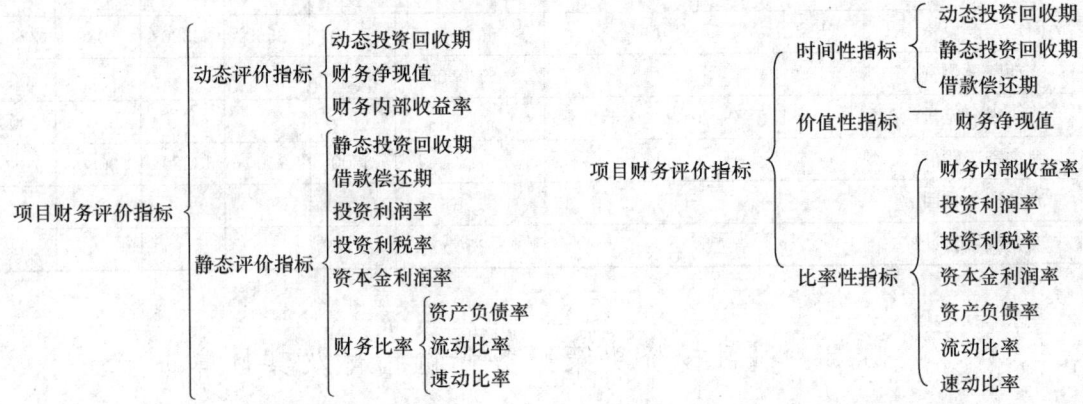

图5-1　财务评价静态和动态指标构成　　　　图5-2　项目财务评价指标

(3) 项目投资财务指标按指标用途划分，可分为盈利能力指标和偿债指标，盈利能力可以分为动态指标和静态指标，偿债能力只有静态指标，见表5-7。

项目投资财务评价指标表　　　　表5-7

| 用途 | 静态指标 | 动态指标 |
| --- | --- | --- |
| 盈利能力分析 | (1) 投资回收期<br>(2) 总投资收益率<br>(3) 权益投资净利润率 | (1) 项目投资财务内部收益率（税前或税后）<br>(2) 项目投资财务净现值<br>(3) 权益投资财务内部收益率<br>(4) 投资各方财务内部收益率 |
| 偿债能力分析 | (1) 利息备付率<br>(2) 偿债备付率<br>(3) 资产负债率<br>(4) 借款偿还期 | 无 |

3. 应用折现率方法

选择折现率是应用净现值方法的基本前提，通常实际评价时，依据实际情况，可以选择以下指标标准进行估算。

(1) 以投资项目资金成本率为折现率；

(2) 以投资的机会成本为折现率；

(3) 以行业基准收益率为折现率；

(4) 以社会平均资金收益率为折现率。

### 5.3.2 项目投资决策财务评价方法

项目投资财务评价方法主要包括：

1. 财务盈利能力评价

财务盈利能力评价主要考察投资项目投资的盈利水平。为达到此目的，需计算财务内部收益率、财务净现值、投资回收期、投资收益率等指标。

(1) 财务净现值 ($NPV$)

财务净现值是指把项目计算期内各年的财务净现金流量，按照一个给定的标准折现率（基准收益率）折算为建设初期（项目计算期第一年年初）的现值之和。财务净现值是考察项目在计算期内盈利能力的主要动态评价指标。其表达式为：

$$NPV = \sum_{t=1}^{n} (CI - CO)_t (1 + i_c)^{-t}$$

式中　$NPV$——财务净现值；

$(CI - CO)_t$——第 $t$ 年的净现金流量，其中，$CI$ 为现金流入量，$CO$ 为现金流出量；

$n$——项目计算期；

$i_c$——标准折现率。

如果项目建成投产后，各年净现金流量相等，均为 $A$，投资现值为 $K_p$，则：

$$NPV = A \times (P/A, i_c, n) - K_p$$

如果项目建成投产后，各年净现金流量不相等，则财务净现值只能按公式计算。财务净现值表示建设项目的收益水平超过基准收益率的额外收益。该指标在用于投资方案的经济评价时，财务净现值不小于零，则项目可行。

【例5-3】依据【例5-2】计算两方案的投资净现值。

【解】甲方案（$NPV$）

$= 3200 \times (P/A, 10\%, 5) - 10000 = 3200 \times 3.791 - 10000 = 2131$ 万元

乙方案（$NPV$）

$= 3800 \times (P/F, 10\%, 1) + 3560(P/F, 10\%, 2) + 3320(P/F, 10\%, 3) + 3080 \times (P/F, 10\%, 4) + 7849(P/F, 10\%, 5) - 15000 = 861$ 万元

【例5-4】某建设项目总投资 100 万元，建设期 3 年，各年投资比例为：20%、50%、30%。从第四年开始项目有收益，各年净收益为 200 万元，项目寿命期为 10 年，第 10 年末回收固定资产余值及流动资金 100 万元，基准折现率为 10%，试计算该项目的财务净现值。

【解】该项目的现金流量，如图 5-3 所示。

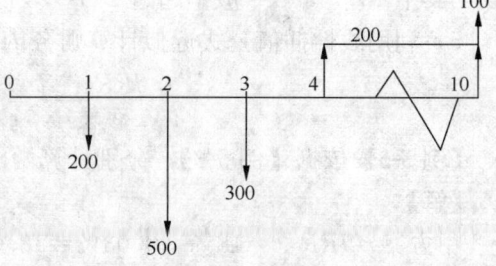

图 5-3　现金流量图

$$NPV = -200(P/F,10\%,1) - 500(P/F,10\%,2) - 300(P/F,10\%,3)$$
$$+ 200(P/A,10\%,7)(P/F,10\%,3) + 100(P/F,10\%,10)$$
$$= -200 \times 0.909 - 500 \times 0.826 - 300 \times 0.751 + 200 \times 40868 \times 0.751$$
$$+ 100 \times 0.386$$
$$= 131.47 \text{ 万元}$$

（2）财务内部收益率（$IRR$）

财务内部收益率是指项目在整个计算期内各年财务净现金流量的现值之和等于零时的折现率，也就是使项目的财务净现值等于零时的折现率，其表达式为：

$$\sum_{t=1}^{n}(CI-CO)_t(1+IRR)^{-t}=0$$

式中 $IRR$——财务内部收益率；其他符号意义同前。

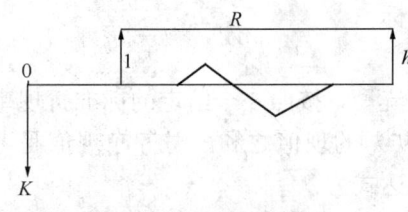

图 5-4 现金流量图

财务内部收益率是反映项目实际收益率的一个动态指标，该指标越大越好。一般情况下，财务内部收益率不小于基准收益率时，项目可行。财务内部收益率的计算过程是解一元 $n$ 次方程的过程，只有常规现金流量才能保证方程式有唯一解。当建设项目期初一次投资，项目各年净现金流量相等时（图 5-4），财务内部收益率的计算过程如下：

1）计算年金现值系数（$P/A$，$IRR$，$n$）$=K/R$

2）查年金现值系数表，找到与上述年金现值系数相邻的两个系数（$P/A$，$i_1$，$n$）和（$P/A$，$i_2$，$n$）以及对应的 $i_1$、$i_2$，满足（$P/A$，$i_1$，$n$）$>K/R>$（$P/A$，$i_2$，$n$）；

3）用差值法计算 $IRR$

$$\frac{IRR-i_1}{i_2-i_1}=\frac{K/R-(P/A,i_1,n)}{(P/A,i_2,n)-(P/A,i_1,n)}$$

若建设项目现金流量为一般常规现金流量，则财务内部收益率的计算过程为：

1）首先根据经验确定一个初始折现率 $i_0$；

2）根据投资方案的现金流量计算财务净现值 $NPV(i_0)$；

3）若 $NPV(i_0)=0$，则 $IRR=i_0$；

若 $NPV(i_0)>0$，则继续增大 $i_0$；

若 $NPV(i_0)<0$，则继续减小 $i_0$。

4）重复步骤 3），直到找到这样两个折现率 $i_1$ 和 $i_2$，满足 $NPV(i_1)>0$，$NPV(i_2)<0$，其中（$i_2-i_1$）一般不超过 $2\%\sim5\%$。

5）利用线性插值公式近似计算财务内部收益率 $IRR$。其计算公式为：

$$\frac{IRR-i_1}{i_2-i_1}=\frac{NPV}{NPV_1-NPV_2}$$

【例 5-5】依据【例 5-2】，分别计算两个方案的内部收益率。

【解】

甲方案（$IRR$）$=18\%+0.03\%=18.03\%$

乙方案（$IRR$）$=12\%+0.16\%=12.16\%$

**【例 5-6】** 某建设项目期初一次投资 170 万元，当年建成投产，项目寿命期 10 年，年净现金流量为 44 万元，期末无残值。计算该项目的财务内部收益率。

**【解】** 第一步，计算年金现值系数 $(P/A，IRR，10)=170÷44=3.8636$

第二步，查年金现值系数表，在 $n=10$ 的一行中找与 3.8636 最接近的两个数，结果为：$(P/A，20\%，10)=4.192，(P/A，25\%，10)=3.571$

第三步，利用公式计算财务内部收益率：

$$\frac{IRR-20\%}{25\%-20\%}=\frac{3.8636-4.192}{3.571-4.192}$$

$$IRR=22.64\%$$

（3）获利指数

获利指数又称做现值指数，是指按设定折现率计算的投资项目在投产后的现金净流量现值与原始投资现值之比。可以从动态角度反映项目投资的资金投入与总产出之间的关系。

其基本要求是：获利指数不小于 1 时，投资项目才具有财务可行性。

其公式为：

$$获利指数（PI）=\frac{投产后各年净现金流量的现值合计}{原始投资的现值合计}=1+净现值率$$

$$=\Sigma NCF_n×（P/F，i，n）÷\Sigma NCF_n×（P/F，t，n）$$

其中 $NCF$（Net Cash Flow）为净现金流量。

**【例 5-7】** 依据前【例 5-2】，可以计算两方案的现值指数，并确定最佳方案。

**【解】** 甲方案（PI）＝1.21

乙方案（PI）＝1.06

因此，甲、乙方案 $PI$ 均大于 1，但 $PI_甲>PI_乙$，所以甲方案符合财务评价可能性，应选择甲方案。

（4）投资回收期

投资回收期按照是否考虑资金时间价值可以分为静态投资回收期和动态投资回收期。

1）静态投资回收期

静态投资回收期是指以项目每年的净收益回收项目全部投资所需要的时间，是考察项目财务上投资回收能力的重要指标。这里所说的全部投资既包括固定资产投资，又包括流动资金投资。项目每年净收益是指税后利润加折旧。静态投资回收期的表达式如下：

$$\sum_{t=1}^{P_t}（CI-CO）_t=0$$

式中　　$P_t$——静态投资回收期；

$CI$——现金流入；

$CO$——现金流出；

$(CI-CO)_t$——第 $t$ 年的净现金流量。

静态投资回收期一般以"年"为单位，从项目建设开始年算起。当然也可以计算至项目建成投产年算起的静态投资回收期，但对于这种情况，需要加以说明，以防止两种情况的混淆。如果项目建成投产后，每年的净收益相等，则投资回收期可用下式计算：

$$P_t = \frac{K}{NB} + T_k$$

式中　$K$——全部投资；

　　　$NB$——每年的净收益；

　　　$T_k$——项目建设期。

如果项目建成投产后各年的净收益不相同，则静态投资回收期可根据累计净现金流量求得。其计算公式为：

$$P_t = 累计净现金流量开始出现正值的年份 - 1 + \frac{上一年累计现金流量的绝对值}{当年净现金流量}$$

当静态投资回收期不大于基准投资回收期时，项目可行。

【例5-8】依据【例5-2】计算两方案的投资回收期，并确定最优方案。

$$甲方案的回收期 = \frac{原始投资金额}{每年相等的现金净流量} = \frac{10000}{3200} = 3.125 \text{ 年}$$

$$乙方案的回收期 = 5 - 1 + \frac{1240}{7840} = 4.16 \text{ 年}$$

因此，甲方案为3.125年小于乙方案的投资回收时间，所以甲方案符合财务评价可能性，应选择甲方案。

【例5-9】设贴现率为10%，有两项投资方案，有关数据见表5-8，计算它们各自的静态投资回收期。

投资方案数据表　　　　　　　　　　表5-8

| 期间 | A方案 | | B方案 | |
| --- | --- | --- | --- | --- |
| | 净收益 | 净现金流量 | 净收益 | 净现金流量 |
| 0 | | −20000 | | −9000 |
| 1 | 1800 | 11800 | −1800 | 1200 |
| 2 | 3240 | 13240 | 3000 | 6000 |
| 3 | | | 3000 | 6000 |
| 合计 | 5040 | 5040 | 4200 | 4200 |

【解】A方案的静态投资回收期 = 2 − 1 + (8200/13240) = 1.62 年

B方案的静态投资回收期 = 3 − 1 + (1800/6000) = 2.30 年

2）动态投资回收期

动态投资回收期是指在考虑资金时间价值的情况下，以项目每年的净收益回收项目全部投资所需的时间。这个指标主要是为了克服静态投资回收期指标没有考虑的资金时间价值的缺点而提出的。动态投资回收期的表达式如下：

$$\sum_{t=1}^{P'_t} (CI - CO)_t (1 + i_c) = 0$$

式中　$P'_t$——动态投资回收期。其他符号含义相同。

采用公式计算 $P'_t$ 一般比较繁琐，因此在实际应用中往往是根据项目的现金流量表，用下列近似公式计算：

$$P'_t = 累计净现金流量现值开始出现正值的年份 - 1 + \frac{上一年累计现金流量的绝对值}{当年净现金流量现值}$$

动态投资回收期是在考虑了项目合理收益基础的时间，只要在项目寿命期结束之前收回投资，就表示项目已经获得了合理的收益。因此，只要动态投资回收期不大于项目寿命期，项目就可行。

**【例 5-10】** 沿用【例 5-9】。

**【解】** 解的过程见表 5-9。

投资方案比较表（单位：元）　　　　　　　　　　表 5-9

| A方案 | 现金流量 | 现金流量现值 | 累计净现金流量现值 |
|---|---|---|---|
| 原始投资 | －20000.00 | －20000.00 | |
| 现金流入 | | | |
| 第一年 | 11800.00 | 10727.27 | －9272.73 |
| 第二年 | 13240.00 | 10942.15 | 1669.42 |

回收期＝2－1＋（9272.73/1.942.15）＝1.85 年

| B方案 | 现金流量 | 现金流量现值 | 累计净现金流量现值 |
|---|---|---|---|
| 原始投资 | －9000.00 | －9000.00 | |
| 现金流入 | | | |
| 第一年 | 1200.00 | 1090.91 | －7909.09 |
| 第二年 | 6000.00 | 4958.68 | －2950.41 |
| 第三年 | 6000.00 | 4507.89 | 1557.48 |

回收期＝3－1＋（2950.41/4507.89）＝2.65 年

（5）投资收益率

投资收益率又称投资效果系数，是指在项目达到设计能力后，其每年的净收益与项目全部投资的比率，是考察项目单位投资盈利能力的静态指标。其表达式为：

$$投资收益率＝\frac{年息税前利润或年均息税前利润}{项目总投资}\times100\%$$

当项目在正常生产年份内预期收益情况变化幅度较大时，可用当年平均净收益替代年净收益，计算投资收益率。在采用投资收益率对项目进行经济评价时，投资收益率不小于行业平均的投资收益率（或投资者要求的最低收益率），项目即可行。投资收益率指标由于计算口径不同，又可分为投资利润率、投资利税率、资本金利润率等指标。

$$投资利润率＝\frac{利润总额}{投资总额}$$

$$投资利税率＝\frac{利润总额＋销售税金及附加}{投资总额}$$

$$资本金利润率＝\frac{税后利润}{资本金}$$

**【例 5-11】** 沿用例【5-9】。

**【解】** 投资收益率(A)＝(1800＋3240)÷2÷20000×100％＝12.6％

投资收益率(B)＝(－1800＋3000＋3000)÷3÷9000×100％＝15.6％

投资收益率(C)＝600÷12000×100％＝5％

2. 偿债能力评价

投资项目的资金构成一般可分为借入资金和自有资金。自有资金可长期使用，而借入资金必须按期偿还。工程项目的投资者和债权人都非常关心资金能否按期偿还或收回本息。因此，偿债分析是财务分析中的一项重要内容。

（1）偿还期计算

项目偿债能力分析可在编制贷款偿还表的基础上进行。为了表明项目的偿债能力，可按尽早还款的方法计算。在计算中，贷款利息一般作如下假设：长期借款：当年贷款按半年计息，当年还款按全年计息。假设在建设期借入资金，生产期逐期归还，则：

$$建设期年利息＝（年初借款累计＋本年借款/2）×年利率$$

$$生产期利息＝年初借款累计×年利率$$

流动资金借款及其他短期借款按全年计息。贷款偿还期的计算公式与投资回收期公式相似，公式为：

$$贷款偿还期＝偿清债务年份数－1＋\frac{偿清债务当年应付的本息}{当年可用于偿债的资金总额}$$

贷款偿还期不大于借款合同规定的期限时，项目可行。

（2）资产负债率计算

$$资产负债率＝\frac{负债总额}{资产总额}$$

资产负债率反映项目总体偿债能力。这一比率越低，则偿债能力越强。但是资产负债率的高低还反映了项目利用负债资金的程度，因此该指标水平应适当。

（3）流动比率计算

$$流动比率＝\frac{流动资产总额}{流动负债总额}$$

该指标反映企业偿还短期债务的能力。该比率越高，单位流动负债将有更多的流动资产作保障，短期偿债能力就越强。但是可能会导致流动资产利用效率低下，影响项目效益。因此，流动比率一般为 2：1 较好。

（4）速动比率计算

$$速动比率＝\frac{速动资产总额}{流动负债总额}$$

该指标反映了企业在很短时间内偿还短期债务的能力。速动资产（速动资产＝流动资产－存货）是流动资产中变现最快的部分，速动比率越高，短期偿债能力越强。同样，速动比率过高也会影响资产利用效率，进而影响企业经济效益。因此，速动比率一般为 1 左右较好。

（5）年平均报酬率法

是指通过建成后平均每年的收益水平与初始投资之间的比例，来评价项目投资的财务可行性。

$$年平均投资报酬率（净利润率，ARR）＝\frac{年平均净利润}{初始投资总额}×100\%$$

【例 5-12】依据【5-3】实例计算两方案的平均报酬率。

【解】

甲方案年平均投资报酬率（$ARR$）＝3200/10000×100%＝32%

乙方案年平均投资报酬率（ARR）$=\dfrac{(3800+3560+3320+3080+7840)\ /5}{15000}\times100\%$

$=28.8\%$

甲方案的年平均报酬率大于乙方案，即 $ARR_{甲}>ARR_{乙}$，所以甲方案符合财务评价可行性，应选择甲方案。

### 5.3.3 项目投资方法小结

1. 项目投资的动态财务评价指标规律，见表 5-10。

**财务评价项目投资动态方法比较**　　　　　　　　表 5-10

| | 含义及计算 | 决策标准 | 优　点 | 缺　点 |
|---|---|---|---|---|
| 净现值 | 各年净现金流量的代数和。<br>$NPV=\sum_{t=0}^{n}NCF_t(P/F,i_c,t)$<br>或净现值＝投产后各年净现金流量现值之和－原始投资现值之和 | $NPV\geqslant0$，方案可行；否则方案不可行 | （1）考虑了时间价值<br>（2）能够利用项目计算期内全部的净现金流量信息 | 无法直接反映项目的实际收益率水平 |
| 净现值率 | 净现值与原始投资现值的比率。<br>$NPVR=\dfrac{项目净现值}{原始投资的现值合计}$ | $NPVR\geqslant0$，方案可行；否则，方案不可行 | （1）可以动态地反映资金投入与净产出之间的关系<br>（2）计算比较简单 | 无法直接反映项目的实际收益率 |
| 获利指数 | 投资后各年净现金流量现值与原始投资现值的比率。<br>$PI=\dfrac{投资后各年净现金流量现值}{原始投资额的现值合计}$<br>$PI=1+NPVR$ | $PI\geqslant1$，方案可行；否则，方案不可行 | 可以动态地反映资金投入与总产出之间的关系 | （1）无法直接反映项目的实际收益率<br>（2）计算相对复杂，计算口径也不一致 |
| 内部收益率 | 项目投资实际可望达到的收益率，它是净现值等于 0 时的折现率。<br>（1）特殊方法（$S=0$，$NCF_{1,2,\cdots,n}$ 相等）用查表＋内插法求解<br>（2）一般方法：逐次测试<br>（3）插入函数法 | $IRR\geqslant$行业基准折现率 $i$，方案可行；否则，方案不可行 | （1）可以从动态角度直接反映投资项目的实际收益水平<br>（2）不受行业基准收益率高低的影响，比较客观 | （1）计算过程复杂<br>（2）插入函数法结果不一定正确，而且还无法调整<br>（3）当经营期大量追加投资时，可能出现多个 $IRR$，可偏高或偏低，缺乏实际意义 |

动态指标之间的关系：

净现值、净现值率、获利指数和内部收益率指标之间存在同方向变动关系。即：

当净现值大于零时，净现值率大于零，获利指数大于 1，内部收益率大于基准收益率，其项目投资才具有财务可行性；

当净现值等于零时，净现值率等于零，获利指数等于 1，内部收益率等于基准收益率，其项目投资具有财务不确定性；

当净现值小于零时，净现值率小于零，获利指数小于 1，内部收益率小于基准收益率，其项目投资不具有财务可行性。

2. 项目投资静态财务评价指标规律，见表 5-11。

**财务评价项目投资静态评价方法** 表 5-11

| | 含义及计算 | 决策标准 | 优缺点 |
|---|---|---|---|
| 静态投资回收期 | 以项目经营净现金流量抵偿原始总投资所需要的全部时间：<br>（1）公式法：<br>（应用条件：项目投产后开头的若干年内每年的净现金流量必须相等，这些年内的经营净现金流量之和应不小于原始总投资）<br>①不包括建设期的回收期（$PP'$）<br>$= \dfrac{原始总投资}{投产后前若干年每年相等的净现金流量}$<br>②包括建设期的回收期 $= PP'' +$ 建设期<br>（2）列表法：<br>包括建设期的回收期（$PP$）<br>$= M + \dfrac{第 M 年尚未回收的金额}{第 M+1 年净现金流量}$<br>这里 $M$ 是指累计净现金流量最后一个出现负数的年份 | 该指标不大于基准投资回收期时，项目可行 | 优点：<br>能够直观地反映原始总投资的返本期限；便于理解，计算简单；可以直接利用回收期之前的净现金流量信息。<br>缺点：<br>没有考虑资金时间价值因素；不能正确反映投资方式的不同对项目的影响；不考虑回收期满后继续发生的净现金流量的变化情况 |
| 投资利润率 | 达产期正常年度利润或年均利润总投资总额的百分比。<br>投资利润率（$ROI$）$= \dfrac{年利润或年均利润}{投资总额} \times 100\%$<br>投资总额 = 原始投资 + 资本化利息 | $ROI \geqslant$ 无风险投资利润率，方案可行。<br>$ROI <$ 无风险投资利润率，方案不可行 | 优点：计算过程简单，能够反映建设期资本化利息的有无对项目的影响。<br>缺点：没有考虑资金时间价值因素，不能正确反映建设期长短与投资方式不同和回收额的有无等条件对项目的影响，分子、分母时间特征不同，可比性较差，无法直接利用净现金流量信息 |

3. 项目投资按项目形态财务评价指标规律，见表 5-12。

**按投资项目类型财务评价表** 表 5-12

| 投资项目类型 | 简 化 公 式 | 说 明 |
|---|---|---|
| 单纯固定资产投资项目 | 建设期 $NCF_t = -$ 固定资产投资额<br>经营期 $NCF_t =$ 净利 + 折旧 + 利息 + 净残值 | 净利、折旧、利息都是指项目引起的新增的部分 |
| 完整工业投资项目 | 建设期 $NCF_t = -$ 原始投资额<br>经营期 $NCF_t =$ 净利 + 折旧 + 摊销 + 利息 + 回收 | （1）原始投资包括建设投资和流动资金投资，建设投资包括固定资产投资、无形资产投资和开办费投资。<br>（2）建设期只有现金流出，没有现金流入，所以建设期 $NCF_t = -$ 原始投资额 |
| 更新改造投资项目 | （1）有建设期时：<br>建设期 $NCF_t = -$（新固定资产投资 − 旧固定资产变价净收入）<br>建设期末 $\Delta NCF_t =$ 固定资产提前报废发生的净损失减税 =（账面价值 − 变现价值）× 所得税率<br>经营期 $\Delta NCF_t = \Delta$ 净利 + $\Delta$ 折旧 + $\Delta$ 净残值<br>（2）建设期为零时：<br>建设期 $\Delta NCF_t = -$（新固定资产投资 − 旧固定资产变价净收入）<br>经营期第一年 $\Delta NCF = \Delta$ 净利 + $\Delta$ 折旧 + 固定资产提前报废发生的净损失减税<br>经营期其他年度 $\Delta NCF = \Delta$ 净利 + $\Delta$ 折旧 + $\Delta$ 净残值 | （1）将更新改造项目看成是售旧购新的特定项目，净现金流量只考虑两者的差额<br>（2）固定资产提前报废净损失（净收益）减税（纳税），没有建设期时，发生在第一年年末；有建设期时，发生在建设期期末<br>（3）如有利息，经营净现金流量中应考虑 |

## 5.4 项目投资财务评价报表编制与分析

投资项目的财务评价以指标设置、报表格式和项目分类等内容构成项目评价的核心部分，在掌握前面财务评价方法的基础上，完成报表编制与报表分析，是理论与实践的最佳结合。

### 5.4.1 财务报表编制的内容

项目投资的财务报表与企业经营财务报表在形式、内容、指标设置和计算方法等方面都存在着较大差异，但同时它又与企业财务报表存在着紧密的联系。

1. 财务报表编制主体

项目投资财务报表编制主体，代表了财务报表信息的提供者，它既是信息提供者的主要任务，也是权益者、债权人获得项目财务信息，并进行正确、科学决策的依据。

企业财务报表与项目财务报表的编制主体是不同的，表现在：第一，通常企业财务报表编制主体就是企业法人或独立经营的会计主体，而项目财务报表则以项目融资主体或项目法人为主体；第二，主体编制时间不同，企业财务报表一般以会计年度为时间段，项目投资财务报表则以项目计算期为时间段；第三，项目投资财务报表附注名称和方法以项目类型设置，项目名称为"新设法人项目"、"既有法人项目"，见表5-13。

**项目主体财务报表**                                          表 5-13

| 原有项目分类 | 现有项目分类 | 评价方法 | 特点 |
|---|---|---|---|
| 新建设项目 | 新设法人项目 | 新设法人项目评价方法 | 新建项目，由项目法人融资 |
| | 既有法人项目（无） | 既有法人项目"孤立法" | 新建项目，由既有法人融资 |
| 改扩建项目 | 既有法人项目（有） | | 项目投入产出与既有法人能分开 |
| | 既有法人项目（有） | 既有法人项目"整体法" | 项目投入产出与既有法人分不开，分析增量效益无意义 |
| | 既有法人项目（新增） | 既有法人项目"有无法" | 项目投入产出与既有法人分不开，分析增量效益有意义 |

新设法人项目，是指由项目发起人发起组建的具有独立法人资格的项目公司，由新组建的项目公司负责融资责任和风险。建设资金的来源可包括项目公司股东投入的权益资金和项目公司承担的债务资金，依靠项目自身的盈利能力偿还债务，一般以项目形成的资产、未来收益或权益作为担保基础。

既有法人项目，是指由已存在的企业法人发起项目、组织融资活动并承担融资责任和风险，建设资金来源于原有企业的资产、新增权益和新增债务资金，新增的债务资金靠原有法人企业依靠整个企业（包括项目）的盈利能力偿还，并以整体企业的资金和信用担保。

2. 财务报表分类

依据国家投资指南规范的要求，为满足项目主体和信息需求者对项目投资信息的需求，满足投资人、债权人和社会监管的需要，符合编制财务报表和评价工作的要求，将项目投资财务评价报表分为三类：

（1）基础数据报表及参数表

这类报表的作用是作为辅助报表和财务分析报表的基础资料，通过调查、整理和计算，将项目设计资料、市场分析资料、类似项目统计资料和财税制度根据等，整理为基础数据。

（2）辅助财务报表

项目财务辅助报表是相对于财务分析报表而言，它是财务分析报表的基础，这个过程是在基础数据表的基础上。通过对项目建设投资、流动资金以及相关费用、成本的估算等，为财务分析提供决策信息。

（3）财务分析报表

财务分析报表是项目投资决策的主要依据，它在辅助财务报表的编制基础上，通过项目投资决策评价方法，对项目投资进行多目标、多方案的比较，从中筛选出最佳方案，以实现项目投资的盈利目标、偿还债务的责任和对资产保值增值的任务，并对项目是否投资作出正确的财务结论。

以上报表种类见表5-14。

项目投资报表目录

表 5-14

| 序号 | 基础数据及参数表 | 财务分析辅助表 | 财务分析表 |
|---|---|---|---|
| 1 | 建设投资估算数据 | 建设投资估算表 | |
| 2 | 流动资金估算参数 | 流动资金估算表 | |
| 3 | 资金筹措与还本付息要求 | 项目总投资使用计划与资金筹措表 | |
| 4 | 折旧摊销参数 | 固定资产折旧费用估算表 | |
| 5 | | 无形资产和其他资产摊销估算表 | |
| 6 | 外购原材料费估算基础 | | |
| 7 | 外购燃料、动力费估算基础 | 总成本费用估算表 | |
| 8 | 人工工资及福利费估算基础 | | |
| 9 | 修理费及其他费用估算基础 | | |
| 10 | 销售及税金参数 | 营业收入、营业税金及附加和增值税估算表 | |
| 11 | | | 利润与利润分配表 |
| 12 | | | 借款还本付息计划表 |
| 13 | | | 借款人贷款综合偿还期计算表 |
| 14 | | | 财务计划现金流量表 |
| 15 | | | 资产负债表 |
| 16 | | | 财务分析汇总表 |

3. 财务报表编制方法

项目投资财务报表常用编制方法有系统分析方法、定性与定量分析方法、逻辑推理方法、静态与动态相结合的方法等。

（1）系统分析方法。需要将目标的实现分为若干个步骤，每一步骤又用全方位分析方法罗列出各种可能性（或影响因素）。只有这些影响因素得到有效控制，才能确保目标的实现。编制财务报表也是一个系统收集各种可能性的过程，并对这些可能性进行有效分析，并进行控制，形成定量的数据，反映在项目的变动过程中。

（2）定性和定量方法。定性方法主要是指明方向、变化趋势；定量方法更为准确、更为科学。如宏观经济政策提出了社会经济发展方向，提出了鼓励发展项目、正常发展项目和限制发展项目，也就是指明了方向，方向出错，一切精确的计算也是等于零。在方向正确的基础上，数据的计算便具备说服力，得出的结论更准确、更科学，财务报表就是以数据正确和准确为出发点。

（3）逻辑推理方法。就是运用推理、演绎和归纳的手段，将定性与定量的报表按事件发生的先后次序，有规律地进行排列的过程。这一过程不是简单地相加，而是对项目投资按科学理论、方法和项目建设经济规律的要求，进行严密论证的过程。项目投资财务报表按照数据、指标，结合评价标准，得出的明确结论。

（4）静态与动态相结合的方法。项目投资财务数据是与时间、项目、收益与成本等紧密相关联的，在财务报表中不仅表达总体数据、绝对数据的静态指标，而且要求计算时间价值相关的动态指标；项目投资财务报表编制的方法上，不仅要应用财务会计学中的静态指标计算手段，在还要应用到技术经济学、统计学的动态指标计算方法。静态方法大多从各个项目投资的侧面建立与项目投资的关系，动态指标主要用于对项目投资决策的核心说明。

### 5.4.2 财务评价报表的基本格式

项目投资财务报表的内容与格式，主要由项目财务分析计算和项目财务评价报告附录的需要所决定。评价报告要求附录的报表则是必须计算的，分析计算产生的报表比评价报告要求附录的报表多，财务分析必需的报表不一定都附到财务评价报告中。因此，报表的内容和格式，分为一般格式和附表格式。附表格式在一般格式的基础上适当简化。同时，由于项目投资的规模、行业类型、用途以及信息需求者的要求不同，财务报表及财务评价报表中的栏目、指标、计算内容及方法也存在差异性。因而，实际项目投资评价的财务报表也会存在不同，我们仅介绍一般共性项目投资需要的要素的项目投资财务报表内容和格式，见表5-15。

项目投资财务评价报表目录 表 5-15

| 序号 | 财务报表名称 | 财务报表项目类型 | | | | |
|---|---|---|---|---|---|---|
| | | 新设法人 | 既有法人 | | | |
| | | | 孤立法 | 有项目 | 增量 | 无项目 |
| 1 | 建设投资估算表 | √ | √ | √ | √ | √ |
| 2 | 固定资产投资资产估算表 | √ | √ | √ | √ | √ |
| 3 | 流动资金估算表 | √ | √ | √ | √ | √ |
| 4 | 项目总投资使用计划与资金筹措表 | √ | √ | √ | √ | √ |
| 5 | 固定资产折旧费用估算表 | √ | √ | √ | √ | √ |
| 6 | 无形资产和其他资产摊销表 | √ | √ | √ | √ | √ |
| 7 | 总成本费用估算表 | √ | √ | √ | √ | √ |
| 8 | 外购原材料费用估算表 | | | | | |

| 序号 | 财务报表名称 | 财务报表项目类型 | | | | |
|---|---|---|---|---|---|---|
| | | 新设法人 | 既有法人 | | | |
| | | | 孤立法 | 有项目 | 增量 | 无项目 |
| 9 | 外购燃料及动力费用估算表 | | | | | |
| 10 | 管理费及其他费用估算表 | | | | | |
| 11 | 人工工资及福利费估算表 | | | | | |
| 12 | 营业收入、营业税金及附加和增值税估算表 | √ | √ | √ | √ | √ |
| 13 | 利润和利润分配表 | √ | √ | √ | √ | √ |
| 14 | 借款还本付息计划表 | | √ | √ | √ | |
| 15 | 贷款偿还期综合偿还期计算表 | | √ | √ | √ | |
| 16 | 财务计划现金流量表 | √ | √ | √ | √ | √ |
| 17 | 项目投资财务现金流量表 | √ | √ | √ | √ | √ |
| 18 | 权益投资现金流量表 | √ | √ | √ | √ | √ |
| 19 | 投资各方现金流量表 | √ | √ | √ | √ | √ |
| 20 | 资产负债表 | √ | √ | √ | √ | √ |
| 21 | 财务分析指标汇总表 | √ | √ | √ | √ | √ |
| 22 | 项目投资风险分析表 | √ | √ | | √ | √ |
| 备注 | √表示项目编制财务报表时具备 | | | | | |

1. 建设投资估算表

此表是每一类项目投资都必须编制的财务报表，它分为概算法格式和形成资产法格式。两种格式的横栏相同，但纵栏差异较大，概算法以工程项目结构排列，形成资产法以工程项目用途排列。下面以新设法人主体项目的投资财务报表为例进行说明（其他见投资指南），见表5-16。

建设投资估算表（概算法）（单位：万元）  表5-16

| 序号 | 工程费用名称 | 建筑工程费 | 设备及工器具购置费 | 安装工程费 | 其他费用 | 其中：可抵扣税金 | 合计 | 其中：外币 | 比例（%） |
|---|---|---|---|---|---|---|---|---|---|
| 1 | 工程费用 | | | | | | | | |
| 1.1 | 主体工程 | | | | | | | | |
| 1.2 | 辅助工程 | | | | | | | | |
| 1.3 | 公用工程 | | | | | | | | |
| 1.4 | 服务性工程 | | | | | | | | |
| 1.5 | 厂外工程 | | | | | | | | |
| 1.6 | | | | | | | | | |
| 2 | 工程建设其他费 | | | | | | | | |
| 2.1 | 土地使用权 | | | | | | | | |

| 序号 | 工程费用名称 | 建筑工程费 | 设备及工器具购置费 | 安装工程费 | 其他费用 | 其中：可抵扣税金 | 合计 | 其中：外币 | 比例（%） |
|------|------------|-----------|-----------------|-----------|---------|---------------|------|----------|----------|
| 2.2 | | | | | | | | | |
| 3 | 预备费 | | | | | | | | |
| 3.1 | 基本预见费 | | | | | | | | |
| 3.2 | 涨价预备费 | | | | | | | | |
| 4 | 建设投资合计 | | | | | | | | |
| | 比例（%） | | | | | | | | |

2. 流动资金估算表

流动资金估算表只有按周转天数计算流动资金才编制此表，所有类型项目主体都有，格式见表 5-17。

**流动资金估算表**（单位：万元）　　　　　表 5-17

| 序号 | 项目名称 | 最低周转天数 | 周转次数 | 计算期 | | | | | | |
|------|---------|-----------|---------|-------|---|---|---|---|-----|---|
| | | | | 1 | 2 | 3 | 4 | 5 | ... | n |
| 1 | 流动资产 | | | | | | | | | |
| 1.1 | 应收账款 | | | | | | | | | |
| 1.2 | 存货 | | | | | | | | | |
| 1.2.1 | 原材料 | | | | | | | | | |
| 1.2.2 | 燃料 | | | | | | | | | |
| 1.2.3 | 在产品 | | | | | | | | | |
| 1.2.4 | 产成品 | | | | | | | | | |
| 1.3 | 现金 | | | | | | | | | |
| 1.4 | 预付账款 | | | | | | | | | |
| 2 | 流动负债 | | | | | | | | | |
| 2.1 | 应付账款 | | | | | | | | | |
| 2.2 | 预收账款 | | | | | | | | | |
| 3 | 流动资金（1—2） | | | | | | | | | |
| 4 | 流动资金本期增加额 | | | | | | | | | |
| 5 | 自有流动资金 | | | | | | | | | |
| 6 | 流动资金借款 | | | | | | | | | |

### 3. 投资计划与资金筹措表

资金计划与资金筹措表，主要的项目差异性较大，主要是项目规模不同、项目类型不同、项目主体不同、项目性质不同、资金来源不同，但基本项目应包括：权益资金、债务资金和其他资金三类，见表5-18、表5-19。

**资金筹措与资金用途关系**　　表 5-18

| 项目类型 | 序号 | 资金筹措 | 资金用途 | | | |
|---|---|---|---|---|---|---|
| | | | 用于工程建设投资 | 用于流动资金 | 用于建设期利息 | 用于其他资产 |
| 新设法人 | 2.1 | 权益资金 | | | | |
| | 2.1.1 | 股本投资 | | | | |
| | 2.1.4 | 企事业未来经营收入 | | | | |
| | 2.1.8 | 准股本投资 | | | | |
| | 2.2 | 债务资金 | | | | |
| | 2.3 | 其他资金 | | | | |

**资金使用计划与资金筹措表**（单位：万元）　　表 5-19

| 序号 | 项目 | 合计 | 1 | 2 | 3 | … | $n$ |
|---|---|---|---|---|---|---|---|
| 1 | 投资合计 | | | | | | |
| 1.1 | 建设投资 | | | | | | |
| 1.2 | 建设期利息 | | | | | | |
| 1.3 | 流动资金 | | | | | | |
| 2 | 资金筹措 | | | | | | |
| 2.1 | 权益资金 | | | | | | |
| 2.1.1 | 用于建设投资 | | | | | | |
| 2.1.2 | 用于流动资金 | | | | | | |
| 2.1.3 | 用于建设期利息 | | | | | | |
| 2.2 | 长期负债 | | | | | | |
| 2.2.1 | 用于建设投资 | | | | | | |
| 2.2.2 | 用于流动资金 | | | | | | |
| 2.2.3 | 用于建设期利息 | | | | | | |
| 2.3 | 其他资金 | | | | | | |

### 4. 固定资产折旧费、无形资产及其他资产摊销表

这些表格与财务会计表格具备相同的特点、内容、指标和计算方法，见表5-20。

**固定资产折旧费、无形资产及其他资产摊销表**（单位：万元）  表 5-20

| 序号 | 项目名称 | 折旧(或摊销)年限 | 计算期 | | | | | | | | | |
|---|---|---|---|---|---|---|---|---|---|---|---|---|
| | | | 1 | 2 | 3 | 4 | 5 | 6 | 7 | 8 | ... | $n$ |
| 1 | 固定资产 | | | | | | | | | | | |
| 1.1 | 机器设备 | | | | | | | | | | | |
| | 原值 | | | | | | | | | | | |
| | 折旧费 | | | | | | | | | | | |
| | 净值 | | | | | | | | | | | |
| ... | | | | | | | | | | | | |
| | 合计 | | | | | | | | | | | |
| 2 | 无形资产 | | | | | | | | | | | |
| 2.1 | 土地使用权 | | | | | | | | | | | |
| | 原值 | | | | | | | | | | | |
| | 本期摊销 | | | | | | | | | | | |
| | 净值 | | | | | | | | | | | |
| | 合计 | | | | | | | | | | | |
| 3 | 其他资产 | | | | | | | | | | | |
| 3.1 | | | | | | | | | | | | |

### 5. 总成本费用估算表

编制此表主要有两种方法，一是制造成本加期间费用估算法；二是生产要素估算法。项目投资财务分析中常用的是第一种，它与财务会计中成本费用项目一致，由于其项目类型很多，我们只给出了简表，见表 5-21。

**总成本费用估算表**（单位：万元）  表 5-21

| 序号 | 项目名称 | 合计 | 计算期 | | | | | | | | | |
|---|---|---|---|---|---|---|---|---|---|---|---|---|
| | | | 1 | 2 | 3 | 4 | 5 | 6 | 7 | 8 | ... | $n$ |
| 一 | 生产成本 | | | | | | | | | | | |
| 1 | 直接材料 | | | | | | | | | | | |
| 1.1 | 原材料 | | | | | | | | | | | |
| 1.2 | 辅助材料 | | | | | | | | | | | |
| ... | | | | | | | | | | | | |
| 2 | 制造费用 | | | | | | | | | | | |
| 2.1 | 折旧费 | | | | | | | | | | | |
| 2.2 | 修理费 | | | | | | | | | | | |
| 二 | 管理费用 | | | | | | | | | | | |
| | 无形资产摊销 | | | | | | | | | | | |
| 三 | 财务费用 | | | | | | | | | | | |
| 四 | 销售费用 | | | | | | | | | | | |
| 五 | 总成本合计 | | | | | | | | | | | |
| 六 | 经营成本 | | | | | | | | | | | |
| 七 | 固定成本 | | | | | | | | | | | |
| 八 | 可变成本 | | | | | | | | | | | |

### 6. 营业收入、营业税金及附加和增值税估算表

此表主要作为项目投资方的必需报表，按目前财务制度规定，产品销售收入中不含增值税，营业税金中不含增值税，营业税金附加以增值税为计算基数，计算方法以税法为准，其格式见表 5-22。

营业收入、营业税金及附加和增值税估算表（单位：万元） 表 5-22

| 序号 | 项目名称 | 合计 | 计算期 | | | | | | | | | |
|---|---|---|---|---|---|---|---|---|---|---|---|---|
| | | | 1 | 2 | 3 | 4 | 5 | 6 | 7 | 8 | … | $n$ |
| 1 | 营业收入 | | | | | | | | | | | |
| 1.2 | A产品收入 | | | | | | | | | | | |
| 1.3 | B产品收入 | | | | | | | | | | | |
| … | | | | | | | | | | | | |
| 2 | 增值税 | | | | | | | | | | | |
| 2.1 | 进项税 | | | | | | | | | | | |
| 2.2 | 销项税 | | | | | | | | | | | |
| 3 | 营业税金及附加 | | | | | | | | | | | |
| 3.1 | 营业税 | | | | | | | | | | | |
| 3.2 | 消费税 | | | | | | | | | | | |
| 3.3 | 资源税 | | | | | | | | | | | |
| 3.4 | 城市维护建设税 | | | | | | | | | | | |
| 3.5 | 教育附加费 | | | | | | | | | | | |

### 7. 利润与利润分配表

此表是项目投资财务成果表，也是项目投资评价的重要报表。其中项目名称、计算方法与财务会计相同，是项目投资财务分析的重要数据，其格式见表 5-23。

利润及利润分配表（单位：万元） 表 5-23

| 序号 | 项目名称 | 合计 | 计算期 | | | | | | | | | |
|---|---|---|---|---|---|---|---|---|---|---|---|---|
| | | | 1 | 2 | 3 | 4 | 5 | 6 | 7 | 8 | … | $n$ |
| 1 | 生产负荷 | | | | | | | | | | | |
| 2 | 营业税金及附加 | | | | | | | | | | | |
| 3 | 增值税 | | | | | | | | | | | |
| 4 | 总成本费用 | | | | | | | | | | | |
| 5 | 利润总额 | | | | | | | | | | | |
| 6 | 弥补以前年度亏损 | | | | | | | | | | | |
| 7 | 所得税 | | | | | | | | | | | |
| 8 | 税后利润（净利润） | | | | | | | | | | | |
| 9 | 提取法定盈余公积 | | | | | | | | | | | |
| 10 | 提取公益金 | | | | | | | | | | | |
| 11 | 可供分配利润 | | | | | | | | | | | |
| 12 | 应付利润 | | | | | | | | | | | |
| 13 | 未分配利润 | | | | | | | | | | | |
| 14 | 累计未分配利润 | | | | | | | | | | | |
| 15 | 可偿还款利润 | | | | | | | | | | | |

### 8. 项目借款偿还期计算表

此表反映借款人偿还向银行或其他金融机构借款的计划和责任，同时也是向银行或其他债权人表达项目投资有能力实现还款的信心与目标。因此编制该表也是项目投资获得贷款的重要信息报表，其格式见表 5-24。

借款还本付息计划表（单位：万元）

表 5-24

| 序号 | 项目名称 | 合计 | 1 | 2 | 3 | 4 | 5 | 6 | … | n |
|---|---|---|---|---|---|---|---|---|---|---|
| 一 | 借款还本付息 | | | | | | | | | |
| 1 | 银行借款 | | | | | | | | | |
| 1.1 | 期初本息余额 | | | | | | | | | |
| 2.1 | 当期借款 | | | | | | | | | |
| 2.2 | 当期应计利息 | | | | | | | | | |
| 2.3 | 当期偿还本金 | | | | | | | | | |
| 2.4 | 当期偿还利息 | | | | | | | | | |
| 2.5 | 期末借款余额 | | | | | | | | | |
| 二 | 偿还本金来源 | | | | | | | | | |
| 1 | 未分配利润 | | | | | | | | | |
| 2 | 当期可还本折旧费 | | | | | | | | | |
| 3 | 其他还本资金 | | | | | | | | | |
| 三 | 指标计算 | | | | | | | | | |
| 1 | 息税前利润（$EBIT$） | | | | | | | | | |
| 2 | 还利息 | | | | | | | | | |
| 3 | 还本金 | | | | | | | | | |
| 4 | 息税折旧摊销前利润 | | | | | | | | | |
| 5 | 所得税 | | | | | | | | | |
| 6 | 利息备付率（%） | | | | | | | | | |
| 7 | 偿债备付率（%） | | | | | | | | | |
| 8 | 银行借款偿还期 | | | | | | | | | |

### 9. 项目现金流量表

此表是项目投资财务现金流入量、流出量及净现金流量的重要信息报表，是项目投资财务评价的重要根据，是项目是否立项、借贷资金评价的决策依据。其基础知识、计算方法与前面相同，不再重复，其格式见表 5-25。

**项目投资财务现金流量表**（单位：万元）　　　　　　　　　　表 5-25

| 序号 | 项目名称 | 合计 | 计算期 | | | | | | | | | |
|---|---|---|---|---|---|---|---|---|---|---|---|---|
| | | | 1 | 2 | 3 | 4 | 5 | 6 | 7 | 8 | ⋯ | $n$ |
| 1 | 现金流入 | | | | | | | | | | | |
| 1.1 | 营业收入 | | | | | | | | | | | |
| 1.2 | 回收固定资产余值 | | | | | | | | | | | |
| 1.3 | 回收流动资金 | | | | | | | | | | | |
| 1.4 | 补贴收入 | | | | | | | | | | | |
| 2 | 现金流出 | | | | | | | | | | | |
| 2.1 | 建设投资 | | | | | | | | | | | |
| 2.2 | 流动资金 | | | | | | | | | | | |
| 2.3 | 经营成本 | | | | | | | | | | | |
| 2.4 | 营业税金及附加 | | | | | | | | | | | |
| 2.5 | 维持运营投资 | | | | | | | | | | | |
| 3 | 所得税前净现金流量（1—2） | | | | | | | | | | | |
| 4 | 累计所得税前净现金流量 | | | | | | | | | | | |
| 5 | 所得税 | | | | | | | | | | | |
| 6 | 所得税后净现金流量（3—5） | | | | | | | | | | | |
| 计算指标 | | 所得税后 | | | | | 所得税前 | | | | | |
| | 项目财务内部收益率（%） | | | | | | | | | | | |
| | 项目财务净现值（$i=$ %） | | | | | | | | | | | |
| | 项目投资回收期（年） | | | | | | | | | | | |

**10. 项目资产负债表**

此表是项目投资的辅助报表，主要起到校核的作用，同时也反映项目投资的财务状况。项目资产负债表不平衡，则可能是前面的计算有错误。特别是表 5-18 和表 5-19 报表需修改数据重新计算，否则会造成此表的不平衡，其格式见表 5-26。

**项目资产负债表**（单位：万元）　　　　　　　　　　表 5-26

| 序号 | 项目名称 | 计算期 | | | | | | | | | |
|---|---|---|---|---|---|---|---|---|---|---|---|
| | | 0 | 1 | 2 | 3 | 4 | 5 | 6 | 7 | ⋯ | $n$ |
| 1 | 资产 | | | | | | | | | | |
| 1.1 | 流动资产总额 | | | | | | | | | | |
| 1.1.1 | 货币资金 | | | | | | | | | | |
| 1.1.2 | 应收账款 | | | | | | | | | | |
| 1.1.3 | 预付账款 | | | | | | | | | | |
| 1.1.4 | 存货 | | | | | | | | | | |
| 1.1.5 | 其他流动资产 | | | | | | | | | | |
| 1.2 | 在建工程 | | | | | | | | | | |

| 序号 | 项目名称 | 计算期 | | | | | | | | | |
|------|----------|--------|---|---|---|---|---|---|---|---|---|
| | | 0 | 1 | 2 | 3 | 4 | 5 | 6 | 7 | … | n |
| 1.3 | 固定资产净额 | | | | | | | | | | |
| 1.4 | 无形资产及其他资产净额 | | | | | | | | | | |
| 1.5 | 长期投资 | | | | | | | | | | |
| 2 | 负债及所有者权益总额 | | | | | | | | | | |
| 2.1 | 流动负债总额 | | | | | | | | | | |
| 2.1.1 | 短期借款 | | | | | | | | | | |
| 2.1.2 | 应付账款 | | | | | | | | | | |
| 2.1.3 | 预收账款 | | | | | | | | | | |
| 2.2 | 建设投资借款 | | | | | | | | | | |
| 2.3 | 流动资金借款 | | | | | | | | | | |
| 2.4 | 所有者权益 | | | | | | | | | | |
| 2.4.1 | 权益投资 | | | | | | | | | | |
| 2.4.2 | 资本公积 | | | | | | | | | | |
| 2.4.3 | 累计盈余公积和公益金 | | | | | | | | | | |
| 2.4.4 | 累计未分配利润 | | | | | | | | | | |
| 计算 | 资产负债率（%） | | | | | | | | | | |

**11. 权益投资财务现金流量表**

该表一般用于合资项目，国内企业有两个或两个以上投资人对项目进行投资的，或者企业股东也有共同投资的，都算合资。现在多数项目不要求编制此表，但当收益不按出资比例分配时，必须计算该表，其格式见表5-27。

**项目投资财务现金流量表**（单位：万元）  表5-27

| 序号 | 项目名称 | 合计 | 计算期 | | | | | | | | | |
|------|----------|------|--------|---|---|---|---|---|---|---|---|---|
| | | | 1 | 2 | 3 | 4 | 5 | 6 | 7 | 8 | … | n |
| 1 | 现金流入 | | | | | | | | | | | |
| 1.1 | 营业收入 | | | | | | | | | | | |
| 1.2 | 回收固定资产余值 | | | | | | | | | | | |
| 1.3 | 回收流动资金 | | | | | | | | | | | |
| 1.4 | 补贴收入 | | | | | | | | | | | |
| 2 | 现金流出 | | | | | | | | | | | |
| 2.1 | 权益投资 | | | | | | | | | | | |
| 2.2 | 借款本金偿还 | | | | | | | | | | | |
| 2.3 | 借款利息偿还 | | | | | | | | | | | |
| 2.4 | 经营成本 | | | | | | | | | | | |
| 2.5 | 营业税金及附加 | | | | | | | | | | | |
| 2.6 | 所得税 | | | | | | | | | | | |
| 2.7 | 维持运营投资中的权益资金 | | | | | | | | | | | |
| 3 | 净现金流量（1—2） | | | | | | | | | | | |
| 计算指标：权益投资内部收益率（%） | | | | | | | | | | | | |

### 5.4.3　项目财务报表编制程序

由于项目投资财务报表编制工作具有多样性、复杂性和科学性，因此，必须严格遵守科学的编制程序，才能保证项目投资财务报表编制工作有序、顺利和严谨地展开。编制工作按项目财务报表的基本分类，主要分为项目基础数据整理及评价参数选取、项目辅助财务报表计算与编制和项目财务报表分析三个主要阶段。

1. 项目基础数据整理及评价参数选取

项目投资财务报表的基础数据整理及评价参数选取工作，是整个财务报表编制工作的第一步，只有通过科学依据并收集项目工程、技术、经济、市场、行业以及金融相关资料，并通过去伪存真、由表及里的研究讨论、比较筛选和专家咨询等方式才能形成符合项目财务评价、财务计算的基础数据和计算参数。

项目财务基础数据主要有三大类，即投资基础数据、项目成本基础数据和项目收入财务数据。项目财务评价参数主要分为两大类，即现行价格参数和未来预测价格。其整理、筛选及确定过程如下：

（1）资料收集

资料收集的目的是为确定财务分析的基础数据提供依据，也是财务评价报告资料的来源，其主要内容有：

1）企业财务资料。主要包括：企业近三年的主要财务报表，如资产负债表、利润表、现金流量表等；企业前两年及未来五年的长期借款还本付息计划。

2）企业生产及产品销售统计资料。主要包括：产品设计能力及产量资料、产品销售量及销售收入资料、产品销售价格及变动资料、产品销售税金缴纳资料等。

3）成本费用资料。主要包括：生产成本报表，如制造成本表、制造费用表、期间费用明细表等。

4）拟建设项目融资方案。主要包括：融资方案、借款还本付息条件等。

5）企业管理模式资料。主要有：企业组织机构设置、企业各项人员结构、企业管理制度、企业主要负责人资料等。

（2）项目投资基础数据整理

主要项目工程数据来源于企业项目设计全部资料，项目投资、成本数据主要由项目工程数和工程量决定，工程量计算价格通常按照市场规则的实际价格计算，即工程预算价格或投资成本。

（3）项目投资收入数据整理

项目收入数据属性是预测性的，因而通常采用的是市场预测价格，这时必须考虑未来市场的销售因素、经济运行因素、产品市场竞争因素和通货膨胀因素等。若这些因素具备充分的依据，可采用预测价格；若没有充分依据的，则可考虑依据实际价格，这样更具有说服力。

2. 项目投资辅助报表编制步骤

项目投资辅助报表编制是整个项目财务评价中的重要环节，它是在获得基础数据的基础上，完成整个项目所需的财务各项报表数据的计算、编制过程。其基本程序是：

（1）建设项目投资估算与资产分类计算。主要完成《建设投资估算表》和《折旧资产分类表》。

（2）项目销售收入估算。主要完成项目未来产品营业收入计算，编制完成《营业收入计算表》，同时完成《营业税金及附加和增值税计算表》。

（3）项目成本费用估算。主要完成《总成本费用估算表》、《固定资产折旧费估算表》、《无形资产摊销计算表》等。

（4）流动资金估算。完成项目投资的《流动资金估算表》。

（5）投资计划与资金筹措估算。编制完成《项目投资资金使用计划》、《项目资金筹措计划》、《项目建设期利息计算表》、《项目总投资使用计划与资金筹措表》、《项目贷款偿还期计算表》。

3. 财务分析与主要报表编制

完成上一步骤后，需要对项目投资得出客观、准确的财务结论，具体工作有：编制《项目利润及利润分配表》、《项目财务计划现金流量表》、《项目资产负债表》、《财务分析指标汇总表》和《项目不确定性分析表》。

## 思 考 题

1. 项目投资的概念。
2. 固定资产投资的构成。
3. 现金流量的含义及其构成关系。
4. 阐述财务评价的概念及其作用。
5. 理解建设项目财务评价指标体系，掌握建设项目财务评价主要方法。

## 简 述 题

1. 简述项目投资原则。
2. 简述项目投资编制的主要报表。
3. 简述项目投资财务评价静态指标和动态指标的关系。
4. 简述项目投资现金流量的关系。
5. 简述项目投资财务评价报表的主要作用。

## 计 算 题

1. 现有 A、B 两个投资方案，其现金流量如下表所示，基准收益率 $i_c=15\%$，试通过计算净现值与内部收益率来选择投资方案。

单位：万元

| 方案 ＼ 年末 | 0 | 1～10 |
|---|---|---|
| A | −200 | 45 |
| B | −160 | 30 |

2. 某公司准备一项新产品开发的投资项目，预计资料如下：固定资产投资额 800 万元，可使用 6 年，期满净残值 14 万元，直线法折旧，每年预计获得净利 200 万元。

要求：（1）计算该项目初始现金流量、每年营业净现金流量、终结现金流量。

（2）计算该项目的投资回收期。

（3）计算该项目的净现值，并判断该项目是否可行（假设资本成本为 10%；10%，6 年年金现值系数 4.355；10％，5 年年金现值系数 3.791；10％，6 年复利现值系数 0.564)。

3. 某公司有一投资项目，需要投资 9000 万元（其中 8100 万元用于购买设备，900 万元用于追加流动资金）。预计投资该项目可使公司第一年增加 3750 万元销售收入，第二年增加 6000 万元销售收入；第三年增加 9300 万元销售收入；经营成本的增加额第一年、第二年、第三年分别为 750 万元、1500 万元、1800 万元；第三年末项目结束，收回流动资金 900 万元。若该公司所得税税率为 30％，固定资产按直线法计提折旧（期限为 3 年，残值为零）。公司的资金成本率为 12％。

要求：

(1) 计算该项目的净现值。

(2) 计算该项目的回收期。

(3) 若不考虑其他因素，该项目是否值得投资？

4. 某公司拟投资一个新项目，现有甲、乙两个投资方案可供选择。

甲方案：投资总额 1000 万元，需建设期 1 年。投资分两次进行：第一年初投入 500 万元，第二年初投入 500 万元。第二年建成并投产，投产后每年税后利润 100 万元，项目建成后可用 9 年，9 年后残值 100 万元。

乙方案：投资总额 1500 万元，需建设期 2 年。投资分三次进行：第一年初投入 700 万元，第二年初投入 500 万元，第三年初投入 300 万元。第三年建成并投产，投产后每年税后利润 200 万元，项目建成后可用 8 年，8 年后残值 200 万元。若资金成本为 10％，项目按直线法进行折旧，请通过计算净利现值进行方案选优。

# 6 工程项目投资风险分析

**【学习目标】**

本章重点是介绍项目投资风险产生原理、财务风险分类和财务风险评价科学方法。

掌握工程项目总风险、组合风险和系统风险的概念及其对企业价值的影响。掌握敏感性分析、模拟分析、盈亏平衡分析、风险调整折现率法、确定等值法和概率分析等方法应用。

**【重要术语】**

项目总风险　项目组合风险　项目系统风险　敏感性分析　模拟分析　盈亏平衡分析　风险调整折现率法　确定等值法和概率分析

## 6.1　项目投资风险分析概述

### 6.1.1　项目投资的相关风险

工程项目投资是建立在对未来现金流量的预测与判断基础之上的。由于影响投资项目现金流量各种因素的未来变化带有不确定性，加上预测方法和条件的局限性，实际值与预期值可能会有偏差，从而给项目投资造成风险。按项目投资的三种不同层次，投资项目风险可以分为项目总风险、项目组合风险和项目系统风险。

1. 项目总风险

是指从项目层次上看待项目自身的风险，即项目本身期望现金流量的不确定性或项目的实际收益将低于期望收益的可能性。

2. 项目的组合风险

是指当企业投资众多项目之一时，从企业整体层次上观察项目风险，主要考虑该项目对企业现有项目或资产组合整体风险所产生的贡献。项目自身的风险在与其他项目或资产进行组合时可以分解掉一部分，项目的组合风险取决于项目与其他资产期望收益之间的相关性。

3. 项目的系统风险

是指已经实现了资产充分分散化的剩余风险所考虑的项目风险。这一风险的衡量既考虑到项目在与现有资产组合时化解掉一部分风险，又考虑到风险中还有一部分能通过资产多样化组合而分散掉，最后只剩下任何多样化资产组合都无法分散的那一部分风险，即为项目的系统风险。

从不同层面上理解项目投资的风险非常重要。例如，一个跨国企业每年要花巨资进行数以百计的研究开发项目，这些项目一旦成功就能为公司带来巨额利润，若失败就会损失投资。孤立地看单个项目都会感到风险很大，假设成功的概率只有 10%，而失败的概率却要高达 90%。站在公司的层面看，这些总风险很高的项目组合在一起，单个项目总风险中相当部分已消除了。此时，项目组合风险可能低于项目总风险。从资本市场上投资者的角度看，由于一个资产充分多样化的证券投资组合消除了单个证券的大部分风险，因此，股东只关心项目的系统风险，因为只有项目系统风险才会对其证券投资组合的风险变化产生影响。

在项目投资的风险分析中，项目的系统风险直接关系到公司的价值。按照资本资产定价模型，一个项目的系统风险会通过影响公司的系统风险而改变投资者对公司所要求的收益率，最终影响公司的价值。

学术观点和企业实践都认为，公司的目标是实现股东财富最大化，那么唯一值得考虑的风险就是系统风险。以下三个方面说明了项目总风险和组合风险也有着重要的意义：

（1）没有实现投资多样化的投资者和小公司，对项目总风险和组合风险的关心可能不亚于系统风险。

（2）投资者还会考虑到项目失败或破产的可能性，而项目失败或破产的可能性在很大程度上属于项目的总风险和组合风险，这种可能性在很大程度上则属于项目的总风险和系统风险。

（3）项目的总风险和组合风险的降低，对于包括股东、债权人、管理层、员工和客户等公司利益相关者有着重要的意义，因为一个濒临破产或收益很低的公司无法吸引和留住人才，供应商和顾客也拒绝与其打交道。这些因素都会减少公司的盈利性，从而降低公司股价。

### 6.1.2　资本投资风险的衡量

前面章节介绍过，我们使用标准差作为衡量风险的尺度，因为标准差反映了可能出现的结果概率分布的集中程度。项目的总风险可以用该项目期望内部收益率的标准差 $\sigma_P$ 来衡量。项目内部收益率的标准差 $\sigma_P$ 越大，项目总风险越高。项目内部收益率的标准差 $\sigma_P$ 非常重要，因为它不仅是项目投资风险分析中衡量项目总风险的指标，而且也是评估项目组合风险和项目系统风险的重要参数。

项目的组合风险可以用组合的贝塔系数 $\beta_{P、F}$ 来衡量，用下式表示：

$$\beta_{P、F} = \left[\frac{\sigma_P}{\sigma_F}\right]\gamma_{P、F}$$

式中，$\sigma_F$ 是指未包括该项目在内的公司总资产收益率的标准差。实际上，公司总资产收益率是根据公司现有项目已经取得的平均内部收益率而计算的。$\sigma_F$ 越低，公司总资产收益率越稳定，其整体风险越低；反之，$\sigma_F$ 越高，公司整体风险越高，公司破产的可能性也随之增大。公司以往的 $\sigma_F$ 可以统计得到，但公司经营环境的变化使其期望的整体风险与过去的整体风险有相当的差异，在此情况下，主观判断的 $\sigma_F$ 将会在项目风险分析中更多地使用。

$\gamma_{P、F}$ 是指项目收益与公司其他资产或项目收益之间的相关系数。通常，大多数项目的收益与公司整体收益之间正相关（即 $\gamma_{P、F}$ 为正），属于公司主营业务的项目与公司整体收益之间相关性最高，而在公司主营业务之外的项目与公司整体收益之间相关性较低，但仍以正相关居多。考虑到相关系数极少为完全正相关（即相关系数 $\gamma_{P、F} = +1.0$），这就意味着许多项目的一部分总风险可以因公司范围内的多样化而消除，从而导致从公司整体角度观察的项目组合风险低于单个项目的总风险。

从上式中可见，项目组合的贝塔系数 $\beta_P$、$F$ 是项目总风险 $\sigma_P$、公司其他资产或项目的风险性 $\sigma_F$ 和项目收益与公司其他资产或项目收益之间相关系数 $\gamma_P$、$F$ 的函数。因此，正如股票的贝塔系数是衡量该股票对于持有多种股票或者资产已充分多样化的投资者所面临风险的贡献一样，项目组合的贝塔系数 $\beta_P$、$F$ 是用于衡量项目对公司所面临的整体风险的贡献。

如果项目组合的贝塔系数 $\beta_P$、$F$ 等于1.0，说明该项目与公司从事的其他项目有相同的组合风险。如果项目组合的贝塔系数 $\beta_P$、$F$ 大于1.0，表示该项目比公司平均的组合风险高，反之亦然。对于组合风险高于公司平均值的项目而言，对该项目所要求的收益率或许会高于对平均项目所要求的收益率。至于高出多少，目前还没有精确的计算公式，仍需结合主观判断进行调整。

我们可以用贝塔系数 $\beta_P$、$M$ 来衡量这一项目的系统风险。贝塔系数是由各种经济情况下项目与整个市场收益率之间关系的回归确定的，用下式表示：

$$\beta_P、M = \left[\frac{\sigma_P}{\sigma_M}\right]\gamma_P、M$$

式中　$\sigma_M$——市场收益率的标准差；

$\gamma_P$、$M$——项目收益与市场（通常用股票市场指数表示）收益之间的相关系数。

如果 $\gamma_P$、$M$ 为正值，说明当经济景气或市场大多数股票表现很好时，项目也会产生较高的收益率。

项目的贝塔系数 $\beta_P$、$M$ 是衡量该项目对于持有多样化资产组合的公司股东所面临风险的贡献。如果项目的贝塔系数 $\beta_P$、$M$ 等于公司的贝塔系数，那么项目承受着与公司相同程度的系统风险。如果项目的贝塔系数 $\beta_P$、$M$ 高于公司的贝塔系数，则项目比公司承担更多的系统风险，当项目的贝塔系数 $\beta_P$、$M$ 低于公司的贝塔系数时，则项目的系统风险低于公司的系统风险。在后两种情况中，应根据资本资产定价模型对公司所要求的收益率进行调整。

## 6.2　工程项目总风险的调整

当项目总风险的高低关系到项目的取舍，或者项目与公司整体现金流量之间存在着高度的正相关时，调整项目总风险就很有必要。分析项目总风险的重点在于分析项目本身现金流量的不确定性，项目总风险调整方法主要有敏感性分析、模拟分析、盈亏平衡分析、风险调整折现率法、确定等值法和概率分析等。

### 6.2.1　敏感性分析

敏感性分析是通过测定一个或多个不确定因素的变化导致的决策评价指标的变化幅度，了解各种因素的变化对实现预期目标的影响程度。例如，敏感性分析显示折现率发生一定幅度的变化所引起的净现值变化的百分比。敏感性分析有时又被称为"如果-怎样"分析。如果初始投资发生变化，如果变动成本发生变化，如果销售收入下降，会引起项目净现值怎样的变化？从而对因素发生不利变化时投资项目的承受能力作出判断。

1. 单因素敏感性分析

这里，我们先介绍单因素敏感性分析，即在计算某个因素的变动对决策评价指标的影响时，假定其他因素保持不变。

单因素敏感性分析的一般步骤：

(1) 确定敏感度分析指标。例如，净现值、内部收益率、获利指数或其他指标。

(2) 选取需要分析的不确定因素。对一般工程投资项目，建议从下列因素中选取：①初始投资；②项目建设期限、投产期限、投产后达到设计能力的时间；③产品产量及销售量；④销售价格；⑤经营成本，包括固定成本和变动成本；⑥项目寿命期；⑦项目寿命期末资产净残值；⑧折现率等。

(3) 在固定其他因素的同时，在可能的变动范围内变动其中某个不确定因素，观察其导致分析指标的变动结果，找出它们一一对应的数量关系。

(4) 找出敏感因素，综合分析项目的风险情况，采取对策。

【例 6-1】某建设项目基本方案的参数估算值，见表 6-1，设折现率为 9%，试进行敏感性分析。

**基本方案参数估算表**（单位：万元） 表 6-1

| 因素 | 期初投资 $P$ | 年销售收入 $R$ | 年经营成本 $C$ | 期末残值 $L$ | 寿命 $n$（年） |
|------|------------|--------------|--------------|------------|--------------|
| 估算值 | 1500 | 600 | 250 | 200 | 6 |

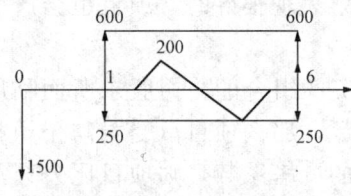

图 6-1 现金流量图

【解】(1) 以销售收入、经营成本和投资为拟分析的不确定因素；

(2) 选择项目的内部收益率（$IRR$）为评价指标；

(3) 作出本方案的现金流量图（图 6-1）。

则本方案的内部收益率由下式确定：

$$0 = -P + (R-C)\sum_{t=1}^{6}(1+IRR)^{-t} + L(1+IRR)^{-6}$$

$$= -1500 + 350\sum_{t=1}^{6}(1+IRR)^{-t} + 200(1+IRR)^{-6}$$

采用线性内插法可求得，

$NPV(i=12\%) = 40.31 > 0$，

$NPV(i=13\%) = -47.87 < 0$

所以，$IRR = 12\% + [40.31/(40.31+47.87)] \times 1\% = 12.46\%$

(4) 计算销售收入、经营成本和投资变化对内部收益率的影响，结果见表 6-2。

**敏感性分析表** 表 6-2

| 变化率<br>$IRR$<br>不确定分析 | $-10\%$ | $-5\%$ | 基本方案 | $+5\%$ | $+10\%$ |
|------|--------|--------|--------|--------|--------|
| 销售收入 | 7.112 | 10.121 | 12.457 | 15.633 | 18.286 |
| 经营成本 | 15.137 | 14.017 | 12.457 | 11.758 | 10.61 |
| 投资 | 15.629 | 13.360 | 12.457 | 11.288 | 9.754 |

关于内部收益率的敏感性分析图,如图 6-2 所示。

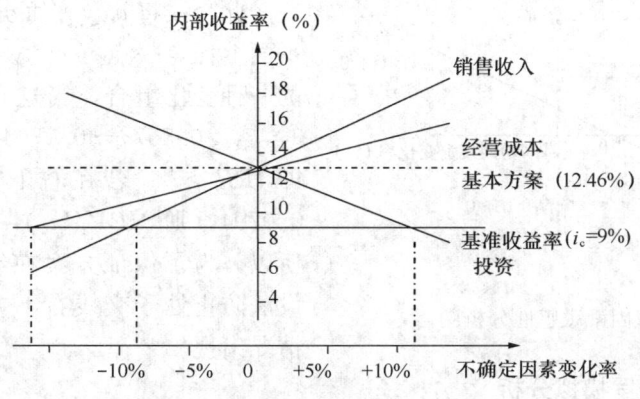

图 6-2 单因素敏感性分析图

已知,$NPV(i) = -P + (R-C)\sum_{t=1}^{6}(1+IRR)^{-t} + L(1+IRR)^{-6}$

令 $NPV(9\%) = 0$,即可得:

$R$ 临界值 $= 558$,$C$ 临界值 $= 292$,$L$ 临界值 $= 167$。

因此,当价格下降幅度超过 $7\%$,或者年经营成本增幅超过 $16.8\%$,或者投资增加幅度超过 $11.93\%$ 时,将有 $IRR < i_c$,方案变得不可行。

因素的敏感程度依次为:价格大于投资大于经营成本。

2. 多因素敏感性分析

单因素敏感分析的方法简单,不足之处在于忽略了因素之间的相关性。实际上,一个因素的变动往往也伴随着其他因素的变动,多因素敏感性分析考虑了这种相关性,因而能反映几个因素同时变动对项目的综合影响,弥补单因素分析的局限性,更全面地揭示事物的本质。由于双因素以上的多因素敏感性分析过于复杂,此处仅介绍双因素敏感性分析。

单因素敏感性分析可得到一条敏感分析曲线,若分析两个因素同时变化的敏感性,则可得到一个敏感性曲面。

【例 6-2】接【例 6-1】,假设方案的投资与销售收入是两个相互关联的敏感性因素,就投资与销售收入进行双因素敏感性分析。

【解】设 $x$ 表示投资额变化的百分比,$y$ 表示销售收入变化的百分比。则当折现率为 $i$,且投资和收入分别具有变化率 $x$ 和 $y$ 时,净现值为:

$$NPV(i) = -1500(1+x) + [600(1+y) - 250](P/A,i,6) + 200(P/F,i,6)$$

$$= -1500 + 350(P/A,i,6) + 200(P/F,i,6) - 1500x + 600(P/A,i,6)y$$

取 $i = i_c = 9\%$(基准收益率),则:

$$NPV(i_c) = 189.36 - 1500x + 2691.6y$$

此式为一平面方程,令 $NPV(i_c) = 0$,可得到该平面与 $oxy$ 坐标面的交线:

$$y = 0.557x - 0.0704$$

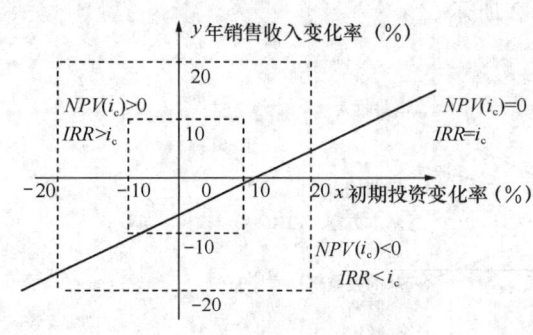

图 6-3 双因素敏感性分析图

如图 6-3 所示。

此交线将 $oxy$ 平面分为两个区域，$oxy$ 平面上任意一点（$x$，$y$）代表投资和价格的一种变化组合，当这点在交线的左上方时，$y>0.557x-0.0704$，$NPV$（$i_c$）$>0$，即 $IRR>i_c$；若在右下方，$y<0.557x-0.0704$，则 $NPV$（$i_c$）$<0$，即 $IRR<i_c$。所以，为了保证方案在经济上可接受，应设法防止处于交线右下方区域的变化组合情况出现。

### 6.2.2 蒙特卡罗模拟分析

蒙特卡罗模拟法，是用反复进行随机抽样的方法模拟各种随机变量的变化，进而通过计算了解项目财务评价指标的概率分布的一种分析方法（图 6-4）。模拟方法估计项目净现值的主要步骤是：

（1）确定估计项目净现值需要输入哪些随机变量。投资项目模拟可以考虑以下变量：

1）投资成本分析。包括净投资现金流量、投资的净残值。

2）市场分析。包括市场规模、公司的市场份额、产品销售价格、市场增长率。

3）经营成本和经济寿命。包括变动成本、固定成本、项目寿命等。

（2）给出每个随机变量的概率分布，注明各个变量的最大值、最小值、期望值、标准差等。

（3）从每个分布中随机选取一个数值一并代入模型，计算项目净现值。

（4）算出的净现值可能很小甚至为负值，也可能很大，反复步骤（3）多次，就可得到一个完整的净现值概率分布。

（5）输出模拟结果。模拟通常提供以下项目信息：

1）期望净现值。

2）净现值标准差。

3）净现值小于零的概率。

4）净现值大于 $X$ 值的概率，$X$ 值是由公司财务人员设置的。

模拟方法是情景分析方法的一种拓展，因为模拟方法提供了净现值的概率分布，而情景分析和敏感性分析却没有做到这一点。与得到较少数量的情景不同的是，模拟方法根据各种与现金流量有关的随机变量的概率分析，利用计算机可得出成千上万种变量的组合结果，每一种组合结果就是一种情景。针对各种情景，计算出相应的净现值等项目评价指标，汇总得出完整的概率分布。为了得出净现值的概率分布，财务人员必须寻找关键要素的概率分布。由于需要较大的投入，这就将模拟方法的应用限制在大的项目中，如图 6-4 所示。

### 6.2.3 盈亏平衡分析

盈亏平衡分析是在一定的市场、生产能力的条件下，研究成本与收益的平衡关系的方法。对于一个项目而言，盈利与亏损之间一般至少有一个转折点，我们称这个转折点为盈亏平衡点 $BEP$（Break-Even Point）。在这点上，销售收入与生产支出相等，对于所研究

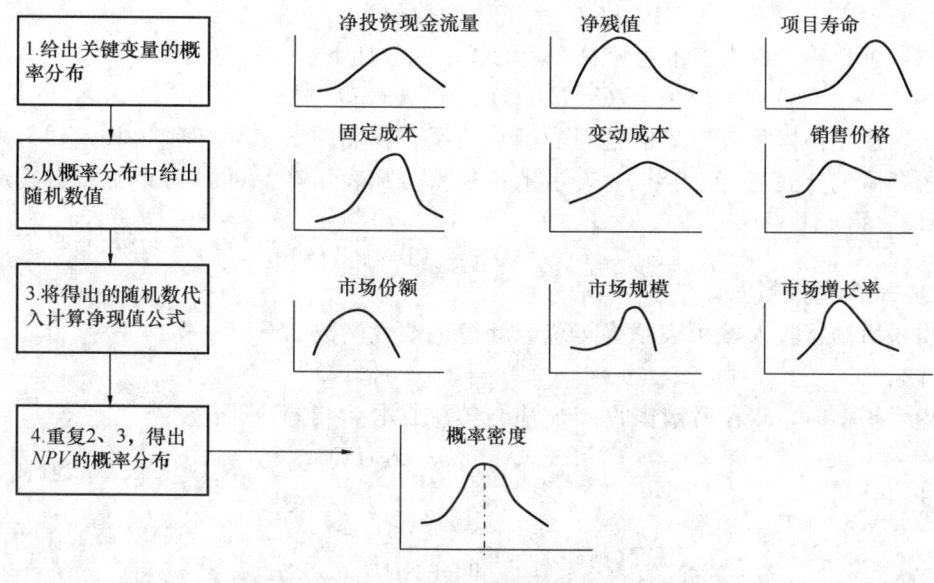

图 6-4　净现值模拟流程

的项目方案来说，既不亏损也不盈利。

　　盈亏平衡分析就是要找出项目方案的盈亏平衡点。一般说来，盈亏平衡点越低，项目实施所评价方案盈利的可能性就越大，亏损的可能性就越小，对某些不确定因素变化带来的风险的承受能力就越强。盈亏平衡点通常根据正常生产年份的产品产量或销售量、固定成本、可变成本、产品价格和销售税金及附加等数据计算。因此，盈亏平衡点可以用实物产量或销售量、单位产品售价、单位产品的可变成本以及年总固定成本的绝对量表示，也可以用生产能力利用率等相对值来表示。本书主要采用产量或销售量和生产能力利用率来表示盈亏平衡点。

　　盈亏平衡分析的基本方法是建立成本与产量、销售收入（扣除税金）与产量之间的函数关系，通过对这两个函数及其图形的分析，找出用产量和生产能力利用率表示的盈亏平衡点，一般情况下为这两个函数的公共解或函数曲线的交点。进一步确定项目对减产、降低售价、单位产品可变成本上升等诸因素变化所引起的风险的承受能力。

　　1. 线性盈亏平衡分析

　　线性盈亏平衡分析是在下面的基本假定下进行的：

　　（1）产品的产量等于销售量。

　　（2）单位产品的可变成本不变。

　　（3）单位产品的销售单价不变。

　　（4）产品可以换算为单一产品计算。

　　我们首先建立成本与产量的函数关系。为进行盈亏平衡分析，必须将生产成本分为固定成本和可变成本。我们用 $C$ 表示年总成本，$C_F$ 表示年总固定成本，$C_V$ 表示年总可变成本，$C_q$ 表示单位产品的可变成本，$Q$ 表示年总产量。则有：

$$C = C_F + C_V$$

由假定（2），总可变成本应是产量的线性函数，即：

$$C_V = C_q \times Q = C_q Q$$

所以，可将年总成本表示为年总产量的线形函数如下：

$$C = C(Q) = C_F + C_q Q$$

其次，建立销售收入与产量之间的函数关系。我们用 $S$ 表示年销售收入，$S_1$ 表示扣除销售税金后的年销售净收入，$r_1$ 表示销售税率，$P$ 表示产品的销售单价。由假定（1）和假定（3）得：

$$S_1 = (1 - r_1)S = (1 - r_1)PQ$$

式中　$Q$——年总产量。

所得税后销售收入 $S_1$ 可表示为年总产量 $Q$ 的线性函数如下：

$$S_1 = S_1(Q) = (1 - r_1)PQ$$

当盈亏平衡时，年税后销售收入 $S_1$ 应与年总成本 $C$ 相等，即：

$$C_F + C_q Q = (1 - r_1)PQ$$

由此得到：

$$BEP(产量) = Q_{BEP} = \frac{C_F}{P - C_q - r}$$

$$BEP(生产能力利用率) = \frac{Q_{BEP}}{Q_1}$$

式中　$r$——单位产品销售税金（$r = P \times r_1$）。

把上式的两边除以设计（额定）产量 $Q_0$，则得到用生产能力利用率表示的 $BEP$：

$$BEP(生产能力利用率) = \frac{Q_{BEP}}{Q_0} \times 100\%$$

$$= \frac{C_F}{Q_0(P - C_q - r)} \times 100\%$$

$$= \frac{C_F}{S - C_q - r} \times 100\%$$

或　　　　　　　　　　$$= \frac{C_F}{Q_0(P - C_q - r)}$$

$$BEP = \frac{C_F}{S - C_v - R}$$

式中　$R$——年销售税金（$R = Q_0 \times r$）；

$C_V$——年可变成本（$C_v = C_q \times Q_0$）；

$S$——年销售收入（$S = P \times Q_0$）。

用产量和生产能力表示的盈亏平衡点说明当其他条件保持不变时，产量可允许降低到 $Q_{BEP}$，项目仍不会发生亏损，即项目在产品产量上有 $(1 - Q_{BEP}/Q_0) \times 100\%$ 的余地，也即项目具有能承受减产 $(Q_0 - Q_{BEP})$ 的风险的能力。

用其他形式表示的盈亏平衡点分别具有如下形式和意义：

$$BEP(单位产品售价) = P_{BEP} = C_F/Q + C_q + r$$

这表示在正常生产的情况下，其他条件不变时，产品的销售单价可从 $P_0$ 降低到 $P_{BEP}$。

$$BEP(单位产品可变成本) = C_q^* = P - r - C_F/Q$$

这表明单位产品的可变费用允许从 $C_q$ 上升到 $C_q^*$。

$$BEP(总固定成本) = C_F^* = (P - C_q - r)Q$$

即年总固定费用最高允许为 $C_F^*$。

【例6-3】某设计方案年产量为12万t，已知每吨产品销售价格为675元，每吨产品缴付的税金为165元，单位可变成本为250元，年总固定成本是1500万元，试求盈亏平衡点和允许降低（增加）率。

【解】设$Q$为产量，$C$为年总成本，$S$为年税后销售收入。则有：

$$C = 1500 + 250Q \text{ 万元}$$

$$S = (675 - 165)Q \text{ 万元}$$

其中$Q$的单位为万t。

于是可得

$BEP$（产量）：$1500/(675-250-165)=5.77$ 万t

$BEP$（生产能力利用率）$=[1500/(8100-3000-1980)]\times100\%=48.08\%$

$BEP$（单位产品售价）$=P_{BEP}=1500/12+250+165=540$ 元/t

$BEP$（单位产品可变成本）$=C_q^*=675-165-1500/12=358$ 元/t

$BEP$（总固定成本）$=C_F^*=(675-250-165)\times12=3120$ 万元

计算所得的各种形式表示的盈亏平衡点及允许降低（增加）率见表6-3中所列。

盈亏平衡点及允许降低（增加）率          表6-3

| 项目 | 产量 | 售价 | 单位可变费用 | 年固定费用 |
|---|---|---|---|---|
| $BEP$（以绝对量表示） | 57692.3t | 540 元/t | 385 元/t | 3120 元 |
| $BEP$（以相对量%表示） | $Q_{BEP}/Q_0=48$ | $P_{BEP}/P=80$ | $C_q^*/C_q=154$ | $C_F^*/C_F=208$ |
| 允许降低升高率（%） | 降低 52 | 降低 20 | 升高 54 | 升高 108 |

由表6-3可知，当其他条件保持不变时，产量可允许降低到57692.3t，若低于这个产量，项目就会发生亏损，即产量可减少52%。同样在售价上也可降低20%而不致亏损。单位产品的可变成本允许上升到385元/t，即可比原来的250元/t上升54%，年固定费用最高允许达到3120万元，可上升108%。

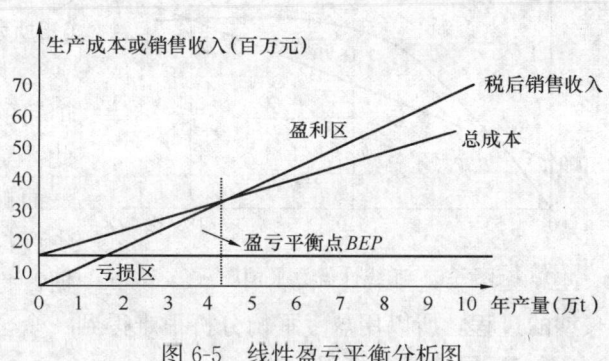

图6-5 线性盈亏平衡分析图

以年产量为横坐标，生产总成本或销售收入为纵坐标，把成本函数$C(Q)$和销售收入函数$S_1(Q)$作在图上，则两线的交点即为相应的盈亏平衡点。

本例的盈亏平衡图，如图6-5所示。

2. 非线性盈亏平衡分析

在实际工作中常常会遇到产品的年总成本与产量并不是线性关系，产品的销售也会受到市场和用户的影响，销售收入与产量也不呈线性变化。这时就要采用非线性盈亏平衡分析方法。

产品总生产成本与产量不再保持线性关系的原因可能是：当生产规模扩大到某一限度后，正常价格的原料、动力已不能保证供应，企业必须付出较高的代价才能获得生产资源，正常的生产班次也不能完成生产任务，不得不加班加点，增加劳务费用；此外，设备的超负荷运行也带来了磨损的增大、设备寿命的缩短和维修费用的增加等；还可能是由于项目经济规模的扩大，产量增加，而使单位产品的成本有所降低。因此成本函数不再是线性的而变成非线性的了。

非线性盈亏平衡分析最重要的任务是根据实际情况建立起成本与产量、销售净收入与产量之间的非线性函数关系。而这种非线性关系可能具有多种形式。

**【例 6-4】** 某项目所生产的产品的总固定成本为 10 万元，单位产品可变成本为 1000 元，产品销售收入为 $21000\sqrt{Q}$ 元，$Q$ 为产品产销量，试确定该产品的经济规模区和最优规模。

**【解】** 产品的销售收入方程为 $S=21000\sqrt{Q}$

总成本方程：$C=C_F+C_v=100000+1000Q$

令 $S=C$ 得 $21000\sqrt{Q}=100000+1000Q$

整理后得 $Q^2-241Q+104=0$

$$Q=(241\pm\sqrt{241^2-4\times104})\div2=(241\pm134)\div2=53 \text{ 或 } 188$$

因此经济规模区为（53，188），如图 6-6 所示。

产品利润方程为 $B=S-C=21000\sqrt{Q}-1000Q-100000$

最大利润时，利润变化率为零。因此对利润方程求导，使导数为零，解出 $Q_{BEP}$。

$dB/dQ=d(21000\sqrt{Q}-1000Q-100000)/dQ=0$

$10500/\sqrt{Q}-1000=0$

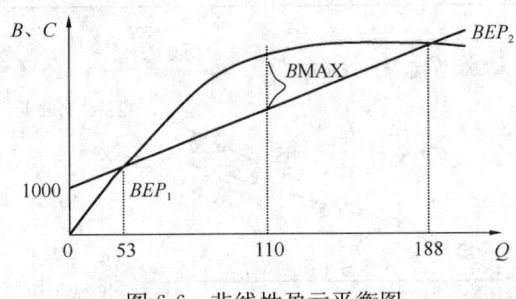

图 6-6 非线性盈亏平衡图

$Q=(10500/1000)\div2=110$，如图 6-6 所示。

由于盈亏平衡分析计算简单，可直接对项目的关键因素（盈利性）进行分析，因此，至今仍作为项目不确定性分析的方法之一而被广泛地采用。但盈亏平衡分析建立在生产量等于销售量的基础上，它用的一些数据，是某一正常年份的数据。建设项目是一个长期的过程，所以用盈亏平衡分析很难得到一个全面的结论，如图 6-6 所示。

### 6.2.4 风险调整折现率法

风险调整折现率法是因未来现金流量不确定而调整收益率的风险项目分析技术。通常，在净现值指标中使用边际资本成本作为折现率，实际上就是风险调整折现率方法的一种应用，但边际资本成本适用于评价与公司平均投资项目风险相同的项目。

边际资本成本在评价平均风险项目中的应用，是依据投资者对公司未来收益和风险的持续评价。投资者对公司所要求的收益率反映了公司整体资产面临的风险。换言之，公司资产的风险是影响投资者所要求收益率的主要因素。因而，财务人员在评价风险与公司相类似的项目时，可使用公司边际成本作为所要求的收益率。如果采纳的平均风险项目不能达到所要求的收益率，公司价值就会下降。计算公式如下：

$$NPV = \sum_{t=0}^{n} \frac{CF_t}{(1+K)^t}$$

式中　　$CF_t$——第 $t$ 年年末的期望现金流量；

　　　　$K$——公司边际资本成本；

　　　　$t$——第 $t$ 年年末；

　　　　$n$——项目寿命期。

当项目净现值不小于 0，内部收益率不小于公司边际资本成本 $K$ 时，项目应可被接受。

但是当项目的风险与公司整体风险不是处于同一水平时，采用公司边际资本成本作为所要求的收益率就不合适。风险调整折现率方法告诉我们应选择与项目风险相一致的折现率。通常，对于风险更高的项目应取更高的折现率 $K'$（$K' > K$）。按折现率 $K'$ 折现的净现值公式如下：

$$NPV = \sum_{t=0}^{n} \frac{CF_t}{(1+K')^t}$$

对于高于平均风险的项目，在折现率为 $K$ 时的净现值不小于零，内部收益率不小于 $K'$ 时，项目可以被接受。

风险调整的折现率方法由于在形式上与财务决策者习惯使用的收益率相一致，并且折现率估算简便，所以得到广泛应用。在实际使用中，往往把风险进行分类，并配以相应的风险调整折现率。根据项目的风险特征进行归类，就可取得具体的风险调整折现率，见表 6-4。

风险级别与风险调整的折现率 表 6-4

| 风险级别 | 说　明 | 风险调整的折现率 |
|---|---|---|
| 一级 | 低于平均风险：属于对现有资产或业务进行的正常替换，而无需太多变动的低风险项目 | 低于公司边际资本成本 |
| 二级 | 平均风险：类似于目前正在进行的业务。一般为市场前景明确、生产过程熟悉的生产扩张项目 | 公司边际资本成本 |
| 三级 | 高于平均风险：现有资产或业务的扩张，向市场导入与现有产品形成系列的新产品等。由于市场的不确定而使公司面临更多的风险 | 公司边际资本成本加3%～5% |
| 四级 | 较高风险：向新行业扩张。引入新产品，由于缺乏经验和人才使公司风险明显增高 | 公司边际资本成本加5%～10% |

尽管按风险类别确定折现率带有很强的主观性，但仍有助于克服风险分析中存在的困难。与主观划分风险类别选择折现率方法不同的是，财务人员可以寻找与评价项目有相同风险的其他公司作为参照。如果参照公司是股票上市公司，财务人员就可估计其边际资本成本。把这种由市场确定、经风险调整的折现率作为项目评价的折现率。但是，由于目前许多公司都有多种产品门类，况且负债水平亦有差异，所以很难找到项目的参照公司。

### 6.2.5　确定等值法

确定等值方法是指把风险现金流量调整成等值的无风险现金流量，从而分析投资项目风险的一种技术。既然我们能够用风险调整折现率来评价项目风险，也应能通过调整现金流量来做到这一点，这一方法称为确定等值方法。

确定等值现金流量是未来肯定可以得到的现金流量，它等值于比其有更高期望值但不确定的现金流量。例如，如果你认为一年后拿到 80 元与在同时期望得到但不确定的 100 元之间无差异时，那么 80 元就是 100 元的确定等值现金流量。换言之，你对无风险的 800 元与有风险的 1000 元具有同等的偏好。对于特别高风险的未来现金流量，你会大幅降低确定等值现金流量。或许你会把确定的 10 元与很高风险的 100 元相提并论。注意风险与确定等值现金流量之间存在的反比关系：即较高的风险导致较低的确定等值。风险现金流量与确定等值现金流量之间的关系为：

$$\text{确定等值现金流量} = \alpha_t \times \text{风险现金流量}$$

这里，$\alpha_t$ 是发生在第 $t$ 期风险现金流量的确定等值因子。例如，以上较低风险现金流量的确定等值因子可计算，$\alpha_t = 0.8 (80 = \alpha_t \times 100)$。同样，较高风险现金流量的确定等值因子可计算，$\alpha_t = 0.10 (10 = \alpha_t \times 100)$。把确定等值因子与风险现金流量相乘就得到了确定等值现金流量。

接着，就是计算确定等值现金流量的净现值。由于风险现金流量已被调整成确定等值现金流量，我们用无风险利率 $R_f$ 作为折现率：

$$NPV = \sum_{t=0}^{n} \frac{\alpha_t C_{F_t}}{(1 + R_f)^t}$$

如果作为现金流出的初始投资是明确的，$\alpha_0 = 1.0$。对于风险现金流入量，确定等值因子 $\alpha_t$ 变化范围在 0 和 1.0 之间。可是，对于风险现金流出量，确定等值因子则会超过 1.0。例如，对一笔期望值为 100 元风险投资的等值因子 $\alpha_0$ 可取 1.2，确定等值现金流出量为 120 元（$1.2 \times 100$）。这就是说，我们最终花费的投资可能超过 100 元。这 20 元的差额类似于保险费。

【例 6-5】某公司正在考虑一个新项目来开展多种经营。项目寿命期为 4 年，初始投资 30 万元，见表 6-5。

项目的期望现金流量（单位：元）　　　　　　　　　　　　　　表 6-5

| 第 $t$ 年年末 | 0 | 1 | 2 | 3 | 4 |
|---|---|---|---|---|---|
| 现金流量 | −300000 | 105000 | 125000 | 175000 | 200000 |

公司财务人员认为，时间越远，现金流量的风险越高。公司要求按确定等值方法计算项目净现值。设无风险利率为 7%，确定等值因子，见表 6-6。

由于计算净现值为 51947 元，财务人员建议采纳这一项目。

上例涉及了确定等值方法的两个特点：

（1）现金流入量的确定等值因子随时间增加而下降，反映现金流入量不确定性的增加。

（2）按无风险利率折现确定等值现金流量。

确定等值方法的主要优点在于分期调整风险。财务人员可以针对特定现金流量的风险程度选择相应的确定等值调整因子，但令财务人员感到困惑的是很难估计确定等值因子。

为此，确定等值方法没有得到广泛应用。

项目的确定等值现金流量（单位：元）　　　　　　　　表 6-6

| (1) | (2) | (3) | (4) | (5) | (6) |
|---|---|---|---|---|---|
| $t$ 年末 | $C_{F_t}$ | $\alpha_t$ | $\alpha_t \times C_{F_t}$ | $\dfrac{1}{(1+R_f)^t}$ | $\dfrac{\alpha_t C_{F_t}}{(1+R_f)^t}$ |
| 0 | $-300000$ | 1.0 | $-300000$ | 1.0000 | $-300000$ |
| 1 | 105000 | 0.9 | 94500 | 0.9346 | 88320 |
| 2 | 125000 | 0.8 | 100000 | 0.8734 | 87340 |
| 3 | 175000 | 0.7 | 122500 | 0.8163 | 99997 |
| 4 | 200000 | 0.5 | 100000 | 0.7629 | 76290 |

$$\sum_{t=0}^{n} \frac{\alpha_t C_{F_t}}{(1+R_f)^t} = 51947$$

### 6.2.6 概率分析

概率分析是通过研究各种不确定因素发生不同幅度变动的概率分布及其对方案经济效果的影响，对方案的净现金流量及经济效果指标作出某种概率描述，从而对方案的风险情况作出比较准确的判断。例如，我们可以用经济效果指标 $NPV \leqslant 0$ 发生的概率来度量项目将承担的风险。

若每个影响因素的不确定性服从离散概率分布，且各因素是互相独立的，可以对各个输入变量取值的组合计算相应的评价指标——内部收益率或净现值等；该收益率或净现值发生的概率是各个输入变量该取值的联合概率；各个输入变量可能取值的个数的连乘积就是评价指标可能取值的个数。

以净现值指标的分析为例，设某方案的寿命期为 $n$ 年，在各种不确定因素的综合影响下，该方案的净现金流量序列取 $k$ 种状态，记作：

$$\{Y_t \mid t = 0,1,2,\cdots,n\}(j), j = 1,2,\cdots k。$$

这里 $Y_t =$ （$CI-CO$）$t$，为第 $t$ 年的净现金流量；$k$ 为自然数，其值为各个输入变量可能取值的个数的连乘积，例如有 3 个不确定因素，投资、售价、经营成本作为输入变量，投资的取值有 3 个，售价的取值有 4 个，经营成本的取值有 5 个，则有 $3 \times 4 \times 5 = 60$ 个可能的净现金流量取值。

假设上述各种状态发生的概率 $P_j$ 为已知，或可以计算、预测出来，且有：

$$P_j \geqslant 0, j = 1,2,\cdots,k; \sum_{j=1}^{k} P_j = 1。$$

于是在第 $j$ 种状态下，方案的净现值为：

$$NPV(j) = \sum_{t=1}^{n} Y_t(j)(1+i_c)^{-t}$$

从而方案净现值的期望值和方差分别为：

$$期望值\ E(NPV) = \sum_{j=1}^{k} NPV(j)P_j$$

$$方差\ D(NPV) = \sum_{j=1}^{k} [NPV(j) - E(NPV)]^2 \times P_j = E(NPV^2) - [E(NPV)]^2$$

$$\text{标准差 } \sigma(NPV) = \sqrt{D(NPV)}$$

因此，方案净现值的概率分布为：

$$P(NPV = NPV(j)) = P_j, j = 1, 2, \cdots, k$$

而累积分布函数为

$$F(x) = P(NPV \leqslant x) = \sum_{NPV(j) \leqslant x} P(NPV = NPV(j)) = \sum_{NPV(j) \leqslant x} P_j$$

式中的求和是对所有的 $NPV(j) \leqslant x$ 进行的。

则，净现值大于零或等于零的概率为：

$$P(NPV \geqslant 0) = 1 - F(0) = 1 - \sum_{NPV(j) \leqslant x} P_j$$

从概率论的理论知道，对净现值等指标的概率分析，项目方案可接受的条件是（以净现值为例）$E(NPV) > 0$，即净现值的期望值大于零；$P(NPV \geqslant 0)$ 较大，即净现值为非负的概率较大，如 $P(NPV \geqslant 0) \geqslant 0.6$、0.7 等；净现值的方差 $D(NPV)$ 较小，这表示在各种状态下，净现值落在其期望值附近的概率较大；因此，项目的净现值就可由其期望值来较好地反映。

概率分析的一般步骤是：

（1）列出要考虑的各种不确定因素，如投资、经营成本、销售价格等；

（2）设想各种不确定因素可能发生的情况，即确定其数量值发生变化个数；

（3）分别确定各种情况可能出现的概率并保证每个不确定因素可能发生的概率之和等于1；

（4）分别求出各种不确定因素发生变化时，方案净现金流量各状态发生的概率和相应状态下的净现值 $NPV$；

（5）求方案净现值的期望值和方差；

（6）求出方案净现值非负的累计概率；

（7）对概率分析结果作说明。

**【例 6-6】** 某项目的技术方案在其寿命期内可能出现的五种状态的净现金流量及其发生的概率，见表 6-7。假定各年份净现金流量之间不相关，标准折现率为 10%，求方案净现值的期望值、方差和标准差。

**不同状态的发生概率及净现金流量序列**（单位：百万元）　　　表 6-7

| 年末 | $P_1 = 0.1$ | $P_2 = 0.2$ | $P_3 = 0.4$ | $P_4 = 0.2$ | $P_5 = 0.1$ |
| | $\theta_1$ | $\theta_2$ | $\theta_3$ | $\theta_4$ | $\theta_5$ |
| --- | --- | --- | --- | --- | --- |
| 0 | $-22.5$ | $-22.5$ | $-22.5$ | 24.75 | 27 |
| 1 | 0 | 0 | 0 | 0 | 0 |
| 2~10 | 2.445 | 3.93 | 6.9 | 7.59 | 7.785 |
| 11 | 5.445 | 6.93 | 9.9 | 10.59 | 10.935 |

**【解】** 对于状态 $\theta_1$：

$$NPV(1) = -22.5 + 2.445(P/A, 10\%, 9)(P/F, 10\%, 1) + 5.445(P/F, 10\%, 11)$$
$$= -7.791 \text{ 百万元}$$

对于状态 $\theta_2$：

$$NPV(2) = -22.5 + 3.93(P/A, 10\%, 9)(P/F, 10\%, 1) + 6.93(P/F, 10\%, 11)$$
$$= 0.504 \text{ 百万元}$$

对于状态 $\theta_3$：

$$NPV(3) = -22.5 + 6.9(P/A, 10\%, 9)(P/F, 10\%, 1) + 9.9(P/F, 10\%, 11)$$
$$= 17.1 \text{ 百万元}$$

对于状态 $\theta_4$：

$$NPV(4) = -24.75 + 7.59(P/A, 10\%, 9)(P/F, 10\%, 1) + 10.59(P/F, 10\%, 11)$$
$$= 18.699 \text{ 百万元}$$

对于状态 $\theta_5$：

$$NPV(5) = -27 + 7.785(P/A, 10\%, 9)(P/F, 10\%, 1) + 10.935(P/F, 10\%, 11)$$
$$= 18.377 \text{ 百万元}$$

方案净现值的期望值：

$$E(NPV) = \sum_{NPV(j) \leqslant x} P_j$$
$$= P_1 \cdot NPV(1) + P_2 \cdot NPV(2) + P_3 \cdot NPV(3) + P_4 \cdot NPV(4) + P_5 \cdot NPV(5)$$
$$= 0.1 \times (-7.791) + 0.2 \times 0.504 + 0.4 \times 17.1 + 0.2 \times 18.699 + 0.1 \times 18.377$$
$$= 11.739 \text{ 百万元}$$

方案净现值的方差：

$$D(NPV) = \sum_{j=1}^{k} [NPV(j) - E(NPV)]^2 \times P_j$$
$$= [(-7.791) - 11.739]^2 \times 0.1 + (0.504 - 11.739)^2 \times 0.2 + (17.1 - 11.739)^2$$
$$\times 0.4 + (18.699 - 11.739)^2 \times 0.2 + (18.377 - 11.739)^2 \times 0.1$$
$$= 88.977 \text{ 百万元}$$

方案净现值的标准差：

$$\sigma(NPV) = \sqrt{D(NPV)} = 9.433 \text{ 百万元}$$

财务管理人员不仅要在项目初始投资阶段作出决策，而且要在项目的寿命期内连续地作出一系列决策，这些决策涉及投资项目投资、扩展、更新和收缩等内容。因此，倘若随后的投资决策取决于目前所作的决策，现在的决策就必须考虑今后准备作出什么决策。这种依次连续决策的问题可以利用一种树形决策网络来表达和求解，称为决策树法。

决策树由不同的节点与分支组成。用方块符号"□"表示的节点作为决策点，从决策点引出的第一分支表示一个可供选择的方案；用圆圈符号"○"表示的节点作为状态点，从状态点引出的每一分支表示一种可能发生的状态。在状态分枝线上所标的数值表示该状态可能发生的概率，每一状态分支线末端的数值为相应的损益值。根据各种状态发生的概率与相应的损益值分别计算每一方案的损益期望值，并将其标在相应的状态点上，就可以直观地判断出应该选择哪个方案。以下通过例子介绍决策树方法。

【例 6-7】某汽车制造公司研制出一种新型家用轿车，公司拟在第 0 年年末投资 200 万元着手试产销，整个试产销需要花 1 年时间。公司预测试产销成功的机会为 50%，如果试产销成功，该公司将在第 1 年年末投资扩建 3 亿元的生产线，准备大规模投产，预测该生产线将产生永续年税后净现金流入 5000 万元。如果试产销不成功，该公司在第 1 年年末将决定停产，试产销费用就无法收回；当然，即使试产销不成功，该公司在第1年年末仍可决定大规模投产，但投资3亿元的生产线将期望产生永续年税后净现金流入3500万元。该汽车制造公司面临着以下两个决策问题：（1）决定是否试产销新型家用轿车；（2）在得知试产销结果后决定是否大规模投产。

【解】本例是一个两阶段的风险决策问题，根据以上数据，可以构造如图6-7所示的决策树。

在图6-7所示的决策树上有两个决策点：决策点1为一级决策点，表示目前（第0年年末）所要作的决策，供选择的方案有两个：投资200万元试产销；不进行试产销。如果选择试产销，决策点2，有两种状态：试产销成功，概率为50%；试产销失败，概率为50%。3和4为二级决策点，表示在目前试产销的前提下1年后所要作的决策。其中决策点3表示在试产销成功的前提下所作的决策，供选择的方案有两个：投资3亿元扩建；不扩建。决策点4表示在试产销失败的前提下所作的决策，供选择的方案也有两个：投资3亿元扩建；不扩建。

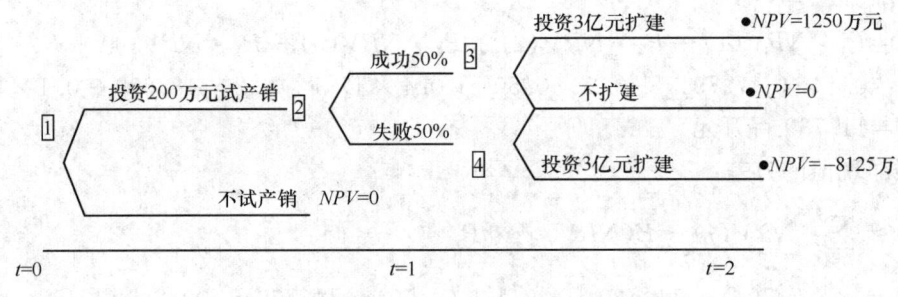

图6-7 决策树分析

利用决策树进行多阶段风险决策要从最末一级决策点开始，本例中要先计算第二级决策点3和4各备选方案净现值的期望值。设投资者所要求的折现率为16%。

在试产销成功的前提下投资3亿元扩建方案净现值（以第1年年末为基准年）：

$$NPV = -30000 + 5000 \div 16\% = 1250 \text{ 万元}$$

在试产销成功的前提下不扩建方案净现值（以第一年年末为基准年）：

$$NPV = 0$$

在试产销失败的前提下投资3亿元扩建方案净现值（以第一年年末为基准年）：

$$NPV = -30000 + 3500 \div 16\% = -8125 \text{ 万元}$$

在试产销失败的前提下不扩建方案净现值（以第一年年末为基准年）：

$$NPV = 0$$

按净现值决策原则，在试产销成功的前提下将选择投资3亿元扩建方案，取得1250万元的净现值（以第1年年末为基准年）；在试产销失败的前提下将选择不扩建方案，取得净现值（以第1年年末为基准年）为零。

用扩建方案的净现值1250万元和不扩建方案的净现值零分别替代第二级决策点3和4。试产销方案净现值的期望值（以第0年年末为基准年）：

$$E(NPV) = -200 + (0.5 \times 1250 + 0.5 \times 0) \div (1 + 16\%) = 338.79 \text{ 万元}$$

不试产销方案净现值的期望值（以第0年年末为基准年）为零。

按净现值决策原则，在第一级决策点 1 应选择试产销方案。

必须注意，我们在本例中对试产销阶段和扩建阶段都使用了相同的折现率 16%。也许在最初的试产销阶段应采用比扩建阶段更高的折现率，因为前一阶段的风险可能比后续阶段更高。另外，这一决策问题实际上可以归纳为：是否值得现在花费 200 万元来获得 1 年后以 50% 的概率取得净现值为 1250 万元和以 50% 的概率取得净现值为零的选择机会。如果把这一机会看做期权，试产销投资的 200 万元就可以看做是取得这一期权的期权费。

我们曾经假设公司选择扩建方案但面临较低的市场需求时，公司将受到损失。在这一不利情况下，将导致第 1 年年末净现值为 −8125 万元。但这种情况不会发生，因为我们可以更为现实地假设公司将出售其专利、厂房、设备等获 20000 万元，这样当市场不景气时，公司能够弥补部分初始投资的损失。在这种情况下，公司损失的初始投资为 10000 万元，这将比扩建投产但只取得净现值 −8125 万元时要好得多。同时，这也反映了决策树方法在体现决策者面临变化环境时可能具有的灵活性方面存在着缺陷。

## 6.3 工程项目投资系统风险评价

资本资产定价模型把有效市场交易资产的相关风险与收益联系起来。在资本资产定价模型中，资产的总风险定义为：总风险＝系统风险＋非系统风险。对于在有效市场上交易的资产而言，因不可控或随机事件而产生的非系统风险可以通过多样化得到消除，因此，非系统风险又称为可分散的风险。相关风险是指系统风险，系统风险又称作不可分散的风险。所以，承受系统风险的投资者能够期望得到补偿。股票的系统风险通常是用该股票的贝塔系数衡量的。衡量股东对第 $j$ 种股票所要求收益率 $K_j$ 的资本资产定价模型如下式所示：

$$K_j = R_f + \beta_j (K_m - R_f)$$

式中　$K_m$——平均普通股或所有普通股票市场组合的期望收益率；

　　　$R_f$——无风险收益率；

　　　$\beta_j$——指衡量第 $j$ 种股票系统风险的贝塔系数。

【例 6-8】设某建筑有限公司全部采用股票筹资，该公司普通股的贝塔系数为 1.2，市场组合期望收益率 $K_m$ 为 14%，无风险利率 $R_f$ 为 8%。普通股股东对公司所要求的收益率为 15.2% ［$K_j = 8\% + 1.2 \times (14\% - 8\%) = 15.2\%$］。由于该公司的 $\beta = 1.2$，说明该公司系统风险高于市场组合，股东就要求有更高的期望收益率（15% > 14%）。该公司正在考虑投资 300 万元的新项目，使公司资产的市场价值达到 1300 万元。公司还准备完全用公司内部留存利润为新项目融资。新项目的有关情况以及上述对公司现有资产或项目的分析，见表 6-8。试分析该新项目的可行性。

**项目的期望收益率与贝塔系数**　　　　　　　　　　　　　　　　表 6-8

| 项　　目 | 贝塔系数 $\beta$ | 期望收益率 |
|---|---|---|
| 公司现有资产或项目 | 1.2 | 15.2% |
| 新项目 | 1.2 | 10.0% |

【解】对于这个与公司有着类似系统风险的项目（即该项目与公司现有资产或项目的

收益高度相关，并有着相同的贝塔系数 1.2）而言，公司必须要求项目收益至少超过普通股股东对公司所要求的收益率 $K_j$（为 15.2%），但新项目的期望收益率仅为 10.0%。如果该公司接受了一个风险相同而期望收益率却低于 15.2% 的项目，公司的股价就会下落。正如股票组合的贝塔系数可以按构成组合的各股票贝塔系数加权平均获得，公司也可以视为由众多项目或资产组成的资产组合。因此，衡量公司系统风险的贝塔系数就是各资产贝塔系数的加权平均。建筑公司目前总资产价值 1000 万元，拟建新项目的初始投资为 300 万元。在接受了新项目后，公司整体的期望收益率和贝塔系数为：

$$期望收益率 = \frac{1000}{1300} \times 0.152 + \frac{300}{1300} \times 0.10 = 14\%$$

$$贝塔系数 = \frac{1000}{1300} \times 1.2 + \frac{300}{1300} \times 1.2 = 1.2$$

该建筑公司股东对于贝塔系数 1.2 的投资项目，要求能取得 15.2% 的收益率。如果他们意识到项目的采纳在公司整体风险没有改变的情况下，使公司的期望收益率却下降到 14%，他们会出售股票，迫使股价下跌。股价将下跌到按建筑公司资产市场价值能取得 15.2% 的期望收益率为止。从本例中可见，投资一个期望收益率小于普通股股东对公司所要求收益率的项目，将减少股价和股东财富。由于新项目期望收益率低于所要求的收益率 15.2%，财务人员不应采纳新项目。

**【例 6-9】** 上述建筑公司财务人员正在考虑投资 300 万元于一个新生产方案。通过这一方案，公司可降低原材料成本，大大提升自己的竞争实力。根据对其他公司的贝塔系数估计，财务人员认为这一新项目的贝塔系数为 1.7。其他情况与上例相同。请分析以下两种情况：

(1) 当新方案的期望收益率为 15.2% 时，是否应采纳这一新方案？

(2) 当新方案的期望收益率为 19% 时，是否应采纳这一新方案？

解：首先，我们考虑当新生产方案的期望收益率为 15.2% 时的情况。用资本资产定价模型计算的对该新方案所要求的收益率：

$$K_j = 8\% + 1.7 \times (14\% - 8\%) = 18.2\%$$

由于新方案的贝塔系数 1.7 大于公司现有资产或项目的贝塔系数 1.2，所以对新方案所要求的收益率 18.2% 也超过了股东对公司现有资产或项目所要求的收益率 15.2%。财务人员可以把 18.2% 作为折现率评价这一新投资方案。

如果生产方案只能产生与公司所要求收益率相同的期望收益率 15.2%，那么为了避免公司股价下跌应拒绝这一方案。我们考虑当公司接受了贝塔系数为 1.7 和期望收益率为 15.2% 的方案时会出现什么情况。根据前例，在接受新方案之前公司现有资产或项目的价值为 1000 万元。包括新方案 300 万元投资在内的公司总资产达到了 1300 万元，公司整体资产的期望收益率并没有发生变化，仍为 15.2%，但其贝塔系数却提高了：

$$期望收益率 = \frac{1000}{1300} \times 0.152 + \frac{300}{1300} \times 0.152 = 15.2\%$$

$$贝塔系数 = \frac{1000}{1300} \times 1.2 + \frac{300}{1300} \times 1.72 = 1.32$$

将方案加入到公司的资产组合中引起了该公司贝塔系数从 1.2 上升至 1.32，而新方案并未相应提高期望收益率。所以，接受该新方案就会引起股价下跌，应拒绝这一方案。

接着，我们考虑当新方案的期望收益率为 19% 时的情况。如果方案期望收益率为 19%，就会使增加的收益与增加的风险保持一致，股价可维持不变：

$$期望收益率 = \frac{1000}{1300} \times 0.152 + \frac{300}{1300} \times 0.19 = 16.1\%$$

按资本资产定价模型计算，该建筑公司在贝塔系数 1.32 时所要求的收益率为：

$$K_j = 8\% + 1.32 \times (14\% - 8\%) = 15.9\%$$

建筑公司接受新方案后的期望收益率 16.1% 超过了股东所要求的收益率 15.9%。此时，建筑公司应接受这一方案。

现将以上讨论归纳如下，财务人员应接受所有期望收益率位于证券市场线上方的方案，应拒绝位于该线下方的方案。按资本资产定价模型作出的决策规则是：

(1) 项目期望收益率不小于所要求收益率时，接受方案，因为接受该方案会使股价上升。

(2) 项目期望收益率小于所要求收益率时，拒绝方案，因为接受该方案会使股价下跌。

资本资产定价模型提供了一条新的思路，即财务人员可以利用它来判断投资方案对公司的股价会产生何种影响。资本资产定价模型应用中的严重不足在于，很难估计方案的贝塔系数。当然，参照其他同类上市公司加上主观判断和本身具有活跃市场背景的方案等方法能提供一定帮助。与方案风险调整的其他方法一样，资本资产定价模型并没有提供很完善的决策依据，但它提供的思路对于决策很有意义。

## 思 考 题

1. 风险的概念、形成原因及性质。
2. 项目投资相关风险的类别及含义。
3. 试叙述调整项目投资风险的基本步骤。

## 计 算 题

1. 某企业生产某种产品，设计年产量为 6000 件，每件产品的出厂价格估算为 50 元，企业每年固定性开支为 66000 元，每件产品成本为 28 元，求企业的最大可能盈利，企业不盈不亏时最低产量，企业年利润为 5 万元时的产量，试计算其盈亏平衡点。

2. 某厂生产一种配件，有两种加工方法可供选择。一为手工安装，每件成本为 1.20 元，还需分摊年设备费用 300 元；一种为机械生产，需投资 4500 元购置机械，寿命为 9 年，预计残值为 150 元，每个配件需人工费 0.5 元，维护设备年成本为 180 元。假如其他费用相同，利率为 10%，试进行加工方法决策。

3. 某投资项目其主要经济参数的估计值为：初始投资 15000 元，寿命为 10 年，残值为 0，年收入为 3500 元，年支出为 1000 元，投资收益率为 15%。求：

(1) 当年收入变化时，试对内部收益率的影响进行敏感性分析。

(2) 试分析初始投资、年收入与寿命三个参数同时变化时对净现值的敏感性。

4. 某方案需投资 25000 元，预期寿命为 5 年，残值为 0，每年净现金流量为随机变量，其变动如下：5000 元（$P=0.3$）；10000 元（$P=0.5$）；12000 元（$P=0.2$）。若利率为 12%，试计算净现值的期望值与标准差。

# 7 工程营运资产管理

## 【学习目标】

本章主要介绍了工程营运资产管理的基本原理、特点及日常策划方法。

要求掌握营运流动资产财务管理行为，主要包括持有现金的目的、现金规划量管理、应收账款信用成本的规划、存货量规划内容、存货资金测算及存货控制方法。掌握固定资产在资金规划管理，固定资产折旧成本测试方法。熟悉无形资产资金规划、投资、累计成本决策等。掌握最佳现金持有量的确定方法、公司信用政策的确定和信用风险的防范与控制，存货经济订货批量的基本模型。理解现金流量预测方法等。

## 【重要术语】

最佳现金持有量  短期有价证券  信用政策  5C评估法  存货经济订购批量  ABC分类管理  净现值  内含报酬率  投资回收期  固定资产折旧  年限平均法  工作量法  加速折旧法

## 7.1 营运资产管理概述

### 7.1.1 资产概述

1. 资产的概念及特征

资产是指过去的交易或事项形成并由企业拥有或者控制的资源，该资源预期会给企业带来经济收益。在市场经济条件下，企业从事生产经营活动必须具备一定的物质资源或者是物质条件。这些必要的物质条件表现为货币资金、厂房场地、机械设备、原材料等。

资产具有以下特征：

（1）资产能够直接或间接地给企业带来经济收益。

（2）资产是为企业所拥有的，或者即使不为企业所拥有，也是企业所控制的。

（3）资产是由过去的交易或事项形成的。

营运资产是工程项目建造必要的物质基础，它是由工程项目企业拥有的流动资产减去流动负债后的余额；或是可供企业经营周转使用的净流动资产即企业的流动资产超过流动负债的部分。

营运资产的计算公式为：

$$营运资产＝流动资产－流动负债$$

资产科学的划分为流动资产和长期资产。流动资产主要包括货币资金、短期投资、应收和预付款项及存货等。长期资产由固定资产、无形资产、金融资产和股权投资组成。

2. 资产的分类

资产按照不同的标准进行分类，通常按照流动性和有无实物形态进行分类。

（1）按照资产流动性分类

包括流动资产和非流动资产。流动资产是指可以在一年内或者超过一年的一个营业周期内变现或耗用的资产，主要包括现金、银行存款、短期投资、应收及预付款、存货等。在工程领域，工程承包商的建筑施工企业、安装企业、房地产开发企业的经营活动比较特殊，从购进原材料至建造完工，从销售实现到收回货款，周期比较长，往往超过1年，此时就不能以1年变现作为流动资产的划分标准，而是将经营周期作为流动资产的划分标准。除流动资产外的其他资产，都属于非流动资产，如长期股权投资、长期债权投资、固定资产、无形资产等。

（2）按照资产形态分类

包括有形资产和无形资产。存货、固定资产等属于有形资产，因为它们具有物质实体。货币资金应收款项、短期投资、长期股权投资、长期债权投资、专利权、商标权等属于无形资产，因为它们没有物质实体，而是表现为某种法定权利或技术标准。通常狭义的无形资产仅是专利权、商标权、著作权、土地使用权等不具有实物形态的非货币性长期资产称为无形资产。

### 7.1.2 流动资产

1. 流动资产概念及分类

流动资产是指在一年内或者超出一年的一个营业周期内变现或者耗用的资产，根据其具体形态的不同，流动资产可分为现金及各种存款、短期投资，应收及预付款项、存货等项目。

现金是流动性最强的流动资产。狭义的现金是指企业的库存现金；广义的现金除了指库存现金外，还包括银行存款和其他符合现金定义的有价证券。本章现金的概念是指狭义的现金，可以用来立即支付各项费用、偿还债务等的现时货币。持有现金可以提高企业的偿债能力和信用水平，但却无法为企业带来投资收益，因此，从有效利用资金的角度看，企业不宜大量持有现金。

短期投资指企业持有的，随时准备变现的有价证券及其他期限在一年以内的投资。

（1）应收款项是指企业因销售商品、产品或提供劳务而形成的债权。主要包括应收账款，应收票据及其他应收款，应收款实质上是卖方企业向买方企业提供的一种短期商业信贷。

（2）预付款是企业为购买某种商品而预先支付的款项。

（3）存货是企业为保证生产经营活动的正常进行而储存的各种实物资产，包括产成品、半成品、在制品、原材料、辅助材料，低值易耗品等。

另外，根据流动资产在生产经营过程中的作用的不同，流动资产还可分为生产领域的流动资产和流通领域的流动资产；根据流动资产在生产活动中的不同形态，流动资产又可分为货币资金、储备资金、生产资金和成品资金等。

流动资产对企业的生产经营管理具有极为重要的意义。若流动资产不足，可造成企业经营发生困难，甚至造成企业停业或倒闭；但若流动资产过多，又可使企业的资本成本上升，从而使企业的资金使用效率下降，实际利润下降。

2. 流动资产的特点

相对于固定资产而言，流动资产具有如下一些特点：

（1）投资回收期短

投资于流动资产的资金一般在一年或一个营业周期内收回，对企业影响的时间比较短。因此，流动资产投资所需要的资金一般可以通过商业信用、短期银行借款等短期融资方式加以解决。

（2）流动性强

流动资产的循环周转过程中，包括供产销三个阶段，其占有形式从现金转化为材料，从材料转化为在产品，再从在产品转化为产成品，从产成品转化为应收账款，应收账款再转化为现金，这种转化循环往复。流动资产的流动性与其变现能力相关，在遭遇意外情况时，可迅速变卖流动资产以获取现金。这对于财务上满足临时性资金需求具有重要意义。

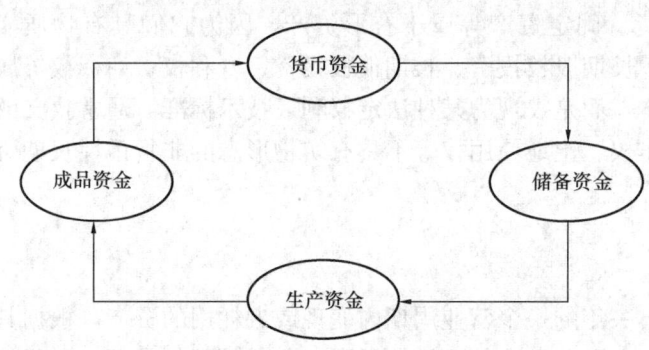

图 7-1　流动资金周转图

（3）并存性

在流动资产的周转过程中，流动资金要经历企业的全部生产经营循环，它将同时以货币资金、储备资金、生产资金和成品资金等不同形态并存于企业之中，如图 7-1 所示。

（4）波动性

企业长期资产占用相对比较稳定，而流动资产占用波动性较大，占用量时高时低，主要原因是企业内部生产经营条件处于不断变化之中。例如根据市场需求而临时对企业生产经营计划的修正、新的投资机会的获取、采购的材料集中到货等，都会引发流动资产波动的加大；对于季节性企业来说，由于生产经营活动集中于一年的某段时间内开展，生产季节和非生产季节的流动资产占用水平差别将更大。通常，企业对波动的流动资产投资基本上是采用流动负债来筹资的。

3. 流动资产的管理要求

对流动资产的管理要求主要表现在：

（1）根据企业产销情况，合理确定各阶段的流动资产需用数额。

（2）建立企业内部流动资产分级管理责任制，加速流动资产周转，提高资产使用效率。

（3）合理安排不同的资金需求，保证企业正常的生产周转需要，使企业拥有足够的短期支付能力。

# 7.2　现　金　管　理

## 7.2.1　现金管理的目的与内容

1. 持有现金的目的

工程建设企业持有现金主要有以下三种目的：

（1）支付目的

支付目的又称为交易目的，是指企业为满足日常生产经营活动中的各种支付需要，如购买原材料、支付工资、偿还利息、支付现金股利等。

(2) 预防目的

预防目的是指企业以应付生产经营活动意外或临时支付需求而储备一定的现金。如企业面临生产计划、销售计划和支付计划变动，以及突发自然灾害、生产事故、客户款项不能如期支付以及国家政策的某些突然变化等。

(3) 投资目的

投资目的是通过在证券、外汇、期货或原材料市场上的投资买卖来获取经济收入。如当企业预计原材料价格将有较大幅度的上升时，可利用手中多余的现金以目前较低价格购入原材料，使将来价格上升时少受影响。

2. 现金管理的目的

工程项目企业持有现金最重要的目的是保证工程项目具有良好的支付能力。如果不能如期偿付到期的款项，将损害承包商或业主的商业信用或商业信誉，使企业在今后的贷款和采购活动中发生贷款困难，影响工程项目建造活动，甚至导致工程项目停工或"烂尾"情况，企业陷入难以摆脱的财务危机，降低企业的市场价值。

因此，现金管理的目的是在保证企业生产经营活动现金需求的基础上，尽量节约资金使用，降低资金使用成本、沉没成本和资金损失，提高资金使用效率。

3. 现金管理的内容

工程项目企业现金管理的主要内容有以下三个方面：

(1) 编制现金流量控制方案，包括现金流出量计划、现金流入量计划和现金需求量计划。

(2) 企业日常现金收支计划，尽量做到收支匹配。

(3) 工程项目投资计划或融资计划，确定理想的现金余额。

在现金管理实践中，现金收支完全相等的情形是很少发生的。因此，保持必要的现金余额是企业现金管理战略的组成部分。

### 7.2.2 现金管理的成本

现金成本一般由以下三个部分组成：

1. 持有成本

现金持有成本是指企业因保留一定的现金余额而丧失的再投资收益，也叫做现金的机会成本。

现金持有成本一般用于对现金的管理而发生的管理费用，如管理人员工资及必要的安全措施费用等。丧失的再投资收益是企业不能同时用该现金进行有价证券投资所产生的机会成本，这种成本在数额上等同于资金成本。放弃的再投资收益即机会成本属于变动成本，它与现金持有量成正比例关系。

2. 转换成本

现金转换成本是指现金与有价证券之间相互转换时发生的固定成本。如经纪人佣金、税、委托手续费、证券过户费等。转换成本只与交易转换次数相关，而与持有现金的金额无关，转换成本与现金持有量成反比例关系。

3. 短缺成本

现金短缺成本是指因现金持有量不足而又无法及时通过有价证券变现加以补充给企业造

成的损失，包括直接损失与间接损失。现金的短缺成本与现金持有量呈反方向变动关系。

明确现金有关的成本及其各自的特性，有助于从成本最低的目标出发确定现金最佳持有量。

### 7.2.3 理想现金余额模型

理想现金余额是指既能将企业的违约风险控制在较低水平，又避免过多现金占用，保证资金使用效率的现金余额，正确确定这一余额的数值是现金管理的一项重要内容。由于各个国家和不同企业的情况有很大的差异，因此不存在普遍适用的确定理想现金余额的方法，下面介绍几种常用的估计模型。

#### 1. 存货模型法

现金是企业生产经营活动中的一种特殊的存货。像其他存货一样，为保证企业生产经营活动的正常进行，企业需要保持一定数量的现金，但同时要为此付出一定的成本。因此，我们可以借鉴确定最佳订货批量的方法，估计合理的现金持有量。

$$EOQ = \sqrt{\frac{2DS}{H}}$$

式中 $EOQ$——最佳订货批量；

$D$——一定时期内（如一年）的货物需求量；

$S$——每次订货发生的订货费用；

$H$——保存单位存货所发生的保管费用。

对应于现金存货，订货费用为将可生息的金融资产或其他资产转化为现金所发生的费用（如买卖证券的交易费用），保管费用则为保存现金而损失的利息收入。因此，根据最佳订货批量模型，最佳现金持有量由下式决定：

$$最佳现金持有量 = \sqrt{\frac{2 \times 年现金需求总量 \times 将其他资产转化为现金的交易费}{利息率}}$$

【例7-1】若某企业年现金需求量为12650000元，平均每次资产转化费用为150元，年利息率为10%，根据存货模型，最佳现金持有量为多少？

【解】依据最佳现金持有量公式，得：

$$\sqrt{\frac{2 \times 12650000 \times 150}{0.10}} = 194807 \, 元$$

即该企业的最佳现金持有量约为20万元。

#### 2. Miller-Orr 模型法

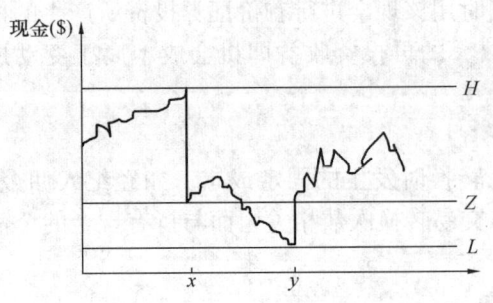

图 7-2　Miller-Orr 模型现金流量图

现金和存货模型得以成立的一个基本假设是企业将以均衡的速率取得和使用现金。Miller-Orr 模型功能是建立在交易成本和机会成本基础之上，现金或存货都是成本的货币表现，因而可以测试对存货现金的最佳财务管理。但企业的实际现金收付是起伏不定的，有时，企业可以一下子取得一大笔款项；有时，企业又不得不一下子支出一大笔款项。因此，存货模型的假设显得过于简单，如图7-2所示。

Miller-Orr 模型是在考虑上述情况后，将存货模型的简单假设与企业现金收付的实际情况相结合后提出的。该模型假设企业无法确切地预知每日的实际现金收支状况，只是规定了现金余额的上（H）下限（L），并据此判定企业在现金和投资之间转换的时间和数量（Z）。当企业的现金余额在上下限之间变动时，表明企业的现金储备处于一个合理的范围内，无需进行调整。若在 $t_1$ 时刻企业的现金余额超出上限 $h$，表明企业的现金储备超出了合理的范围，这时要将（h-z）的现金转化为投资，使现金余额恢复到均衡点 $z$。当企业的现金余额在 $t_2$ 时刻达到下限 $r$ 时，表明企业的现金储备太少，需要将（z-r）的投资转化为现金，使现金余额恢复到均衡点 $z$，以保证企业生产经营活动的正常需要，如图7-3所示。

Miller-Orr 所使用的成本函数为：

$$E(c) = bE(N)/T + iE(M)$$

式中　　$E(c)$——持有现金的成本；

　　　　$E(N)$——计划期内现金和投资之间转换次数的期望值；

　　　　$b$——现金与投资间的转换成本；

　　　　$T$——计划期内的总天数；

　　　　$i$——投资日收益率；

　　　　$E(M)$——计划期内每日现金余额的期望值。

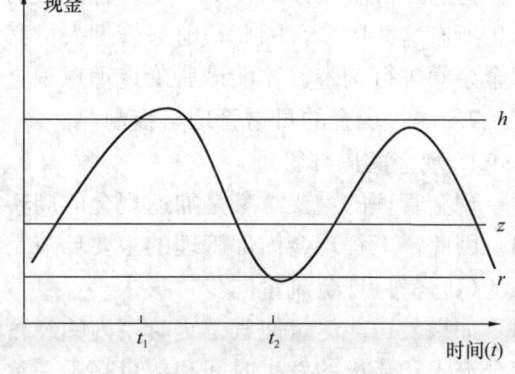

图 7-3　Miller-Orr 规则模型

使上述成本函数 $E(c)$ 最小，Miller-Orr 确定了现金余额的均衡点 $z$ 和上限 $h$。

$$z^* = \left(\frac{3b\sigma^2}{4i}\right)^{\frac{1}{2}}$$

式中　$\sigma^2$——每日现金余额的方差。

如果每日现金余额上升和下降的概率均为 0.5，则这时下限 $r=0$，上限为：

$$h^* = 3z^*$$

如果 $r \neq 0$，则上限为：

$$h^* = 3z^* + r$$

由上述分析可知，Miller-Orr 模型根据每日现金收支变化幅度的大小、投资收益率的高低和投资与现金之间相互转换成本的大小确定现金余额的均衡值和上下限的范围。如果现金收支变化幅度大、转换成本高，上下限之间的范围就应大些；如果利息率较高，这个范围就小些。

【例 7-2】设 $b=25$ 元，$\sigma^2=800$，$i=20\%$，$r=0$，求现金余额的均衡值和上下限的范围。

【解】

$$z^* = \left[\frac{3 \times 25 \times 800}{4 \times \left(\frac{0.20}{365}\right)}\right]^{\frac{1}{2}} = \left(\frac{60000}{0.00219178}\right)^{\frac{1}{2}} = 301.38 \approx 300$$

$$h^* = 3z^* = 3 \times 300 - 900$$

若 $r = 100$,则:$h^* = 1000$,$z^* = 400$。

### 3. 经验公式法

上述两个模型是西方国家企业经常使用的估算理想现金余额的模型,在具体应用时对现金和有价证券之间的自由转换有较高的要求,这与我国目前的实际情况有较大的差距,我国企业有时会利用下面的经验公式来确定理想现金余额:

理想现金余额＝(上年现金平均占用额－不合理占用额)×(1＋预计销售收入变化的百分率)

例如,若上年现金平均占用额 30000 元,经分析其中不合理占用额为 2500 元,预计今年销售收入将比上年增加 10%,则根据上式,可知今年的理想现金余额为:

理想现金余额＝(30000－2500)×(1＋10%)＝30250 元

另外,现金余额的多少要受各种因素的影响,数学模型和简单的经验公式都不能完全涵盖所有这些因素,因此,财务管理人员必须根据自己的经验对利用上述方法确定的理想现金余额进行调整,才能最后确定理想现金余额。

### 7.2.4 现金的日常管理与控制

#### 1. 现金的内部管理

现金管理的重要意义是加速现金的周转速度,提高现金的利用效率,有效控制现金支出。因此,工程现金内部管理的主要环节是:

(1) 保持现金流量同步

如果公司能尽量使其一定时期内的经营活动、投资活动和各项理财活动所发生的各项现金流入和流出的发生时间和数量趋于一致和均衡,则不但能确保现金收支的平衡,保证在一定时期内有充分的现金流入量来满足其现金流出的需求,而且能使其所持有的现金余额降低到最低水平,起码能使企业为交易目的持有的现金大大降低,从而提高公司的现金利用率,获取良好的收益。

所以,在日常现金收支业务的管理中应坚持力争现金流量同步的观点,合理安排和调整好各期现金的收付事项,既要努力降低各期现金持有量,加速现金周转,又要确保公司随时保持相应的支付能力,防止财务危机的出现。

(2) 控制现金管理成本

前面介绍的几种控制现金支出的方法都有一个适度范围。因为任何控制措施都要花费一定的代价,这一代价就是现金管理成本,其本身也构成了现金的支出。一般来说,只要改进管理所带来的边际收益大于管理本身所发生的边际成本,则这笔开支就是有价值的。反之,还是放弃为好。

(3) 建立现金考核责任

公司应当按照部门和单位制定全面和完整的现金收支计划,明确各部门现金收支和现金利用的分级管理责任制。建立相应的考核指标,下达给各有关部门,并落实到基层。明确各部门、单位和个人现金收支的责权范围,将对现金收支的控制做到全面细致,定期或不定期考核,保证现金收支计划的完成和有关指标的正确执行,提高公司现金管理整体水平。

#### 2. 加速收款

这里探讨的加速收款与企业信用政策无关,而是指企业尽可能缩短从客户汇款至企业收款的时间,目的在于加速现金的周转。建筑与房地产公司的现金的收取主要来自工程结算收入或开发经营收入。现介绍国外几种常见的加速收款的方法：

（1）银行业务集中法

银行业务集中法（Concentration Banking System）是指公司分别在许多点建立收款中心来加速资金的收取过程。其目的在于缩短从顾客邮寄付款支票到公司利用资金的时间。公司预先通知客户把货款寄给该地区所属收款中心，各地区的收款中心收到顾客邮寄的支票，就委托当地银行负责兑现支票，然后由各地收款银行将所收款项统一划拨给公司所在地银行。这种分散收款方法同传统的集中收款方式相比有三个优点：

1）缩短账单和支票的往返邮寄时间。这是因为账单由客户所在地的收款中心开出，并寄给当地客户，所需的时间明显小于直接从公司所在地邮寄账单给客户的时间，同时，客户付款的支票邮寄到离它最近的收款中心的时间也比直接邮寄到公司所在地的时间短。

2）缩短支票兑现所需的时间。这是因为各地收款中心收到客户的支票并交当地银行，公司就可向该地区银行支取使用。

3）便于应收账款的及时清理。有利于对应收账款的直接催收，而且能大大节约催讨应收账款的成本。

采用此种方法也有其不足之处。按规定各收款中心在当地银行开设的账户应保持一定的存款余额，设立的收款中心越多，这部分"冻结资金"的机会成本也就越大。

（2）锁箱法

所谓"锁箱法"（Lock-Box System）是指公司在邮局租用一个加锁的专用信箱，同时委托当地的代理银行开箱收取顾客邮寄的支票。其目的在于减少企业收到客户支票并提交托收银行的时间。其具体做法是，公司根据开出账单的方式来选择各地区的代理银行，然后在这些地区的邮局租用加锁信箱，公司应预先通知客户把支付款项的支票投寄到某号信箱，并由当地代理银行每天定时开箱，将顾客邮寄来的支票兑现转存入企业的账户。代理行应定期将存款单、付款单及其他单据交送公司审核，这就避免了企业对支票进行内部处理以及亲自把支票提交银行的时间。锁箱法的主要优点是，它能够使支票较快地存入银行，并较快地成为公司可动用的银行存款。但是锁箱法也有明显的缺点：由于代理银行除承担一般的支票清算业务以外，还为公司提供其他额外服务，所以要向代理银行支付相应的报酬。这就需要进行锁箱法的成本效益分析。

（3）事先核定记账方法

是指在某个指定时间，现金自然从顾客账户转到公司的账户上，因为在此过程中没有传统的账单，所以这种转账叫无账单交易。由于邮寄和账户结算的时间都减少了，因此，此方法能加速资金周转。虽然这种方法十分有效，而且也可能成为一种发展趋势，但是它被接受的速度比预计的要慢，当然付款者在实行这种方法时失去了弹性付款时间也是这一方法不被广泛接受的原因之一。

此外，公司还应积极利用网上银行系统进行电子结算，在最短的时间内完成收款业务。

3. 控制现金支出

现金支出控制包括金额上和时间上的控制，目的是提高现金的利用效果。公司常用的方法有如下几种：

（1）浮支的利用

"操纵浮支"（Playing the Float），是使现金利用率达到最高限度的一个手段。从现金支出来看，所谓"浮支"是指利用支票开具与支票兑现之间存在的时间差向银行开出的支票总额超过了其存款账户上结存的余额。这里必须注意它与"开空头支票"是不同的。因为当公司在开出支票的时候，银行还没有把支票金额从该公司的存款账户中注销，同时另一笔收入已预知将进入银行存款。这就需要公司能准确地估算出浮支的金额，掌握银行存款收支的时间差，巧妙地利用浮支来减少银行存款的余额，以便用最少的资金来进行业务活动。特别要注意的是，在使用现金浮支时，一定要控制使用时间，防止发生银行存款的透支，这不但会使公司信誉下降，还会遭到银行的处罚，而使公司蒙受损失。

(2) 延缓应付款的支付

公司在不影响自己信誉的前提下，应尽可能地推迟应付款的支付期，充分运用供应商所提供的信用优惠。例如，公司在采购材料时，其付款条件为开票后 10 天付款，可享受现金折扣 2％，30 天内按发票金额付款，公司应安排在开票后的第 10 天付款，这样既可最大限度利用现金，又可享受现金折扣。如果公司确实急需资金，或短期调度资金花费代价较大，则也可以放弃折扣优惠，推迟到信用期的最后一天支付。

汇票也是一种延缓支付的工具。公司凭供货单位开支的汇票支付货款可推迟用银行存款实际支付，汇票到期日前仍能自由支配其银行存款。

# 7.3 应收账款管理

### 7.3.1 管理功能

1. 管理作用

应收账款是企业因赊销而产生的一项短期债权，是企业向客户提供的一种商业信用。与现销相比，赊销有利于客户提高其资金利用效率，促进销货企业的产品销售，扩大其市场份额。同时也有助于减少销货企业的存货，降低其存货成本。

2. 管理成本

应收账款在起到促进销售、减少存货的作用的同时，也要发生相应的成本，这主要表现在：

(1) 坏账成本。由于客户的信用程度不同，支付能力各异，企业的部分应收账款会因少数客户无力支付而最终不能收回，成为坏账。这种坏账损失是应收账款产生的主要成本之一。

(2) 管理成本。建立应收账款就要对它进行管理，要制定和实施应收账款政策，所有这些活动（如进行客户的信用调查，进行账龄分析，采取催款行动等）都要付出一定的人力、物力和财力，这些构成了应收账款的管理成本。

(3) 机会成本。应收账款是销货企业向购货企业提供的一种商业信用，实质上是让购货企业占用销货企业的资金，从而使销货企业无法利用这笔资金从事其他生产经营和投资活动，无法创造收益。这种资金利用机会的损失，构成了应收账款的机会成本。

这种机会成本一般按照有价证券的利息率作为资金成本率来计算。其计算公式为：

应收账款机会成本＝应收账款平均资金占用额×变动成本率×机会成本率

应收账款平均资金占用额＝赊销收入净额/应收账款周转率

### 7.3.2 信用分析

对客户进行信用分析的目的是确定其能否取得销货企业给予的商业信用和以什么样的

条件取得商业信用。信用分析的对象有两类：一类是新客户，一类是老客户。显然，对新客户进行信用分析的难度更大。

1. 信息渠道

进行信用分析首先需要了解客户的信用状况，这就需要进行信用分析者善于利用各种信息渠道。可供利用的主要信息渠道有三条，一是通过对客户的经济活动，特别是对与客户有经济往来的其他企业或机构的调查和访问，了解客户的信用状况；二是借助一些信用分析机构的分析，如我国各地区经常公布该地区有关企业的信用等级；三是在合法和得到许可的情况下，从客户的开户银行了解有关资料。

2. 五 C 分析

信用分析大多从五个方面入手，即考虑客户的品德（Character）、能力（Capacity）、资本（Capital）、担保性（Collateral）和抗干扰状态（Condition），由于表示这五个方面的英文词汇的第一个字母均为 C，故称为五 C 分析。

品德是指客户有没有按期偿还贷款的诚意。市场经济是法制经济，也是信用经济。市场经济的参与者不但要受到法律法规的约束，同时也要受到基本商业道德的约束。交易双方能否遵守信义，是否诚心诚意地愿意履行自己的承诺是非常重要的，故客户的商业道德水平和遵守商业信用的诚意是进行信用分析的非常重要的因素，许多西方企业的信用分析人员甚至将其看做第一位重要的因素。

能力是指客户的支付能力。这方面的信息主要通过对其在以往经营活动中的支付行为和现有资产状况的分析来得到。

资本是指由企业的财务比率所反映的企业资产构成状况，其中有形资产在总资产中所占的比例是一个非常重要的指标。

担保性是指客户为其应付账款提供的资产担保的强弱。

抗干扰状态是指客户在经济状态变化或一些特殊经济事件发生时偿付贷款的能力。

3. 财务分析

财务分析的主要手段是通过各项财务比率对客户的偿还能力、盈利能力、营运能力等进行分析，进而对其信用状况得出一个总体评价。除财务比率分析外，还可以对客户的一些特殊财务项目进行分析。比如，通过对客户的应付账款的数额与账龄的分析来研究其实际付款周期和能力，若客户的平均付款期限为 50 天，则超出此期限较多仍未能付款，可能表明其支付能力出现了问题。

4. 信用评分

信用评分是对分析对象的有关财务比率指标和其他信用指标赋予一定的系数后求和，以此作为分析对象的信用分数，即：

$$Y = a_1 x_1 + a_2 x_2 + \cdots a_n x_n = \sum_{i=1}^{n} a_i x_i$$

式中　$Y$——信用分析对象的信用分数；

　　　$a_i$——第 $i$ 个信用分析指标的权重系数；

　　　$x_i$——第 $i$ 个信用分析指标的数值。

比如，以企业的利息保障倍数（$x_1$）、速动比例（$x_2$）、资产负债率（$D/A = x_3$）、存续时间（$x_4$）作为信用分析指标，它们对应的权重系数分别为 3.2，11.0，－28.0 和

1.5，则有：

$$y = 3.2x_1 + 11x_2 - 28x_3 + 1.5x_4$$

**【例 7-3】** 若已知某企业的 $x_1 = 8.3$，$x_2 = 2.8$，$x_3 = 0.3$，$x_4 = 3.2$，则该企业的信用分数为多少？

**【解】**　　　$y = 3.2 \times 8.3 + 11 \times 2.8 - 28 \times 0.3 + 1.5 \times 3.2 = 53.76$

如果分析者确定的信用等级标准是：40 分以下为信用状况较差，40～50 分之间为一般，50 分以上为良好，则知上述企业的信用状况良好。

信用评分的另一种做法是先将有关评判指标转化为一定的分数，然后再对转化后的分数进行加权平均，进而得出其信用分数，其公式为：

$$y = b_1 Z_1 + b_2 z_2 + \cdots + b_i z_i = \sum_{i=1}^{n} b_i z_i$$

式中　$y$——信用分数；

　　　$b_i$——第 $i$ 个指标的权重数；

　　　$z_i$——第 $i$ 个指标的分数。

这一方法与前一种方法的不同之处在于，除各项指标进行了分数转换外，其权重系数也变成了相加之和为 1 的权重系数。

同样，要根据企业的信用分数确定其信用状况的类别。如 60 分以下为信用状况较差，60～80 分为一般，80 分以上为良好等。

第二种方法与第一种方法相比，具有可将一些定性指标量化分析的优点。比如，对企业未来状况的预计良好只是一个定性指导，没有具体数值，通过分数转化，我们可以将其转化为 80 分，从而也可列入信用评分的指数。

### 7.3.3　应收账款政策

1. 信用标准

（1）信用标准质的衡量

信用标准是指公司同意顾客要求而在销售业务中给予一定付款期限这种商业信用的最低标准。通常以预期的坏账损失率作为判别标准。如果公司的信用标准较严，只对信誉较好、坏账损失率很低的顾客给予赊销，则会减少坏账损失，减少应收账款的机会成本。但这可能不利于扩大销售量，甚至会使销售量减少。反之，如果信用标准较宽，虽然会增加销售，但会增加相应的坏账损失和应收账款的机会成本。企业应根据具体情况进行权衡。

公司在掌握了有关客户品德（Character）、能力（Capacity）、资本（Capital）、担保（Collateral）、抗干扰状态（Condition）（简称 5C 评价指标）的信用风险评判资料后，可将其转换成客户的分类等级。各等级可按照由赊销所造成的呆账或坏账发生的概率高低来排列，比如，据此编制分类表，见表 7-1。

**客户分类及呆坏账损失概率**　　　　　　　　　　　　　　　　表 7-1

| 客户分类 | 呆账或坏账损失概率 | 客户分类 | 呆账或坏账损失概率 |
|---|---|---|---|
| 1 | 无损失 | 4 | 5%～10% |
| 2 | 0～1% | 5 | 10%～20% |
| 3 | 1%～5% | 6 | 20%以上 |

根据上述等级评定表，如公司的贡献毛利率$\left(\dfrac{销售收入-变动成本}{销售收入}\right)$超过 20%时，销售利润率为 18%，则可确定如下信用政策：列于第 1~3 等级的客户可按常规的信用条件进行销货，因为平均坏账损失率约为 3%左右。列于第 4 等级的客户则应采取较为严格的信用条件进行销货，因为平均坏账损失率约为 8%左右。列于第 5 等级的客户则一般应要求交货即付款，因为平均坏账损失率高达 15%，一旦发生，公司几乎无利可图。至于第 6 等级的客户由于其坏账损失已高达 20%，在扣除了销货利润率 18%以后，已面临亏损状态，所以应该要求客户预付货款。一般来说，对于每一等级的客户，只要其公司坏账的损失概率低于 18%，则应尽可能采用适当的信用政策，以争取到客户。因为，这一损失作为一项销货的成本在销售利润下扣除以后，公司还是有利可图的。以上分析，见表 7-2。

信用等级分析　　　　　　　　　　　　表 7-2

| 客户级别 | 销售利润率 | 平均坏账损失率 | 剩余利润率 |
|---|---|---|---|
| 1 | 18% | 0% | 18% |
| 2 | 18% | 0.5% | 17.5% |
| 3 | 18% | 2.5% | 15.5% |
| 4 | 18% | 7.5% | 10.5% |
| 5 | 18% | 15% | 3% |
| 6 | 18% | 20%以上 | -2% |

（2）信用标准量的衡量

信用数量化的方法可以通过设定信用标准来完成。所谓设定信用标准是根据客户的具体信用资料，以若干个具有代表性、能说明公司偿付能力和财务状况的指标作为信用标准确定的指标，以此作为衡量和比较顾客的信用标准。此办法设定的信用标准可列表反映，见表 7-3。

客户信用评价　　　　　　　　　　　　表 7-3

| 指　标 | 信用标准 | | |
|---|---|---|---|
| | 信用好 | 信用一般 | 信用差 |
| 流动比率 | 2 以上 | 1.5~2 | 1.5 以下 |
| 速动比率 | 1 以上 | 0.7~1 | 0.7 以下 |
| 净流动资产（万元） | 120 以上 | 40~120 | 40 以下 |
| 负债比率（负债/总资产） | 0.3 以下 | 0.3~0.7 | 0.7 以上 |
| 负债权益率（负债/权益） | 1 以下 | 1~2 | 2 以上 |
| 总资产（万元） | 750 以上 | 120~750 | 120 以下 |
| 应收账款周转率 | 13 以上 | 9~13 | 9 以下 |
| 存货周转率 | 5 以上 | 3.5~5 | 3.5 以下 |
| 赚取利息倍数 | 5 以上 | 1~5 | 1 以下 |
| 赊购偿付情况 | 及时偿付 | 偶有短期拖欠 | 经常拖欠 |

根据各客户的有关资料，计算出各个客户的上述指标，然后与上述设定的信用标准进行比较。比较时，凡客户指标处于信用差的范围内的，可确定坏账风险率为8％；凡指标处于信用一般范围内的，可确定坏账风险率为2％；如果指标处于信用好的范围内的，便认为无坏账风险。然后累计客户的坏账风险率，作为判断是否要提供给该顾客商业信用的依据，见表7-4。这样便能得出每个客户的坏账风险率。然后财务人员可将不同客户的累计坏账风险率进行排队，根据坏账风险率的大小来考虑优先或推迟给予应收账款信用。信用很差的客户便可取消其信用待遇，甚至预收货款。

**某客户坏账风险率计算** 表7-4

| 指标（某某客户） | 信用指标值 | 坏账风险率（累计） |
| --- | --- | --- |
| 流动比率 | 2.1 | — |
| 速动比率 | 0.8 | 2％ |
| 净流动资产（万元） | 80 | 4％ |
| 负债比率（负债/总资产） | 0.6 | 6％ |
| 负债权益率（负债/权益） | 1.5 | 8％ |
| 总资产（万元） | 500 | 10％ |
| 应收账款周转率 | 8 | 18％ |
| 存货周转率 | 5.5 | 18％ |
| 赚取利息倍数 | 4 | 20％ |
| 赊购偿付情况 | 及时偿付 | 20％ |

### 2. 信用条件

信用条件是指公司要求顾客支付赊销款项的条件，包括信用期限、折扣期限和现金折扣。信用期限是公司为顾客规定的最长付款期限；折扣期限是为顾客规定的可享受现金折扣的付款时间；现金折扣是在顾客提前付款时给予的优惠。

确定应收账款信用的期限是公司信用政策最重要的内容。公司适当延长信用期限对扩大销售具有刺激作用，从而可能为公司带来较高利润。但信用期限延长，其平均收账期限也必然延长，这样会造成两个后果：

一是资金被应收账较长时间地占用，影响公司资金的周转和利用率，丧失了再投资获利的好处；二是会使坏账损失的风险增加。所以，其延长信用期限所带来的利益，可能会被占用资金的机会成本和可能的坏账损失费用所抵消，甚至可能会造成利润减少。

然而，如果公司采用较短的信用期限，虽然能减少损失的可能性，但可能难以吸引顾客，而使大量顾客投向自己的竞争对手，使销售额下降，影响市场占有率。长此以往，其潜在的损失也非常严重。所以，对应收账款信用期限的确定十分重要，最简单的方法是将信用期限内的边际收益与其边际机会成本相比较，当其获取的边际收益大于其边际成本时，这种延长信用期限的方案是合理的。

现金折扣通常是用下列方式表示，如2/10；N/30。这些符号分别表示，顾客在10天内付款，给予2％的折扣；10～30天内付款需全额付款。

当延长信用期限后，便会使应收账款多占用资金。为了加速资金的回收和周转期，减少坏账损失，公司往往可采用向客户提供现金折扣的办法。现金折扣率的大小往往与折扣期联系在一起。折扣率越大，则折扣期限（付款期限）就越短。折扣率一般为 $1\% \sim 3\%$，折扣期限一般为 $10 \sim 60$ 天。

给予顾客现金折扣虽能带来增加销售额、缩短平均应收账款占用期、减少资金成本等利益，但也会使公司丧失折扣本身的利益。因此，公司应能确定一个最适合的现金折扣金额，在这一折扣量上，增加的利益与折扣成本正好相等，也就是理论上的最优折扣率。

是否要向客户提供现金折扣，关键是要比较提供现金折扣后，减少的资金占用的好处是否比运用折扣所放弃的好处更大。现以表 7-5 说明信用条件变化情况。

【例 7-4】某房地产开发公司要改变信用条件，可供选择的 A、B 两种方案见表 7-5。

两方案条件比较　　　　　　　　　　　　　　　　　　　　　　表 7-5

| 信用条件 A | 信用条件 B |
| --- | --- |
| 信用条件：40 天内付清，无现金折扣 | 信用条件："2/10，N/30" |
| $S_a$ 增加销售额 100000 元 | $S_b$ 增加销售额 150000 元 |
| $\overline{B}_a$ 增加销售额的坏账损失率为 10% | $\overline{B}_b$ 增加销售额的坏账损失率为 9% |
| $D_a$ 需付现金折扣的销售额占总销售额的百分比为 0% | $D_b$ 需付现金折扣的销售额占总销售额的百分比为 50% |
| $\overline{C}_a$ 平均收账期为 55 天 | $\overline{C}_b$ 平均收账期为 20 天 |

根据表 7-4 和表 7-5 的有关资料，分别测算两种信用条件对利润和各种成本的影响，见表 7-6。又从表 7-7 的计算结果中可以看出，采用 B 方案的收益较多，故应采用 B 方案。

该房地产公司现行的信用政策　　　　　　　　　　　　　　　表 7-6

| 项　　目 | 数　　据 |
| --- | --- |
| $S_0$ 现在信用政策情况下的销售收入（元） | 500000 |
| $A_0$ 现在信用政策情况下的应收账款投资（元） | 60000 |
| $P_0$ 现在利润（元） | 100000 |
| $P'$ 销售利润率（%） | 20 |
| $B_0$ 信用标准［预期坏账损失率的限制］（%） | 9 |
| $\overline{B}_0$ 平均坏账损失率（%） | 5 |
| $C_0$ 信用条件 | 30 天付清 |
| $\overline{C}_0$ 平均收账期（天） | 40 |
| $R_0$ 应收账款的机会成本率（%） | 15 |

两种方案比较　　　　　　　　　　　　　　　　　　　　　　表 7-7

| 项　　目 | 方案 A | 方案 B |
| --- | --- | --- |
| 信用条件变化对利润的影响（元） | $P_A = S_A \cdot P' = 100000 \times 20\% = 20000$ | $P_B = S_B \cdot P' = 150000 \times 20\% = 30000$ |
| 信用条件变化对应收账款机会成本的影响（元） | $I_A = \left( \dfrac{\overline{C}_A - \overline{C}_0}{360} \cdot S_0 + \overline{C}_A/360 \cdot S_A \right) \cdot R_0$ $= \left( \dfrac{55-40}{360} \times 500000 + 55/360 \times 100000 \right) \times 15\% = 5416.7$ | $I_B = \left( \dfrac{\overline{C}_B - \overline{C}_0}{360} \cdot S_0 + \overline{C}_B/360 \cdot S_B \right) \cdot R_0$ $= \left( \dfrac{20-40}{360} \times 500000 + 20/360 \times 150000 \right) \times 15\% = -2916.7$ |

续表

| 项　目 | 方案 A | 方案 B |
|---|---|---|
| 现金折扣成本的变化情况（元） | $D_{mA}=0$ | $\begin{aligned}D_{mB}&=(S_0+S_B)\cdot D_B\cdot 2\%\\&=(500000+150000)\times 50\%\times 2\%\\&=6500\end{aligned}$ |
| 信用条件变化对坏账损失的影响（元） | $K_A=S_A\cdot \overline{B}_A=100000\times 10\%=10000$ | $K_B=S_B\cdot \overline{B}_B=1500000\times 9\%=13500$ |
| 信用政策变化带来的净收益（元） | $\begin{aligned}P_{mA}&=20000-5416.7-10000-0\\&=4583.3\end{aligned}$ | $\begin{aligned}P_{mB}&=30000-(-2916.7)-6500-13500\\&=12916.7\end{aligned}$ |

### 3. 信用额度

公司在确定每一客户的使用标准和信用期限后，还应通过分析，规定能给予每一客户的信用额度。信用额度是指公司根据其经营情况和每一客户的偿付能力，规定允许给该客户的最大的赊购金额。

信用额度的确定在应收账款管理中具有特殊意义，它能防止由于某些过度的赊销，超过其实际偿付能力而使公司蒙受损失。根据测定，对不同的客户制定相应的信用额度，便能控制客户在一定时期内应收账款金额的最高限度。信用额度实际上表示公司愿意对客户承担的最大的赊销风险额。其限额的大小与信用标准、使用期限、坏账损失率和收账费用等的大小直接有关。公司理财人员应在可能获取收益和可能发生的损失之间进行衡量，合理确定信用额度。随着市场销售情况和客户信用情况等的变化，公司可能愿意承担的赊销风险也在变化。因此，每隔一个阶段，企业应对客户的信用额度加以恰当的重新核定，对信用额度建立定期和不定期的检查和修改制度，使信用额度经常保持在所能承受的风险范围之内。

### 4. 确定收账政策

收账政策是指信用条件被违反时，公司催讨已过期限的应收账款所采用的措施。比如：短期拖欠户，可采用书信方式催讨欠款；较长期的拖欠户，可采用措辞严厉的信件或电话甚至上门催缴；对于那些长期的拖欠，硬性不付的客户只能求助于法律手段加以解决。

收取应收账款是信用管理的最后一步。一般来说，应收账款有相当一部分能够按时收回，但总有一部分应收账款会处于呆滞的状态，并且可能其中一部分应收账款将难以收回。因此，收账政策就是针对这些难以收回的应收账款所采用的一些措施。

公司的收账政策实际上是各个收账步骤的结合，这些步骤包括发信、打电话、派专人催收直至诉诸法律等。这些步骤都必须支付相应的费用，这些费用的发生又与现金在应收账款留滞而丧失的投资收益，即应收账款投资机会成本有密切关系。企业如果采用较为积极的收账政策，就有可能减少应收账款机会成本，减少坏账损失，但却会增加收账的成本。相反，如果采用消极的收账政策，就有可能增加应收账款的机会成本，增加坏账损失，但却可以减少收账费用。

虽然收账成本与应收账款机会成本成反比例关系，但这一关系却并非线性关系，它们的关系一般可描述为：

（1）开始花费一些收账费用，应收账款机会成本和坏账损失都有部分降低。

（2）收账费用继续增加，应收账款机会成本和坏账损失明显减少。

（3）收账费用达到某一限度以后，应收账款机会成本和坏账损失的减少呈减弱趋势，这个限度称为饱和点。

（4）在达到饱和点后，企业再增加应收账款收账费用可能对进一步降低应收账款机会成本和坏账损失已无作用。

以上关系，如图 7-4 所示。

由于赊销额同收账费用无直接的联系，就需要在确定适宜的收账费用水平时，进行利益权衡。这一权衡是指收账费用水平与应收账款机会成本及坏账损失之和进行对比。如果支出的收账费用能够降低更多的应收账款及坏账损失，则这笔收账费用是值得的。其最佳的平衡点应该是边际收账费用等于边际的应收账款机会成本和坏账损失之和的减少。

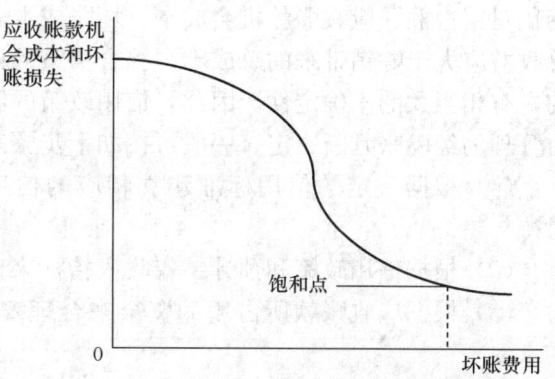

图 7-4 收账成本与应收账款机会成本关系图

【例 7-5】某房地产公司在不同的收账政策条件下，有关资料见表 7-8。

公司应收账款政策　　　　　　　　　　　　　　　　　　　表 7-8

| 项　目 | 现行收账政策 | 建议收账政策 |
|---|---|---|
| 全年收账费用 | 80000 | 100000 |
| 平均收款期限 | 60 天 | 30 天 |
| 坏账损失率 | 4% | 2% |

该公司全年赊销额为 2000000 元，收账政策对销售收入的影响不考虑。该公司应收账款的机会成本为 10%，根据以上资料计算，是否应采用建议收账政策。

【解】按建议收账政策可获净收益 36666.7 元，故应采用建议收账政策。计算过程见表 7-9。

公司应收账款计算表　　　　　　　　　　　　　　　　　　　表 7-9

| 项　目 | 现行收账政策 | 建议收账政策 |
|---|---|---|
| （1）年赊销收入 | 2000000 | 2000000 |
| （2）应收账款周转次数 | 6 | 12 |
| （3）应收账款平均占用额 | 333333 | 166667 |
| （4）建议收账政策节约的机会成本 | — | 16666.7 |
| （5）坏账损失 | 80000 | 40000 |
| （6）建议计划减少坏账成本 | | 40000 |
| （7）两项节约合计[（4）＋（6）] | | 56666.7 |
| （8）按建议政策增加收账费用 | | 20000 |
| （9）建议政策可获得利益[（7）－（8）] | | 36666.7 |

**5. 综合信用政策**

要制定最优的信用政策，应把信用标准、信用条件、收账政策结合起来，考虑其综合变化对销售额、应收账款机会成本、坏账成本和收账成本的影响。决策的原则仍是赊销的总收益应大于赊销带来的总成本。综合决策的计算相当复杂，计算中的几个变量都是预计的，有相当大的不确定性。因此，信用政策的制定并不能仅靠数量分析，在很大程度上要由管理的经验来判断决定。一般可按如下步骤来制定综合信用政策：

（1）根据一定的信用标准建立相应的信用期限以及收账政策，并分档列示，区别对待。

（2）根据信用政策和预计销售收入指标来计算确定应收账款占用金额。

（3）根据应收账款所占用的资金来合理安排资金的筹集，以保证生产、销售的正常需求。

### 7.3.4　应收账款的管理

应收账款管理的主要内容有客户的信用分析、账龄管理、应收账款政策调整和收账管理。这里主要讨论账龄管理问题。

**1. 确定平均收款期**

平均收款期又称应收账款回收期，其定义为：

$$平均收款期（ACP）＝全部应收款/平均日赊销额$$

式中：平均日赊销额是一段时间内的平均赊销额，这段时间可以是 1 个月、2 个月、3 个月，也可以是 1 年，根据需要确定。显然，平均收款期反映了企业回收应收账款的时间长短。平均收款期短，反映企业的信用政策和收账政策较紧，货款回收较快；平均收款期较长，反映企业的信用政策和收账政策较松，货款回收较慢。

**2. 应收账款账龄表**

平均收款期只能反映企业应收账款的平均回收状况，无法反映不同账款回收间的差异。应收账款账龄表则根据应收账款拖欠期的长短将其分为不同的类别，并注明其在全部应收款中所占的比例，从而可以为企业提供应收账款管理的较具体的信息。应收账款账龄表，见表 7-10。

应收账款方案账龄表　　　　　　　　　　　　表 7-10

| 应收款账龄（天） | A公司 应收账款数额 | % | B公司 应收账款数额 | % |
|---|---|---|---|---|
| 0～10 | 1300000 | 86.0 | 800000 | 53.0 |
| 11～30 | 200000 | 13.2 | 350000 | 23.2 |
| 31～45 | 10000 | 0.8 | 180000 | 11.9 |
| 46～60 | 0 | 0.0 | 120000 | 7.9 |
| 60 以上 | 0 | 0.0 | 60000 | 4.0 |
| 应收账款总计 | 1510000 | 100.0 | 1510000 | 100.0 |

由表 7-10 可以看出，尽管 A、B 两公司的应收账款总额相同，但 B 公司的"高龄"应收账款远高于 A 公司，表明其应收账款发生坏账的可能要高于 A 公司，如果两家公司的信用条件相同，说明 B 公司在应收款管理方面存在着某些漏洞，如对客户的信用分析

不够，导致较多的低信用客户享受到不该享受的商业信用，或公司在收账政策上过于放松，导致一些逾期款项无法及时收回等。

3. 平均收款期和应收账款账龄表分析的缺陷

平均收款期和应收账款账龄表是分析企业应收账款政策的重要工具，它们的变化可以反映出企业收款速度的变化，从而提醒企业适时调整其信用政策与收账政策。但是，在某些情况下，即使顾客的付款方式没有任何变化，平均收款期和应收账款也会随销售额的变动而变动，给出顾客的付款方式变化的假象，特别是那些销售收入季节性很强的企业，大多要注意这一点。

表 7-11 和表 7-12 给出不同销售模式对平均收款期和应收账款账龄的影响。

【例 7-6】设某公司 1～3 季度，每季度销售总额均为 360 万元，但每季的销售模式不同，第一季度每月销售数量各为 120 万元；第二季度销售数量是逐月增长趋势，4 月份销售量为 60 万元，5 月份为 120 万元，6 月份为 180 万元；第三季度销售额逐月下降，7 月份为 180 万元，8 月份为 120 万元，9 月份为 60 万元。不论销售额如何变动，客户的付款方式保持不变，即购买当月支付货款的 10%，之后的第一个月支付 30%，第二个月支付 40%，第三个月支付最后的 20%。因此，每季终了，公司的应收账款分布状况为该季度第一个月的 20%，第二个月销售额的 60% 和第三个月销售额的 90%，从表 7-11 中可看出，当销售额表现为均匀分布时（第一季度），以最近 30 天销售额计算的平均收款期为51 天；当销售额逐月增长时，上述平均收款期为 41 天；当销售额逐月减少时，则上升为81 天。从表 7-11 中还可注意到，当销售量因季节性变化时，计算平均收款期所用的期间不同，得出的分析结果也不一样，期限越短，引起的变化越大。

公司应收账款原始记录 表 7-11

| 月 | 销售额（万元） | 季末应收账款 *（万元） | 按不同期间计算的平均日销售额 | | | 按不同期间计算的平均收款期 | | |
|---|---|---|---|---|---|---|---|---|
| | | | 30 天 | 60 天 | 90 天 | 30 天 | 60 天 | 90 天 |
| 1 月 | 120 | 24 | | | | | | |
| 2 月 | 120 | 72 | | | | | | |
| 3 月 | 120 | 108 | | | | | | |
| | | 204 | 4 | 4 | 4 | 51 | 51 | 51 |
| 4 月 | 60 | 12 | | | | | | |
| 5 月 | 120 | 72 | | | | | | |
| 6 月 | 180 | 162 | | | | | | |
| | | 246 | 6 | 5 | 4 | 41 | 49 | 62 |
| 7 月 | 180 | 36 | | | | | | |
| 8 月 | 120 | 72 | | | | | | |
| 9 月 | 60 | 54 | | | | | | |
| | | 162 | 2 | 3 | 4 | 81 | 54 | 41 |

\* 季末应收款每行数字表示在季度末，该月发生的销售额中尚未收回的款项，比如，1 月份销售额为 120 万，当月收回 10%，2 月收回 30%，3 月收回 40%，即，1～3 共收回 80%（96 万元），其余 24 万元（20%）未收回，故对应季末应收款为 24 万元

　　表 7-12 是上述销售模式的应收账款账龄分析表，由表中可看出，随着销售额的季节性变化，应收款的账龄分布也随之变化。

应收账款与销售关系表　　　　　　　　　　　　　　　　表 7-12

| 月 | 销售额<br>（万元） | 季末应收账款＊<br>（万元） | 账龄分类<br>（天） | 占季末应收账款<br>总额的比例（％） |
|---|---|---|---|---|
| 1 月 | 120 | 24 | 61～90 | 12 |
| 2 月 | 120 | 72 | 31～60 | 35 |
| 3 月 | 120 | 108 | 0～0 | 53 |
| | | 204 | | |
| 4 月 | 60 | 12 | 61～90 | 5 |
| 5 月 | 120 | 72 | 31～60 | 29 |
| 6 月 | 180 | 162 | 0～30 | 66 |
| | | 246 | | 100 |
| 7 月 | 180 | 36 | 61～90 | 22 |
| 8 月 | 120 | 72 | 31～60 | 45 |
| 9 月 | 60 | 54 | 0～30 | 33 |
| | | 162 | | 100 |

　　4. 追踪付款模式方法

　　为克服平均收款期和账龄分析的缺点，人们提出了追踪客户付款模式的方法来分析客户的付款行为。根据这一方法，分析者需要盯住客户每一笔应收款的付款模式，只要这一模式未发生变化，就表明客户是在按正常的付款模式付款，并未出现延期付款的情况。前例中客户的付款模式是：当月付款 10％，其后三个月内分别支付货款的 30％、40％ 和 20％，只要该客户始终保持这一付款模式，就说明公司的应收款未出现异常，表 7-13 即说明了这一问题。虽然各季季末公司的应收账款余额有很大的不同，前面计算的平均付款期和账龄也不同，但客户每月偿付应付款的比例始终未变，说明客户在正常付款，企业不必为平均付款期和账龄的变化而担心。

公司应收账款统计表　　　　　　　　　　　　　　　　表 7-13

| 月 | 销售额<br>（万元） | 季末应收账款＊<br>（万元） | 该月季末应收账款与<br>当月销售额之比（％） |
|---|---|---|---|
| 1 月 | 120 | 24 | 20 |
| 2 月 | 120 | 72 | 60 |
| 3 月 | 120 | 108 | 90 |
| | | 204 | |
| 4 月 | 60 | 12 | 20 |
| 5 月 | 120 | 72 | 60 |
| 6 月 | 180 | 162 | 90 |
| | | 246 | |
| 7 月 | 180 | 36 | 20 |
| 8 月 | 120 | 72 | 60 |
| 9 月 | 60 | 54 | 90 |
| | | 162 | |

# 7.4 存 货 管 理

### 7.4.1 存货的分类与功能

存货是指工程项目在建设、经营过程中为生产或销售而储备的物资。对存货管理的认定，是以项目公司对存货是否具有所有权为依据，而不是以存货的存放地点。

1. 存货的分类

工程项目存货是指在生产经营过程中为销售或耗用而储备的物资。包括库存的、加工中和施工中的以及在途的主要材料、结构件、其他材料、周转材料、设备、低值易耗品、机械配件、在建工程、在产品、半成品、产成品及开发产品、出租开发产品、周转房等。

工程项目中使用的材料，按其在生产中的作用分为以下几类：

（1）主要材料。用于工程和产品并构成工程或产品实体的材料。

（2）结构件。是指经过吊装、拼砌和安装而构成房屋建筑物实体的各种金属的、钢筋混凝土的、混凝土的和木质的结构件。

（3）机械配件。是指施工机械、生产设备、运输设备等各种机械设备替换、维修使用的各种零件、配件，以及为机械设备准备的备品、备件。

2. 存货的功能

存货存在于供应、生产和销售等生产经营过程中，不断销售、耗用和重置，是一种流动性非常大的资产。适量的存货可以保证销售和耗用的及时需要，但存货占用资金大，变现时间长，过量存货必然会造成积压浪费。因此，加强存货的计划和控制，是财务管理的主要内容之一。

（1）防止停工待料

储备适量的原材料和在制品、半成品存货是工程项目正常进行建设的前提和保障。公司往往会因供货方的某些原因而暂停或推迟供应材料，从而影响企业材料的及时采购、入库和投产。另外，企业有适量的半成品储备，能使各生产环节的生产调度更加合理，各生产工序步调更为协调，联系更为紧密，不至于因等待半成品而影响生产。可见，适量的存货能有效防止停工待料事件的发生，维持生产的连续性。

（2）适应市场变化

存货储备能增强企业在生产和销售方面的机动性，以适应市场变化。企业有了足够的库存产成品，能有效地供应市场，满足顾客的需求。否则，若某种畅销产品库存不足，将会坐失良机，并有可能因此而失去顾客。在通货膨胀时，适当地储存原材料存货，能使企业获得因市场物价上涨而带来的好处。

（3）降低进货成本

很多企业为扩大销售规模，对购货方提供较优厚的商业折扣待遇，即购货达到一定数量时，便在价格上给予相应的折扣优惠。公司采取批量集中进货，可获得较多的商业折扣。此外，通过增加每次购货数量，减少购货次数，可以降低采购费用支出。即便在推崇以零存货为管理目标的今天，仍有不少企业采取大批量购货方式，原因就在于这种方式有助于降低购货成本，只要购货成本的降低额大于因存货增加而导致的储存等各项费用的增加额，便是可行的。

（4）维持均衡生产

对于那些生产属于季节性产品的生产商，所需材料的供应又具有季节性的企业，为实行均衡生产，降低生产成本，就必须适当储备一定的半成品存货或保持一定的原材料存货。否则，这些企业若按照季节变动组织生产活动，难免会产生忙时超负荷运转，闲时生产能力得不到充分利用的情形，这也会导致生产成本的提高。其他企业在生产过程中，同样会因为各种原因导致生产水平的高低变化，拥有合理的存货可以缓冲这种变化对企业生产活动及获利能力的影响。

### 7.4.2　存货管理成本

存货的生产或购置成本指存货本身的价值。对每一单位存货而言，这一成本是为生产或购置这一存货所发生的费用，对全部存货来说，通常用数量与单价的乘积表示。如果某一期间内对某种产品或原材料的需要量为 $D$，该产品或原材料的单位生产成本或购置单位为 $C$，则这批存货总的生产或购置成本为 $D \times C$。一般来讲，单位存货成本在相当一个范围内不随需要数量的变化而变化，只有当需要数量出现较大变化时，才会因生产经济规模的变化或购置折扣的出现而发生变化。

1. 订货成本

订货成本指企业由于对外采购存货而发生的成本，包括填制订单、发出订单，订购追踪、到货验收、进库等开支，具体费用表现为办公费、差旅费、谈判费、邮资、电报、电话费等支出。严格来讲，从订货次数与订货成本的关系来看，订货成本可以分为变动成本与固定成本两部分。变动成本是与订货次数有关的部分，如差旅费、邮资、谈判费用等，但对每一次订货活动来说，这部分成本又可以看做一个常数 $S$。如果某一期间内需求总量为 $D$，每次采购批量为 $Q$，则总的订货变动成本为 $(D/Q) \times S$。不难看出，订货次数越多，这一数额越大。对产品生产来讲，这部分成本可以看做为进行每一批次生产而必须进行的生产装备，特别是设备调整等所需要发生的费用。另外，订货成本中还有一部分为固定成本，如维持采购部门日常运行的开支等，这部分成本通常与订货次数无关。

为了讨论方便和简单，在实际固定成本不高的情况下，有时我们也可以只考虑订货成本中的变动部分。

2. 储存成本

储存成本指为保持存货而发生的成本，包括存货所占用资金应支付的利息、仓储费用、保险费用、存货的毁损和变质损失等。储存成本通常与存货的订购次数无关，而与存货的数量多少有关。

3. 缺货成本

缺货成本是一种机会损失，通常以存货短缺所支付的代价来衡量。缺货成本主要包括由于停工待料而发生的损失，为补足拖欠订货所发生的额外成本支出，延迟交货而被处以的罚金，以及由于丧失销售机会而蒙受的收入损失和信誉损失等。

4. 采购成本

采购成本是存货成本的重要组成部分，是指构成存货本身价值的进价成本，主要包括采购保管费、运杂费。采购成本一般与采购数量成正比，它等于采购数量与单位采购成本的乘积，采购成本受存货市场价格影响较大。因此，在采购存货时，应当尽可能以较低的市价采购到符合要求的存货，以降低存货的成本。在存货的市价稳定的情况下，如果一定时期的存货总需求量是固定的，则存货的总采购成本也是固定的，与采购批次和每批的采购量无关。

### 7.4.3 存货资金的测算

1. 存货资金核算的基本方法

由于存货的性质不同，受影响的因素各异，因此在核算其占用的资金额时，也要分别处理。通常，将占用在这类产品上的资金分别称为储备资金、生产资金和成品资金。存货资金核算的基本方法有：

（1）周转期法

周转期法又称定额日数法，是根据存货的平均日周转额和资金周转天数来确定资金需求量的一种方法，其计算公式为：

$$资金数额＝平均日周转额×资金周转天数$$

式中：平均日周转额为某项存货平均每日从本阶段流出的数额；资金周转天数为存货周转一次所需的天数。本方法适合于原材料、在产品和产成品存货资金需求量的核定。

（2）因素分析法

因素分析法是以上期资金实际占用额为基础，根据计划期各项因素变化对资金占用的影响加以调整后，确定资金需求量的方法，其计算公式为：

资金需求量＝（上期资金实际平均占用额－不合理占用额）×（1±计划期产量增减%）（1－计划期加速周转%）

本方法适用于品种多、规格复杂和价格较低的物资的存货资金需求量的核定。供产销变化不大的中小企业也可用此方法匡算全部存货资金需求量。

（3）比例计算法

比例计算法是根据存货增减与有关因素间的比例关系来测定增减需求量的方法。

以销售额比例法为例，存货增减需求量的确定公式为：

$$奖金需求量＝计划期销售额×计划期销售额存货资金率$$

计划期销售额存货资金率＝（上期存货资金平均余额－不合理占用额）×（1－资金周转加速率）

本方法可用于估算企业全部存货资金需求量。

2. 储备资金数额的测算

储备资金是指企业从支付现金购买各项材料物资开始，到将这些物资投入生产过程为止这一期间内所占用的资金。下面以原材料为例，说明储备资金数额的测算方法。

原材料资金占用主要取决于计划期原材料平均日消耗量、原材料计划期价格和原材料资金周转天数这三个因素，其计算公式为：

原材料资金数额＝计划期原材料平均日消耗量×原材料计划期价格×原材料资金周转天数

式中：原材料平均日消耗量由计划期原材料耗用量除以计划期天数决定；原材料计划期价格包括原材料购买价格、运杂费、运输中的合理消耗、入库前的整理准备费用等；原材料资金周转天数则由下式决定：

原材料资金周转天数＝在途日数＋验收日数＋整理准备日数＋应计供应间隔日数＋保险日数

在途日数指由于结算关系，支付货款在先，收到原材料在后而形成的资金占用天数。

验收日数指原材料运到企业后，进行拆包开箱、计量点收、检查化验直到入库为止这一阶段占用资金的天数。

整理准备日数指原材料投入生产以前进行技术加工和生产准备所需要的日数。

应计供应间隔日数是由供应间隔日数和供应间隔系数所确定的天数。

应计供应间隔日数＝供应间隔日数×供应间隔系数

式中：供应间隔日数指前后两次供应材料的间隔时间。供应间隔日数的长短取决于供货单位的供应周期和采购单位的采购周期；供应间隔系数是指用于压缩供应间隔日数的系数。

原材料在途、验收、整理准备时间内资金的占用量是不变的，但是，材料在供应间隔期（即存货周转期）内，资金占用量将随原材料逐渐投入生产过程而不断减少，到下次材料购入前达到最低点，当新材料购入后资金占用量又达到最高点。因此，原材料资金的占用量是在最低点与最高点之间不断变动的。由于企业使用的原材料种类很多，不会在同一时刻达到最低点和最高点，实际资金占用量应是这些材料资金占用的一种加权平均。反映在供应间隔日数上，就是每一种材料的供应间隔日数应根据该种材料的供应和使用状况，考虑到资金调剂使用的可能，将其实际供应间隔日数打一个折扣，这个折扣即为供应间隔系数，其计算公式：

$$供应间隔系数＝\frac{平均每日库存周转储备额}{最高库存周转储备}×100\%$$

$$＝\frac{各种材料每日库存周转储备累计额}{计划日数最高库存周转储备额}×100\%$$

由于上述计算过程比较复杂，在实际工作中多根据经验，分析影响供应间隔系数的各项因素，主观判断确定。

保险日数是指为防止原材料供应由于特殊原因偶然中断而建立的保险储备所占用的资金的日数。确定保险日数主要考虑原材料供应是否稳定，是否有其他替代品，交通运输是否方便可靠等因素。

3. 生产资金的核算

生产资金是指从原材料投入生产开始，到产成品入库为止的整个生产过程所需要的资金，主要指在产品占用的资金。在产品资金数额的计算公式为：

在产品资金数额＝在产品每日平均产量×产品单位计划生产成本×在产品成本系数×生产周期

由于生产费用在生产过程中是逐渐增加的，直到产品完工时才形成完整的产品成本。因此，在整个生产过程中，每天占用的资金并不是在产品数量乘上产品单位计划成本，而需要打一定的折扣，这个折扣就是在产品成本系数。

在产品成本系数根据不同的情况可按不同的方式确定。

（1）生产周期短，生产费用发生不规则，可以确定每日费用发生额的产品，按下述公式计算：

$$在产品成本系数＝\frac{生产周期中每天累计发生费用额的合计}{产品单位计划生产成本×生产周期}×100\%$$

（2）生产一开始投入大量费用，随后陆续比较均衡地投入其他费用的产品，按下述公式计算：

$$在产品成本系数 = \frac{生产过程一开始投入的费用 \times 100\% + 随后陆续投入的费用 \times 50\%}{产品单位计划生产成本}$$

（3）生产过程比较复杂，原材料分次投入的产品，先按各生产阶段分别计算在产品成本系数，然后计算各阶段综合在产品成本系数，其计算公式为：

在产品成本系数 =

$$\frac{\Sigma 各生产阶段在产品单位成本 \times 各生产阶段在产品成本系数 \times 各生产阶段生产周期}{产品单位计划生产成本 \times 各阶段的生产周期之和}$$

$\times 100\%$

4. 产成品资金数额的测算

产成品资金是指从产成品制成入库开始，到销售取得货款或结算货款为止的整个过程所占用的资金。其计算公式为：

产成品资金数额 =

产成品每日平均产量 × 产成品单位计划生产成本 × 产成品资金周转日数

式中：产成品资金周转日数是从产成品入库开始，到取得销售货款或结算货款为止所占用的资金的日数，包括产品存储日数，发运日数和结算日数；产品储存日数是从产品制成入库开始，到产品开始向购买单位发运为止所需要的天数；发运日数是指从产品开始发运起，到取得运输凭证为止所需要的天数；结算日数是指从取得运输凭证开始，到取得货款或结算货款为止的日数。

### 7.4.4 存货的控制及日常管理

1. 存货控制方法

存货控制是指在日常生产经营活动中，根据存货计划和生产经营活动的实际要求，对各种存货的使用和周转状况进行组织、协调和监督，将存货数量（即存货的资金占用量）保持在一个合理的水平上。影响存货数量的因素有：销售额的大小、生产技术特性和生产周期的长短、存货成本的高低等。常用的存货控制方法有经济批量法、ABC 控制法等。

经济采购批量、资金需用量的测定：

（1）材料经济采购批量的确定

经济采购批量是指既能满足生产经营需要，又能使存货费用达到最低的一次采购批量。它涉及存货的成本中的采购费用和保管费用。

对于采购费用来说，它与采购次数成正比，采购次数越多，采购费用应越高。要减少此项费用，就要减少采购次数，增加每次采购量，但会相应地增加库存量。而保管费用与存货量成正比，存货量越多，保管费用也越大，要节约此项费用，就应减少存货量。但要减少存货量，就势必要相应地增加采购次数。

因此，上述两项成本费用对采购次数和采购量提出了截然不同的要求。必须在它们之间取得合理的平衡。在一定期间内假设企业存货项目的全年需要量不变，每一次的订货量会与储存保管费同方向变动，与采购费用反方向变动。要确定经济合理的采购批量，就是要求出上述两项成本费用之和的存货总费用为最小值时的采购批量。

【例 7-7】某安装工程公司 2000 年耗用进水管 4000m，平均每米购价 150 元，一次采购费用为 100 元，年度保管成本为存货购价的 13.33%，试计算其经济采购批量（订货次数分别为 50，40，32，25，20，16，10，8 等八种）。见表 7-14。

**进水管订货批量成本计算表** 表 7-14

全年耗用量（D）4000m；一次采购费用（K）100 元；每米年保管费用 20 元（H）（150×33.33%）

| 订货次数 | 采购批量 | 平均存量 | 年平均采购周期（天） | 全年储存保管费用（元） | 全年采购费用（元） | 全年保管及采购总费用（元） |
|---|---|---|---|---|---|---|
| N＝D/Q | Q | Q/2 | 360/n | Q/2×H | D/Q×K | T＝Q/2×H＋D/Q×K |
| 50 | 80 | 40 | 7.2 | 800 | 5000 | 5800 |
| 40 | 100 | 50 | 9 | 1000 | 4000 | 5000 |
| 32 | 125 | 62.5 | 11.25 | 1250 | 3200 | 4450 |
| 25 | 160 | 80 | 14.4 | 1600 | 2500 | 4100 |
| 20 | 200 | 100 | 18 | 2000 | 2000 | 4000 |
| 16 | 250 | 125 | 22.5 | 2500 | 1600 | 4100 |
| 10 | 400 | 200 | 36 | 4000 | 1000 | 5000 |
| 8 | 500 | 250 | 45 | 5000 | 800 | 5800 |

【解】由上表可知：

全年保管费用＝Q/2×H

全年采购费用＝D/Q×K

全年采购及保管总费用 $T＝Q/2×H＋D/Q×K$

公式中 Q 为变量，D、H、K 为常量，为了求存货费用即 T 为最低的采购批量，需对公式中的变量求导，得出：

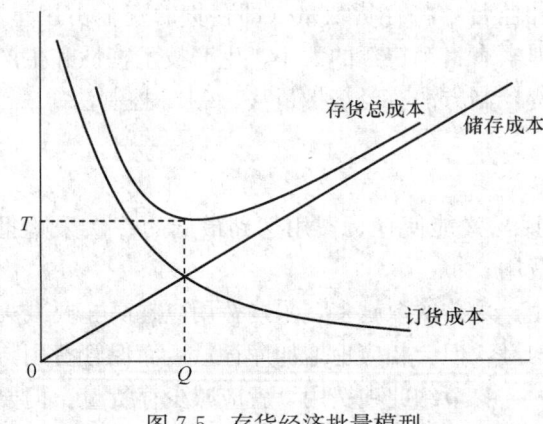

图 7-5 存货经济批量模型

经济采购批量 $Q=\sqrt{\dfrac{2DK}{H}}$

存货总费用 $T=\sqrt{20DKH}$

为了更清楚地显示经济批量法的模型，可绘制下列经济采购批量的函数图，如图 7-5 所示。

图 7-5 标出了存货的采购费用、保管费用及总费用（两者之和）之间的关系。当采购批量很小时，较高的采购费用掩盖了较低的储存费用，总费用较高。随着采购批量的逐渐加大，由于固定的采购费用分摊到逐步增高的存货上，所以总费用曲线逐步下降。但当订货批量继续增大时，增加的储存保管费用超过了减少的单位采购费用，从而引起总费用曲线的重新上升。Q 点正好是储存费用与采购费用相交的点，它表示存货总成本最低的经济订购批量。

（2）保险存货量的确定

前面经济采购批量的确定，是假设公司在一定时期内生产需用量固定不变，而且各项存货从订货至到货间隔期均已确定，企业不存在缺货的情况下做出的。但实际上，各种存货的需求量与耗用量会经常发生变动，交货日期也可能由于某些原因而延误。由于这些不确定因素存在，公司必须备有一定的保险存货，以防止供应延误、库存短缺而造成损失。

公司应保持多少保险库存才合适？这取决于存货需求量和订货间隔期的变化。预期存货需用量变动越大，需要保持的保险库存量就越大；订货间隔期不确定性越大，存货供应脱节风险越大，保持的保险库存量也就越大。

但是必须考虑到，过大的保险库存虽然可以减少缺货损失，却不可避免地会增加储存费用。因此，最佳的保险存货量应使存货短缺所造成的损失和保险存货的储存保管费用之和为最小。

**【例 7-8】** 仍以表 7-14 的资料为例：经济采购批量为 200m，设一个时期内安装需用量不确定的概率，见表 7-15。

材料采购统计表　　　　　　　　　　　　　　表 7-15

| 安装需用量（m） | 概率（%） |
|---|---|
| 200 | 90 |
| 220 | 5 |
| 240 | 3 |
| 260 | 2 |

假定该安装公司在此期间内短缺 1m 水管将损失 40 元。则保险存货量计算见表 7-16。

存货保险量计算表　　　　　　　　　　　　　表 7-16

| 保险存货量（m） | 短缺数（m） | 短缺概率（%） | 缺货损失（元） | | 保管费用（元） | 合计（元） |
|---|---|---|---|---|---|---|
| 0 | 20 | 5 | 20×20×0.05×40 | | | |
| | 40 | 3 | 20×40×0.03×40 | ＝2720 | 0 | 2720 |
| | 60 | 2 | 20×60×0.02×40 | | | |
| 20 | 20 | 3 | 20×20×0.03×40 | | | |
| | | | | ＝1120 | 20×150×13.33%×400 | 1520 |
| | 40 | 2 | 20×40×0.02×40 | | | |
| 40 | 20 | 2 | 20×20×0.02×40 | ＝320 | 40×150×13.33%＝800 | 1120 |
| 60 | 0 | 0 | | | 60×150×13.33%＝1200 | 1200 |

从表 7-16 中可得出当保险储备为 40m 时，缺货损失与保管费用之和为最小。因此以 40m 水管为保险储备量较合适。在这里，缺货损失总额是按下述公式来进行计算的：

$$缺货损失＝采购次数×缺货数量×缺货概率×单位缺货损失$$

（3）再订购点的确定

经济采购批量加保险库存量即为预定的最高存货水平。库存材料量随生产的不断进行逐渐减少。为确保生产经营不间断，应确定再订购点。即在库存材料降至某一程度时，采购部门必须提前发出订货单，以补充存量预防缺货的存货点。

其计算公式如下：

$$再订购点 ＝（订货至到货间隔期×平均每日耗用量）＋保险库存量$$

仍沿用前例，该安装公司日耗用材料 11.11m，从订货至到货间隔期为 10 天，保险储备量 40m，则再订货点为：

$$10 \times 11.11 + 40 = 151.1m$$

（4）库存材料资金占用量测算

通过对库存原材料资金占用量的测算，可以有计划地组织资金调配，合理控制资金使用，从而提高资金利用效益。库存材料资金占用量大小取决于两方面因素：一是由各种材料的经济采购批量和保险库存量所决定的最高储存量；二是公司在生产中耗用各种材料的进度。由于生产所使用材料品种繁多，各种材料投入耗用时间各不相同，而且各种材料往往由几个供应单位交叉供应。当某一种材料刚运抵，使该种材料库存达最高水平时，另一种材料可能因生产耗用而处于较低点。这样，投入各种材料资金的占用量测算，可以以最高材料存货量为基础，给予一定折扣，这个折扣率就是材料平均库存量与最高库存量的比率。库存材料资金占用量计算公式如下：

库存材料资金占用量（金额）＝Σ（材料经济采购批量＋保险库存量）×材料单价×折扣率

【例 7-9】某企业生产耗用 5 种原材料。有关资料，见表 7-17。

生产产品材料消耗表　　　　　　　　　表 7-17

| 材料 | A | B | C | D | E |
|---|---|---|---|---|---|
| 经济采购批量（t） | 18 | 24 | 38 | 49 | 54 |
| 保险储存量（t） | 2.1 | 1.4 | 2.5 | 3.1 | 3 |
| 单价（元） | 3500 | 24 | 1200 | 1400 | 500 |

该企业材料平均库存量与最高库存量比率为 70%，则库存材料资金占用量计算见表 7-18。

材料库存资金占用表　　　　　　　　　表 7-18

| 材料 | 最高库存量（t） | 单价（元） | 库存材料最高资金占用额（元） | 折扣率（%） | 库存材料资金占用量（元） |
|---|---|---|---|---|---|
| A | 20.1 | 3500 | 70350 | 70 | 49245 |
| B | 25.4 | 2400 | 60960 | 70 | 42672 |
| C | 40.5 | 1200 | 48600 | 70 | 34020 |
| D | 42.1 | 1400 | 58940 | 70 | 41258 |
| E | 57 | 500 | 2850 | 70 | 1995 |
| 合计 | — | — | — | — | 169190 |

**2. 存货日常管理**

项目公司一般要有十几至成百上千种存货项目。这些存货的价值与生产耗用量差距很大。有些构成工程或产品实体，有些只起辅助作用。为了加强存货管理，节约资金占用，就必须有所侧重。对企业的全部存货按其重要程度、价值高低、耗用量大小和采购难易程度等作为标准，划分 A、B、C 类，具体做法是：

【例 7-10】某项目公司消耗材料共 20 种，其分类情况，见表 7-19。

**公司材料消费表**                                                    表 7-19

| 材料名称 | 年耗用量（t） | 单价（元） | 年耗用金额（元） | 资金占用比率（%） | 分类 |
|---|---|---|---|---|---|
| 1 号 | 5000 | 70 | 350000 | 35.7 | A |
| 2 号 | 3400 | 60 | 204000 | 20.8 | A |
| 3 号 | 987 | 154 | 152000 | 15.5 | A |
| 3 种材料小计 | | | 706000 | 72 | A |
| 4 号 | 1139.5 | 43 | 49000 | 5 | B |
| 5 号 | 1451.9 | 27 | 39200 | 4 | B |
| （略） | | | | | |
| 5 种材料小计 | | | 196000 | 20 | B |
| 其余 12 种材料 | | | 78000 | 8 | C |
| 合 计 | | | 980000 | 100 | |

以上各种材料按消耗金额大小为分类标准：A 类：耗用金额在 15 万元以上；

B 类：耗用金额在 2 万～15 万元；

C 类：耗用金额在 2 万元以下。

根据上述资料可绘出存货项目分布图，如图 7-6 所示。

从图中可见，A 类存货虽少（15%），但占用的资金多（70%），应集中主要力量管理，对其经济批量要认真规划，对收入、发出要进行严格控制；C 类存货种类繁多（60%），但占用资金不多（8%），不必耗费大量人力物力去管。这类存货的经济批量可凭经验确定，不必花费大量时间和精力去规划和控制；B 类存货介于 A 类和 C 类之间，也应给了相当的重视，但不必像 A 类那样进行严格的控制。

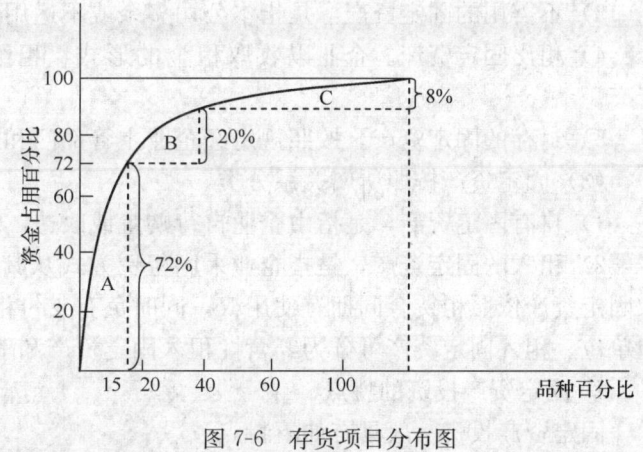

图 7-6 存货项目分布图

# 7.5 固定资产管理

### 7.5.1 固定资产概述

1. 固定资产概念和种类

固定资产是指企业使用年限超过一年的建筑物、机器、机械、运输工具以及其他与生产、经营有关的设备、器具、工具等。不属于生产经营主要设备的物品，单位价值在 2000 元以上，并且使用年限超过 2 年的，也应当作为固定资产。固定资产在一定程度上反映企业在一定时期生产经营规模的大小和生产经营技术水平的高低，对企业的生产能力和获利能力起着重要的作用。加强固定资产的管理，有助于提高固定资产的使用效率，提高固定资产的收益水平，从而提高整个项目建设的经济效益，对项目建设来说具有非常重要的意义。

公司的固定资产种类复杂，数量繁多，在企业生产经营中所起到的作用也不一样。为了加强对固定资产的管理，应对其进行适当分类。

（1）固定资产按照经济用途分类

1）生产用固定资产，是指直接服务于项目建设、经营过程的各种固定资产。如生产经营用的建筑物、机器、设备、器具、工具等。

2）非生产用固定资产，是指不参与项目建设管理过程的（如用于职工文化教育、医疗卫生等方面的）各种固定资产，如职工宿舍、医院、学校、幼儿园、托儿所、俱乐部、食堂和浴室等单位所使用的房屋、设备等。

（2）固定资产按照使用情况分类

1）使用中的固定资产，是指正在使用或由于季节性和大修理等原因暂时停用的固定资产，以及存放在生产部门、销售部门、科研开发部门等备用的机器设备。

2）未使用的固定资产，是指已完工或已购建的尚未正式使用的新增固定资产以及因进行改建、扩建等原因暂停使用的固定资产。如公司购建的尚未正式使用的固定资产、经营任务变更停止使用的固定资产以及主要的备用设备等。

3）不需用的固定资产，是指本公司多余或不适用的各种固定资产。

4）租出固定资产。企业以收取租金的形式，租给外单位在一定时期内使用的固定资产。

5）封存的固定资产。按照规定经企业主管部门和同级财政部门批准封存不用的设备。

（3）固定资产按照所属关系分类

1）自有固定资产，是指由企业自行购置或改造，产权归企业自己所有的固定资产。

2）租入的固定资产，是指企业采用租赁方式从其他单位租入的固定资产。企业对租入固定资产依照租赁合同拥有使用权，同时负有支付租金的义务，但资产的所有权属于出租单位。租入固定资产可分为经营性租入固定资产和融资租入固定资产。

2. 固定资产投资的特点

固定资产投资一般具有如下特点：

（1）固定资产投资的数额大，回收时间长。固定资产投资的决策一经做出，便会长时间影响企业，其投资的数额需要数年甚至数十年才能全部收回。对公司的命运起着决定性的影响。这就要求企业在固定资产投资前必须经过谨慎的考虑，方可进行投资。

（2）固定资产投资变现能力差。固定资产的实物形态主要是厂房和机器设备，这些资产很难改变其使用用途，出售困难，变现能力差。若要改变其使用用途，代价又太高。因而，固定资产投资具有一定的不可逆转性。

（3）固定资产投资的次数较少。相对流动资产投资，由于固定资产投资数额较大，一般几年甚至十几年才发生一次，因而固定资产投资必须经过专门的研究和评价，以保证投资决策的正确性。

（4）固定资产投资的实物更新与价值补偿相分离。固定资产的价值补偿是随着固定资产的使用，以折旧的形式逐步进行并从销售收入中得到补偿的。而固定资产的实物更新是在原有固定资产到达有效使用年限时，才利用平时积累的货币准备金去实现的。因而固定资产的价值补偿和实物更新在时间上是分离的。

（5）固定资产占用的资金量相对稳定。固定资产投资完成后，资金占用数量便相对稳定。这是因为在一定的业务量范围内，通过提高固定资产的使用效率等手段便可以增加业务量而不需要增加固定资产。反之，业务量减少，企业为维持一定的生产能力也不必出售固定资产。

### 7.5.2　固定资产的日常管理

固定资产是公司在项目建设、经营过程中重要的生产资料，因此必须加强固定资产的管理。固定资产的日常管理可以分为以下几个部分：

**1. 固定资产取得时的管理**

公司可以以不同的方式取得固定资产，固定资产在取得时，应按取得的成本入账。取得时的成本包括买价、进口关税、运输和保险等相关费用，以及为使固定资产达到预定使用状态所必要的支出。对于公司新取得的固定资产，管理部门应协同有关部门深入现场，根据有关凭证认真办理验收手续、清点数量、检查质量、核实造价和买价，以便发现问题时及时采取措施解决。

（1）公司购入的不需改造即可使用的固定资产，按实际支付的买价、包装费、运输费、安装成本、交纳的税金等作为入账的价值。外商投资企业因采购国产设备而受到的税务机关退还的增值税款，应冲减固定资产入账价值。

（2）自行建造的固定资产，按建造该项资产达到预定可使用状态前所发生的全部支出，作为入账价值。

（3）投资者投入的固定资产，按投资各方确认的价值，作为入账价值。

（4）融资租入的固定资产，按租赁开始日租赁资产的原账面价值与最低租赁付款额的现值两者之中较低者，作为入账价值。

（5）接受捐赠的固定资产，若捐赠方提供了有关凭据的，按凭据标明的金额加上应支付的相关税费，作为入账价值；若捐赠方没有提供凭据的，如果存在固定资产活跃市场的，按同类资产的市场价格估计的金额，加上应支付的相关税费，作为入账价值。如果不存在同类活跃市场的，按接受捐赠的固定资产预计未来现金流量的现值，作为入账价值。

**2. 固定资产使用中的管理**

（1）制定固定资产目录分类方法

制定固定资产目录是为了明确固定资产管理和核算的范围。企业应根据国家有关财务制度的规定和企业固定资产的实际管理状况，把固定资产的目录、分类方法等编制成册，并按照管理权限，经股东大会或董事会，或经理会议或类似机构的批准，按照法律、行政法规的规定报送有关部门备案。固定资产的使用部门或保管单位编制固定资产目录，以便于企业了解固定资产的分布状况。

（2）建立固定资产账目、卡片

为了详细、准确、及时地反映企业固定资产的增减变化和使用、转移等情况，公司财务部门和各使用单位都应建立各自相应的账目并经常核对。固定资产卡片是按每项固定资产单独设立的，详细登记固定资产的类别、编号、名称、规格、预计使用年限和原值以及发生固定资产的修理、内部转移、停止使用等情况。调出或报废固定资产时，应根据有关凭证注销卡片，并另行归档保管。固定资产卡片一式多份，由财务部门、财产管理部门、使用部门和各有关部门分别持有、保存。建立固定资产卡片有利于固定资产管理做到有物有卡，促进使用单位管理好固定资产。

（3）实行固定资产的归口分级管理制度

该制度要求公司在取得固定资产以后，对公司的固定资产建立相应的归口分级制度，把固定资产的管理权限和责任具体落实到有关部门和使用单位，建立实物的管理责任制，使固定资产的安全保管和有效使用得到保证。确保固定资产作用的正常发挥。

（4）定期检查盘点固定资产

企业应定期组织固定资产的检查和盘点工作。对于盘盈、盘亏、毁损的固定资产，应当查明原因，写出书面报告，并根据企业的管理权限，经股东大会或董事会，或经理会议或类似机构批准后，在期末结账前处理完毕。

（5）实行固定资产更新年限的经济性原则

由于固定资产在更新时需要投入较大的一笔资金，而且存在更新时的经济寿命和技术寿命的问题，所以在固定资产更新时需要进行相应的决策分析，根据经济合理的原则确定何时进行更新。

（6）确保固定资产的充分使用和固定资产生产最大可能性原则

固定资产在一定程度上的闲置和浪费会使企业造成不必要的支出，因而要将企业的固定资产全部投入使用，尽量不出现闲置的情况。对于未使用的固定资产应将其尽快投产，对于不需用的固定资产，若有一定经济价值，应将其出租或者进行其他企业的产品加工，否则就将其出售或处理以收回资金，使生产经营和服务领域固定资产所占的比重最大。非生产经营领域的固定资产应适当占有一定的比例，要体现出非生产经营性固定资产对企业生产的积极作用。

（7）计提减值准备

公司的固定资产应当在期末时按照账面价值与可收回金额孰低计量，对可收回金额低于账面价值差额的，应当计提固定资产减值准备。

3. 固定资产处置时的管理

（1）固定资产调出及报废的管理

企业应设立固定资产登记簿，将固定资产增减变动及内部转移情况及时登记在登记簿上，并相应建立固定资产增减变动、转移交接和报废情况等手续制度。企业调出固定资产时，要核实有关调拨手续、查对实物、按质计价，并办好报批手续。固定资产报废时，也要按规定办理报废手续，经批准报废清理的固定资产，财务部门要会同其他有关部门到现场参加鉴定，核实实物，做好残料入库及变价收入入账等工作。

（2）固定资产出售的管理

公司应将不需用的固定资产进行及时处理，如进行出售。出售固定资产时应对固定资产的价值进行考察，并办理相关的会计手续，在明细账里进行相应核算。

### 7.5.3  固定资产折旧

1. 固定资产折旧的概念、范围及影响因素

固定资产折旧是指在固定资产使用寿命内，按照确定的方法对应计折旧额进行的系统分摊。其中，应计折旧额指应当计提折旧的固定资产原价扣除其预计净残值后的余额，如

果已对固定资产计提减值准备，还应当扣除已计提的固定资产减值准备累计余额。

固定资产折旧计入生产成本的过程，即是随着固定资产价值的转移，以折旧的形式在产品销售收入中得到补偿，并转化为货币资金的过程。

可折旧固定资产并不是所有固定资产，可折旧固定资产应具备条件是：使用年限有限而且要合理估计，也就是说固定资产在使用过程中会被逐渐损耗直到推动使用价值，土地就是典型的不可折旧固定资产。我国新财务制度对计提折旧的固定资产范围作了规定，以施工、房地产企业为例，计提折旧的固定资产，包括房屋及建筑物、在用施工机械、运输设备、生产设备、仪器及试验设备、其他固定资产，季节性停用、修理停用的固定资产，融资租赁方式租入和经营租赁方式租出的固定资产。不计提折旧的固定资产，包括除房屋及建筑物以外的未使用、不需用固定资产，经营租赁方式租入的固定资产，已提足折旧继续使用的固定资产，破产、关停企业的固定资产，提前报废的固定资产等。

在计算固定资产折旧时应当考虑三个因素：固定资产成本、残值和使用寿命。

（1）固定资产原值

这里指固定资产的账面成本。用基本建设拨款或基本建设贷款购建的固定资产，以建设单位交付使用的财产明细表中确定的固定资产价值为原值。

用专项拨款，专用基金和专项贷款购建的固定资产，以实际购建成本为原值。

有偿调入的固定资产，以调拨价格或双方协议价格，加上包装费、运杂费和安装费后的价值为原值。

无偿调入的固定资产，按调出单位的账面原价减去原来的安装成本，加上调入单位安装成本后的价值为原值。

（2）残值

对固定资产进行处置时估计可望收回的市场价值净额，如果在固定资产处置时会发生清理费用，则应从处置收入扣除，其差额作为残值。如果未来的残值不确定或很小，可估计为零。如果固定资产处置时的清理费用高于清理收入，估计的残值为负数。

固定资产成本与残值的差额称为折旧基础。

（3）使用寿命

固定资产在其报废处置之前所提供的服务的单位数量，服务单位既可用固定资产的服役时间表示（如年、月），也可以用固定资产的业务量或产出量表示（如机器小时、钢铁的吨数、汽车行驶的里程数），最常见的表示方式为固定资产的服役时间。固定资产使用寿命的上限是物质寿命。

影响固定资产使用寿命的因素主要是物质损耗和功能损耗，物质损耗是固定资产在使用过程中产生的物质磨损，或因自然环境所造成的物质上的侵蚀，使用越频繁、自然条件越恶劣，固定资产使用寿命越短。功能损耗是因固定资产过时或不适应技术进步要求而造成的，如固定资产功能落后、新型同类固定资产因技术进步而降低生产成本等。

2. 固定资产折旧计提范围

（1）应当计提折旧的固定资产

企业在用的固定资产（包括经营用固定资产、非经营用固定资产、租出固定资产等）一般均应计提折旧，具体范围包括：

1）房屋和建筑物；

2）在用的机器设备、仪器仪表、运输工具、工具器具；

3）季节性停用、大修理停用的固定资产；

4）融资租入固定资产和以经营租赁方式租出的固定资产。

（2）不提折旧的固定资产

不计提折旧的固定资产包括：

1）房屋、建筑物以外的未使用、不需用固定资产；

2）以经营租赁方式租入的固定资产；

3）在建工程项目交付使用以前的固定资产；

4）已提足折旧继续使用的固定资产；

5）国家规定不提折旧的其他固定资产，如土地等。

已全额计提减值准备的固定资产，按规定不再计提折旧。

企业一般应按月提取折旧，当月增加的固定资产，当月不提折旧，从下月起计提折旧；当月减少的固定资产，当月照提折旧，从下月起不提折旧。固定资产提足折旧后，不管能否继续使用，均不再提取折旧；提前报废的固定资产，也不再补提折旧。

3. 固定资产折旧方法

企业应当根据固定资产所含经济利益预期实现方式选择折旧方法，可选择的折旧方法包括年限平均法、工作量法、年数总和法和双倍余额递减法。折旧方法一经确定，不得随意变更。如需变更，应当在会计报表附注中予以说明。

（1）年限平均法

年限平均法又称直线法。是将固定资产的折旧均衡地分摊到各期的一种方法。采用这种方法计算的每期折旧额均是相等的。计算公式如下：

$$年折旧率 = \frac{1 - 预计净残值率}{预计使用年限} \times 100\%$$

$$月折旧率 = 年折旧率/12$$

$$月折旧额 = 固定资产原价 \times 月折旧率$$

采用年限平均法计算固定资产折旧虽然比较简便，但它也存在着一些明显的局限性。首先，固定资产在不同使用年限提供的经济效益是不同的。一般来讲，固定资产在其使用前期工作效率相对较高，所带来的经济利益也就多；而在其使用后期，工作效率一般呈下降趋势，因而，所带来的经济利益也就逐渐减少。平均年限法不考虑这一事实，明显是不合理的。其次，固定资产在不同的使用年限发生的维修费用也不一样。固定资产的维修费用将随着其使用时间的延长而不断增大，而年限平均法也没有考虑这一因素。

当固定资产各期的负荷程度相同，各期应分摊相同的折旧费，这时采用年限平均法计算折旧是合理的。但是，若固定资产各期负荷程度不同，采用年限平均法计算折旧时，则不能反映固定资产的实际使用情况，提取的折旧数与固定资产的损耗程度也不相符。

（2）工作量法

工作量法是根据实际工作量集体折旧额的一种方法。这种方法弥补了平均年限法只重使用时间，不考虑使用强度的缺点，其计算公式为：

$$每一工作量折旧额 = \frac{固定资产原价 \times （1 - 预计净残值率）}{预计总工作量}$$

　　　　某项固定资产月折旧额＝该项固定资产当月工作量×每一工作量折旧额

（3）加速折旧法

加速折旧法也称为快速折旧法或递减折旧法，其特点是在固定资产有效使用年限的前期多提折旧，后期则少提折旧，从而相对加快折旧的速度，以使固定资产成本在有效使用年限中加快得到补偿。

加速折旧的计提方法有多种，常用的有以下两种：

1）双倍余额递减法

双倍余额递减法是在不考虑固定资产残值的情况下，根据每期期初固定资产账面余额和双倍的直线法折旧率计算固定资产折旧的一种方法。计算公式为：

$$年折旧率＝\frac{2}{预计使用年限}×100\%$$

$$月折旧率＝年折旧率/12$$

$$月折旧额＝固定资产账面净值×月折旧率$$

由于双倍余额递减法不考虑固定资产的残值收入，因此，在应用这种方法时必须注意不能使固定资产的账面折余价值降低到它的预计残值收入以下，即实行双倍余额递减法计提折旧的固定资产，应当在其固定资产折旧年限到期以前两年内，将固定资产净值扣除预计净残值后的余额平均摊销。

2）年数总和法

年数总和法又称合计年限法，是将固定资产的原值减去净残值后的净额乘以一个逐年递减的分数计算每年的折旧额，这个分数的分子代表固定资产尚可使用的年数，分母代表使用年数的逐年数字总和。计算公式如下：

$$年折旧率＝\frac{尚可使用年数}{预计使用年限的年数总和}×100\%$$

或者，

$$年折旧率＝\frac{预计使用年限－已使用年限}{预计使用年限×（预计使用年限＋1）/2}×100\%$$

$$月折旧率＝年折旧率/12$$

$$月折旧＝（固定资产原值－预计净残值）×月折旧率$$

采用加速折旧法后，在固定资产使用的早期多提折旧，后期少提折旧，其递减的速度逐年加快。加快折旧速度，目的是使固定资产成本在估计耐用年限内加快得到补偿。

折旧仅仅是成本分析，不是对资产进行计价，其本身既不是资金来源，也不是资金运用，因此，固定资产折旧并不承担固定资产的更新。但是，由于折旧方法会影响企业的所得税，从而也会对现金流量产生一定影响。

**【例 7-11】**企业某项固定资产原价为 50000 元，预计使用年限为 10 年，预计残值收入为 3000 元，预计清理费用为 1000 元，求固定资产年折旧额、月折旧额。

**【解】**固定资产年折旧额＝[50000－（3000－1000）]/10＝4800 元/年

　　　　　　　固定资产月折旧额＝（4800÷12）＝400 元/月

**【例 7-12】**某公司有货运卡车一辆，原值为 100000 元，预计净残值率为 5%，预计总行驶里程为 60 万 km，当月行驶里程为 4000 公里。求该项固定资产的月折旧额。

**【解】**单位里程折旧额＝100000×（1－5%）÷600000≈0.1583 元

本月折旧额＝4000×0.1583＝633.20 元

【例7-13】某电子生产企业进口一条生产线，安装完毕后固定资产原价为300000元，预计净残值为8000元，预计使用年限5年。求该生产线按双倍余额递减法计算的各年折旧额。

【解】

双倍余额折旧法的折旧率＝(2÷5)×100%＝40%

第一年应提折旧＝300000 元×40%＝120000 元

第二年应提折旧＝(300000－120000)×40%＝72000 元

第三年应提折旧＝(300000－120000－72000)×40%＝43200 元

第四年固定资产账面价值＝300000－120000－72000－43200＝64800 元

第四、五年每年应提折旧＝(64800－8000)÷2＝28400 元

每年各月折旧额根据年折旧额除以12来计算。

【例7-14】新民工厂有一台电子设备，原价160000元，预计可使用5年，预计净残值为5000元。

要求：(1) 用平均年限法计算年折旧额和月折旧额；

(2) 用双倍余额递减法计算年折旧额；

(3) 用年数总和法计算年折旧额。

【解】

(1) 平均年限法年折旧额＝(160000－5000)/5＝31000 元

平均年限法月折旧额＝31000/12＝2583.33 元

(2) 应用双倍余额折旧法 (表7-20)

双倍余额递减法折旧计算表　　　　　　　　　　　　　表 7-20

| 年次 | 期初账面余额 | 折旧率 | 年折旧额 | 累计折旧额 | 期末账面余额 |
|------|------|------|------|------|------|
| 1 | 160000 | 40% | 64000 | 64000 | 96000 |
| 2 | 96000 | 40% | 38400 | 102400 | 57600 |
| 3 | 57600 | 40% | 23040 | 125440 | 34560 |
| 4 | 34560 | | 14780 | 140220 | 19780 |
| 5 | 19780 | | 14780 | 155000 | 5000 |
| 合计 | — | | | 155000 | 5000 |

注：第4、5年折旧额＝(34560－5000)÷2＝14780 元。

(3) 应用年数和法 (表7-21)

年数总和法折旧计算表　　　　　　　　　　　　　表 7-21

| 年次 | 应计折旧总额（元） | 折旧率 | 年折旧额（元） | 累计折旧额（元） |
|------|------|------|------|------|
| 1 | 155000 | 5/15 | 51667 | 51667 |
| 2 | 155000 | 4/15 | 41333 | 93000 |
| 3 | 155000 | 3/15 | 31000 | 124000 |
| 4 | 155000 | 2/15 | 20667 | 144667 |
| 5 | 155000 | 1/15 | 10333 | 155000 |
| 合计 | | — | 155000 | 155000 |

# 7.6 其他资产管理

## 7.6.1 无形资产的投资与管理

无形资产是指为企业生产商品或者提供劳务、出租给他人、或为管理目的而持有的没有实物形态的非货币性长期资产。随着科学技术的发展和市场竞争的加剧，无形资产对企业越来越重要，因此对无形资产的管理尤为重要。

1. 无形资产的特点

无形资产是一种特殊的资产，其特点如下：

（1）无形资产没有物质实体。无形资产不像有形资产那样有具体的物质形态，它通常表现为企业所拥有的具有一定价值的特殊权力。

（2）无形资产可在较长期限内发挥作用。无形资产一经取得或形成就可为企业长期拥有，并在较长期限内使用，为企业带来收益。

（3）能够给企业提供未来经济效益的大小具有较大的不确定性。无形资产的经济价值在很大程度上受企业外部因素的影响，其预期的获利能力不能准确地加以确定。无形资产的取得成本不能代表其经济价值，一项取得成本较高的无形资产可能为企业带来较少的经济效益，而取得成本较低的无形资产也可能为企业带来较大的利益。

（4）无形资产的取得具有排他性。无形资产在取得后，所有权和使用权为所有者独占，表现为具有一定的排他性，其他的企业未经允许不可以使用和拥有。

2. 无形资产的内容

（1）专利权

专利权是国家授予发明人在一定的有效期限内对其发明创造的使用和转让的权力。专利权可以由创造发明人申请获得或者向他人购买。企业取得专利权后，可以拥有一定的独占权，通过使用专利权，企业可以降低成本或者生产出价廉物美的物品，确定企业的竞争优势。在一定的期限内，企业还可以对专利权进行转让，获得转让收入。

（2）专有技术

专有技术是指由企业研制和发明的生产、制造工艺过程的秘密和各种诀窍。这种专有技术不公开申请专利，而由发明者秘密保存。

专有技术不同于专利技术。专利技术受法律的保护，并且有一定的法律期限，期满专利权终止，失去法律的保护，任何人都可以使用。专有技术没有法律的保护，只有靠拥有专有技术的企业和个人来维护其利益，在向他人进行转让时，要用合同对对方予以约束。专有技术没有规定的期限，可以长期保密，但是一旦泄露，专有技术将不复存在。

（3）专营权

专营权是指政府或其他企业授予的经营某项业务的独占特权。专营权根据授权人的不同可分为两种：一种由政府机构授权，准许企业使用共有财产或在一定地区享有某种业务的独占权，如公共交通、电力、电话、自来水、煤气等；另一种是一个企业根据合同授予另一个企业使用其商标、商号、专利权、专有技术的权利。

（4）土地使用权

土地使用权是指根据我国有关法规和合同所获得的使用一定土地的权利。在我国，土地归国家所有，出资方不能使用土地进行投资，只能使用土地所有权进行投资，企业对土地只有使用权而没有所有权。

企业通过行政划分方式取得的土地使用权，不能作为无形资产进行管理。

（5）商标权

商标权是专门在某类指定的商品或产品上使用特定的名称或某种图案的权利。企业拥有的商标权受法律保护，若是知名商标权，可以为企业带来较多的收益。商标权可依法进行转让。

（6）商誉

商誉是指一个企业由于种种原因所形成的资产报酬率超过同行业正常报酬的能力。这些原因包括：企业所处的地理位置优越；拥有先进技术或生产诀窍，企业信誉好；管理水平先进；经验丰富；历史悠久等原因。

3．无形资产的分类

（1）无形资产按是否可以辨认，分为可辨认无形资产和不可辨认无形资产。可辨认无形资产是指这类无形资产能够单独辨认，如专利权、专营权、租赁权等都属于这类资产。这类资产可以单独取得，也可以与其他资产一起获得。不可辨认无形资产是指这类无形资产不能单独辨认，也不能单独获得，如企业的商誉。

（2）无形资产按有无有效期限，分为有限期无形资产和无限期无形资产。有限期无形资产是指无形资产的有效期是由法律规定的，如专利权、商标权、著作权等都规定有效期。无限期无形资产是指有效期在法律上没有具体规定的无形资产，一般可以长期使用，如商誉、非专利技术等都没有规定有效期限。

（3）按无形资产是否受法律的保护，分为权力无形资产和非权力无形资产。凡受到法律保护的无形资产均属于权力资产，如专利权、商标权等。凡不受法律保护的无形资产均属于非权力资产，如非专利技术等。

4．无形资产管理

（1）无形资产取得的管理

企业在取得无形资产时，应对无形资产的投资作可行性研究。因为无形资产投资不同于固定资产，它所带来的收益具有不确定性，这不仅指无形资产投资期和投资的超额受益难以确定，而且也指获得超额受益的时间也很难预测。

（2）无形资产使用和摊销的管理

1）无形资产使用管理

积极利用无形资产，使之发挥最大经济效益原则。这要求企业要分了解无形资产的技术指标或使用性能，尽可能挖掘无形资产的使用潜力，提高无形资产的利用率，发挥无形资产的最大经济效益。

实行无形资产的归口分级管理原则。无形资产在日常的使用过程中，要实施无形资产的归口分级管理制度。各个部门按照经济责任制的要求，实行分级分部门管理，加强有关部门及有关责任人的经济责任，提高无形资产的使用能力及获利能力。

2）无形资产的摊销管理

企业要按照现行财务制度的有关规定，在有效期限内合理地对企业的无形资产成本进行摊销。无形资产的摊销一般采用直线法。直线法摊销无形资产的关键在于无形资产摊销期的确定。摊销期按下列原则进行处理：

第一，合同规定受益年限但法律没有规定有效年限的，摊销年限不应超过合同规定的受益年限；

第二，合同没有规定受益年限但法律规定有效年限的，摊销年限不应超过法律规定的受益年限；

第三，合同规定了受益年限，法律也规定了有效年限的，摊销年限不应超过受益年限和法律规定的有效年限两者之中较短者。

如果合同没有规定受益年限，法律也没有规定有效年限的，摊销年限不应超过10年。

企业购入或以支付土地出让金方式取得的土地使用权，在尚未开发或建造自用项目以前，作为无形资产核算，并按财务制度规定的期限分期摊销。房地产开发企业开发商品房时，应将土地使用权的账面价值全部转入开发成本；企业因利用土地建造自用某项目时，将土地使用权的账面价值全部转入在建工程成本。

企业的无形资产在使用过程中，若成本发生改变，则应按照财务制度的有关规定对其摊销额及成本进行适当调整。若无形资产预期不能为企业带来经济利益时，企业应将该无形资产的账面价值予以转销。

（3）无形资产出租与出售的管理

企业可将无形资产的使用权进行依法出租。企业出租无形资产的使用权，企业仍然保留对无形资产的所有权，承租方在接受出租方出租的无形资产时，必须根据法律法规和合同的规定，按指定用途使用。企业出租的无形资产，应当按照财务制度的相关收入确认原则确认所取得的租金收入；同时，确认出租无形资产的相关费用。企业出租无形资产所取得的租金收入，计入其他业务收入；结转其发生的成本计入其他业务支出。

企业亦可以出售无形资产的所有权，此时的购买方对无形资产就具有占有、使用、受益和处理的权利。企业出售无形资产，应将所得价款与该项无形资产的账面价值之间的差额，计入当期损益。企业出售无形资产的收益，作为营业外收入处理；若发生损失，则作为营业外支出处理。

### 7.6.2 其他资产

其他资产是指企业除流动资产、长期投资、固定资产和无形资产以外的资产，主要包括长期性质的待摊费用和其他长期资产。施工企业的其他资产包括临时设施、特准储备物资、银行冻结存款、冻结物资、涉及诉讼中的财产等。其中，比重较大，普遍存在的是临时设施。特准储备物资是指具有专门用途，但不参加生产经营的经国家批准储备的特种物资。

### 思 考 题

1. 流动资产管理的含义是什么？
2. 现金的周转受哪些因素的影响？
3. 现金管理的主要目的是什么，包括哪些内容？
4. 应收账款的作用是什么？简述应收账款的信用政策。
5. 如果一个企业从来都没有坏账损失，这是否是最好的信用管理模式？
6. 简述存货的分类及功能。

7. 存货成本的构成及其含义是什么?

8. 固定资产的含义是什么?

9. 影响固定资产折旧的主要因素包括哪些?

10. 固定资产日常管理包括哪些方面?

## 计 算 题

1. 某公司的存货周转率为 6,应收账款周转率为 10,应付账款周转率为 12。若 1 年按 360 天计,问:

(1) 该公司的存货周转期,应收账款周转期和应付账款周转期各是多少?

(2) 该公司的营运资金周转期是多少?

2. 设期末现金最低余额为 5000 元,银行借款的最小单位为 1000 元,贷款年利息率为 10%,还本时付息,根据以上条件完成下面的现金预算,见表 7-22。

**某公司存货购置资料**(单位:万元)　　　　　　　　　　表 7-22

| 项目摘要 | 1 季度 | 2 季度 | 3 季度 | 4 季度 | 全 年 |
|---|---|---|---|---|---|
| 期初现金余额 | 8000 | | | | |
| 加:现金收入 | | | 96000 | | 32100 |
| 可动用现金合计 | 68000 | | | | |
| 减:现金支出 | | | | | |
| 采 购 | 35000 | 45000 | | 35000 | |
| 营业费用 | | 30000 | 30000 | | 113000 |
| 购置设备 | 8000 | 8000 | 10000 | | 36000 |
| 支付股利 | 2000 | 2000 | 2000 | 2000 | |
| 合 计 | | 85000 | | | |
| 现金多余(不足) | (2000) | | 11000 | | |
| 融通资金 | | | | | |
| 银行借款 | | 15000 | | | |
| 归还借款 | | | | | |
| 归还利息 | | | | | |
| 期末现金余额 | | | | | |

3. 某公司经销甲商品;该商品的售价为每件 10 元,进价为每件 7 元。据分析,如果该公司提供的销售信用期为 20 天,年销量为 20 万件;若将信用期拓展至 30 天,年销量可达 30 万件。不论信用期限多长,因此发生的固定性费用均为 8000 元。试计算不同信用期限下的应收账款资金占用(设平均收款期与信用期天数相同)。

4. 已知某种存货的经济批量订货次数为每年 10 次,该存货每天平均耗用 4 件,缺货成本为零,求该存货的:

(1) 年订货总数;

(2) 经济订货批量;

(3) 年平均存货水平。

5. 已知关于部件 A 的下列信息:

(1) 每次订货必须为 100 的倍数;

（2）年需求为 3×3000；

（3）购进价为每件 10 元；

（4）订货费用为每次 150 元；

（5）运输期间为 3 天；

（6）安全存货为 1000 单位；

（7）持有成本为部件单位价格的 30%。

计算部件 A 的：

（1）最佳经济订货批量；

（2）年订货次数；

（3）订货时的存货水平；

（4）假定持有成本上升到 50%重新计算（1）、（2）、（3）。

6. 某企业 2002 年 9 月 20 日自行建造的一条生产线投入使用，该生产线建造成本为 740 万元，预计使用年限为 5 年，预计净残值为 20 万元。在采用年数总和法计提折旧的情况下，2003 年该设备应计提的折旧额为多少万元？

7. 某建筑企业计划生产 A、B 两种建筑材料产品，耗用甲材料的单耗分别为 10kg 和 20kg，产量分别为 1000 件和 500 件，甲材料的计划单价为 10 元，每次采购费用为 1600 元，单位材料的年保管费为其价值的 40%。

计算：（1）甲材料的经济订货批量。

（2）如果每次进货量在 5000kg 以上，可享受 2%的折扣，这时的经济批量是多少？

8. 某城市有两家银行，其中一家为内资银行，另一家为外资银行。现假设两家的计息方法和利率水平都不同，外资银行采用复利法，不管存期的长短，年利率一律为 4%，每年复利两次；而内资银行采用单利法，10 年期的银行存款利率为 4.5%。现某人有在 10 年内不需要使用的多余资金 1000000 元需要存入银行，假设两银行在其他方面的情况完全一致。试问，该人的多余资金应该存入哪家银行？

# 8 工程项目成本管理

## 【学习目标】

本章主要介绍工程成本管理的基本原理、特点及成本方案策划方法。

要求掌握工程成本的基本概念、分类和指标结构；掌握工程成本与工程造价原理、结构和指标的联系与区别；掌握运用 BIM（Building Information Modeling）信息技术将造价成本转换为工程财务成本；熟悉运用工程成本测算挣值方法、目标成本方法和作业成本方法等对预算成本、计划成本和实际成本分析；掌握工程成本资金流量方案编制，融资方案编制和增值税务方案的编制；通过目标控制、编制工程成本决算表。理解工程成本控制方法，实现工程项目全过程建设中的盈利目标。

## 【重要术语】

工程项目成本 成本控制 成本预测 成本计划 成本分析 目标成本 价值工程 目标成本管理 成本控制

# 8.1 工程成本管理概述

成本费用是企业在生产和销售活动，以一定种类与数量产品为对象，发生的各种资源耗费的经营活动。为完成这一活动，企业力求以较少的耗费来寻求补偿，并获取最大限度的利润。因此，实施这一管理行为就是成本管理。

成本的计量是用货币计量及货币单位完成的，成本的基本属性就是经济价值，因此，成本管理行为属于财务管理范畴。

### 8.1.1 工程成本概念

#### 1. 成本的性质

成本概念的财务学含义来自于成本经济学性质，是"商品价值的组成部分，即补偿所消耗的生产资料价格和所使用的劳动力价格的部分，只是补偿商品使资本家自身耗费的东西，所以对资本家来说，这就是商品的成本价格"[①]。

成本概念的经济性质，从两个角度理解：第一，从生产耗费角度指明了产品成本的经济实质是 $C+V$，即对物化劳动和活劳动的消耗，实际上是 $C+V$ 的价格即成本价格。第二，从生产补偿角度指明了成本补偿商品生产中资本自身消耗的东西，实际上是说明了成本对再生产的作用。也就是说产品成本是企业维持简单再生产的补偿尺度。由此可见，在一定的产品销售量和销售价格条件下，产品成本水平的高低，不但制约着企业的生存，而且决定着剩余价值 $M$ 即利润的多少，从而制约着企业扩大再生产。

---

① 《资本论》第 3 卷。《马克思恩格斯全集》第 25 卷，人民出版社 1974 年版，第 30 页。

因此，根据马克思政治经济学原理，商品价值（$W$）的构成：

$$W=C+V+M$$

式中　$C+V$——生产成本；

　　　　$C$——商品价值中物化劳动耗费价值；

　　　　$V$——劳动者为自己劳动所创造的价值；

　　　　$M$——劳动者为社会劳动所创造的价值。

上式表明了商品生产成本与商品价值的关系，商品成本价值包括：

（1）生产过程中耗费的物化劳动的转移价值，包括材料消耗、燃料消耗等劳动对象消耗价值和机器设备、房屋建筑物等劳动资料的磨损价值；

（2）劳动者劳动中必要劳动所创造的价值，包括支付给职工的工资、福利费、奖金、津贴、补贴等。

2. 成本的概念

成本概念的解释主要有以下几个方面：

（1）成本是生产和销售一定种类与数量产品所耗费资源用货币计量的经济价值。企业产品生产所消耗的生产资料和劳动力用货币计量，就表现为材料费用、折旧费用、人员薪酬费用等。企业的经营活动不仅包括生产，也包括销售活动，因此在销售活动中所发生的费用，也应计入成本；企业为管理生产所发生的费用，也应计入成本等。

（2）成本是为取得物质资源所需付出的经济价值。企业为进行生产经营活动，购置各种生产资料或采购商品而支付的价款和费用，就是购置成本或采购成本。随着生产经营活动的不断进行，这些成本就转化为生产成本和销售成本。

（3）成本是为达到一定目的而付出或应付出资源的价值牺牲，它可用货币单位加以计量。

（4）成本是为达到一种目的而放弃另一种目的所牺牲的经济价值。

以上解释中（1）、（2）是从广义成本角度解释；（3）是从货币价值角度提出；（4）是从机会成本角度展示的。财务管理的解释是：成本是指在企业生产经营活动中，根据企业成本管理要求，依据企业会计准则、财务会计制度和成本管理规定，通过正常的成本核算程序计算出来的货币总额，企业生产经营过程中为产品生产发生的各项费用和税金等；同时，需要将实际成本与管理活动相结合，将它与计划成本、标准成本或目标成本比较后，对其进行成本分析、控制和考核。它可以是产品成本，也可以是劳务成本等。

成本与费用存在区别与联系。

联系表现：成本是企业产品对象化项目的总耗费；费用是企业生产经营发生过程中的所有耗费。因此，本质上都是耗费。

差异表现：第一，成本是构成产品的费用；费用既包括成本部分，还包括非成本支出，即管理费用、财务费用及营业外支出等。第二，成本是为产品取得经营收入补偿的耗费；费用是企业为获取利润而发生消耗。因而，利润＝收入－费用。

3. 工程成本概念

工程成本，亦称为工程项目成本。其特征是建设活动的一次性、项目对象的单件性、管理内容的系统性、管理方法科学性和交易关系复杂性，是建设项目过程中所耗费的生产资料转移价值和劳动者必要劳动所创造的价值的货币表现。

　　从财务学解释是建筑施工与房地产企业为建设某工程项目过程中发生的，以工程项目为核算对象进行分配和归集的，为工程项目施工所耗费的一切支出总额。

　　因此，工程成本是建筑企业建设项目施工的生产成本；是为建设工程项目直接发生和间接发生的一切费用；是为补偿建筑企业所耗费的物化劳动、活劳动以及为工程项目而发生的生产费用的标尺，见图8-1、表8-1。

建设项目工程成本结构　　　　　　　　　　　　　　　　表8-1

| 建筑工程项目建造成本 | | | | | 利润 | 税金 |
|---|---|---|---|---|---|---|
| 直接成本 | | | | 间接成本 | | 增值税 |
| 人工费 | 材料费 | 机械费 | 措施费 | 规费、企业管理费 | | |
| 工程项目造价 | | | | | | |

　　工程成本在管理过程中基于不同专业视角，其表现的结构和内容存在着联系与区别，其中最为典型的是工程财务成本管理与工程造价成本管理，企业成本管理与工程项目成本管理的联系与差异，如图8-2所示。

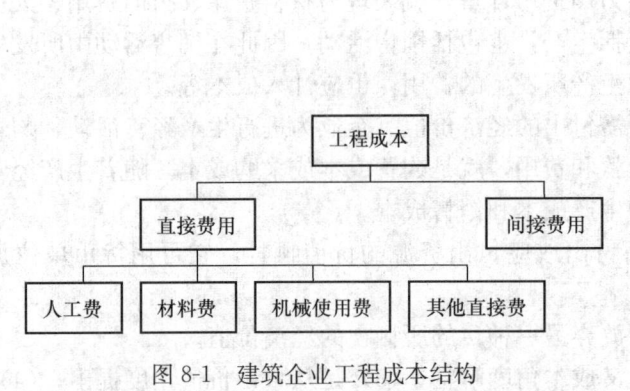

图 8-1　建筑企业工程成本结构

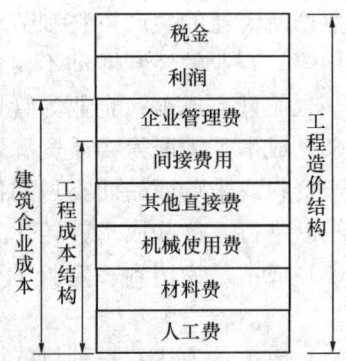

图 8-2　工程成本与工程造价
及企业成本关系

　　（1）工程成本与工程造价关系

　　相同点：①工程项目相同；②计算方法相同；③应用工程技术相同；④管理主体相同。

　　差异点：①管理目标不同；②指标结构不同；③管理功能不同；④信息报表不同。

　　（2）工程成本与企业成本关系

　　相同点：①企业性质相同；②成本制度相同；③核算体系相同。

　　差异点：①成本目标不同；②管理边界不同；③管理内容不同；④管理功能不同；⑤管理信息不同。

　　总之，工程成本管理是以特定的工程项目为成本管理目标，运用工程管理理论与方法、BIM信息技术计算、工程造价信息等为基础，依据财务价值管理原则，通过构筑工程成本目标、成本责任、成本组织和工程资金流量等管理方案，实现对特定工程项目经济效益预测、计划、控制和考核评价的过程。

　　4. 工程成本的内容

　　工程成本内容包括：工程项目建造中消耗的主要材料、辅助材料及其他材料等劳动对象的价值；建造过程中所耗用的施工机械、运输设备等劳动资料的价值，以折旧费的形式计入施工项目成本；施工生产人员必要劳动所创造的价值，以工资及福利费的形式支付并计入施工项目成本，其他直接费和工程项目现场管理发生的各种耗费等。即企业用于工程项目和管理的一切费用的总和，综合反映工程中的劳动消耗和物资消耗状况，属于反映工程项目经营管理成果的一个综合性指标。

工程成本指标结构，分为直接成本、间接成本两方面。

直接成本包括：人工费、材料费、机械使用费和其他直接费。其各自组成的内容为：

（1）人工费指列入预算定额中从事工程施工人员的工资、奖金、工资附加费以及工资性质的津贴、劳动保护费等。

（2）材料费指列入预算定额中构成工程实体的原材料、构配件和半成品、辅助材料以及周转材料的摊销及租赁费用。

（3）机械使用费指列入预算定额内容，在施工过程中使用自有施工机械所发生的机械使用费和租用外单位施工机械的租赁费及安装、拆卸及进出场费。

（4）其他直接费，亦称为措施费，指工程项目施工前和施工过程中所发生的，为工程项目建造所消耗的不形成工程实体的相关费用，主要包括技术措施费和组织措施费。

①组织措施费主要包括：安全、文明施工费，施工现场直接耗用的水、电、气等费用，其中安全、文明施工费是由《建筑安装工程费用项目组成》中措施费所含的环境保护费、文明施工费、安全施工费、临时设施费组成。

②技术措施费主要包括：施工现场发生的二次搬运费，冬雨季施工增加费，夜间施工增加费，流动施工津贴，大型施工机械进出场安装拆迁费、施工用电用水费、排水费、特殊地区施工增加费，铁路、公路工程行车干扰费，送电工程干扰通信保护措施费，特殊工程技术培训费等。

工程成本直接税金为实际缴纳的增值税（2016年5月1日起建筑业全面推开营业税改征增值税，即实际缴纳的增值税费用）。

间接成本是指直接从事施工的单位或工程项目部为组织管理在项目施工过程中所发生的施工现场组织管理各项支出。其分为规费和企业管理费两类。

（1）规费是由行政政府管理部门针对工程建设必须缴纳的相关费用，包括工程排污费、工程定点测定费、工程保修费、管理人员社会保障（失业保障金、养老金保险金、医疗保险金等）。

（2）企业管理费是施工现场发生的工程组织管理费用，包括施工单位管理人员的工资、奖金、津贴、职工福利费行政管理费、固定资产折旧及修理费、物资消耗、低值易耗品摊销、管理用的水电费、办公费、差旅费、检验费、劳动保护费及其他费用和其他税金（包含城市维护建设税、教育附加费、地方教育附加等）。间接成本不包括企业行政管理部门发生的各项管理费用与财务费用。

### 8.1.2 工程成本管理的分类

根据工程项目生产经营以及工程产品的特点和成本管理的要求，工程项目成本可按不同类型进行如下分类：

1. 按成本管理目标分类

工程成本包括：预算成本、计划成本和实际成本。

（1）预算成本。是指按建筑企业或房地产公司依据市场经济环境，对建设工程项目实物量和国家或地区或企业制定的预算定额即取费标准计算的市场平均成本或企业平均成本，是以工程项目施工图预算为基础进行分析、预测、归集和计算确定的。预算成本包括直接成本和间接成本，是控制成本支出、衡量和考核工程项目实际成本节约或超支的重要目标。

（2）计划成本。是指按建筑企业或咨询公司依据市场经济环境，在预算成本的基础上，根据企业或工程项目部管理水平（如内部承包合同的规定），结合工程项目的技术特征、自然地理特征、劳动力素质、技术设备先进程度以及工程管理水平等确定的标准成本，亦称目标成本。计划成本是实际控制工程项目成本支出的执行标准，是工程成本管理的直接目标。

（3）实际成本。是指按建筑企业或工程项目部依据市场经济环境，工程项目在施工建造过程中实际发生的、列入工程成本支出的各项费用的总和。是工程项目施工活动过程中实际劳动耗费的综合反映。

预算成本、计划成本、实际成本之间既有区别也有联系。预算成本反映工程项目的预计支出，计划成本反映特定企业或项目部管理成本能力，实际成本反映工程项目的实际支出。实际成本与预算成本相比，可以反映社会平均成本或企业平均成本的超支或节约，综合体现施工项目的经济效益；实际成本与计划成本的差额即是工程项目成本的实际降低额，实际成本降低额与计划成本的比值称为实际成本降低率。预算成本与计划成本的差额是项目的计划成本降低额，计划成本降低额与预算成本的比值是计划成本降低率。通过几种成本的相互比较，可以分析和考核成本计划的执行情况。

$$实际成本降低额＝实际成本－计划成本$$

$$实际成本降低率＝实际成本降低额÷计划成本$$

$$计划成本降低额＝计划成本－预算成本$$

$$计划成本降低率＝计划成本降低额÷预算成本$$

2. 按成本管理对象分类

工程成本包括：建设项目工程成本、单项工程成本、单位工程成本、分部工程成本或分项工程成本。

（1）建设项目工程成本。是指工程项目在一个总体设计方案或初步设计范围下，由一个或几个单项工程组成，经济上独立核算，建成后可以独立发挥生产能力或经济效益的各项工程所发生的全部施工生产费用的总和。如某个机械制造厂的工程成本等。

（2）单项工程成本。是指具有独立的设计文件，在建成后可以独立发挥生产能力或经济效益的各项工程所发生的全部施工生产费用的总和。如某个机械制造厂内的某一个生产车间（分厂）、某幢办公楼、某幢职工宿舍的工程成本等。

（3）单位工程成本。是指单项工程内具有独立的施工图和独立施工条件的工程项目所发生的全部施工生产费用。如某机械制造厂的某车间厂房建设工程的建筑工程成本、设备安装工程成本等。

（4）分部工程成本。是指单项工程内按工程结构部位或主要工种部分进行施工所发生的全部施工生产费用。如某机械制造厂的某车间工程的基础工程成本、钢混凝土框架主体工程成本、屋面工程成本等。

（5）分项工程成本。是指分部工程中划分最小施工过程施工时所发生的全部施工生产费用，如基础开挖、砌砖、绑扎钢筋等的工程成本，是组成建设项目成本的最小成本单元。

3. 按工程项目的进度分类

工程成本包括：本期施工成本、已完工程成本、未完施工成本、竣工工程成本。

（1）本期施工成本。是指施工工程项目在成本计算期进行施工生产所发生的全部施工生产费用，包括本期完工工程成本和本期期末未完施工的工程成本。

（2）已完工程成本。是指施工工程在项目成本计算期内已完工的实际成本。

（3）未完施工成本。是指施工工程在项目成本计算期内尚未完工的实际成本。

（4）竣工工程成本。是指施工工程在项目达到工程施工图规定完成任务，可以进行验收时全部工程完工成本。

4. 按工程成本性质分类

工程成本包括：固定成本（费用）与变动成本（费用）。

（1）固定成本。是指在一定期间和一定工程量范围内，发生的成本费用额不受工程量的增减变动而变动（即相对固定）的那一类成本。如固定资产折旧、固定资产大修理、管理人员工资、行政办公费等，如图 8-3 所示。

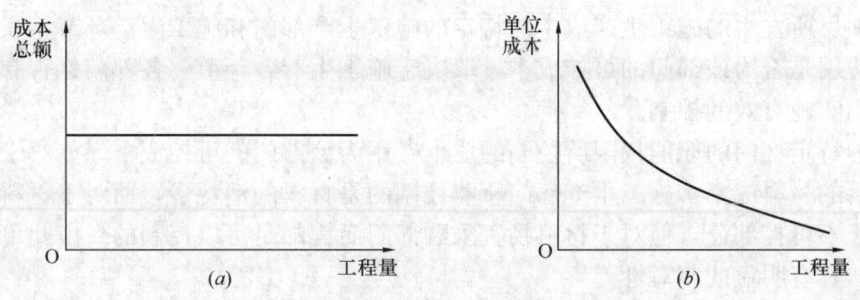

图 8-3　固定成本特性
（a）固定成本总额；（b）单位产品固定成本

固定成本根据习惯通常又进一步分为酌量性固定成本（选择性固定成本）和约束性固定成本（经营能力成本）。选择性固定成本是指成本费用是否发生以及成本费用数额的大小取决于经营决策，即可以由经营决策的不同决定是否发生以及发生多少。如广告费、职工培训费、产品研发费等。约束性固定成本是通过经营决策也无法改变其是否发生以及发生多少的固定成本。如折旧费、管理人员工资等。这些成本费用的多少是由企业生产经营能力所决定的，也就是说，一经形成企业生产经营能力，这些成本费用每期必须固定发生或支付。

企业要控制或降低酌量性固定成本，主要在于优化企业经营决策。控制或降低约束性固定成本，只有从经济合理利用生产能力、提高劳动生产效率等方面着手。

（2）变动成本。是指成本费用总额随工程量的增减变动而成正比例变动的成本费用，如直接用于工程项目的主要材料、实行计时工资制的施工生产工人人工工资等。但其单位成本费用却随工程量的变化保持不变，如图 8-4 所示。

将工程成本或工程费用划分为固定成本和变动成本，对企业加强成本管理、精准分析

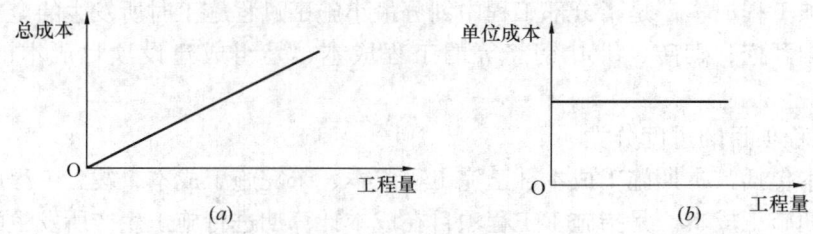

图 8-4 变动成本特性

(*a*) 变动成本总额；(*b*) 单位变动成本

成本结构、优化成本决策具有十分重要的作用，也是工程成本控制和考核的前提条件。

（3）混合成本。是指成本费用既有变动成本的特性，又有固定成本的特性。如现场经费。

5. 按工程成本的可控性划分

工程成本包括可控成本与不可控成本。

工程成本的可控与不可控一般具有相对性。从成本影响因素划分，政府政策、市场环境、市场因素、价格因素、金融因素等一般属于不可控因素。而工程量、工程技术装备、人力资源、管理要素等属于可控因素。

工程项目所发生的施工生产成本与特定的施工生产部门和施工生产环节相联系，所发生的成本费用是否为该部门的可控成本，取决于施工生产各环节、各部门是否有能力对这些成本费用实施有效的控制。

能够为特定部门的职能权限所控制的成本费用为该部门的可控成本。如对于施工生产过程中发生的材料成本，施工生产部门所能控制的是材料的消耗量，而对于材料的价格部分，则属于不可控部分，但对于材料物资采购部门而言却是可以控制的。由此可见，可控与不可控，具有明显的相对性。

划分可控成本与不可控成本有助于明确成本费用责任，便于进行成本分析与考核。

### 8.1.3 工程成本影响因素

工程项目成本发生与项目建设活动一致，因而工程成本影响因素包括：施工项目组织模式、工程技术条件、完工工程时间（进度）、工程质量、工程安全、工程信息等管理与控制。

1. 工程项目组织

项目组织依据不同项目类型，其存在不同的成本组织方式。基本的组织模式是建立工程项目部，实行项目经理负责制。项目成本管理贯穿工程项目管理的始末，必须要有组织保证。

工程项目部是以项目经理为核心的相对独立的经济实体，是工程成本管理的主体，项目经理是项目成本管理的第一责任人，以项目经理为核心，工程项目部各专业管理及全员施工人员参与的成本组织管理体系。为有效实施工程项目成本管理，必须明确成本管理目标，落实工作职责，赋予相应的权利，以充分有效地履行职责，形成责权利相结合的成本管理机制。对于大中型建设项目，根据企业组织模式或成本管理模式，创新成本管理组织形式，如成本管理中心、预算成本模式、作业成本管理模式等，充分实现成本管理目标。

2. 工程质量

质量就是产品的适用性，即产品在使用时能够满足客户需要的程度。工程质量取决于工程项目所在的国家、地区对工程项目要求的技术规范、环境规范，用户对产品的功能要求和使用目的与标准要求等，甚至还有项目投资资金的影响。因此，质量与成本是项目成本管理中的一对矛盾，要求质量高，其投资金额也必然提高；质量要求仅符合基本要求，则相对投资金额满足项目建设即可。其他如工程技术及装备先进性、员工技术、安全和职业综合素质，企业科学管理流程等，都是影响其工程项目质量的重要因素。

3. 工程进度

工程进度是工程项目建设的全部过程中的时间效率安排，一般又称为工期，是指工程从开工之日起到全部建成为止所需要的建造时间。工程进度通常体现了工程完成时间的安排；工程进度体现了项目各项资源耗费时间；工程进度是资金时间价值的标准，工程进度直接影响成本与效益的评价。因此，工程进度提前与落后，必然对工程成本带来影响，如进度提升或超前，成本应得到节约；反之，就一定会加大。工程项目成本（如索赔结果）的产生，受工程进度影响，对项目承包商而言最佳进度时间必然产生最优的成本管理，从而印证了"时间就是效益"的名言。

4. 工程风险

工程项目建设由于建设周期较长，建造中将会受到系统风险如政策、法律、制度、市场和自然灾害等变动因素以及非系统风险如工程技术水平、管理水平、人员素质和企业制度等因素的影响，直接导致预算成本与实际成本的差异，导致工程成本增加，从而影响工程项目利润目标和公司总体经营目标。

## 8.2 工程成本管理内容

### 8.2.1 工程成本管理的概念

1. 工程成本管理定义

工程成本管理是以土木工程为载体的工程项目，依据企业经营管理总体目标和工程项目合同约定，针对其管理活动一次性、对象单一性、内容系统性、管理方法科学性以及涉及关系复杂性等特点，运用成本管理理论与方法，对工程成本实施成本预测、成本计划、成本控制、成本分析与成本考核等管理行为的总称。其目的是实现经营管理目标，提升企业竞争水平，配置工程资源消耗，实现工程项目目标利润。

这一概念明确了工程成本的管理对象是土木工程项目实体；提出了工程成本管理内容是优化配置工程资源消耗；符合工程成本管理的5个特点；遵循工程成本管理的5环节；实现工程成本管理目标。

2. 工程成本管理要求

第一，遵守工程管理合同。工程项目是以工程契约为双方权利与义务实现的准则，工程成本管理的载体是工程建设活动，工程成本是工程实体的货币价值的表现，因此一般条件下，工程造价是工程项目价值目标，是工程取费与利润标准，工程成本是在实际工程中消耗的必要资源，也是通过成本管理实现特定项目的利润结果。

第二，遵循工程成本管理客观规律。工程成本管理区别于企业成本管理，它必须基于特定的工程项目，运用科学的成本管理理论，完成从成本计划、成本核算、成本分析和成

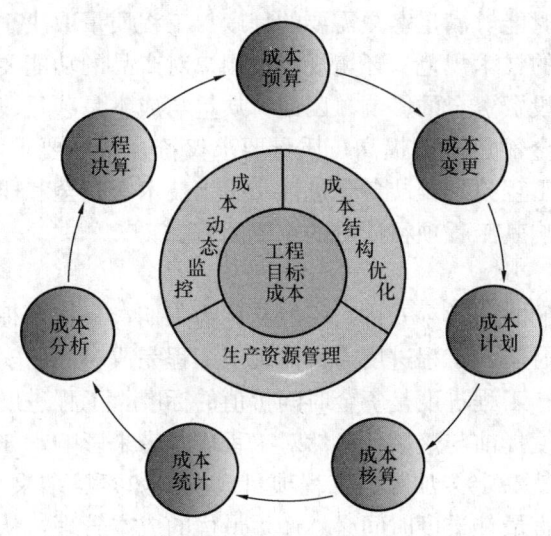

图 8-5 工程成本管理流程

本考核及评价的行为，特别是通过制定特定工程项目成本控制方案实施，完成管理行为，如图 8-5 所示。

第三，遵循可操作性原则。成本管理是依据现代成本管理理论，运用科学的成本管理模式，运用工程管理、工程造价提供的工程技术信息、工程造价信息和客户对工程必要的需求，应用 BIM 信息技术，编制工程成本管理方案，明确成本控制目标、责任目标和利润目标，落实工程建设的不同进度、质量、安全和环境资源配置现金流量金额。

3. 工程项本管理特点

学习工程成本管理，必须理解和掌握其特点：

（1）管理对象单件性。土木工程项目具有特定的工程形态、工程结构、工程资源消耗、工程实施技术与组织等，因而每项工程项目成本管理过程也具备独特性。有的工程项目可能由多个单位工程组成，但其管理对象仍然是单独管理。虽然财务成本管理方法可以通用，但具体实施时却各有不同，不能照搬或套用，只能因项目而异，如图 8-6 所示。

图 8-6 建筑工程项目成本特征

（2）管理过程一次性。工程项目从基础施工、主体封顶、装修直至竣工验收，循序渐进不可重复，这要求成本管理遵守建设活动客观规律，特别是对周期长、投入耗资大的工程项目，例如"三峡水利工程项目"，如果没有科学、严密的成本管理，其损失将是巨大的甚至无可挽回的。

（3）管理系统综合性。工程成本管理包括预测、计划、控制、分析和考核 5 大环节；另外，工程成本管理是在施工现场进行的，它与施工过程的组织、质量、工期、安全、环境、沟通等影响因素紧密相关，各项管理活动同步进行，因而成本管理只有紧紧依靠各部门通力配合与协调、沟通与协作，如财务部门与工程部门、合约部门、供应采购部等管理部门等合作，才能取得良好的管理效果和效益。

（4）管理行为动态性。所谓动态性，是指工程成本管理以预算设定的目标成本及相应措施实施全过程监督、控制、调整和修正。动态性的基础是建立在对客户意愿和要求，即充分与客户的沟通，而不是自我封闭的成本跟踪。虽然存在着市场经济条件下外部条件，如建材价格、设计变更、工程延期、资金的到位情况等不确定性因素，都会直接影响到施工项目的实际成本。但是，只有对客户的要求进行充分沟通，才能发现成本偏差，及时采取有效措施，以达到控制成本的目的。这一特点更加突出了工程项目成本管理在施工项目管理中的核心地位。

4. 现代工程成本管理理论

建筑与房地产企业在实施成本管理体系时，重要是具备适应市场经济要求的管理理念与理论作为指导，才能有效地建立适应本企业或项目部的成本管理体系，实现优化成本目标。

（1）信息技术成本管理观念

现代工程管理处于大数据、信息化、网络化和视频化的时代，必然要运用信息化技术手段提升工程成本管理的全寿命周期性、可视性、动态性和精准性。主要运用现代工程实体设计信息技术、工程数据库技术、市场价格信息技术、合同管理信息技术、实体建造可视频化技术、工程预测与决策信息技术等，实现工程项目成本的创新管理。

第一，工程实体设计信息：主要是运用 BIM 信息技术，将工程项目设计实体的建筑设计、结构设计、给水排水设计、设备设计及环境设计等，实现信息化、数据化和视频化管理，保证了全寿命周期的成本管理基础。

第二，工程项目市场价格信息：主要运用物联网技术，将工程市场、材料市场、人力资源市场、设备市场、投资与融资资金市场等有机组合，通过专业的工程招标与投标软件实现工程各类造价成本的组合，制定出工程成本管理的最优方案。

第三，施工成本动态管理：运用 BIM 信息技术、可视化设备和电子传感技术等，实施施工工程项目现场的动态管理，并运用信息传输发现实时的工程活动出现的问题，查询引起工程成本波动变化的原因，及时地改善成本管理方式或手段，实现现场成本的动态管理。

第四，资金流信息控制：成本管理以工程项目为载体，以工程活动为过程，实质上是资金流动的管理过程。主要包括投融资资金信息、银行机构资金信息、企业资金管理中心信息、工程施工资金流量信息（计划、结算、决算、付款、贷款和还款等），从而保证成本管理的真正效率。

21 世纪是信息技术飞跃发展的时代，谁能在信息技术实现全过程、全寿命、全体系，就能在工程市场的竞争中取得优势。

（2）为客户创造价值成本管理观念

传统的成本管理理念起源于对投入资金的节约或对资源消耗的降低，其出发点是产生于对提升自身管理水平的立场角度，并不考虑产品或商品对客户的影响。而"为客户创造价值"实现成本管理是出自于现代营销的理论，在马丁·克理斯托夫（英）所著《为利益相关方创造价值》和《关系营销—形成和保持竞争优势》等专著中出现，提出了如何将质量、服务和营销融为一体。建立以客户价值创造和价值增值为目的的成本管理体系，成为现代企业成本管理的主流，进一步改进了企业的成本管理模式。

（3）成本目标系统管理观念

在市场经济环境下，建筑企业或项目部在进行成本控制时，必须具备成本系统管理观念。将企业或项目部成本控制视为一个系统，强调整体与局部、工程项目与企业，在成本控制方案设计时对成本控制对象、内容、方法进行全方位的分析研究。

工程成本管理的系统涉及各个方面，主要包括施工系统、管理系统、技术系统、人才系统、组织系统和财务管理系统等。

系统成本管理的实质是在进行工程成本控制方案设计时，以既要以工程项目对象为整体系统出发，同时也要从企业管理系统、施工技术系统、生产要素系统、安全管理系统、环境保护系统、人才责任系统等，才能全面提升工程成本管理水平。

工程成本系统管理因素如下。

①工程成本费用因素：人工费、材料费、机械使用费、其他直接费和间接费用。

②成本管理内容因素：工程成本、质量成本、安全成本、环境成本、变更因素成本和物流成本等。

③工程成本对象因素：建设项目成本、单项工程成本、单位工程成本、分部分项成本等。

④工程成本管理责任因素：项目经理成本责任、作业班组成本责任、采购部门成本责任等。

⑤按成本分析方法：变动成本、固定成本、成本动因等。

通过不同系统的结构达到成本控制的目的。

（4）成本与效益管理观念

市场经济条件下，企业的目的在于追求最大的经济效益。工程成本管理要为这个目的服务，必然要讲求成本效益，树立成本效益观念。所谓成本控制设计的成本效益观念就是在进行成本控制时，要从"投入"与"产出"的对比分析来看待"投入（成本）"的必要性、合理性，即考察成本高低的标准是产出（收入）与投入（成本）之比，该比值越大，则说明成本效益越高，相对成本越低；考察成本应不应当发生的标准是产生（收入）是否大于为此发生的成本支出，如果大于，则该项成本是有效益的，应该发生。否则，就不应该发生。

另外，成本效益观念是从工程成本控制的过程分析，在对施工过程中对于哪些通过技术创新、管理创新和理念创新能最大限度地减少浪费，或者改善生产方式而取得效益的，同样也体现了成本效益观念。传统的成本管理是以企业是否节约材料、人工、机械等费用为依据，片面地从降低成本乃至力求避免某些费用的发生入手，强调节约和节省。传统成本管理的目的可简单地归纳为减少支出、降低成本，这就是成本论成本的狭隘观念，现代成本控制效益规则是从技术创新、管理创新的角度去分析工程项目设计、管理模式上存在落后，以及从市场变动的机会中寻求成本管理的创新，从而在满足业主要求的前提下实现管理上效益和经济效益。

在市场经济环境下，经济效益始终是企业管理追求的首要目标，工程成本管理工作中应该树立成本效益观念，实现由传统的"节约、节省"观念向现代综合效益、客户效益观念转变。

（5）精益建造成本管理观念

精益施工方式是通过系统结构、人员组织、运行方式和市场供求等方面的改革，保证生产施工系统能适应工程成本管理变化的需求，并在建造过程中追求精益求精和不断完美，消除生产活动中的浪费，不断降低成本，进而增强核心竞争力、提升企业或建造中的效益。运用中，主要体现对项目建造中的技术、过程、生产、管理等运动过程进行剖析，保证在全生产过程中成本与效益一致性。

（6）战略成本管理观念

工程成本管理的战略成本观念，主要体现运用战略成本管理思想，在制定工程成本管理方案时，在方案中体现企业将工程项目成本管理处于企业核心竞争地位；在工程作业分析时，运用价值链分析、作业动因分析，对工程项目从宏观到微观、从整体到局部、从技术到管理、从市场到客户的全过程构建工程成本控制体系，实现企业的成本控制目标。

实现战略成本管理必然体现以下要素：

1. 知识资本管理。知识资本是现代知识经济最基本的形态，知识创造价值是工程项目在质量、进度、环境、安全和效益的创新因素，因而，企业或项目部在工程项目建造全寿命周期中如何学习知识、如何运用知识和实现知识创造价值，体现了工程价值的新型管理手段。

2. 人力资本管理。人力资本是知识资本和人生产要素的结合体，形成人力资本后，将具有知识、生产技能和智慧的创新能力，并在一定条件下转化为生产能力，从而实现成本管理能力。工程项目具有优秀管理团队，团队具有专业的人员，就是工程人力资本创造价值的管理行为；同时对人力资本的尊重体现在人力成本的预算。人力资本管理观念应用在工程成本控制中的每个环节，具备人力资本管理的成本管理，将有助于将工程成本从事后管理向成本事前管理转移；从重物质管理向重人力管理转移；将工程成本管理的空间延伸到工程项目的全过程。

3. 职业文化管理。工程职业文化是企业组织在长期的实践活动中所形成的并且为组织成员普遍认可和遵循的具有本组织特色的职业价值观念，项目部具有工程专业的职业素质、职业意识、职业作风、职业行为规范和职业思维方式，将有力提升成本管理效益和效率。工程成本管理离不开职业文化的强有力支撑。

**8.2.2 工程成本管理原则**

工程成本管理原则是实施项目成本管理的依据和基础。在进行工程成本管理行为时，必须遵循以下的基本原则：

（1）成本最低化原则

工程成本管理的目的是需要通过成本管理的各种手段降低项目施工成本，达到可能实现最低的目标成本的要求。目标成本或标准成本的确定，是工程成本管理体系中的先导环节，为实际成本提供了评价依据，也是工程项目效益的最低容忍值，否则企业将会发生亏损。但在实行成本最低化原则时，应注意降低成本的可能性和合理的成本最低化，绝不能片面追求低成本，从而降低施工现场的设施数量和工程质量标准。

（2）全面控制原则

全面成本管理是运用现代成本管理的思想与方法体系，依据现代企业成本运动规律，以优化成本投入、改善成本结构、规避成本风险为主要目的，对项目建设管理活动实行全过程、广义性、动态性、多维度成本控制的理论、管理制度、实施机制和行为方式。其核心思想就是对项目实施价值链管理模式，通过对项目建设的直接影响或间接影响因素的分析，构建统一的管理体系，并在这一系统内各项活动之间建立相互联系，即某项活动进行的方式影响其他活动的成本与效率，从而比竞争对手更好地控制成本动因，保证项目质量，创造出一种竞争优势，从而达到加强企业核心能力的目的。

（3）动态控制原则

工程项目的一次性，要求成本控制时不仅应事先制定成本控制目标，更应强调项目发生的中间环节实施过程控制；不仅是在既定条件下对成本进行控制，而且是在环境条件变动的情况下完成控制（如利率、汇率、材料价格等）。甚至在资源变动的情况下，也能实施控制（如人力资源、组织资源等情况下）。将变动对项目产生的损失影响减少到最小，实现管理最优目标。

（4）目标管理原则

目标管理原则就是在将项目资源的消耗编制成预算的基础上，根据企业的经营总目标，进行预算目标成本的分解、控制分析、考核、评价的一系列成本管理工作。它以明确标准为核心，以落实指标为手段，以提高效益为目的，以激发团队或人的创造性为出发点，形成了一个全企业、全过程、全员的多层次、多方位的成本管理，以达到少投入、多产出、获得最佳经济效益的目的。因此，它是企业降低成本的有效方法。目标既是计划工作的主要内容，也是制定计划的基本依据。科学的计划工作主要是正确地预测未来的发展，选择好目标方向，有效地利用现有的资源（人力、财力、物力），获得更好的项目经济与社会效益。其内容应包括：目标的设定和分解；目标的责任到位和执行；检查目标的执行结果；评价目标和修正目标。以此形成目标管理的计划、实施、检查、处理循环，即PDCA循环①。

（5）责任制原则

为了实行全面成本管理，必须对施工项目成本进行层层分解，以分级、分工、分人的成本责任制作保证。施工项目部应对企业下达的成本指标负责，班组和个人对项目经理部的成本目标负责，以做到层层保证，定期考核评定。成本责任制的关键是划清责任，并要与绩效考核挂钩。这一原则不仅实现了责任分工，同时也具备激励机制的效用。

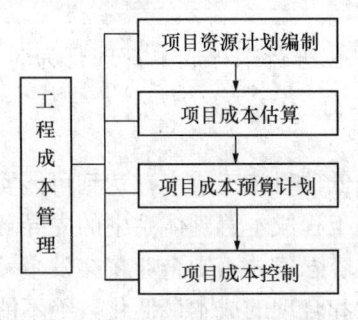

图 8-7 工程项目成本管理程序

### 8.2.3 工程成本管理程序

工程成本管理过程，是工程项目建造活动与财务管理行为的有机结合，如图 8-7 所示。

这一过程我们稍作简化，主要过程包括了成本预测、成本计划、成本控制、成本核算和成本分析与考核 5 个环节。对工程项目成本管理而言，有的过程存在先后次序，有的过程存在交叉，有的过程需要合并（如成本预测与计划编制）；成本核算由财务会计人员完成，这一过程属于管理过程，成本控制与分析、考核属于同一过程。对于有些中小工程项目过程还可以简化，或同步进行，或注重控制过程。

---

① PDCA 为计划（Plan）、执行（Do）、检查（Check/Study）、处理（Act），又称"戴明循环"，由美国统计大师威廉•爱德华兹•戴明（William Edwards Deming）改进后的目标管理模型。

## 8.3 工程成本资源计划编制

工程项目建设是消耗各项资源的过程，工程成本则是因项目而发生的各种资源耗费的货币体现，被称为工程费用。编制工程项目各工程进度中资源耗费计划，其目的是：第一，明确工程项目各项资源的消耗量和总量；第二，为工程项目资源采购制定计划；第三，为工程成本管理方案编制提供准确的价、税、费依据。总之，实施工程项目成本管理必须将工程项目耗费资源计划列为首要过程。为工程成本管理依据，其基本结构为直接费用和间接费用，见表 8-2。

工程项目费用项目结构表 表 8-2

| | | | |
|---|---|---|---|
| 工程项目费用项目结构 | 直接费用 | 直接工程费用 | 人工费 |
| | | | 材料费 |
| | | | 机械使用费 |
| | | 措施费用 技术措施费用 | 设备进出场及安装费 |
| | | | 混凝土、钢筋混凝土模板及支架费 |
| | | | 脚手架费 |
| | | | 施工排水及降水费 |
| | | | 专业工程专用措施费 |
| | | 组织措施费用 | 环境保护费 |
| | | | 临时设施费 |
| | | | 夜间施工费 |
| | | | 冬雨季施工增加费 |
| | | | 二次搬运费 |
| | | | 包干费 |
| | | | 已完工工程及设备保护费 |
| | | | 工程定位复测、点交及场地清理费 |
| | | | 材料检验试验费 |
| | 间接费用 | 企业管理费用 | 管理人员工资 |
| | | | 办公费 |
| | | | 差旅交通费 |
| | | | 固定资产使用费 |
| | | | 工具用具使用费 |
| | | | 劳动保险费 |
| | | | 工会经费 |
| | | | 职工教育经费 |
| | | | 财产保险费 |
| | | | 财务费用 |
| | | | 税金 |
| | | | 其他 |

续表

| 工程项目费用项目结构 | 间接费用 | 规费 | 社会保障费 | 职工养老保险费 |
|---|---|---|---|---|
| | | | | 职工失业保险费 |
| | | | | 职工医疗保险费 |
| | | | 住房公积金 | |
| | | | 危险作业意外伤害保险 | |
| | | | 工程排污费 | |
| | | 安全文明施工专项费、工程定额测定费 | | |
| | 利润 | | | |
| | 税金 | 扣减的增值税（城市维护建设税、教育附加费项进入企业管理费用） | | |

注：其中，税前工程费用为人工费、材料费、施工机械（具）使用费、企业管理费、利润和规费之和，各费用项目均以不包含增值税可抵扣进项税额的价格计算。

进项税额汇总计算表　　　　　　　　　　　表 8-3

| 序号 | 项 目 名 称 | 金额（元） | 序号 | 项 目 名 称 | 金额（元） |
|---|---|---|---|---|---|
| 1 | 材料费进项税额 | | 5 | 安全文明施工费进项税额 | |
| 2 | 机械费进项税额 | | 6 | 建设工程竣工档案编制费进项税额 | |
| 3 | 施工组织措施费进项税额 | | 7 | 住宅工程质量分户验收费进项税额 | |
| 4 | 企业管理费进项税额 | | 8 | 总承包服务费进项税额 | |
| | 合计 | | | 合计 | |

工程成本管理的目的是确保工程项目实际发生成本不超过工程预算成本，保证项目在批准的预算成本内按时、按质、经济高效地完成既定工程目标。

### 8.3.1　资源计划的内容

1. 工程项目资源计划的概念

工程项目资源计划是指要确定完成项目建设活动所需资源种类、数量和价格，包括资金、材料、人工及机械设备等，还包括无形资源，如企业品牌、专利技术、管理方法、土地使用权等。项目消耗的资源质量、数量、种类及均衡状态，对工程项目的工期、成本具有重要的影响：在资源充分保障的前提下，可以以最短工期、最优质量完成工程任务，实现最佳的效益；反之，必然造成工程项目工期拖延，实际成本超过预算成本。因此，编制工程项目成本资源计划，是工程项目成本估算、预算的基础。

2. 工程项目资源计划的依据

（1）工程项目任务分解

工程项目任务分解是确定工程项目建设的范围，也是工程项目部为完成工程项目目标所要进行的活动，是资源计划编制的主要依据。项目任务结构分解是自上而下逐层进行分解，而各类资源的需要量则是自下而上逐级累积。

工程项目任务结构分解（Work Breakdown Structrue），简称 WBS，即把项目目标、任务、工程范围、合同要求等按照系统原理和工程规范分解成相互独立、相互影响、相互联系的项目单元，将它们作为项目计划、实施、控制和信息传递等一系列项目工作的对象，通过项目管理将所有的单元合并成一个整体工程项目，达到综合计划和控制的目的。WBS 通常以工程实施过程中主要工作进行分解，如图 8-8 所示，通常可以分为单项工程、单位工程、分部分项工程。

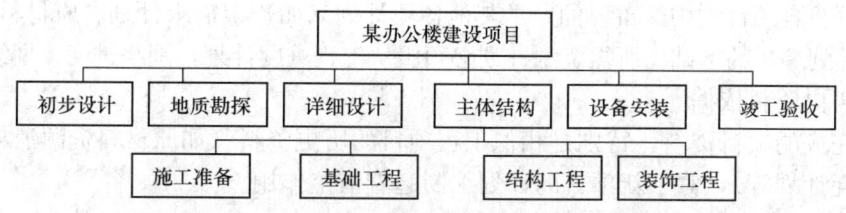

图 8-8 某办公楼建设项目任务结构分解

建设工程可以分为主体工程、项目工程、子项目工程。还可以按项目交付物划分，如图 8-9 所示。通过划分工作任务，进一步区分各自所需消耗的资源结构。

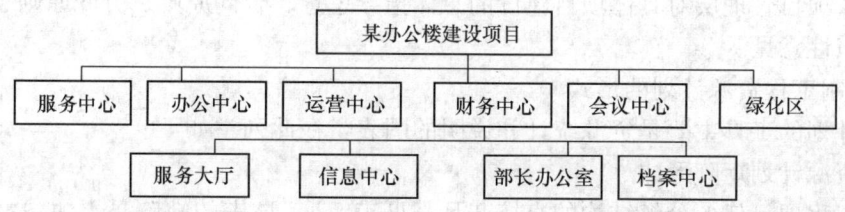

图 8-9 某办公楼建设项目任务交付物结构分解

将其编制成工程实际活动的表，见表 8-4。

WBS 任务结构分解表　　　　　　　　　　　　　　　表 8-4

| 项目名称 | | 项目负责人 | |
|---|---|---|---|
| 单位名称 | | 制表日期 | |
| 任务分解结构 | | | |
| 任务编码 | 任务名称 | 主要活动描述 | 负责人 |
| 1000 | 基础工程 | | |
| 1100 | 主体结构 | | |
| 1200 | 装饰工程 | | |
| 1X00 | 楼地面工程 | | |
| 　1X10 | 　门窗工程 | | |
| 　　1X11 | 　　装饰工程 | | |
| 　　1X12 | | | |
| 　　… | | | |
| … | | | |

项目负责人审核意见：

签名

年　　月　　日

注：WBS 要求每项任务有唯一编号。分解为总项目、子项目、项目、元素或小任务或单项工程、单位工程、分部分项工程、分部工程（分项工程）等。

（2）项目进度计划

它是项目各项计划中最重要的，是其他各项计划（如资金需求计划、原材料使用计划、偿还贷款计划等）的基础。所需资源计划必须服从工程进度计划，围绕进度计划组织。

（3）历史资料依据

过去完成的项目资料，特别是相似工程项目的历史资料（如原材料资源消耗计划，人工费用消耗计划等），对于新项目的计划编制起着借鉴作用。

（4）项目说明书

包括：项目施工范围说明书和项目资源说明书。第一个说明了项目目标、项目基本情况、交付成果等；第二个说明了项目所需资源内容、种类、数量、价格及质量等。

（5）项目组织管理政策和有关原则

体现了项目管理层对具体项目建设的总体指导思想、合同原则、分配原则、人员需求原则等政策性意见。

3. 编制工程资源计划的形式

编制计划的工具主要是资源统计和说明的图表，在此列举如下。

（1）资源计划矩阵形式

它是工程项目任务分解结构的直接产品，见表 8-5。该表的缺陷是无法包括信息类的资源。

某工程项目所需材料计划表 表 8-5

| 工程任务 | 材料需求量 | | | | | 相关说明 |
|---|---|---|---|---|---|---|
| | 材料 1 | 材料 2 | … | 材料 $m-1$ | 材料 $m$ | |
| 任务 1<br>任务 2<br>…<br><br><br>…<br>任务 $n-1$<br>任务 $n$<br>合计 | | | | | | |

（2）资源数据表形式

资源数据表是表示项目进度各个阶段的资源使用和安排情况的表，见表 8-6。

某工程项目所需材料计划表 表 8-6

| 资源需求种类 | 资源需求总计 | 工程进度安排 | | | | 相关说明 |
|---|---|---|---|---|---|---|
| | | 1（周/月） | 2（周/月） | $T_{t-1}$ | $T$ | |
| 资源 1<br>资源 2<br>…<br><br><br>…<br>资源 $n-1$<br>资源 $n$<br>合计 | | | | | | |

（3）甘特图表示形式

甘特图表示形式直观、简洁，但缺点是无法显示资源配置效率的信息，见表 8-7 所示。

某工程项目所需材料计划　　　　　　　　表 8-7

| 资源需求种类 | 工程进度安排（周/月） | | | | | | | | | 相关说明 |
|---|---|---|---|---|---|---|---|---|---|---|
| | 1 | 2 | 3 | 4 | 5 | 6 | 7 | 8 | …m−1, m | |
| 资源 1 | | | | | | | | | | |
| 资源 2 | | | | | | | | | | |
| … | | | | | | | | | | |
| | | | | | | | | | | |
| … | | | | | | | | | | |
| 资源 n−1 | | | | | | | | | | |
| 资源 n | | | | | | | | | | |
| 合计 | | | | | | | | | | |

### 8.3.2 资源计划编制步骤

工程项目资源计划编制步骤主要包括资源需求分析、资源供给分析、资源成本比较与资源组合、资源分配与计划等项目。

1. 资源需求分析

通过分析确定工程项目任务分解结构中每一项任务所需资源的数量、质量及种类见表 8-8、表 8-9。

通过确定的种类，根据历史数据中消耗定额或经验数据，确定资源需求量：

（1）工程量计算；

（2）确定实施方案；

（3）估计资金需求量；

（4）估计人员需求量；

（5）估计原材料需求量；

（6）估计设备需求量；

（7）确定资源需求时间。

××× 工程项目施工阶段投入人力资源计划（人）　　　　　　　　表 8-8

| 序号 | 工种 | 按工程项目施工阶段投入人力资源（人） | | | | | | | | |
|---|---|---|---|---|---|---|---|---|---|---|
| | | 桩机 | 基础 | 主体 | 屋面 | 楼地面 | 门窗 | 装饰 | … | … |
| 1 | 木工 | 10 | 20 | 120 | | | 10 | 10 | | |
| 2 | 钢筋工 | 10 | 20 | 60 | | | | | | |
| 3 | 混凝土工 | 10 | 20 | 20 | | 20 | | | | |
| 4 | 架子工 | 5 | 15 | 30 | | | | | | |
| 5 | 石工 | | | | | | | | | |
| 6 | … | | | | | | | | | |
| 7 | | | | | | | | | | |

2. 资源供给分析

工程项目资源供给方式是多样的，有内部供给和外部供给，均要分析供应的可能性，可获得性，其渠道、方式及可能存在的情况等。

3. 资源成本比较与组合方式

主要根据实际情况考虑资源来源的成本与组合方式，因为不同的成本方式，与资源的来源及组合方式紧密相关，这是项目成本中占重要地位的内容。可根据项目具体规模，考虑如材料的不同来源与组合方式，从而实现采购成本的降低。

4. 资源分配与计划编制

资源分配的目的是为了保证资源的平衡，因而可以反映资源消耗时工程项目进度与成本的一致性，资源消耗得以充分使用，才能编制资源计划。

### ×××工程机械设备需用计划表　　表 8-9

| 序号 | 设备名称 | 型号规格 | 单位 | 数量 | 额定功率<br>(kW) | 用途 |
|------|----------|----------|------|------|------------------|------|
| 1 | 自升式塔吊 | QTZ63 | 台 | 2 | $2 \times 40$ | 材料吊运 |
| 2 | 灰浆搅拌机 | VJ325 | 台 | 2 | $2 \times 3$ | 砂浆搅拌 |
| 3 | 混凝土搅拌机 | DJY-350 | 台 | 2 | $2 \times 15$ | 砂浆、混凝土施工 |
| 4 | …… | | | | | |
| 5 | | | | | | |
| 6 | | | | | | |
| 7 | …… | | | | | |
| 8 | | | | | | |

### 8.3.3 资源编制方法与提交成果

1. 资源计划编制方法

主要的编制方法有三个，专家判断法、资料统计法和资源平衡法。

（1）专家判断法

主要是指通过本项目公司的成本管理专家以经验进行判断，最终确定和编制项目资源计划的方法。其优点是：具有权威性、不需历史资料，适合新建设项目；缺点有：专家选择及对项目理解程度影响，可能存在不准确性与主观性。

（2）资料统计法

是指参考过去相似工程项目历史数据和相关资料，计算和确定新项目资源计划的方法。该方法得出结论较准确、合理和可行；其缺点是：历史资料的局限性与是否具有可比性。

（3）资源平衡法

通过项目所需资源的确切投入时间，并尽可能均衡使用各种资源的一种方法。

【例 8-1】某项目工作时间及费用表，见表 8-10。请根据费用表列出资源计划表。

| 任务代号 | $A$ | $B$ | $C$ | $D$ | $E$ | $F$ | $G$ | $H$ | $I$ | $J$ | $K$ | $L$ | $M$ | $N$ |
|---|---|---|---|---|---|---|---|---|---|---|---|---|---|---|
| 任务时间（d） | 10 | 10 | 10 | 20 | 15 | 10 | 30 | 20 | 20 | 20 | 30 | 10 | 10 | 15 |
| 费用（万元） | 60 | 40 | 120 | 360 | 300 | 120 | 360 | 400 | 160 | 120 | 540 | 100 | 180 | 150 |
| 每周费用（万元/周） | 30 | 20 | 60 | 90 | 100 | 60 | 60 | 100 | 40 | 30 | 90 | 50 | 90 | 50 |

**某项目工作时间及费用** 表 8-10

【解】

（1）根据表 8-10 计算该项目各任务每周需要的费用，见表 8-11；

（2）根据表 8-10 计算在不同时间所需要的费用和累计费用，见表 8-11；

（3）根据表 8-11 绘制该项目的费用负荷曲线及累计负荷曲线，结果如图 8-10、图 8-11 所示。

**某工程项目费用计划表** 表 8-11

| 时间（周） | 1 | 2 | 3 | 4 | 5 | 6 | 7 | 8 | 9 | 10 | 11 | 12 |
|---|---|---|---|---|---|---|---|---|---|---|---|---|
| 需要量（万元） | 30 | 50 | 20 | 150 | 150 | 180 | 180 | 240 | 240 | 290 | 290 | 290 |
| 累计需要量（万元） | 30 | 80 | 100 | 250 | 400 | 580 | 760 | 1000 | 1240 | 1530 | 1820 | 2110 |
| 时间（周） | 13 | 14 | 15 | 16 | 17 | 18 | 19 | 20 | 21 | 22 | 23 | |
| 需要量（万元） | 250 | 15 | 90 | 40 | 40 | 0 | 90 | 90 | 50 | 50 | 50 | |
| 累计需要量（万元） | 2360 | 2375 | 2465 | 2505 | 2545 | 2545 | 2635 | 2725 | 2775 | 2825 | 2885 | |

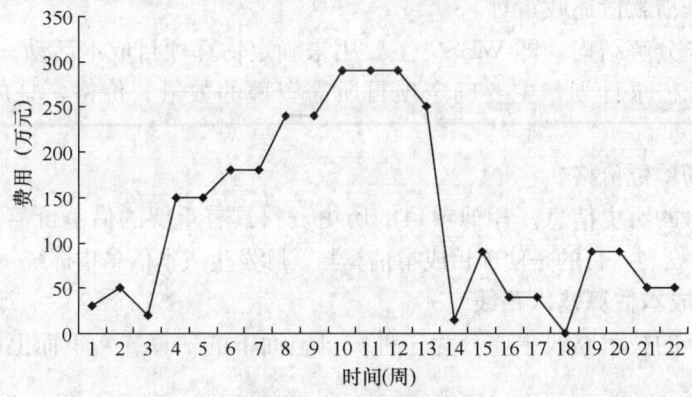

图 8-10 费用负荷曲线图

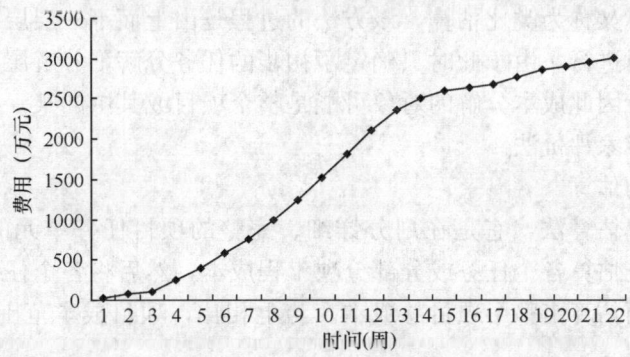

图 8-11 费用累计负荷曲线图

**2. 提交成果**

工程项目成本资源计划输出的结果是各项资源计划说明书（包括材料费、人工费、机械使用费、其他直接费和间接费用、资金需要等），它将对项目所需资源的需求情况和使用计划进行详细描述，主要有各种表格、图形（如甘特图）、资源计划矩阵等。

# 8.4　工程成本估算

### 8.4.1　工程成本估算定义

工程成本估算是对完成项目各项任务所需资源的近似计算。与工程成本预算相比，其意义是不同的：第一，应用范围不同，一般项目成本估算主要用于投资项目或小项目，如房地产开发项目的可行性研究报告，或项目设计初步时需要对项目投入资金进行估算，小项目由于规模小，资源相对较少，因而通过估算就能完成；第二，项目成本估算属于近似值，预算是精准值；第三，项目成本估算通常不需要专业财务人员完成，通过工程技术人员或营销人员、咨询人员就能完成。成本估算应用于房地产项目投资、小项目成本规划较普遍。

### 8.4.2　工程成本估算依据

项目成本估算的主要依据有：

（1）项目范围说明书。主要明确估算项目的基本情况，包括任务名称、工程量、技术资料、投资资料、借款偿还政策等。

（2）项目任务分解结构，即 WBS。主要用来确定估算项目成本活动。

（3）项目资源需求计划。主要确定项目所需资源的数量、价格，是成本估算的主要依据。

（4）资源市场单位价格。

（5）相似项目的历史信息。相似项目的历史资料具有重要的借鉴价值。

（6）财务会计资料。目的是使项目成本估算与实际发生成本信息指标统一和信息一致。

### 8.4.3　工程成本估算技术路线

项目成本估算的技术路线主要分为三种：自上而下的估算、自下而上的估算和参数模型法。

（1）自上而下的估算

自上而下的估算又称为类比估算，该方法的过程是由上而下一层层地进行，通常在项目初期或信息不足时进行，由于此时只确定了初步的任务分解，分解层次少，很难将项目基本单元分解出来，因此成本分解的对象可能是整个项目或其中的某一子项目。主要以专家经验为主，又称专家评价法。

（2）自下而上的估算

也称为工料清单估算法，它是在划分详细、完整的项目任务单元的情况下进行的估算。其基本过程是先估算各个任务或分部分项工程成本，然后将各个任务或分项分部工程从下而上汇总，从而估算出整个项目总成本。与上相比，项目成本范围完整、数据清楚、计算精确、参与人多。

（3）参数模型法

是一种比较科学的、传统的估算方法，它是将项目的一些特征作为参数，通过建立数学模型来估算的方法。比较适用于大中型建设项目。

以上方法也非严格分开，可根据实际情况结合使用，取长补短。

### 8.4.4 工程成本估算成果

项目成本估算后主要提交的成果为：成本估算文件、成本估算依据和成本管理计划。

（1）成本估算文件

它主要包括：项目任务或活动所需人力、财力、物力，并考虑经济变动、意外事故等影响因素及成本估算的定量数据表，这是估算的重要资料。

（2）详细的成本估算依据

提供项目成本工作范围说明、成本估算基础资料、成本估算公司或市场依据资料，以及历史资料等。

（3）项目成本计划

主要是整个资料的辅助部分，说明了如何管理实际成本与估算成本发生的差异，差异程度表明不同的管理执行力度。

## 8.5 工程成本预算

工程成本预算是成本管理的核心环节，它是对整个工程项目建设进行计划、控制、分析和考核的标准，是工程项目成功的关键。如果工程项目没有工程成本预算，整个建设投资无论是业主方，还是承包方都会遭受损失。

### 8.5.1 工程成本预算的内容

工程项目成本预算是进行项目成本控制的基础，是项目成功建设的关键因素，它是在成本概算或估算，或项目中标造价的基础上，对项目成本更准确、更详细、更系统地全面计算项目总成本，并将尽可能对各种偶然事件造成工程项目损失的风险因素进行充分估计，提出应对措施。同时，提供各项目活动的资源需要量。具体来说，就是将项目成本预算的结果在具体的工程实施环节上进行有序的分配，其目的是确定各工程项目活动的成本定额标准，为项目实际绩效提供标准和依据。

工程成本预算的特点：

（1）工程成本预算是实际成本实施的标准。它与制造业工业项目成本预算不同，它并不是未来发生的成本，因为工程项目具有一次性特征且投资巨大，不允许它建造后重来，因此，必须精心组织、准确预算。

（2）工程成本预算与成本估算严格区别。除了前面所说预算成本目的不同、范围不同以外，建筑工程项目成本预算是工程项目实施的成本计划，是企业竞争的核心要素，它不仅考虑了工程本身的技术因素，还综合了企业的综合管理因素如企业创新能力、企业管理效率和企业文化等，可以说是项目盈利的保证。

（3）工程成本预算与招投标工程造价不能等同。工程项目工程造价是项目市场的项目价格，作为工程项目交易的标的，项目公司中标后，可以将中标价组成的各项目价值，与企业各项管理要求相结合，制定出企业建造项目的成本预算。因此，项目成本预算较项目价格更能体现内部成本管理的水平，更能够均衡项目资源消耗和体现企业盈利能力。

（4）工程成本预算具有计划性、约束性和控制性。计划性是指工程项目按工程管理过程被分解为规范的工程活动，形成一个系统，并将消耗资源准确分配到工作任务中去完成，即 WBS 中的计划结构；约束性体现企业对项目管理的目的或要求，项目施工中要求实际施工按照预先制定好的程序进行，从而约束各个阶段的工程建造行为；控制性体现了项目成本预算本身就是一个管理机制，其目的不仅要求按质按量完工，而且必须提高管理效率和保障盈利能力，并且给予实施者激励。因此这"三性"是项目成本预算的重要特点。

总之，工程项目成本预算与以上三个概念也存在密切的联系：它与实际成本的关系是考核标准；成本估算与它的联系是提供数据基础；与工程造价的联系是编制依据之一和发现偏差的对象。

### 8.5.2　工程成本预算的依据和方法

工程项目成本预算的依据包括以下几个方面：

（1）项目估算文件。项目成本估算文件是确定项目预算的主要依据之一，已在之前介绍，不作进一步讨论。

（2）任务分解结构。工程项目成本预算将成本按财务要求分配到工程各个实施的活动中，而工作任务分解结构确认了需要分配成本的所有活动。

（3）项目影响因素。为了将成本分解到任务中或子项目中，必须考虑工程进度计划、工程质量计划、安全计划、环境计划，以及分配政策、管理政策等。

项目成本预算方法与工程项目成本估算方法基本相同，在前面已作介绍，在此也不作进一步讨论。

### 8.5.3　工程成本预算的编制

1. 编制步骤

（1）将工程项目总额预算成本分摊到项目各个任务活动中，根据成本估算或造价，将预算成本按照项目分解结构和活动范围，以一定比例分摊到项目财务栏目为每一个单位工程或分部分项工程建立总成本；

（2）将活动总预算成本分摊到任务，确定出每项建造活动，并按规则结构，确定出各任务包和所消耗资源数量进行成本预算分解，如人工费、材料费、机械使用费、其他直接费和间接费用，另外还包括可能出现的事件费用、企业管理费等；

（3）整个工程项目在实施期间，对每个工作任务的预算分配后，确定各项成本预算支出的时间以及每个时点所发生的累计成本支出金额，从而制定出项目成本预算，并根据实际情况进行调整。

2. 编制原则

（1）管理目标一致原则。这里要求预算目标与工程项目管理的总目标及各项目标（如质量目标、进度目标、组织目标、安全目标及环境保护目标等）相联系，基础是进度目标、质量目标和组织目标。质量要求越高，成本越高；进度要求越快，成本越高。因此需要保持成本目标与各要素目标的均衡。

（2）成本预算以项目需求为基础。成本目标与项目各资源需求直接相关，项目范围提供了成本预算的需求信息，因此必须建立确定的工程活动分解结构。

（3）成本预算必须切实可行。这就要求企业的综合素质指标符合项目实际情况，预算目标制定太高，反而不能实现，造成管理成本上升，同时失去控制意义；预算目标制定过低，会造成项目资源大量浪费，降低管理效益。因此，制定成本预算时应综合考虑规范要求、财经法规、企业优势与劣势，制定出切实的成本预算。

（4）成本预算具有弹性。由于工程项目周期长，不可预见因素复杂，存在着影响风险，因而成本预算必须充分考虑不可预见费，从而保证成本预算的弹性。

3. 工程成本预算成果

（1）成本基准预算

成本基准预算是在成本估算的基础上，进一步细化、精准计算的结果。是按进度时间分段的成本费用显示，通常以 S 曲线表示，是项目成本计划的重要部分。对于大中型项目，通常存在多个费用基准或资源消耗基准曲线图，作为成本预算的文件。其形式有两种，如图 8-10 所示时标成本网络曲线和图 8-11 所示时间成本累计曲线。

（2）成本预算表和成本预算单

成本预算是通过各种费用成本预算表、单完成的，预算表单包括劳动力、原材料、机械设备、其他规费等总表及明细表，见表 8-12。

工程项目成本预算各项费用表　　　　　　　　　表 8-12

| 序号 | 项　目 | 说明及计算式 | 费率 | 金额 | 备注 |
|------|--------|--------------|------|------|------|
| 1 | 定额直接费用（即定额基价） | 指概预算定额的基价 | | | |
| 2 | 直接费用（即工、料、机） | 按编制年所在地的预算价格计算 | | | |
| 3 | 其他直接费用 | （1）×其他直接费用综合费率 | | | |
| | 冬期施工增加费 | | | | |
| | 雨期施工增加费 | | | | |
| | 夜间施工增加费 | | | | |
| | 高原地区施工增加费 | | | | |
| | 沿海地区工程施工增加费 | | | | |
| | 行车干扰工程施工增加费 | | | | |
| | 施工辅助费 | | | | |
| | 临时设施费 | | | | |
| 4 | 现场经费 | （1）×现场经费综合费率 | | | 一类地区 |
| | 现场管理费 | | | | |
| | 现场管理其他单项费用 | | | | |
| | a. 主副食运费补贴费 | | | | 综合里程按市区××公里计算 |
| | b. 职工探亲路费 | | | | 一般省区 |
| | c. 职工取暖补贴费 | | | | 准二类地区 |
| | d. 工地转移费 | | | | 按中标单位距离取定 |

续表

| 序号 | 项　目 | 说明及计算式 | 费率 | 金额 | 备注 |
|---|---|---|---|---|---|
| 5 | 定额直接工程费用 | (1) ＋ (2) ＋ (3) | | | |
| 6 | 直接工程费用 | (2) ＋ (3) ＋ (4) | | | |
| 7 | 间接费用 | (5) ×间接费用综合费率 | | | |
| | 企业管理费 | | | | |
| | 财务费 | | | | |
| 8 | 施工技术装备费 | (5＋7) ×施工技术装备费率 | | | |
| 9 | 计划利润 | (5＋7) ×计划利润费率 | | | |
| 10 | 孤岛施工各项费率增加系数 | | | | |
| 11 | 税金 | (6＋7＋9＋10) ×综合税率 | | | |
| 12 | 建筑安装工程费 | (6＋7＋8＋9＋10＋11) | | | |
| | 其中：项目部现场经费 | | | | |
| | 　　　税金 | | | | |
| | 　　　上交管理费 | | | | |
| | 　　　上缴利润 | | | | |

4. 工程成本预算编制案例

【例 8-2】某企业建造一厂房，项目估算的投资是 120 万元，要求编制成本预算。

【解】项目成本预算首先要在成本估算的基础上，进一步细分、精确并按项目结构分解项目各组织部分直到具体活动分部分项工程上，以最终确定预算成本；其次还要将预算成本按项目进度计划分解到项目的各个阶段，建立每一阶段的项目预算成本，以便在项目建设时期进行实际的控制。因此，成本预算编制包括两个步骤：一是确定并分摊预算总成本；二是制定累计预算成本。

(1) 分摊预算总成本

分摊预算总成本就是将预算总成本分摊到各个成本要素中去，并为每一个阶段建立预算总成本。方法有两种，其一为从上而下，另一个是从下而上。两种方法无论哪种都是分解结构的过程，如图 8-12 所示。

将预算总成本分解到设计、主体结构、建安工程三个分项工程中。

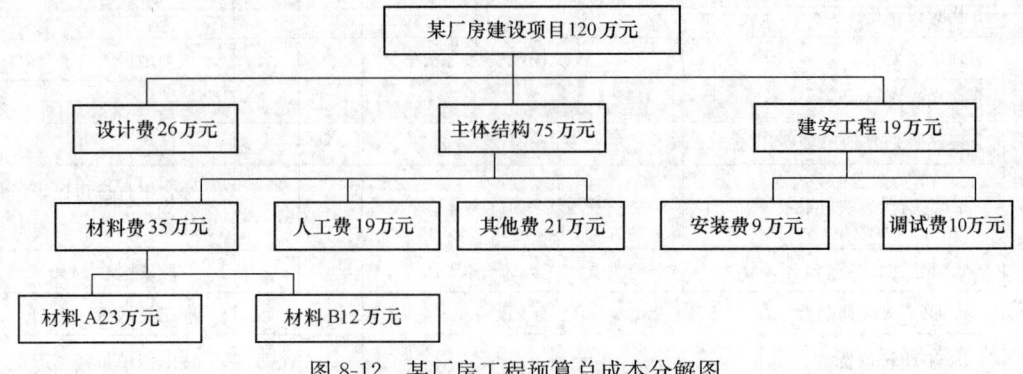

图 8-12　某厂房工程预算总成本分解图

（2）编制累计预算成本。在已建立每项活动的预算总成本后，将各个预算成本分解到各自阶段的进度中，每阶段的成本预算成本确定后，就能进行成本控制了。根据项目的工程进度表或甘特图，编制预算成本表，见表 8-13。

某厂房工程按进度成本预算表（万元）　　　　　　　表 8-13

| 序号 | 项目名称 | 预算总成本 | 进度期（周） | | | | | | | | | | | |
|---|---|---|---|---|---|---|---|---|---|---|---|---|---|---|
| | | | 1 | 2 | 3 | 4 | 5 | 6 | 7 | 8 | 9 | 10 | 11 | 12 |
| 1 | 设计 | 26 | 5 | 5 | 8 | 8 | | | | | | | | |
| 2 | 建造 | 75 | | | | | 9 | 9 | 15 | 15 | 14 | 13 | | |
| | 主体结构 | | | | | | | | | | | | | |
| 2.1 | 材料费 A | | | | | | | | | | | | | |
| 2.2 | 材料费 B | | | | | | | | | | | | | |
| 3 | 建安工程费 | 19 | | | | | | | | | | | 10 | 9 |
| 3.1 | 安装费 | | | | | | | | | | | | | |
| 3.2 | 调试费 | | | | | | | | | | | | | |
| 合计 | | 120 | 5 | 5 | 8 | 8 | 9 | 9 | 15 | 15 | 14 | 13 | 10 | 9 |
| 累计 | | | 5 | 10 | 18 | 26 | 35 | 44 | 59 | 74 | 88 | 102 | 111 | 120 |

通过表 8-13 就可以编制预算成本曲线和预算成本累计曲线，并通过预算成本曲线对实际成本曲线进行对比分析、控制，如图 8-13 和图 8-14 所示。

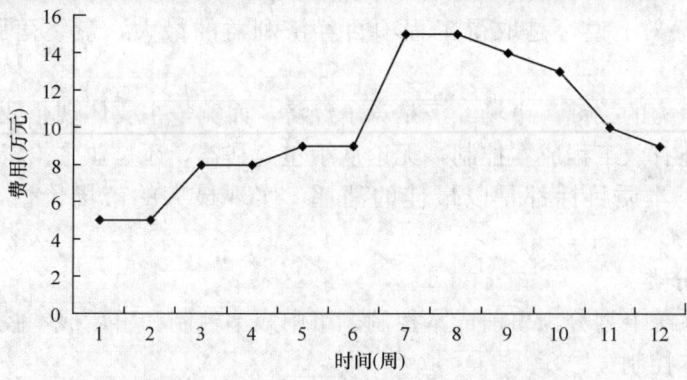

图 8-13　某厂房工程预算成本曲线

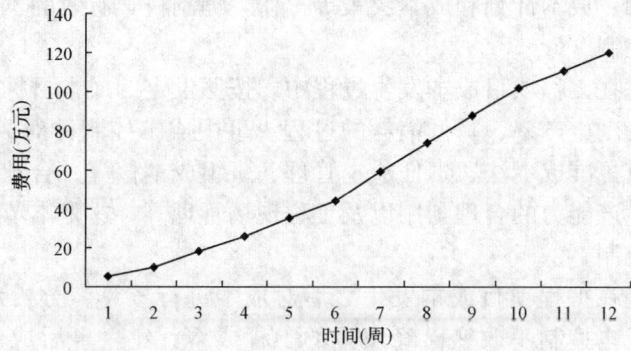

图 8-14　某厂房工程预算成本累计曲线

235

通过编制好的预算成本曲线和累计曲线图，就可以对实际发生成本进行比较，如果实际成本低于预算成本，则实现了控制目标；但是上表中不能对材料、人工、安装费用、调试费用等其他发生的费用进行编制预算成本表或图，进行准确控制。

# 8.6　工程项目成本控制

## 8.6.1　工程成本控制的内容

### 1. 工程成本控制的概念

工程成本控制是以工程项目为对象，以工程预算成本或计划成本为标准，在项目实施建设活动过程中，通过实施组织措施、技术措施、成本控制措施等，对实际发生的成本信息与计划成本目标进行对比，通过发现问题、分析问题、解决问题，实施科学、动态、有效的管理行为，以保证工程顺利实现工程项目成本总目标。其特点是：

（1）科学的管理行为。实现这一行为必须通过编制科学的成本控制方案，落实全员成本管理的理念，从组织到人员建立明晰的成本管理目标体系，保证成本控制的精准性和有效性。

（2）工程价值管理的核心。工程成本管理是工程管理活动的体系化、系统化和具体化的过程，涉及工程管理各专业技术、合同、组织和法律的配合与协调，其实质表现是工程项目的货币或货币价值的反映，即资源的消耗、管理效率和时间价值。因此，工程管理从某种意义上说，是取得工程项目经济利益的最大，最终落脚在工程成本价值控制。

（3）企业竞争力的关键。市场经济是竞争经济，而竞争主要体现企业竞争的产品质量和管理行为，实施有效工程成本控制，无论从承包商利益，还是业主投资；无论是绿色建筑还是技术创新，本质目标都是以最佳的消耗，实现最大的市场价值，即企业核心竞争力。

### 2. 成本控制分类

从成本控制系统上划分为事前成本控制、事中成本控制和事后成本控制。

（1）事前成本控制

事前成本控制是指在工程项目成本发生之前，对影响工程项目成本的因素进行规划，对未来的成本水平进行预测，对将来的行动方案作出安排和选择的过程。事前成本控制主要完成工程成本预测、成本计划和成本决策等工作，编制科学有效的工程成本控制方案。

（2）事中成本控制

事中成本控制是在工程项目成本发生过程中，按照设定的成本目标，通过各种工程管理方法及措施提高劳动生产率、降低消耗的过程。事中成本控制针对成本发生过程而言。所采用的方法主要有标准成本法、责任成本管理、班组成本核算、合理利用材料、工程的合理组织与安排、生产能力的合理利用以及工程现场管理等，这是本节介绍的重点。

（3）事后成本控制

事后成本控制是在工程项目成本发生之后对成本进行核算、分析、考核及评价等工作。严格讲，事后成本控制不改变已经发生的工程成本。建立事后成本控制体系，对事前、事中的成本控制起到促进作用，通过事后成本控制的分析考核工作，可以总结经验教训，以改进未来同类工程项目的管理行为。

现代企业主要以制定控制方案体现事前控制，视事中控制为关键，事后控制为总结。

3. 成本控制的内容

（1）工程成本控制的原则

在实施工程项目成本控制时，必须坚持动态控制原则和主动控制原则，动态控制是指在工程项目实施过程的各个阶段，必须实时发现问题、分析问题和解决问题，而不能等到工程完工后来进行管理行为，如工程基础进行中对投入的材料、机械、人工发生的费用及时地进行预算成本与实际成本比较；主动控制是指对于成本涉及的工程进度、质量、环境以及工程变更等其他影响因素，应及时地与相关部门协调，纳入控制范围，这样才能确保成本控制的有效性。

（2）工程成本控制措施

成本控制措施主要包括：实施组织措施、技术措施和成本措施。

1）组织措施。工程成本控制组织体系是从项目经理部和成本控制中心组织形成有效的组织控制模式。以项目经理为项目成本管理组织的第一责任人，全面组织项目部的成本管理工作，及时掌握和分析盈亏状况，并迅速采取有效措施；成本控制的中心是以成本管理工程师实施有效成本管理过程，完成工程成本价值链控制组织形式，他可以是项目副经理或项目总工程师担任成本控制中心实施负责人，也可以是财务管理的成本工程师担任，并协调项目部内外的各部门管理关系和行为。

2）技术措施。各部门应制订可行、经济、科学的施工方案，以达到缩短工期、提高质量、降低成本的目的。

3）成本措施。工程成本具体控制措施包括，工程材料控制、机械费用控制、人工费控制、间接费及其他直接费控制。针对工程项目消耗资源正确选择成本控制方法、程序，实施有效的成本管理行为，实现项目预算成本与实际成本进行比较分析，并控制在预算成本之内。

（3）工程成本控制依据

工程成本控制主要依据有：

1）工程成本预算方案，主要是各种资源消耗的费用预算报表；

2）工程执行报告，主要提供项目进行过程中进度、质量、费用等信息；

3）工程变更资料，主要是工程变更的申请、合同等执行资料；

4）工程成本计划，主要确定实际成本与预算成本（计划成本或标准成本）发生时如何进行管理，主要措施和政策等。

### 8.6.2　工程成本控制方法

实施工程项目建设过程中采用的成本控制方法主要有三种：工程成本报表法、工程成本偏差分析法和挣值法。

1. 工程成本报表法

该方法是指运用工程项目施工过程中形成的各种项目费用的周、旬、月、季或年报表进行分析和成本控制的方法。应用成本报表进行成本对比分析、计算分析，发现工程实施过程中出现的问题，从而采取针对措施，确保将成本控制在预算范围之内。该方法属于财务分析方法，它能实现对工程综合成本和具体各项成本结构分析。

## 2. 工程成本偏差分析法

该方法又称为累计曲线分析法，主要指运用各项成本费用的预算形成时间—成本累计曲线或表格数据，对实际成本进行比较，发现它们形成的偏差属于正常偏差还是非正常偏差，从而发现问题，得出解决问题的决策。由于成本曲线构成了类似香蕉形状，因此也可以称为"香蕉曲线"或"香蕉图形法"，如图 8-15 所示。

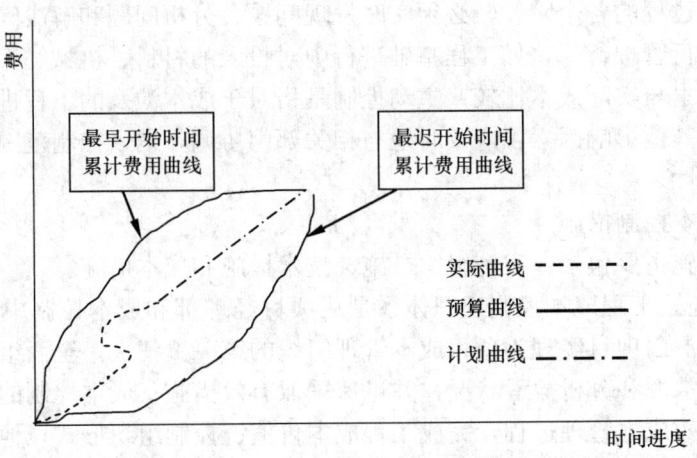

图 8-15　工程成本"香蕉曲线"图

香蕉曲线图表明了成本变化的安全区间，实际发生成本如果不超出两条安全区预算曲线的范围，就属于正常变化范围，可以通过最早开始时间和最迟结束时间使成本控制在计划成本的范围；反之，如果实际成本超出预算成本范围，就必须查明出现问题的原因，并采取措施解决问题。

## 3. 挣值法

是运用工程项目范围、进度、计划、资源和项目绩效测量的综合成本控制方法，它通过对成本计划与实际成本完成的工作，发现实际取得的收益与实际发生的成本进行了比较，以确定成本与进度完成量是否在预算规定的范围。

挣值法的指标有：

（1）工程预算成本 BCWS（Budgeted Cost of Work Scheduled）：这项指标与项目的总进度计划相关，是指工程完成时工程总的预算成本，还包括工程不同时期的分配情况。

（2）挣值 BCWP（Budgeted Cost of Work Performed）：已完成工程的预算成本。也称为挣值（Earned Value, EV）。是指一项活动或一组活动的已经完成工作的预算成本，也称为挣得的价值，相当于销售收入。

（3）工程实际成本 ACWP（Actual Cost of Work Performed）：它是指在给定时间范围内，完成任务所引起的全部实际发生成本。

（4）工程成本差异 CV（Cost Variance）：是指工程实际成本与已完成工程的预算成本之间的差额。

$$CV = BCWP - ACWP$$

（5）工程进度差异 SV（Schedule Variance）：是指已完成工程的预算成本与工程进度

成本预算之间的差异。

$$SV = BCWP - BCWS$$

（6）工程预算总成本 $BAC$（Budget at Completion）：指某一项或某一组工程项目的总预算成本。

（7）完工尚需估算 $ETC$（Estimate to Complete）：是指完成项目预计还需要的成本。预测 $ETC$ 的大多数技术是根据项目迄今为止的实际绩效对原始估算进行一些调整。

$$ETC = (BAC - BCWP)/CPI$$

（8）完工成本估算 $EAC$（Estimate at Completion）：是指当规定的工作范围完成时，项目的预计总成本。

$$EAC = ACWP + ETC$$

（9）成本绩效指数 $CPI$（Cost Performance Index）：它等于已完成工程的预算成本与实际真实成本的比，它衡量的是正在进行的工程的成本效率。

$$CPI = BCWP/ACWP$$

（10）工期绩效指数 $SPI$（Schedule Performance Index）：等于已完成工程项目的预算成本与预算成本的比，它衡量的是正在进行的工程项目的完工程度。

$$SPI = BCWP/BCWS$$

（11）完工预算成本 $BAC$（Budgeted Cost at Completion）：工程项目在期末时总的成本是多少，即完成时候的预算成本。

（12）预计完工成本 $EAC$（Estimate at Completion Cost）。

$$EAC = ACWP + \frac{BAC - BCWP}{CPI}$$

（13）预计完工工期 $EDC$（Estimateat Duration Completion）。下式中 $OD$ 为计划完工工期，$ATE$ 即是实际花费时间（Actual time Expanded）。

$$EDC = ATE + \frac{OD - (ATE \times SPI)}{SPI}$$

当 $BCWP$ 大于 $ACWP$ 时，项目成本差异 $CV$ 是正的，这意味着工程项目或工作是处于预算水平之下的。换句话说，实际的成本在给定的期限内是低于已完成的预算成本。相反，负的 $CV$ 意味着真实成本超过了预算控制。

对 $CV$ 和 $SV$ 而言，正值是好的，负值是不好的。但 $CV$ 和 $SV$ 都仅仅表示好与不好，而不能表示好或不好的程度。此时，我们采用 $CPI$ 和 $SPI$ 来表示。这两个指标既可以表示好坏，也可以表示程度。当 $CPI=1$ 时，表示项目完全按预算进行；$CPI>1$ 时，表示成本低于预算值；当 $CPI<1$ 时，表示工程项目成本高于预算值。

同理，$SPI=1$，表明工程项目的进度与预计是一致的，当 $SPI>1$ 时，表明工程项目的进度超前于预计；当 $SPI<1$ 时，说明工程项目的进度落后于预计，如图 8-16 所示挣值方法原理和图 8-17 所示挣值方法分析。

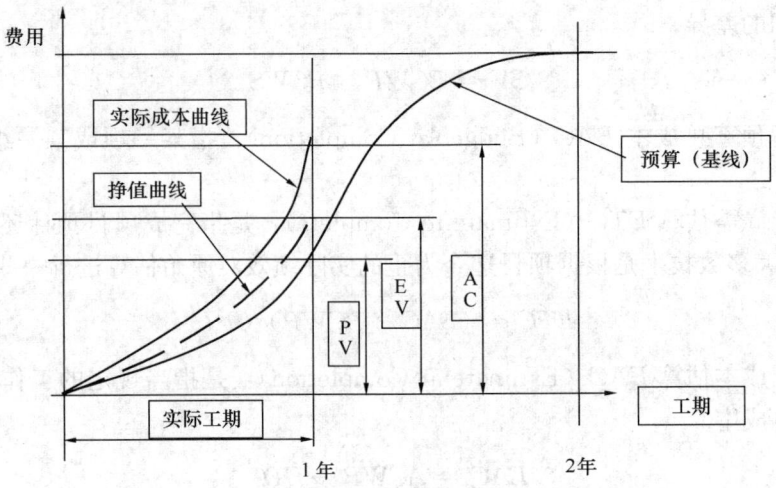

图 8-16 工程项目挣值原理分析解

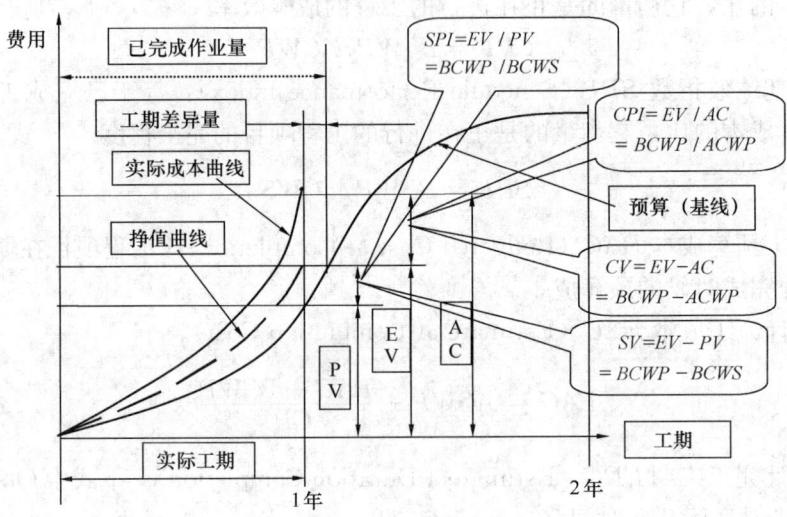

图 8-17 工程项目成本挣值分析方法

**4. 挣值法成本控制案例**

【例 8-3】某工程项目存在 $A \sim J$ 项工作任务,在第 20 周时结束检查工程项目成本情况时,项目经理发现有的任务已经完成,有的任务尚未结束,有的任务也未开工,工程项目的甘特图 8-18 显示了工程的完工情况,同时根据已完成的实际成本来制成本明细表,见表 8-14。未来工程正常开展,市场未来不会发生重大变化。请检查 20 周这一时点的 $BCWP$、$BCWS$ 和 $EAC$,已完成成本、进度是否与预算一致。

某工程项目未完成工程任务表 (万元)           表 8-14

| 任务 | 成本预算 | ACWP | BCWP | 任务完成时的预测成本 EAC | BCWS |
|------|---------|------|------|------------------------|------|
| A | 25 | 22 | | | |
| B | 45 | 40 | | | |
| C | 30 | 6 | | | |

| 任务 | 成本预算 | ACWP | BCWP | 任务完成时的预测成本 EAC | BCWS |
|---|---|---|---|---|---|
| D | 80 | 7 | | | |
| E | 75 | 0 | | | |
| F | 170 | 0 | | | |
| G | 40 | 0 | | | |
| H | 80 | 0 | | | |
| I | 25 | 0 | | | |
| J | 30 | 0 | | | |
| 合计 | 600 | 75 | | | |

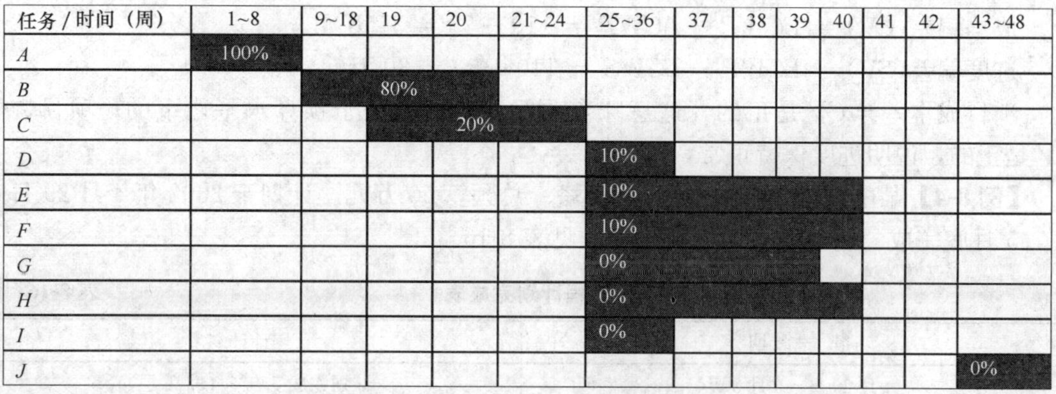

| 任务/时间（周） | 1~8 | 9~18 | 19 | 20 | 21~24 | 25~36 | 37 | 38 | 39 | 40 | 41 | 42 | 43~48 |
|---|---|---|---|---|---|---|---|---|---|---|---|---|---|
| A | 100% | | | | | | | | | | | | |
| B | | 80% | | | | | | | | | | | |
| C | | | 20% | | | | | | | | | | |
| D | | | | | | 10% | | | | | | | |
| E | | | | | | 10% | | | | | | | |
| F | | | | | | 10% | | | | | | | |
| G | | | | | | 0% | | | | | | | |
| H | | | | | | 0% | | | | | | | |
| I | | | | | | 0% | | | | | | | |
| J | | | | | | | | | | | | | 0% |

图 8-18　某工程项目任务进度

【解】计算与分析

在运用挣值法时，一定要紧扣相关概念，这样才能保证计算正确。

(1) 已完任务的预算费用（BCWP）＝ 任务预算费用 × 当前已完工程量

$$= 450000 \times 80\% = 36 \text{ 万元}$$

(2) 未完成项目预算费用（BCWS）＝ 任务预算费用 × 当前预计完成工程量

$$= 450000 \times 100\% = 45 \text{ 万元}$$

(3) 计算未来预计完工成本（EAC），由于未来不会存在较大情况发生，因此，采用公式为：

未来预计完工成本（EAC）＝ 项目实际成本 / 当前已完工程量

$$= 400000/80\% = 50 \text{ 万元}$$

其余任务同理可得，见表 8-15。

**项目成本费用任务完成情况表**　　　　　　　　　　　　　　　　　表 8-15

| 任务 | 成本预算 | ACWP | BCWP | 任务完成时的预测成本（EAC） | BCWS |
|---|---|---|---|---|---|
| A | 25 | 22 | 22 | 22 | 25 |
| B | 15 | 40 | 50 | 50 | 45 |
| C | 30 | 6 | 30 | 30 | 10 |

| 任务 | 成本预算 | ACWP | BCWP | 任务完成时的预测成本（EAC） | BCWS |
|------|---------|------|------|---------------------------|------|
| D | 80 | 7 | 8 | 70 | 0 |
| E | 75 | 0 | 0 | 75 | 0 |
| F | 170 | 0 | 0 | 170 | 0 |
| G | 40 | 0 | 0 | 40 | 0 |
| H | 80 | 0 | 0 | 80 | 0 |
| I | 25 | 0 | 0 | 25 | 0 |
| J | 30 | 0 | 0 | 30 | 0 |
| 合计 | 600 | 75 | 110 | 592 | 80 |

$$成本偏差(CV) = BCWP - ACWP = 110 - 75 = 35 \text{ 万元}$$
$$进度偏差(SV) = BCWP - BCWS = 110 - 80 = 30 \text{ 万元}$$

项目成本差异 $CV$ 是正的，这意味着项目或工作是处于预算水平之下的；项目进度 $SV$ 是正的，说明进度保持正常。

【例 8-4】某电信工程盖一座 10 层铁塔。总预算 50 万元。计划于 2002 年 4 月 29 日开工，5 月底完成。项目分为 5 个报告期，见表 8-16。

**工程计划完成表**　　　　　　　　　　　　表 8-16

| 报　告　期 | 累计计划 |
|-----------|---------|
| 4 月 29 日～5 月 3 日 | 计划完成 7.5%（0.75 层） |
| 5 月 6 日～5 月 10 日 | 计划完成 32.5%（3.25 层） |
| 5 月 13 日～5 月 17 日 | 计划完成 60%（6 层） |
| 5 月 20 日～5 月 24 日 | 计划完成 90%（9 层） |
| 5 月 27 日～5 月 31 日 | 计划完成 100%（10 层） |

实际工作绩效是：项目于 5 月 28 日完成；实际成本为 45 万元。但是有两层不合格，需返工重做。前三个报告期按计划完工，第四个报告期只盖了一层，第五个报告期一层也没有盖（因为需返工重盖）。

【解】（1）计算累计预算（BCWS）

第一个报告期的累计预算＝50×7.5%＝3.75 万元

（2）计算累计实际成本（ACWP），将以前各报告期实际花费的成本累加；

（3）计算累计盈值（BCWP）

累计挣值＝预算成本×实际完工比例

第二个报告期的累计挣值＝50×32.5%＝16.25 万元

（4）计算成本差异（CV）

成本差异(CV) ＝ 累计挣值 － 累计实际成本

第四个报告期的成本差异 ＝ 40 － 42 ＝ －2 万元

（5）计算进度差异（SV）

$$进度差异(SV) = 累计挣值 - 累计预算$$

$$第四个报告期的进度差异 = 40 - 45 = -5 万元$$

（6）计算资金效率（$CPI$）

$$资金效率 = 累计挣值 / 累计实际成本$$

例如，第五个报告期的资金效率＝40/45＝0.89

（7）计算预计完工总成本（$EAC$）

$$预计完工总成本 = 总预算 / 资金效率$$

$$第五个报告期的预计完工总成本 = 50/0.89 = 56.18$$

其余计算相同，见表 8-17。

某电信工程项目成本挣值计算与分析表　　　　　　　　　　　表 8-17

| 报告期 | 4.29～5.3 | 5.6～5.10 | 5.13～5.17 | 5.20～5.24 | 5.27～5.31 |
|---|---|---|---|---|---|
| 预算构成 | 7.5% | 32.5% | 60% | 90% | 100% |
| 累计预算(万元) | 3.75 | 16.25 | 30 | 45 | 50 |
| 累计实际成本(万元) | 3.75 | 16.25 | 30 | 42 | 45 |
| 实际完工 | 7.5% | 32.5% | 60% | 80% | 80% |
| 累计挣值(万元) | 3.75 | 16.25 | 30 | 40 | 40 |
| 成本差异 | 0 | 0 | 0 | −2 | −5 |
| 进度差异 | 0 | 0 | 0 | −5 | −10 |
| 资金效率 | 1 | 1 | 1 | 0.95 | 0.89 |
| 预计完工总成本(万元) | 50 | 50 | 50 | 52.63 | 56.18 |

【例 8-5】某工程项目在完成了 5 个月后得出其相关的成本、进度报表见表 8-18～表 8-20，该项目的任务有 $A$～$H$，整个工期为 7 个月，项目投资预算为 50500 万元，要求计算项目成本偏差、工期偏差、成本绩效和工期绩效。

某工程项目预算成本表（万元）　　　　　　　　　　　表 8-18

| 任务 | 1 | 2 | 3 | 4 | 5 | 6 | 7 |
|---|---|---|---|---|---|---|---|
| $A$ | 5000 | 5000 | | | | | |
| $B$ | 1500 | 3000 | 3000 | 3000 | 1500 | | |
| $C$ | | | 1000 | 1000 | 500 | | |
| $D$ | | | 4000 | 2000 | | | |
| $E$ | | | 1000 | 2000 | 2000 | 1000 | |
| $F$ | | | | 3000 | 6000 | | |

| 任务 | 1 | 2 | 3 | 4 | 5 | 6 | 7 |
|---|---|---|---|---|---|---|---|
| G | | | | | 500 | 1000 | 500 |
| H | | | | | | 1500 | 1500 |
| 合计 | 6500 | 8000 | 9000 | 11000 | 10500 | 3500 | 2000 |
| 累计 | 6500 | 14500 | 23500 | 34500 | 45000 | 48500 | 50500 |

某项目最后三个月实际成本（万元）　　　　　　　　　　表 8-19

| 任　　务 | ACWP | 比例 |
|---|---|---|
| A | 9500 | 100% |
| B | 9800 | 45% |
| C | 1200 | 10% |
| D | 1700 | 15% |
| E | 2100 | 20% |
| 合计 | 24300 | — |

某项目最后三个月挣值（万元）　　　　　　　　　　表 8-20

| 任　　务 | 预　　算 | 比　　例 | BCWP |
|---|---|---|---|
| A | 10000 | 100% | 10000 |
| B | 12000 | 45% | 5400 |
| C | 2500 | 10% | 250 |
| D | 6000 | 15% | 900 |
| E | 6000 | 20% | 1200 |
| 合计 | 36500 | 35.1% | 17750 |

【解】计算指标如下：

$$CPI = \frac{BCWP}{ACWP} = \frac{17750}{24300} = 0.73$$

$$SPI = \frac{BCWP}{BCWS} = \frac{17750}{23500} = 0.755$$

$$EAC = ACWP + \frac{BAC - BCWP}{CPI} = 24300 + \frac{50500 - 17750}{0.730} = 69163 \text{ 万元}$$

$$EDC = ATE + \frac{OD - (ATE \times SPI)}{SPI} = 3 + \frac{7 - (3 \times 0.755)}{0.755} = 9.272 \text{ 月}$$

### 8.6.3 工程成本控制程序

工程成本控制是依据工程项目管理的全寿命周期的客观规律，运用成本管理方法实施的行为。目的是在成本目标或成本计划的基础上，对工程项目实施建造工作流程的目标管理，主要内容包括成本管理和成本核算。

#### 1. 工作流程

成本控制主要工作步骤：首先确定成本控制的对象，确定成本控制方案的目标成本，在此基础上对工程项目按照 WBS 结构分解，结合工程量清单的内容分析各工程项目的成本消耗量，并结合施工组织计划的时间方案，确定成本控制的时间节奏，最后设定成本控制的工作程序，制定出各阶段成本控制的主要流程与措施，如图 8-19 所示。

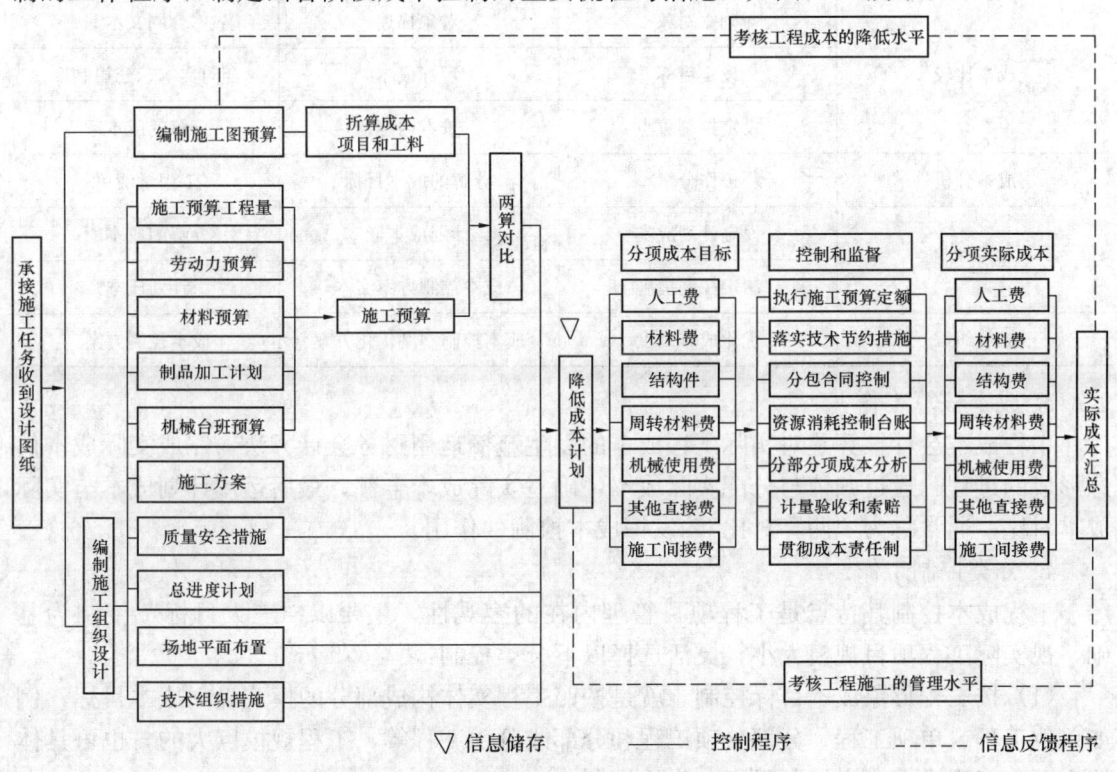

图 8-19　工程成本控制流程

#### 2. 工作内容

工程成本控制工作内容主要包括：

（1）成本比较

按照某种确定的方式将施工成本计划值与实际值逐项进行比较，以发现施工成本是否已超支。

（2）成本分析

在比较的基础上，对比较的结果进行分析，以确定偏差的严重性及偏差产生的原因。这一步是施工成本控制工作的核心，其主要目的在于找出产生偏差的原因，从而采取有针对性的措施，减少或避免相同原因的再次发生或减少由此造成的损失。

（3）成本预测

按照完成情况，再次对尚未发生的成本进行估算，确定完成项目所需的总费用。

（4）成本纠偏

当工程项目的实际施工成本出现了偏差，应当根据工程的具体情况、偏差分析和预测的结果，采取适当的措施，以期达到使施工成本偏差尽可能小的目的。纠偏是施工成本控制中最具实质性的一步。只有通过纠偏，才能最终达到有效控制施工成本的目的，见表8-21。

**成本控制工作计划内容**　　　　　　　　　　　　　　表 8-21

| 工　　作 | 工作内容 | 工作成果 | 制定依据 |
| --- | --- | --- | --- |
| 成本比较 | 确立对象 | 对象描述 | 合同文本 |
|  | 设定目标 | 目标成本 | 合同文本、公司制度 |
|  | 设定控制重点 | 重点内容 | 分解的成本额 |
| 成本分析 | 工作分解 | 分解的成本目标 | 工程量清单 |
| 成本预测 | 设定计划成本 | 计划成本额 | 分解的成本额 |
|  | 制定控制措施 | 成本控制方案文本 | 计划成本 |
| 成本纠偏 | 优化成本制度 | 成本控制制度优化方案 | 成本控制方案 |

3. 成本核算工作

工程成本会计核算是对实际工程成本的发生金额运用财务会计方法，完成实际成本信息形成的过程，通过归依与分配实际成本，确立实际成本金额，最后运用计划成本与实际成本对比，通常称为"两算对比"，发挥成本控制的作用。

4. 分类控制工作

工程成本控制其特点是工程项目管理内在的客观性，主要以"三大目标"控制为基础，视实际工程项目规模大小，灵活选择以下分类控制：

（1）按工程形象成本目标控制。就是按照工程实体构成部分的模式设立成本目标，例如单位工程、单项工程、分部分项工程和分部或分项工程等，工程规模巨大的，也可具体按土石方工程设立成本控制目标，实施控制。

（2）按工程进度成本目标控制。重点是按工程项目完工的关键线路时间节点，确立的工程成本控制目标，实施成本控制行为。

（3）按财务成本项目目标控制。主要是以工程成本项目目标，设置材料费、人工费、机械使用费、其他直接费和间接费用的成本目标，实施控制行为。

（4）按计时、分包工程成本控制。针对工程中实行计时包干、计件包干，分包工程的成本目标的管理行为。

（5）按现场管理费用目标控制。主要包括特殊费用项目、临时工程项目如临时设施工程、现场管理费用、增值税费用项目等建立成本费用目标，实施管理行为。

### 8.6.4　工程成本控制结果

1. 成本估算修正

成本估算修正是为了管理项目需要而修改成本信息，成本计划的更新可以不必调整整个成本计划方向，更新后的成本计划是用于项目管理的费用控制，并通知相关利害关系者。

2. 成本预算的修改

成本预算的修改是对原有的成本预算计划和成本基准计划进行很必要的更改和调整，此时的修改是非常必要的。预算的更新是对批准的费用基准所作的变更，这项工作一般在工程项目范畴变动的情况下才进行。

3. 纠正措施

纠正措施是为了未来的预期绩效与项目成本管理一致所采取的行动，指为实现原有计划而作出的努力，以便把项目未来的活动所消耗资源的实际成本控制在项目预算成本以内。

4. 完成项目成本所需成本预测（EAC）

完成项目所需成本预测，就是继续运用挣值法，对调整后的成本进行预测：

常见的方法是：

（1）完成项目成本预测（EAC）＝实际发生成本＋对剩余项目预算成本

该方法用于项目现在的偏差可视为将来的偏差情况。

（2）完成项目成本预测（EAC）＝实际发生成本＋对剩余项目成本新估计值

该方法用于过去的执行情况表明原来成本假设有根本缺陷或不再适用新情况时。

（3）完成项目成本预测（EAC）＝实际发生成本＋对剩余原预算

该方法适用于现有偏差被认为是不正常的，且类似偏差不再发生。

5. 经验教训

应记录下产生偏差的原因、采取纠正措施的理由和对其他成本控制方面的教训，它将成为以后成本改进方法、提高管理效率的历史数据。

### 8.6.5 工程成本管理案例分析

案例：某 A 工业厂房项目成本管理。

**【项目概况】**

某 A 工业厂房为天津开发区建发局基建办布德鲁斯迁建工程项目，位于天津经济技术开发区海星街以北，海云街以南地块。A 工业厂房项目用地地块规划用地面积 2.00hm²。场地平坦，总建筑面积约 5136.3m²。为了进入开发区的建筑市场，通过参加公开招标，某施工企业本着保本微利的原则，以 228 万元的最低价中标。

**【工程技术准备】**

1. 管理目标

在业主要求的工期（56 天）内，满足业主质量要求（达到验收规范规定合格标准）的前提下，在 228 万元的总成本控制下，通过深化设计、钢结构预制、检测、配合土建专业做好地脚螺栓预埋、复核、钢结构各部件安装、彩板制作安装、完工清理、竣工交验等工序，向业主提交工业厂房的钢结构部分（含彩板）。另外，土建专业、水电配套、装修等专业施工虽然不在项目管理范围内，但各方面存在交叉施工的问题，需要相互协调、相互配合。

2. 变更措施

项目范围变更预测及措施，见表 8-22。

A项目变更措施条件表 表8-22

| 变更原因 | 范围变更内容 | 相应措施 |
| --- | --- | --- |
| 刮风、下雨等自然因素 | 工期延长 | 在通过调整进度保证工期的前提下，向业主提出工程相应延期的确认书 |
| 其他专业施工单位的拖延未能按时提供工作面 | 工期延长 | 在通过调整进度保证工期的前提下，向业主和专业施工单位提出由于工程延期造成成本加大的索赔 |
| 业主改变对厂房外观等要求或追加工程量 | 工程内容 | 由业主及监理单位签署变更，由我方提出因此追加的工程工期及工程造价确认书，待确认后，由我方调整各项计划，落实施工 |

### 3. 项目时间管理-项目顺序网络图

为配合土建专业施工，虚线部分不在本项目管理范围内，如图8-20、图8-21所示。

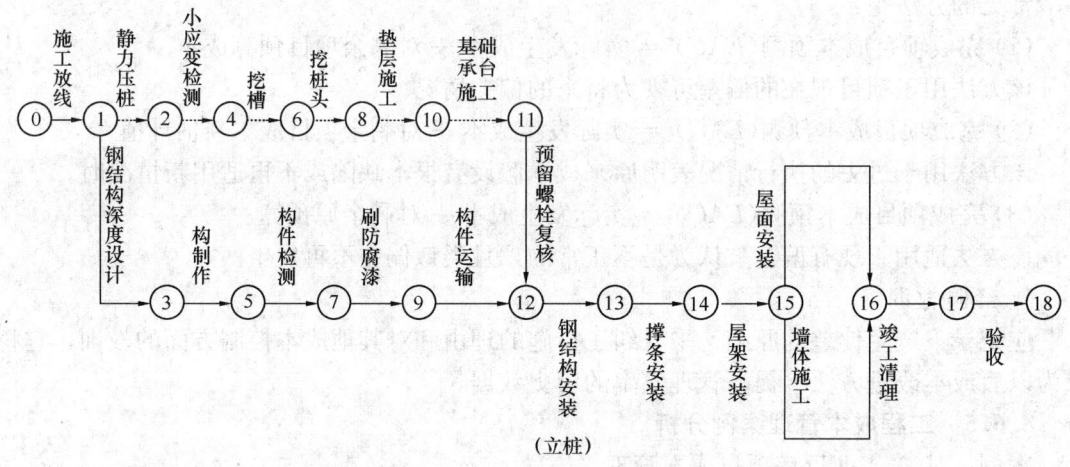

图8-20 A项目工程时间-进度进程图

### 4. 项目时间管理—甘特图

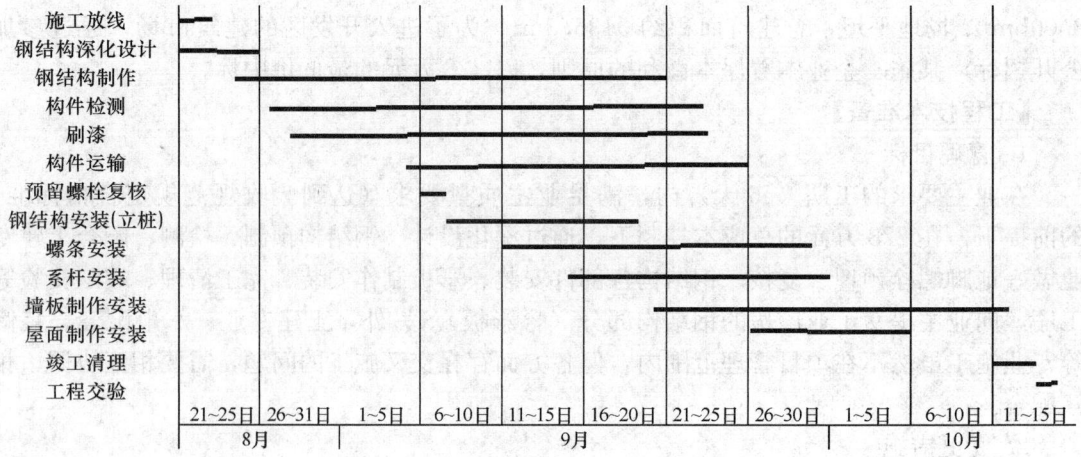

图8-21 A项目时间-工作甘特图

**【项目成本管理】**

1. 根据 A 项目技术资料：工程进度、时间图表，应用 WBS 方法对总项目进行任务分解，如图 8-22 所示。

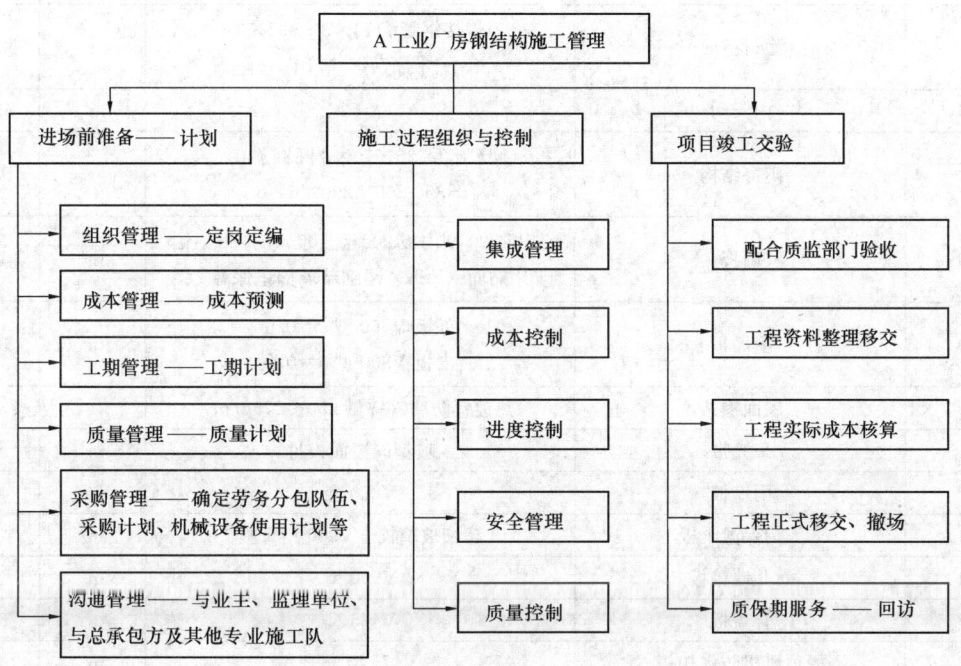

图 8-22　A 工程项目 WBS 任务分解图

2. 在任务分解后，对 A 项目进行成本资源（材料、设备、人工）计划编制，见表 8-23～表 8-26 所示。

项目成本管理-资源计划-材料　　　　　　　　　　　表 8-23

| 项目编码 | 分部分项工程名称 | 项目特征 | 单位 | 工程量 |
|---|---|---|---|---|
| 1 | 螺栓 | M24×900 | 套 | 248 |
| 2 | 高强度螺栓 | M22×80 | 付 | 988 |
| 3 | 电动卷帘门 | 2500×3000 | 套 | 1 |
| 4 | 电动卷帘门 | 4500×4500 带保温 | 套 | 4 |
| 5 | 电动卷帘门 | 2500×3000 带保温 | 套 | 3 |
| 6 | 电动卷帘门 | 3500×5500 带保温 | 套 | 1 |
| 7 | 实腹柱 | Q345B | t | 32.513 |
| 8 | 天沟托架 | ∠63#6 | t | 1.071 |
| 9 | 女儿墙 | 116 | t | 1.758 |
| 10 | 钢梁 | Q345B | t | 49.034 |
| 11 | 钢支撑 | Q235B | t | 8.937 |
| 12 | 墙檩条 | C160×65×15×3 材质 Q235B | t | 12.107 |
| 13 | 墙拉条、墙系杆 | 型钢 Q345B | t | 0.971 |

| 项目编码 | 分部分项工程名称 | 项目特征 | 单位 | 工程量 |
|---|---|---|---|---|
| 14 | 隔撑 | ∠50$^\phi$4 | t | 1.981 |
| 15 | 型材屋面 | 焊接钢管 $\phi$114×3  $\phi$32×3<br>圆钢 $\phi$20  $\phi$10 | t | 9.088 |
| 16 | 内天沟 | $\delta$＝3 | t | 4.776 |
| 17 | 雨篷结构 | C160×20×70×3 圆钢 $\phi$10<br>H350-200×200×6×8 | t | 5.397 |
| 18 | 墙板 | 外板 820 型内板 900 型 100mm 厚带铝铂<br>贴面（FSK）超细玻璃棉毡保温 | m$^2$ | 1864 |
| 19 | 屋面板 | 外板 V760 型 $\delta$＝0.6<br>内板 V900 型 $\delta$＝0.5 | m$^3$ | 3669 |
| 20 | 屋面檩条 | 热镀锌防腐镀锌量 250～275g/m$^2$ | t | 23.596 |
| 21 | 采光带 | 坡型同屋面板Ⅲ | m$^2$ | 543 |
| 22 | 雨篷板 | V820 型 | m$^2$ | 494 |
| 23 | 天沟保温＋板 | 超细玻璃棉＋V900 型采板 | m$^2$ | 110 |
| 24 | 女儿墙盖板 | V900 型 | m$^2$ | 159 |
| 25 | 脊盖板 | V475 型 | m$^2$ | 761.68 |
| 26 | 屋顶风机防水扣板 | V475 型＋棉 | m$^2$ | 34 |
| 27 | 屋顶通风器支架 | 型钢 | t | 0.61 |
| 28 | 通风器 | $\Phi$500 | 台 | 20 |

**项目成本管理-资源计划-机械设备**　　　　　　　　　　　　　　　表 8-24

| 序号 | 机械或设备名称 | 型号规格 | 数量 |
|---|---|---|---|
| 1 | 汽车式起重机 | QY-8B | 2 |
| 2 | 汽车式起重机 | TL/252 | 1 |
| 3 | 电动卷扬机 | 0.5～3t | 1 |
| 4 | 电动试压泵 | 3Y-350 | 1 |
| 5 | 汽车吊车 | KATO-20t | 4 |
| 6 | 载重汽车 | 10t | 5 |
| 7 | 载重汽车 | 20t | 10 |
| 8 | 空压机 | GG-1A-03 | 4 |
| 9 | 交流电焊机 | W 9-7kg | 2 |
| 10 | 直流电焊机 | BXI-300 | 8 |
| 11 | 氩弧焊机 | AT-320 | 6 |
| 12 | 等离子切割机 | LGK8～40 | 4 |
| 13 | 烘干箱 |  | 3 |
| 14 | 手拉倒链 | 2～5t | 6 |
| 15 | 角磨机 |  | 10 |
| 16 | 液压千斤顶 | 10t | 3 |
| 17 | 挖掘机 | WY60 | 1 |

| 序号 | 机械或设备名称 | 型号规格 | 数量 |
|------|----------------|----------|------|
| 18 | 电动排水泵 | | 1 |
| 19 | 卷板机 | Q34-10 | 1 |
| 20 | 剪板机 | YA32-315 | 3 |
| 21 | 结构机组对 | 75kV·A | 1 |
| 22 | 折边机 | 2.5×10.200 | 1 |
| 23 | 多头切割机 | | 1 |
| 24 | 等离子切割机 | | 2 |
| 25 | 冲床 | | 1 |
| 26 | 车床 | GCD1-100 | 2 |
| 27 | 刨床 | M7132 | 1 |
| 28 | 轻钢轧机 | | 1 |
| 29 | 套丝机 | BRII20A/I | 2 |
| 30 | 液压弯管机 | BJ13 型 | 2 |
| 31 | 台钻 | | 2 |
| 32 | 无齿锯 | | 5 |
| 33 | 刨链 | | 20 |
| 34 | 钢筋切割机 | | 1 |
| 35 | 钢筋弯曲机 | | 1 |
| 36 | 插入式振动器 | | 2 |
| 37 | 振动棒 | | 4 |
| 38 | 冲击电钻 | | 2 |
| 39 | 气割工具 | | 2 |
| 40 | 混凝土搅拌机 | 375L | 1 |
| 41 | 砂浆搅拌机 | 0.2m³ | 2 |

**项目成本管理-资源计划-劳动力** 表 8-25

| 工种 | 按工程施工阶段投入劳动力情况 | | | | | |
|------|------|------|------|------|------|------|
| 级别 | 8.21~8.31 | 9.1~9.10 | 9.11~9.20 | 9.21~9.30 | 10.1~10.10 | 10.11~10.15 |
| 焊工 | 20 | 50 | 40 | 30 | 20 | 5 |
| 铁工 | 25 | 100 | 60 | 80 | 30 | 10 |
| 油工 | 10 | 40 | 40 | 10 | 10 | 10 |
| 电工 | 4 | 10 | 10 | 5 | 40 | 20 |
| 起重工 | 20 | 30 | 30 | 20 | 20 | 10 |
| 辅助工种 | 35 | 50 | 50 | 50 | 50 | 20 |

3. 项目 A 成本计划（预算）编制

（1）成本计划的编制依据

1）根据施工图，结合现场条件重新核实工程量，确定工程量的控制标准。

2）在原有投标价格基础上，在满足图纸及业主提出的质量要求的前提下，重新询价，确定材料单价控制标准。

3）综合计算——确定成本总额的控制标准。

（2）成本计划的使用

1）在施工现场管理中，严格管理，采用新工艺、新技术，降低材料损耗，实现材料用量的节约，从而进一步降低成本。

2）在实际采购时，采用多家比价、反复谈判的方式，进一步降低材料采购价格，实现成本的降低。

3）同时作为项目管理的资源计划。

表 8-26

## A 工业厂房钢结构工程成本计划（元）

| 序号 | 名　称 | 单位 | 工程量 | 综合单价 | 单价分析 | | | 合价 | 合价分析 | | |
|---|---|---|---|---|---|---|---|---|---|---|---|
| | | | | | 主材 | 制作 | 安装 | | 主材 | 制作 | 安装 |
| 1 | 实腹柱 Q345B | t | 32.513 | 7000 | 5000 | 1400 | 600 | 227591 | 162565 | 45518 | 19508 |
| 2 | 钢梁 Q345B | t | 49.024 | 7000 | 5000 | 1400 | 600 | 343238 | 245170 | 68648 | 29420 |
| 3 | 柱间支撑 Q345B | t | 8.937 | 7000 | 5000 | 1400 | 600 | 62559 | 44685 | 12512 | 5362 |
| 4 | 女儿墙柱 I16号 Q235B | t | 5.5275 | 5900 | 4200 | 1200 | 500 | 32612 | 23216 | 6633 | 2764 |
| 5 | 拉条、系杆 Q235B | t | 4.4865 | 5700 | 4000 | 1200 | 500 | 25573 | 17946 | 5384 | 2243 |
| 6 | 隅撑 L50×4 Q235B | t | 7.1867 | 5700 | 4000 | 1200 | 500 | 40964 | 28747 | 8624 | 3593 |
| 7 | 内天沟 d=3mm Q235B | t | 4.776 | 5700 | 4000 | 1200 | 500 | 27223 | 19104 | 5731 | 2388 |
| 8 | 天沟托架 L63×6 Q235B | t | 1.071 | 5700 | 4000 | 1200 | 500 | 6105 | 4284 | 1285 | 536 |
| 9 | 墙檩条 C160×65×15×3 Q235B | t | 12.167 | 4600 | 4300 | | 300 | 55968 | 52318 | 0 | 2650 |
| 10 | 屋面檩条 热浸镀锌防腐镀锌量 250～275g/m² | t | 23.596 | 6100 | 4300 | 1500 | 300 | 143936 | 101463 | 35394 | 7079 |
| 11 | 雨蓬结构 C160×20×70×3 H350-200×200×6×8Q235B | t | 5.397 | 5900 | 4200 | 1200 | 500 | 31842 | 22667 | 6476 | 2699 |
| 12 | 屋面板 外板镀铝锌板760、0.6、内板V900、0.5、保温100 | m² | 3669 | 154 | 120 | 24 | 10 | 565026 | 440280 | 88056 | 36690 |
| 13 | 采光带 | m² | 543 | 205 | 195 | | 10 | 111315 | 105885 | 0 | 5430 |
| 14 | 雨蓬板 V820 | m² | 494 | 65 | 55 | | 10 | 32110 | 27170 | 0 | 4940 |
| 15 | 彩板及雨蓬连接件 | m² | 200 | 65 | 55 | 15 | 10 | 13000 | 11000 | 0 | 2000 |
| 16 | 墙板 外板820镀铝锌板、0.6、内板V900、0.5 | m² | 1864 | 135 | 110 | | 10 | 251640 | 205040 | 27960 | 18640 |
| 17 | 天沟保温＋板900 | m² | 110 | 65 | 55 | | 10 | 7150 | 6050 | 0 | 1100 |

| 序号 | 名 称 | 单位 | 工程量 | 综合单价 | 单价分析 | | | 合价 | 合价分析 | | |
| --- | --- | --- | --- | --- | --- | --- | --- | --- | --- | --- | --- |
| | | | | | 主材 | 制作 | 安装 | | 主材 | 制作 | 安装 |
| 18 | 女儿墙盖板 V900 | m² | 159 | 65 | 55 | | 10 | 10335 | 8745 | 0 | 1590 |
| 19 | 脊盖板 V760 | m² | 68 | 65 | 55 | | 10 | 4420 | 3740 | 0 | 680 |
| 20 | 屋顶风机防水扣板 760+棉 | m² | 34 | 65 | 55 | | 10 | 2210 | 1870 | 0 | 340 |
| 21 | 高强度螺栓 M22×80 | 套 | 988 | 12 | 10 | | 2 | 11856 | 9880 | 0 | 1976 |
| 22 | 通风器安装 D500（含支架及密封等需用材料） | 台 | 20 | 1400 | 1200 | | 200 | 28000 | 24000 | 0 | 4000 |
| 23 | 地脚螺栓 M24×900 | 套 | 248 | 38 | 38 | | | 9424 | 9424 | 0 | 0 |
| 24 | 卸货平台处阔福卷帘门 2500×3000 | 樘 | 1 | 20000 | 20000 | | | 20000 | 20000 | 0 | 0 |
| 25 | 电动卷帘门 4500×4500（带保温） | 樘 | 4 | 13125 | 13125 | | | 52500 | 52500 | 0 | 0 |
| 26 | 电动卷帘门 2500×3000（带保温） | 樘 | 3 | 6750 | 6750 | | | 20250 | 20250 | 0 | 0 |
| 27 | 电动卷帘门 3500×5500（带保温） | 樘 | 1 | 12625 | 12625 | | | 12625 | 12625 | 0 | 0 |
| | 总计 | | | | | | | 2149472 | 1680624 | 312221 | 156628 |
| 1 | 其中材料控制总价 | | | | | | | 1692854 | | | |
| 2 | 其中制作及安装费用 | | | | | | | 468849 | | | |
| 3 | 工程直接费控制总价（3=1+2） | | | | | | | 2161703 | | | |
| 4 | 项目人员管理费用控制 | | | | | | | 25000 | | | |
| 5 | 小计（5=4+3） | | | | | | | 2186703 | | | |
| 6 | 合理避税后的税金6=（228万-制作安装）×0.0341 | | | | | | | 61760 | | | |
| 7 | 工程成本合计（7=5+6） | | | | | | | 2248463 | | | |
| 8 | 在228万合同造价内，预期工程利润 | | | | | | | 31537 | | | |

### 4. 成本控制

根据成本计划，并结合 A 项目进度、工期、质量和变更等影响因素，将实际成本控制在预算成本（计划成本）以内，并编制成本控制的 S 曲线图和变更费用控制图，如图 8-23、图 8-24 所示。

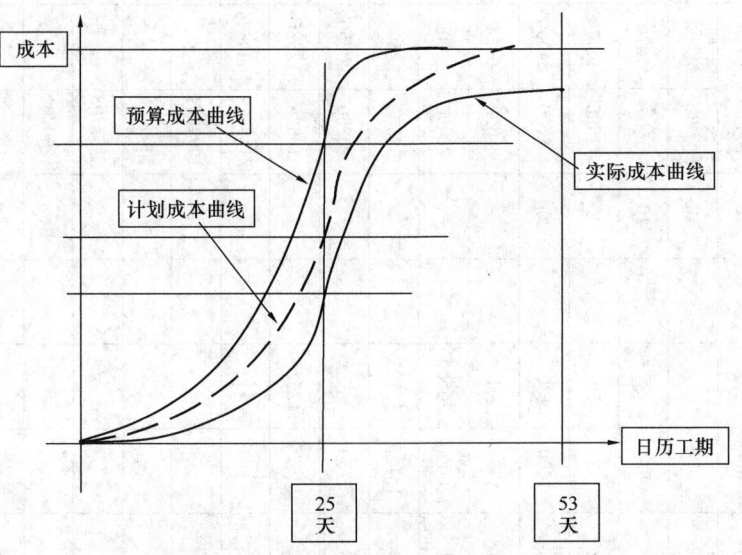

图 8-23　A 项目预算与实际成本控制图

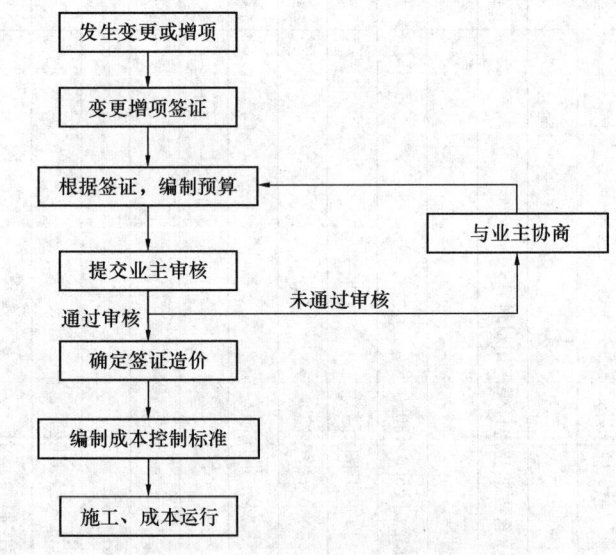

图 8-24　A 项目工程变更费用控制流程图

## 思 考 题

1. 工程项目成本管理要考虑的因素有哪些？

2. 什么是资源负荷？它与资源平衡有什么不同？

3. 简述项目成本估算的步骤和依据。

4. 成本预算有什么作用?

5. 预算成本、实际成本、挣值三者有何联系与区别?

6. 如何判断一个项目的成本绩效和工期绩效是否出了问题?

7. 如何运用挣值法对工程项目成本进行控制?

8. 什么是项目的预算成本、实际成本、完工预算成本?

9. 什么是项目成本偏差、工期偏差?

10. 简述各种成本估算方法。

11. 简述成本预算项目控制作用。

12. 简述项目成本控制作用。

## 计 算 题

1. 某公路修建项目,预算单价为400元/m。计划用30天完成,每天120m。开工后5天测量,已完成500m,实际付给承包商35万元。计算:

(1) 费用偏差(CV)和进度偏差(SV)是多少?说明了什么?

(2) 进度执行指数(SPI)和成本执行指数(CPI)是多少?说明了什么?

2. 一个大型设备的每周成本预算情况,见下表所列。

**某项目完工情况表**(万元/周)

| 成本 | 1 | 2 | 3 | 4 | 5 | 6 | 7 | 8 | 9 | 10 |
|------|---|---|---|---|---|---|---|---|---|-----|
| 设计 | 4 | 3 | | | | | | | | |
| 建造 | | | 2 | 3 | 1 | | | | | |
| 安装 | | | | | | | 2 | 2 | | |
| 测试 | | | | | | | | | 1 | 2 |
| 合计 | 5 | 5 | 5 | 7 | 6 | 6 | 9 | 10 | 10 | 12 |

试计算该项目预算成本。

3. 图8-25是某豪华别墅装修项目网络图。

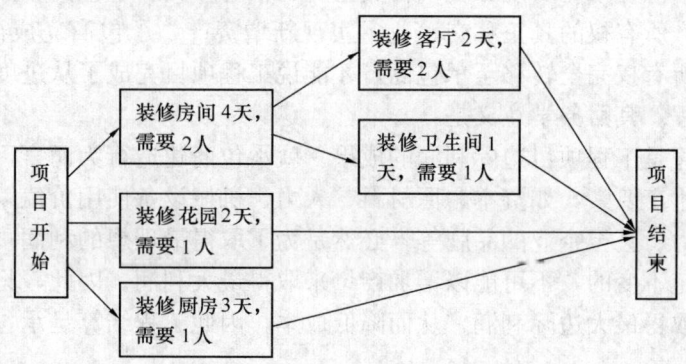

图8-25 某别墅装修项目网络图

要求:

(1) 绘制资源需求甘特图。

(2) 当该项目只有3个装修工时,如何进行该项目的资源平衡?

4. 某项目预算成本为400万元,计划工期为2年。在项目的实施过程中,通过成本记录的信息可知:开工第一年年末的实际发生成本为100万元,已完成工作的预算成本金额为50万元。与项目预算成本比较,项目计划工程量的预算成本为200万元。试分析该项目的成本执行情况和计划完成情况。

# 9 工程结算和收入管理

**【学习目标】**

本章主要内容在于介绍工程项目结算、决算财务管理和工程企业营业收入的构成、营业收入的确认，企业利润的构成和利润分配管理。

本章主要掌握工程项目收入概念、分类、内容和性质；掌握工程收入形成的程序，工程收入依据合同、进度、质量等要求，及时办理工程结算；理解工程费用与利润的关系，工程项目完工后确认项目决算，工程收入实现条件；工程利润分配管理主要内容。因此，工程项目收入结算、决算和利润计算是财务管理的重要工作。

**【重要术语】**

营业收入 主营业务收入 其他业务收入 工程结算收入 工程索赔收入

工程价款结算 利润 营业利润 利润总额 利润分配

## 9.1 工程结算管理

### 9.1.1 工程结算的意义

工程项目结算是工程交易的真正实现方式，工程项目虽然通过招投标市场完成项目建造所有权的转移，但并未能实现工程项目真正所有权的移交。承包商、业主的共同希望是实现工程项目资产所有权的真正移交，业主实现新增资产，承包商完成盈利目标。因此，工程项目价款的所有权完全转移至承包商，才能说工程项目完成了从进度、质量、投资实现价值的交易过程。其财务学意义是：

（1）工程结算是工程项目边际利润的成果。就承包商建造行为而言，为工程项目的完成投入了大量的生产要素，如资本、原材料、人力、机械设备使用价值以及现代科学技术下的创新管理能力、甚至企业的品牌等，必然是为了取得最理想的利润，由于建筑工程项目的建造量是固定不变的，不可能以增加产量来取得最大利润。因此，只有通过投入有形要素和无形要素取得最大边际利润，从而降低成本，因此工程结算是承包商边际利润的必然实现方式。

（2）工程结算是工程项目市场价值的实现。正如上面所说，市场交易价格对于工程项目建造而言真正的实现是交易双方完成对商品所有权的真正转移，自此，承包商通过将项目所有权转移给业主，业主则将货币价值所有权支付给承包商，才使商品交易实现。工程结算正是实现这一所有权转移的方式。

（3）工程结算是信息成本与信息收益的统一。工程项目经工程招投标后，由承包商承建，其投入的重要生产要素形成工程成本，而业主在工程中的投资转变为成品资金，双方在进行资金与成本交易时，必然存在信息的非对称性。因此，需要通过工程结算完成双方信息的对称。因而工程结算使双方成为利益的统一体，双方都必须提供完善的建造信息资料，将承包商收入不确定性转移为确定性，业主的资产的不确定性转移为确认的所有权。

### 9.1.2 工程结算管理内容

1. 工程结算管理概念

工程结算是工程承包企业以工程合同为依据，针对工程完工项目或阶段项目形象，经过第三方或政府质检部门检验且工程质量达到合同要求，对工程项目消耗的资源进行完成交易，从而实现产品所有权转移的过程；工程项目结算管理则是为这一过程的实施进行资料收集、合同验证、质量检验、款项收取、协调意见等系列活动的行为。其特征是：

（1）工程结算管理贯穿于工程全生命周期。一般传统认为工程结算只限于工程完工，但现代管理学认为管理是对活动的全过程的管理，工程建设活动是一个完整的系统。因而，工程结算是从工程开始建设起，就必须做好结算的准备工作，规范工程行为，才能在完工时顺利实现工程结算。

（2）工程结算影响因素的复杂性。工程建设过程中受进度、资金、成本以及环境因素的影响，活动随时发生不同情况的变化。因而，必须准确收集变化后的资料证据，为结算提供依据，特别是针对工程变更、人工工资、材料价格、资金利率等重要因素，必须以双方确认的资料为结算证据，才能保证双方信息的对称。

（3）工程结算工作的组织性。工程结算是一项严肃、仔细、准确的工作，遵循严格的组织程序。由项目部编制结算预算文件，经财务部核对、计算，报公司批准后，才能报业主审核，其中要求各项资料齐备、依据充分、计算准确、手续完整等。因而工程结算工作必须是科学性和艺术性的完美结合。

2. 工程结算分类

（1）工程结算依据结算对象划分，分为工程价款结算、工程劳务结算、工程设备款结算和工程其他货币资金结算等。

1）工程价款结算。主要是以工程项目的阶段性质量符合合同要求，对已完工工程进行的建设单位与工程承包商之间在点交已完工程时所办理的工程价款支付的行为。包括工程预付款的结算、索赔款的确认、进度款的支付等，它属于综合性结算。

2）工程劳务款结算。它是指对于一些专项工程，由于用工发生变更，或合同约定对人工劳务进行单独确认，或对工程进行劳务分包而进行专门的结算。

3）工程设备及用具购置款结算。主要指工程项目建设过程中，设备单独购置或在综合土建合同以外时需要结算的款项。

4）其他货币资金结算。从合同约定的工程款结算形式上看，其他货币资金包括银行汇票、银行本票、商业汇票、信用证等结算方式或支付方式，经双方协商约定均可，一般以银行汇票、本票为多。国际间工程款项结算包括了信用证结算，同时也是一种支付方式。

（2）按结算方式划分，分为按月结算、分段结算和竣工后一次性结算。

1）按月结算。主要是指工程项目实行按月支付进度款，竣工后清算的办法。合同工期在两个年度以上的工程，在年终进行工程盘点，办理年度结算。

2）分段结算。主要是根据工程的性质和特点，将其施工过程划分为若干施工形象进度阶段，以审定的施工图预算为基础，测算每个阶段的预支款数额。

3）年终结算。有些单位工程或单项工程不能在本年度竣工，而要转入下年度继续施工，为了正确统计施工企业本年度的经营成果和建设投资完成情况，由施工企业、建设单位和建设银行对正在施工的工程进行已完成和未完工程量盘点，结清本年度的工程款。

4）竣工后一次结算，若建筑安装工程建设期在 12 个月以内，或者工程承包合同价值在 100 万元以下的，可以实行工程价款按月预支，竣工后一次结算。

（3）按工程结算地点划分，分为同城结算和异地结算

1）同城结算。收付款单位在同一城市或同一城市所辖县区内采取的转账结算。它可分为支票结算、委托付款结算和同城托收承付结算。

支票结算是付款单位签发支票，通过银行从其账户中支付款项给收款单位或个人的结算方式。目前它是同城结算中应用最多的一种结账方式，运用于同城之间商业贸易、工程价款结算和其他经济往来，支票分现金支票和转账支票两种。

委托付款结算是由付款单位填制付款委托书，委托开户银行将款项从其账户划转到收款单位账户的一种结算方式。该结算方式可以使收款单位在提供货物或劳务后及时收回价款，有利于货币收支和物资交流的密切结合，手续简便，利于银行审查和监督。它适用于预付工程备料款和工程款的结算，以及购买材料、劳务供应和财政拨款等款项的结算。

同城托收承付结算是收款单位根据经济合同发货后，委托银行向同城的付款单位收取款项，付款单位根据经济合同核对单证和验货后，向银行承认付款的一种同城结算方式。该结算方式管理健全、遵守合同，适用于施工企业收取工程备料款和工程结算。

2）异地结算。付款单位和收款单位不在同一城市或同一县区之间所发生的转账结算方式，具体包括异地托收承付结算和汇兑结算两种。

异地托收承付结算是收款单位根据经济合同发货后，委托开户银行向外地的付款单位收取货款，付款单位根据经济合同核对单证和验货后，向开户银行承认付款的一种结算方式。它包括收款单位的托收和付款单位的承付两部分。经济合同是收付双方交易活动的依据和银行划拨款项、进行监督和保护双方权益的依据，没有经济合同不能使用这种结算方式。

异地托收承付结算主要适用于施工企业与异地的其他单位已签订经济合同，经常发生材料和设备采购，以及劳务供应等款项的结算。

汇兑结算是付款单位委托银行将款项汇给外地收款单位或个人的一种结算方式。该结算方式适用于异地各单位间的资金调剂、清理交易欠款、往来账款和自提自交的商品采购款的结算，也适用于施工企业的工程结算，它分为信汇和电汇两种。

3. 工程结算权威规定

根据《建设工程项目管理规范》GB/T 50326—2006 对工程结算的 18.4 条：

18.4.1 项目竣工结算应由承包人编制，发包人审查，承发包双方最终确定；

18.4.2 编制项目竣工结算应依据下面资料：

（1）工程合同。

（2）工程投标中标报价单。

（3）竣工图、设计变更、修改通知。

（4）施工技术核定单、材料代用核定单。

（5）现行工程计价、清单规范、取费标准以及有关调价规定。

（6）有关追加、削减项目文件。

（7）双方确认的经济签证、工程索赔资料。

（8）其他有关技术资料等。

### 9.1.3 工程结算内容

1. 工程预付款

工程预付款是建设工程施工合同订立后由发包人按照合同约定，在正式开工前预先支付给承包人作为施工项目储备和准备主要材料、结构件所需的流动资金，因此，也称其为工程预付备料款。

（1）工程预付款的额度

工程预付款的额度应能保证施工所需材料和构件的正常储备。在施工合同中应约定工程预付款的百分比。一般方法如下：

1）根据施工工期、建安工程量、主要材料和构件费用占建安工程量的比例以及材料储备周期等因素经测算确定。对于施工企业常年应备的备料款数额，可按下式计算：

$$备料款额度 = \frac{全年建安工程量 \times 主要材料比重}{年度施工日历天数 \times 材料储备天数} \times 100\%$$

$$预付备料款额度 = \frac{预付备料款数额}{年度建安工程量} \times 100\%$$

2）规定百分比的方法。在实际工程中，备料款的数额，要根据工程类型、合同工期、承包方式和供应方式等不同条件而定。例如：一般建筑工程预付款的数额可为当年建筑工程量（包括水、电、暖）的20%；安装工程可为年安装工程量的10%；材料占比重多的安装工程可按年计划工程量的15%左右拨付。

小型工程可以不预付备料款，直接分阶段拨付工程进度款等。

计价执行《建设工程工程量清单计价规范》GB 50500—2013 的工程，实体性消耗和非实体性消耗部分应在合同中分别约定预付款比例。

（2）工程预付款的支付

依据《建设工程价款结算暂行办法》规定，在具备施工条件的前提下，发包人应在双方签订合同后的一个月内或不迟于约定的开工日期前的 7 天内预付工程款，发包人不按约定预付，承包人应在预付时间到期后 10 天内向发包人发出要求预付的通知，发包人收到通知后仍不按要求预付，承包人可在发出通知 14 天后停止施工，发包人应从约定应付之日起向承包人支付应付款的利息（利率按同期银行贷款利率计），并承担违约责任。

（3）工程预付款的扣还

工程预付款属于预付性质，在工程后期应随工程所需材料储备逐步减少，以抵充工程价款的方式陆续扣还。常用扣还办法有三种：一是按照公式计算来确定起扣点和抵扣额；二是按照合同约定办法抵扣；三是工程竣工结算时一次抵扣。

1）按公式计算起扣点和抵扣额。这种方法原则上是以未施工工程所需材料的价值相当于备料款数额时起扣，于每次结算工程价款时，按材料比重扣抵工程价款，竣工前全部扣清。

$$预付款起扣点 = 施工合同总值 - 未完工程价值$$

$$=施工合同总值-\frac{工程预付款}{主要材料比重}$$

2）按合同规定办法扣还预付款。为简便起见，在施工合同中采用协商的起扣点和采用固定的比例扣还预付款办法，甲乙双方共同遵守。

3）工程竣工结算时一次扣留预付款

预付款在施工前一次拨付，施工过程中不分次抵扣，在最后一次拨付工程款时将预付款一次性扣留。

4）中间计算与结算

根据每月所完成的工程量依照合同计算工程款。

计算累计工程款。若累计工程款没有超过起扣点，则根据当月工程量计算出的工程款即为该月应支付的工程款；若累计工程款已超过起扣点，则应支付工程款的计算公式分别为：

累计工程款超过起扣点的应支付工程款 ＝当月完成工程量－（截至当月累计工程款
－起扣点）×主要材料比重

超过起扣点以后各月应付工程款 ＝当月完成工程量×（1－主要材料比重）

**2. 工程质量保证金的计算**

工程质量保证金的扣留方法主要有两种：

（1）约定扣留法：由施工合同当事人双方在合同中约定保证金的扣留方法。保证金可以实行从每次工程款中扣留，累计扣留保证金一般为合同价的 3％～5％。

（2）从竣工结算款中一次性扣留。

根据国家原建设部、财政部颁布的《关于印发〈建设工程质量保证金管理暂行办法〉的通知》[建质（2005）7 号]的规定，在施工合同中双方应约定工程质量缺陷责任期，一般应为 6 个月、12 个月或 24 个月。在缺陷责任期满后，工程质量保证金及其利息扣除已支出费用后的剩余部分退还给承包商；缺陷责任期从工程通过竣（交）工验收之日起计。由于承包人原因导致工程无法按规定期限进行竣（交）工验收的，缺陷责任期从实际通过竣（交）工验收之日起计。由于发包人原因导致工程无法按规定期限进行竣（交）工验收的，在承包人提交竣（交）工验收报告 90 天后，工程自动进入缺陷责任期。

**3. 工程计量与工程进度款计算与支付**

（1）工程计量

工程计量是工程价款结算和支付的前提，根据《建设工程价款结算暂行办法》的规定，工程计量的主要规定是：

1）承包人应当按照合同约定的方法和时间，向发包人提交已完工程量的报告。发包人接到报告后 14 天内核实已完工程量，并在核实前 1 天通知承包人，承包人应提供条件并派人参加核实，承包人收到通知后不参加核实，以发包人核实的工程量作为工程价款支付的依据。发包人不按约定时间通知承包人，致使承包人未能参加核实，核实结果无效。

2）发包人收到承包人报告后 14 天内未核实完工程量，从第 15 天起，承包人报告的工程量即视为被确认，作为工程价款支付的依据，双方合同另有约定的，按合同执行。

3）对承包人超出设计图纸（含设计变更）范围和因承包人原因造成返工的工程量，发包人不予计量。

我国《建设工程施工合同（示范文本）》规定的工程计量程序见示范文本。

（2）工程进度款的计算

1）采用工料单价合同时，在确定已完工程量（即计量）后，可按以下步骤计算工程进度款：

① 根据已完工程量的项目名称、分项编号、单价得出合价；

② 将本次所完全部项目合价相加，得出直接工程费小计；

③ 按规定计算措施费、间接费（包括规费和企业管理费）、利润、税金；

④ 按合同约定或其他规定调整价款；

⑤ 扣除预付款、质量保证金等；

⑥ 确定本次应收工程进度款。

2）采用综合单价合同时，工程量得到确认后，将工程量与综合单价相乘得出合价，再累加（计算）规费和税金，基本算法是：

$$工程进度款 = \Sigma(计价项目计量工程量 \times 综合单价) \times (1 + 规费费率)$$
$$\times (1 + 税金率)$$

计算出工程进度款后，再根据合同约定或其他规定作出相应调整，扣除预付款、质量保证金等，最后确定本次应收工程进度款。

4. 工程进度款支付

根据《建设工程价款结算暂行办法》的规定，工程进度款支付程序如下：

（1）根据确定的工程计量结果，承包人向发包人提出支付工程进度款申请，14天内，发包人应按不低于工程价款的60%，不高于工程价款的90%向承包人支付工程进度款。按约定时间发包人应扣回的预付款，与工程进度款同期结算抵扣。

（2）发包人超过约定的支付时间不支付工程进度款，承包人应及时向发包人发出要求付款的通知，发包人收到承包人通知后仍不能按要求付款，可与承包人协商签订延期付款协议，经承包人同意后可延期支付，协议应明确延期支付的时间和从工程计量结果确认后第15天起计算应付款的利息（利率按同期银行贷款利率计）。

（3）发包人不按合同约定支付工程进度款，双方又未达成延期付款协议，导致施工无法进行，承包人可停止施工，由发包人承担违约责任。

5. 工程价款结算的程序和方法

工程竣工验收报告经发包人认可后28天内，承包人向发包人递交竣工结算报告及完整的结算资料，双方按照协议书约定的合同价款及专用条款约定的合同价款调整内容，进行工程竣工结算。

办理工程价款竣工结算的一般公式为：

工程价款总额 = 合同价款 + 施工过程中合同价款调整数额

最终付款 = 工程价款总额 - 预付及已结算工程价款 - 工程质量保证金

6. 工程价款的调整方法

工程价款价差调整的方法有：工程造价指数调整法、实际价格调整法、调价文件计算法、调值公式法等。

（1）工程造价指数调整法。甲乙方采用当时的预算（或概算）定额单价计算出承包合同价，待竣工时，根据合理的工期及当地工程造价管理部门所公布的该月度（或季度）的工程造价指数，对原承包合同价予以调整。

（2）实际价格调整法。在我国有些地区规定对钢材、木材、水泥等三大材的价格采取按实际价格结算的方法。工程承包商可凭发票按实报销。

（3）调价文件计算法。甲乙方采取按当时的预算价格承包，在合同工期内，按照造价管理部门调价文件的规定，进行抽料补差（在同一价格期内按所完成的材料用量乘以价差）。有的地方定期发布主要材料供应价格和管理价格，对这一时期的工程进行抽料补差。

（4）调值公式法。根据国际惯例，对建设项目工程价款的动态结算，一般是采用此法。

建筑安装工程费用价格调值公式一般包括固定部分、材料部分和人工部分。但当建筑安装工程的规模和复杂性增大时，公式也变得更为复杂。

调值公式一般为：

$$P = P_0 \times \left( a_0 + a_1 \times \frac{A}{A_0} + a_2 \times \frac{B}{B_0} + a_3 \times \frac{C}{C_0} + \cdots + a_n \times \frac{Z}{Z_0} \right)$$

式中　　　　　　$P$——调值后合同价款或工程实际结算款；

　　　　　　　　$P_0$——合同价款中工程预算进度款；

　　　　　　　　$a_0$——固定要素，代表合同支付中不能调整的部分占合同总价中的比重；

　　　　$a_1$、$a_2$、$a_3 \cdots a_n$——代表有关各项费用（如：人工费用、钢材费用、水泥费用、运输费等）在合同总价中所占比重，$a_0 + a_1 + a_2 + a_3 + \cdots + a_n = 1$；

　　$A_0$、$B_0$、$C_0 \cdots Z_0$——投标截止日期前 28 天与 $a_1$、$a_2$、$a_3 \cdots a_n$ 对应的各项费用的基期价格指数或价格；

　　　$A$、$B$、$C \cdots Z$——在工程结算月份与 $a_1$、$a_2$、$a_3 \cdots a_n$ 对应的各项费用的现行价格指数或价格。

### 9.1.4　结算案例举例

【例 9-1】某施工单位承包某工程项目，甲乙双方签订的关于工程价款的合同内容有：

（1）建筑安装工程造价 660 万元，建筑材料及设备费占施工产值的比重为 60%；

（2）工程预付款为建筑安装工程造价的 20%。工程实施后，工程预付款从未施工工程尚需的建筑材料及设备费相当于工程预付款数额时起扣，从每次结算工程价款中按材料和设备占施工产值的比重扣抵工程预付款，竣工前全部扣清；

（3）工程进度款逐月计算；

（4）工程质量保证金为建筑安装工程造价的 3%，竣工结算月一次扣留；

（5）建筑材料和设备费价差调整按当地工程造价管理部门有关规定执行（按当地工程造价管理部门有关规定上半年材料和设备价差上调 10%，在 6 月份一次调整）。

工程各月实际完成产值见表 9-1。

**各月实际完成产值（万元）**　　　　　　　　　　　　　表 9-1

| 月　份 | 2 | 3 | 4 | 5 | 6 |
| --- | --- | --- | --- | --- | --- |
| 完成产值 | 55 | 110 | 165 | 220 | 110 |

要求：

（1）通常工程竣工结算的前提是什么？

（2）工程价款结算的方式有哪几种？

（3）该工程的工程预付款、起扣点为多少？

（4）该工程2～5月每月拨付工程款为多少，累计工程款为多少？

（5）6月份办理工程竣工结算，该工程结算造价为多少？甲方应付工程结算款为多少？

（6）该工程在保修期间发生屋面漏水，甲方多次催促乙方修理，乙方一再拖延，最后甲方另请施工单位修理，修理费1.5万元，该项费用如何处理？

**【解】**

分析：（1）工程竣工结算的前提条件是承包商按照合同规定的内容全部完成所承包的工程，并符合合同要求，经相关部门联合验收质量合格。

（2）工程价款的结算方式主要分为按月结算、分段结算、竣工后一次结算和双方约定的其他结算方式。

（3）工程预付款：$660 \times 20\% = 132$ 万元

工程款起扣点：$660 - 132/60\% = 440$ 万元

（4）各月拨付工程款为：

2月：工程款55万元，累计工程款55万元

3月：工程款110万元，累计工程款$= 55 + 110 = 165$万元

4月：工程款165万元，累计工程款$= 165 + 165 = 330$万元

5月：工程款$= 220 - (220 + 330 - 440) \times 60\% = 154$万元

累计工程款$= 330 + 154 = 484$万元，见表9-2。

工程价款支付过程表（万元）　　　　　　　　　　　表9-2

| 月　　份 | 2 | 3 | 4 | 5 | 6 |
|---|---|---|---|---|---|
| 完成产值 | 55 | 110 | 165 | 220 | 110 |
| 工程款 | 55 | 110 | 165 | 154 | |
| 累计工程款 | 55 | 165 | 330 | 484 | |

（5）工程结算总造价为：

$$660 + 660 \times 0.6 \times 10\% = 699.6 \text{ 万元}$$

甲方应付工程结算款：

$$699.6 - 484 - 699.6 \times 3\% - 132 = 62.612 \text{ 万元}$$

（6）1.5万元维修费应从乙方（承包方）的质量保证金中扣除。

**【例9-2】** 某业主与承包商签订了某建筑安装工程项目总包施工合同。承包范围包括土建工程和水、电、通风建筑设备安装工程，合同总价为4800万元。工期为2年，第1年已完成2600万元，第2年应完成2200万元。承包合同规定：

（1）业主应向承包商支付当年合同价25%的工程预付款；

（2）工程预付款应从未施工工程中所需的主要材料及构配件价值相当于工程预付款时起扣，每月以抵充工程款的方式陆续收回。主要材料及设备费比重按62.5%考虑；

（3）工程质量保证金为承包合同总价的3%，经双方协商，业主每月从承包商的工程

款中按 3% 的比例扣留。在缺陷责任期满后，质量保证金及其利息扣除已支出费用后的剩余部分退还给承包商；

（4）业主按实际完成建安工程量每月向承包商支付工程款，但当承包商每月实际完成的建安工程量少于计划完成建安工程量的 10% 以上（含 10%）时，业主可按 5% 的比例扣留工程款，在工程竣工结算时将扣留工程款退还给承包商；

（5）除设计变更和其他不可抗力因素外，合同价格不作调整；

（6）由业主直接提供的材料和设备在发生当月的工程款中扣回其费用。

经业主的工程师代表签认的承包商在第 2 年各月计划和实际完成的建安工程量以及业主直接提供的材料、设备价值见表 9-3。

**工程结算数据表**（万元）　　　　　　　　　　　　　　　　　表 9-3

| 月　　份 | 1~6 | 7 | 8 | 9 | 10 | 11 | 12 |
|---|---|---|---|---|---|---|---|
| 计划完成建安工程量 | 1100 | 200 | 200 | 200 | 190 | 190 | 120 |
| 实际完成建安工程量 | 1110 | 180 | 210 | 205 | 195 | 180 | 120 |
| 业主直供材料设备的价值 | 90.56 | 35.5 | 24.4 | 10.5 | 21 | 10.5 | 5.5 |

要求计算：

（1）工程预付款是多少？

（2）工程预付款从几月份开始起扣？

（3）1~6 月以及其他各月业主应支付给承包商的工程款是多少？

（4）竣工结算时，业主应支付给承包商的工程结算款是多少？

**【解】**

（1）工程预付款金额为：

$$2200 \times 25\% = 550 \text{ 万元}$$

（2）工程预付款的起扣点为：

$$2200 - 550/62.5\% = 1320 \text{ 万元}$$

开始起扣工程预付款的时间为 8 月份，因为 8 月份累计实际完成的建安工作量为：

$$1110 + 180 + 210 = 1500 \text{ 万元} > 1320 \text{ 万元}$$

（3）各月份工程款

1）1~6 月份：

业主应支付给承包商的工程款为：$1110 \times (1 - 3\%) - 90.56 = 986.14$ 万元

2）7 月份：

该月份建安工作量实际值与计划值比较，未达到计划值，相差 $(200 - 180)/200 = 10\%$

应扣留的工程款为：$180 \times 5\% = 9$ 万元

业主应支付给承包商的工程款为：$180 \times (1 - 3\%) - 9 - 35.5 = 130.1$ 万元

3）8 月份：

应扣工程预付款为：$(1500 - 1320) \times 62.5\% = 112.5$ 万元

业主应支付给承包商的工程款为：$210 \times (1 - 3\%) - 112.5 - 24.4 = 66.8$ 万元

4）9 月份：

应扣工程预付款金额为：$205 \times 62.5\% = 128.125$ 万元

业主应支付给承包商的工程款为：$205 \times (1 - 3\%) - 128.125 - 10.5 = 60.225$ 万元

5）10 月份：

应扣工程预付款金额为：$195 \times 62.5\% = 121.875$ 万元

业主应支付给承包商的工程款为：$195 \times (1 - 3\%) - 121.875 - 21 = 46.275$ 万元

6）11 月份：

该月份建安工程量实际值与计划值比较，未达到计划值，相差：

$(190 - 180)/190 = 5.26\% < 10\%$，工程款不扣。

应扣工程预付款金额为：$180 \times 62.5\% = 112.5$ 万元

业主应支付给承包商的工程款为：$180 \times (1 - 3\%) - 112.5 - 10.5 = 51.6$ 万元

7）12 月份：

应扣工程预付款金额为：$120 \times 62.5\% = 75$ 万元

业主应支付给承包商的工程款为：$120 \times (1 - 3\%) - 75 - 5.5 = 35.9$ 万元

（4）竣工结算时，业主应支付给承包商的工程结算款为：$180 \times 5\% = 9$ 万元

【例 9-3】某承包商于某年承包某外资工程项目施工。与业主签订的承包合同的部分内容有：

（1）工程合同价 2000 万元，工程价款采用调值公式动态结算。该工程的人工费占工程价款的 35%，材料费占 50%，不调值费用占 15%。具体的调值公式为：

$$P = P_0 \times (0.15 + 0.35A/A_0 + 0.23B/B_0 + 0.12C/C_0 + 0.08D/D_0 + 0.07E/E_0)$$

式中 $A_0$、$B_0$、$C_0$、$D_0$、$E_0$——基期价格指数；

$A$、$B$、$C$、$D$、$E$——工程结算日期的价格指数。

（2）开工前业主向承包商支付合同价 20% 的工程预付款，当工程进度款达到 60% 时，开始从工程结算款中按 60% 抵扣工程预付款，竣工前全部扣清。

（3）工程进度款逐月结算。

（4）业主自第一个月起，从承包商的工程价款中按 5% 的比例扣留质量保证金。工程保修期为一年。

该合同的原始报价日期为当年 3 月 1 日。结算各月份的工资、材料价格指数见表 9-4。

工资、材料物价指数表　　　　　　　　　　　　表 9-4

| 代　号 | $A_0$ | $B_0$ | $C_0$ | $D_0$ | $E_0$ |
|---|---|---|---|---|---|
| 3 月指数 | 100 | 153.4 | 154.4 | 160.3 | 144.4 |
| 代　号 | $A$ | $B$ | $C$ | $D$ | $E$ |
| 5 月指数 | 110 | 156.2 | 154.4 | 162.2 | 160.2 |
| 6 月指数 | 108 | 158.2 | 156.2 | 162.2 | 162.2 |
| 7 月指数 | 108 | 158.4 | 158.4 | 162.2 | 164.2 |
| 8 月指数 | 110 | 160.2 | 158.4 | 164.2 | 162.4 |
| 9 月指数 | 110 | 160.3 | 160.3 | 161.3 | 162.8 |

未调值前各月完成的工程情况为：

5月份完成工程200万元，本月业主供料部分材料费为5万元。

6月份完成工程300万元。

7月份完成工程400万元，另外由于业主方设计变更，导致工程局部返工，造成拆除材料费损失1500元，人工费损失1000元，重新施工人工、材料等费用合计1.5万元。

8月份完成工程600万元，另外由于施工中采用的模板形式与定额不同，造成模板费用增加3000元。

9月份完成工程500万元，另有批准的工程索赔款1万元。

要求计算：

（1）工程预付款是多少？

（2）确定每月业主应支付给承包商的工程款。

（3）工程在竣工半年后，发生屋面漏水，业主应如何处理此事？

【解】

（1）工程预付款：$2000 \times 20\% = 400$ 万元

（2）工程预付款的起扣点：$T = 2000 \times 60\% = 1200$ 万元

每月终业主应支付的工程款：

5月份月终支付：

$$= 200 \times (0.15 + 0.35 \times 110/100 + 0.23 \times 156.2/153.4 + 0.12 \times 154.4/154.4$$
$$+ 0.08 \times 162.2/160.3 + 0.07 \times 160.2/144.4) \times (1-5\%) - 5$$

$$= 194.12 \text{ 万元}$$

6月份月终支付：

$$= 300 \times (0.15 + 0.35 \times 108/100 + 0.23 \times 158.2/153.4 + 0.12 \times 156.2/154.4$$
$$+ 0.08 \times 162.2/160.3 + 0.07 \times 162.2/144.4) \times (1-5\%)$$

$$= 298.11 \text{ 万元}$$

7月份月终支付：

$$= [400 \times (0.15 + 0.35 \times 108/100 + 0.23 \times 158.4/153.4 + 0.12 \times 158.4/154.4$$
$$+ 0.08 \times 162.2/160.3 + 0.07 \times 164.2/144.4) + 0.15 + 0.1 + 1.5] \times (1-5\%)$$

$$= 400.28 \text{ 万元}$$

8月份月终支付：

$$= 600 \times (0.15 + 0.35 \times 110/100 + 0.23 \times 160.2/153.4 + 0.12 \times 158.4/154.4$$
$$+ 0.08 \times 164.2/160.3 + 0.07 \times 162.4/144.4) \times (1-5\%) - 300 \times 60\%$$

$$= 423.63 \text{ 万元}$$

9月份月终支付：

$$= [500 \times (0.15 + 0.35 \times 110/100 + 0.23 \times 160.2/153.4 + 0.12 \times 160.2/154.4 + 0.08$$
$$\times 164.2/160.3 + 0.07 \times 162.8/144.4) + 1] \times (1-5\%) - (400 - 300 \times 60\%)$$

$$= 284.93 \text{ 万元}$$

（3）工程在竣工半年后，发生屋面漏水，由于在保修期内，因而业主应首先通知原承包商进行维修。如果原承包商不能在约定的时限内派人维修，业主也可委托他人进行修理，费用从质量保证金中支付。

### 9.1.5 工程项目竣工决算

1. 工程项目竣工决算内容与编制方法

(1) 工程项目竣工决算的基本概念

工程项目竣工决算是以实物数量和货币指标为计量单位，综合反映竣工项目从筹建开始到项目竣工交付使用为止的全部建设费用、建设成果和财务情况的总结性文件，是反映工程项目实际造价和投资效果的文件。

(2) 工程竣工决策与工程结算的区别

其差异见表 9-5。

工程结算和竣工决算关系表 表 9-5

| 区别项目 | 工程结算 | 工程竣工决算 |
|---|---|---|
| 报表编制主体 | 预算部门 | 财务部门 |
| 报表内容 | 承包方承包建设项目施工的建筑安装工程的全部费用，最终反映承包方完成的施工产值 | 工程从筹建到竣工全过程的全部建设费用，反映建设工程的投资效益 |
| 作用和性质 | 1. 承包方与业主方办理工程价款最终结算的依据；<br>2. 双方签订建安合同最终终结的依据；<br>3. 业主编制竣工决算的资料 | 1. 业主办理交付、验收、动用新增资产的依据；<br>2. 竣工验收报告的重要组成部分 |

(3) 工程竣工决算的内容

工程项目竣工决算应包括从筹建到竣工投产全过程的全部实际费用，即包括建筑工程费、安装工程费、设备工器具购置费用及预备费等费用。按照财政部、国家发改委及住房和城乡建设部的有关文件规定，竣工决算是由竣工财务决算说明书、竣工财务决算报表、工程竣工图和工程竣工造价对比分析四部分组成。前两部分又称建设项目竣工财务决算，是竣工决算的核心内容。

1) 竣工决算报告情况说明书。主要反映竣工工程建设成果和经验，是对竣工决算报表进行分析和补充说明的文件，是全面考核分析工程投资与造价的书面总结，其内容主要包括：

① 建设项目概况，对工桯总的评价；

② 资金来源及运用等财务分析；

③ 基本建设收入、投资包干结余、竣工结余资金的上交分配情况；

④ 各项经济技术指标的分析；

⑤ 工程建设的经验及项目管理和财务管理工作以及竣工财务决算中有待解决的问题；

⑥ 需要说明的其他事项。

2) 竣工财务决算报表。它根据大、中型建设项目和小型建设项目分别制定。大、中型建设项目竣工决算报表包括：建设项目竣工财务决算审批表，见表 9-6；大、中型建设项目概况表；大、中型建设项目竣工财务决算表（其表与表 9-6 相同）；大、中型建设项目交付使用资产总表，见表 9-7。

**某环卫处综合大楼建设工程财务决算审批表**（元）　　表 9-6

| 资金来源 | 原报数 | 审核数 | 资金占用 | 原报数 | 审核数 |
|---|---|---|---|---|---|
| 一、基本建设拨款 | 9125592.40 | 9125592.40 | 一、基本建设支出 | 19018465.79 | 18633584.33 |
| 1. 国债补助资金 | | | 1. 建筑安装投资 | 15851870.32 | 15558808.32 |
| 2. 预算拨款 | | | 2. 设备投资 | 878044.00 | 930745.50 |
| 3. 进口设备转账拨款 | | | 3. 其他投资 | 78000.00 | 78000.00 |
| 4. 器材转账拨款 | | | 4. 待摊投资 | 2210551.47 | 1975096.42 |
| 5. 煤代油专用基金拨款 | | | 5. 待核销基建支出 | | 90934.09 |
| 6. 自筹资金拨款 | 9125592.40 | 9125592.40 | 二、资产转出 | 220663.00 | — |
| 7. 其他拨款 | | | 三、拨付所属投资借款 | — | — |
| 二、项目资金 | — | — | 四、器材 | — | — |
| 1. 国家资本 | | | 其中：待处理器材损失 | | |
| 2. 法人资本 | | | 五、货币资金 | | |
| 3. 个人资本 | | | 六、预付及应收款 | | 262000.00 |
| 三、项目资本公积金 | — | — | 七、有价证券 | | |
| 四、基建借款 | 5382151.42 | 5127687.96 | 八、固定资产 | | |
| 五、国债转贷资金 | — | — | 固定资产原值 | | |
| 六、国外借款 | — | — | 减：累计折旧 | | |
| 七、待冲基建支出 | | | 固定资产净值 | | |
| 八、应付款 | 4731384.97 | 4642303.97 | 九、待处理固定资产损失 | | |
| 九、未交款 | — | — | | | |
| 1. 未交税金 | | | | | |
| 2. 未交基建收入 | | | | | |
| 3. 未交基建包干结余 | | | | | |
| 4. 其他未交款 | | | | | |
| 十、上级拨入资金 | — | — | | | |
| 十一、留成收入 | — | — | | | |
| 合计 | 19239128.79 | 18895584.33 | | 19239128.79 | 18895584.33 |

**大、中型建设项目交付使用资产总表**　　表 9-7

| 单项工程项目名称 | 总计 | 固定资产 | | | | 流动资产 | 无形资产 | 其他资产 |
|---|---|---|---|---|---|---|---|---|
| | | 建安工程 | 设备 | 其他 | 合计 | | | |
| | | | | | | | | |

交付单位　　　　　　　　　　　　　　　　　　　　　　　　　　接收单位

小型建设项目竣工财务决算报表包括建设项目竣工财务决算审批表、竣工财务决算总表、建设项目交付使用资产明细表。

3）建设工程竣工图。它是真实地记录各种地上、地下建筑物、构筑物等情况的技术文件，是工程进行交工验收、维护改建和扩建的依据，是国家的重要技术档案。

4）工程造价比较分析。它是将建筑安装工程费、设备工器具费和其他工程费用逐一与竣工决算表中所提供的实际数据和相关资料及批准的概算、预算指标、实际的工程造价进行对比分析，以确定竣工项目总造价的节超情况。比较分析的内容主要包括：

① 主要实物工程量；

② 主要材料消耗量；

③ 建设单位管理费、措施费和间接费等的取费标准等。

（4）竣工决算的编制依据

1）经批准的可行性研究报告、投资估算书，初步设计或扩大初步设计，修正总概算及其批复文件；

2）经批准的施工图设计及其施工图预算书；

3）设计交底或图纸会审会议纪要；

4）设计变更记录、施工记录或施工签证单及其他施工发生的费用记录；

5）标底造价、承包合同、工程结算等有关资料；

6）历年基建计划、历年财务决算及批复文件；

7）设备、材料调价文件和调价记录；

8）有关财务核算制度、办法和其他有关资料。

（5）竣工决算的编制步骤

1）收集、整理和分析有关依据资料；

2）清理各项财务、债务和结余物资；

3）核实工程变动情况；

4）编制建设工程竣工决算说明；

5）填写竣工决算报表；

6）做好工程造价对比分析；

7）清理、装订好竣工图；

8）上报主管部门审查。

2. 新增资产的分类及其价值的确定

（1）新增资产的分类

按照财务制度和企业会计准则，建设项目新增资产按其性质可分为固定资产、流动资产、无形资产和其他资产。

（2）新增资产价值的确定

1）新增固定资产

新增固定资产价值是建设项目竣工投产后所增加的固定资产的价值，它是以价值形态表示的固定资产投资最终成果的综合性指标，新增固定资产价值的计算是以独立发挥生产能力的单项工程为对象的。如果某些新增固定资产是属于整个建设项目或两个以上单项工程的，在计算新增固定资产价值时，应在各单项工程中按比例分摊。一般情况下，建设单位管理费按建筑工程、安装工程、需安装设备价值总额作比例分摊，而土地征用费、勘察设计费等费用则按建筑工程造价分摊。

2）新增流动资产

流动资产是指可以在一年内或者超过一年的一个营业周期内变现或者运用的资产，包括现金、各种存款以及其他货币资金、短期投资、存货、应收及预付款项以及其他流动资产等。

3）新增无形资产

无形资产通常包括专利权、非专利技术、生产许可证、特许经营权、租赁权、土地使用权、矿产资源勘探权和采矿权、商标权、版权、计算机软件及商誉等。

4）新增其他资产

新增其他资产是指开办费（建设单位管理费中未计入固定资产的其他费用、生产职工培训费）、以租赁方式租入的固定资产改良工程支出等。

## 9.2　营 业 收 入 管 理

### 9.2.1　收入的管理内容

1. 收入的定义和特点

（1）收入的财务学意义

财务学的观点认为，收入是指企业在日常活动中形成的、会导致所有者权益增加的、与所有者投入资本无关的经济利益的总流入。包括主营业务收入和其他业务收入，但收入不包括为第三方或者客户代收的款项。

收入确认的条件：

收入只有同时满足以下五个条件时，才能确认为收入：

1）企业已将商品所有权上的主要风险和报酬转移给购货方；

2）企业既没有保留通常与所有权相联系的继续管理权，也没有对已售出的商品实施有效控制；

3）收入的金额能够可靠地计量；

4）相关的经济利益很可能流入企业；

5）相关的已发生或将发生的成本能够可靠地计量。

（2）收入的特点

1）收入是企业在日常活动中形成的经济利益的总流入

日常活动，是指企业为完成其经营目标所从事的经常性活动以及与之相关的活动。工程企业的工程项目建造活动、工业企业销售产品、商业企业销售商品、安装公司提供安装服务、商业银行对外贷款等活动，均属于企业为完成其经营目标所从事的经常性活动，由此形成的经济利益的总流入构成收入。工程企业对外出售不需用的原材料、对外转让无形资产使用权、对外进行权益性投资（取得现金股利）或债权性投资（取得利息）等活动，虽不属于企业的经常性活动，但属于企业为完成其经营目标所从事的与经常性活动相关的活动，由此形成的经济利益的总流入也构成收入。

收入形成于企业日常活动的特征使其与产生于非日常活动的利得相区分。例如，工程企业处置固定资产、无形资产，因其他企业违约收取罚款等，这些活动所形成的经济利益的总流入属于企业的利得而不是收入。利得通常不经过经营过程就能取得或属于企业不曾期望获得的收益。

2）收入会导致企业所有者权益的增加

收入形成的经济利益总流入的形式多种多样，既可能表现为资产的增加，如增加银行存款、应收账款；也可能表现为负债的减少，如减少预收账款；还可能表现为两者的组合，如销售实现时，部分冲减预收账款，部分增加银行存款。收入形成的经济利益总流入能增加资产或减少负债或两者兼而有之，根据"资产－负债＝所有者权益"的会计等式，收入一定能增加企业的所有者权益。这里所说的收入能增加所有者权益，仅指收入本身的影响，而收入扣除与之相配比的费用后的净额，既可能增加所有者权益，也可能减少所有者权益。

企业为第三方或客户代收的款项，如企业代国家收取的增值税等，一方面增加企业的资产，另一方面增加企业的负债，并不增加企业的所有者权益，因此不构成本企业的收入。

3）收入与所有者投入资本无关

所有者投入资本主要是为谋求享有企业资产的剩余权益，由此形成的经济利益的总流入不构成收入，而应确认为企业所有者权益的组成部分。

2. 收入分类

收入一般按企业经营业务的主次不同，分为主营业务收入和其他业务收入。

（1）主营业务收入。主营业务收入是指企业为完成其经营目标所从事的经常性活动实现的收入。主营业务收入一般占企业总收入的较大比重，对企业的经济效益产生较大影响。不同行业企业的主营业务收入所包括的内容不同，比如，建筑企业的主营业务收入主要包括工程款结算收入、索赔收入、变更收入、奖励收入以及提供工业性劳务等实现的收入；商业企业的主营业务收入主要包括销售商品实现的收入；咨询公司的主营业务收入主要包括提供咨询服务实现的收入；安装公司的主营业务收入主要包括提供安装服务实现的收入。

企业实现的主营业务收入通过"主营业务收入"科目核算，并通过"主营业务成本"科目核算作为取得营业收入发生的相关成本。

（2）其他业务收入。其他业务收入是指企业为完成其经营目标所从事的与经常性活动相关的活动实现的收入。其他业务收入属于企业日常活动中次要交易实现的收入，一般占企业总收入的比重较小。不同行业企业的其他业务收入所包括的内容不同，比如，工程企业的其他业务收入主要包括对外销售材料、对外出租包装物、商品或固定资产、对外转让无形资产使用权、提供非工业性劳务等实现的收入。

企业实现的原材料销售收入、包装物租金收入、固定资产租金收入、无形资产使用费收入等，通过"其他业务收入"科目核算；企业进行权益性投资或债权性投资取得的现金股利收入和利息收入，通过"投资收益"科目核算。通过"其他业务收入"科目核算的其他业务收入，必须以"其他业务成本"科目核算作为取得其他业务收入发生的相关成本。

主营业务收入和其他业务收入共同组成企业营业收入。

### 9.2.2 建造合同收入管理

1. 建造合同收入定义

(1) 建造合同概念

建造合同，是指为建造一项资产或者在设计、技术、功能、最终用途等方面密切相关的数项资产而订立的合同。建造合同一般包括：

第一，固定造价合同，是指按照固定的合同价或固定单价确定工程价款的建造合同；

第二，成本加成合同，是指以合同允许或其他方式议定的成本为基础，加上一定比例的该成本或定额费用确定工程价款的建造合同。

固定造价合同与成本加成合同的主要区别在于风险的承担者不同，前者的风险主要由建造承包方承担，后者主要由发包方承担。

(2) 建造合同收入及构成

建筑施工企业的工程合同收入，简称为合同收入，根据会计准则的规定，包括工程合同初始收入、工程变更收入、工程索赔收入、奖励收入以及向发包单位收取的临时设施基金、劳动保险基金、施工机构调遣费等。

1) 工程合同中规定的工程初始收入

即施工企业（乙方）与发包单位（甲方）双方在签订工程承包合同中规定的合同金额，它构成工程价款收入的基本部分。

2) 因合同变更、索赔、奖励等形成的收入

这部分收入是在执行合同过程中由于原有合同中工程内容或施工条件变更、索赔、奖励等原因形成的追加收入。工程承包商只有在经过发包单位签证同意后，才能将其计入工程项目合同收入。

合同变更，是指业主为改变合同规定的作业内容而提出的调整。因合同变更而增加的收入，应在同时具备下列条件时予以确认：

1) 业主能够认可因变更而增加的收入；

2) 收入能够可靠地计量。

索赔款，是指因业主或第三方的原因造成的、由施工企业向业主或第三方收取的、用于补偿不包括在合同造价中的成本的款项。因索赔款而形成的收入，应在同时具备下列条件时予以确认：

1) 根据谈判情况，预计对方能够同意这项索赔；

2) 对方同意接受的金额能够可靠地计量。

奖励款，是指工程达到或超过规定的标准时，经业主同意支付给建造承包商的额外款项。因奖励而形成的收入，应在同时具备下列条件时予以确认：

1) 根据目前合同完成情况，足以判断工程进度和工程质量能够达到或超过既定的标准；

2) 奖励金额能够可靠地计量。

2. 工程合同收入和费用的确认

工程合同收入的确认依据会计准则采用完工百分比法：

运用这种方法确认合同收入和费用，能够为报表使用者提供有关合同进度及本期业绩的有用信息，体现了权责发生制的要求。正确运用完工百分比法确认建造合同收入和费用，首先必须采用适当的方法计算合同完工进度。

建筑施工企业确定合同完工进度可以按累计实际发生的合同成本占合同预计总成本的

比例、已经完成的合同工作量占合同预计总工作量的比例、已完成合同工作的测量等方法。

（1）根据累计实际发生的合同成本占合同预计总成本的比例确定。该方法是确定合同完工进度较常用的方法。计算公式如下：

$$合同完工进度 = \frac{累计实际发生的合同成本}{合同预计总成本} \times 100\%$$

【例9-4】凯丰建筑安装工程有限公司签订了一份合同总金额为2000万元的建造合同，合同规定建设期为3年。第一年，实际发生合同成本600万元，年末预计为完成合同尚需发生成本1000万元；第二年，实际发生合同成本为800万元，年末预计为完成合同尚需发生成本300万元。根据上述资料，计算合同完工进度。

【解】

$$第一年合同完工进度 = \frac{600}{600+1000} \times 100\% = 37.50\%$$

$$第二年合同完工进度 = \frac{600+800}{600+800+300} \times 100\% = 82.35\%$$

应该注意，根据该方法确定合同完工进度时，累计实际发生的合同成本不包括与合同未来活动相关的合同成本（如施工中尚未安装的、使用或耗费的材料成本以及在分包工程的工程量未完成前预付给分包单位的款项）。

（2）根据已经完成的合同工程量占合同预计总工作量的比例确定。该方法适用于合同工作量容易确定的建造合同，如道路工程、土石方挖掘工程、砌筑工程等。计算公式如下：

$$合同完工进度 = \frac{已经完成的合同工程量}{合同预计总工程量} \times 100\%$$

【例9-5】凯丰建筑安装工程有限公司签订了一份合同总金额为20000万元的修建一段200km的高速公路的建造合同，合同规定建设期为3年。第一年实际修建40km，第二年实际修建了40km。根据上述资料，计算合同完工进度。

【解】

$$第一年合同完工进度 = \frac{40}{100} \times 100\% = 40\%$$

$$第二年合同完工进度 = \frac{40+40}{100} \times 100\% = 80\%$$

（3）已完合同工作量的测量。该方法是在无法根据上述两种方法确定合同完工进度所采用的一种特殊的技术测量方法，适用于一些特殊的建造合同，如水下施工工程等。需要注意，这种技术测量并不是由建筑承包商自主随意测定的，而应由有关专业技术人员进行现场科学测定。

（4）完工百分比法测定。建造合同的结果能够可靠计量时，采用完工百分比法确认收入。有关收入、费用和毛利的计算公式如下：

当期合同收入 = 合同总收入 × 完工进度 − 以前年度会计期间累计已确认的收入

当期合同费用 = 合同预计总成本 × 完工进度 − 以前年度会计期间累计已确认费用

当期合同毛利 =（合同总收入 − 合同预计总成本）× 完工进度 − 以前年度会计期间累计已确认毛利

在运用上述公式时应该注意：

1) 合同总收入包括合同规定的初始收入以及因合同变更、索赔、奖励等形成的收入两部分。

2) 合同总成本包括从合同签订开始至合同完成止所发生的、与执行合同有关的直接费用和间接费用。

3. 案例

【例 9-6】甲公司于 2007 年 7 月 1 日承建乙公司的一栋办公楼，合同总收入 500 万元，合同总成本 400 万元，工期 1 年半，预计在 2008 年末完工。采用完工百分比法确认该企业承包的项目建造合同收入。相关数据见表 9-8。

工程项目收入和费用明细表　　　　　　　　　　　表 9-8

| 项目/时间 | 2007 年 | 2008 年 | 合计 |
| --- | --- | --- | --- |
| 工程成本 | 120 万元 | 280 万元 | 400 万元 |
| 工程应收账款 | 130 万元 | 370 万元 | 500 万元 |

【解】

(1) 2007 年末，按照完工百分比法和工程程度确认收入：

完工进度＝累计发生的合同成本/合同预计总成本＝120/400＝30％

当期合同收入＝合同总收入×完工进度－以前会计期间累计已确认的收入

$\qquad$＝500×30％－0＝150 万元

当期合同费用＝合同预计总成本×完工进度－以前会计期间累计已确认费用

$\qquad$＝150－30＝120 万元

当期确认的毛利＝（合同总收入－合同预计总成本）×完工进度

$\qquad\qquad$－以前期间累计已确认毛利

$\qquad$＝（500－400）×30％－0＝30 万元

(2) 2008 年末，按照完工百分比法和工程进度确认收入：

$\qquad$完工进度＝累计发生的合同成本/合同预计总成本＝400/400＝100％

当期合同收入＝合同总收入×完工进度－以前年度累计已确认的收入

$\qquad$＝500×100％－150＝350 万元

当期合同费用＝合同预计总成本×完工进度－以前会计期间累计已确认费用

$\qquad$＝400×100－120＝280 万元

当期确认的毛利＝（合同总收入－合同预计总成本）×完工进度

$\qquad\qquad$－以前期间累计已确认毛利

$\qquad$＝（500－400）×100％－30＝70 万元

在资产负债表日，建造合同的结果不能可靠估计的，应当分别按下列情况处理：

(1) 合同成本能够收回的，合同收入根据能够收回的实际合同成本予以确认，合同成本在其发生的当期确认为合同费用。

(2) 合同成本不可能收回的，在发生时立即确认为合同费用，不确认合同收入。

需要指出的是，使建造合同的结果不能可靠估计的不确定因素不存在时，应当改按完工百分比法确认合同收入和合同费用。

（3）如果合同预计总成本超过合同预计总收入，应将预计损失确认为当期费用。

依据【例 9-6】中，2007 年末由于物价大幅上涨，预计合同总成本为 520 万元，合同总收入仍为 500 万元，预计工程损失 20 万元，同时完工时间在 1 年内。相关资料见表 9-9。

**工程项目收入和费用明细表** 表 9-9

| 项目/时间 | 2007 年 | 2008 年 | 合计 |
|---|---|---|---|
| 工程成本 | 156 万元 | 280 万元 | 400 万元 |
| 工程应收账款 | 130 万元 | 370 万元 | 500 万元 |

完工进度＝累计发生的合同成本/合同预计总成本＝156/520＝30％

当期合同收入＝合同总收入×完工进度－以前年度累计已确认的收入

＝500×30％－0＝150 万元

当期合同费用＝合同预计总成本×完工进度－以前会计期间累计已确认费用

＝520×30％－0＝156 万元

当期确认的毛利＝（合同总收入－合同预计总成本）×完工进度

－以前期间累计已确认毛利

＝（500－520）×30％－0＝－6 万元

本期预计合同损失＝预计总损失－已计入成本的损失＝20－6＝14 万元，应计提存货跌价准备 14 万元。

## 9.3 利润与利润分配管理

### 9.3.1 利润的概念其经济意义

1. 利润的概念

利润是指企业在一定会计期间内的经营成果。利润是收入总额减去费用总额后的余额、直接计入当期利润的利得和损失等。

直接计入当期利润的利得和损失，是指应当计入当期损益、会导致所有者权益发生增减变动的、与所有者投入资本或者向所有者分配利润无关的利得或损失。利润按计量的顺序，有以下几个层次：

第一层次：息税前利润（简称 EBIT），即扣除利息和所得税之前的利润。

第二层次：税前利润，即息税前利润扣除利息费用后的余额，是计算所得税的依据，也称为利润总额。

第三层次：税后利润，即净利润，是指税前利润扣除所得税后的余额。

第四层次：可供所有者分配的利润。当年税后利润在弥补亏损、提取各种盈余公积后的余额与年初未分配利润的总计。

第五层次：未分配利润，即可供所有者分配的利润减去给所有者分配的利润后的余额。

以上不同层次的利润金额均是为企业利润管理而选择不同的数据进行利用，它为我们构建利润指标体系、充分发挥利润指标的作用指明了方向。

**2. 利润的经济意义**

（1）利润是反映企业经营绩效的核心指标。在市场经济体制下，企业生产经营目标是追求投入资本的增值。资本增值越多，经营成果越多。作为工程承包企业，资本收入表现为工程营业收入，资本耗费表现为工程成本费用。评价企业经营绩效指标体系有十几个或几十个，但核心指标却是利润。

（2）利润是企业利益相关者进行分配的基础。按照现代企业理论，企业是一系列利益相关者之间的契约关系体系，能否正确处理利益相关者之间的经济关系是关系企业生死存亡的大事。这一经济关系就是经济上的责、权、利关系，体现了与企业共荣共辱，但核心是对利润的分配关系。

（3）利润是企业可持续发展的基础。企业的可持续，主要体现在财务的可持续，从全过程来看，包括从筹资、投资、营运资金管理、收入与成本控制、资金管理、资本运营到最后实现利润的全过程可持续。通过这一过程实现企业内部积累，是企业可持续发展的财力基础。

### 9.3.2 建筑企业利润构成

按新企业会计准则及制度规定，建筑施工企业的利润分为两大组成部分，营业利润、营业外收支净额。

**1. 营业利润**

营业利润包括工程结算利润（主营业务利润）和其他业务利润两部分。

营业利润＝主营业务利润＋其他业务利润－管理费用－财务费用

（1）主营业务利润

＝工程结算收入－工程结算成本－工程结算税金及附加－工程结算利润

（2）其他业务利润

＝其他业务收入－其他业务支出

营业利润＝营业收入－营业成本－营业税金及附加－销售费用－管理费用－财务费用－资产减值损失＋公允价值变动收益－公允价值变动损失＋投资净收益－投资损失

营业收入：包括主营业务收入和其他业务收入；

营业成本：包括主营业务成本和其他业务支出；

营业税金及附加：主营业务税金及附加和其他业务税金及附加；

期间费用：管理费用、财务费用和销售费用；

投资净收益：指建筑施工企业对外投资取得的投资收益扣除投资损失之后的数额。

投资收益包括：

1）对外投资分得的利润、股利和债券利息；

2）到期收回投资或中途转让投资取得的款项超过原投资账面数额的差额；

3）股权投资按权益法核算时，在被投资企业增加的净资产中所拥有的数额。

投资损失包括：

1）到期收回投资或中途转让投资取得的款项低于原投资账面数额的差额；

2）股权投资按权益法核算时，在被投资企业减少的净资产中所拥有的数额。

**2. 营业外收支净额**

营业外收支净额是指营业外收入扣除营业外支出后的差额。按现行财务制度规定：

（1）营业外收入包括：

1）固定资产盘盈和出售净收益；

2）罚款、赔偿金、违约金收入；

3）教育费附加返还款。

（2）营业外支出包括：

1）固定资产盘亏、报废、毁损和出售的净损失；

2）非季节性和大修理期间的停工损失；

3）职工子弟学校和技工学校经费；

4）非常损失；

5）公益救济性捐赠支出；

6）赔偿金、违约金、滞纳金、罚款支出。

上述两部分构成企业的税前利润（利润总额）。即：

$$利润总额 ＝营业利润＋营业外收支净额$$
$$＝营业利润＋营业外收入－营业外支出$$

3. 净利润

又称税后利润，是指企业的利润总额扣除应该交纳的所得税后所剩余的利润。即：

$$净利润＝利润总额－所得税费用$$

### 9.3.3 工程项目利润构成

工程项目利润是指由工程项目承包并付出资源费用后的净现金流量，一般为现金流入量与现金流出量之差。

承包工程项目现金流量：

一般工程项目流入量有：合同收入初始＋变更收入＋索赔收入＋奖励收入＋政府补贴等；

一般工程项目现金流出量：合同投入成本（含分包成本）＋营业税金及附加＋利息（为项目而发生的借款利息）＋所得税＋上缴利润＋规费等。

因而，其净现金流量为：

$$净现金流量 ＝ 现金流入量－现金流出量$$

工程项目净利润 ＝［合同初始收入＋变更收入＋索赔收入＋奖励收入＋政府补贴］

　　　　　　　－［合同投入成本（含分包成本）＋营业税金及附加＋利息＋所得税

　　　　　　　＋上缴利润＋规费］

因而工程项目利润构成与企业利润构成存在理念上、计算上的不同，项目净现金流量，我们可以认为它是项目的财务收益或称财务利润，而企业利润我们一般称为会计利润。

这样区别概念的目的是为了更好地考核项目承包在这种组织模式下保证项目经济利益的有效性、可靠性和真实性；同时也能实现项目责任、权利和利益的分配；实现项目公司的、项目部的可持续发展。

### 9.3.4 利润目标的预测与控制

利润预测是依据项目管理活动中有关因素的变化，运用财务科学的方法进行研究和分析，对未来一定时期内的利润数额进行预计和测算，并寻找实现目标利润的措施方案。目标利润，是通过实现经营活动的有效控制，对实际利润要求的目标；利润预测的核心是针对利润总额的预测，是工程结算利润的预测。

1. 项目建设利润预测方法

常用的预测方法有：比例预测法、量本利法和回归分析法。

（1）比例预测法

比例预测法是运用历史上企业利润的平均利润率或与利润相关的指标来预测未来一定时期利润数额的方法。这种方法要求历史资料必须保存完整，资料可信，近似于估算方法。

$$预测项目结算利润 = 项目工程结算收入预计值 \times 企业平均工程结算利润率$$

$$预测企业平均利润率 = \frac{\Sigma 以前各年的结算利润率}{期数}$$

【例 9-7】某工程企业经过数年的管理，计算出本企业最近 6 年的工程结算利润率见表 9-10。试求计划利润总额是多少？

企业工程结算利润率　　　　　　　　　　　　　　　　表 9-10

| 年　份 | 1 | 2 | 3 | 4 | 5 | 6 |
|---|---|---|---|---|---|---|
| 工程结算利润率（%） | 16.5 | 19.85 | 19.65 | 21.96 | 22.43 | 23.5 |

【解】根据统计学原理，宜按最近的企业取得工程结算利润率为最适宜，并可按年分段。

$$三年平均利润率 = \frac{21.96\% + 22.43\% + 23.50\%}{3} = 22.63\%$$

由于今年预测工程结算收入值为 800 万元，同时预测的企业工程利润率为：

$$综合利润率 = 平均利润率 + \frac{第一期利润率 - 最后一期利润率}{期数}$$

$$= 22.63\% + \frac{16.50\% - 23.50\%}{6} = 23.8\%$$

因此计划利润总额 $= 800 \times 23.8\% = 190.4$（万元）

该方法不仅可以作为利润总额预测，也可以用作可比项目或不可比项目利润预测。但对于不可比项目预测时一般采用成本利润率指标，而不用利润率指标，因为正常情况下的成本消耗是相近的。

$$成本利润率 = \frac{项目利润总额}{项目成本费用总额} \times 100\%$$

（2）量本利法

利用量本利分析法预测工程结算利润，如果建筑施工企业从事单一工程产品的施工生产，其计算公式如下：

$$预计工程结算利润 = 预计项目工程量 \times （单位结算价格 - 单位税金 - 单位变动成本） - 固定成本$$

其中，单位结算价格 - 单位税金 - 单位变动成本 = 单位边际贡献（单位项目创利能力）

【例 9-8】某建筑施工企业，预计 2005 年从事一大型工程项目的施工，预计年度完工程量为 20 万 m²，预计结算单价为 1000 元，工程结算税金 3.30%，预计单位变动成本为

700元，预计全年固定成本总额为1200万元。则该企业2005年预计可实现工程结算利润为多少？

**【解】**

$$200000 \times [1000 \times (1 - 3.3\%) - 700] - 12000000 = 4140 \ 万元$$

如建筑施工企业同时从事多种工程产品的施工生产，其预测分析的计算步骤如下：

1）计算各种工程产品的边际贡献率；

2）计算各工程产品的工程结算价款收入占全部工程结算价款收入的比重；

3）计算加权平均边际贡献率；

4）计算全部工程产品的工程结算利润。

全部产品的工程结算利润＝预测工程结算收入×加权平均边际贡献率－固定成本总额

**【例9-9】** 某建筑施工企业预计2005年将从事以下几项工程的施工生产，有关数据见表9-11。求该企业2005年预计利润。

**方案工程量表**　　　　　　　　　　　　　　　表9-11

| 工程项目 | 甲 | 乙 | 丙 | 合计 |
|---|---|---|---|---|
| 预计完工工程量(m²) | 100000 | 150000 | 200000 | |
| 预计结算单价(元) | 1000 | 800 | 900 | |
| 预计单位变动成本(元) | 700 | 600 | 630 | |
| 预计固定成本总额(元) | | | | 60000000 |

**【解】**（1）各工程项目的边际贡献率

$$甲工程 = (1000 - 700) \div 1000 = 30\%$$
$$乙工程 = (800 - 600) \div 800 = 25\%$$
$$丙工程 = (900 - 630) \div 900 = 30\%$$

（2）各工程预计工程结算收入

甲工程：　　　　　　$1000 \times 100000 = 10000 \ 万元$

乙工程：　　　　　　$800 \times 150000 = 12000 \ 万元$

丙工程：　　　　　　$900 \times 200000 = 18000 \ 万元$

合计　　　　　　　　40000万元

甲工程的比重：　　　$10000 \div 40000 = 25\%$

乙工程的比重：　　　$12000 \div 40000 = 30\%$

丙工程的比重：　　　$18000 \div 40000 = 45\%$

（3）加权平均边际贡献率

$$30\% \times 25\% + 25\% \times 30\% + 30\% \times 45\% = 28.5\%$$

（4）该企业2005年预计利润

$$40000 \times 28.5\% - 6000 = 5400 \ 万元$$

在制造成本法下，预测工程结算利润的计算公式如下：

$$工程结算利润 = \Sigma\{预测工程数量 \times [工程单位结算价格 \times (1 - 税率)$$
$$- 单位工程成本]\} - 预测期间费用$$

**【例9-10】** 某建筑施工企业2005年从事一大型工程项目的施工生产，预计全年完工工程量为 30 万 $m^2$，合同结算单价为 1000 元，工程结算税率为 3.3%，预计单位成本为 800 元，预计全年期间费用为 2000 万元，则该企业 2005 年预计工程结算利润为多少。

【解】

$$30 \times [1000 \times (1-3.3\%) - 800] - 2000 = 3010 \text{ 万元}$$

（3）回归分析法

回归方法是利用统计学原理，对工程项目存在两个变量之间的线性关系进行研究的方法。应用该方法的前提是具有相似工程项目或企业工程收入的详细统计资料或产品销售资料。

其公式为：

$$预测利润值 \ y = a + bx$$

其中：

$$a = \frac{\sum y}{n}$$

$$b = \frac{\sum x \cdot y}{\sum x^2}$$

式中　$a$——过去年份实际利润平均值；

　　　$b$——利润统计值；

　　　$x$——利润变动的年数；

　　　$y$——预测利润值或率；

　　　$n$——期数。

2. 对外投资收益预测

（1）对外联合企业投资收益预测

主要是指以现金、实物、无形资产等方式向其他企业投资并进行紧密型的联营，从中分配的利润。应根据联营协议规定，由主体企业和各成员企业分别应用上述方法测算出各自利润预计数额，在此基础上，测算出联营体预计可分配利润，其计算公式如下：

联营体预计可分配利润 ＝联营体预计实现利润总额 ＋各成员企业上缴利润总额

　　　　　　　　　　　－弥补以前年度亏损 －经批准单项留利金额

　　　　　　　　　　　－预计提取的共同发展基金

按投资比例分配利润的，可以先按投资比例分配成员可获得投资金额（期初、期末和平均投资金额），再进行计算。

$$某成员分得利润 = 某成员期初的投资额 \times \frac{联营企业可分配利润}{联营企业期初（期末、平均）投资金额}$$

或

$$某成员企业投资收益 = 某成员应分得利润 \times (1 - 所得税率)$$

【例 9-11】某企业向联营企业投资 200 万元，该联营企业共有 4 个成员，总投资金额为 1000 万元，预计可分配利润为 2500 万元，求该企业预计投资收益税后金额。

【解】$某成员企业投资收益 = 200 \times \dfrac{250}{1000} \times (1 - 35\%) = 32.5 \text{ 万元}$

（2）证券投资收益预测

债券投资收益预测通常采用资本资产定价模型，已在第 2 章中讲述。在测得市场利率的基础上，可依据下列公式计算债券的市场价格和债券利息收入：

$$某债券利息收入(P) = \frac{I}{(1+R)} + \frac{I}{(1+R)^2} + \frac{I}{(1+R)^3} + \cdots + \frac{X}{(1+R)^n}$$

式中  $P$——债券市场价格；

$\quad I$——每期支付的利息；

$\quad X$——票面值；

$\quad n$——到期年数；

$\quad R$——必要报酬率，即到期的市场实际利率。

【例 9-12】某企业购买票面值为 1000 元，票面利率为 8%，到期日为 10 年的 100 张债券，该债券的预期市场利率为 9%，该债券的市场价格为多少？

【解】

$$某债券利息收入 P = \frac{80}{(1+9\%)} + \frac{80}{(1+9\%)^2} + \frac{80}{(1+9\%)^3} + \cdots$$
$$+ \frac{80}{(1+9\%)^8} + \frac{1000}{(1+9\%)^{10}} = 935.82 \text{ 元}$$

该债券到年底可取得的收入为：

$$\left(1000 \times 8\% + \frac{1000 - 935.82}{10}\right) \times 100 = 8642 \text{ 元}$$

对于股票投资收益预测，主要有持有股票收益率，公式为：

$$持有股票收益率 = \frac{出售价格 - 购买价格 + 股利}{购买价格} \times 100\%$$

【例 9-13】某企业在 6 月 30 日以每股 620 元价格购买某公司的股票一张，12 月 31 日以 680 元的价格出售，在半年期内获得发行公司 30 元现金股利，则持有收益为多少？

【解】持有股票收益率 $= \dfrac{680 - 620 + 30}{620} \times 100\% = 14.52\%$

3. 预测利润表的编制

预测利润表可分为企业预测利润表和项目预测利润表，其差异较大。但它们都是反映企业计划年度利润（亏损）预计数额的考核表，是企业财务计划的重要组成部分。

如某项目预计划利润表，见表 9-12，是某项目的预测金额。

某房地产项目预计利润表 （万元） 表 9-12

| 序号 | 项目名称 | 建设经营期 | | | | | |
|------|---------|------|------|------|------|------|------|
|      |         | 2003 | 2004 | 2005 | 2006 | 2007 | 2008 |
| 1 | 现金流入 | 5500 | 8500 | 15000 | 16500 | 18000 | 6295 |
| 1.1 | 销售收入 | 0 | 8500 | 15000 | 16500 | 18000 | 6295 |
| 1.2 | 自有资金 | 1500 | | | | | |
| 1.3 | 借贷 | 4000 | | | | | |
| 2 | 现金流出 | 5500 | 11176.25 | 10587.5 | 10926.25 | 8465 | 9170.09 |
| 2.1 | 建设投贷 | 5500 | 6000 | 8000 | 8000 | 5000 | 6907.56 |
| 2.2 | 销售税金及附加 | 0 | 531.25 | 937.5 | 1031.25 | 1125 | 393.43 |

| 序号 | 项目名称 | 建设经营期 | | | | | |
|---|---|---|---|---|---|---|---|
| | | 2003 | 2004 | 2005 | 2006 | 2007 | 2008 |
| 2.3 | 土地增值税 | 0 | 255 | 450 | 495 | 540 | 188.85 |
| 2.4 | 所得税 | 0 | 500 | 1200 | 1400 | 1800 | 1680.25 |
| 2.5 | 还贷（加息） | | 4480 | | | | |
| 3 | 利润（1－2） | 0 | −2676.25 | 4412.5 | 5573.75 | 9535 | −2875.09 |
| 4 | 折现净现金流量10% | 0 | −2408.62 | 3971.25 | 5016.37 | 8581.5 | −2587.58 |
| 5 | 税前现金流量（3+2.4） | 0 | −1908.62 | 5171.25 | 6416.37 | 10381.5 | −907.33 |
| 6 | 税前折现净现金流量10% | 0 | −1717.75 | 4654.12 | 5774.73 | 9343.35 | −816.59 |

企业利润预测表，见表9-13。

**某企业预计利润表（万元）**　　　　　　　　　　　　　表 9-13

| 项　　目 | 行次 | 分　月 | | | | 全年预计数 |
|---|---|---|---|---|---|---|
| | | 1 | 2 | … | 12 | |
| 一、主营业务收入 | | | | | | |
| 减：主营业务成本 | | | | | | |
| 　　主营业务税金 | | | | | | |
| 　　销售费用 | | | | | | |
| 二、主营业务利润 | | | | | | |
| 加：其他业务利润 | | | | | | |
| 减：管理费用 | | | | | | |
| 　　财务费用 | | | | | | |
| 三、营业利润 | | | | | | |
| 加：投资收益 | | | | | | |
| 　　营业外收入 | | | | | | |
| 减：营业外支出 | | | | | | |
| 四、利润总额 | | | | | | |

# 9.4 利 润 分 配 管 理

利润分配是企业财务管理的一个重要组成部分。利润分配政策是否适当，直接关乎国家、企业、投资者、职工个人等利益集团的利益划分是否适当，即直接关乎国家的财税收入、企业的经营积累、投资者的投资回报以及职工个人的福利待遇是否得到保障。因此企业必须根据国家有关法律、法规、方针政策和企业的实际情况，制定合理的利润分配政策。

### 9.4.1 利润分配的概念

企业利润分配是指对企业当年所实现的税后利润按照国家有关规定在国家、企业和投资者之间进行的分配，以维护国家、企业、职工个人和投资者各方的利益。

依据《公司法》的规定，公司企业利润分配的项目包括以下内容：

第一，提取盈余公积金。盈余公积金是从税后净利润中提取形成的。其主要用途是弥补亏损、扩大公司生产经营或转增公司资本。盈余公积金分为法定盈余公积金和任意盈余公积金。公司分配当年税后利润时应当按照10％的比例提取法定盈余公积金；当盈余公积金累计额达到注册资本的50％时，可以不再继续提取。任意盈余公积金的提取由股东会根据需要决定。

第二，提取公益金。公益金也是从公司的税后利润中提取形成。专门用于职工集体福利设施的建设。公益金按税后利润的5％～10％的比例提取。

第三，分派股利。公司向股东（投资者）分配利润，要在提取盈余公积金、公益金之后。股利（利润）分配应以股东（投资者）持有股份（投资额）的多少为依据。每一股东（投资者）取得的股利（分得的利润）与其持有的股份数（投资额）成正比。股份有限公司原则上从累计盈利中分配股利，无盈利不得支付股利。但若公司用盈余公积金弥补亏损后，为维护其股票信誉，经股东大会特别会议，也可用盈余公积金支付股利，这样支付股利后留存的法定盈余公积金不得低于公司注册资本的25％。

按《公司法》的规定，公司企业利润分配的项目包括以下内容：

第一，提取盈余公积金。盈余公积金是从税后净利润中提取形成的。其主要用途是弥补亏损、扩大公司生产经营或转增公司资本。盈余公积金分为法定盈余公积金和任意盈余公积金。公司分配当年税后利润时应当按照10％的比例提取法定盈余公积金；当盈余公积金累计额达到注册资本的50％时，可以不再继续提取。任意盈余公积金的提取由股东会根据需要决定。

第二，提取公益金。公益金也是从公司的税后利润中提取形成的。专门用于职工集体福利设施的建设。公益金按税后利润的5％～10％的比例提取。

第三，分派股利。公司向股东（投资者）分配利润，要在提取盈余公积金、公益金之后。股利（利润）分配应以股东（投资者）持有股份（投资额）的多少为依据。每一股东（投资者）取得的股利（分得的利润）与其持有的股份数（投资额）成正比。股份有限公司原则上从累计盈利中分配股利，无盈利不得支付股利。但若公司用盈余公积金弥补亏损后，为维护其股票信誉，经股东大会特别会议，也可用盈余公积金支付股利，这样支付股利后留存的法定盈余公积金不得低于公司注册资本的25％。

### 9.4.2 利润分配的顺序

1. 有限责任公司的利润分配顺序

（1）弥补企业以前年度亏损

按现行财务制度规定，企业发生的年度亏损，可以用下一年度的税前利润弥补；下一年度的税前利润不足弥补的亏损，可以在5年内延续弥补。5年内不足弥补的亏损，可以用税后利润弥补。需要指出的是，这里所说的亏损是指按税法规定调整后的企业会计报表上的亏损额。

（2）提取法定盈余公积金

按税后利润扣除弥补以前年度亏损后的10％提取；当企业提取的法定盈余公积金达到注册资本的50％时可以不再提取。

（3）提取法定公益金

法定公益金的计提基数与法定盈余公积金的计提基数相同，提取比例为5%～10%。

（4）向投资者分配利润

企业实现的净利润（税后利润）扣除上述项目后，再加上以前年度未分配利润，即构成企业可供分配的利润，可以按比例向投资者进行分配。

2. 股份有限公司的利润分配顺序

公司向股东分派股利，应按一定的顺序进行。根据我国《公司法》的规定，企业的股利分配（利润分配）应按如下顺序进行：

（1）弥补以前年度亏损

按现行财务制度规定，企业发生的年度亏损，可以用下一年度的税前利润弥补；下一年度的税前利润不足弥补的亏损，可以在5年内延续弥补。5年内不足弥补的亏损，可以用税后利润弥补。需要指出的是，这里所说的亏损是指按税法规定调整后的企业会计报表上的亏损额。

（2）提取法定盈余公积金

按税后利润扣除弥补以前年度亏损后的10%提取；当企业提取的法定盈余公积金达到注册资本的50%时可以不再提取。

（3）提取法定公益金

法定公益金的计提基数与法定盈余公积金的计提基数相同，提取比例为5%～10%。

（4）支付优先股股利

按优先股股票面值和事先所约定的股利率支付优先股股利。

（5）提取任意盈余公积金

公司在支付优先股股利之前是不能够提取任意盈余公积金的。任意盈余公积金是否提取、提取多少由公司股东大会或董事会决定。

（6）向普通股股东支付股利（分派股利）

公司在没有提取任意盈余公积金之前是不能够向普通股股东支付（分派）股利的。普通股股利可按如下所述的股利政策进行分派或支付。

### 9.4.3　股份制公司利润分配的政策

1. 股利支付方式

常见的股利支付方式主要有以下几种：

（1）现金股利

是以现金支付的股利，它是股利支付的主要方式；公司支付现金股利除了要有累计盈余（特殊情况下可用弥补亏损后的盈余公积金支付）外，还要有足够的现金，因此公司在支付现金股利前必须筹备充足的现金。

（2）财产股利

是以现金以外的资产支付的股利，通常是以公司所拥有的其他企业的有价证券，如债权、股票，作为股利支付给股东。

（3）股票股利

是以公司增发的股票作为股利的支付方式。

（4）债权股利

是公司以负债支付的股利，通常以公司的应付票据支付给股东，不得已情况下也有发行公司债券抵付股利的情况。

在我国，主要有现金股利和股票股利两种股利形式。

2. 股利分配政策

股利分配政策是指股份制企业确定股利以及与之有关的事项所采取的方针和策略。其核心是正确处理公司与投资者之间、当前利益与长远利益之间的关系，建筑企业要从实际情况出发，确定股利支付比率。

建筑施工企业在制定股利分配政策时需要考虑企业的经营环境、经营方针、股东要求等多方面因素的影响，因此各个企业的股利分配政策各有不同。一般而言，股份制企业常用的股利分配政策主要有以下几种：

（1）剩余股利政策

当企业有投资回报率很高的投资机会（投资项目）或者因为扩大生产经营规模需要较多资金时，可以采用剩余股利分配政策，即将企业的税后可分配利润首先用做内部融资，在满足投资的资金需要以后，剩余利润再向投资者（股东）分配股利。

【例 9-14】某建筑施工企业采用剩余股利政策，2004 年实现税后净利 15000 万元，目前资本结构为债务资本占 60％，权益资本占 40％，且这一资本结构为目标资本结构，公司无未弥补亏损和优先股。2005 年有一投资项目，需资金总额为 20000 万元。则该公司 2004 年度可以发放普通股股利为多少？

【解】15000－20000×40％＝7000 万元

（2）稳定的股利政策

即支付给股东的股利不随盈利的增减变动而变动，也就是说，不管企业盈利的多少，股利总是维持在某一特定水平上。即使在某些情况下有所调整，调整幅度也会是很小的。

（3）变动的股利政策

即公司支付给股东的股利的多少会随着企业的盈利的多少而进行相应的调整，股利随着企业盈利额的变动而进行相应的变动。变动的股利政策，能够使企业向股东支付的股利与企业的盈利水平很好地结合，但不利于公司股票价格的稳定。

（4）正常股利加额外股利的股利政策

这一股利分配政策是介于稳定股利政策和变动股利政策之间的一种股利分配政策。股份制企业在采用这一股利分配政策时，企业一般每年按一较低的固定数额向股东支付正常股利，当企业盈利有较大幅度的增长时，再加一部分额外股利。这一股利政策具有较大的灵活性，既能够保持股利的稳定性，又能实现股利与盈利的较好结合，因而为很多企业所采用。

实际工作中每个企业应根据公司的实际情况，制定适合本企业的股利政策。

3. 股利支付办法

根据《股份有限公司规范意见》规定，我国股份有限公司的股利发放主要有现金股利和股票股利两种形式。无论采用什么形式分派股利，均应由股份有限公司董事会将股利分派的有关事项向广大股东宣告，确定一些必要的日期界限和支付办法。

（1）股利发放宣告日。即董事会发布消息，宣告股利发放的日期。

（2）股权登记日。这是能否取得股利的日期界限。凡此日在公司股东名册上的股东，都将获得此次分派的股利；而在股权登记日之后才列入股东名册上的股东，则无权获得此次分派的股利。

（3）除息日。即除去股利的日期，一般规定在股权登记日之前的第四天为除息日。

（4）股利发放日。即正式发放股利的日期，从这一天起，公司便派发每一股东应得的股利。

## 思 考 题

1. 工程结算的特点有哪些，说明了什么财务含意。
2. 工程结算与工程决算有何区别与联系。
3. 简述工程结算主要内容。
4. 施工企业营业收入包括哪些内容？如何确认？
5. 施工企业工程结算办法包括哪些？
6. 施工企业利润的构成内容包括哪些？
7. 施工企业应如何实施利润分配？
8. 什么是股利政策？主要有哪几种？各种股利政策的利弊如何？

## 计 算 题

1. 某项工程项目业主与承包商签订了工程施工承包合同。合同中估算工程量为 5300m³，全费用单价为 180 元/m³，合同工期为 6 个月。有关付款条款如下：

（1）开工前业主应向承包商支付估算合同总价 20% 的工程预付款。

（2）业主自第一个月起，从承包商的工程款中，按 5% 的比例扣留质量保证金；

（3）当累计实际完成工程量超过（或低于）估算工程量的 10% 时，可进行调价，调价系数为 0.9（或 1.1）。

（4）每月支付工程款最低金额为 15 万元。

（5）工程预付款从乙方获得累计工程款超过估算合同价的 30% 以后的下一个月起，至第 5 个月均匀扣除。

承包商每月实际完成并经签证确认的工程量见下表所列。

**每月实际完成工程量**

| 月 份 | 1 | 2 | 3 | 4 | 5 | 6 |
|---|---|---|---|---|---|---|
| 完成工程量(m³) | 800 | 1000 | 1200 | 1200 | 1200 | 500 |
| 累计完成工程量(m³) | 800 | 1800 | 3000 | 4200 | 5400 | 5900 |

问题：

（1）估算合同总价为多少？

（2）工程预付款为多少？工程预付款从哪个月起扣留？每月应扣工程预付款为多少？

（3）每月工程量价款为多少？业主应支付给承包商的工程款为多少？

2. 某工程项目业主通过工程量清单招标方式确定某投标人为中标人。并与其签订了工程承包合同，工期 4 个月。有关工程价款条款如下：

（1）分项工程清单中含有两个分项工程，工程量分别为甲项 2300m³，乙项 3200m³，清单报价中甲项综合单价为 180 元/m³，乙项综合单价为 160 元/m³。当某一分项工程实际工程量比清单工程量增加（或减少）10% 以上时，应进行调价，超出部分其单价调价系数为 0.9（1.08）。

（2）措施项目清单中含有模板及其支撑等 6 个项目，总费用 18 万元，该项费用均一次性包死，不得调价。

（3）其他项目清单中仅含零星工作费一项，费用为 3 万元，实际施工中，该零星工作项目和数量未发生变化。

（4）规费综合费率 3.32%；税率 3.47%。

有关付款条款如下：

（1）材料预付款为分项工程合同价的 20%，于开工前支付，在最后两个月平均扣除。

（2）措施项目费于开工前和开工后第 2 月末分两次平均支付。

（3）零星工作费于最后 1 个月结算。

（4）业主自第一个月起，从承包商的工程款中，按 5% 的比例扣留质量保证金。

承包商每月实际完成并经签证确认的工程量见下表所列。

**每月实际完成工程量表**（m³）

| 分项工程 ＼ 月份 | 1 | 2 | 3 | 4 |
|---|---|---|---|---|
| 甲 | 500 | 800 | 800 | 600 |
| 乙 | 700 | 900 | 800 | 400 |

问题：

（1）该工程预计合同总价为多少？材料预付款是多少？首次支付措施项目费是多少？

（2）每月分项工程量价款是多少？承包商每月应得工程款是多少？

3. 2004 年 7 月 1 日，某建筑公司与客户签订一项固定造价建造合同，承建一幢办公楼，预计 2005 年 12 月 31 日完工；合同总金额为 12000 万元，预计总成本为 10000 万元。截至 2004 年 12 月 31 日，该建筑公司实际发生合同成本 3000 万元。假定该建造合同的结果能够可靠地估计，试计算 2004 年度对该项建造合同确认的收入和费用？

4. 2004 年 1 月 1 日，乙建筑公司与客户签订一项固定造价建造合同，承建一幢办公楼，预计 2005 年 6 月 30 日完工；合同总金额为 16000 万元，预计合同总成本为 14000 万元。2005 年 4 月 28 日，工程提前完工并符合合同要求，客户同意支付奖励款 200 万元。截至 2004 年 12 月 31 日，乙建筑公司已确认合同收入 12000 万元。2005 年度，乙建筑公司因该固定造价建造合同应确认的合同收入和费用为多少万元？

5. 长城公司销售 A、B、C 三种产品，其固定成本为 8000 元，其他资料见下表所列。

| 产品名称 | 单价（元） | 单位变动成本（元） | 销售结构（比重） |
|---|---|---|---|
| A | 20 | 10 | 20% |
| B | 40 | 30 | 30% |
| C | 50 | 40 | 50% |

问题：（1）加权平均边际贡献率为多少？（2）若要实现 36 万元的目标利润，销售收入要求达到多少？

# 10  工程财务分析与评价

## 【学习目标】

本章主要介绍了工程项目或工程企业财务报表的基本原理、特点及财务报表的分析方法。

要求掌握财务报表分析的基本概念、财务指标分类和财务指标结构；掌握工程财务报表信息形成的基本原理、结构和指标的关系；掌握运用比率法、比较法和杜邦分析法对企业财务报表进行综合分析，通过分析提炼出企业财务风险状况、资金流量、利润动态变动情况的结论；理解沃尔财务分析方法对企业财务状况的变动；了解国有企业财务报表评价方法，会评价企业经营活动的业绩，从而有助于企业制定未来生产经营可持续发展的战略或目标。

## 【重要术语】

财务分析  财务比率法  杜邦分析法  业绩评价  盈力能力  偿债能力
营运能力  可持续增长力

## 10.1  财务报表分析与评价概述

### 10.1.1  财务分析的内容

1. 财务信息需求者

财务报表是企业生产经营活动的货币信息载体，全面反映了企业生产经营活动的现金流入和现金流出信息。通过这些信息，一方面企业用来解释其一定时间的受托责任；另一方面，向与企业存在利害关系的利益相关者提供有助于作出经营决策的财务信息。

财务分析与评价的目标是判断和掌握企业的财务能力，而企业的财务能力主要体现在企业经营活动中的盈利能力、偿债能力、营运能力和可持续增长能力。因此，财务分析与评价以4大能力为中心展开，不同的财务信息需求者对财务信息需求目标不同，会有所侧重。特定的决策目标，决定了财务信息分析与评价的目的和方法的选择，合理界定财务分析与评价要求，有利于提高财务分析与评价的效率和效果。

（1）投资人的财务分析与评价

投资人即股东是企业的所有者，同时也是企业风险的承担人。因此，他们主要是为寻求投资机会、获得更高投资收益而进行的投资分析与评价；为考核企业经营管理者的经营受托责任履行情况的分析与评价；以及企业经营业绩综合情况的分析与评价。其重点是企业的盈利能力、发展能力和企业业绩综合分析与评价。

（2）债权人的财务分析与评价

债权人是企业资金的供应者，他们包括：银行、其他金融企业和财务公司及公司、个人。由此形成了必须由企业资产或劳务偿付的债权与债务关系，为保证提供资金的安全性、盈利性，他们极为关注企业的财务状况。短期债务中，债权人主要对企业资金变现质量和营业现金流量进行分析与评价；长期债务中，债权人还要对企业资本结构、利息支付能力、资产营运能力等进行分析与评价。债权人的重点是为收回贷款和利息，或将应收款项等债权按期收回现金而进行的信用分析。信用分析的重点是偿债能力、盈利能力和产生现金能力。

（3）企业经营管理者的财务分析与评价

财务分析与评价是企业自身对特定时间里完成的经营活动的判断和评估，运用科学的分析方法，反映企业的财务状况、经营成果和现金流量存在的效果，是企业经营管理人员的工作任务和内容。其目的：

1）实现对企业所有人掌握企业经营管理效果，激励和解除经营管理者受托责任的目的，起到考核的作用。

2）实现对企业财务能力作出全面评价，对企业各个环节的工作业绩作出评价，其目的是协调、改进、创新企业经营管理的能力，落实责任，提高企业整体竞争能力。重点分析企业各种经营特性包括盈利能力、偿债能力、可持续增长能力、社会存在价值等，综合分析企业的经营情况是核心。

3）通过财务分析与评价，寻找出现的问题，分析存在的原因，为科学规划未来，预测企业财务能力，提出合适的建议和方案，从而保持企业良性、可持续发展的经营状态。

（4）政府部门的财务分析与评价

政府部门主要是指参与经济运行管理的政府机构，主要是政府税务管理部门、财政管理部门、审计部门以及在业务上给予指导的行业管理部门。它们一般的要求是掌握经济动态、了解企业经营运行、社会就业以及宏观产业政策等，作用是协调产业结构、增加就业机会、掌握社会经济动态、保证国家税收。其作用的重点是盈利能力、企业发展、社会价值分配等。

2. 财务分析与评价的定义

财务分析是指企业以价值形式运用会计报表等资料，采用一系列分析方法，对一定期间企业已完成的财务活动过程和结果进行研究和评价，借以认识财务活动规律，促进企业提高经济效益的财务管理活动。

财务评价是指在财务分析的基础上，对各个指标结构、数据结论通过综合比较，对企业经营活动行为进行评估，对现有企业财务状态进行结论，对未来发展趋势进行预测，其目的是为企业财务经营、生产活动提供重要的决策。

程序上来说是先分析后评价。

3. 财务分析与评价方法

财务分析是一个分析判断过程，它的基本目标是识别财务报告项目的数量、比率、发展趋势、重要事项的发生与变化，并搞清这些变化的产生原因，为预测企业将来提供依据。

财务报告分析的方法主要有比较分析法、比率分析法、因素分析法、综合指数法、综合评分法、雷达图法等方法。

（1）比较分析法

比较分析法是将多个经济内容相同的指标进行对比，从数量上确定其差异的一种分析方法。它是财务报告分析最基本的方法，它将本期的实际指标与不同的标准值进行对比，揭示客观存在的差异，并进一步分析产生差异的原因。

比较的标准主要有历史标准、先进标准、考核标准、主要竞争对手企业标准等。

历史标准主要指以前各期实现的数据或历史最好水平。通过与历史标准对比，可以揭示该指标的变化趋势与变化程度。

先进标准主要指国际、国内或本地区同行业同类企业的先进水平。通过对比可发现与先进水平的差距。

考核标准主要指考核企业工作的预算、计划、定额等指标。通过对比可明确考核指标的完成情况。

主要竞争对手企业标准指主要竞争对手企业的同期实际指标。通过对比可明确与主要竞争对手企业相比自己的优势与不足。

使用比较分析法时，可根据分析的目的选择其中一种或多种比较标准进行分析，并应注意相互比较的指标之间的可比性。相互比较的指标，必须在指标内容与计算的基础、范围、方法、时间跨度等方面保持一致。

使用比较分析法分析问题时，要将绝对数指标与相对数指标相结合、相互补充说明问题。如对企业的盈利情况进行分析时，要将利润额这类绝对数指标与利润率这类相对数指标相结合去说明企业的盈利情况。

（2）比率分析法

比率分析法是通过计算指标之间的比率来分析指标之间关系、揭示经济规律的一种方法。它是财务分析最常用的方法之一，分析的比率可分为相关比率、结构比率、动态比率等。

相关比率，是根据经济指标之间存在相互依存、相互联系的关系，将两个性质不同但又彼此相关的指标加以对比而计算出的比率。它有利于研究经济活动的客观联系，认识经济活动的规律性。如根据投入与产出之间的依存关系，将利润总额与成本费用总额相比较计算出成本费用利润率，用它揭示企业的盈利能力。

结构比率，是指将某项经济指标的组成部分与该经济指标的总体进行对比，计算出组成部分占总体的比重而形成的比率。它反映某项经济指标的构成情况，揭示经济指标的结构规律。如将各项资产数额分别与资产总额相比较，可计算各项资产占总资产的比重，它反映了企业的资产结构，为进一步分析企业资产结构的合理性、优化企业的资产结构提供依据。

动态比率，是将不同时期同类指标的数值进行对比计算出的比率。它反映该分析指标的变化方向和变化速度，揭示经济指标的变化趋势。动态比率包括定基比率和环比比率。

（3）趋势分析法

趋势分析法是通过对比两期或连续数期财务报告上的相同指标，确定其增减变动的方向、数额和幅度，来说明企业财务状况和经营成果的变动趋势的一种方法。采用这种方法，可以分析引起变化的主要原因、变动的性质，并预测企业未来的发展前景。趋势分析法的具体运用主要有以下三种形式：

1）重要财务指标的比较

重要财务指标的比较是将不同时期财务报告中的相同指标或比率进行比较，直接观察其增减变动情况及变动幅度，借以预测企业未来的发展前景。对于不同时期财务指标的比较，可采用定基动态比率法和环比动态比率法。

2）会计报表的比较

会计报表的比较是将连续数期会计报表的金额并列起来，比较其相同指标的增减变动金额和幅度，据以判断企业财务状况和经营成果发展变化的一种方法，包括资产负债表的比较、利润表比较、现金流量表比较等。

3）会计报表项目构成的比较

会计报表项目构成的比较是在会计报表比较的基础上发展而来的。它是以会计报表中的某个总体指标作为100%，再计算出各组成项目占该总体指标的百分比，通过数期数据，以此来判断有关财务活动的变化趋势。这种方法既可以用于同一企业不同时期财务状况的纵向比较，又可用于不同企业的横向比较，同时还能消除不同时期、不同企业之间业务规模差异的影响，有利于分析企业的耗费水平和盈利水平。

（4）综合分析与评价的方法

在对企业经营特性与财务能力分析的基础上，要对企业财务情况作出综合的分析与评价时，可采用一些综合的分析与评价方法，常用方法主要有综合指数法、综合评分法、雷达图法等。

1）综合指数法

首先将综合分析与评价的结果用综合指数表示，确定影响综合指数的各项指标，然后将反映综合指数的指标数同一定的标准值进行对比，计算出各项指标的指数，最后考虑各项指标在评价综合结果时具有不同的重要性，给各项指标指数以不同的权重，加权汇总各项指标指数得到综合指数，以这个综合指数的高低反映评价结果的好坏。

2）综合评分法

综合分析与评价的结果用综合评价分数表示，确定影响综合评价的各项指标，将指标数同一定的标准值进行比较分析给出评分，将各指标的评分汇总得出综合评价分数，以这个综合评价分数的高低反映评价结果的好坏。

3）雷达图法

雷达图法是将反映企业综合情况的各项指标以雷达图的形式表示出来，便于人们直观地掌握企业综合情况。反映企业综合情况的各项指标按所反映的属性不同分类，并分别描绘在不同的区域里，每个指标用一条由圆心发出的射线表示，图中用内、中、外三个圆划分不同区域，射线与内、中、外三个圆的交点即为各项指标的最差值、标准值、最佳值。将企业指标的实际值按数值比例画在射线上，再把这些点连起来即可得到折线图表示企业的实际情况。用该方法进行分析时，当积累一定的经验后，从折线图的形状就可大概地掌握企业的经营情况。

### 10.1.2 财务分析与评价程序

财务报告分析的程序如下：

（1）确定分析目的

分析的目的不同，所分析的内容与重点有差异。因此，在进行财务报告分析时，首先应确定分析的目的，确定分析的内容与重点。

（2）收集分析资料

财务报告分析所用到的资料主要包括：企业财务报告；有关企业经营环境的资料如反映企业外部的宏观经济形势统计信息、行业情况信息、其他同类企业的经营情况等；有关分析比较标准的资料。对所收集的资料要加以整理，去伪存真，保证资料的真实性。

（3）进行专题分析

按确定的分析内容与重点，选择科学、合理的分析方法进行分析。分析时应按分析要求依次进行企业经营环境与经营特性分析、企业会计政策及其变动分析、财务报表项目及其结构分析、财务能力分析等。

（4）进行综合分析与评价

对专题分析进行总结，并进行综合分析与评价，完成分析报告。对分析结果进行评价，评价将分析结果用于经济决策；若未能达到目的，则进一步收集分析资料，进行更深入地分析，直到能达到评价与决策的目的。

### 10.1.3 财务分析与评价指标结构

财务分析与评价指标结构构成如图 10-1 所示，见表 10-1、表 10-2。

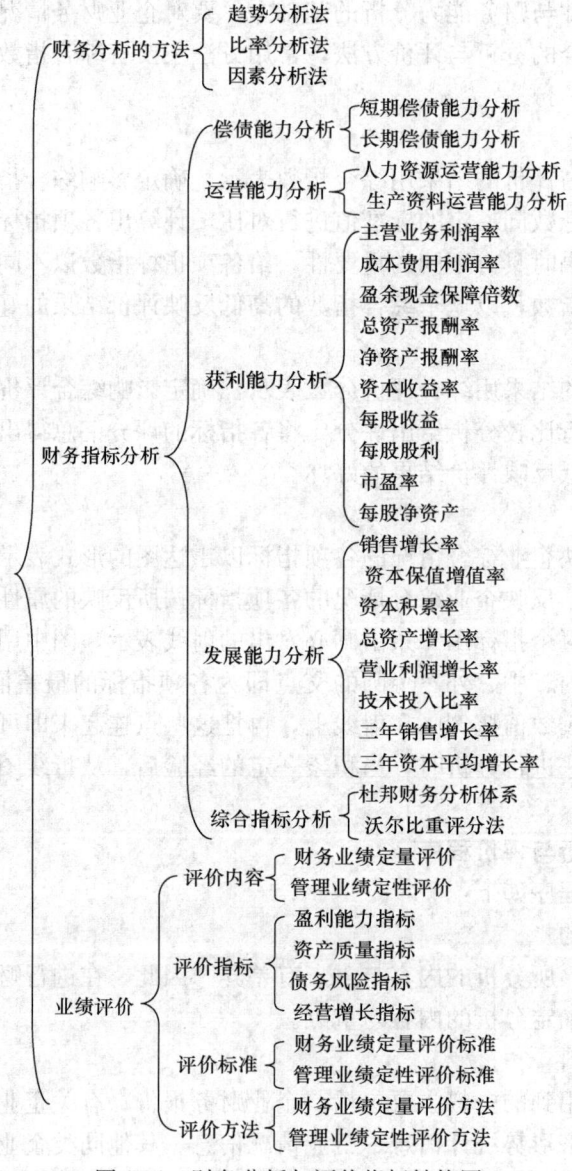

图 10-1 财务分析与评价指标结构图

**财务能力指标结构** 表 10-1

| 指标类型 | 基本指标 | 修正指标 | 备注：定性指标 |
|---|---|---|---|
| 一、财务效益状况 | 净资产收益率；<br>总资产报酬率 | 资本保值增值率；<br>销售利润率；<br>成本费用利润率 | 1）领导班子基本素质；<br>2）产品市场占有率；<br>3）基础管理水平；<br>4）员工素质；<br>5）技术装备水平；<br>6）行业（或地区）影响；<br>7）经营发展战略；<br>8）长期发展能力预测 |
| 二、资产运营状况 | 总资产周转率；<br>流动资产周转率 | 存货周转率；<br>应收账款周转率；<br>不良资产比率；<br>资产损失比率 | |
| 三、偿债能力状况 | 资产负债率；<br>已获利息倍数 | 流动比率；<br>速动比率；<br>现金流动负债比率；<br>长期资产适合率；<br>经营亏损挂账比率 | |
| 四、发展能力状况 | 销售增长率；<br>资本积累率 | 总资产增长率；<br>固定资产成新率；<br>利润平均增长率；<br>三年资产平均增长率 | |

**财务分析指标构成表** 表 10-2

| | | | |
|---|---|---|---|
| 盈利能力 | 主营业务利润率 | 公式 | 主营业务利润率＝利润÷主营业务收入净额 |
| | | 作用 | 反映销售获利能力，通过考察主营业务利润占整个利润总额比重的升降，可以发现企业经营理财状况的稳定性、面临的危险或可能出现的转机 |
| | | 标准 | 越高越好 |
| | 成本费用利润率 | 公式 | 成本费用利润率＝利润÷成本费用 |
| | | 成本内容 | 主营业务成本 |
| | | | 营业成本＝主营业务成本＋主营业务税金及附加＋营业费用＋管理费用＋财务费用＋其他业务成本 |
| | | 作用 | 反映企业主要成本的利用效果 |
| | | 标准 | 越高越好 |
| | 盈余现金保障倍数 | 公式 | 盈余现金保障倍数＝经营现金流量/净利润 |
| | | 作用 | 表明企业经营活动产生的净利润对现金的贡献程度 |
| | | 标准 | 大于 1 较好 |
| | 总资产收益率 | 公式 | 总资产报酬率＝（利润总额＋利息支出）÷平均资产总额 |
| | | 作用 | 反映企业资产的综合利用效果 |
| | | 标准 | 越高越好 |
| | 净资产收益率 | 公式 | 净资产收益率＝净利润销售增长率＝本年销售增长额/上年销售收入总额×100％平均净资产 |
| | | 作用 | 反映自有资本获取净收益的能力，是评价企业自有资本及其积累获取报酬水平的最具综合性与代表性的指标 |
| | | 标准 | 越高越好 |

续表

| | | | |
|---|---|---|---|
| 盈利能力 | 资本收益率 | 公式 | 资本收益率=净利润销售增长率=本年销售增长额/上年销售收入总额×100%平均资本 |
| | | 作用 | 是一定时期净利润与平均资本（即资本性投入及其资本溢价）的比率，反映企业实际获得投资额的回报水平 |
| | | 标准 | 越高越好 |
| | 每股收益 | 公式 | 每股收益=净利润/年末普通股总数 |
| | | 作用 | 反映普通股的获利水平 |
| | | 扩展 | 每股收益=主营业务收入净利率×总资产周转率×权益乘数×平均每股净资产=净资产收益率×每股净资产 |
| | | 标准 | 越高越好 |
| | 每股股利 | 公式 | 每股股利=普通股股利总额/年末普通股总额 |
| | | 作用 | 反映普通股每股实际获得股利的水平 |
| | | 标准 | 对短期持股的股东而言，越高越好 |
| | 市盈率 | 公式 | 市盈率=普通股每股市价/普通股每股收益 |
| | | 作用 | 反映投资者对上市公司每元净利润愿意支付的价格，可以用来估计股票的投资报酬和风险 |
| | | 标准 | 一般认为市盈率小一点为好，但市盈率太小的股票风险却未必小 |
| | 每股净资产 | 公式 | 每股净资产=年末股东权益/年末普通股总额 |
| | | 作用 | 反映普通股每股账面价值的大小 |
| | | 标准 | 越大越好 |
| 偿债能力 | 资产负债率 | 公式 | 资产负债率=负债总额÷资产总额×100% |
| | | 作用 | 衡量企业负债水平及风险程度的重要判断标准 |
| | | 标准 | 资产负债率越低越好，交通、运输、电力等基础行业的资产负债率一般平均为50%左右，加工业一般为65%左右，商贸业一般为80%左右，针对长期负债 |
| | 已获利息倍数 | 公式 | 已获利息倍数=息税前利润÷利息支出 |
| | | 作用 | 反映了当期企业经营收益是所需支付的债务利息的多少倍 |
| | | 标准 | 国际公认的已获利息倍数为3，该指标越高，表明企业债务偿还越有保证 |
| | 流动比率 | 公式 | 流动比率=流动资产/流动负债 |
| | | 作用 | 流动资产是流动负债的偿还保证，因此这一比率越高，则债权人的安全程度越高 |
| | | 标准 | 一般认为2:1 |
| | 速动比率 | 公式 | 速动比率=速动资产/流动负债 |
| | | 作用 | 是指流动资产的货币资金、短期投资、应收账款等 |
| | | 标准 | 一般认为1:1 |
| | 现金流动负债比率 | 公式 | 现金流动负债比率=年经营现金净流入/年末流动负债 |
| | | 作用 | 从现金流入和流出的动态角度对企业实际偿债能力进行再次修正 |
| | | 标准 | 指标越大，表明企业经营活动产生的现金净流入较多，保障企业按时偿还债务的能力越强 |

| | | | |
|---|---|---|---|
| 营运能力 | 存货周转率 | 公式 | 存货周转率（次/年）＝商品销售成本/平均存货；存货周转期（天/次）＝360÷存货周转率 |
| | | 作用 | 是评价企业从取得存货、投入生产到销售收回等环节管理状况的指标 |
| | | 标准 | 周转越快，表明企业销售能力强 |
| | 应收账款周转率 | 公式 | 应收账款周转率＝赊销收入净额/平均应收账款余额；平均收账期（天数）＝360÷应收账款周转率 |
| | | 作用 | 周转次数越多，或周转天数越少，说明企业催收账款的速度越快，可以减少坏账损失 |
| | | 标准 | 流动性强，短期偿债能力也强 |
| | 流动资产周转率 | 公式 | 流动资产周转率＝销售收入净额/平均流动资产总额 |
| | | 作用 | 流动资产周转率反映了企业流动资产的周转速度 |
| | | 标准 | 揭示影响企业资产质量的主要因素 |
| 发展能力 | 销售增长指标 | 公式 | 销售增长率＝本年销售增长额/上年销售收入总额×100％ |
| | | 作用 | 是衡量企业经营状况和市场占有能力、预测企业经营业务开拓趋势的重要标志 |
| | | 标准 | 指标大于0，表示企业本年的销售（营业）收入有所增长，指标值越高，表明增长速度越快 |
| | 总资产增长率 | 公式 | 总资产增长率＝本年总资产增长额/年初资产总额×100％ |
| | | 作用 | 是从企业资产总额扩张方面衡量企业的发展能力 |
| | | 标准 | 指标越高，表明企业一个经营周期内资产经营规模扩张的速度越快 |
| | 利润增长指标 | 公式 | 利润总额增长率＝本年利润增长额/上年利润总额×100％ |
| | | 作用 | 指标应与销售（营业）增长率指标结合分析，反映企业利润是否随着销售（营业）额的增长呈同步增长趋势 |

### 10.1.4 指标基本说明

1. 盈利能力指标

（1）总资产收益率

该指标用于说明企业每占用及运用百元资产所能获取的利润，用于从投入和占用方面说明企业获利能力，其比值越高，表明企业获得能力越强。该指标视不同行业性质不同而不同，但长期的总资产平均报酬或收益率趋于一致；该指标可用于不同行业之间比较。

（2）净资产报酬率

该指标从企业净资产的获利水平，比值越高，表明企业的获利水平越高。该指标是从综合角度反映企业盈利情况，营业利润率是从经营角度说明企业盈利情况。在企业业绩评价中该指标位居榜首。

（3）营业利润率

该指标是从企业营业角度来说明企业盈利情况，揭示企业营业收入对企业利润的贡献程度。并能够评价营销部门的工作业绩。它能用"主营业务利润"和"营业利润"表明企业盈利能力，前者是从营业毛利率角度说明；后者是说明企业综合获利水平。

2. 偿债能力指标

（1）流动比率

该指标反映的是流动资产与流动负债之间对比关系。这个比例说明企业日常经营中的支付能力，标准为 1.5～2.0 之间；注意：不同行业比率要求不同；还不能真正反映企业短期偿债能力，为什么，请思考。

（2）速动比率

反映日常经营财务支付能力的迅速性。该指标控制在 0.6～1.0 之间为恰当。同时也要求不同行业比率不相同。

（3）现金比率

该指标反映了企业的即刻变现能力，它主要在现金中剔除了应收账款、应收票据可能带来的坏账风险。该指标只要求保持在 0.2 左右。

（4）资产负债率

该指标主要存在三种视角理解。一是从债权人角度，总是希望企业的资产负债率越低越好；从股东角度当总资产报酬率高于借款利率时，资产的负债率越高越好；从经营者立场，重视该指标的综合性。

（5）利息保障倍数

该指标反映企业息前利润为所支付所需支付利息的多少倍，一般要>1。

3. 营运能力

（1）应收账款周转率

资产周转率，表明该资产从投入到收回经历过程，经历一次循环所需时间。表明了应收账款的管理效率和质量。一般情况是该指标越高越好。

（2）存货周转率

该指标为反映企业对存货资产的营运能力和管理效率的财务比率。同样注意不同行业比率不相同。

（3）总资产周转率

该指标是企业综合运营能力，效率越高，综合运营能力越强。

4. 发展能力

企业的发展能力也就是企业的成长性。企业成长性的评价对投资者至关重要，因为投资者投资于某个企业，主要是投资于该企业的未来。

（1）资产增长指标

资产增长指标是企业本年总资产增长额同年初资产总额的比率。总资产增长率衡量企业本期资产规模的增长情况，评价企业经营规模总量上的扩张程度。

指标是从企业资产总额扩张方面衡量企业的发展能力，表明企业规模增长水平对企业发展后劲的影响。该指标越高，表明企业一个经营周期内资产经营规模扩张的速度越快。但实际操作时，应注意资产规模扩张的质与量的关系，以及企业的后续发展能力，避免资产盲目扩张。

（2）利润总额增长率

利润总额增长率反映利润总额的增长速度和趋势，其计算公式为：

利润总额增长率＝本年利润增长额/上年利润总额×100％

该指标应与销售（营业）增长率指标结合起来加以分析，以便分析企业利润是否随着销售（营业）额的增长呈同步增长趋势，如果二者没有同步增长，尤其是利润的增长滞后于销售（营业）额的增长时，就要对企业的成本费用控制情况加以分析。

（3）可持续增长率分析

可持续增长率主要指企业可持续收益增长率，是企业在保持目前经营收益水平和财务政策可实现的收益增长速度。

$$可持续增长率＝净资产收益率×(1－股利支付率)$$

$$＝\frac{净利润}{销售收入}×\frac{销售收入}{总资产}×\frac{总资产}{净资产}×(1－股利支付率)$$

$$＝销售净利率×总资产周转率×权益乘数×(1－股利支付率)$$

股利支付率是指净收益中股利所占的比重，它反映企业的股利分配政策和支付股利的能力。可持续增长率与该比率成反比例变化。

## 10.2　财务综合分析与评价

### 10.2.1　杜邦综合财务分析与评价方法

1. 杜邦分析方法的具体内容

该方法由美国杜邦公司最先利用分析净资产报酬率的指标体系。故此，分析净资产报酬率的指标体系及其分析体系被称为杜邦财务分析体系。企业的所有者考核企业经营效率的核心指标是净资产报酬率。该指标反映了企业自有资本的经营效率，企业所有者在经营企业时追求的是该指标的最大化。对净资产报酬率指标进行分解，构造与该指标相关的财务指标体系，分析如何改善这些指标来提高企业净资产利润率是企业经营管理人员的重要任务。

净资产利润率的分解如下：

$$净资产收益率＝\frac{净利润}{净资产}＝\frac{净利润}{销售收入}×\frac{销售收入}{总资产}×\frac{总资产}{净资产}$$

$$＝销售净利率×总资产周转率×权益乘数$$

$$销售净利率＝\frac{净利润}{销售收入}$$

$$＝\frac{销售收入－销售成本－期间费用－税金－其他支出}{销售收入}$$

$$总资产周转率＝\frac{销售收入}{总资产}$$

$$＝\frac{销售收入}{流动资产＋固定资产＋长期投资＋无形资产＋其他长期投资}$$

$$权益乘数＝\frac{总资产}{净资产}＝\frac{总资产}{总资产－负债}＝\frac{1}{1－资产负债率}$$

由上述分解公式可知，分析净资产报酬率的指标体系，如图 10-2 所示。

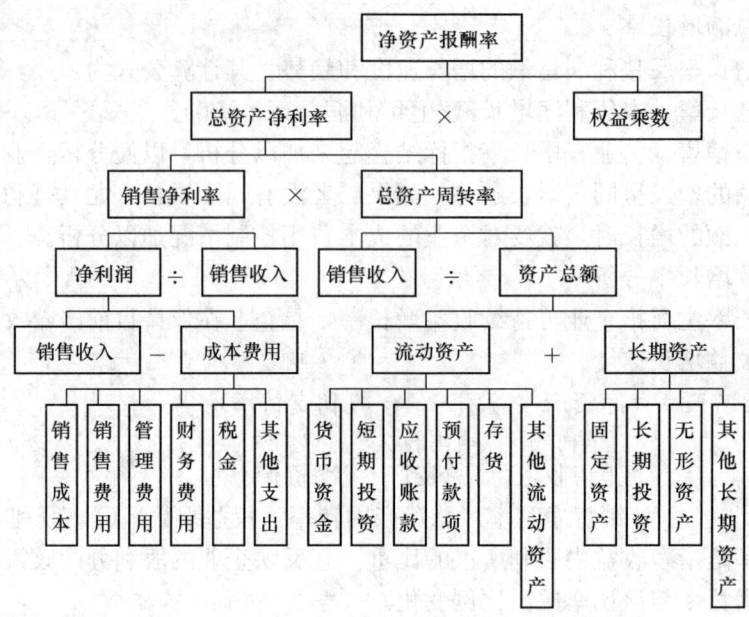

图 10-2 杜邦财务分析与评价指标体系

通过上述指标体系可以分析产品销售、生产成本与费用、销售利润、各种资产运营效率与资产周转率、企业资本结构等因素对净资产利润率的影响，通过分析改进与协调这些经营活动，使企业净资产报酬率达到最好水平。

2. 杜邦分析法的要点

（1）净资产收益率

它是企业一个综合性、代表性的财务指标，也是杜邦分析方法的核心。其含义是代表了企业财务目标，即股东财富最大化，反映了股东投入净资产的获利水平，其决定因素主要是资产净利率和权益乘数。

（2）资产净利率

它是反映企业总资产获利能力的重要财务指标，是影响净资产收益率的关键因素，将企业一定时期的净利润与企业的资产相比较，表明企业资产利用的综合效果。

从图 10-2 可知，它主要受到销售净利率和资产周转率的影响，销售净利率和资产周转率越大，资产净利率越大；而资产净利率越大，则净资产收益率也越大，反之越小。

（3）销售净利率

销售净利率主要是从销售收入和销售成本两个方面进行分析，它可以分解为以下 3 个指标：销售成本率、销售其他利润率和销售税金率。销售成本率分解为毛利率和销售期间费用率。

该指标分析时，主要从以上两个方面来思考：第一，提升销售收入，从而销售净利率提高；第二，降低成本费用，分析产品成本结构，期间费用开支是否合理，以便发现企业成本费用管理存在问题，为加强成本费用管理提供依据，从而提升净资产率。

（4）资产周转率

它是反映企业通过资产运营实现销售收入能力的指标。影响资产周转率的一个重要因素是资产总额，此外还需要对资产结构合理性进行分析，如流动资产与非流动资产的比例是否合理，主要是影响到企业的偿债能力，也会影响到企业获利能力。一般说来，企业流动资产中货币持有量过高，会出现现金资产有闲置的问题，从而影响到企业资产流动性和获利能力。

（5）权益乘数

该指标表示企业负债程度，受资产负债率影响。企业负债程度越高，负债比率越大，权益乘数越高，不仅实现了企业利用财务杠杆利益，同时也给企业带来了较大的财务风险。因此权益乘数对净资产收益率具有倍率效应，反映了财务杠杆对利润水平的影响。

【例 10-1】根据企业财务报表信息（表 10-3），计算某净资产收益率、总资产净利率和销售净利率，并验证三者的关系。

某公司简要会计报表（万元）      表 10-3

| 财务项目 | 年初数 | 年末数 |
|---|---|---|
| 资产 | 8000 | 10000 |
| 负债 | 4500 | 6000 |
| 所有者权益 | 3500 | 4000 |
| 利润表项目 | | |
| 营业收入 | | 20000 |
| 净利润 | | 500 |

【解】

(1) 净资产收益率 $= \dfrac{净利润}{平均净资产} \times 100\%$

$= 500 \div [(3500 + 4000) \div 2] \times 100\% = 13.33\%$

(2) 总资产净利润 $= \dfrac{净利润}{平均资产总额} \times 100\%$

$= 500 \div [(8000 + 10000) \div 2] \times 100\% = 5.56\%$

(3) 销售净利率 $= \dfrac{净利润}{营业收入或主营业务收入} \times 100\%$

$= 500 \div 20000 \times 100\% = 2.5\%$

(4) 总资产周转率 $= \dfrac{营业收入}{平均资产总额} \times 100\%$

$= 20000 \div [(8000 + 10000) \div 2] = 2.22$ 次

(5) 权益乘数 $= \dfrac{1}{1 - 资产负债率} \times 100\%$

$= 1 \div \{1 - [(4500 + 6000) \div 2] \div [(8000 + 10000) \div 2]\}$

$= 2.38$

(6) 净资产收益率 $=$ 销售净利率 $\times$ 总资产周转率 $\times$ 权益乘数

$= 2.5\% \times 2.22 \times 2.4 = 13.33\%$

### 10.2.2 沃尔财务综合分析与评价方法

美国亚历山大·沃尔在 20 世纪初出版的《信用晴雨表研究》和《财务报表比率分析》中提出了信用能力指数的概念，把若干个财务比率用线性关系结合起来，以此综合评价企业的信用水平。

基于当时的时代特征，他选择了流动比率、固定比率（资产/固定资产）、净资产负债率（净资产/负债）、应收账款周转率（销售额/应收账款）、存货周转率（销售成本/存货）、固定资产周转率（销售额/固定资产）、净资产周转率（销售额/净资产）7 种财务比率作为综合评价企业信用的指标体系，分别给定了各个评价指标在总评价中占有的比重，总和为 100 分。然后确定标准比率，并与实际比率相比较，先计算每项指标的指数，再计算每项指标的得分，最后求出总评分。该总分被用来综合评价企业信用水平（偿债能力）的高低。沃尔信用综合评价评分表见表 10-4。

**沃尔信用综合评价评分表**　　　　　　　　　　　　　表 10-4

| 财务比 | 比重<br>(1) | 标准比率<br>(2) | 实际比率<br>(3) | 相对比率<br>(4)=(3)/(2) | 评分<br>(5)=(1)×(4) |
|---|---|---|---|---|---|
| 流动比率 | 25 | 2.00 | 2.13 | 1.07 | 26.75 |
| 净资产负债率 | 25 | 1.50 | 3.05 | 2.03 | 50.75 |
| 固定比率<br>（资产/固定资产） | 15 | 2.50 | 4.05 | 1.62 | 24 |
| 存货周转率 | 10 | 8 | 20 | 2.5 | 25 |
| 应收账款周转率 | 10 | 6 | 15.4 | 2.57 | 25.7 |
| 固定资产周转率 | 10 | 4 | 9.9 | 2.475 | 24.75 |
| 净资产周转率 | 5 | 3 | 2.31 | 0.77 | 3.85 |
| 合计 | 100 | | | | 180.8 |

沃尔财务状况综合评价模型的缺陷：

（1）从理论上讲，沃尔财务状况综合评价模型存在的缺陷是，未能证明为什么选择这 7 个指标，而不是更多或更少，或者选择别的财务比率，以及未能证明每个指标所占比重的合理性。这个问题至今仍然没有从理论上解决。

（2）从技术上讲，沃尔财务状况综合评价模型存在的缺陷是，某一个指标严重异常时，会对总评分产生不合逻辑的重大影响。这个缺陷是由相对比率与比重相"乘"所引起的。财务比率提高一倍，其评分增加 100%；而财务比率减少一倍，其评分只减少 50%。

**10.2.3　国有企业综合财务评价**

为了提高国有企业的经济效益，加强对国有企业的业绩考核和管理，我国财政部、经贸委、人事部、国家计委，在 1999 年 6 月 1 日颁布试行了《国有企业资本金效绩评价操作细则》。该细则以国有企业为业绩评价对象，关注国有资本金保值增值能力。

1. 评价内容与指标

整体指标分为三个层次，由基本指标、修正指标和评议指标共 32 项组成，详见表 10-5。

**国有企业评价指标体系**　　　　　　　　　　　　　表 10-5

| 指标 | | 权重 | 指标 | 权重 |
|---|---|---|---|---|
| 基本指标<br>（100） | 财务效益状况 | 42 | 净资产收益率 | 30 |
| | | | 总资产报酬率 | 12 |
| | 资产营运状况 | 18 | 总资产周转率 | 9 |
| | | | 流动资产周转率 | 9 |

| | 指标 | 权重 | 指　标 | 权重 |
|---|---|---|---|---|
| 基本指标<br>（100） | 偿债能力状况 | 22 | 资产负债率 | 12 |
| | | | 已获利息倍数 | 10 |
| | 发展能力状况 | 18 | 销售（营业）增长率 | 9 |
| | | | 资本积累率 | 9 |
| 合　计 | | 100 | 合计 | 100 |
| 修正指标<br>（100） | 财务效益状况 | 42 | 资本保值增值率 | 16 |
| | | | 销售（营业）利润率 | 14 |
| | | | 成本费用利润率 | 12 |
| | 资产营运状况 | 18 | 存货周转率 | 4 |
| | | | 应收账款周转率 | 4 |
| | | | 不良资产比率 | 6 |
| | | | 资产损失比率 | 4 |
| | 偿债能力状况 | 22 | 流动比率 | 6 |
| | | | 速动比率 | 4 |
| | | | 现金流动负债比率 | 4 |
| | | | 长期资产适合率 | 5 |
| | | | 经营亏损挂账比率 | 3 |
| | 发展能力状况 | 18 | 总资产增长率 | 7 |
| | | | 固定资产成新率 | 5 |
| | | | 三年利润平均增长率 | 3 |
| | | | 三年资本平均增长率 | 3 |
| 合计 | | 100 | | 100 |
| 评议指标 | | 100 | 领导班子基本素质 | 20 |
| | | | 产品市场占有能力（服务满意度） | 18 |
| | | | 基础管理比较水平 | 20 |
| | | | 在岗员工素质状况 | 12 |
| | | | 技术设备更新水平（服务硬环境） | 10 |
| | | | 行业或区域影响力 | 5 |
| | | | 企业经营发展策略 | 5 |
| | | | 长期发展能力预测 | 10 |

## 2. 评价标准

评价系统的成功，关键在于科学的计分方法。只有选择科学的计分方法，才能够确保评价结果的科学性、真实性、客观性和可比性，才能够实现企业业绩评价的目标而不至于被错误的结果所误导。

具体地说，国有资本金效绩评价系统的主要计分方法是功效系数法，并辅助综合分析判断法，详见表10-6。

国有企业评价指标标准 表 10-6

| 经济运行状况 | 评价标准等级 | 标准系数 |
|---|---|---|
| 行业最高水平 | 优秀值 A | 1.0 |
| 行业较高水平 | 良好值 B | 0.8 |
| 行业总体平均水平 | 平均值 C | 0.6 |
| 行业较低水平 | 较低值 D | 0.4 |
| 行业较差水平 | 较差值 E | 0.2 |
| | 较差值以下 | 0 |

评价标准值是以行业划分标准为基础的，同时遵照工业企业和非工业企业规模划分的国家标准进行行业划分的。对每一个行业的标准值按照测算范围的不同，又分为行业综合标准值及大、中、小规模标准值。例如，大型普通机械制造业的标准值详见表 10-7。

机械制造业的标准值 表 10-7

| | 优秀值<br>(1.0) | 良好值<br>(0.8) | 平均值<br>(0.6) | 较低值<br>(0.4) | 较差值<br>(0.2) |
|---|---|---|---|---|---|
| 净资产收益率 | 16.5 | 9.5 | 1.7 | −3.6 | −20 |
| 总资产报酬率 | 9.4 | 5.6 | 2.1 | −1.4 | −6.6 |
| 总资产周转率 | 0.7 | 0.5 | 0.3 | 0.1 | 0.0 |
| 流动资产周转率 | 1.2 | 1.0 | 0.6 | 0.3 | 0.2 |
| 资产负债率 | 45 | 52 | 70 | 98 | 99 |
| 已获利息倍数 | 6 | 2.5 | 1.0 | −1 | −4 |
| 销售增长率 | 38 | 10 | −9 | −20 | −30 |
| 资本积累率 | 30 | 20 | 5 | −5 | −15 |

3. 评价方法

（1）初步评价的计分方法

初步评价是指运用基本指标将指标的实际值对照相应的评价标准值，计算各项指标的实际得分。其计算公式如下：

$$单项指标得分＝本档基础分＋调整分$$
$$本档基础分＝指标权重×本档标准系数$$
$$调整分＝[（实际值－本档标准值）÷（上档标准值－本档标准值）]$$
$$×（上档基础分－本档基础分）$$
$$上档基础分＝指标权重×上档标准系数$$
$$基础指标总分＝\Sigma 单项指标得分$$

现举例如下：

【例 10-2】某公司是一家大型普通机械制造业，2000 年初所有者权益为 20 亿元，年末为 21 亿元，当年实现税后净利 7500 万元。计算该公司各项指标得分。

**【解】**

$$该公司净资产收益率 = \frac{7500}{(20000 + 21000) \div 2} \times 100\% = 3.66\%$$

该公司净资产收益率已经达到平均值 $1.7\%$，可以得到基础分，它处于"良好值"和"平均值"之间，需要计算调整分。

本档基本得分 $= 30 \times 0.6 = 18$ 分

$$调整分 = \frac{3.66\% - 1.7\%}{9.55\% - 1.7\%} \times (30 \times 0.8 - 30 \times 0.6) = 19.51$$

则最终净资产收益率指标得分 $= 18 + 1.51 = 19.51$

根据同样原理可以计算出其他所有基本指标的得分，再汇总计算出基础指标总得分，计算结果见表 10-8。

指标综合列表 表 10-8

| 指标类别 | 指标及其分值 | | 单项得分 | 分类得分 |
|---|---|---|---|---|
| 财务效益类 | 净资产收益率 | 30 | 19.51 | 29.81 |
| | 总资产报酬率 | 12 | 10.30 | |
| 资产营运类 | 总资产周转率 | 9 | 7.56 | 15.61 |
| | 流动资产周转率 | 9 | 8.05 | |
| 偿债能力类 | 资产负债率 | 12 | 9.8 | 17.50 |
| | 已获利息倍数 | 10 | 7.7 | |
| 发展能力类 | 销售增长率 | 9 | 7.4 | 14.40 |
| | 资本积累率 | 9 | 7.0 | |
| 合计 | | 100 | 77.32 | 77.32 |

(2) 修正指标评价的计分方法

修正指标评价的计分方法根据功效系数法的原理，以各个部分评价内容的基本指标的得分为基础，再按相应的修正系数计算。其计算公式如下：

某部分评价内容修正后得分 = 相关部分基本指标得分 × 该部分综合修正系数

修正后评价总分 = Σ各部分评价内容修正后得分

具体计算程序如下：

1) 确定各项修正指标的单项修正系数。具体计算公式如下：

单项修正系数 = 基本修正系数 + 调整修正系数

基本修正系数的计算。

首先，以初步评价得分为基础，确定修正指标应处的区段；

其次，根据各项修正指标实际值确定所处区段；

最后，计算每项修正指标基本修正系数，当所处区段与应处区段相同时，基本修正系数定为 1，当所处区段与应处区段不相同时，实际值所处区段与应处区段相比，每相差一个区段，基本修正系数依次递增或递减 0.1。

某修正指标修正系数 = 1 + (修正指标实际值所处区段 − 修正指标应处区段) × 0.1

修正指标应处区段档次见表 10-9。

评价企业等级表  表 10-9

| 初步评价得分 | 企业效绩状况 | 应处区段 |
| --- | --- | --- |
| 80～100 分（含 80） | 优秀 | 5 |
| 60～80 分（含 60） | 良好 | 4 |
| 40～60 分（含 40） | 一般 | 3 |
| 20～40 分（含 20） | 较低 | 2 |
| 20 分以下 | 较差 | 1 |

修正指标所处区段也分为 5 个，原理和标准同表 10-9。

计算修正系数的修正指标的标准值由政府有关部门定期发布。假设政府部门规定的资本保值增值率的标准值见表 10-10。

修正指数表  表 10-10

| 资本保值率标准值 | 应处区段 |
| --- | --- |
| 120% | 5 |
| 105% | 4 |
| 100% | 3 |
| 90% | 2 |
| 65% | 1 |

**【例 10-3】** 仍以【例 10-2】为例，若该公司的基本指标初步得分为 77.32 分，按此修正指标应处区段为 4 段，若该公司的资本保值增值率实际值为 108%，处于第 4 区段和第 5 区段之间，达到第 4 区段水平，实际所处区段为 4。

资本保值增值率指标的基本修正系数＝1＋(4－4)×0.1＝1

由于资本保值增值率指标的实际值高于第 4 段的标准值，故需要进行调整。

$$调整分＝\frac{实际值－本档标准值}{上档标准值－本档标准值}×0.1$$

$$＝\frac{108\%－105\%}{120\%－105\%}×0.1$$

$$＝0.02$$

资本保值增值率指标调整后修正系数＝基本修正系数＋调整修正系数

$$＝1＋0.02$$

$$＝1.02$$

2）单项指标综合修正系数的计算

单项指标综合修正系数＝单项指标修正系数×该指标在本类指标中的权重

例如，资本保值增值率指标在财务效益类指标中的权重为 16，本类财务指标总权重为 42。

因此，资本保值增值率评价指标综合修正系数＝1.02×（16÷42）＝38.86%

以此原理可以计算财务效益类其他指标的综合修正系数。假设计算出的销售利润率的综合修正系数为 33.80%，成本费用利润率的综合修正系数为 25.60%。然后通过如下计算公式计算出"分类综合修正系数"。

分类评价指标综合修正系数＝Σ本类各单项指标综合修正系数

因此，财务效益类指标综合修正系数＝38.86％＋33.80％＋25.60％＝98.26％

采用同样方法，可以计算出其他类别评价指标的综合修正系数和修正后的总分，见表10-11。

指标体系评价总表　　　　　　　　　　　　　　　表 10-11

| 评价指标类别<br>① | 基本指标分类得分<br>② | 分类指标修正系数<br>③ | 单项得分<br>④＝②×③ |
|---|---|---|---|
| 财务效益类 | 29.81 | 98.26％ | 29.29 |
| 资产营运类 | 15.61 | 94.71％ | 14.78 |
| 偿债能力类 | 17.50 | 104.89％ | 18.36 |
| 发展能力类 | 14.40 | 97.34％ | 14.02 |
| 修正后总得分 | | | 76.45 |

### 3）定性指标的计分方法

定性评价是根据评议指标所考核的内容，由评价工作小组的各位工作人员依据评价参考标准判定实际达到的等级，计算指标得分。具体方法是：

第一步，由每个评议人员以综合判断的方式确定各项评议指标应取的等级，确定每个等级对应的参数；

第二步，按如下计算公式计算每项指标得分：

$$单项指标分数 = \sum_{i=5}^{n} \frac{单项指标权重 \times 每位评议人员选定的等级系数}{评议人员总数}$$

第三步，计算评议指标的总得分；

$$评议指标总得分＝Σ单项指标分数$$

假定，依据上述方法，计算出该公司评议指标总得分为84.60分。

### 4）综合评价的计分方法

综合评价是根据评议指标得分，对基本评价结论进行校正，计算出综合评价得分，其计算公式如下：

$$综合评价得分＝修正后评价总分×80％＋评议指标总分×20％$$

仍以前例，公司的综合评价得分＝76.45×80％＋84.60×20％＝78分

综合评价结果的等级见表10-12。

企业等级评价表　　　　　　　　　　　　　　　表 10-12

| 评价类型 | 综合评价得分 | 具体细分 |
|---|---|---|
| 优（A） | 85分以上（含85分） | A++；A+；A |
| 良（B） | 70～85分（含70分） | B+；B；B— |
| 中（C） | 50～70分（含50分） | C；C— |
| 低（D） | 40～50分（含40分） | D |
| 差（E） | 40分以下 | E |

当综合评分属于"优"、"良"类型时，以本类分段最低限为基准，每高出5分（含5

分），提高一个级别，综合评价得分属于"中"类型的，60 分以下用"C－"表示，60 分以上用"C"表示。

4. 评估报告与结果运用

业绩评价是为了适应外部有关各方和企业自身管理需要而进行的工作，评估报告作为业绩评价的结论性文件，从整体上讲，它所提供的信息对于所有的财务报表的使用者都是有用的，特别是业绩评价所提供的有关企业总体状况应该具有最普遍的适用性。但由于每个企业的信息使用者和财务报表的使用者，对信息的需要各有不同，难以通过业绩评价直接揭示出来，这就需要进一步根据各有关信息用户的不同要求，对企业财务、经营所提供的有关信息资料进行具体分析评价，为他们的决策需要提供信息。

业绩评价制度使人们能够灵活而非固定，多角度、多层次而非单一角度、单一层次，动态而非静态地使用企业所提供的各种信息。

业绩评估报告并非企业进行业绩评价的最终目的，它只是一种促使各阶层管理者采取必要行动改善经营效率的手段。因此，业绩报告编制完成后，还应针对管理者的改善行动实施跟踪考核。

因此，一套业绩评价体系具有四个方面的特点：

（1）以净资产收益率为核心，旨在谋求股东收益最大化，并从企业财务效益、资产营运、偿债能力和未来发展等多方面，引导企业全面协调发展。

（2）财务由基本指标、修正指标和评议指标共 32 个指标形成的多层次递进修正和多因素互补的分析方法。

（3）实现了定量分析和主观判断的结合，有效克服了单纯定量分析或主观判断的局限性，使分析评价更趋科学、合理、准确。

（4）采用了全国统一标准，便于在行业内部的横向比较、真实反映企业的主观努力程度和行业地位。

# 10.3　财务分析与评价案例

## 10.3.1　基本资料

某市城建公司基本情况简介如下：

（1）公司名称

中文名称：某市城建投资发展股份有限公司

英文名称：LG URBAN CONSTRUCTION INVESTMENT&DEVELOPMENT CO.，LTD

（2）经营目标

以优秀的产品和满意的服务为社会提供现代化的生活、工作条件，推进房地产事业和金融、高科技事业的互动增长，达成股东利益和企业价值的最大化，实现公司与社会共同发展。

（3）主营业务

房地产开发，销售商品房；投资及投资管理；销售金属材料、木材、建筑材料、机械电器设备；信息咨询；环保技术开发，技术服务；企业依法选择经营项目，开展经营活动

（需审批的先审批，法律法规不允许的除外）。

（4）特色

除房地产外还审慎研究、科学决策，积极稳妥地推进在高科技和金融领域的投资，使公司形成以房地产为主业、金融和高科技为两翼的发展格局，以便分享到高科技等新型经济发展的收益，不断补充新鲜血液，不断完善造血功能。

股票简称：LG 城建

股票代码：6002**

### 10.3.2 分析过程

1. 偿债能力分析

偿债能力评价指标包括流动比率和速动比。

（1）流动比率

计算公式如下：

$$流动比率 = \frac{流动资产}{流动负债}$$

计算结果见表 10-13。

流动比率表（元）      表 10-13

| 报告期 | 流动资产 | 流动负债 | 流动比率 |
|---|---|---|---|
| 2002-12-31 | 7,331,630,669.95 | 5,530,300,047.36 | 1.325720233 |
| 2003-3-31 | 7,418,033,299.29 | 5,628,810,886.33 | 1.317868631 |
| 2003-6-30 | 7,320,241,151.07 | 5,616,087,813.19 | 1.303441362 |

从表 10-13 中可以看到，近一年来企业的流动比率很低，稳定在 1.3 左右。这与该企业的营业周期较长，流动资产中应收账款较多以及存货周转率较长有关系。另外，在流动比率较低的情况下，企业的流动资产与流动负债都有增加，说明该企业有强大的融资能力，但同时也要注意到流动比率的下降对企业的信用条件不利，从而影响企业的发展。

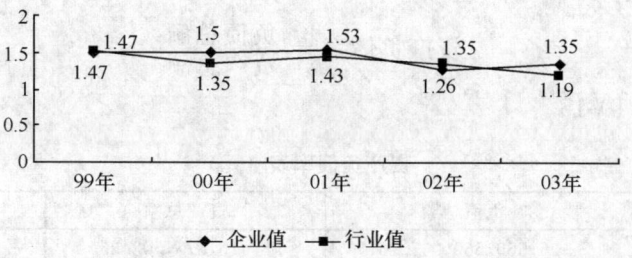

图 10-3　行业与企业流动比率比较图

从图 10-3 中可以看出从 1999～2003 年公司的流动比率一直低于行业的平均水平，这反映了企业的财务风险较大，虽然财务杠杆作用比较明显，会使企业获得较多的利润，但是存在不能偿还到期债务的风险。管理人员应该引起重视。

（2）速动比率

计算公式如下：

$$速动比率 = \frac{流动资产 - 存货}{流动负债}$$

计算结果见表10-14。

速动比率表（元）　　　　　　　　表 10-14

| 报告期 | 流动资产 | 存货 | 流动负债 | 速动比率 |
|--------|----------|------|----------|----------|
| 2002-12-31 | 7,331,630,669.95 | 5,440,665,915.66 | 5,530,300,047.36 | 0.34 |
| 2003-3-31 | 7,418,033,299.29 | 5,735,052,151.90 | 5,628,810,886.33 | 0.30 |
| 2003-6-30 | 7,320,241,151.07 | 5,769,222,978.68 | 5,616,087,813.19 | 0.28 |

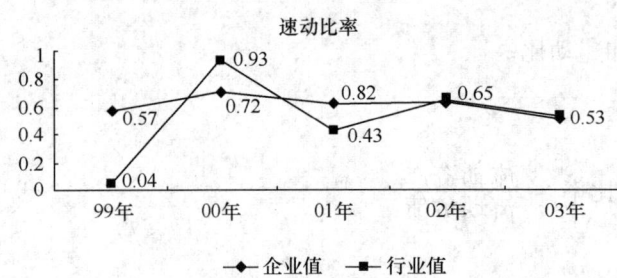

图 10-4　行业与企业速动比率比较图

通常认为正常的速动比率为1，低于1的速动比率被认为是短期偿债能力偏低。从表 10-14 中对公司来说，除了企业的流动负债较多外，还有一个影响它的重要因素：存货的比率在流动资产中占有很大的比重，公司的存货占公司流动资产的 74.2%，相应的速动比率远小于1就很正常了。而且从该表中可以看出，企业的速动比率逐步下降，说明企业的短期偿债能力逐渐降低，企业的信用度也会相应降低，这对企业以后的发展是很不利的。

从图 10-4 中可以看出行业的速动比率平均值远远小于1，公司的速动比率小于1是由其所处的行业决定的。由于产品的投资数额大，投资期限长导致了行业的速动比率低于其他行业。但是从 2001 年开始企业的速动比率开始低于行业平均水平并呈下降趋势，这对企业来说风险是很大的，应该重视企业的短期偿债能力的改善，否则会影响企业的经营状况和信用。

（3）资产负债率

计算公式如下：

$$资产负债率 = \frac{负债总额}{资产总额}$$

计算结果见表10-15。

资产负债率表（元）　　　　　　　　表 10-15

| 报告期 | 负债总额 | 资产总额 | 资产负债率（%） |
|--------|----------|----------|-----------------|
| 2002-12-31 | 6,669,560,047.36 | 8,415,877,503.36 | 0.792497282 |
| 2003-3-31 | 6,755,860,886.33 | 8,500,201,916.39 | 0.794788283 |
| 2003-6-30 | 6,591,823,193.61 | 8,374,651,271.79 | 0.787116141 |

该比率不能反映企业的偿债风险，通常认为该比率不应超过 50%，从表 10-15 分析可知，公司的资产负债率相对较高，变化且比较稳定，这对企业的经营者来说比较安全，但是获利能力不好，企业降低资产负债率是有利的，可以增强企业的获利能力。资产负债率偏高也说明企业有取得长期债券融资的潜力。

考虑到房地产企业的经营特点、融资特征，在对该比率进行分析评价时，通常结合同行业平均水平进行。企业的负债比率有所下降，这对企业是有利的。

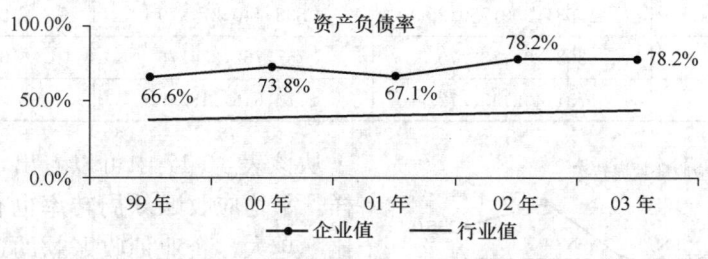

图 10-5　行业与企业资产负债率比较图

从图 10-5 中可以看出企业的资产负债率远远高于行业的平均水平，高负债率对企业经营来说比较安全，但是也不是越高越好，高资产负债率会降低企业的获利能力，不能满足企业股东的盈利要求。企业可以进行一些长期债券融资，这对企业的发展是非常有利的。

2. 营运能力分析

（1）存货周转率（次数）

计算公式如下：

$$存货周转率 = \frac{销售成本}{平均存货}$$

计算结果见表 10-16。

存货周转率表（元）　　　　　　　　　　　　　　　　　　表 10-16

| 报告期 | 销售成本 | 平均存货 | 存货周转率 |
| --- | --- | --- | --- |
| 2002-12-31 | 1,327,939,002.52 | 5,440,665,915.66 | 0.244076557 |
| 2003-3-31 | 240,991,805.29 | 5,735,052,151.90 | 0.042020857 |
| 2003-6-30 | 597,086,521.46 | 5,769,222,978.68 | 0.103495137 |

存货周转率一般说来该项数值越高越好，但是不同行业之间差异较大。表 10-16 中可以发现企业的存货周转率有很大的提高，说明企业正在采取积极的措施提高存货周转率，以提高利润率，使营运资金用于存货的余额减少。

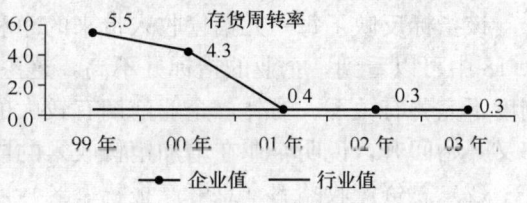

图 10-6　行业与企业存货周转率比较图

从图 10-6 中可以看出企业的存货周转率先急剧降低，降到行业平均值后又保持稳定，企业的存货周转率越大说明企业对存货的管理越好。从存货周转率的变化规律我们可以看出企业在存货的管理方面有很大的潜力。

（2）应收账款周转率（次数）

计算公式如下：

$$应收账款周转率 = \frac{销售收入}{平均应收账款}$$

计算结果见表 10-17。

**应收账款周转率表（元）** 表 10-17

| 报告期 | 销售收入 | 平均应收账款 | 应收账款周转率 |
|---|---|---|---|
| 2002-12-31 | 1,681,000,759.22 | 838,440,274.79 | 2.004914136 |
| 2003-3-31 | 303,203,733.70 | 757,762,334.76 | 0.400130384 |
| 2003-6-30 | 751,492,430.72 | 770,646,118.45 | 0.975145936 |

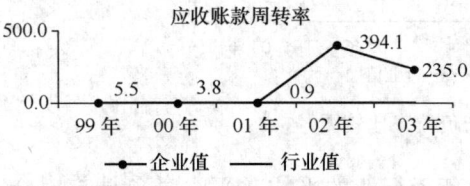

图 10-7 行业与企业应收款周转率比较图

从该表 10-17 中可以看出，同存货周转率一样，平均应收账款周转率也有很大提高。这个比率越大，企业催收账款的速度越快，可以减少坏账损失，而且资产的流动性强，短期偿债能力也强，在一定程度可以弥补流动比率的不利影响。

从图 10-7 中可以看出企业的应收账款周转率在 2001 年以后急剧升高，这说明企业对应收账款的管理非常有效，虽然从 2002 年开始有所下降，但是总体看远远高于行业平均水平。应收账款的收回速度加快有助于提高企业的短期偿债能力。

3. 盈利能力分析

（1）销售净利润率（经营净利率%）

计算公式如下：

$$销售净利润率 = \frac{净利润}{销售收入}$$

计算结果见表 10-18。

**销售净利润率表（元）** 表 10-18

| 报告期 | 净利润 | 销售收入 | 销售净利润率（%） |
|---|---|---|---|
| 2002-12-31 | 159,850,449.09 | 1,681,000,759.22 | 0.095092431 |
| 2003-3-31 | 1,221,740.59 | 303,203,733.70 | 0.004029438 |
| 2003-6-30 | 12,294,971.47 | 751,492,430.72 | 0.016360739 |

该指标反映了每一元销售收入带来的净利润的多少，表示销售收入的收益水平。从表 10-18 中可以看到，企业的指标并不高，这主要由于企业的销售成本很高，且经营管理的制度不完善有关系。另外，企业前期有较大的下降，现在正处在一个恢复期，销售净利润率又开始回升，说明企业在增加销售收入的同时，也在努力提高期盈利水平。

（2）总资产收益率（总资产报酬率%）

计算公式如下：

$$总资产报酬率 = \frac{净利润}{平均资产总额}$$

计算结果见表 10-19。

**总资产收益率表（元）** 表 10-19

| 报告期 | 净利润 | 总资产 | 总资产收益率（%） |
|---|---|---|---|
| 2002-12-31 | 159,850,449.09 | 8,415,877,503.36 | 0.018993913 |
| 2003-3-31 | 1,221,740.59 | 8,500,201,916.39 | 0.000143731 |
| 2003-6-30 | 12,294,971.47 | 8,374,651,271.79 | 0.001468117 |

从表 10-19 中可以看出，企业的总资产收益率经过一个明显的下降，但良性的生产及营销策略促使总资产收益率迅速回升，同时，企业的总资产也有较大的增加，这对企业的整体发展非常有利。

（3）净资产报酬率（净资产收益率%）

计算公式如下：

$$净资产报酬率 = \frac{净利润}{平均净资产}$$

计算结果见表 10-20。

净资产报酬率表（元） 表 10-20

| 报告期 | 净利润 | 平均净资产 | 净资产报酬率（%） |
|---|---|---|---|
| 2002-12-31 | 159,850,449.09 | 1,592,006,601.22 | 0.100408157 |
| 2003-3-31 | 1,221,740.59 | 1,580,048,912.47 | 0.00077323 |
| 2003-6-30 | 12,294,971.47 | 1,599,416,111.69 | 0.007687162 |

企业的净资产报酬率反映了股东权益的收益水平，是企业盈利能力指标的核心，也是整个财务指标体系的核心。用净资产收益率评价上市公司业绩，可以直观地了解其净资产的运用带来的收益。从表 10-20 可以看到企业的净资产报酬率开始也有一个较大的下降，但又快步回升，这与总资产收益率的变化相吻合，而同时权益系数却没有很大变化，可见，净资产报酬率的变化主要由于总资产收益率的变化引起的。

从图 10-8 中可以看出在 2003 年以前公司的净资产收益率远远高于行业的平均水平，这说明公司在行业中的盈利水平是非常好的。1999～2002 年公司的净资产收益率有微小的波动，但是总体来看远远高于行业平均水平。从 2002 年开始公司的收益率迅速下降，与整个行业收益率升高的趋势相反，2003 年低于行业的平均水平。这说明公司可能在某个投资项目上投资失误，公司的盈利能力是很强的，应该加强公司对项目盈利性的分析，提高公司的净资产收益率。

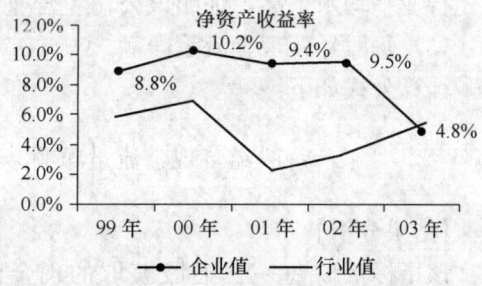

图 10-8 行业与企业净资产收益率比较图

4. 现金流量分析

（1）现金债务总额

计算公式如下：

$$现金债务总额 = \frac{经营现金流量净额}{负债}$$

该指标反映了企业用当期经营活动产生的现金偿还公司债务的能力。从经营活动中产生的现金应该是企业长期现金的来源，一般来说，该比率越高，说明企业偿还债务的能力就越强。从图 10-9 中可以看出该公司平均现金流量对负债比率高于行业平均水平，可见该公司偿还债务能力较强。

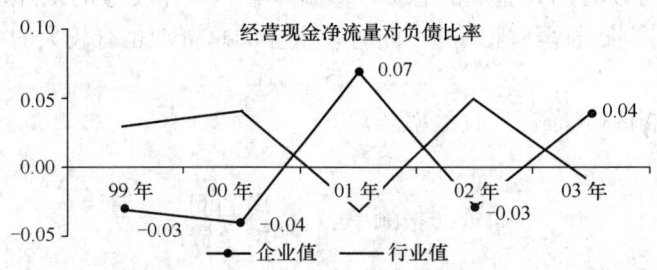

图 10-9　行业与企业现金净流量比较图

（2）销售现金比率

计算公式如下：

$$销售现金比率 = \frac{经营活动产生的现金流量净额}{主营业务收入}$$

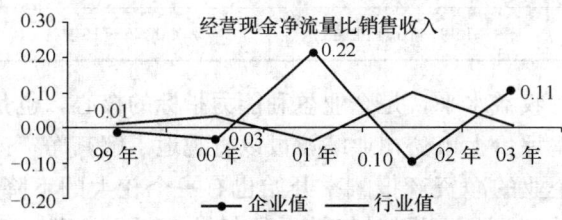

图 10-10　行业与企业现金流量与销售比较图

该指标表示每一元主营业务收入能形成的经营活动现金流入，反映了企业主营业务的变现能力。通常说来，该比率指标越高越好。从图 10-10 可以看出，由于金融危机的影响，该公司在 2000 年和 2002 年经营现金流量都比行业平均水平低。但总的来说，该公司平均水平比行业平均水平高，证明该公司主营业务的变现能力较强。

（3）每股经营现金流量净额

计算公式如下：

$$每股经营现金流量净额 = \frac{经营活动产生的现金流量净额}{普通股股数}$$

**【结果分析】**

该指标反映每一普通股获取的现金流入量，在反映企业进行资本支出和支付股利的能力方面，要优于每股收益。通常该数值要高于每股收益，并且作为每股盈利的支付保障，该比率越高越好。从图 10-11 可以看出，该公司在 2000 年和 2002 年由于宏观经济的影响，每股经营现金流量低于每股收益。在正常年份该数值都高于行业平均值，说明该公司每股盈利的支付有较大保障。

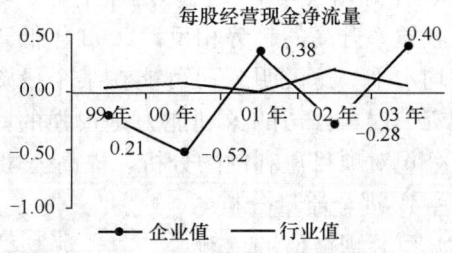

图 10-11　行业与企业每股净现金流量比较图

总体来看北京城建的实力是很强的，无论是在盈利能力还是在运营能力方面，都远远高于行业的平均水平。但是在短期偿债能力方面存在风险，公司的流动比率和速动比率都达不到行业的平均水平，此外公司的资产负债率偏高，这说明公司有获得长期债券融资的潜力，适当的筹集一些长期借款会提高企业的收益率。

相关附表如下（表 10-21～表 10-23）。

资产负债表 表 10-21

| | 2003 年 06 月 30 日 | 2003 年 03 月 31 日 | 2002 年 12 月 31 日 |
|---|---|---|---|
| 流动资产 | | | |
| 货币资金 | 380,906,302.38 | 516,395,587.98 | 677,841,212.64 |
| 短期投资 | 14,976,841.78 | 17,842,517.22 | 16,154,003.71 |
| 短期投资跌价准备 | — | — | — |
| 短期投资净额 | 14,976,841.78 | 17,842,517.22 | 16,154,003.71 |
| 应收票据 | — | — | — |
| 应收股利 | 4,317,859.07 | 4,317,859.07 | 117,859.07 |
| 应收利息 | — | — | — |
| 应收账款 | 7,804,749.85 | 9,581,744.09 | 7,799,450.17 |
| 其他应收账款 | 762,841,368.60 | 748,180,590.67 | 830,640,824.62 |
| 坏账准备 | — | — | — |
| 应收账款净额 | 770,646,118.45 | 757,762,334.76 | 838,440,274.79 |
| 预付账款 | 322,222,382.32 | 315,486,945.18 | 287,234,862.25 |
| 应收补贴款 | — | — | — |
| 存货 | 5,769,222,978.68 | 5,735,052,151.90 | 5,440,665,915.66 |
| 存货跌价准备 | — | — | — |
| 存货净额 | 5,769,222,978.68 | 5,735,052,151.90 | 5,440,665,915.66 |
| 待摊费用 | 57,948,668.39 | 71,175,903.18 | 71,176,541.83 |
| 待处理流动资产净损失 | — | — | — |
| 一年内到期的长期债权投资 | — | — | — |
| 其他流动资产 | — | — | — |
| 流动资产合计 | 7,320,241,151.07 | 7,418,033,299.29 | 7,331,630,669.95 |
| 长期投资 | | | |
| 长期股权投资 | 878,594,087.12 | 905,190,348.60 | 906,387,006.57 |
| 长期债权投资 | — | — | — |
| 其他长期投资 | — | — | — |
| 长期投资合计 | 878,594,087.12 | 905,190,348.60 | 906,387,006.57 |
| 长期投资减值准备 | — | — | — |
| 长期投资净额 | 878,594,087.12 | 905,190,348.60 | 906,387,006.57 |
| 合并差价 | — | — | — |
| 股权投资差额 | — | — | — |
| 固定资产 | | | |
| 固定资产原值 | 194,642,600.57 | 194,435,852.57 | 193,552,351.57 |

续表

| | 2003 年 06 月 30 日 | 2003 年 03 月 31 日 | 2002 年 12 月 31 日 |
|---|---|---|---|
| 累计折旧 | 18,826,566.97 | 17,457,584.07 | 15,692,524.73 |
| 固定资产净值 | 175,816,033.60 | 176,978,268.50 | 177,859,826.84 |
| 工程物资 | — | — | — |
| 在建工程 | — | — | — |
| 固定资产清理 | — | — | — |
| 待处理固定资产净损失 | — | — | — |
| 固定资产合计 | 175,816,033.60 | 176,978,268.50 | 177,859,826.84 |
| 无形及其他资产 | | | |
| 无形资产 | — | — | — |
| 开办费 | — | — | — |
| 长期待摊费用 | — | — | — |
| 其他长期资产 | — | — | — |
| 无形资产及其他资产合计 | — | — | — |
| 递延税项 | | | |
| 递延税款借项 | — | — | — |
| 资产总计 | | | |
| 资产总计 | 8,374,651,271.79 | 8,500,201,916.39 | 8,415,877,503.36 |
| 流动负债 | | | |
| 短期借款 | 2,267,000,000.00 | 1,856,000,000.00 | 1,881,000,000.00 |
| 应付票据 | — | — | — |
| 应付账款 | 795,365,078.05 | 659,285,717.24 | 855,431,337.02 |
| 预收账款 | 1,382,115,751.63 | 1,399,374,371.25 | 1,402,081,795.59 |
| 代销商品款 | — | — | — |
| 应付工资 | 29,481,273.42 | 29,392,735.90 | 35,177,831.41 |
| 应付福利费 | 8,490,127.38 | 8,566,547.99 | 8,454,802.87 |
| 应付股利 | 90,019,200.00 | 90,019,200.00 | 90,033,600.00 |
| 应付税金 | 166,816,080.91 | 174,673,007.17 | 185,578,599.52 |
| 其他应交款 | 4,234,524.36 | 4,330,899.88 | 4,622,688.94 |
| 其他应付款 | 581,974,018.58 | 862,317,208.14 | 652,767,009.17 |
| 应付短期债券 | — | — | — |
| 预提费用 | 290,591,758.86 | 282,851,198.76 | 150,152,382.84 |
| 一年内到期的长期负债 | — | 262,000,000.00 | 265,000,000.00 |
| 其他流动负债 | — | — | — |
| 职工奖励及福利基金 | — | — | — |

| | 2003 年 06 月 30 日 | 2003 年 03 月 31 日 | 2002 年 12 月 31 日 |
|---|---|---|---|
| 流动负债合计 | 5,616,087,813.19 | 5,628,810,886.33 | 5,530,300,047.36 |
| 长期负债 | | | |
| 长期借款 | 640,000,000.00 | 790,000,000.00 | 790,000,000.00 |
| 应付债券 | — | — | — |
| 长期应付款 | 335,735,380.42 | 337,050,000.00 | 349,260,000.00 |
| 住房周转金 | — | — | — |
| 其他长期负债 | | | |
| 长期负债合计 | 975,735,380.42 | 1,127,050,000.00 | 1,139,260,000.00 |
| 递延税项 | | | |
| 递延税款贷项 | — | — | — |
| 负债合计 | | | |
| 负债合计 | 6,591,823,193.61 | 6,755,860,886.33 | 6,669,560,047.36 |
| 少数股东权益 | | | |
| 少数股东权益 | 183,411,966.49 | 151,112,688.25 | 154,310,854.78 |
| 股东权益 | | | |
| 股本 | 600,000,000.00 | 600,000,000.00 | 600,000,000.00 |
| 资本公积金 | 678,780,623.60 | 683,666,093.60 | 683,666,093.60 |
| 盈余公积金 | 126,701,339.70 | 126,701,330.70 | 126,701,339.69 |
| 其中公益金 | 42,233,779.91 | 42,233,779.91 | 42,233,779.91 |
| 未确认的投资损失 | — | — | — |
| 未分配利润 | 193,934,148.39 | 182,860,917.51 | 181,639,176.92 |
| 股东权益合计 | 1,599,416,111.69 | 1,580,048,912.47 | 1,592,006,601.22 |
| 股东权益 | | | |
| 负债和股东权益合计 | 8,374,651,271.79 | 8,487,022,487.05 | 8,415,877,503.36 |

**利润及利润分配表**　　　　　　　　　　表 10-22

| | 2003 年 06 月 30 日 | 2003 年 03 月 31 日 | 2002 年 12 月 31 日 |
|---|---|---|---|
| 一、主营业务收入 | | | |
| 主营业务收入 | 751,492,430.72 | 303,203,733.70 | 1,681,000,759.22 |
| 折扣与折让 | — | — | — |
| 主营业务收入净额 | 751,492,430.72 | 303,203,733.70 | 1,681,000,759.22 |
| 主营业务成本 | 597,086,521.46 | 240,991,805.29 | 1,327,939,002.52 |
| 主营业务税金及附加 | 42,034,848.84 | 16,927,079.77 | 92,455,041.75 |

续表

| | 2003 年 06 月 30 日 | 2003 年 03 月 31 日 | 2002 年 12 月 31 日 |
|---|---|---|---|
| 二、主营业务利润 | | | |
| 主营业务利润 | 112,371,060.42 | 45,284,848.64 | 260,606,714.95 |
| 其他业务利润 | 5,045,185.64 | 3,140,765.97 | 15,788,649.97 |
| 存货跌价损失 | —— | —— | —— |
| 营业费用 | 21,185,818.10 | 9,226,238.47 | 44,444,827.43 |
| 管理费用 | 38,372,537.26 | 17,571,642.54 | 113,893,113.33 |
| 财务费用 | 20,292,926.76 | 14,398,803.11 | 64,558,015.68 |
| 三、营业利润 | | | |
| 营业利润 | 37,564,963.94 | 7,228,930.49 | 53,499,408.48 |
| 投资收益 | 945,624.89 | 1,762,431.67 | 47,535,583.04 |
| 期货损益 | —— | —— | —— |
| 补贴收入 | —— | —— | —— |
| 营业外收入 | 22,365.00 | 18,365.00 | 8,766,436.10 |
| 以前年度损益调整 | —— | —— | —— |
| 营业外支出 | 1,126,734.65 | —— | 60,688.01 |
| 分给外单位利润 | —— | —— | —— |
| 四、利润总额 | | | |
| 利润总额 | 37,406,219.18 | 9,009,727.16 | 109,740,739.61 |
| 所得税 | 17,641,501.40 | 5,633,960.61 | −69,564,136.04 |
| 应交特种基金 | —— | —— | —— |
| 少数股东损益 | 7,469,746.31 | 2,154,025.96 | 19,454,426.56 |
| 职工奖励及福利基金 | —— | —— | —— |
| 购并利润 | —— | —— | —— |
| 未确认的投资损失 | —— | —— | —— |
| 所得税返还 | —— | —— | —— |
| 五、净利润 | | | |
| 净利润 | 12,294,971.47 | 1,221,740.59 | 159,850,449.09 |
| 年初未分配利润 | 181,639,176.92 | 181,639,176.92 | 149,646,033.71 |
| 盈余公积金转入数 | —— | —— | —— |
| 年初未分配利润调整 | —— | —— | —— |
| 减少注册资本减少的未分配利润 | —— | —— | —— |
| 外币报表折算差额 | —— | —— | —— |
| 股份公司成立前利润分配 | —— | —— | —— |

|  | 2003 年 06 月 30 日 | 2003 年 03 月 31 日 | 2002 年 12 月 31 日 |
|---|---|---|---|
| 六、可供分配的利润 |  |  |  |
| 可供分配的利润 | 193,934,148.39 | 182,860,917.51 | 309,496,482.80 |
| 提取法定盈余公积金 | — | — | 25,238,200.92 |
| 提取法定公益金 | — | — | 12,619,104.96 |
| 提取职工奖励福利基金 | — | — | — |
| 七、可供股东分配的利润 |  |  |  |
| 可供股东分配的利润 | 193,934,148.39 | 182,860,917.51 | 271,639,176.92 |
| 应付优先股股利 | — | — | — |
| 提取任意盈余公积金 | — | — | — |
| 应付普通股股利 | — | — | 90,000,000.00 |
| 转作股本的普通股股利 | — | — | — |
| 八、未分配利润 |  |  |  |
| 未分配利润 | 193,934,148.39 | 182,860,917.51 | 181,639,176.92 |

现金流量表　　　　　　　　　　　　　　　　　　　表 10-23

|  | 2003 年 06 月 30 日 | 2003 年 03 月 31 日 | 2002 年 12 月 31 日 |
|---|---|---|---|
| 一、经营活动产生的现金流量 |  |  |  |
| 销售商品、提供劳务收到的现金 | 637,003,786.78 | 308,204,378.00 | 2,027,970,357.03 |
| 收取的租金 | — | — | — |
| 收到的增值税销项税款和退回的增值税款 | — | — | — |
| 收到的除增值税以外的其他税费返还 | — | — | — |
| 收到的其他与经营活动有关的现金 | 217,612,163.11 | 340,788,163.57 | 198,822,542.08 |
| 经营活动产生的现金流入小计 | 854,615,949.89 | 651,585,269.01 | 2,345,089,127.27 |
| 购买商品、接受劳务支付的现金 | 759,239,521.76 | 637,630,522.90 | 1,496,128,162.66 |
| 经营租赁所支付的现金 | — | — | — |
| 支付给职工以及为职工支付的现金 | 27,599,324.71 | 16,881,719.41 | 66,365,737.08 |
| 支付的增值税款 | — | — | — |
| 支付的所得税款 | — | — | — |

| | 2003 年 06 月 30 日 | 2003 年 03 月 31 日 | 2002 年 12 月 31 日 |
|---|---|---|---|
| 支付的除增值税、所得税以外的其他税费 | — | — | — |
| 支付的其他与经营活动有关的现金 | 174,700,278.07 | 66,954,806.27 | 788,042,549.76 |
| 经营活动产生的现金流出小计 | 1,029,235,496.05 | 753,407,782.61 | 2,515,327,500.09 |
| 经营活动产生的现金流量净额 | −174,619,546.16 | −101,822,513.60 | −170,238,372.82 |
| 二、投资活动产生的现金流量 | | | |
| 收回投资所收到的现金 | 285,896.15 | | 249,512,469.99 |
| 分得股利或利润所收到的现金 | — | — | — |
| 取得债券利息收入所收到的现金 | — | — | — |
| 处置固定资产、无形资产和其他长期资产而收回的现金净额 | — | — | 154,600.00 |
| 收到的其他与投资活动有关的现金 | — | — | 146,144,791.24 |
| 投资活动产生的现金流入小计 | 21,608,926.54 | 8,423,304.99 | 428,146,528.47 |
| 构建固定资产、无形资产和其他长期资产所支付的现金 | 2,152,664.39 | 1,144,395.39 | 7,530,626.73 |
| 权益性投资所支付的现金 | — | — | — |
| 债权性投资所支付的现金 | — | — | — |
| 支付的其他与投资活动有关的现金 | — | — | — |
| 投资活动产生的现金流出小计 | 2,152,664.39 | 1,144,395.39 | 105,003,026.73 |
| 投资活动产生的现金流量净额 | 19,456,262.15 | 7,278,909.60 | 323,143,501.74 |
| 三、筹资活动产生的现金流量 | | | |
| 吸收权益性投资所收到的现金 | — | — | — |

| | 2003 年 06 月 30 日 | 2003 年 03 月 31 日 | 2002 年 12 月 31 日 |
|---|---|---|---|
| 子公司吸收少数股东权益性投资收到的现金 | — | — | — |
| 发行债券所收到的现金 | — | — | — |
| 借款所收到的现金 | 1,210,000,000.00 | 300,000,000.00 | 2,164,000,000.00 |
| 收到的其他与筹资活动有关的现金 | — | 469,727.87 | 2,556,830.47 |
| 筹资活动产生的现金流入小计 | 1,210,000,000.00 | 300,469,727.87 | 2,166,556,830.47 |
| 偿还债务所支付的现金 | 1,268,155,000.00 | 328,000,000.00 | 1,760,030,000.00 |
| 固定资产 | | | |
| 发生筹资费用所支付的现金 | — | — | — |
| 分配股利或利润所支付的现金 | — | — | — |
| 子公司支付少数股东的股利 | — | — | — |
| 偿付利息所支付的现金 | — | — | — |
| 融资租赁所支付的现金 | — | — | — |
| 减少注册资本所支付的现金 | — | — | — |
| 子公司依法减资支付给少数股东的现金 | — | — | — |
| 支付的其他与筹资活动有关的现金 | — | 1,698.00 | — |
| 筹资活动产生的现金流出小计 | 1,351,771,626.25 | 367,371,748.53 | 1,982,439,484.04 |
| 筹资活动产生的现金流量净额 | −141,771,626.25 | −66,902,020.66 | 184,117,346.43 |
| 四、汇率变动对现金的影响 | | | |
| 汇率变动对现金的影响 | — | — | — |
| 五、现金及现金等价物净增加额 | | | |
| 现金及现金等价物净增加额 | −296,934,910.26 | −161,445,624.66 | 337,022,475.35 |

续表

| | 2003 年 06 月 30 日 | 2003 年 03 月 31 日 | 2002 年 12 月 31 日 |
|---|---|---|---|
| 附注: | | | |
| 1. 不涉及现金收支的投资和筹资活动 | | | |
| 以固定资产偿还债务 | — | — | — |
| 以投资偿还债务 | — | — | — |
| 以固定资产进行长期投资 | — | — | — |
| 以存货偿还债务 | — | — | — |
| 融资租赁固定资产 | | | |
| 2. 将净利润调节为经营活动的现金流量 | | | |
| 净利润 | 12,294,971.47 | 1,221,740.59 | 159,850,449.09 |
| 少数股东损益 | 7,469,746.31 | 2,154,025.96 | 19,454,426.56 |
| 购并利润 | | | |
| 计提的坏账准备或转销的坏账 | — | — | — |
| 固定资产折旧 | 3,134,042.24 | 1,765,059.34 | 5,434,873.50 |
| 无形资产及其他资产摊销 | — | — | — |
| 待摊费用的减少 | 13,227,873.44 | 638.65 | −34,975,030.65 |
| 预提费用的增加 | 139,459,011.92 | 132,698,815.92 | −1,443,684.87 |
| 处置无形资产、固定资产和其他长期资产的损失 | — | — | −105,354.97 |
| 固定资产报废损失 | | | |
| 财务费用 | 53,673,248.72 | 14,398,803.11 | 60,486,413.39 |
| 投资损失 | −945,624.89 | −1,762,431.67 | −47,535,583.04 |
| 递延税款贷项 | — | — | — |
| 存货的减少 | −184,932,626.53 | −294,386,236.24 | 79,066,895.91 |
| 经营性应收项目的减少 | 29,783,798.20 | — | −170,092,244.44 |
| 经营性应付项目的增加 | −248,921,647.60 | 42,087,070.74 | −268,885,393.77 |
| 增值税增加净额 | — | — | — |
| 其他 | — | — | — |
| 经营活动产生的现金流量净额 | −174,619,546.16 | −101,822,513.60 | −170,238,372.82 |
| 3. 现金及现金等价物净值增加情况 | | | |
| 货币资金的期末余额 | 380,906,302.38 | 516,395,587.98 | 677,841,212.64 |
| 货币资金的期初余额 | 677,841,212.64 | 677,841,212.64 | 340,818,737.29 |
| 现金等价物的期末余额 | — | — | — |
| 现金等价物的期初余额 | — | — | — |
| 现金及现金等价物净增加额 | −296,934,910.26 | −161,445,624.66 | 337,022,475.35 |

## 思 考 题

1. 财务分析与评价的概念与主要内容是什么?
2. 财务分析与评价的主体与目的有哪些?
3. 财务报表分析的方法有哪些?
4. 财务分析的程序是什么?
5. 企业盈利能力的概念及其分析评价的主要内容与意义是什么?
6. 分析盈利能力的财务指标有哪些?
7. 企业营运能力分析的内容与意义是什么?
8. 分析营运能力的财务指标有哪些?
9. 企业偿债能力分析的内容与意义是什么?
10. 分析偿债能力的财务指标有哪些?
11. 企业发展能力分析的内容与意义是什么?
12. 分析发展能力的财务指标有哪些?
13. 应用杜邦财务分析体系时,需要结合哪些综合分析方法进行分析评价?
14. 业绩评价与财务报表分析有何区别?
15. 业绩评价系统的构建应遵循什么原则?
16. 什么是动态评价和静态评价?
17. 企业业绩评价具有哪些功能?
18. 如何构建建筑施工企业的业绩评价系统?

## 计 算 题

1. 某建筑企业 2004 年 12 月 31 日的资产负债表(简表)及 2004 年度利润表见下表,根据财务报表资料对企业盈利能力、偿债能力、营运能力进行分析;运用杜邦财务分析与评价方法对该企业进行综合分析与评价。

### 资产负债表(简表)(元)

| 资 产 | 年初数 | 期末数 | 负债与所有者权益 | 年初数 | 期末数 |
|---|---|---|---|---|---|
| 流动资产: | | | 待处理流动资产净损失 | | |
| 货币资金 | 2189246.40 | 5197315.20 | 一年内到期的长期债券投资 | | |
| 短期投资 | 250000.00 | 650000.00 | 其他流动资产 | | |
| 应收票据 | 875000.00 | 320000.00 | 流动资产合计 | 10736532.19 | 17419148.42 |
| 应收账款 | 1904700.00 | 2154520.00 | 长期投资: | | |
| 减:坏账准备 | 20500.00 | 41220.00 | 长期投资 | 50000.00 | 50000.00 |
| 应收账款净额 | 1884200.00 | 2113300.00 | 固定资产: | | |
| 预付账款 | 300000.00 | 750000.00 | 固定资产合计 | 1386963.30 | 1951566.20 |
| 其他应收款 | 413000.00 | 385470.20 | 资产总计 | 12173495.49 | 19420714.62 |
| 存货 | 4797528.40 | 7961329.55 | 流动负债: | | |
| 其中:<br>在建工程 | 3517549.20 | 5939746.20 | 短期借款 | 4000000.00 | 6800000.00 |
| | | | 应付票据 | | 126000.00 |
| 待摊费用 | 27557.39 | 41733.47 | 应付账款 | 1253000.00 | 1073661.25 |

续表

| 资　产 | 年初数 | 期末数 | 负债与所有者权益 | 年初数 | 期末数 |
|---|---|---|---|---|---|
| 预收账款 | | | 其他流动负债 | | |
| 其他应付款 | 210000.00 | 105500.00 | 流动负债合计 | 5820745.19 | 8545256.42 |
| 应付工资 | 27745.19 | 99095.17 | 长期负债: | | |
| 应付福利费 | | | 长期负债合计 | | 3000000.00 |
| 未交税金 | 330000.00 | 341000.00 | 负债合计 | 5820745.19 | 11545256.42 |
| 未付利润 | | | 所有者权益: | | |
| 其他未交款 | | | 所有者权益合计 | 6352750.30 | 7875458.20 |
| 预提费用 | | | 负债及所有者权益总计 | 12173495.49 | 19420714.62 |
| 一年内到期的长期负债 | | | | | |

### 利　润　表（元）

| 项　　目 | 行次 | 上年数 | 本年累计数 |
|---|---|---|---|
| 一、工程结算收入 | 1 | 8997628.30 | 11984791.20 |
| 　减：工程结算成本 | 2 | 5104975.55 | 6212976.55 |
| 　　　工程结算税金及附加 | 4 | 546194.7 | 2139191.4 |
| 二、工程结算利润 | 7 | 2197916.05 | 3632623.25 |
| 　加：其他业务利润 | 9 | 91275.30 | 138194.70 |
| 　减：管理费用 | 10 | 248971.64 | 305891.31 |
| 　　　财务费用 | 11 | 295773.20 | 394782.54 |
| 三、营业利润 | 14 | 1744446.51 | 3070144.10 |
| 　加：投资收益 | 15 | 57647.60 | 94137.88 |
| 　　　营业外收入 | 16 | | |
| 　减：营业外支出 | 17 | | 8791.20 |
| 　加：以前年度损益调整 | 20 | | |
| 四、利润总额 | 25 | 1802094.11 | 3155490.78 |
| 　减：所得税 | 26 | 594691.06 | 1041311.96 |
| 五、净利润 | 30 | 1207403.05 | 2114178.82 |

　　注：上年利息 286500 元，本年度利息 378200 元。

　　2. 某房地产公司 2006 年度有关财务资料见下表。

### 某房地产公司资产负债表（万元）

| 资产 | 年初 | 年末 | 负债及所有者权益 | 年初 | 年末 |
|---|---|---|---|---|---|
| 现金及有价证券 | 51 | 65 | 负债总额 | 119 | 134 |
| 应收账款 | 23 | 28 | 所有者权益总额 | 124 | 173 |
| 存货 | 16 | 19 | | | |
| 其他流动资产 | 21 | 14 | | | |
| 长期资产 | 131 | 181 | | | |
| 总资产 | 242 | 307 | 负债及所有者权益 | 242 | 307 |

　　（1）其他资料如下：全年实现销售净收入 326 万元；制造成本 263 万元，管理费用 14 万元，销售费用 6 万元，财务费用 18 万元。其他业务利润 6 万元。

（2）2000 年有关财务指标如下：营业净利率 11.23%，总资产周转率 1.31，权益乘数 1.44。

要求根据以上资料：

（1）运用杜邦财务分析体系，计算 2006 年该公司的净资产收益率。

（2）综合分析净资产收益率指标变动的原因。

3. 某建筑公司 2006 年末资产负债表见下表。

**某房地产公司资产负债表**（元）

| 资　产 | 金　额 | 负债和所有者权益 | 金　额 |
|---|---|---|---|
| 现金 | 50000 | 应付票据和应付账款 | 100000 |
| 应收账款 | 50000 | 长期负债 | 100000 |
| 存货 | 100000 | 普通股 | 100000 |
| 厂房和设备 | 200000 | 留存收益 | 100000 |
| 资产合计 | 400000 | 负债和股东权益合计 | 400000 |

该公司 2006 年实现销售收入 1000000 元（全部为赊销），销售成本为 900000 元。试计算下列财务比率：（1）资产负债率；（2）流动比率；（3）速动比率；（4）存货周转率；（5）应收账款收现期；（6）销售毛利率。

# 11　工程资金规划与控制

## 【学习目标】

本章主要介绍工程财务资金预测与项目资金规划的相关知识。

本章要求理解工程财务预测基本概念、基本原理和基本方法；掌握工程项目投资需求与融资需求，投资需求是制定融资计划的基本前提；掌握工程项目资金规划概念、资金规划程序、资金规划内容和资金计划结构；理解工程项目资金预测及资金规划的资金来源、资金结构、资金平衡与债务偿还等内容，实现工程资金运用价值最大化的目标。

## 【重要术语】

财务预测　利润规划　资金预测　资金规划 资金结构　债务偿还　资金使用计划

### 1. 工程项目资金流量概念

资金流量（Cash Flow 或 Fund Flow）是现代企业理财活动的一项重要职能，建立完善的资金流量管理体系，是确保企业的生存与发展、提高企业市场竞争力的重要保障。企业资金流量通常批在现金收付制度的条件下，企业经济活动（包括经营活动、投资活动、筹资活动和非经常性项目）而产生的资金流入、资金流出及其资金余额量的总称，即企业一定时期的资金和资金等价物的流入和流出的数量。

工程项目资金流量是指对特定工程项目全寿命周期的建设活动中，依据项目建设期期内各个时点上实际发生的现金流入量、流出量以及其差额（又称净资金流量）。项目资金流量管理则是通过一定的工程管理方法，依据工程项目技术资料、工程合同和企业现金管理制度，编制工程项目建设所发生的资金流量管理方案，实施全过程管理的行为总称。

### 2. 工程资金流量管理特点

工程项目资金流量管理区别于企业现金流量管理，表现在以下特点：

（1）整体反映了工程项目资金管理。将工程项目资金以流量分为现金流入量和现金流出量及净现金流量指标结构，可以全面反映工程资金来源与运用及其结果。以承包商为例，工程资金来源于业主投入工程预付款、材料备用款、工程结算款、承包商工程自有资金、各种采购应付款及向银行或企业的借款等；工程资金运用是工程项目按形象或进度支付的直接费用、间接费用、财务费用和税金等。完整地体现工程项目的资金管理。

（2）反映了工程项目的盈利能力。工程项目直接运用现金流量反映工程资金的流入和流出，清晰地知道工程项目发生的时间价值，工程资金的管理节奏，工程资金运用的净流量，有效地实施工程项目管理。

（3）提升工程项目资金预测与管理能力。主要反映在现金流入计划、现金流出计划、项目利润计划和资金筹集计划等的编制目标，通过精准的、科学的预测现金流量及其变化，便于实施针对性资金管理行为。

3. 工程资金流量方案编制

（1）工程资金流量方案的概念

工程项目资金方案：是以工程项目的资金方案为客体，运用工程造价计划、工程管理施工图和工程合同为依据，以工程管理全寿命周期的资金流入量、资金流出量、资金差额量和融资计划在内的一个资金管理系统的综合性文件。

（2）编制依据

1）工程项目合同

2）工程项目成本控制方案

3）企业资金管理制度

4）国家资金管理法规及政策制度

（3）方案编制内容

资金流入量计划：在项目中要根据结算周期编制资金筹集及使用计划，并要留有后备资金以应付突发情况，严格按计划使用资金，减少资金支出的盲目性。

资金流出量计划：工程验工计价后，及时从业主取得工程预付或结算款。每月由资金管理部门根据其他业务口的资金使用量报资金使用计划，严格按计划进行资金管理。

资金余额计划：施工工程项目部分或全部验收合格，这就要及时和业主单位办理验收交付手续，以便收回工程款，此时资金的形态也由成品资金转化为货币资金。

# 11.1 财 务 预 测

财务预测是财务管理的重点环节，它能为企业作出正确的财务决策提供依据，也是企业建立有效财务预算的基础。

## 11.1.1 预测概念

预测是指用科学方法预计事物发展的必然性和可能性的行为，即根据过去与现在预计未来。工程财务预测是指估计工程项目未来的融资需求，它是融资计划的前提。预测分析是指运用专门方法进行经营预测的过程。

预测是决策的前提和基础，预测有助于改善决策。没有科学的预测，就不会有正确的决策，预测的真正目的是有助于应变。

预测分析也要为计划服务，它所提供的许多数据会纳入预算，成为编制预算的基础。

## 11.1.2 财务预测的内容

工程财务预测的基本内容包括：销售预测、利润预测、成本预测和资金预测。

1. 销售预测

销售预测有广义和狭义之分。对工程项目业主而言，广义的销售预测包括项目前期的市场调查和项目投产期的销售额预测两方面；狭义的销售预测仅指项目的销售额预测。市场调查是指通过了解与特定产品有关的供销环境和各类市场的情况，作出该产品有无市场前景或潜在市场需求判断的过程。销售额预测是根据市场调查的有关资料，经过分析研究预计生产产品在未来一定时期市场销售量水平及变化趋势、市场价格水平及变化趋势从而预测销售额及其变化趋势的过程。进行充分而合理的市场调查是销售额预测的基础。

2. 利润预测

利润预测是指在销售预测的基础上，根据企业未来发展目标及其他相关资料，预计未来应达到的利润水平及变动趋势的过程。

3. 成本预测

成本预测是在认真分析过去的基础上，根据所确定的企业未来发展目标及有关资料，运用专门方法预计未来成本水平及变动趋势的过程。成本预测的目的，一是为挖掘降低成本的门槛指明方向，作为计划期降低成本决策的参考；二是为项目内部各责任部门降低成本指明途径，作为编制增产节约计划和制定降低成本措施的依据。

4. 资金预测

资金预测是指在销售预测及成本预测的基础上，根据企业发展目标，运用一定的方法预计未来一定时期或一定项目所需资金数额的过程。

### 11.1.3　财务预测的方法

由于受不同的分析对象、分析目的、时间以及精确度等因素的影响，预测分析的具体方法多种多样，概括起来有定量分析法和定性分析法。

定量分析法是指在掌握与预测对象有关的各种要素定量资料的基础上，运用数学方法建立能够反映变量之间规律性联系的预测模型方法。定量分析法主要包括趋势分析法和因果分析法。

定性分析法是指由各有关方面的专业人员根据个人的经验和知识，结合预测对象进行综合分析，进而推测其未来状况和发展趋势的预测方法，定性分析法主要包括判断分析法和集合意见法。

定量分析法与定性分析法在实际应用中是相互补充、相辅相成的。定量分析法虽然较为精确，但没有考虑非计量因素，而定性分析法虽然考虑非计量因素，但精确性受到预测人员经验和素质的影响会带有一定的主观随意性。因此，在实际工作中往往将二者结合起来应用，以提高预测分析的准确性和预测结果的可信程度。

1. 趋势分析法

趋势分析法是指以时间作为自变量，把未来作为历史的自然延续，按事物自身发展趋势进行预测的方法。这种方法的基本原理是假设企业过去和现在的某种发展趋势将会延续下去，而且过去和现在的发展条件同样适用于未来。趋势分析法主要有平均法和修正的时间序列回归法。趋势分析法主要在销售量预测中应用。

2. 平均法

平均法是根据预测对象过去若干期的历史资料，按照一定的方法进行处理，计算其平均值而进行的预测方法。主要包括简单平均法、移动平均法、趋势平均法、加权平均法、自然权数法、饱和系数法和平滑指数法等。这里主要介绍后四种方法。

（1）加权平均法

加权平均法是在过去实际资料基础上，按一定的权数计算其平均值的方法。其计算公式为：

$$预测值 = \frac{\Sigma\ 某期实际值 \times 该期权数}{各期权数之和}$$

根据事物发展变化的规律，在设定权数的时候应按近大远小的原则，即离预测期越近权数应越大，越远权数越小。权数的确定可按下列两种方法计算：

（2）自然权数法

即以自然数为权数。则上述公式可改写为：

$$预测值 = \frac{\Sigma \ 某期实际值 \times 该期权数}{n \ (n+1) \ /2}$$

$n$ 为给定资料的期数。分母为 $n$ 个自然数之和。

（3）饱和系数法

该法在设定权数时要求各期权数之和为 1。其公式改写为：

$$预测值 = \Sigma \ 某期实际值 \times 该期权数$$

（4）平滑指数法

平滑指数法是指在前期预测值的基础上，通过修正前期预测的偏差计算本期预测值的方法。对前期预测值与实际值的偏差通常是以平滑指数来修正的。其公式为：

$$预测值 = 前期预测值 + 平滑指数 \times （前期实际值 - 前期预测值）$$

或

$$Q'_t = Q'_{t-1} + \alpha \ (Q_{t-1} - Q'_{t-1});$$

式中　$Q'_t$——本期预测值；

$\quad Q'_{t-1}$——前期预测值；

$\quad Q_{t-1}$——前期实际值；

$\quad \alpha$——平滑指数。

上述公式也可改写为：

$$Q'_t = \alpha Q_{t-1} + (1-\alpha) \ Q'_{t-1}$$

从上面公式可以看出，平滑指数法实质是在前期预测值和实际预测值基础上，分别以平滑指数 $\alpha$ 和 $1-\alpha$ 为权数的一种特殊的加权平均。从公式表面来看，本期预测值似乎只与上期有关，但如果企业连续采用该法预测，上期预测值又与再上期有关，如此推算下去，则本期预测值就与以前所有各期实际值有关。但是越是往前，其权数越小，影响也就越小。

因为

$$Q'_t = \alpha Q_{t-1} + (1-\alpha)Q'_{t-1}$$

$$Q_{t-1} = \alpha Q_{t-2} + (1-\alpha)Q'_{t-2}$$

$$Q'_{t-2} = \alpha Q_{t-3} + (1-\alpha)Q'_{t-3}$$

整理得：

$$Q'_t = \alpha Q_{t-1} + \alpha(1-\alpha)Q'_{t-2} + \alpha(1-\alpha)^2 Q_{t-3} + \alpha(1-\alpha)^3 Q_{t-4} \cdots$$

平滑指数 $\alpha$ 是一个经验数据，一般取值范围在 0.3～0.7 之间，它具有修匀实际中所包含的偶然因素对预测值的影响。平滑指数取值越大，则近期实际值对预测结果的影响就越小。因此，在企业进行短期预测或波动较大的预测时，应采用较大的平滑指数；进行长期预测或波动较小预测时，应采用较小的平滑指数。

3. 修正的时间序列回归法

通过预测值与时间的关系建立回归模型，并据此进行预测的方法称为时间序列回归法。由于时间的特殊性，可以对时间值进行修正，可简化回归系数的计算。用修正的时间自变量计算回归系数的方法称为修正的时间序列回归法。

直线回归法的模型为：$Y = a + bX$

式中　$a$、$b$——回归系数；

$\quad X$——时间变量；

$Y$——预测值。

根据直线回归法的基本原理，回归系数 $a$、$b$ 的计算公式为：

$$b = \frac{n \sum XY - \sum X \sum Y}{n \sum X^2 - (\sum X)^2}$$

$$a = \frac{\sum Y - b \sum X}{n}$$

若按时间序列的特点对 $X$ 进行修正，令 $\sum X = 0$，则上述回归系数的公式简化为：

$$a = \frac{\sum Y}{n}$$

$$b = \frac{\sum XY}{\sum X^2}$$

公式中的 $X$ 为修正的时间自变量，其取值必须满足 $\sum X = 0$，而且还应满足近大远小的原则。因此，$X$ 的取值区分下列两种情况：

(1) 若 $n$ 为奇数，即给定的资料期数为奇数时，可令 $(n+1)/2$ 期的 $X$ 为 0，前后各期分别以 1 的间隔确定 $X$ 值。例如 $n$ 为 5 时，以第 3 期为中心，令该期 $X$ 为 0，其余各期依次递增减，具体结果如下：

期数　　 1　　 2　　 3　　 4　　 5　　 $n=5$
$X$ 值　 −2　 −1　　 0　　 1　　 2　　 $\sum X = 0$

(2) 若 $n$ 为偶数，即给定资料的期数为偶数时，可令 $n/2$ 期和 $(n/2)+1$ 期的值分别为 −1 和 +1，其余各期以 2 为间隔一次递减。例如 $n$ 为 4 时，应以 2 和 3 期的 $X$ 值为 −1 和 +1。具体结果如下：

期数　　 1　　 2　　 3　　 4　　 $n=4$
$X$ 值　 −3　 −1　 +1　 +3　　 $\sum X = 0$；

对于项目成本预测，常常采用预算成本和实际成本相互依存的关系，即建立的线性模型 $Y = a + bX$ 中，$X$ 代表预算成本，$Y$ 代表实际成本。

【例 11-1】某施工队 2006 年 3~9 月份成本核算资料见表 11-1。如果 2006 年 10 月份和 11 月份预算成本分别为 20 万元和 30 万元，分别预测 10 月、11 月的实际成本。

某施工队成本核算资料（万元）　　　　　　　　　　表 11-1

| 月份 | 3 | 4 | 5 | 6 | 7 | 8 | 9 | 合计 |
|---|---|---|---|---|---|---|---|---|
| 预算成本 $X$ | 17.9 | 14.2 | 21.9 | 26 | 33.5 | 38.5 | 30 | |
| 实际成本 $Y$ | 19.8 | 17.4 | 22.2 | 24.5 | 28.9 | 32.3 | 27.1 | |
| $X^2$ | 320.41 | 201.64 | 479.61 | 676 | 1122.25 | 1482.25 | 900 | |
| $Y^2$ | 354.42 | 247.08 | 486.18 | 637 | 968.15 | 1243.55 | 813 | |

【解】根据上表资料代入公式计算 $a$ 和 $b$：

$$b = \frac{n \sum XY - \sum X \sum Y}{n \sum X^2 - (\sum X)^2} = 0.6$$

$$a = \frac{\sum Y - b \sum X}{n} = 9$$

因此，回归方程为 $Y = 9 + 0.6X$

如果本年 10 月预算成本为 20 万元，即 $X=20$

则实际成本 $Y_{10}=9+0.6\times20=21$ 万元

实际成本比预算成本将超出 1 万元

如果本年 11 月预算成本为 30 万元，即 $X=30$

则实际成本 $Y_{11}=9+0.6\times30=27$ 万元

实际成本比预算成本将降低 3 万元。

# 11.2 项目资金规划

### 11.2.1 项目资金筹措预测

项目投资是工程一项重大现金流出，主要集中发生在工程建设的准备期，且数额较大，对项目经济评价指标的影响比较大。此外，投资额的大小、投资使用计划安排、投资的资金来源及资金成本还影响到项目生产期的有关成本及费用。通过测算应编制三个报表：

(1) 固定资产投资估算表，见表 11-2；

(2) 流动资金估算表，见表 11-3；

(3) 投资计划与资金筹措表，见表 11-4。

固定资产投资估算表（万元、万美元）　　　　　　　　　表 11-2

| 序号 | 工程或费用名称 | 估算价值 | | | | | | 占固定资产投资的比例（％） | 备注 |
|---|---|---|---|---|---|---|---|---|---|
| | | 建筑工程 | 设备购置 | 安装工程 | 其他费用 | 合计 | 其中外币 | | |
| 1 | 固定资产投资 | | | | | | | | |
| 1.1 | 工程费用 ... | | | | | | | | |
| 1.2 | 其他费用 ... | | | | | | | | |
| 1.3 | 预备费用 | | | | | | | | |
| 1.3.1 | 基本预备费 | | | | | | | | |
| 1.3.2 | 涨价预备费 | | | | | | | | |
| 2 | 固定资产投资方向调节税 | | | | | | | | |
| 3 | 建设期利息 | | | | | | | | |
| | 合计（1+2+3） | | | | | | | | |

注：工程或费用名称，可根据本部门的要求分项列出。

流动资金估算表（万元）　　　　　　　　　　　表 11-3

| 序号 | 年份　项目 | 最低周转天数 | 周转次数 | 投产期 | | 达到设计能力生产期 | | | | 合计 |
|---|---|---|---|---|---|---|---|---|---|---|
| | | | | 3 | 4 | 5 | 6 | …… | $n$ | |
| 1 | 流动资产 | | | | | | | | | |
| 1.1 | 应收账款 | | | | | | | | | |
| 1.2 | 存货 | | | | | | | | | |
| 1.2.1 | 原材料 | | | | | | | | | |
| 1.2.2 | 燃料 | | | | | | | | | |

续表

| 序号 | 年份 / 项目 | 最低周转天数 | 周转次数 | 投产期 | | 达到设计能力生产期 | | | | 合计 |
|---|---|---|---|---|---|---|---|---|---|---|
| | | | | 3 | 4 | 5 | 6 | …… | $n$ | |
| 1.2.3 | 在产品 | | | | | | | | | |
| 1.2.4 | 产成品 | | | | | | | | | |
| 1.2.5 | 其他 | | | | | | | | | |
| 1.3 | 现金 | | | | | | | | | |
| 2 | 流动负债 | | | | | | | | | |
| 2.1 | 应付账款 | | | | | | | | | |
| 3 | 流动资金（1—2） | | | | | | | | | |
| 4 | 流动资金本年增加额 | | | | | | | | | |

投资计划与资金筹措表（万元、万美元）　　　　　表 11-4

| 序号 | 年份 / 项目 | 建设期 | | | | | | | | 投产期 | | | | | | | | 合计 |
|---|---|---|---|---|---|---|---|---|---|---|---|---|---|---|---|---|---|---|
| | | 1 | | | | 2 | | | | 3 | | | | 4 | | | | |
| | | 外币 | 折人民币 | 人民币 | 小计 | 外币 | 折人民币 | 人民币 | 小计 | 外币 | 折人民币 | 人民币 | 小计 | 外币 | 折人民币 | 人民币 | 小计 | |
| 1 | 总投资 | | | | | | | | | | | | | | | | | |
| 1.1 | 固定资产投资 | | | | | | | | | | | | | | | | | |
| 1.2 | 固定资产投资方向调节税 | | | | | | | | | | | | | | | | | |
| 1.3 | 建设期利息 | | | | | | | | | | | | | | | | | |
| 1.4 | 流动资金 | | | | | | | | | | | | | | | | | |
| 2 | 资金筹措 | | | | | | | | | | | | | | | | | |
| 2.1 | 自有资金 | | | | | | | | | | | | | | | | | |
| | 其中：用于流动资产 | | | | | | | | | | | | | | | | | |
| 2.2 | 借款 | | | | | | | | | | | | | | | | | |
| 2.2.1 | 长期借款 | | | | | | | | | | | | | | | | | |
| 2.2.2 | 流动资金借款 | | | | | | | | | | | | | | | | | |
| 2.2.3 | 其他短期借款 | | | | | | | | | | | | | | | | | |
| 2.3 | 其他 | | | | | | | | | | | | | | | | | |

### 11.2.2　资金规划

项目的资金规划是指确定项目实施所需资金数额，根据资金的可能来源及资金的使用效益，安排恰当的用款计划及选择适宜的筹资方案。项目资金的提供者们据此安排各自的出资计划，以保证项目所需资金能及时到位。

项目的资金规划包括资金来源、资金结构、资金平衡与债务偿还，如图 11-1 所示。

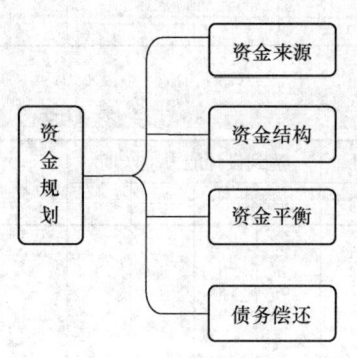

图 11-1　项目资金规划内容

**1. 资金来源**

资金来源指企业用于项目投资资金的筹措渠道，按资金权益性质不同，资金来源可分为企业自有资金与企业外部资金。自有资金指所有权属于企业，但没有被占用的那部分资金。企业外部资金是企业从银行和非银行机构获得的贷款及发行债券的收入等。

企业自有资金的筹措与企业外部资金的筹措具有不同性质，在资金总体结构中的表现程度不同，风险也不同。所以寻求优化的资金结构对企业至关重要。

2. 资金结构

项目资金结构指在项目的资金中，负债资本与权益资本的比例关系。权益资本指股东提供的资本，它的资本成本率不是事先确定的，而是随着项目盈利情况的变化而变化的（普通股和留存收益方式筹集的资本归为权益资本）；负债资本指项目债权人提供的资本，项目不仅有偿使用，而且到期必须偿还，它的资本成本率是事先确定的，不随项目盈利多少而变化（优先股、债券、融资租赁等方式筹集的资本归为债务资本）。负债资本与权益资本的比例对出资者获得收益的影响是很大的。

【例 11-2】公司 A 和 B 的资金结构见表 11-5。试分析资金结构对 A、B 公司收益的影响。

A、B 两公司资本结构与收益（元）　　　　　　　　　　　　表 11-5

| 项　目 | A 公司 | B 公司 |
|---|---|---|
| 普通股（每股 30 元） | 300000 | 150000 |
| 债券（利率 10%） |  | 150000 |
| 资本总额 | 300000 | 300000 |
| 息税前收益 | 50000 | 50000 |
| 支付债券利息 |  | 15000 |
| 交纳企业所得税（税率 40%） | 20000 | 14000 |
| 税前净收益 | 30000 | 21000 |
| 普通股每股收益 | 3 | 4.2 |

【解】由表中数据可见，A 公司和 B 公司的长期资本总额均是 300000 元，息税前收益都是 50000 元。但两家资本结构不同，A 公司资本总额都是权益资本（普通股），而 B 公司资本总额中权益资本（普通股）和负债资本（债券）各占一半。因为 B 公司负债资本的固定资本成本率（债券利率）10% 小于两家企业营业收益率 16.7%（50000/300000），结果 B 公司普通股每股收益（4.2 元）大于 A 公司的普通股每股收益（3 元）。

进一步讨论资金结构，分析它对项目收益影响的规律。对于一般的工程项目，资金来源于两种最常见的方式，银行贷款和企业自有资金。

显然，全部投资 $\qquad K = K_0 + K_L$

全部投资收益 $\qquad K_R = K_0 R_0 + K_i$

自有资金收益率 $\qquad R_0 = \dfrac{K \times R - K_L \times i}{K_0} = R + \dfrac{K_L}{K_0}(R - i)$

式中　$K$——全部投资；

　　$R$——全部投资收益率（付息前）；

　　$K_0$——自有资金；

　　$R_0$——资金收益率；

　　$K_L$——贷款资金；

　　$K_R$——全部投资收益；

　　$K_i$——第 $i$ 期投资收益；

$i$——贷款利率。

式中，$K_L/K_0$ 是贷款资金 $K_L$ 与自有资金 $K_0$ 之比，称为资金构成比。若用贷款资金 $K_L$ 与全部投资 $K$ 之比，得到 $K_L/K$，则称为债务比。由公式可分析资金来源对企业自有资金投资收益率的影响。

(1) 若项目效益好，意味着全部投资的收益率 $R$ 大于银行贷款利率 $i$，$R-i>0$。由公式计算可得 $R_0>R>i$，自有资金收益率 $R_0$ 最大。此状态下，企业在投资中应尽可能多贷款，提高自有资金收益率。因为：

若项目投资中的贷款金额 $K_L=0$，则 $R_0=R>i$，自有资金收益率 $R_0$ 等于项目全部投资收益率 $R$，大于银行贷款利率 $i$；

若项目投资中的贷款金额 $K_L\neq0$，则 $R_0>R>i$，自有资金收益率 $R_0$ 大于项目全部投资收益率 $R$，比 $K_L=0$ 情况下获得更大的收益率；项目贷款金额 $K_L$ 越大，自有资金收益率 $R_0$ 的增幅越大，否则反之。投资来源可选用向银行多贷款。

(2) 若项目效益较差，全部投资的收益率 $R$ 等于银行贷款利率 $i$，即 $R-i=0$，由公式可得 $R_0=R=i$，三个收益率值相等，自有资金收益率 $R_0$ 的大小与项目投资中自有资金占总投资的比例无关，投资来源任选。

(3) 若项目效益很差，全部投资的收益率 $R$ 小于银行贷款利率 $i$，即 $R-i<0$，由公式可得 $R_0<R<i$，自有资金收益率 $R_0$ 最小。此状态下，随着银行贷款金额 $K_L$ 增加，企业自有资金收益率 $R_0$ 减少得更多，使企业投资的风险更大，甚至变成资不抵债。从银行的角度，为防范风险，在贷款时一般要求企业必须提供相当于总投资 1/3 左右的自有资金。

可见，自有资金投资效果与全部投资效果不同。这是因为全部投资利润率一般不等于贷款利息率，二者利率的差异导致企业自有资金投资的经济效果变好或变坏；而资金构成比例的大小影响了企业自有资金投资经济效果变好或变坏的幅度。

对新建项目的资金筹措方案，既要估算项目投资资金的总需要量，又要分析资金来源、筹资方式、资金结构、筹资风险及资金使用计划等的合理性与可靠性。

【例 11-3】某项工程有三种方案，全部投资收益率 $R$ 分别为 6%、10%、12%，贷款利息率 $i$ 为 10%。分析债务比分别为 0（不借款）、0.5（借款、自有资金各一半）和 0.8（4/5 借款，1/5 自有资金）时对企业自有资金收益率和自有资金收益的影响。设项目总投资 100 万元。

【解】依题意，项目全部投资由自有资金和银行贷款构成，即 $K=K_0+K_L$。

当债务比 $K_L/K=0$ 时，对应的资金构成比 $K_L/K_0=0$；

当债务比 $K_L/K=0.5$ 时，对应的资金构成比 $K_L/K_0=1$；

当债务比 $K_L/K=0.8$ 时，对应的资金构成比 $K_L/K_0=4$。

(1) 分析利率和债务比对企业自有资金收益率的影响。企业自有资金收益率由上式计算。当 $K_L/K_0=0$ 时，上式简化为 $R_0=R$；当 $K_L/K_0=1$ 时，上式简化为 $R_0=2R-i$；当 $K_L/K_0=4$ 时，上式简化为 $R_0=5R-4i$。由此计算得到各种债务比条件下企业自有资金收益率结果，列于表 11-6 中。

方案 1：当全部投资收益率为 6% 时，小于银行贷款利息率 10%（项目投资收益率极低）。随着债务比增加，即贷款资金比例增加，自有资金收益率从 6% 逐步减少到 -10%，下降 16%，并且从盈利转为亏损。

**不同债务比下的自有资金收益率**　　　　表 11-6

| 自有资金收益率＼债务比＼方案 | $K_L/K = 0$ <br>($K_L/K_0 = 0$) | $K_L/K = 0.5$ <br>($K_L/K_0 = 1$) | $K_L/K = 0.8$ <br>($K_L/K_0 = 4$) |
|---|---|---|---|
| 方案 1（$R=6\%$） | 6% | 2% | −10% |
| 方案 2（$R=10\%$） | 10% | 10% | 10% |
| 方案 3（$R=12\%$） | 12% | 14% | 20% |

方案 2：全部投资收益率 10％等于银行贷款利息率 10％（项目只能保本）。随着债务比增加，即贷款资金比例增加，自有资金收益率始终保持 10％不变。

方案 3：全部投资收益率 12％大于银行贷款利息率 10％（项目效益好）。随着债务比增加，即贷款资金比例增加，自有资金收益率从 12％逐步提高到 20％，增加 8％。

由表 11-7 可看出：利率对自有资金收益率的影响：自有资金收益率随着全部投资收益率 $R$ 增加而逐步提高。如 $K_L/K=0.5$ 时，随着全部投资收益率从 6％增长到 12％，自有资金收益率从 2％提高到 14％。债务比对自有资金收益率的影响：债务比增加，自有资金收益率的变化取决于全部投资收益率与银行贷款利率之间的关系。如 $R=6\%$ 小于银行贷款利率时，自有资金收益率随着债务比从 0 增加到 0.8，而从 6％下降到−10％；而 $R=12\%$ 大于银行贷款利率时，自有资金收益率随着债务比增加而增加。综合利率与债务比因素，债务比（资金构成比）越大，自有资金收益率增幅越大。如 $K_L/K=0.5$ 时，全部投资收益率 $R$ 的增加从 6％到 12％，自有资金收益率 $R_0$ 的增幅从 2％到 14％，增幅为 12％，而当 $K_L/K=0.8$ 时，全部投资收益率 $R$ 同样从 6％增加到 12％，自有资金收益率 $R_0$ 的增幅从−10％到 20％，增幅达 30％，充分显现资金构成比的财务杠杆效应。

（2）分析利率和债务比对企业自有资金收益的影响。收益可由公式：收益＝本金×收益率计算。项目全部投资 100 万元，不同利率和债务比条件下，全部投资收益、自有资金收益与银行贷款收益计算结果列于表 11-7。

方案 1：全部投资收益率 6％小于银行贷款利率 10％。全部投资收益为 $100×6\%=6$ 万元。

总投资 100 万元，全部为企业自有资金，$K_L/K=0$，自有资金收益率为 6％。此状况下，企业出资 100 万元，全部投资收益的 6 万元全部为企业所得；无贷款，不需还利息。

总投资 100 万元中，企业出资 50 万元，$K_L/K=0.5$，自有资金收益率下降为 2％。此状况下，企业收益＝$50×2\%=1$ 万元，贷款 50 万元需还利息 $50×10\%=5$ 万元。

**不同债务比下的资金收益**（万元）　　　　表 11-7

| 方案 | $K_L/K = 0$ <br>($K_L/K_0 = 0$) <br>企业 100 万元，银行 0 | | $K_L/K = 0.5$ <br>($K_L/K_0 = 1$) <br>企业、银行各 50 万元 | | $K_L/K = 0.8$ <br>($K_L/K_0 = 4$) <br>企业 20 万元、银行 80 万元 | | 总投资收益 |
|---|---|---|---|---|---|---|---|
| | 企业收益 | 银行收益 | 企业收益 | 银行收益 | 企业收益 | 银行收益 | |
| 方案 1（$R=6\%$） | 6 | 0 | 1 | 5 | −2 | 8 | 6 |
| 方案 2（$R=10\%$） | 10 | 0 | 5 | 5 | 2 | 8 | 10 |
| 方案 3（$R=12\%$） | 12 | 0 | 7 | 5 | 4 | 8 | 12 |

总投资 100 万元中，企业出资 20 万元，$K_L/K=0.8$，自有资金收益率下降为 $-10\%$。此时，企业收益 $20 \times (-10\%) = -2$ 万元；贷款 80 万元需还利息 $80 \times 10\% = 8$ 万元。这意味着企业自有资金不但得不到收益，还要拿出 2 万元本金偿还银行贷款利息。

可见，在总投资额不变与全部投资收益率小于银行贷款利息率情况下，随着资金构成比 $K_L/K_0$ 从 0 上升到 4，企业自有资金部分从盈利转为亏损，营业收益从企业流向银行。

方案 2：全投资收益率等于银行贷款利息率，均为 $10\%$。全部投资收益为 $100 \times 10\% = 10$ 万元。银行收益与企业收益之比等于资金构成比。

方案 3：全部投资收益率 $12\%$ 大于银行贷款利息率 $10\%$，全部投资收益为 $100 \times 12\% = 12$ 万元。类似计算，资金构成比为 0 时，企业自有资金收益 12 万元；资金构成比为 1 时，收益 7 万元；资金构成比为 4 时，收益 8 万元。

可见，随着资金构成比 $K_L/K_0$ 从 0 上升到 4，银行收益与企业收益之比只从 0 上升到 2（小于资金构成比增幅 4），收益从银行流向企业。

根据上述分析得出结论：在利率不变的条件下，不同的资金结构对企业自有资金利益的影响取决于全部投资收益率与贷款利率的相对关系。如前者大于后者，自有资金能获利；否则亏损。在相同的资金结构条件下，企业的自有资金利益随着全部投资收益率的提高而增加。所以在决策投资资金结构时，需要平衡资金结构与利率的关系。

3. 资金平衡

资金平衡指项目的资金安排必须使每年资金能够保证项目每年的正常运转，即每年的资金来源加上上年的结余必须足以支付本年所需要的使用资金。否则项目将无法正常运行。项目寿命期内的资金来源与资金运用满足资金平衡的条件是：（各年的）累计盈余资金不小于 0。

如果某年的累计盈余资金出现负值，表明该年出现资金短缺，需要另找资金渠道弥补缺口或修改项目资金使用计划，使之达到平衡。

4. 债务偿还

债务偿还是用项目的收入偿还贷款的本金与利息。在项目的投资构成中，贷款通常占很大比例。企业占用资金，必须偿还本金与利息。偿还的方式有等额利息法，即项目寿命期内不还本金，每年等额还息，在寿命期末归还本金和当期利息；等额本金法，即项目寿命期内每年还等额的本金和相应的利息；等额摊还法，即项目寿命期内每年偿还相同的本利；一次性偿付法，即最后一期偿还本利。各种还款方式的特点归纳于表 11-8 之中。

**还款的方式与计算**　　　　　　　　　　　　　　　　　　　表 11-8

| 还款名称 | 还款方式 | 偿还利息额 | 偿还本金额 |
|---|---|---|---|
| 等额利息法 | 寿命期中不还本金，每年付息额相等，最后一期归还本金和当期利息 | $INT_t = K_L \cdot i$ <br> $t=1,2,\cdots,n$ | $CP_t = \begin{cases} 0 & t=1,2,\cdots,n-1 \\ K_L & t=n \end{cases}$ |
| 等额本金法 | 每年还相等的本金和相应的利息 | $INT_t = i \cdot$ <br> $\left[ K_L - \dfrac{K_L}{n}(t-1) \right]$ <br> $t=1,2,\cdots,n$ | $CP_t = \dfrac{K_a}{n}$ <br> $t=1,2,\cdots,n$ |

续表

| 还款名称 | 还款方式 | 偿还利息额 | 偿还本金额 |
|---|---|---|---|
| 等额摊还法 | 每年偿还本利额相等 | $INT_t + CP_t = K_L \cdot \dfrac{i(1+i)^n}{(1+i)^n-1}$ <br> $t=1,2,\cdots,n$ | |
| 一次性偿付法 | 最后一期偿还本利 | $INT_t + CP_t = \begin{cases} 0 & t=1,2,\cdots,n-1 \\ K_L(1+i)^n & t=n \end{cases}$ | |

备注：$INT_t$——第 $t$ 期付息额；$CP_t$——第 $t$ 期还本额；$n$——贷款期限；$i$——银行贷款利率；$i_c$——银行存款利率；$K_L$——贷款总额

在实际操作中，偿还贷款的本金和利息还有其他方式。例如建设期因为无现金流入，既不还本也不付息；投产后每年付息，而偿还本金则待稳产后项目有了支付能力，再分若干年等额或不等额还本。

5. 案例分析

某新建化工项目，拟生产目前国内外市场畅销产品 $P$，项目投产后能以国产代替进口。项目生产规模为年产 $P$ 产品 2.3 万 t，建设期 3 年，投产后 2 年达到设计能力，寿命期从项目建设开始起 18 年。财务预测数据分析如下：

（1）资金规划

项目投资所需各项投资额以及资金来源，见表 11-9。

**投资使用计划与资金筹措表**（人民币，万元；外汇，万美元）　　　　表 11-9

| 序号 | | 1 | 1.1 | 1.2 | 1.3 | 2 | 2.1 | 2.2 | 2.2.1 | 2.2.2 | 2.3 |
|---|---|---|---|---|---|---|---|---|---|---|---|
| 项目 | | 总投资 | 固定资产投资 | 建设期利息 | 流动资金 | 资金筹措 | 自有资金 | 借款 | 长期借款 | 流动资金借款 | 其他 |
| 合计（人民币） | | 68754 | 53786 | 5013 | 7266 | 68754 | 22000 | 46754 | 41888 | 4866 | |
| 1 | 外币 | 722 | 691 | 31 | | 722 | | 722 | 722 | | |
| | 人民币 | 5037 | 4462 | 51 | | 5037 | 3920 | 1117 | 1117 | | |
| | 合计 | 11317 | 10472 | 321 | | 11317 | 3920 | 7397 | 7397 | | |
| 2 | 外币 | 2050 | 1900 | 150 | | 2050 | | 2050 | 2050 | | |
| | 人民币 | 14769 | 13007 | 285 | | 14769 | 10780 | 3989 | 3989 | | |
| | 合计 | 32605 | 29534 | 1590 | | 32605 | 10780 | 21825 | 21825 | | |
| 3 | 外币 | 1152 | 864 | 288 | | 1152 | | 1152 | 1152 | | |
| | 人民币 | 7545 | 6267 | 589 | | 7545 | 4900 | 2645 | 2645 | | |
| | 合计 | 17566 | 13779 | 3097 | | 17566 | 4900 | 12666 | 12666 | | |
| 4 | 外币 | | | | | | | | | | |
| | 人民币 | 5085 | | | 5086 | 5086 | 2400 | 2686 | | 2686 | |
| | 合计 | 5085 | | | 5086 | 5086 | 2400 | 2686 | | 2686 | |
| 5 | 外币 | | | | | | | | | | |
| | 人民币 | 1435 | | | 1435 | 1435 | | 1435 | | 1435 | |
| | 合计 | 1435 | | | 1435 | 1435 | | 1435 | | 1435 | |
| 6 | 外币 | | | | | | | | | | |
| | 人民币 | 727 | | 1594 | 727 | 727 | | 727 | | 727 | |
| | 合计 | 727 | | 1594 | 727 | 727 | | 727 | | 727 | |

项目总投资为 68754 万元，其中外汇为 3924 万美元。

投资使用按项目实施进度规划，项目建设期为 3 年，3 年的投资分年使用比例为第一年 20％，第二年 55％，第三年 25％。

流动资金从投产第一年起按生产负荷安排使用。

资金筹措渠道有自有资金 22000 万元，其余均为借款。

（2）成本费用估算

项目总成本费用估算见表 11-10。

1）所有原材料、辅助材料及燃料动力价格均以近几年国内市场已实现的价格为基础，预测生产初期的价格（到厂含税价）。

2）工资及福利费按全厂定员和人均月工资及福利费估算。全厂定员为 820 人，人均月工资为 356 元，福利费按工资额的 14％计取。由此计算年工资及福利费总额为 399 万元。

3）折旧费：固定资产折旧按直线折旧法计算，折旧年限 15 年，净残值率取 4％，则折旧率＝（1－4％）/15×100％＝6.4％。固定资产原值 58282 万元，年折旧额＝58282×6.4％＝3730 万元。

**总成本费用估算表（万元）**　　　　　　　　　　　　　　　　表 11-10

| 序号 | 项目 | 投产期 | | 达到设计生产能力时 | | | | | | | | |
|---|---|---|---|---|---|---|---|---|---|---|---|---|
| | | 4 | 5 | 6 | 7 | 8 | 9 | 10 | 11 | 12 | 13 | 14～18 |
| | 生产负荷（％） | 70 | 90 | 100 | 100 | 100 | 100 | 100 | 100 | 100 | 100 | 100 |
| 1 | 外购原材料 | 11568 | 14873 | 16526 | 16526 | 16526 | 16526 | 16526 | 16526 | 16526 | 16526 | 16526 |
| 2 | 外购燃料 | 1438 | 1849 | 2054 | 2054 | 2054 | 2054 | 2054 | 2054 | 2054 | 2054 | 2054 |
| 3 | 工资及福利费 | 399 | 399 | 399 | 399 | 399 | 399 | 399 | 399 | 399 | 399 | 399 |
| 4 | 修理费 | 1865 | 1865 | 1865 | 1865 | 1865 | 1865 | 1865 | 1865 | 1865 | 1865 | 1865 |
| 5 | 折旧费 | 3730 | 3730 | 3730 | 3730 | 3730 | 3730 | 3730 | 3730 | 3730 | 3730 | 3730 |
| 6 | 摊销费 | 394 | 394 | 394 | 394 | 394 | 248 | 248 | 248 | 248 | 248 | 0 |
| 7 | 财务费用 | 4048 | 3785 | 3224 | 2457 | 1956 | 1572 | 1188 | 804 | 420 | 420 | 420 |
| 7.1 | 长期借款利息 | 3816 | 3427 | 2804 | 2037 | 1536 | 1152 | 768 | 384 | 0 | 0 | 0 |
| 7.2 | 流动资金借款利息 | 232 | 358 | 420 | 420 | 420 | 420 | 420 | 420 | 420 | 420 | 420 |
| 8 | 其他费用 | 1068 | 1068 | 1068 | 1068 | 1068 | 1068 | 1068 | 1068 | 1068 | 1068 | 1068 |
| | 其中：土地使用税 | 70 | 70 | 70 | 70 | 70 | 70 | 70 | 70 | 70 | 70 | 70 |
| 9 | 总成本费用 | 24509 | 27962 | 29260 | 28492 | 27992 | 27461 | 27077 | 26693 | 26309 | 26309 | 26062 |
| | 其中：固定成本 | 11504 | 11240 | 10680 | 9912 | 9412 | 8882 | 8498 | 8114 | 7730 | 7730 | 7482 |
| | 可变成本 | 13006 | 16722 | 18580 | 18580 | 18580 | 18580 | 18580 | 18580 | 18580 | 18580 | 18580 |
| 10 | 经营成本 | 16337 | 20053 | 21911 | 21911 | 21911 | 21911 | 21911 | 21911 | 21911 | 21911 | 21911 |

4）摊销费：无形资产 2476 万元，按 10 年摊销，年摊销费为 248 万元，递延资产 730 万元，按 5 年摊销，年摊销费 146 万元。修理费按折旧额的 50％计取，每年为 1865 万元。

5）财务费用包括长期借款利息和流动资金借款利息。长期借款利息估算见表 11-12 借款还本付息计算表；流动资金借款利息按当年及以前年份流动资金借款合计乘以流动资金借款年有效利率计算，正常生产年份的年应计利息为 420 万元。

6）其他费用包括制造费用、销售费用、管理费用中扣除工资及福利费、折旧费、摊销费、修理费后的费用和土地使用税。其中土地使用税每年为 70 万元，其他费用每年为 1068 万元。

（3）销售收入预测

本项目建设期 3 年，生产期 15 年（其中投产期 2 年，达产期 13 年），计算期 18 年。投产期 2 年的达产比例依序为 70％、90％，计算期第 6 年达到 100％。销售收入和销售税金及附加估算见表 11-11。其中，产品销售价格根据近年国内市场已实现的价格预测，生产期的市场价格为每吨产品出厂价（含税价）16800 万元，达产能力为年产 2.3t。产品用于替代进口出售时，全部收取人民币，没有外汇收入。

**销售收入和销售税金及附加估算表**（万元）　　　　　表 11-11

| 序号 | 项目 | | 产品 $P$ 销售收入 | 销售税金及附加 | 增值税 | 城市维护建设税 | 教育费附加 |
|---|---|---|---|---|---|---|---|
| 1 | 生产负荷（70％）（第 4 年） | | 销量 | 16100 | | | |
| 2 | 生产负荷（70％）（第 4 年） | 金额 | 27048 | 2244 | 2040 | 143 | |
| 2.1 | 生产负荷（90％）（第 5 年） | 销量 | 20700 | | | | 61 |
| 2.2 | 生产负荷（90％）（第 5 年） | 金额 | 34776 | 2886 | 2623 | 184 | |
| 2.3 | 生产负荷（100％）（第 6～18 年） | 销量 | 23000 | | | | 79 |
| | 生产负荷（100％）（第 6～18 年） | 金额 | 38640 | 3206 | 2915 | 204 | |

正常生产年份的年销售收入＝16800×2.3＝38640 万元

投产期（第 4 年）＝38640×70％＝27048 万元

投产期（第 5 年）＝38640×90％＝34776 万元

销售税金及附加按国家规定计取。产品缴纳增值税，增值税税率为 17％，城市维护建设税按增值税额的 7％计取，教育费附加按增值税额的 3％计取。正常生产年份的年销售税金及附加估算值为 3206 万元。

（4）借款的还款方式

项目借款分外汇借款和人民币借款，还款资金来源和还款方式估算见表 11-12。

**借款还本付息计算表（万元）**　　　　　　　　　**表 11-12**

| 序号 | 项目 | 建设期 | | | 投产期 | | 达产期 | | | | | |
|------|------|------|------|------|------|------|------|------|------|------|------|------|
| | | 1 | 2 | 3 | 4 | 5 | 6 | 7 | 8 | 9 | 10 | 11 |
| 1 | 外汇借款（9%） | | | | | | | | | | | |
| 1.1 | 年初借款本息累计 | | 6280 | 24116 | 34138 | 29871 | 25603 | 21336 | 17069 | 12802 | 8534 | 4267 |
| 1.1.1 | 本金 | | 6010 | 22537 | 30050 | 29871 | 25603 | 21336 | 17609 | 12802 | 8534 | 4267 |
| 1.1.2 | 建设期利息 | | 270 | 1579 | 4088 | | | | | | | |
| 1.2 | 本年借款 | 6010 | 16527 | 7512 | | | | | | | | |
| 1.3 | 本年应计利息 | 270 | 1309 | 2509 | 3072 | 2688 | 2304 | 1920 | 1536 | 1152 | 768 | 384 |
| 1.4 | 本年偿还本金 | | | | 4267 | 4267 | 4267 | 4267 | 4267 | 4267 | 4267 | 4267 |
| 1.5 | 本年支付利息 | | | | 3072 | 2688 | 2304 | 1920 | 1536 | 1152 | 768 | 384 |
| 2 | 人民币借款（9.5%） | | | | | | | | | | | |
| 2.1 | 年初借款本息累计 | | 1117 | 5105 | 7750 | 7697 | 5208 | 1215 | 0 | 0 | 0 | 0 |
| 2.1.1 | 本金 | | 1066 | 4769 | 6825 | 7697 | 5208 | 1215 | 0 | 0 | 0 | 0 |
| 2.1.2 | 建设期利息 | | 51 | 336 | 925 | | | | | | | |
| 2.2 | 本年借款 | 1066 | 3704 | 2056 | | | | | | | | |
| 2.3 | 本年应计利息 | 51 | 285 | 589 | 744 | 739 | 500 | 117 | 0 | 0 | 0 | 0 |
| 2.4 | 本年偿还本金 | | | | 54 | 2489 | 3993 | 1215 | 0 | 0 | 0 | 0 |
| 2.5 | 本年支付利息 | | | | 744 | 739 | 500 | 117 | 0 | 0 | 0 | 0 |
| 3 | 还本资金来源 | | | | | | | | | | | |
| 3.1 | 未分配利润 | | | | 197 | 2632 | 4137 | 1358 | 144 | 290 | 290 | 290 |
| 3.2 | 折旧费 | | | | 3730 | 3730 | 3730 | 3730 | 3730 | 3730 | 3730 | 3730 |
| 3.3 | 摊销费 | | | | 394 | 394 | 394 | 394 | 394 | 248 | 248 | 248 |
| 4 | 还本资金合计 | | | | 4321 | 6756 | 8260 | 4267 | 4267 | 4267 | 4267 | 4267 |
| 4.1 | 偿还外汇本金 | | | | 4267 | 4267 | 4267 | 4267 | 4267 | 4267 | 4267 | 4267 |
| 4.2 | 偿还人民币本金 | | | | 54 | 2489 | 3993 | 0 | 0 | 0 | 0 | 0 |
| 4.3 | 还本后余额 | | | | 0 | 0 | 0 | 0 | 0 | 0 | 0 | 0 |

表中：

1）还款资金来源于折旧费、摊销费和未分配利润。

2）外汇借款还本付息估算用人民币表示，按 1 美元兑 8.70 元人民币的比价计算。外汇借款从投产第一年起按 8 年等额还本（即项目计算期的第 4～11 年）；利息按 9% 计算。

3）人民币借款偿还，是在优先保证外汇借款偿还的前提下，按投产后的最大偿还能力计算还本付息，利息按 9.6% 计算。

4）项目流动资金借款本金在项目计算期末用回收流动资金偿还，利息为 8.64%，计入财务费用。

# 11.3　资金使用计划的编制

将建设工程项目的成本控制在既定的范围内是工程项目建设成功的关键。工程建设成本控制的基本原理是将计划投资额作为成本控制的目标值，在施工过程中定期地进行支出实际值与目标值的比较，通过比较发现问题，采取措施加以纠正。为了进行比较、控制，必须具有明确的目标，包括建设项目的总目标、分目标和各项目标值，而施工阶段成本控制目标是通过项目资金使用计划的编制来确定的。编制资金使用计划对于施工阶段成本控制具有非常重要的意义，因为施工阶段是资金大量实际支出的阶段，资金使用计划对于资金的合理开支具有指导作用。

资金使用计划编制过程中最重要的步骤是目标的分解。根据成本控制目标和要求的不同，成本目标的分解可以分为按成本费用构成、按项目构成、按时间分解三种类型。

### 11.3.1 按成本费用构成分解的资金使用计划

工程费用包括建筑工程费用、设备及工器具购置费用、安装工程费用和工程建设其他费用，设备及工器具购置费用可分解为设备购置费用和工器具购置费用，如图 11-2 所示。

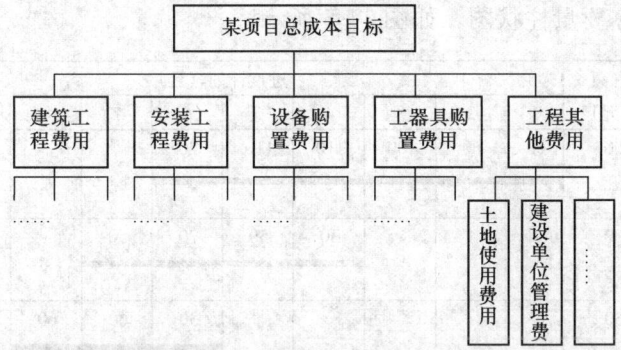

图 11-2 按成本费用构成分解资金使用计划示意图

### 11.3.2 按项目构成分解的资金使用计划

大中型建设项目通常是由若干个单项工程构成的，每个单项工程又包含若干个单位工程，每个单位工程又可分解为若干个分部分项工程。为了满足成本控制的需要，可以按照项目的构成将投资费用进行分解，如图 11-3 所示。分解后形成资金使用计划表，见表 11-13。

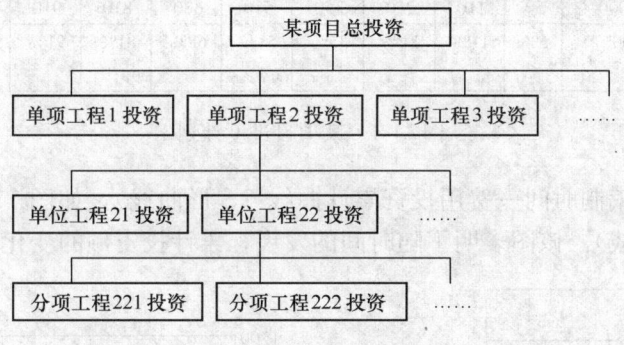

图 11-3 按项目构成分解资金使用计划示意图

资金使用计划表                                                                                                                 表 11-13

| 工程名称 | 编码 | ××年度 | | | | ××年度 | | | | ××年度 | | | | 总额 |
|---|---|---|---|---|---|---|---|---|---|---|---|---|---|---|
| | | 一 | 二 | 三 | 四 | 一 | 二 | 三 | 四 | 一 | 二 | 三 | 四 | |
| | | | | | | | | | | | | | | |
| | | | | | | | | | | | | | | |
| | | | | | | | | | | | | | | |

### 11.3.3　按时间进度分解的资金使用计划

建设项目的投资总是分阶段、分期支出的，资金应用是否合理与资金使用时间安排有密切关系。为了编制资金使用计划，并据此筹措资金，尽可能减少资金占用和利息支付，有必要将总目标按使用时间进行分解，确定分目标值。

编制按时间进度分解的资金使用计划，通常是利用控制项目进度的网络图或横道图经过进一步扩充而得。即在建立网络图或横道图时，一方面确定完成各项活动所需花费的时间；另一方面同时确定完成这一活动所需的成本支出计划。

**【例 11-4】**按时间进度分解的资金使用计划。

某工程项目时间进度计划如图 11-4 所示。根据图中各子项的时间安排和资金分布，可以绘出工程资金需要量柱状图，如图 11-5 所示。

| 工程子项目 | 投资额（万元） | 进度计划（月） | | | | | | | | | |
|---|---|---|---|---|---|---|---|---|---|---|---|
| | | 1 | 2 | 3 | 4 | 5 | 6 | 7 | 8 | 9 | 10 |
| 厂房土建 | 500 | 50 | 60 | 100 | 110 | 110 | 70 | | | | |
| 厂房机械设备 | 200 | | | | 30 | 50 | 70 | 50 | | | |
| 办公楼 | 150 | | | | | | 30 | 60 | 60 | | |
| 仓库 | 100 | | | | | | | 20 | 40 | 40 | |
| 零星 | 50 | | | | | | | | | 20 | 20 |
| 合计 | 1000 | 50 | 60 | 100 | 140 | 160 | 170 | 130 | 100 | 60 | 30 |
| 累计额 | 1000 | 50 | 110 | 210 | 350 | 510 | 680 | 810 | 910 | 970 | 1000 |
| 累计百分比 | 100% | 5% | 11% | 21% | 35% | 51% | 68% | 81% | 91% | 97% | 100% |

图 11-4　某项目进度计划

在此基础上，编制时间—费用投资累计曲线（S形曲线），如图 11-6 所示（某项目的时间—投资累计曲线）。该图表明了随时间的发展，累计投资额的变化。

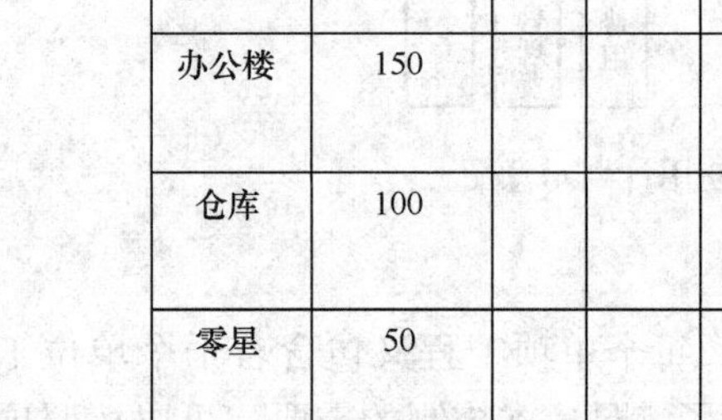

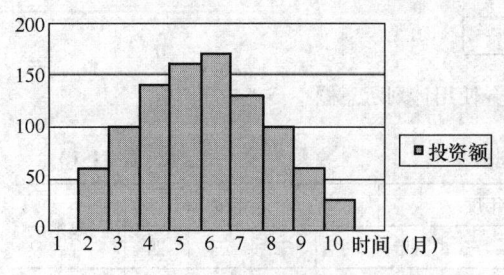

图 11-5　按时间进度编制的资金使用计划

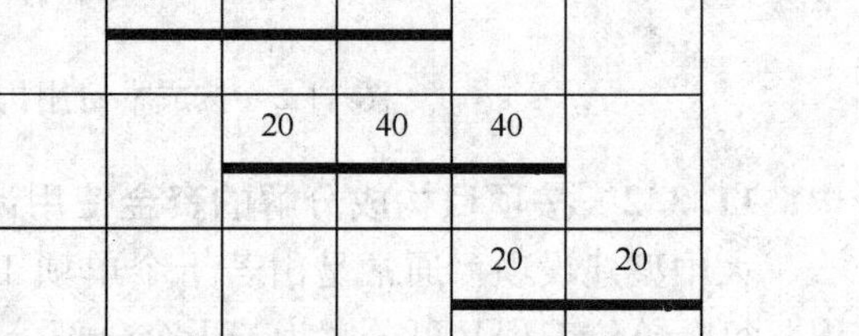

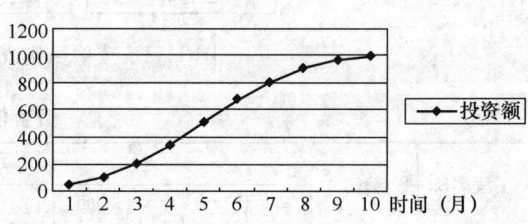

图 11-6　某项目时间—投资累计曲线（S形曲线）

从以上的图表中，可以掌握建设资金每月的需要量和每个月累计需求量，做到对工程成本心中有数，为进行成本控制打好基础。

## 思 考 题

1. 简述财务预测分析的内容及主要方法。
2. 阐述工程生产成本预测的主要构成。
3. 工程项目中的资金结构对项目全部投资收益水平有影响吗？对项目自有资金收益水平有影响吗？
4. 工程项目评价中的资金平衡的意义是什么？它需满足的条件是什么？
5. 说明编制资金使用计划对成本计划与控制的意义，施工阶段编制资金使用计划的关键是什么？

## 计 算 题

1. 已知方案 A、B、C 的有关资料如下，在基准折现率为 15% 时，试分别用净现值法和内部收益率法对这三个方案选优。

| 方案 | 初始投资（万元） | 年收入（万元） | 年支出（万元） | 经济寿命（年） |
| --- | --- | --- | --- | --- |
| A | 3000 | 1800 | 800 | 5 |
| B | 3650 | 2200 | 1000 | 5 |
| C | 4500 | 2600 | 1200 | 5 |

2. 为修建某河的大桥，经考虑有 A、B 两处可供选点，在 A 地建桥其投资为 1200 万元，年维护费 2 万元，水泥桥面每 10 年翻修一次需 5 万元；在 B 点建桥，预计投资 1100 万元，年维护费 8 万元，该桥每 3 年粉刷一次 3 万元，每 10 年整修一次 4 万元，若利率为 10%，试比较哪个方案较优？

3. 有位企业经营者，正在为一项工程筹集资金。其筹集渠道有自有资金 $K_0$ 和银行贷款 $K_L$ 两种方式，贷款利息率 $i$ 为 10%。面临两种可能性：全部投资收益率 $R$ 分别为 6%、15%。试为该企业家分析在债务比 $K_L/K$ 分别为 0（不借款，全部用自有资金）、0.5（借款、自有资金各一半）和 0.8（4/5 借款，1/5 自有资金）情况下：

(1) 自有资金收益率 $R_0$？
(2) 如项目总投资 $K=100$ 万元，企业、银行各收益多少？
(3) 为该企业经营者提供筹集资金的方案建议。

# 12　企业财务预警管理

## 【学习目标】

本章主要介绍了财务预警管理的产生与发展，财务预警管理的基础理论，企业财务预警系统的设计思路，并对企业建立财务预警系统的主要程序、技术方法和数理模型进行剖析。

本章要求理解企业财务预警的产生与发展；掌握企业财务预警方案的基本原理、预警指标的创立、选择和运用；理解财务预警指标结构及其指标的预警意义；学会运用财务预警评价模型，为企业或工程项目财务状况提供决策依据。

## 【重要术语】

企业危机　财务危机　预警系统　预警模型

## 12.1　企业财务预警概述

### 12.1.1　建立企业财务预警的意义

1997年，亚洲爆发了自第二次世界大战以来最严重的金融危机。当国际货币基金组织总裁康德苏指出1994年墨西哥金融危机"是20世纪第一次金融危机"时，谁也没有料到，此后不到3年的时间，爆发了一场金融完全脱序的经济危机，人们称之为"亚洲金融风暴"；到了2008年，由于美国国内的"次贷"房地产经济危机，引发了全球金融危机。从宏观角度分析，这场金融危机主要表现为货币危机；从微观角度分析，这场危机产生的基础是企业资金链断裂，并过度负债，财务结构极不稳定，抗风险的现金支付能力极差，即企业的现金流量和现金支付能力出现严重危机。金融危机导致美国支柱产业排列世界榜首的汽车工业"通用"汽车公司破产，引发世界各国如美国、欧洲、亚洲等地区的大企业不可思议地破产倒闭。严酷的现实再一次警示我们，企业财务风险无时不在、无处不在，对企业财务的监测与预警，非常必要且十分迫切。

外部金融环境需要进行监测与预警，企业内部控制制度同样需要进行监控与预警。我国河南省的郑州亚细亚集团，自1989年开业实现销售0.9亿元，到1995年达到4.8亿元，曾创下多少个"全国第一"的辉煌，当年的亚细亚在经营和管理上的创新，创造了一个神秘的"亚细亚现象"。然而，当亚细亚集团的财务控制失灵，内部控制制度失去监督、失去监测与预警时，不可思议的现象出现了：1998年8月15日，郑州亚细亚商场悄然关门。导致亚细亚倒闭的原因是多方面的，而财务控制失去监测与预警，也许是最主要的原因之一。

经济周期波动是一种客观存在的经济现象。怎样适应由于经济周期波动而引起的理财策略所呈现的周期特征，怎样进行财务管理制度创新，这些都离不开对财务环境的监测、对财务风险的预警。因此，建立企业财务预警制度是财务管理制度创新的必然选择。

### 12.1.2 企业危机

1. 企业危机的概念与原因

（1）企业危机的概念

目前学术界尚没有对于企业危机的统一定义，相关的研究往往侧重某一个方面或者某种原因的企业而开展。在这些研究中出现的代表性定义中，动态发展观点对于建立预警系统具有非常重要的意义，它说明了建立预警系统的必要性和可能性，而广义的企业危机概念说明了企业危机的一些监测指标，可以作为预警的依据。

企业危机的成因是来自企业经营环境和内部管理中存在的各种风险，当这些风险积累到一定程度时即成为一种危机，如果企业不能采取有效的措施，危机将必然转变为企业失败。由于对企业危机的定义有很大的争论，所以对于企业危机原因的探讨也是仁者见仁，智者见智。但研究者对于企业危机的原因还是有一些基本共识的。

例如，一项针对世界 500 强企业的总经理进行的关于企业危机的调查显示，被几乎所有调查者认同，容易引发企业危机的原因不外乎以下 11 种：生产性意外、环境问题、劳资争议及罢工、产品质量、股东丧失信心、具有敌意的兼并、股票市场上大股东的购买、谣言或向大众传媒泄露组织秘密、政府方面的限制、恐怖破坏活动、组织内人员的贪污腐化。

（2）企业危机的产生原因

一般认为，企业危机的主要原因在于以下几方面的影响：

1）企业经营环境的影响

经营环境主要是针对总体经济环境而言，在很多的研究中我们都看到经济学上的景气循环，即衰退、萧条、复苏、繁荣，企业如果没有能力去面对这样的经济循环，包括最近几年频频出现的金融风暴，也包括最近全球经济出现的萧条趋势，那么企业出现危机的可能性将会增大。

2）企业经营管理因素的影响

企业内部的经营管理水平高低最终表现为企业竞争力的高下，表现为企业市场份额的增减，在企业的投资、经营战略、销售等各个方面，经营管理水平都影响了企业最终的生存能力。这是企业危机研究中的重要内容，通常通过企业的财务数据来反映。

3）企业内部控制机制

其主要包括企业内部的控制制度和内部的稽核制度，通过对会计、审计、绩效评估等内部控制制度的科学设计，实现对企业资产浪费、盗窃和无效率使用的预防。如果在内部控制方面出现了问题，那么即使有有利的外部环境和较强的管理水平仍然有可能出现中饱私囊的情况，造成企业危机。

4）公司治理机制

现代企业理论告诉我们，采用何种公司治理机制会在很大程度上影响到企业最终的成败，在普遍存在委托—代理关系时，尽可能地减少偷懒和搭便车，防范道德风险和逆向选择，都需要通过治理的契约安排来进行约束和激励。很多关于企业危机的研究文献中都提到董事会构成、股东，有些研究文献中还构建了公司治理对于企业业绩影响的预测模型。

5）经济政策和国家法规的影响

国家宏观经济政策和相关法律法规会影响到企业的生产经营各个方面，进而影响到企业最终的生存和发展能力。在已有的研究中，政府的财政政策、税收政策、工商管理政策、产业政策、证券监管政策以及破产的相关法律法规都成为企业危机研究中的重要分析要素。

(3) 企业危机的类型

按照造成企业危机的起源，企业危机可以分为外部危机和内部危机。企业外部危机是指由于国内外政治经济环境的变化、企业所属行业形势的变迁以及各种自然灾害或其他突发性风险事件的发生等企业不可控因素的重大变化，导致企业财产损失或出现严重的经营困难。企业内部危机则是由于企业内部自身制度缺陷、行为错误，导致企业生存或经营遭遇严重困难，属于企业可控因素重大变化引起的危机。它又可以细分为：企业公共关系危机、企业营销危机、企业人力资源危机、企业信用与财务危机、企业速度危机、企业创新危机。

1) 企业公共关系危机，是指企业组织与社会公众之间因某种非常性因素引发的具有危险的非常态度联系状态，它是企业公共关系状态严重失常的反映。企业公共关系危机可导致企业与公众关系迅速恶化，使企业的正常业务受到影响，企业的生存和发展受到威胁。一般而言，企业公众关系危机的出现总是以一定的危机事件为标志的，一般是企业所处环境中突然发生的恶性事件。

2) 企业营销危机，是指企业由于经营观念落后、市场发展战略和营销策略的失误、市场调查和预测不充分等原因，导致企业产品的市场占有率不断下降甚至丧失，或由于营销不善，导致企业的利润不足以弥补成本。

3) 企业人力资源危机：一是指企业在人才竞争中面临的危机；二是指企业在人力资源管理过程中遭遇的问题。

4) 企业信用与财务危机。信用是一种建立在信任基础上的能力，是不用立即付款就能得到资金、物资、服务的能力，因此，信用实质上是一种短期的融资。在信用交易过程中，永远都存在一定的风险。如果企业不对客户的信用风险进行管理，就会引发企业信用危机。同样，由于企业缺乏信用而导致银行不再向企业发放贷款，也会引发企业信用危机。

5) 企业速度危机，是指企业由于片面追求企业速度，盲目扩张、盲目多元化而导致的风险与危机。企业速度是指企业发展、变化的快慢以及与此相关的企业状态、规模、性质、经济行为。

6) 企业创新危机，是指企业由于生产工艺、经营管理等方面创新不足，导致企业缺乏市场竞争力而引发的危机。当前，竞争异常的激烈，创新已经是各行业发展的关键。企业没有创新，势必大幅降低其竞争力，导致生产经营等一系列危机。

2. 企业危机产生过程

企业危机的形成与发展存在其内在的规律，主要表现为企业生命周期的特点，从危机的萌芽到危机的消退一般经历五个阶段：

(1) 危机潜伏阶段

主要表现为企业正常生产过程中，企业内部矛盾冲突时刻存在，但总体上企业危机处于一个较低水平，从外界分析企业仍在正常生产，并没有异常变化。

(2) 危机突变阶段

企业在某一时刻，发生突发性事件导致企业内部产生突变，如企业生产资金来源断裂，关键性原材料供应中断或严重不足，企业信用受重大损失等。原本平静的表面现象被打破，企业运行到了转折点。

（3）危机爆发阶段

依据混沌理论，正反馈是事物运动的基本规律之一，危机强度也是遵循正反馈的原理不断加强，导致企业危机强度迅速增长，如企业生产经营出现半瘫痪状态。

（4）危机分化阶段

当企业危机出现后，企业如能迅速采取危机管理措施，并处置得当，一方面企业可以消除危机的影响，降低危机造成的损失，使企业生产经营得以恢复，直到进入正常生产；另一方面，如果处置不当甚至无法处理，则必然导致企业最终失败或破产。

（5）危机消退阶段

企业危机得到正确的处置后，危机强度随着时间推移而变弱直至淡化，表现为企业又恢复正常生产经营状态，同时也酝酿着下一个的危机出现。

### 12.1.3　企业财务危机

企业财务危机（Finance Distress），又被译为财务困境。财务危机同企业危机一样没有统一的定义，最常用的两种有关企业处于财务危机的定义：一是法律对企业破产的定义，企业破产（Bankruptcy）是用来衡量企业财务危机的常用标准，也是最为精确的一个标准，但是它是一种最极端的危机形式，企业在走到破产境地之前可能已经长期处于财务危机之中。二是证券交易所对于财务危机企业的定义，例如，许多证券交易所都对持续亏损、有重大潜在损失或者股价持续低于一定水准的上市公司进行特别处理或者摘牌下市。很多学者也提出了自己关于财务危机的不同定义。

企业危机产生于企业风险，而企业财务危机的根源是企业财务风险，必须考虑企业的哪些风险形成企业财务危机的关键因素，才能对它进行防范。

在经典的财务管理理论研究中，财务危机形成的领域通常被概括为财务风险的五种类型，即企业的筹资风险、投资风险、经营风险、汇率风险和其他风险。

1. 投资风险

在企业经营管理过程中，企业制定的投资决策的最终效果具有不确定的一面，包括投资利润率下降、投资回收期加长、投资不能完全收回，甚至完全不能收回等可能性。企业投资通常有证券投资、投资于其他企业和新建扩建项目投资等多种。证券投资受到国家政治经济形势、金融政策、证券市场的整体走势等的影响，是风险性很强的投资项目：投资于其他企业和新建扩建项目，要受到诸如原材料供应、市场开拓、工艺改进、新产品试制等各方面的制约，任何一方面出了问题，都会对投资效益产生影响，形成投资风险。这三类投资分别有不同的风险特性，因此也需要区别对待地建立相应的风险监测、预测和应对系统。

2. 筹资风险

筹资风险主要和资本结构、财务杠杆相关。在现代企业的融资决策中，资本结构是一个核心问题，这一问题影响到企业的成败。资本结构理论从本质上探讨企业不同的长期资金之间的比例关系问题，企业的长期资金由自有资本和债务两部分组成，两者在公司总资产中的比例反映了企业的资本结构。与资本结构密切相关的是财务杠杆问题，企业可能通过借入资金从事生产经营活动，在投资利润率大于借款利息率时，可以提高自有资金的利润率，这叫做动用财务杠杆。

相应的筹资风险主要有两种：一种是财务杠杆率过低，说明企业没有充分利用负债经营；另一种是财务杠杆率过高，企业借入资金过多，一旦投资利润率下降，利息负担过重，就会威胁企业的财务安全性。如前所述，企业财务结构问题导致财务风险过高，没有足够的现金量支付到期债务，还将引起债权人诉讼从而导致企业破产，所以筹资领域的风险应当成为财务预警系统的重要监控内容。

3. 经营风险

企业因经营上的原因导致利润波动的风险，主要表现为以下几个方面：

(1) 需求的稳定性。在其他因素不变的前提下，市场对企业产品的需求越不稳定，企业未来的经营收益就越不确定，经营风险就越大。反之，市场对企业产品的需求越是稳定，经营风险就越小。

(2) 销售价格的稳定性。销售价格是销售收入的决定因素之一。销售价格不稳定，销售收入就不稳定，企业未来的经营收益也就不稳定，经营风险就大。反之，销售价格变动不大，经营风险就小。

(3) 投入价格的稳定性。投入价格的稳定性决定产品成本的稳定性；而产品成本是销售收入的抵减，所以投入价格的稳定性决定产品成本的稳定性，从而影响未来的经营收益的确定性。投入价格越不稳定，经营风险就越大，除非企业有能力根据投入价格及时调整销售价格，否则将对企业未来的经营收益造成很大影响。在通货膨胀时期这一因素尤为重要。

(4) 固定成本的比重。固定成本占总成本的比重越大，当产品销售量发生变动，单位产品分摊的固定成本变动就越大，从而导致企业未来的经营收益有较大变动，这样经营风险就越大。反之，固定成本占总成本的比重越小，经营风险也就越小。

(5) 调整售价的能力。当产品成本变动时，若企业具有较强的调整售价的能力，经营风险就小；反之经营风险就大。因此对于经营风险也应当建立相应的预警系统，否则企业的生产经营活动将受到重大的损失。

4. 汇率风险

在国际投资活动和国际贸易活动中，汇率风险是指由于汇率的变动而蒙受损失和将丧失预期收益的可能性。自从20世纪70年代初期国际货币体系崩溃以来，国际投资与经营必然涉及国与国之间货币兑换问题，大幅度的国际汇率波动为国际资金活动提供了机会，但同时也带来了潜在的巨大风险。例如，对于跨国公司和跨国经营企业而言，在投资经营过程中如果东道国货币发生贬值，其在东道国的资产和实际收益价值就会降低，从而造成损失。对于汇率风险也应当建立相应的预警系统，否则企业将暴露在巨大的外汇风险之下。

5. 其他风险

企业在生产经营过程中，除了上面四个方面的财务风险以外，还有可能发生诸如财产损失风险、企业员工人身风险、收益分配风险、企业诉讼风险和财政税收政策等带来的企业其他财务风险。

### 12.1.4　中西方财务预警管理研究

财务预警研究无论是西方，还是我国，其研究都来自于经济预警的研究，并逐步引用到企业财务预警研究。

1. 西方财务预警管理研究

20 世纪初，西方频繁爆发经济危机，推动了经济监测与预警的研究，这一时期有一定影响的主要代表性财务预警研究有：沃尔的比重评分法、杜邦分析法、经济增加值和自由现金流量假说等。

（1）法国的经济"晴雨计"理论

经济预警理论最早可追溯到 19 世纪末期。在 1888 年巴黎统计学会上，人们就以不同颜色对经济状态进行评价，以黑、灰、淡红和大红这几种颜色来测定经济波动，这种用颜色来进行经济预警的方法沿用至今。这一时期较有影响的代表人物有法国经济学家福利斯，福利斯曾用几种颜色来测定法国 1877～1887 年 10 年的经济波动，并据此绘制国家的宏观经济波动图，阐述反映宏观经济动向的"晴雨计"，阐明宏观经济波动的现实存在。

（2）美国的巴布森经济活动指数、哈佛指数

1909 年，由美国经济学家巴布森创办的刊物发表了关于美国宏观经济状态的第一个指示器——巴布森经济活动指数，人们认为这是反映美国经济宏观动向的晴雨表。

在美国此时影响最大的是哈佛指数。1917 年，哈佛大学设立了从事景气监测的经济调查委员会，由珀森斯教授主持研究工作，编制出了美国一般商情指数，人们称为哈佛指数。

哈佛指数分为 $A$、$B$、$C$ 三组曲线，根据时间变动的差异关系，用 $A$ 曲线表示投机指数，$B$ 曲线表示生产量及物价指数，$C$ 曲线表示金融指数。从历史拟合的角度分析，哈佛指数对 20 世纪初期至 1929 年美国历次经济危机都作了较好地反映，显示出较好的经济效果。

（3）英国的"伦敦与剑桥经济研究所"

哈佛指数对经济预警理论产生了重大影响，其构造原理和方法传入欧洲大陆。在英国，于 1920 年，由伦敦大学、剑桥大学、中央经济情报会议、英国实业联合会等组织联合创立了"伦敦与剑桥经济研究所"，该组织采用哈佛指数方法编制了反映英国景气状况的指示器——英国商业循环指数。

（4）杜邦分析法和沃尔评分法

这两种财务监测评价方法已在前章介绍，此处不再赘述。

2. 我国财务预警研究与发展

我国宏观经济预警研究是以 1984 年后出现的投资失控、消费膨胀等现象为经济背景开始提出研究的。国家级的研究最早是由国家经委委托吉林大学系统工程研究所进行的。第一部有影响的报告为 1987 年通过专家鉴定的研究报告：《我国经济循环的测定和预测》。

吉林大学系统工程研究所设计的预警指标分为三大类：一类是先导指标，如工业贷款额、货币流通量等；二类是同步指标，如工业总产值，国民纯销售等；三类是滞后指标，如消费品零售额等。研究经济预警的规模较大的机构，还有国家科技部（原国家科委）中国科技促进发展研究中心，重要且成功的研究报告：《我国宏观经济增长波动的动态分析与宏观调节问题探讨》，在报告中同样提出以先导指标、同步指标、滞后指标作为预警

指标。

在我国，财务业绩的评价方法主要有：中国诚信公司业绩评价财务指标体系、财政部等四部委于 1999 年 6 月联合颁布的《国有资本金效绩评价规则》，2002 年财政部、国家经贸委、劳动部和国家计委等再次修订《国有资本金效绩评价规则》重新颁布《企业效绩评价操作细则（修订）》。修订后的企业效绩评价指标体系由 32 项变为 24 项，由基本指标、修正指标、评议指标三个层次构成；在评价内容上，由财务效益状况、资产运营状况、偿债能力状况、发展能力状况四个层面构成，权重为 80%，新增加了 8 项非财务指标，且权重为 20%，评价方法采取综合评分的方法（见附录，附录 1）。修订后的评价体系一方面拓展了其运用领域，由国有企业推广到一般的企业；另一方面使指标体系在简化的基础上更为科学和合理。

由上述可知，中西方关于财务状况的监测与评价被财务业绩评价所取代，关于财务预警，在中西方都是一个不断探索的课题。

### 12.1.5 财务预警管理的基础理论

财务预警属于微观经济的范畴。微观经济预警必须借鉴已成熟的宏观经济预警的理论。财务预警理论，必须以企业预警理论、震撼理论、企业逆境管理理论、企业诊断论等基础。主要包括四个方面的内容：

1. 危机管理理论

所谓危机管理，是指随着经营环境的动荡，各种预想不到的突发性事件经常对企业产生极大的破坏作用，为了有效地预防和应付各种危机事件，保证企业的经营安全，必须通过计划和控制等手段对危害企业经营的突发事件进行管理。

企业危机管理于 20 世纪 80 年代初由跨国公司提出，它的产生与当今国际政治、经济和社会发展的特点有密切联系。考察西方跨国公司海外危机管理的过程，基本上可以划分为两个阶段。从 20 世纪 70 年代末期到 80 年代的最初几年是萌芽阶段，企业家的经营思想开始向安全经营转化，但并没有提出危机管理的概念，跨国公司内部加强了安全措施但没有形成一套行之有效的管理方法；20 世纪 80 年代中期以后，以美国跨国公司建立企业危机管理体制为标志，危机管理开始走向成熟，并在企业危机管理体制中占有重要地位。

跨国公司的危机管理主要有以下三个方面的变化：一是强化了以安全部门为利益中心的思想；二是在领导方式和管理制度上更强调非程序化和例外原则；三是在经营政策上更加灵活和非扩张化。实际上这些都是企业预警管理所需要的。

2. 震撼管理理论

策略震撼管理亦称不可预期环境中的管理（Management in Unpredictable Environment），它是策略性管理理论的延伸，是为了应对不可预期的震撼而产生的。问题震撼一般有以下特点：①这项问题突然地、不可预期地出现；②它是一种新发生的问题，几乎没有先例，不能以正常的制度、程序或策略来分析问题及处理问题；③它是一种损失或者是一种机会，但很紧急，在组织内产生普遍的威胁，促使员工的注意力由生产、销售或分项作业转移至其他方面，阻碍组织目标的达成。

为使来自震撼的威胁最小化，则需要特别建立一套策略管理系统，这种系统应具有以下特点：

（1）当一项震撼产生时，紧急的沟通网络须立即发挥作用，该网络交叉于正常组织体系内，它能够过滤情报，且可迅速地将情报通报至整个组织；

（2）对于持久的紧急事件，高层管理者应授权至一个群体，使它能全力控制和维护组织士气，而另一个群体则负责保证企业像平时一样地连续运作，而且促使威胁极小化，第三群体则负责对震撼采取反应行动；

（3）为了处理各种震撼，一个策略任务小组的网络必须灵敏；

（4）任务小组和沟通网络须预先设计，而且业已实施了良好训练；

（5）这些网络在无危机的情况下，必须像处理震撼问题一样来处理一般策略问题。

3. 企业逆境管理理论

企业逆境，是指由于环境的突变或内部管理不良，使企业经营陷入极端窘困的一种状态。它的现实特征有三：一是企业经济活动遭受严重的、连续的挫折与损失；二是出现经营亏损或亏损趋势（如企业的市场份额大幅度减少，产品质量急剧下降，即使暂时没有出现亏损，但其非常状态表明企业正在遭受并将继续遭受挫折，使亏损的发生不可避免）；三是出现资不抵债的危机现象。这三种现象中的任何一种，都足以说明企业陷入逆境。三种现象互相联系，呈直接的因果关系。它们都有一个重要的识别特征：一旦逆境发生便难以在短期内迅速扭转。企业逆境现象是客观的，也是普遍的，但又是可以认识、预防和避免的。

逆境管理是在考察和分析了我国企业效益滑坡、经营亏损、停产半停产等严重逆境现象的情况下提出的。企业逆境管理理论，就是要研究企业经营失利、管理失误的成因机理和运动规律，研究防止和摆脱企业逆境、保持顺境的管理方法理论。

4. 企业诊断理论

企业诊断，是企业管理中的一种参谋、顾问性质的服务活动，是智力专业化的工作。企业诊断理论（Management Diagnosis）产生于 20 世纪 30 年代的美国，至今已发展得较为成熟。企业诊断是由非企业人员进行职业性的咨询活动，诊断人员一般应具有以下三个条件：大学毕业、有专业技能和受过诊断业务训练。

企业诊断仍以一般意义的企业管理原理、原则为理论依据，但是它采用的却是有利于诊断功能的独特分析模式和技术方法。

综观以上这些理论，可以看出：作为策略性管理理论的震撼管理理论，其思路与主要观点与危机管理理论很类似。两者的共同点在于均把处于危机形式下的企业作为其考察点；两者的区别在于其研究的领域不同，震撼管理主要是研究企业经营策略在遭受强烈冲击时应怎样应变，危机管理则是研究企业危机发生后，在保护企业生存能力或减少破坏损失方面应采取什么对策的问题。

逆境管理理论把企业逆境视为一个相对独立的活动过程进行系统思考，并研究企业逆境的客观发生规律及其同企业顺境的转化关系。

另外，企业诊断理论也涉及了警兆与警源等问题，重点研究的是企业外部专业咨询人员如何提高对企业疑难问题和实际缺点的诊断能力的学说。对于实际运用中，如何让企业人员自觉学习、接受以及使企业组织内部构造出自我诊断系统等方面的问题，还有待研究。

## 12.2　财务预警系统管理的基本方法

财务预警管理由经济预警的若干基本要素组成，理解和掌握预警组成的基本要素是设计企业财务预警管理系统的重要阶段，认识预警要素也是学习预警基本方法的重要依据。

### 12.2.1　企业财务预警的研究目标和功能

企业财务预警管理理论的主要研究目标，是在揭示企业逆境、管理波动与管理失误现象发生规律的基础上，构建企业财务管理系统的防错、纠错功能机制，为企业全方位地揭示企业活动的安全机理与成功机理构建一种适用于任何境况变化的具有普遍意义的财务管理理论方法体系。由这个总任务可分出四个具体的研究目标：

（1）研究财务预警是为了正确认识企业财务逆境现象的内在特性；

（2）研究财务预警是为了判别与监控企业财务逆境的发生或发展；

（3）研究财务预警是为了扭转企业财务逆境；

（4）研究财务预警是为了科学地利用企业财务逆境。

企业财务预警管理理论的功能是在企业原有财务管理职能的基础上构建新的财务预警机制，并与原有功能一起共同构成企业管理职能系统的功能体系。

（1）警报功能。它是指对财务管理行为与管理周期活动进行监测、识别、诊断与警报的一种功能。警报职能的核心是它的识别系统的建立与完善。

（2）矫正功能。它是指对财务管理失误和管理波动进行预控和纠错的一种功能。矫正职能的核心是财务预控行为的敏感度，即预控行为在某种过程状态下对矫正对象作用的有效程度。

（3）免疫功能。它是指对同类、同性质的财务失误行为和管理波动局势进行预测或迅速识别并实施有效对策的一种功能。免疫职能的核心是企业组织能否科学地总结财务逆境教训并将其转化为财务管理知识的能力与水平。

### 12.2.2　财务预警系统要素的基本概念

1. 财务预警的警义

警义即预警的含义，指的是财务监测和预警的对象。它由若干个警素所构成。警素是指构成警情的指标。财务预警的警情指标，不是在权责发生制的会计原则背景下计算出的与净利润相联系的财务指标，而是在"现金流量基础"（Cash Flow Basis）上计算出的与现金流量相联系的财务指标。例如，经营活动现金净流量、投资活动现金净流量、筹资活动现金净资量、权益现金报酬率、资本金现金报酬率、现实现金支付能力和潜在现金支付能力等。

财务预警的警素属于经济警素的范畴，经济警素有别于自然警素。自然警素可以用单指标来描述。例如，风灾的预警指标如下：风灾的"警素"为风力，风灾的"警源"为受何种气流的影响，如暖温气流的影响，风灾的"警兆"为大风吹倒何种物体，风灾的"警度"为几级大风。经济警素一般难以用单指标来描述，通常用总量指标、相对指标和平均指标来描述。例如，年销售收入为总量指标、权益现金报酬率为相对指标、月平均存款额为平均指标。

2. 财务预警的警源

警源指警情产生的根源。财务预警的警源包括外生警源和内生警源。

外生警源指因外部经营环境变化而产生的警源。例如，由于国家产业政策的调整，有可能导致企业被迫转产或作出重大经营政策上的调整；也有可能直接或间接地导致巨额亏损，甚至破产。此时，外生警源为"政策调整"。

内生警源指企业内部运行机制不协调而产生的警源。例如，投资失误，而投入资金又是从银行借入的，从而导致营运资金出现负数。企业难以用流动资产偿还即将到期的流动负债，很可能被迫折价变卖长期资产以解燃眉之急。此时，投资失误，则为企业出现财务警情的内生警源。

3. 财务预警的警兆

警兆指警素发生异常变化时的先兆。在警源的作用下，当警素发生变化导致警情爆发之前，总有一些预兆或先兆。财务预警的警兆，如随着现金流量状况恶化而出现的一些财务先导性指标或迹象。

分析财务预警的警兆是财务预警系统的关键一环。从警源到警兆有一个发展过程：警源孕育警情→警情发展扩大→警情爆发前的警兆出现。财务预警的目的就是在警情爆发前，分析警兆，控制警源，拟定排警对策。

警兆又可细分为景气警兆和动向警兆。景气警兆指警兆反映的是经济景气的程度和状况，反映的是萌芽状态的警情或正在成长壮大的警情。此时，警情与警兆之间并未构成某种因果关系。动向警兆是与警情具有因果关系或逻辑关系或时间先后顺序关系的先行变量指标。

财务预警系统中，反映财务风险状况的一般属于景气警兆，而导致财务风险的经营风险状况属于动向警兆。

财务出现风险的迹象，即财务出现风险的景气警兆有：现金净流量为负数、资不抵债、不能到期偿还债务及过度依赖短期借款筹资等。

经营出现风险，导致财务出现风险的动向警兆有：主导产品不符合国家产业政策、失去市场，或有负债与或有损失数额巨大、关键管理人员离职且无人替代等。

4. 财务预警的预报警度

警度指警情的级别程度。财务预警的警度一般应设计为五种：无警、轻警、中警、重警和巨警。

警度的确定一般是根据警兆指标的数据大小，找出与警素的警限相对应的警限区域，警兆指标值落在某个警限区域，则确定为相应级别的警度。

例如，为了监测企业的债务情况，设置资产负债率为警兆指标。设置的警限区域为：当资产负债率小于10%为无警，10%～30%为轻警，30%～50%为中警，50%～70%为重警，70%以上为巨警。若某企业的资产负债率的实际值为58%，则为重警。

5. 财务预警的预警模型

预报警度有两种方法：一是定性分析的方法，如专家调查法、德尔菲法、经验分析方法等；二是定量分析的方法。定量分析的方法包括指标形式和模型形式。模型的形式，一般是建立关于警素的普通模型，并作出预测，然后根据警限转化为警度。

6. 财务预警的排警对策

预警的目的就是要在警情扩大或爆发之前采取排警对策，从而有效地寻找警源、通过分析警兆、测定警度，进而采取行之有效的排警对策。

监测财务风险和危机，目的是为了有效地防范财务风险和危机。当实际警情出现时或实际警度已测定时，人们的注意力不再是"财务预警系统"，而是"财务排警对策研究"。

### 12.2.3  财务预警管理的主要方法

财务预警方法主要由财务预警的统计方法、会计报表方法和数理模型等方法组成。以下分别作出介绍。

1. 财务预警系统管理的统计预警方法

统计预警方法的一般步骤为：设计警兆指标→设置警限和警度→测度预警临界值→确定警兆的警报→预报警度。

财务运行是在特定的时间空间背景下运行的。从时间角度分析，财务运行存在着周期性和季节性；从空间角度分析，财务运行存在着行业背景和地域差别。

（1）财务运行的警兆指标设计

同步指标是指这类指标与财务运行是同步的；先导指标则是先于同步指标变化的指标；滞后指标则是落后于同步指标变化的指标。

财务监测与预警的对象不是盈利，而是现金及其流动。从现金流量的角度，按先导、同步、滞后三个层面，构建潜伏期、发作期、恶化期三个阶段的财务预警的警兆指标体系，见表12-1。

**财务预警的警兆指标设计**  表 12-1

| 警兆指标 | 指标设计 |
| --- | --- |
| 先导预警指标（潜伏期） | 核心指标—资本周转劣化值 |
| 同步预警指标（发作期） | 核心指标—资本扩张劣化值 |
| 滞后预警指标（恶化期） | 核心指标—资本周转劣化值 |

（2）设置各种警度的警限

警度一般分为五种：无警、轻警、中警、重警和巨警。警兆指标值处于不同的警限，则对应为不同的警度，见表12-2。

**警兆指标的警限设置**  表 12-2

| 警兆指标 | 警限设置理论值 | | | | | 实际值 | 实际警度 |
| --- | --- | --- | --- | --- | --- | --- | --- |
| | 无警 | 轻警 | 中警 | 重警 | 巨警 | | |
| 先导预警指标 | | | | | | | |
| 同步预警指标 | | | | | | | |
| 滞后预警指标 | | | | | | | |

（3）测算预警临界值

怎样测算警限设置的理论值，并与实际值对比以预报警度测算步骤如下：

1）判定测算的指标为何种类型的变量

财务指标有三种类型：一种是"愈大愈好型"指标，例如"经营活动现金净流量"。第二种是"愈小愈好型"指标，例如负债总额。第三种为"区间型"变量指标，如财务杠杆系数，在某一个区间为最佳值，超过这一区间，无论是大于这一区间，还是小于这一区间，均会产生警情。如图12-1～图12-3所示。

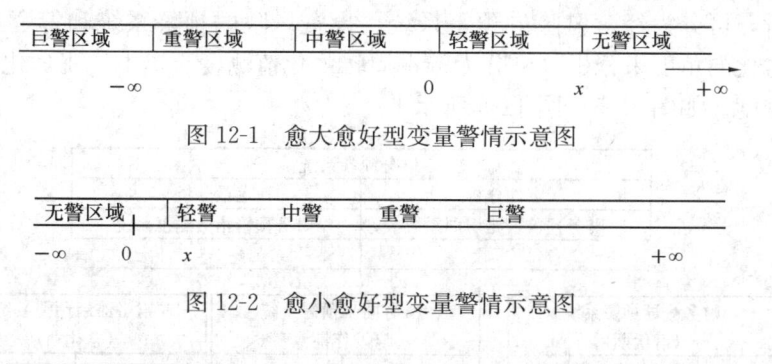

图 12-1 愈大愈好型变量警情示意图

图 12-2 愈小愈好型变量警情示意图

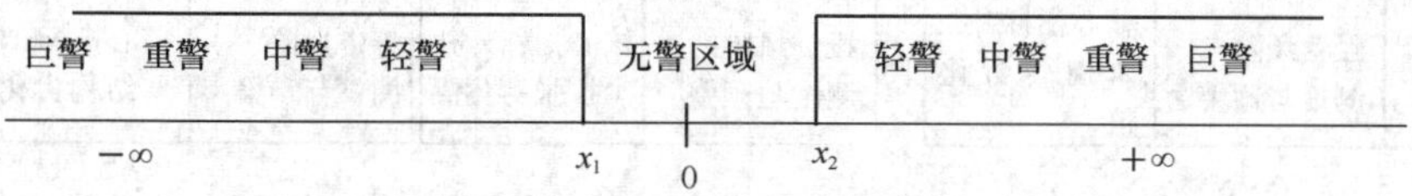

图 12-3 区间型变量警情示意图

2）测算预警临界值

预警临界值，即指经济现象是否出现警情的量化指标。预警临界值的确定，不能拘泥于某一经验数据。行业不同、地区不同，预警临界值亦不同。在测算预警临界值的基础上，与实际值比较，根据警限设置状况预报警度。

2. 财务预警系统管理的指数预警方法

指数从广义上讲就是指相对数，从狭义上讲就是指社会经济现象在数量上的总变动情况的动态相对数。

指数一般分为个体指数和总指数。总指数又包括综合指数、算术平均数指数和调和平均数指数三种。总指数以综合指数为主。

财务预警的指数系统由两大块构成：一是个体指数；二是综合指数。财务预警指数的公式为：

$$财务预警指数 = \frac{财务监测实际指标值 - 财务预警临界值}{财务预警临界值}$$

若为"愈小愈好型"指标，则算式分子项中被减数与减数的位置应颠倒。

财务预警指数体系的设置与财务管理目标直接相关。财务管理的目标（Goals of Financial Management），亦称理财目标，是企业价值的最大化，也就是指股东财富（Stockholder Wealth）或所有者权益（Owner's Equity）最大化，这就要求我们的企业从一般的生产经营型向资本经营型转变，实现从生产经营型向资本经营型的飞跃，从而达到盈利的最大化。

欲实现资本的保值增值，实施资本经营，达到资本的最大盈利，就必须确保资本周转、资本扩张、资本结构等一系列资源配置的优化，如图 12-4 所示。

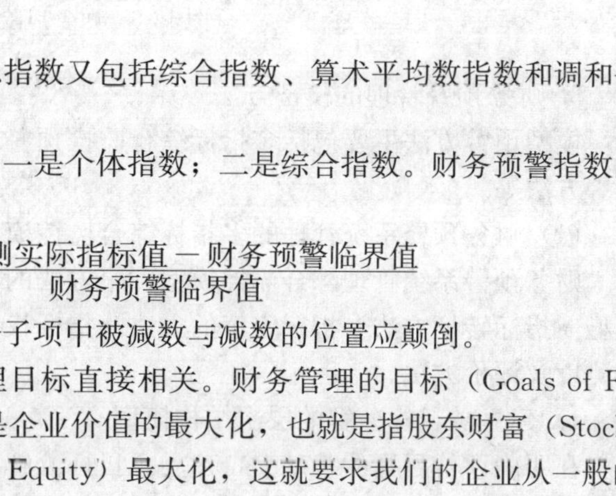

资本优化的反面是资本劣化。因此，财务预警指数体系从时间层面上分析，可分为财务先导预警系统、财务同步预警系统和财务滞后预警系统；从空

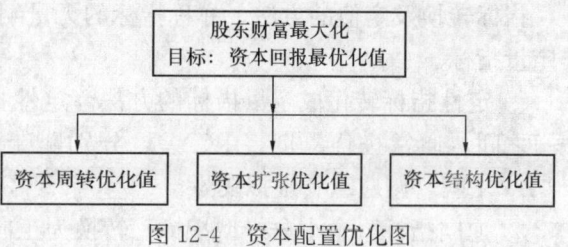

图 12-4 资本配置优化图

间层面上分析，可分为经营风险的预警系统、投资风险的预警系统和筹资风险的预警系统；从资本劣化的角度来分析，可分为资本周转劣化值测度、资本扩张劣化值测度和资本结构劣化值测度。如图 12-5、图 12-6 所示。

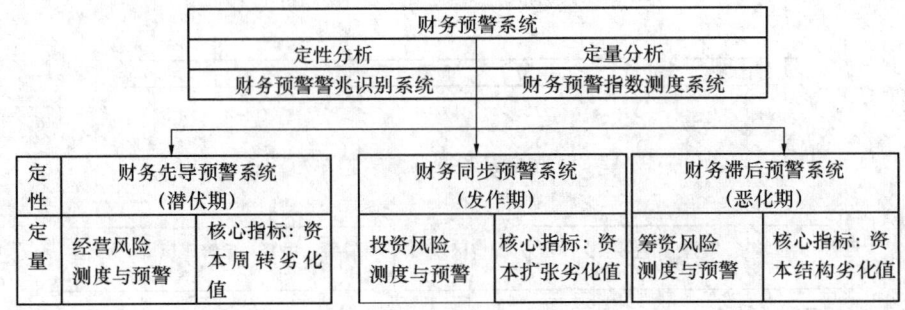

图 12-5　财务预警框架体系

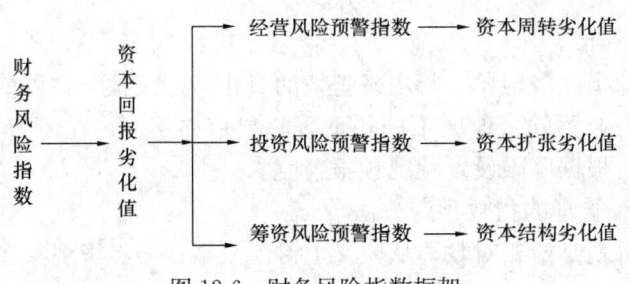

图 12-6　财务风险指数框架

**3. 财务预警管理的模型方法**

模型预警方法主要包括多指标综合监控预警方法、线性函数模型预警方法、其他模型预警方法等。

（1）财务预警系统管理的多指标综合监控模型预警方法

财务预警系统管理综合监控模型预警方法的实施程序为：建立总目标分解的层次结构模型→指标转换方法→指标定值的方法→指标权重系数的确定方法→多指标综合监控模型的测度及评价方法。

1）建立总目标分解的层次结构模型

在明确评价目标的基础上，建立总目标分解的层次结构模型。层次结构模型一般分为三层，即总目标层→准则层→指标层。例如，企业要建立以 $ROE$ 为总目标的杜邦分析层次结构模型，如图 12-7 所示。

2）指标转换方法

指标转换及定值的方法，亦称指标的无量纲化，指标分为两大类：一是定性指标；二是定量指标。

① 定性指标转化成定量指标的方法。定性指标转化为定量指标，其定量的值一般在 0～1 之间。通常按优、良、中、差，分别赋予分值为 1、0.8、0.6、0.4。若其值域为 −1～1 之间，则应重新虚拟变量。

② 逆向指标（愈小愈好型指标）转换为正向指标的方法。设逆向指标为 $X_T$，正向指

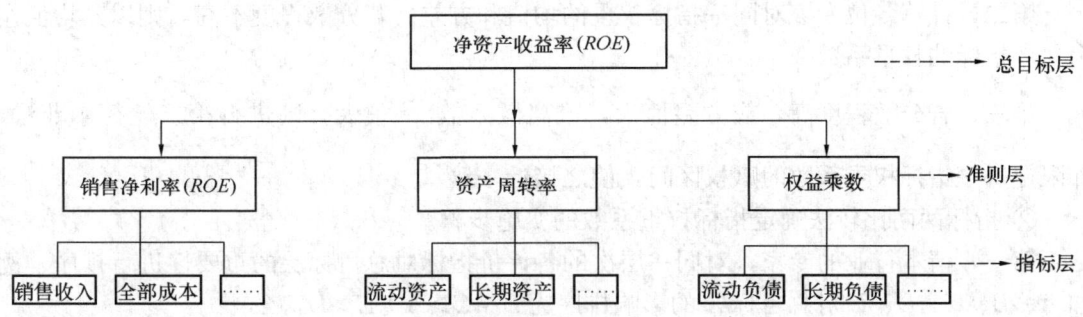

图 12-7　以 $ROE$ 为总目标的层次结构模型图

标为 $X_i$，则有：

$$X_i = \frac{1}{X_T}$$

③ 适度最优指标（区间型指标）转换为正向指标的方法。设适度最优指标为 $X_b$，则用 $X_T$ 的实际值比：

$$X_i = \frac{1}{X_T - X_b}$$

④ 最小定额消耗指标转化为正向指标的方法。设最小定额消耗指标为 $X_L$，则用 $X_T$ 的实际值比：

$$X_i = \frac{X_L}{X_T}$$

⑤ 最大限额允许指标转化为正向指标的方法。设最大限额允许指标的允许标准为 $X_U$，则用 $X_T$ 的实际值比：

$$X_i = 1 - \frac{X_T}{X_U}$$

3）定量指标的定值方法——功效系数法

功效系数是指各评价指标的实际值与该指标最低值之差占最高值与最低值之差的比值。这一系数的本质，就是要求出各评价指标实际值在该指标全距中所处位置的比率。用公式表述为：

$$X_Z = \frac{X_i - X_{min}}{X_{max} - X_{min}} \times 60 + 40$$

式中　　$X_Z$——指标转换后的评价值；

　　　　$X_i$——指标实际值；

　　　$X_{min}$——总体单位中指标最小值；

　　　$X_{max}$——总体单位中指标最大值。

按 100 分评价，系数可选 60、40；若按 120 分评价，则系数可以重新确定。

4）指标权重系数的确定方法

指标权重系数的确定方法有：德尔菲法、指标两两比较法、层次分析法等。

① 德尔菲法确定指标权重系数的实施步骤。

第一，请本行业的专家对权重系数直接发表意见，各位专家对每一指标分别确定的权重系数之和必须等于 100。

第二，计算各位专家对同一指标权重的均值和方差。若分散程度不高，则以其均值作为对应指标的权重系数。

第三，若分散程度高，或方差值大，或离散系数 $\dfrac{\alpha}{x}$ 很大，则进行第二轮德尔菲法，并限定每一指标权重系数的赋权区间，使之接近一致。

② 指标两两比较法确定指标权重系数的实施步骤。

第一，请本行业的专家，对同一层次的各评价指标对总目标层的重要性进行排序。例如 $A$、$B$、$C$、$D$、$E$ 对总目标 $Z$ 的影响排序为 $B>C>A>E>D$。

第二，对排序后的两两指标，即对前项比后项作出重要程度比例判断。

$B：C=1.5$，$C：A=1$，$A：E=2$，$E：D=1.6$，$D：D=1$

第三，作归一化数学处理，得到各指标权重系数，见表 12-3。

各指标权重系数表 表 12-3

| 指 标 | 判定重要性比值 $G_i$ | 未归一化权重系数 $T_i$（本项至末项的连乘积） | 归一化指标权重系数 $\omega_i = T_i / \sum T_i$ |
|---|---|---|---|
| $B$　$B：C$ | 1.5 | $1.5 \times 1 \times 2 \times 1.6 \times 1 = 4.8$ | $4.8/13.8 = 0.3478$ |
| $C$　$C：A$ | 1 | $1 \times 2 \times 1.6 \times 1 = 3.2$ | $3.2/13.8 = 0.2319$ |
| $A$　$A：E$ | 2 | $2 \times 1.6 \times 1 = 3.2$ | $3.2/13.8 = 0.2319$ |
| $E$　$E：D$ | 1.6 | $1.6 \times 1 = 1.6$ | $1.6/13.8 = 0.1159$ |
| $D$　$D：D$ | 1 | $1 = 1$ | $1/13.8 = 0.0725$ |
| | | 13.8 | 1 |

第四，第二位专家的意见同上处理，各位专家的"归一化指标权重系数"的平均值则为各指标权重。

第五，方差检验或离散系数检验，看其意见的均衡性。

③ 层次分析法确定指标权重系数的实施步骤。

层次分析法（Analytic Hierarchy Process，AHP），是由美国匹兹堡大学教授 T. L. Satty 在 20 世纪 70 年代提出来的一种多目标决策评价方法。其步骤如下：

第一，构造判断矩阵 $B$。请管理专家，按九分位的比较标度，对每两两指标比较赋值，构造一个判断矩阵。

一般用 1、3、5、7、9 或其倒数表示其重要性，其含义分别为：

1 表示同样；3 表示稍重要；5 表示较重要；7 表示很重要；9 表示最重要。

例如，专家对资金占用效益 $C_1$，环境改善效果 $C_2$，原材料节约效益 $C_3$，做出如下判断矩阵，见表 12-4。

判 断 矩 阵 表 12-4

| 指标 | $C_1$ | $C_2$ | $C_3$ |
|---|---|---|---|
| $C_1$ | 1 | 9 | 3 |
| $C_2$ | 1/9 | 1 | 1/5 |
| $C_3$ | 1/3 | 5 | 1 |

表中：$C_1 : C_2$ 为 9，$C_2 : C_1$ 为 $1/9$；

$C_1 : C_3$ 为 3，$C_3 : C_1$ 为 $1/3$；

$C_3 : C_2$ 为 5，$C_2 : C_3$ 为 $1/5$；

$C_{ij}$——表示 $C_i$ 行对 $C_j$ 列的比较标度。

第二，计算各指标权重系数。

首先计算判断矩阵 $B$ 的每一行元素的积 $M_i$。

$$M_1 = 1 \times 9 \times 3 = 27$$

$$M_2 = 1/9 \times 1 \times 1/5 = 0.022$$

$$M_3 = 1/3 \times 5 \times 1 = 1.667$$

其次，计算 $M$ 行的 $n$ 次方根值：

$$\overline{W} = \sqrt[n]{M_i}$$

$$W_1 = \sqrt[3]{27} = 3$$

$$W_2 = \sqrt[3]{0.022} = 0.28$$

$$W_3 = \sqrt[3]{1.667} = 1.19$$

再次，对向量 $\overline{W} = (\overline{W}_1, \overline{W}_2, \overline{W}_3, \cdots, \overline{W}_n)^T$，作归一化处理。

$$\overline{W}_i = \frac{\overline{W}_i}{\sum \overline{W}_i}$$

$$\sum \overline{W} = 3 + 0.28 + 1.19 = 4.47$$

$$W_1 = \frac{\overline{W}}{\sum W_i} = \frac{3}{4.47} = 0.67$$

$$W_2 = \frac{0.28}{4.47} = 0.06$$

$$W_3 = \frac{1.19}{4.47} = 0.27$$

第三，运用 AHP 方法判断矩阵的一致性检验。

首先，求判断矩阵的最大特征根 $\lambda_{max}$。

$$\lambda_{max} = \frac{1}{n} \sum_{i=1}^{n} \frac{(BW_i)}{W_i}$$

$$BW = \begin{bmatrix} 1 & 9 & 3 \\ \dfrac{1}{9} & 1 & \dfrac{1}{5} \\ \dfrac{1}{3} & 5 & 1 \end{bmatrix} \begin{bmatrix} 0.67 \\ 0.06 \\ 0.27 \end{bmatrix} = \begin{bmatrix} 2.02 \\ 0.19 \\ 0.79 \end{bmatrix}$$

$$\lambda_{max} = \frac{1}{n-1} \sum_{i=1}^{n} \frac{BW_i}{W_i} = \frac{1}{8} \times \left( \frac{2.02}{0.67} + \frac{0.19}{0.06} + \frac{0.79}{0.27} \right) = 3.036$$

其次，建立一致性评价指标 $CI$。

$$CI = \frac{\lambda_{max} - n}{n-1} = \frac{3.036 - 3}{3-1} = 0.018$$

再次，计算一致性比率 $CR$，参见表 12-5。

$$CR = \frac{CI}{RI}$$

**RI 平均随机一致性检验标准值表** 表 12-5

| $n$ | 2 | 3 | 4 | 5 | 6 | 7 | 8 |
|-----|---|------|-----|------|------|------|------|
| $RI$ | 0 | 0.52 | 0.7 | 0.12 | 1.42 | 1.32 | 1.41 |

查表 12-5，当 $n=3$，$RI=0.52$ 时，

$$CR = \frac{CI}{RI} = \frac{0.018}{0.52} = 0.035 < 0.01$$

说明上述判断矩阵 $B$ 符合一致性检验，可认定权重系数确定的合理性。

第四，下一个专家判断矩阵，按上述步骤通过一致性检验，得到多个专家的权重系数。取其各位专家权重系数的均值作为指标的权重。

5）计算综合合成数、分类评价值与总评价值

在总目标分解的层次结构模型中，一般有三层：总目标层→准则层→指标层，其对应关系为：总目标层计算出总评价值；准则层计算出分类评价值；指标层计算出综合合成数值。

① 运行综合评价模型，进行指标合成，求综合评价值，设指标 $X_{ij}$ 对总目标的权重系数为 $W_i$，则有：

$$综合合成数值 = \Sigma X_{ij} \times W_i$$

② 计算分类评价值与总评价值。

计算公式为：

$$分类评价值 = \Sigma 准则层内的综合合成数值$$
$$总评价值 = \Sigma 总目标层内的分类评价值$$

6）综合监控模型预警方法的案例分析

① 某企业拟采用功效系数法和德尔菲法构建财务综合评价的模型，如图 12-8 所示。

② 功效系数 $X_{ij} = \dfrac{X_i - X_{min}}{X_{max} - X_{min}} \times 60 + 60$

即最高分为 120 分。

式中　$X_i$——本企业实际值；

　　　$X_{max}$——行业最大值；

　　　$X_{min}$——行业最小值。

③ $X_1 \sim X_7$ 表示具体的财务指标名称。求解见表 12-6。

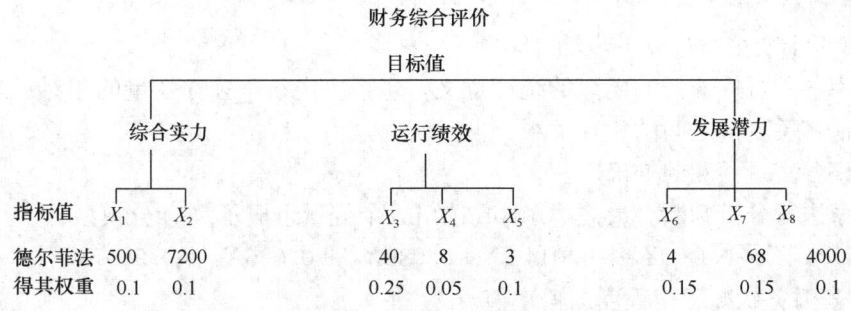

图 12-8 财务综合评价模型

指标计算结果表　　　　　　　　　　　　　　　　　　　　　　表 12-6

| | 综合实力 | | 运行绩效 | | | 发展潜力 | | |
|---|---|---|---|---|---|---|---|---|
| 行业最大值 $X_{\max}$ | 2000 | 8000 | 100 | 18 | 8 | 4 | 80 | 15000 |
| 行业最小值 $X_{\min}$ | 40 | 60 | 2 | 0 | 3 | 2 | 20 | 1000 |
| 企业实际值 | 500 | 7200 | 40 | 8 | 3 | 4 | 68 | 4000 |
| 对总目标的权重系数 $W_i$ | 0.1 | 0.1 | 0.25 | 0.05 | 0.1 | 0.15 | 0.15 | 0.1 |
| 第一，计算功效系数法的指标评价转换值 $X_{ij}=\dfrac{X_i-X_{\min}}{X_{\max}-X_{\min}}\times 60+60$ | 74.08 | 113.95 | 83.27 | 86.67 | 60 | 120 | 108 | 72.86 |
| 第二，计算综合合成数值＝ $X_{ij}\cdot W_i$ | 7.41 | 11.4 | 20.82 | 4.3 | 6 | 18 | 16.2 | 7.29 |
| 第三，计算分类评价值 | 18.81 | | 31.12 | | | | | |
| 第四，计算总平均值 $\sum X_{ij}\cdot W_i$ | 91.42 | | | | | | | |

（2）财务预警系统管理的线性数模型方法

国际上同企业财务预警相关的方法研究，主要是运用多变量分析模式，构建了一系列预测财务危机或失败的线性模型，但这些模型基本上都是以国外的企业数据作样本来构建的，其指标选取和警度确定并不一定适用于我国企业的情况。下面简要介绍几种方法。

1）Z 计分模型

Z 计分模型是由美国的爱德华·阿尔曼（Altman）在 20 世纪 60 年代中期提出的，用以衡量企业破产的可能性。

他运用 MDA 分析技术，在样本选取上按照美国国家破产法第十章提出了破产申请作为企业财务失败的定义。随机抽取了 1946～1965 年间 33 家制造业的破产公司作为样本，并且按其行业类别及规模大小分层抽取了 33 家正常公司作为配对样本，把 22 个有可能预示公司发生问题的财务比率变量分为流动性、获利能力、财务杠杆、偿债能力和周转能力五大指标。然后利用 MDA 技术在每一类财务比率中选取一个最具有区别预测能力的指标放入模型中。

选取这五个变量通过以下步骤：

① 观察各种可供选择的函数的统计意义，包括决定每个独立变量的相对贡献。

② 评估相关变量之间的相互关系。

③ 观察各变量预测的准确度。

④ 专家进行分析判断。最终 Altman 选出五个变量组成了 Z 计分模型：

$$Z = 0.012X_1 + 0.014X_2 + 0.033X_3 + 0.006X_4 + 0.999X_5$$

式中　$Z$——财务状况恶化程度的概率值。

$$X_1 = \frac{营运资本}{资产总额} = (WC/TA)$$

营运资本与总资产比率，是公司的流动资产相对于总资本关系的一种衡量。营运资本是公司流动资产与流动负债之差。一般来说，对于经历长期经营损失的公司，其营运资本相对于总资产将有所缩减。这是公司是否将面临停止运营的最好指示器之一。

$$X_2 = \frac{留存收益}{资产总额} = (RE/TA)$$

该比率反映企业累计获利能力。留存收益是公司在整个寿命期内投资的收益和损失总量。因为财务信息披露者有可能通过公司的部分重组或股票利息等手段，对留存收益会计科目进行人为操纵，所以应对这个会计账目重新作出适当的调整。该比率还需要考虑公司已存在时间或称公司的年龄因素。例如，一家成立时间不长的公司因为其未能来得及累积利润，因此留存收益与总资产比率值很低是合理的。

$$X_3 = \frac{息税前利润}{资产总额} = (EBIT/TA)$$

息税前利润/总资产比率可以衡量除去税收或其他杠杆因素外，公司资产的获利能力。因为公司的最终生存基于其资产的盈利能力，所以该比率分析对公司破产研究尤其有效。

$$X_4 = \frac{股本的市价}{负债账面值} = (MVE/TA)$$

此处，综合所有股份（优先股和普通股）的市场价值来衡量权益，负债则包括流动负债和长期债务。权益市场价值与总债务的账面值之比能够说明在公司债务超过资产、无力偿清债务而破产前，公司的资产价值（权益市场价值加债务）能下降多少。例如，公司的权益市场价值为 1000 元，债务为 500 元，则公司在无力偿还债务之前，资产价值只能下降 2/3（也就是 1000＋500＝1500 元，资产的 2/3 为 1000 元）。然而，若该公司权益市场价值为 250 元，则公司资产价值下降 1/3（亦即 250＋500＝750 元，资产的 1/3 为 250 元），它将陷入无力偿还债务的境地。

$$X_5 = \frac{销售收入}{资产总额} = (S/TA)$$

资产周转率是一种能够反映公司资产营运能力的财务比率。该比率可以衡量公司在竞争环境中的管理能力大小。依据单变量的统计显著性检验，模型中不应该出现该比率。但是由于该比率与其他变量的关系独特，所以销售收入与总资产比率对模型的整体区分能力位居第二。

Altma 该项研究的结论认为破产、非破产与 Z 值的分布应在 1.81～2.99 之间，等于 2.675 时居中。并提出了判别企业破产的临界值存在 A、B、C 三个区域。

其中　A 区域：$Z<1.81$，该区域为财务破产区，企业财务处于危机状态。

　　　B 区域：$1.81<Z<2.99$，该区域为企业财务灰色区域。

　　　C 区域：$Z>2.99$，该区域为企业不破产的区域，企业财务状况良好。

2）ZETA 模型

为了便于为非上市公司评分，1977 年 Altman 等人又对原始的 Z 计分模型进行扩展，建立了第二代模型——ZETA 模型。这一次的模型选取了自 1962～1975 年间的 53 家破产企业和 58 家配对的正常公司，样本公司平均资产规模在 1 亿美元左右，而且包括了相当数量的零售类企业，因而 ZETA 模型的适用性有所提高。

此次研究利用 27 个初始财务比率进行区别分析，最后模型选取了 7 个解释变量，包括：

$X_1$——资产报酬率，采用息税前收益与总资产之比衡量。在以前的多变量研究中该变量在表明评估公司业绩方面相当有效。

$X_2$——盈余的稳定性，采用对 $X_1$ 在 5～10 年估计值的标准误差指标作为这个变量的度量。收入上的变动会影响到公司风险。

$X_3$——债务保障，可以用人们所常用的利息保障倍数（覆盖率），即息税前利润与总利息偿付之比来度量，这是固定收益证券分析者和债券评级机构所采用的主要变量之一。

$X_4$——累计盈余，可以用公司留存收益（资产减负债）与总资产之比来度量。该比率对于 Z 计分模型尤其有效，它需要考虑以下因素：公司年龄、公司股利政策以及不同时期的获利记录。不管是在单变量法还是多变量法分析中，该比率都是最重要的。在非上市公司的该比率计算中，分子部分用公司净资产的账面价值代替权益市场价值，因为非上市公司没有市场价值指标。

$X_5$——流动性，可以用人们所熟悉的流动比率衡量。

$X_6$——资本化率，可以用普通股权益与总资本之比衡量。在分子和分母中，普通股权益可以用公司 5 年的股票平均市场值衡量，而不是账面值。5 年平均市场值可以排除可能出现的严重、暂时性的市场波动，同时（同于上述的 $X_2$）在模型中纳入了趋势的成分。

$X_7$——规模，可以用公司总资产的对数形式来度量。该变量可以根据财务报告的变动进行相应的调整。

实证研究表明，ZETA 模型的分类正确率高于原始的 Z 计分模型，特别是在破产前较长时间的预测准确率较高，其中灰色区域为 $-1.45～+0.87$ 之间，Z 值大于 0.87 以上为非破产组，Z 值小于 $-1.45$ 区域为破产组。

3）Edmister 模型

由于 Z 模型是以制造行业的中等资产规模（70 万～2590 万美元）企业为样本的，对小企业适用性不是太强。1972 年，埃德米斯特（Edmister）专门针对小企业建立了小企业财务危机预警分析模型。该模型假设所有变量服从 $N(0,1)$ 分布，以标准值为界限进行判别，变量值只能为 1 或是 0。模型如下：

$$Z = 0.951 - 0.423X_1 - 0.293X_2 - 0.4823X_3 + 0.277X_4 - 0.452X_5 - 0.3523X_6 - 0.924X_7$$

$$X_1 = \frac{税前净利＋折旧}{流动负债}$$，若该比率小于 0.05，则 $X_1 = 1$；若该比率不小于 0.05，则 $X_1 = 0$。

$$X_2 = \frac{所有者权益}{销售收入}$$，若该比率小于 0.07，则 $X_2 = 1$；若该比率不小于 0.07，则 $X_2 = 0$。

$$X_3 = \frac{营运资金/销售收入}{行业平均值}$$，若该比率小于 −0.02，则 $X_3 = 1$；若该比率不小于 0.02，

则 $X_3 = 0$。

$$X_4 = \frac{流动负债}{所有者权益}$$，若该比率小于 0.48，则 $X_4 = 1$；若该比率不小于 0.84，则 $X_4 = 0$。

$$X_5 = \frac{存货/销售收入}{行业平均值}$$，若该比率有上升趋势（根据连续三年的数据判断），则 $X_5 = 1$；

反之 $X_5 = 0$。

$$X_6 = \frac{速动比率}{行业平均速动比率趋向值}$$，若该比率有下降趋势并同时该值小于 0.34，则 $X_6 =$

$1$；反之 $X_6 = 0$。

$$X_7 = \frac{速动比率}{行业平均速动比率}$$，若该比率有下降趋势（根据连续三年的数据判断），则 $X_7 =$

$1$；反之 $X_7 = 0$。

该模型的判断方法与 Altman 方法相似，但出于某种原因没有公开 $Z$ 值的最佳分界点。

运用以上方法时，注意一方面，Alumn 运用 MDA 技术时，虽然有很好的区别能力，但其模型实际上有这样三个假设：样本财务资料要服从多元正态分布；每一个变量都不是其他变量的线性组合；两样本群体的协方差矩阵相等。但是在企业财务危机研究的实务中，一般财务资料大多不符合常态概率分布的基本假设，当这个假设条件破坏时，计算的概率将非常不准确。为了克服上面这些问题，以 Ohlson（1980 年）和 Zmijewski（1984 年）等为代表的学者就将目光放到非线性回归方法上，提出了多元逻辑模型（Logit）与多元概率比模型（Probit）。

另一方面，传统的多变量分析方法在企业财务危机实证研究领域已经取得了相对令人满意的成果，为了尽量克服传统多变量方法仅仅关注财务比率的缺陷，后续研究中加入了很多传统多变量分方法中没有考虑到的因素，例如，审计意见、现金流量因素等新因素，通过加入这些因素提高财务危机预警的准确率，并尽可能地对企业财务危机问题提出对策和方法。

我国学者以中国上市公司为研究对象，对这一模型进行修正后提出对企业未来亏损的可能性用以下公式来判断：

$$L = 3.02 \times ROA + 0.22 \times E/A + 0.78 \times EBIT/A - 0.17 \times WC/A - 0.11 \times ATR$$

式中　　$ROA$——净利润/总资产；

　　$E/A$——股东权益/总资产；

　$EBIT/A$——息税前收益/总资产；

　$WC/A$——营运资本/总资产；

　　$ATR$——销售总额/总资产平均值。

并提出该模型的截止点是 1.72。企业得分高于该截止点时，企业一般不会出现亏损；

小于该截止点时，企业就可能出现亏损。企业得分越高，企业未来亏损的可能性就越小；得分越低，亏损的可能性就越大。

# 12.3　财务预警系统设计与案例分析

### 12.3.1　预警系统设计的原则

财务预警理论和方法研究的最终目的，是指导企业在管理实践中建立财务预警的操作体系。综上所述，为实现预警管理的功能，预警系统应具备三个主要的方面：一是识别评价各种可能财务危机现象的指标体系；二是设置专门的预警机构及其工作程序，专职实施预警信息的分析，预测发展形势，研究实施对策；三是建立预警管理对策库，为企业回避、摆脱逆境提供储备。

企业预警管理理论将其研究内容分为四个相对独立、互相联系的部分，这也是财务预警设计系统的基本原则。

（1）企业危机成因分析原则

正如 Dun&Bmdstmet 在 1973 年的研究那样，管理不善是企业陷入财务危机的主要原因。因此研究在管理行为中各种失误的原因和征兆，能够从根源上找到预警系统监测的领域。

（2）企业危机诊断与评价原则

管理不善和外部原因综合形成的结果，可能是在企业经营中的某个风险领域出现了危机。如果不能在管理活动的过程中发现这种危机，至少应该在其产生的后果不太严重的时候就能够发现它。这是预警系统的重要监测对象。

（3）预警机理原则

在发现了某些现状的不良征兆后，应该能够预测其发展的趋势和可能造成的后果，这是预警所以称之为预警的原因，也是判断对于哪些事项应该采取控制手段，以及处理的轻重缓急的依据。

（4）提出危机对策原则

对于通过以上的防范措施发现的需要实施财务措施的企业经济情况，预警系统应当能够提供有效的对策或者补救措施，从而实现财务预警系统的经济价值。

### 12.3.2　财务预警系统设计的基本步骤

财务预警系统是以企业信息化为基础，以财务数据为主要监控对象，对企业在经营管理活动中的潜在风险进行实时监控的系统。财务预警系统的基本步骤是：

（1）确定监测目标。根据企业外部会计环境和实际情况，运用定量与定性相结合的方法，建立一套由各个不同层次和子系统构成的财务风险预警指标体系。

（2）确定风险警戒值。根据企业所处的行业、地区等具体情况，确定相应的财务风险预警指标的风险警戒值。

（3）执行计算与比较。对财务风险指标进行量化，预测并计算不同层次或子系统指标体系中指标的数值和风险值（根据指标数值与权重乘积求和计算得到），并与预先设定的风险警戒值比较，将量化后得到的财务会计风险值传递给决策者以进行定性分析，并反馈回预警系统。

（4）调查分析重大的非预期差异。如果计算得到的风险值超过风险警戒值，则应进行认真的调查分析，以确定企业是否处于风险警戒线边缘。

（5）确定计算结果对企业经营活动的影响。如果计算结果表明企业财务状况不佳，则应在调查分析的基础上，建议企业采取有效措施，防范财务风险。为了保证预警系统的客观性、动态性，可根据预测结果与实际状况的拟合程度对指标体系中的指标及其权重适当进行调整修正，从而及时对财务风险进行跟踪、评价与预测，为决策者提供参考和警告，以实现企业财务风险预警。

财务预警系统贯穿于企业经营活动的全过程，以企业的财务报表、经营计划及其他相关的财务资料为依据，利用财会、金融、企业管理、市场营销等理论，采用比例分析、数学模型等方法，发现企业存在的风险，并向经营者示警。它与企业财务评价系统相互依赖、互为补充。

### 12.3.3　财务预警系统设计内容

财务预警的内容包括财务预警指标体系的建立、预警分析和预警对策。预警分析，是对企业财务警情进行分析与评价，并由此做出警示的管理活动结果；而预警对策是对企业经营活动中的重大危机的早期征兆进行及时矫正与控制的管理活动。

1. 财务预警指标体系的建立

（1）财务预警指标选择原则

财务预警指标的设计和选择是建立财务预警系统的重要前提。预警离不开监测，监测离不开财务指标。因此，建立财务预警系统，必须首先在分析系统的环境、目标、结构、功能及其与整个监测和预警系统之间的关系的基础上，通过严格的理论和实证分析，科学合理地设计和选择财务预警指标。

既然预警系统是基于预警信息的分析和预报功能，财务预警指标的选择就应当遵循以下基本原则：

1）灵敏性原则。要求所选择的财务指标要能够比较灵敏地反映财务运行的主要方面，即一旦潜伏有危机属风险因素时，指标数值的细微变化就能直接反映出风险的变化情况。

2）前兆性原则。要求所选择的财务指标应当超前于实际财务运行的波动，以便企业通过前兆性指标的揭示，不等到危机降临或爆发，便将之识别。

3）可操作性原则。要求所选择的指标体系既要全面反映问题，又不可过于复杂，且都能搜集到相对准确可靠的指标值。

4）系统性原则。要求各指标之间逻辑关系紧密，相互联系、互相影响、互为补充，形成有机的指标体系，以提高整个系统的整体效果。

5）稳定性原则。要求所选择的财务指标的变化幅度进行不同状态划分后，划分的标准能够保持相对稳定。

6）定量指标与定性指标相结合原则。

（2）财务预警指标体系的建立

为了保证所选择的财务预警指标符合上述原则，财务预警指标体系应该由定量的财务比率指标与定性指标构成。作为构成财务预警指标的主体财务比率，至少应当包括有关的偿债能力、盈利能力、营运能力、成长能力四个方面，以便于从不同的角度、不同的侧面综合反映财务状况。财务预警综合指标体系，见表12-7、表12-8。

**财务预警指标体系（定量指标）**                     表 12-7

| 名 称 | 指 标 1 | 指 标 2 |
|---|---|---|
| 财务预警指标体系 | 偿债能力指标 | 流动比率 |
| | | 速动比率 |
| | | 资产负债率 |
| | | 已获利息倍数 |
| | | 现金流量比率 |
| | 营运能力指标 | 存货周转率 |
| | | 应收账款周转率 |
| | | 总资产周转率 |
| | | 经营性现金流量 |
| | 获利能力指标 | 资产收益率 |
| | | 净资产收益率 |
| | | 主营业务收益率 |
| | 成长能力指标 | 三年平均销售增长率 |
| | | 三年平均净利润增长率 |
| | | 三年平均资本保值增值增率 |
| | | 三年平均净资产增长率 |
| | | 三年平均股率支付率 |

**财务预警指标体系（定性指标）**                     表 12-8

| 名 称 | 指 标 1 | 指 标 2 |
|---|---|---|
| 财务预警指标体系 | 核心业务环境指标 | 市场占有率 |
| | | 业务、产品领先水平 |
| | | 研究发展能力 |
| | | 所处行业前景 |
| | 经营管理能力指标 | 企业最高者的感召力 |
| | | 核心管理层的团队能力 |
| | | 战略规划的合理性 |
| | | 战略调整能力 |
| | | 营销网络与营销策略 |
| | | 组织结构及创新能力 |
| | 企业治理结构指标 | 公司治理结构的合理性 |
| | | 内部控制的完善与执行情况 |
| | | 业绩评价与考核的科学性 |
| | | 信息沟通与披露机制的有效性 |
| | | 员工精神状态与企业文化 |

此外，还可依据国家有关机关对企业进行评价的指标标准体系，如国家财政部统计司

制定的《2003年企业效绩评价标准值》（见附录、附表1）。

2. 财务预警分析

财务预警分析包括各个分析阶段：监测、识别、诊断与评价。

（1）监测是财务预警活动的前提，是以企业重要的生产经营环节为监测对象，即最可能出现财务危机或对企业财务状况具有举足轻重作用的活动环节与领域。监测的任务之一是过程监视，即对监测信息进行处理（整理、分类、存储、传播），建立信息档案，信息档案中的情报为整个财务预警管理系统共享，它将监测结果的信息处理准确及时地传输到财务预警的下一个环节。监测工作，手段是应用科学的监测指标体系并实现程序化、标准化、数据化。监测活动的主要对象，是前述企业财务风险的主要领域中那些具有表征性的指标。

例如：可按财务风险的发生时间周期分为："潜伏期"、"发作期"和"恶化期"；同时按企业财务风险的主要发生对象分为：从外部环境分为"行业竞争风险"、"市场竞争风险"等；从企业内部分为"经营控制风险"、"投资控制风险"和"筹资控制风险"等。潜伏期的筹资控制风险具有明显的行业特性和时间特性。

一般而言，该行业的平均资产收益率高于同一时期的债务资金成本率，则意味着无警情；反之，则意味着警情出现。债务资金成本率指标是一个综合性指标，银行贷款利率在债务资金成本率指标中起着基础性的作用，因此，银行贷款利率的高低构成了筹资风险中的主要风险。

从"筹资控制风险"角度分析，建立主要监测的内容表，见表12-9。

企业筹资控制风险"潜伏期"警兆监测及评分标准　　　　　　表 12-9

| 项　目 | 警兆表现 | 得　分 | | | | |
|---|---|---|---|---|---|---|
| | | 0 | 1 | 2 | 3 | 4 |
| 筹资控制风险 | （1）是否进行筹资方式分析 | 是 | — | 否 | — | — |
| | （2）是否进行资本成本分析 | 是 | — | 否 | — | — |
| | （3）是否进行融资风险分析 | 是 | — | 否 | — | — |
| | （4）是否充分考虑融资的优序 | 是 | — | — | — | 否 |
| | （5）同期平均资产收益率是否高于平均债务资金成本率 | 是 | — | — | — | 否 |

（2）识别。通过对监测信息的分析，可确立企业活动中已发生的危机和将要发生危机的趋势。识别的主要任务是应用"适"的识别指标判断哪个环节已经发生或即将发生财务危机。

如上例中，按管理评分法，对财务筹资控制风险"潜伏期"的警兆表现评分，每一项能按得分栏次得到唯一的得分，即得到0分、1分、2分、3分、4分中的某一个分数。得分越高，财务风险越大，最低分为0，最高分为14分。

一般而言，企业监测得分不大于8分，表明企业处于"绿色区域"，即无警区域，警度为无警；若企业监测得分不小于8分，则表明企业处于"黑色区域"，即有警区域，警度依次为轻警、中警、重警和巨警。若设定监测得分为 $X$，则有：

警兆指标　　　　　　警发情临界值　　　　　　实际警度

| $0 \leqslant X \leqslant 8$ | 8 | 无警 |
|---|---|---|
| $8 \leqslant X \leqslant 20$ | 20 | 轻警 |
| $20 \leqslant X \leqslant 30$ | 30 | 中警 |
| $30 \leqslant X \leqslant 40$ | 40 | 重警 |
| $40 \leqslant X \leqslant 50$ | 50 | 巨警 |

(3) 诊断。对已被识别的各种危机，进行成因、过程的分析和发展趋势预测，以明确哪些现象是主要的，哪些现象是从属的、附生的。逆境诊断的主要任务是在诸多矛盾现象中找出主要矛盾，并对其成因背景、发展过程及可能的发展趋势进行准确定量的描述。诊断方法可从上一节介绍的多种方法中选择。

例如，企业发行债券及银行贷款筹资的预测预警类别分析中，可分为以下几步：

1）计算筹资预警指标：选择经营现金流入利息支出比。

$$经营现金流入利息支出 = \frac{本期负债利息支出}{本期经营活动现金流入}$$

2）根据上述比值，按不同类型的企业直接判断筹资预警的临界值，小于临界值无警，大于则有警，见表12-10。

企业预警临界比值表

表 12-10

| 企业类型 | | 各类企业预警设置临界比值 | | | | 负债过度型企业 |
|---|---|---|---|---|---|---|
| | | 成熟期 | 衰退期 | 初创期 | 成长期 | |
| 制造业（包括第一、第二产业） | 垄断行业 | 1% | 5% | 6% | 7% | 7%以上 |
| | 竞争行业 | 1% | 3% | 5% | 7% | 7%以上 |
| 流通类业（包括第三产业） | 垄断行业 | 1% | 3% | 4% | 5% | 6%以上 |
| | 竞争行业 | 1% | 3% | 4% | 5% | 5%以上 |

3）根据本企业年经营活动现金流入量和相应的预警设置临界比值，计算出企业负债利息支出和银行贷款的预警临界值。

$$利息支出预警临界值 = 企业适应预警临界比值 \times 本期经营活动现金流入量$$

$$银行贷款临界值 = \frac{利息支出预警临界值}{同期银行贷款年利率}$$

如某建筑集团企业属于成熟的竞争行业，该企业年经营活动现金流入量为 1.5 亿元，同期银行贷款年利率为 6%，则该公司贷款的最大值（临界值）为：

$$年银行贷款临界值 = \frac{1\% \times 150000000}{6\%} = 25000000$$

4）计算筹资预警指数。筹资预警指数指企业银行贷款临界值与实际值相比较的动态相对数，用公式表示为：

$$发行债券及银行贷款等带息负债预警指数 = \frac{带息负债的临界值 - 实际带息负债数}{带息负债的临界值}$$

5）设发行债券及银行贷款等带息负债的筹资预警指数为 $X_1$，其警限设置为：

| $X_1 > 0$ | 无警 |
|---|---|
| $0 > X_1 \geqslant -0.2$ | 轻警 |
| $-0.2 > X_1 \geqslant -0.4$ | 中警 |

$-0.4 > X_1 \geqslant -0.6$ 重警

$X < -0.6$ 以下 巨警

（4）评价。对已确认的主要逆境现象进行损失评价，以明确企业在这些财务危机的冲击下会继续受到的打击。财务危机评价的主要任务有两个：一是进行企业损失评价；二是进行社会损失评价，包括经济损失和社会波动后果评价。

例如，由于筹集资金方面的原因给企业带来的筹资风险或不确定性，主要是为了取得财务杠杆利益，实行负债经营而借款举债产生的。因此，企业筹资时，必须权衡各种筹资方案的风险并加以控制。计量筹资方案风险大小的方法有很多，主要有概率分析法、流动资金效益目标函数法、财务两平点法、平衡点汇率法和指标体系法。其中运用最普遍的是概率分析法，即利用概率原理计算自有资金利润率及其标准差。

$$自有资金利润率期望值 = 自有资金利用率(K) \times 概率(p_i)$$

$$自有资金利用率标准差 = \sqrt{\sum (K_i - \overline{K})^2 \times p_i}$$

某筹资方案的 $Q$ 越大，表明其筹资风险也越大，且利用标准差进行风险预测后得出以下结论：

1）在市场状况处于好和一般这两种情况下，借入资金增加，自有资金利润率会不断提高；相反，在市场状况处于较差情况下，借入资金增加，自有资金利润率会降低，甚至可能出现负数，财务状况越来越恶化，且其幅度将进一步加快。

2）随着企业借入资金比重的增加，自有资金利润率期望值也在不断增大，与此同时，自有资金利润率的标准差也在扩大，这说明筹资风险也在加剧。

3）筹资风险与财务杠杆系数成正比，财务杠杆系数大的筹资方案，其筹资风险也就相应增加。

（5）监测、识别、诊断、评价的关系。监测活动是财务预警展开的前提，没有明确和清晰的监测信息，识别、诊断、评价这三个环节的活动就是盲目的，甚至是无意义的；识别活动是至关重要的环节，它对潜在财务危机的判别使企业能在繁杂多变的现象中确立预警工作重点，也使诊断和评价活动有明确目标；诊断活动和评价活动是技术性的分析过程，通过对主要财务危机的成因与过程分析以及逆境损失后果的评价，使企业在采取预控对策和危机的后期处理时有科学的判识依据。

3. 财务预警对策的内容

财务预警系统的活动目标是实现对各种潜在的财务危机的早期预防与控制，并能在严重的财务危机形势下实施必要的弥补措施。它包括组织准备、日常监控、危机管理三个活动阶段。

（1）组织准备。它是指开展控制对策行动的组织保障活动，它包括对策制定与实施活动的制度、标准、规章。其目的在于为预警对策活动提供有保障的组织环境。组织准备有两个特定任务：

①规定预警管理系统的组织结构：包括机构和职能设定以及该组织的运行方式；②为财务危机状态下的危机管理提供对策库。组织准备活动服务于整个预警系统的组织管理过程。

（2）日常监控。日常监控是对预警分析活动所确定的主要潜在财务危机现象进行特别监视与控制的管理活动。由财务预警所确立的潜在危机现象，往往对企业全局有重大影响，因而要及时采取对策和进行跟踪监测。同时，由于逆境现象是发展的，甚至是难以有效迅速控制的局势，所以，在日常监控过程中还要预测逆境现象未来发展的严重程度及可能出现的危机结果，以防患于未然。因此，日常监控近期活动有两个主要任务：一是日常对策；二是危机模拟日常对策，即对逆境现象进行纠正活动，防止该现象的扩展蔓延，逐渐使其恢复到正确状态。由此提出对策方案，为进入更严重的危机阶段做好准备。

（3）危机管理。它是指日常监控活动无法有效扭转的潜在财务危机变为现实的危机时采取的行动。财务危机管理是一种例外管理，是只在特殊的情况下才采用的管理方式。在危机处理阶段，企业必须将工作重点转移到危机的控制，而不再是正常的生产经营，此时必须有专门的危机管理计划、领导小组和应急措施。预警系统的功能是希望尽可能地避免进入危机管理程序，而将危机化解于潜伏阶段，但是它必须具备的功能是在危机变为现实的时候也能够提供相应的对策。

（4）组织准备、日常监控、危机管理的关系。财务预警对策活动中的组织准备与日常监控活动，是执行预警对策任务的主体；危机管理活动，是特殊情况下对"日常监控"活动的一种扩展。日常监控和危机管理工作都要以"组织准备"活动为前提。而组织准备活动，不仅是连接预警分析与预控对策活动的环节，它也为整个企业预警管理系统提供组织运行规范。

### 12.3.4 企业财务预警案例分析

为了结合实际例子，阐明企业财务预警系统的建立过程，我们选择了云南省著名企业"云南白药"2000 年度财务预警分析。

1. 公司简介

云南白药集团股份有限公司的前身为云南白药制药厂，1992 年投资 2000 万元加以改造，1993 年 5 月成立云南白药实业有限公司，现在已成立"云南白药集团"，子公司主要有云南医药集团有限公司（31.55%）、云南红塔实业有限公司（20.15%）、深圳好利意实业发展公司（5.70%）和上海小西生物技术有限公司（0.75%）。公司经营范围主要是化学原料药、化学药制剂、中药材（采集）、中成药、生物制品的加工与制造等，产品以"云南白药牌"、"云丰牌"云南白药系列和"云丰牌"田七系列为主，共八种剂型 60 余个产品。产品销往内地、港澳、东南亚等地区，并逐步进入日本、欧美等国家或地区市场。2000 年总资产达到 79285 万元，实现利润总额 6040 万元。它是云南大型工商医药企业，中国中成药 50 强之一，1997 年还被确定为云南省首批重点培育的 40 家大企业大集团之一。

2. 财务预警过程

（1）现金流量预警方法

1）财务预警方法选择以现金流量为基础，根据该公司 2000 年末的资产负债表与2000 年度的现金流量表，查出下列财务数据：

经营活动现金收入：94872.06 万元

经营活动现金支出：84349.95 万元

经营活动现金净额：93578.46 万元

投入活动现金收入：1293.593 万元

流动负债：34698.5 万元

偿还债务等的现金支出：0 万元

2）根据财务比率公式，计算出预警指标的数值。

反映企业负债能力的预警指标：

$$X_1 \text{经营净现金比率} = \frac{\text{经营活动的净现金流量}}{\text{流动负债}} = 0.303244$$

经营净现金比率为：短期债务反映企业支付能力的预警指标，

$$X_2 \text{可用于投资分派股利的现金比} = \frac{\text{本期经营活动的现金收入} + \text{投资活动的现金收入}}{\text{偿还债务的现金支出} + \text{经营活动各项支出}}$$

$$= 1.06963$$

根据 $Z$ 计分模型，建立财务综合预警指标综合值 $= 0.6 \times X_1 + 0.4 \times X_2 = 0.609797$

3）根据系统化方法求出预警警限，据以判断出该公司的警度。医药行业的现金流量预警警限计算简略，其具体标准是：

$X \geqslant 0.39$ 为无警、$0.39 < X \leqslant 0.33$ 为轻警、$0.33 < X \leqslant 0.26$ 为中警、$0.26 < X \leqslant 0.2$ 为重警、$0.20 < X$ 为巨警。该公司的综合财务指数为 0.609797，处于无警状态。

（2）业绩预警

1）根据该公司 2000 年末的资产负债表、2000 年度的损益表及有关财务比率的计算公式，计算出下列财务预警比率。

反映企业财务效益状况指标：

$X_1$：净资产收益率 $= 0.1286$

$X_2$：总资产报酬率 $= 0.0823$

$X_3$：销售利润率 $= 0.2956$

$X_4$：成本费用利润率 $= 0.0963$

反映企业资产运营能力指标：

$X_5$：总资产周转率 $= 1.0374$

$X_6$：流动资产周转率 $= 1.70085$

$X_7$：应收账款周转率 $= 8.31054$

$X_8$：存货周转率 $= 2.86578$

$X_9$：资产损失率 $= 0$

反映企业偿债能力指标：

$X_{10}$：资产负债率 $= 0.4607$

$X_{11}$：已获利息倍数 $= 17.876$

$X_{12}$：流动比率 $= 2.285$

$X_{13}$：速动比率 $= 1.761$

$X_{14}$：现金流动比率 $= 0.3032$

$X_{15}$：长期资产适合率 $= 0.86304$

2）根据功效系数方法所规定的极大型变量、稳定型变量、极小型变量和区间型变量求值公式，分别求出以上各个财务比率的功效系数得分值（前一节公式）。

极大型变量：

$X/1$：净资产收益率 $= 100$

$X/3$：销售利润率＝90.53

$X/6$：流动资产周转率＝100

$X/2$：总资产报酬率＝100

$X/11$：已获利息倍数＝100

$X/7$：应收账款周转率＝100

$X/1$：净资产收益率＝100

$X/5$：总资产周转率＝100

$X/8$：存货周转率＝100

$X/4$：成本费用利润率＝74.49

稳定型变量：

$X/12$：流动比率＝68.9

$X/13$：速动比率＝62.7

极小型变量：

$X/9$：资产损失率＝100

区间型变量：

$X/14$：现金流动比率＝71.72

$X/10$：资产负债率＝100

$X/15$：长期资产适合率＝76.64

综合财务预警功效系数得分＝单项功效系数得分×该指标的权重

$$= 0.16X/1 + 0.08X/2 + 0.08X/3 + 0.08X/4 + 0.09X/5 +$$
$$0.09X/6 + 0.03X/7 + 0.03X/8 + 0.06X/9 + 0.09X/10$$
$$+ 0.09X/11 + 0.03X/12 + 0.03X/13 + 0.03X/14 +$$
$$0.03X/15$$
$$= 93.6$$

3）根据功效系数法设置的预警警限，判断该公司的警度。功效系数法设置的预警警限是：巨警 $L \leqslant 60$，重警 $60 < L$，中警 $70 < L \leqslant 80$，轻警 $80 < L \leqslant 90$，无警 $L \leqslant 90$。该公司的综功效系数值为 93.6，处于无警状态。

（3）模型财务预警

1）根据该公司的资产负债表、损益表和现金流量表，计算出下列财务比率。

$X_1$：净资产收益率＝0.1286

$X_2$：总资产报酬率＝0.0823

$X_3$：已获利息倍数＝17.876

$X_4$：总资产周转率＝1.0374

$X_5$：资产负债率＝0.4607

$X_7$：资本积累率＝0.03862169

2）根据医药行业的线性回归模型，计算出该公司的得分值。

$Y = 19.932X_1 + 138.66X_2 + 0.21X_3 + 23.48X_4 - 25.05X_5 + 16.493X_6 + 57.25$
$= 88.433$

3）根据线性回归模型的预警警限，判断该公司的警度。

由于线性回归预警模型以功效系数得分为 $Y$ 值，因此其预警警限与功效系数法相同，即仍是：巨警 $L \leqslant 60$，重警 $60 < L$，中警 $70 < L \leqslant 80$，轻警 $80 < L \leqslant 90$，无警 $L \leqslant 90$。该公司的线性回归模型的 $Y$ 值为 88.433，处于轻警状态。

（4）能力预警

1）根据该公司的资产负债表、损益表及有关财务比率的计算公式，计算出下列财务比率和平均财务比率。

本年销售额：80640.4959 万元

上年销售额：24123.2254 万元

年末净资产：389875839 万元

年初净资产：37537.8103 万元

$$X_1 \text{ 销售增长率} = \frac{\text{本年销售总额} - \text{上年销售总额}}{\text{上年销售总额}} = 2.34286$$

$$X_2 \text{ 资本积累率} = \frac{\text{年末净资产} - \text{年初净资产}}{\text{年初净资产}} = 0.03862$$

$$\text{平均成长率} = \frac{\text{销售增长率} + \text{资本积累率}}{2} = 1.197$$

2）根据医药行业的企业在成长周期上升阶段的警限，判断该公司的警度。

由于该公司 2000 年正处于其成长周期的上升阶段，而医药行业在此阶段的警限是：巨警 $L \leqslant 0.00$，重警 $0.00 < L \leqslant 0.073$，中警 $0.073 < L \leqslant 0.098$，轻警 $0.098 < L \leqslant 0.147$，无警 $L \leqslant 0.147$。该公司的平均成长率为 1.197，处于无警状态。

（5）综合评价

1）聘请财务方面及医药方面的专家对该公司的经营、投资、筹资、管理、技术、人员和环境等七个方面进行"管理评分"，同时也可以采用员工、决策人、顾客和竞争对手进行评分的形式。

2）根据各个"管理评分值"，综合平衡得到一个较可靠的"最终评分值"。

3）根据管理评分法设置的预警警隙，判断出该公司的警度。由于管理评分法的警限是：巨警 $L < 35$，重警 $35 < L \leqslant 31$，中警 $31 < L \leqslant 25$，轻警 $25 < L \leqslant 18$，无警 $18 \leqslant L$。该公司的管理评分为 7，所以在财务管理上也处于无警状态。

通过以上五个方面的预警分析，云南白药集团股份有限公司在 2000 年度处于无警状态。

### 专栏　财务实践

#### 雷曼兄弟破产原因简析❶

作为华尔街上的巨无霸之一，被称为"债券之王"的雷曼兄弟，从无限的光荣岁月走到破产的境地，不但给它的股东带来了巨大的损失，也引发了所谓的"金融海啸"，回顾它在短期内由盛而衰的历程，我们可以找出其风险形成和业务失败的原因。

在 2000 年后房地产和信贷这些非传统的业务蓬勃发展之后，雷曼兄弟和其他华尔街上的银行一样，开始涉足此类业务。这本无可厚非，但雷曼的扩张速度太快（美林、贝尔斯登、摩根士丹利等也存在相同的问题）。近年来，雷曼兄弟一直是住宅抵押债券和商业地产债券的顶级承销商和账簿管理人。即使

---

❶ 资料来源：中国金融风险经理网 2009 年 9 月 1 日 http：//www.cfrisk.org/anli/33/show_anli_20.htm

是在房地产市场下滑的 2007 年，雷曼兄弟的商业地产债券业务仍然增长了约 13％。这样一来，雷曼兄弟面临的系统性风险非常大。在市场情况好的年份，整个市场都在向上，市场流动性泛滥，投资者被乐观情绪所蒙蔽，巨大的系统性风险给雷曼带来了巨大的收益；可是当市场崩溃的时候，如此大的系统风险必然带来巨大的负面影响。

另外，雷曼兄弟"债券之王"的称号固然是对它的褒奖，但同时也暗示了它的业务过于集中于固定收益部分。近几年，虽然雷曼也在其他业务领域（兼并收购、股票交易）方面有了进步，但缺乏其他竞争对手所具有的业务多元化。对比一下，同样处于困境的美林证券可以在短期内迅速将它所投资的彭博和黑岩公司的股权脱手而换得急需的现金，但雷曼就没有这样的应急手段。这一点上，雷曼和此前被收购的贝尔斯登颇为类似。

以雷曼为代表的投资银行与综合性银行（如花旗、摩根大通、美洲银行等）不同。它们的自有资本太少，资本充足率太低。为了筹集资金来扩大业务，它们只好依赖债券市场和银行间拆借市场；在债券市场发债来满足中长期资金的需求，在银行间拆借市场通过抵押回购等方法来满足短期资金的需求（隔夜、7 天、一个月等）。然后将这些资金用于业务和投资，赚取收益，扣除要偿付的融资代价后，就是公司运营的回报。就是说，公司用很少的自有资本和大量借贷的方法来维持运营的资金需求，这就是杠杆效应的基本原理。借贷越多，自有资本越少，杠杆率（总资产除以自有资本）就越大。杠杆效应的特点就是，在赚钱的时候，收益是随杠杆率放大的；但当亏损的时候，损失也是按杠杆率放大的。杠杆效应是一柄双刃剑。近年来由于业务的扩大发展，华尔街上的各投行已将杠杆率提高到了危险的程度。

## 思 考 题

1. 企业财务预警的基本概念是什么？
2. 企业财务预警系统要素的基本组成？
3. 企业财务危机的影响要素是什么？
4. 企业财务预警管理的基本构成？
5. 财务预警系统设计的主要方法如何选择？
6. 简述企业财务预警系统设计的主要程序。
7. 如何为你所在的建筑与房地产企业构建一个财务预警体系。

# 附　录

## 附表 1　企业效绩评价指标体系及权重构成表

**企业效绩评价指标体系及权重构成表**

| 评价内容<br>（100） | 基本指标<br>（权重 100） | 修正指标<br>（权重 100） | 评议指标<br>（权重 100） |
|---|---|---|---|
| 财务效益状况<br>（38） | 净资产收益率（25）<br>总资产报酬率（13） | 资本保值增值率（12）<br>主营业务利润率（8）<br>盈余现金保障倍数（8）<br>成本费用利润率（10） | 经营者基本素质（18）<br>产品市场占有能力（16）<br>（服务满意度）<br>基础管理水平（12）<br>发展创新能力（14）<br>经营发展战略（12）<br>在岗员工素质（10）<br>技术装备更新水平（10）<br>（服务硬环境）<br>综合社会贡献（8） |
| 资产营运状况<br>（18） | 总资产周转率（9）<br>流动资产周转率（9） | 存货周转率（5）<br>应收账款周转率（5）<br>不良资产比率（8） | |
| 偿债能力状况<br>（20） | 资产负债率（12）<br>已获利息倍数（8） | 现金流动负债比率（10）<br>速动比率（10） | |
| 发展能力状况<br>（24） | 销售（营业）增长率（12）<br>资本积累率（12） | 三年资本平均增长率（9）<br>三年销售平均增长率（8）<br>技术投入比率（7） | |
| 评价权重分布 | 80％ | | 20％ |

注：来自 2002 年财政部、国家经贸委、劳动部和国家计委等《企业效绩评价操作细则（修订）》

374

# 附表2  *i*=1%的复利系数表

## *i*=1%的复利系数表

| 年份 | 一 次 支 付 | | 等 额 系 列 | | | |
|---|---|---|---|---|---|---|
| | 终值系数 | 现值系数 | 年金终值系数 | 年金现值系数 | 资本回收系数 | 偿债基金系数 |
| *n* | *F/P*, *i*, *n* | *P/F*, *i*, *n* | *F/A*, *i*, *n* | *P/A*, *i*, *n* | *A/P*, *i*, *n* | *A/F*, *i*, *n* |
| 1 | 1.010 | 0.9901 | 1.000 | 0.9910 | 1.0100 | 1.0000 |
| 2 | 1.020 | 0.9803 | 2.010 | 1.9704 | 0.5075 | 0.4975 |
| 3 | 1.030 | 0.9706 | 3.030 | 2.9401 | 0.4300 | 0.3300 |
| 4 | 1.041 | 0.9610 | 4.060 | 3.9020 | 0.2563 | 0.2463 |
| 5 | 1.051 | 0.9515 | 5.101 | 4.8534 | 0.2060 | 0.1960 |
| 6 | 1.062 | 0.9421 | 6.152 | 5.7955 | 0.1726 | 0.1626 |
| 7 | 1.702 | 0.9327 | 7.214 | 6.7282 | 0.1486 | 0.1386 |
| 8 | 1.083 | 0.9235 | 8.286 | 7.6517 | 0.1307 | 0.1207 |
| 9 | 1.094 | 0.9143 | 9.369 | 8.5660 | 0.1168 | 0.1068 |
| 10 | 1.105 | 0.9053 | 10.426 | 9.4713 | 0.1056 | 0.0956 |
| 11 | 1.116 | 0.8963 | 11.567 | 10.3676 | 0.0965 | 0.0865 |
| 12 | 1.127 | 0.8875 | 12.683 | 11.2551 | 0.0889 | 0.0789 |
| 13 | 1.138 | 0.8787 | 13.809 | 12.1338 | 0.0824 | 0.0724 |
| 14 | 1.149 | 0.8700 | 14.974 | 13.0037 | 0.0769 | 0.0669 |
| 15 | 1.161 | 0.8614 | 16.097 | 13.8651 | 0.0721 | 0.0621 |
| 16 | 1.173 | 0.8528 | 17.258 | 14.7191 | 0.0680 | 0.0580 |
| 17 | 1.184 | 0.8444 | 18.430 | 15.5623 | 0.0634 | 0.0543 |
| 18 | 1.196 | 0.8360 | 19.615 | 16.3983 | 0.0610 | 0.0510 |
| 19 | 1.208 | 0.8277 | 20.811 | 17.2260 | 0.0581 | 0.0481 |
| 20 | 1.220 | 0.8196 | 22.019 | 18.0456 | 0.0554 | 0.0454 |
| 21 | 1.232 | 0.8114 | 23.239 | 18.8570 | 0.0530 | 0.0430 |
| 22 | 1.245 | 0.8034 | 24.472 | 19.6604 | 0.0509 | 0.0409 |
| 23 | 1.257 | 0.7955 | 25.716 | 20.4558 | 0.0489 | 0.0389 |
| 24 | 1.270 | 0.7876 | 26.973 | 21.2434 | 0.0471 | 0.0371 |
| 25 | 1.282 | 0.7798 | 28.243 | 22.0232 | 0.0454 | 0.0354 |
| 26 | 1.295 | 0.7721 | 29.526 | 22.7952 | 0.0439 | 0.0339 |
| 27 | 1.308 | 0.7644 | 30.821 | 23.5596 | 0.0425 | 0.0325 |
| 28 | 1.321 | 0.7568 | 32.129 | 24.3165 | 0.0411 | 0.0311 |
| 29 | 1.335 | 0.7494 | 33.450 | 25.0658 | 0.0399 | 0.0299 |
| 30 | 1.348 | 0.7419 | 34.785 | 25.8077 | 0.0388 | 0.0288 |
| 31 | 1.361 | 0.7346 | 36.133 | 26.5423 | 0.0377 | 0.0277 |
| 32 | 1.375 | 0.7273 | 37.494 | 27.2696 | 0.0367 | 0.0267 |
| 33 | 1.389 | 0.7201 | 38.869 | 27.9897 | 0.0357 | 0.0257 |
| 34 | 1.403 | 0.7130 | 40.258 | 28.7027 | 0.0348 | 0.0248 |
| 35 | 1.417 | 0.7050 | 41.660 | 29.4086 | 0.0340 | 0.0240 |

## $i=3\%$的复利系数表

| 年份 | 一 次 支 付 | | 等 额 系 列 | | | |
|---|---|---|---|---|---|---|
| | 终值系数 | 现值系数 | 年金终值系数 | 年金现值系数 | 资本回收系数 | 偿债基金系数 |
| $n$ | $F/P, i, n$ | $P/F, i, n$ | $F/A, i, n$ | $P/A, i, n$ | $A/P, i, n$ | $A/F, i, n$ |
| 1 | 1.030 | 0.9709 | 1.000 | 0.9709 | 1.0300 | 1.0000 |
| 2 | 1.061 | 0.9426 | 2.030 | 1.9135 | 0.5226 | 0.4926 |
| 3 | 1.093 | 0.9152 | 3.091 | 2.8286 | 0.3535 | 0.3235 |
| 4 | 1.126 | 0.8885 | 4.184 | 3.7171 | 0.2690 | 0.2390 |
| 5 | 1.159 | 0.8626 | 5.309 | 4.5797 | 0.2184 | 0.1884 |
| 6 | 1.194 | 0.8375 | 6.468 | 5.4172 | 0.1846 | 0.1546 |
| 7 | 1.230 | 0.8131 | 7.662 | 6.2303 | 0.1605 | 0.1305 |
| 8 | 1.267 | 0.7894 | 8.892 | 7.0197 | 0.1425 | 0.1125 |
| 9 | 1.305 | 0.7664 | 10.159 | 7.7861 | 0.1284 | 0.0984 |
| 10 | 1.344 | 0.7441 | 11.464 | 8.5302 | 0.1172 | 0.0872 |
| 11 | 1.384 | 0.7224 | 12.808 | 9.2526 | 0.1081 | 0.0781 |
| 12 | 1.426 | 0.7014 | 14.192 | 9.9540 | 0.1005 | 0.0705 |
| 13 | 1.469 | 0.6810 | 15.618 | 10.6450 | 0.0940 | 0.0640 |
| 14 | 1.513 | 0.6611 | 17.086 | 11.2961 | 0.0885 | 0.0585 |
| 15 | 1.558 | 0.6419 | 18.599 | 11.9379 | 0.0838 | 0.0538 |
| 16 | 1.605 | 0.6232 | 20.157 | 12.5611 | 0.0796 | 0.0496 |
| 17 | 1.653 | 0.6050 | 21.762 | 13.1661 | 0.0760 | 0.0460 |
| 18 | 1.702 | 0.5874 | 23.414 | 13.7535 | 0.0727 | 0.0427 |
| 19 | 1.754 | 0.5703 | 25.117 | 14.3238 | 0.0698 | 0.0398 |
| 20 | 1.806 | 0.5537 | 26.870 | 14.8775 | 0.0672 | 0.0372 |
| 21 | 1.860 | 0.5376 | 28.676 | 15.4150 | 0.0649 | 0.0349 |
| 22 | 1.916 | 0.5219 | 30.537 | 15.9369 | 0.0628 | 0.0328 |
| 23 | 1.974 | 0.5067 | 32.453 | 16.4436 | 0.0608 | 0.0308 |
| 24 | 2.033 | 0.4919 | 34.426 | 16.9356 | 0.0591 | 0.0291 |
| 25 | 2.094 | 0.4776 | 36.495 | 17.4132 | 0.0574 | 0.0274 |
| 26 | 2.157 | 0.4637 | 38.553 | 17.8769 | 0.0559 | 0.0259 |
| 27 | 2.221 | 0.4502 | 40.710 | 18.3270 | 0.0546 | 0.0246 |
| 28 | 2.288 | 0.4371 | 42.931 | 18.7641 | 0.0533 | 0.0233 |
| 29 | 2.357 | 0.4244 | 45.219 | 19.1885 | 0.0521 | 0.0221 |
| 30 | 2.427 | 0.4120 | 47.575 | 19.6005 | 0.0510 | 0.0210 |
| 31 | 2.500 | 0.4000 | 50.003 | 20.0004 | 0.0500 | 0.0200 |
| 32 | 2.575 | 0.3883 | 52.503 | 20.3888 | 0.0491 | 0.0191 |
| 33 | 2.652 | 0.3770 | 55.078 | 20.7658 | 0.0482 | 0.0182 |
| 34 | 2.732 | 0.3661 | 57.730 | 21.1318 | 0.0473 | 0.0173 |
| 35 | 2.814 | 0.3554 | 60.462 | 21.4872 | 0.0465 | 0.0165 |

## *i*＝4％的复利系数表

| 年份 | 一 次 支 付 | | 等 额 系 列 | | | |
|---|---|---|---|---|---|---|
| | 终值系数 | 现值系数 | 年金终值系数 | 年金现值系数 | 资本回收系数 | 偿债基金系数 |
| *n* | *F/P*, *i*, *n* | *P/F*, *i*, *n* | *F/A*, *i*, *n* | *P/A*, *i*, *n* | *A/P*, *i*, *n* | *A/F*, *i*, *n* |
| 1 | 1.040 | 0.9615 | 1.000 | 0.9615 | 1.0400 | 1.000 |
| 2 | 1.082 | 0.9246 | 2.040 | 1.8861 | 0.5302 | 0.4902 |
| 3 | 1.125 | 0.8890 | 3.122 | 2.7751 | 0.3604 | 0.3204 |
| 4 | 1.170 | 0.8548 | 4.246 | 3.6199 | 0.2755 | 0.2355 |
| 5 | 1.217 | 0.8219 | 5.416 | 4.4518 | 0.2246 | 0.1846 |
| 6 | 1.265 | 0.7903 | 6.633 | 5.2421 | 0.1908 | 0.1508 |
| 7 | 1.316 | 0.7599 | 7.898 | 6.0021 | 0.1666 | 0.1266 |
| 8 | 1.396 | 0.7307 | 9.214 | 6.7382 | 0.1485 | 0.1085 |
| 9 | 1.423 | 0.7026 | 10.583 | 7.4351 | 0.1345 | 0.0945 |
| 10 | 1.480 | 0.6756 | 12.006 | 8.1109 | 0.1233 | 0.0833 |
| 11 | 1.539 | 0.6496 | 13.486 | 8.7605 | 0.1142 | 0.0742 |
| 12 | 1.601 | 0.6246 | 15.036 | 9.3851 | 0.1066 | 0.0666 |
| 13 | 1.665 | 0.6006 | 16.627 | 9.9857 | 0.1002 | 0.0602 |
| 14 | 1.732 | 0.5775 | 18.292 | 10.5631 | 0.0947 | 0.0547 |
| 15 | 1.801 | 0.5553 | 20.024 | 11.1184 | 0.0900 | 0.0500 |
| 16 | 1.873 | 0.5339 | 21.825 | 11.6523 | 0.0858 | 0.0458 |
| 17 | 1.948 | 0.5134 | 23.698 | 12.1657 | 0.0822 | 0.0422 |
| 18 | 2.026 | 0.4936 | 25.645 | 12.6593 | 0.0790 | 0.0390 |
| 19 | 2.107 | 0.4747 | 27.671 | 13.1339 | 0.0761 | 0.0361 |
| 20 | 2.191 | 0.4564 | 29.778 | 13.5093 | 0.0736 | 0.0336 |
| 21 | 2.279 | 0.4388 | 31.969 | 14.0292 | 0.0713 | 0.0313 |
| 22 | 2.370 | 0.4220 | 34.248 | 14.4511 | 0.0692 | 0.0292 |
| 23 | 2.465 | 0.4057 | 36.618 | 14.8569 | 0.0673 | 0.0273 |
| 24 | 2.563 | 0.3901 | 39.083 | 15.2470 | 0.0656 | 0.0256 |
| 25 | 2.666 | 0.3751 | 41.646 | 15.6221 | 0.0640 | 0.0240 |
| 26 | 2.772 | 0.3607 | 44.312 | 15.9828 | 0.0626 | 0.0226 |
| 27 | 2.883 | 0.3468 | 47.084 | 16.3296 | 0.0612 | 0.0212 |
| 28 | 2.999 | 0.3335 | 49.968 | 16.6631 | 0.0600 | 0.0200 |
| 29 | 3.119 | 0.3207 | 52.966 | 16.9873 | 0.0589 | 0.0189 |
| 30 | 3.243 | 0.3083 | 56.085 | 17.2920 | 0.0578 | 0.0178 |
| 31 | 3.373 | 0.2965 | 59.328 | 17.5885 | 0.0569 | 0.0169 |
| 32 | 3.508 | 0.2851 | 62.701 | 17.8736 | 0.0560 | 0.0160 |
| 33 | 3.648 | 0.2741 | 66.210 | 18.1477 | 0.0551 | 0.0151 |
| 34 | 3.794 | 0.2636 | 69.858 | 18.4112 | 0.0543 | 0.0143 |
| 35 | 3.946 | 0.2534 | 73.652 | 18.6646 | 0.0536 | 0.0136 |

## $i=5\%$的复利系数表

| 年份 | 一 次 支 付 | | 等 额 系 列 | | | |
|---|---|---|---|---|---|---|
| | 终值系数 | 现值系数 | 年金终值系数 | 年金现值系数 | 资本回收系数 | 偿债基金系数 |
| $n$ | $F/P,\ i,\ n$ | $P/F,\ i,\ n$ | $F/A,\ i,\ n$ | $P/A,\ i,\ n$ | $A/P,\ i,\ n$ | $A/F,\ i,\ n$ |
| 1 | 1.050 | 0.9524 | 1.000 | 0.9524 | 1.0500 | 1.000 |
| 2 | 1.103 | 0.9070 | 2.050 | 1.8594 | 0.5378 | 0.4878 |
| 3 | 1.158 | 0.8638 | 3.153 | 2.7233 | 0.3672 | 0.3172 |
| 4 | 1.216 | 0.8227 | 4.310 | 3.5460 | 0.2820 | 0.2320 |
| 5 | 1.276 | 0.7835 | 5.526 | 4.3295 | 0.2310 | 0.1810 |
| 6 | 1.340 | 0.7462 | 6.802 | 5.0757 | 0.1970 | 0.1470 |
| 7 | 1.407 | 0.7107 | 8.142 | 5.7864 | 0.1728 | 0.1228 |
| 8 | 1.477 | 0.6768 | 9.549 | 6.4632 | 0.1547 | 0.1047 |
| 9 | 1.551 | 0.6446 | 11.027 | 7.1078 | 0.1407 | 0.0907 |
| 10 | 1.629 | 0.6139 | 12.587 | 7.7217 | 0.1295 | 0.0795 |
| 11 | 1.710 | 0.5847 | 14.207 | 8.3064 | 0.1204 | 0.0704 |
| 12 | 1.796 | 0.5568 | 15.917 | 8.8633 | 0.1128 | 0.0628 |
| 13 | 1.886 | 0.5303 | 17.713 | 9.3936 | 0.1065 | 0.0565 |
| 14 | 1.980 | 0.5051 | 19.599 | 9.8987 | 0.1010 | 0.0510 |
| 15 | 2.079 | 0.4810 | 21.597 | 10.3797 | 0.0964 | 0.0464 |
| 16 | 2.183 | 0.4581 | 23.658 | 10.8373 | 0.0932 | 0.0432 |
| 17 | 2.292 | 0.4363 | 25.840 | 11.2741 | 0.0887 | 0.0387 |
| 18 | 2.407 | 0.4155 | 28.132 | 11.6896 | 0.0856 | 0.0356 |
| 19 | 2.527 | 0.3957 | 30.539 | 12.0853 | 0.0828 | 0.0328 |
| 20 | 2.653 | 0.3769 | 33.066 | 12.4622 | 0.0803 | 0.0303 |
| 21 | 2.786 | 0.3590 | 35.719 | 12.8212 | 0.0780 | 0.0280 |
| 22 | 2.925 | 0.3419 | 38.505 | 13.1630 | 0.0760 | 0.0260 |
| 23 | 3.072 | 0.3256 | 41.430 | 13.4886 | 0.0741 | 0.0241 |
| 24 | 3.225 | 0.3101 | 44.502 | 13.7987 | 0.0725 | 0.0225 |
| 25 | 3.386 | 0.2953 | 47.727 | 14.0940 | 0.0710 | 0.0210 |
| 26 | 3.556 | 0.2813 | 51.113 | 14.3753 | 0.0696 | 0.0196 |
| 27 | 3.733 | 0.2679 | 54.669 | 14.6340 | 0.0683 | 0.0183 |
| 28 | 3.920 | 0.2551 | 58.403 | 14.8981 | 0.0671 | 0.0171 |
| 29 | 4.116 | 0.2430 | 62.323 | 15.1411 | 0.0661 | 0.0161 |
| 30 | 4.322 | 0.2314 | 66.439 | 15.3725 | 0.0651 | 0.0151 |
| 31 | 4.538 | 0.2204 | 70.761 | 15.5928 | 0.0641 | 0.0141 |
| 32 | 4.765 | 0.2099 | 75.299 | 15.8027 | 0.0633 | 0.0133 |
| 33 | 5.003 | 0.1999 | 80.064 | 16.0026 | 0.0625 | 0.0125 |
| 34 | 5.253 | 0.1904 | 85.067 | 16.1929 | 0.0618 | 0.0118 |
| 35 | 5.516 | 0.1813 | 90.320 | 16.3742 | 0.0611 | 0.0111 |

## *i*＝6％的复利系数表

| 年份 | 一 次 支 付 | | 等 额 系 列 | | | |
|---|---|---|---|---|---|---|
| | 终值系数 | 现值系数 | 年金终值系数 | 年金现值系数 | 资本回收系数 | 偿债基金系数 |
| *n* | *F/P*, *i*, *n* | *P/F*, *i*, *n* | *F/A*, *i*, *n* | *P/A*, *i*, *n* | *A/P*, *i*, *n* | *A/F*, *i*, *n* |
| 1 | 1.060 | 0.9434 | 1.000 | 0.9434 | 1.0600 | 1.000 |
| 2 | 1.124 | 0.8900 | 2.060 | 1.8334 | 0.5454 | 0.4854 |
| 3 | 1.191 | 0.8396 | 3.184 | 2.6704 | 0.3741 | 0.3141 |
| 4 | 1.262 | 0.7291 | 4.375 | 3.4561 | 0.2886 | 0.2286 |
| 5 | 1.338 | 0.7473 | 5.637 | 4.2124 | 0.2374 | 0.1774 |
| 6 | 1.419 | 0.7050 | 6.975 | 4.9173 | 0.2034 | 0.1434 |
| 7 | 1.504 | 0.6651 | 8.394 | 5.5824 | 0.1791 | 0.1191 |
| 8 | 1.594 | 0.6274 | 9.897 | 6.2098 | 0.1610 | 0.1010 |
| 9 | 1.689 | 0.5919 | 11.491 | 6.8071 | 0.1470 | 0.0870 |
| 10 | 1.791 | 0.5584 | 13.181 | 7.3601 | 0.1359 | 0.0759 |
| 11 | 1.898 | 0.5268 | 14.972 | 7.8869 | 0.1268 | 0.0668 |
| 12 | 2.012 | 0.4970 | 16.870 | 8.3839 | 0.1193 | 0.0593 |
| 13 | 2.133 | 0.4688 | 18.882 | 8.8527 | 0.1130 | 0.0530 |
| 14 | 2.261 | 0.4423 | 21.015 | 9.2956 | 0.1076 | 0.0476 |
| 15 | 2.397 | 0.4173 | 23.276 | 9.7123 | 0.1030 | 0.0430 |
| 16 | 2.540 | 0.3937 | 25.673 | 10.1059 | 0.0990 | 0.0390 |
| 17 | 2.693 | 0.3714 | 28.213 | 10.4773 | 0.0955 | 0.0355 |
| 18 | 2.854 | 0.3504 | 30.906 | 10.8276 | 0.0924 | 0.0324 |
| 19 | 3.026 | 0.3305 | 33.760 | 11.1581 | 0.0896 | 0.0296 |
| 20 | 3.207 | 0.3118 | 36.786 | 11.4699 | 0.0872 | 0.0272 |
| 21 | 3.400 | 0.2942 | 39.993 | 11.7641 | 0.0850 | 0.0250 |
| 22 | 3.604 | 0.2775 | 43.329 | 12.0461 | 0.0831 | 0.0231 |
| 23 | 3.820 | 0.2618 | 46.996 | 12.3034 | 0.0813 | 0.0213 |
| 24 | 4.049 | 0.2470 | 50.816 | 12.5504 | 0.0797 | 0.0197 |
| 25 | 4.292 | 0.2330 | 54.865 | 12.7834 | 0.0782 | 0.0182 |
| 26 | 4.549 | 0.2198 | 59.156 | 13.0032 | 0.0769 | 0.0169 |
| 27 | 4.822 | 0.2074 | 63.706 | 13.2105 | 0.0757 | 0.0157 |
| 28 | 5.112 | 0.1956 | 68.528 | 13.4062 | 0.0746 | 0.0146 |
| 29 | 5.418 | 0.1846 | 73.640 | 13.5907 | 0.0736 | 0.0136 |
| 30 | 5.744 | 0.1741 | 79.058 | 13.7648 | 0.0727 | 0.0127 |
| 31 | 6.088 | 0.1643 | 84.802 | 13.9291 | 0.0718 | 0.0118 |
| 32 | 6.453 | 0.1550 | 90.890 | 14.0841 | 0.0710 | 0.0110 |
| 33 | 6.841 | 0.1462 | 97.343 | 14.2302 | 0.0703 | 0.0103 |
| 34 | 7.251 | 0.1379 | 104.184 | 14.3682 | 0.0696 | 0.0096 |
| 35 | 7.686 | 0.1301 | 111.435 | 14.4983 | 0.0690 | 0.0090 |

## $i＝7\%$的复利系数表

| 年份 | 一　次　支　付 | | 等　额　系　列 | | | |
|---|---|---|---|---|---|---|
| | 终值系数 | 现值系数 | 年金终值系数 | 年金现值系数 | 资本回收系数 | 偿债基金系数 |
| $n$ | $F/P,i,n$ | $P/F,i,n$ | $F/A,i,n$ | $P/A,i,n$ | $A/P,i,n$ | $A/F,i,n$ |
| 1 | 1.070 | 0.9346 | 1.000 | 0.9346 | 1.0700 | 1.000 |
| 2 | 1.145 | 0.8734 | 2.070 | 1.8080 | 0.5531 | 0.4831 |
| 3 | 1.225 | 0.8163 | 3.215 | 2.6234 | 0.3811 | 0.3111 |
| 4 | 1.311 | 0.7629 | 4.440 | 3.3872 | 0.2952 | 0.2252 |
| 5 | 1.403 | 0.7130 | 5.751 | 4.1002 | 0.2439 | 0.1739 |
| 6 | 1.501 | 0.6664 | 7.153 | 4.7665 | 0.2098 | 0.1398 |
| 7 | 1.606 | 0.6228 | 8.645 | 5.3893 | 0.1856 | 0.1156 |
| 8 | 1.718 | 0.5280 | 10.260 | 5.9713 | 0.1675 | 0.0975 |
| 9 | 1.838 | 0.5439 | 11.978 | 6.5152 | 0.1535 | 0.0835 |
| 10 | 1.967 | 0.5084 | 13.816 | 7.0236 | 0.1424 | 0.0724 |
| 11 | 2.105 | 0.4751 | 15.784 | 7.4987 | 0.1334 | 0.0634 |
| 12 | 2.252 | 0.4440 | 17.888 | 7.9427 | 0.1259 | 0.0559 |
| 13 | 2.410 | 0.4150 | 20.141 | 8.3577 | 0.1197 | 0.0497 |
| 14 | 2.597 | 0.3878 | 22.550 | 8.7455 | 0.1144 | 0.0444 |
| 15 | 2.759 | 0.3625 | 25.129 | 9.1079 | 0.1098 | 0.0398 |
| 16 | 2.952 | 0.3387 | 27.888 | 9.4467 | 0.1059 | 0.0359 |
| 17 | 3.159 | 0.3166 | 30.840 | 9.7632 | 0.1024 | 0.0324 |
| 18 | 3.380 | 0.2959 | 33.999 | 10.0591 | 0.0994 | 0.0294 |
| 19 | 3.617 | 0.2765 | 37.379 | 10.3356 | 0.0968 | 0.0268 |
| 20 | 3.870 | 0.2584 | 40.996 | 10.5940 | 0.0944 | 0.0244 |
| 21 | 4.141 | 0.2415 | 44.865 | 10.8355 | 0.0923 | 0.0223 |
| 22 | 4.430 | 0.2257 | 49.006 | 11.0613 | 0.0904 | 0.0204 |
| 23 | 4.741 | 0.2110 | 53.436 | 11.2722 | 0.0887 | 0.0187 |
| 24 | 5.072 | 0.1972 | 58.177 | 11.4693 | 0.0872 | 0.0172 |
| 25 | 5.427 | 0.1843 | 63.249 | 11.6536 | 0.0858 | 0.0158 |
| 26 | 5.807 | 0.1722 | 68.676 | 11.8258 | 0.0846 | 0.0146 |
| 27 | 6.214 | 0.1609 | 74.484 | 11.9867 | 0.0834 | 0.0134 |
| 28 | 6.649 | 0.1504 | 80.698 | 12.1371 | 0.0824 | 0.0124 |
| 29 | 7.114 | 0.1406 | 87.347 | 12.2777 | 0.0815 | 0.0115 |
| 30 | 7.612 | 0.1314 | 94.461 | 12.4091 | 0.0806 | 0.0106 |
| 31 | 8.145 | 0.1228 | 102.073 | 12.5318 | 0.0798 | 0.0098 |
| 32 | 8.715 | 0.1148 | 110.218 | 12.6466 | 0.0791 | 0.0091 |
| 33 | 9.325 | 0.1072 | 118.933 | 12.7538 | 0.0784 | 0.0084 |
| 34 | 9.978 | 0.1002 | 128.259 | 12.8540 | 0.0778 | 0.0078 |
| 35 | 10.677 | 0.0937 | 138.237 | 12.9477 | 0.0772 | 0.0072 |

## *i*=8%的复利系数表

| 年份 | 一 次 支 付 | | 等 额 系 列 | | | |
|---|---|---|---|---|---|---|
| | 终值系数 | 现值系数 | 年金终值系数 | 年金现值系数 | 资本回收系数 | 偿债基金系数 |
| *n* | *F/P, i, n* | *P/F, i, n* | *F/A, i, n* | *P/A, i, n* | *A/P, i, n* | *A/F, i, n* |
| 1 | 1.080 | 0.9259 | 1.000 | 0.9259 | 1.0800 | 1.0000 |
| 2 | 1.166 | 0.8573 | 2.080 | 1.7833 | 0.5608 | 0.4080 |
| 3 | 1.260 | 0.7938 | 3.246 | 2.5771 | 0.3880 | 0.3080 |
| 4 | 1.360 | 0.7350 | 4.506 | 3.3121 | 0.3019 | 0.2219 |
| 5 | 1.496 | 0.6806 | 5.867 | 3.9927 | 0.2505 | 0.1705 |
| 6 | 1.587 | 0.6302 | 7.336 | 4.6229 | 0.2163 | 0.1363 |
| 7 | 1.714 | 0.5835 | 8.923 | 5.2064 | 0.1921 | 0.1121 |
| 8 | 1.851 | 0.5403 | 10.637 | 5.7466 | 0.1740 | 0.0940 |
| 9 | 1.999 | 0.5003 | 12.488 | 6.2469 | 0.1601 | 0.0801 |
| 10 | 2.159 | 0.4632 | 14.487 | 6.7101 | 0.1490 | 0.0690 |
| 11 | 2.332 | 0.4289 | 16.645 | 7.1390 | 0.1401 | 0.0601 |
| 12 | 2.518 | 0.3971 | 18.977 | 7.5361 | 0.1327 | 0.0527 |
| 13 | 2.720 | 0.3677 | 21.459 | 7.8038 | 0.1265 | 0.0465 |
| 14 | 2.937 | 0.3405 | 24.215 | 8.2442 | 0.1213 | 0.0413 |
| 15 | 3.172 | 0.3153 | 27.152 | 8.5595 | 0.1168 | 0.0368 |
| 16 | 3.426 | 0.2919 | 30.324 | 8.8514 | 0.1130 | 0.0330 |
| 17 | 3.700 | 0.2703 | 33.750 | 9.1216 | 0.1096 | 0.0296 |
| 18 | 3.996 | 0.2503 | 37.450 | 9.3719 | 0.1067 | 0.0267 |
| 19 | 4.316 | 0.2317 | 41.446 | 9.6036 | 0.1041 | 0.0214 |
| 20 | 4.661 | 0.2146 | 45.762 | 9.8182 | 0.1019 | 0.0219 |
| 21 | 5.034 | 0.1987 | 50.423 | 10.0168 | 0.0998 | 0.0198 |
| 22 | 5.437 | 0.1840 | 55.457 | 10.2008 | 0.0980 | 0.0180 |
| 23 | 5.871 | 0.1703 | 60.893 | 10.3711 | 0.0964 | 0.0164 |
| 24 | 6.341 | 0.1577 | 66.765 | 10.5288 | 0.0950 | 0.0150 |
| 25 | 6.848 | 0.1460 | 73.106 | 10.6748 | 0.937 | 0.0137 |
| 26 | 7.396 | 0.1352 | 79.954 | 10.8100 | 0.0925 | 0.0125 |
| 27 | 7.988 | 0.1252 | 87.351 | 10.9352 | 0.0915 | 0.0115 |
| 28 | 8.627 | 0.1159 | 95.339 | 11.0511 | 0.0905 | 0.0105 |
| 29 | 9.317 | 0.1073 | 103.966 | 11.1584 | 0.0896 | 0.0096 |
| 30 | 10.063 | 0.0994 | 113.283 | 11.2578 | 0.0888 | 0.0088 |
| 31 | 10.868 | 0.0920 | 123.346 | 11.3498 | 0.0881 | 0.0081 |
| 32 | 11.737 | 0.0852 | 134.214 | 11.4350 | 0.0875 | 0.0075 |
| 33 | 12.676 | 0.0789 | 145.951 | 11.5139 | 0.0869 | 0.0069 |
| 34 | 13.690 | 0.0731 | 158.627 | 11.5869 | 0.0863 | 0.0063 |
| 35 | 14.785 | 0.0676 | 172.317 | 11.6546 | 0.0858 | 0.0058 |

## $i=9\%$ 的复利系数表

| 年份 | 一　次　支　付 | | 等　额　系　列 | | | |
|---|---|---|---|---|---|---|
| | 终值系数 | 现值系数 | 年金终值系数 | 年金现值系数 | 资本回收系数 | 偿债基金系数 |
| $n$ | $F/P,i,n$ | $P/F,i,n$ | $F/A,i,n$ | $P/A,i,n$ | $A/P,i,n$ | $A/F,i,n$ |
| 1 | 1.090 | 0.9174 | 1.000 | 0.9174 | 1.0900 | 1.0000 |
| 2 | 1.188 | 0.8417 | 2.090 | 1.7591 | 0.5685 | 0.4785 |
| 3 | 1.295 | 0.7722 | 3.278 | 2.5313 | 0.3951 | 0.3051 |
| 4 | 1.412 | 0.7084 | 4.573 | 3.2397 | 0.3087 | 0.2187 |
| 5 | 1.539 | 0.6499 | 5.985 | 3.8897 | 0.2571 | 0.1671 |
| 6 | 1.677 | 0.5963 | 7.523 | 4.4859 | 0.2229 | 0.1329 |
| 7 | 1.828 | 0.5470 | 9.200 | 5.0330 | 0.1987 | 0.1087 |
| 8 | 1.993 | 0.5019 | 11.028 | 5.5348 | 0.1807 | 0.0907 |
| 9 | 2.172 | 0.4604 | 13.021 | 5.9953 | 0.1668 | 0.0768 |
| 10 | 2.367 | 0.4224 | 15.193 | 6.4177 | 0.1558 | 0.0658 |
| 11 | 2.580 | 0.3875 | 17.560 | 6.8052 | 0.1470 | 0.0570 |
| 12 | 2.813 | 0.3555 | 20.141 | 7.1607 | 0.1397 | 0.0497 |
| 13 | 3.066 | 0.3262 | 22.953 | 7.4869 | 0.1336 | 0.0436 |
| 14 | 3.342 | 0.2993 | 26.019 | 7.7862 | 0.1284 | 0.0384 |
| 15 | 3.642 | 0.2745 | 29.361 | 8.0607 | 0.1241 | 0.0341 |
| 16 | 3.970 | 0.2519 | 33.003 | 8.3126 | 0.1203 | 0.0303 |
| 17 | 4.328 | 0.2311 | 36.974 | 8.5436 | 0.1171 | 0.0271 |
| 18 | 4.717 | 0.2120 | 41.301 | 8.7556 | 0.1142 | 0.0242 |
| 19 | 5.142 | 0.1945 | 46.018 | 8.9501 | 0.1117 | 0.0217 |
| 20 | 5.604 | 0.1784 | 51.160 | 9.1286 | 0.1096 | 0.0196 |
| 21 | 6.109 | 0.1637 | 56.765 | 9.2023 | 0.1076 | 0.0176 |
| 22 | 6.659 | 0.1502 | 62.873 | 9.4424 | 0.1059 | 0.0159 |
| 23 | 7.258 | 0.1378 | 69.532 | 9.5802 | 0.1044 | 0.0144 |
| 24 | 7.911 | 0.1264 | 76.790 | 9.7066 | 0.1030 | 0.0130 |
| 25 | 8.623 | 0.1160 | 84.701 | 9.8226 | 0.1018 | 0.0118 |
| 26 | 9.399 | 0.1064 | 93.324 | 9.9290 | 0.1007 | 0.0107 |
| 27 | 10.245 | 0.0976 | 102.723 | 10.0266 | 0.0997 | 0.0097 |
| 28 | 11.167 | 0.0896 | 112.968 | 10.1161 | 0.0989 | 0.0089 |
| 29 | 12.172 | 0.0822 | 124.135 | 10.1983 | 0.0981 | 0.0081 |
| 30 | 13.268 | 0.0754 | 136.308 | 10.2737 | 0.0973 | 0.0073 |
| 31 | 14.462 | 0.0692 | 149.575 | 10.3428 | 0.0967 | 0.0067 |
| 32 | 15.763 | 0.0634 | 164.037 | 10.4063 | 0.0961 | 0.0061 |
| 33 | 17.182 | 0.0582 | 179.800 | 10.4645 | 0.0956 | 0.0056 |
| 34 | 18.728 | 0.0534 | 196.982 | 10.5178 | 0.0951 | 0.0051 |
| 35 | 20.414 | 0.0490 | 215.711 | 10.568 | 0.0946 | 0.0046 |

### *i*=10%的复利系数表

| 年份 | 一 次 支 付 | | 等 额 系 列 | | | |
| --- | --- | --- | --- | --- | --- | --- |
| | 终值系数 | 现值系数 | 年金终值系数 | 年金现值系数 | 资本回收系数 | 偿债基金系数 |
| *n* | *F/P*, *i*, *n* | *P/F*, *i*, *n* | *F/A*, *i*, *n* | *P/A*, *i*, *n* | *A/P*, *i*, *n* | *A/F*, *i*, *n* |
| 1 | 1.100 | 0.9091 | 1.000 | 0.9091 | 1.1000 | 1.0000 |
| 2 | 1.210 | 0.8265 | 2.100 | 1.7355 | 0.5762 | 0.4762 |
| 3 | 1.331 | 0.7513 | 3.310 | 2.4869 | 0.4021 | 0.3021 |
| 4 | 1.464 | 0.6880 | 4.641 | 3.1699 | 0.3155 | 0.2155 |
| 5 | 1.611 | 0.6299 | 6.105 | 3.7908 | 0.2638 | 0.1638 |
| 6 | 1.772 | 0.5645 | 7.716 | 4.3553 | 0.2296 | 0.1296 |
| 7 | 1.949 | 0.5132 | 9.487 | 4.8684 | 0.2054 | 0.1054 |
| 8 | 2.144 | 0.4665 | 11.436 | 5.3349 | 0.1875 | 0.0875 |
| 9 | 2.358 | 0.4241 | 13.579 | 5.7590 | 0.1737 | 0.0737 |
| 10 | 2.594 | 0.3856 | 15.937 | 6.1446 | 0.1628 | 0.0628 |
| 11 | 2.853 | 0.3505 | 18.531 | 6.4951 | 0.1540 | 0.0540 |
| 12 | 3.138 | 0.3186 | 21.384 | 6.8137 | 0.1468 | 0.0468 |
| 13 | 3.452 | 0.2897 | 24.523 | 7.1034 | 0.1408 | 0.0408 |
| 14 | 3.798 | 0.2633 | 27.975 | 7.3667 | 0.1358 | 0.0358 |
| 15 | 4.177 | 0.2394 | 31.772 | 7.6061 | 0.1315 | 0.0315 |
| 16 | 4.595 | 0.2176 | 35.950 | 7.8237 | 0.1278 | 0.0278 |
| 17 | 5.054 | 0.1979 | 40.545 | 8.0216 | 0.1247 | 0.0247 |
| 18 | 5.560 | 0.1799 | 45.599 | 8.2014 | 0.1219 | 0.0219 |
| 19 | 6.116 | 0.1635 | 51.159 | 8.3649 | 0.1196 | 0.0196 |
| 20 | 6.728 | 0.1487 | 57.275 | 8.5136 | 0.1175 | 0.0175 |
| 21 | 7.400 | 0.1351 | 64.003 | 8.6487 | 0.1156 | 0.0156 |
| 22 | 8.140 | 0.1229 | 71.403 | 8.7716 | 0.1140 | 0.0140 |
| 23 | 8.954 | 0.1117 | 79.543 | 8.8832 | 0.1126 | 0.0126 |
| 24 | 9.850 | 0.1015 | 88.497 | 8.9848 | 0.1113 | 0.0113 |
| 25 | 10.835 | 0.0923 | 98.347 | 9.0771 | 0.1102 | 0.0102 |
| 26 | 11.918 | 0.0839 | 109.182 | 9.1610 | 0.1092 | 0.0092 |
| 27 | 13.110 | 0.0763 | 121.100 | 9.2372 | 0.1083 | 0.0083 |
| 28 | 14.421 | 0.0694 | 134.210 | 9.3066 | 0.1075 | 0.0075 |
| 29 | 15.863 | 0.0630 | 148.631 | 9.3696 | 0.1067 | 0.0067 |
| 30 | 17.449 | 0.0573 | 164.494 | 9.4269 | 0.1061 | 0.0061 |
| 31 | 19.194 | 0.0521 | 181.943 | 9.4790 | 0.1055 | 0.0055 |
| 32 | 21.114 | 0.0474 | 201.138 | 9.5264 | 0.1050 | 0.0050 |
| 33 | 23.225 | 0.0431 | 222.252 | 9.5694 | 0.1045 | 0.0045 |
| 34 | 25.548 | 0.0392 | 245.477 | 9.6086 | 0.1041 | 0.0041 |
| 35 | 28.102 | 0.0356 | 271.024 | 9.6442 | 0.1037 | 0.0037 |

## $i=12\%$ 的复利系数表

| 年份 | 一 次 支 付 | | 等 额 系 列 | | | |
| --- | --- | --- | --- | --- | --- | --- |
| | 终值系数 | 现值系数 | 年金终值系数 | 年金现值系数 | 资本回收系数 | 偿债基金系数 |
| $n$ | $F/P,\ i,\ n$ | $P/F,\ i,\ n$ | $F/A,\ i,\ n$ | $P/A,\ i,\ n$ | $A/P,\ i,\ n$ | $A/F,\ i,\ n$ |
| 1 | 1.120 | 0.8929 | 1.000 | 0.8929 | 1.1200 | 1.0000 |
| 2 | 1.254 | 0.7972 | 2.120 | 1.6901 | 0.5917 | 0.4717 |
| 3 | 1.405 | 0.7118 | 3.374 | 2.4018 | 0.4164 | 0.2964 |
| 4 | 1.574 | 0.6355 | 4.779 | 3.0374 | 0.3292 | 0.2092 |
| 5 | 1.762 | 0.5674 | 6.353 | 3.6048 | 0.2774 | 0.1574 |
| 6 | 1.974 | 0.5066 | 8.115 | 4.1114 | 0.2432 | 0.1232 |
| 7 | 2.211 | 0.4524 | 10.089 | 4.5638 | 0.2191 | 0.0991 |
| 8 | 2.476 | 0.4039 | 12.300 | 4.9676 | 0.2013 | 0.0813 |
| 9 | 2.773 | 0.3606 | 14.776 | 5.3283 | 0.1877 | 0.0677 |
| 10 | 3.106 | 0.3220 | 17.549 | 5.6502 | 0.1770 | 0.0570 |
| 11 | 3.479 | 0.2875 | 20.655 | 5.9377 | 0.1684 | 0.0484 |
| 12 | 3.896 | 0.2567 | 24.133 | 6.1944 | 0.1614 | 0.0414 |
| 13 | 4.364 | 0.2292 | 28.029 | 6.4236 | 0.1557 | 0.0357 |
| 14 | 4.887 | 0.2046 | 32.393 | 6.6282 | 0.1509 | 0.0309 |
| 15 | 5.474 | 0.1827 | 37.280 | 6.8109 | 0.1468 | 0.0268 |
| 16 | 6.130 | 0.1631 | 42.752 | 6.9740 | 0.1434 | 0.0234 |
| 17 | 6.866 | 0.1457 | 48.884 | 7.1196 | 0.1405 | 0.0205 |
| 18 | 7.690 | 0.1300 | 55.750 | 7.2497 | 0.1379 | 0.0179 |
| 19 | 8.613 | 0.1161 | 63.440 | 7.3658 | 0.1358 | 0.0158 |
| 20 | 9.646 | 0.1037 | 72.052 | 7.4695 | 0.1339 | 0.0139 |
| 21 | 10.804 | 0.0926 | 81.699 | 7.5620 | 0.1323 | 0.0123 |
| 22 | 12.100 | 0.0827 | 92.503 | 7.6447 | 0.1308 | 0.0108 |
| 23 | 13.552 | 0.0738 | 104.603 | 7.7184 | 0.1296 | 0.0096 |
| 24 | 15.179 | 0.0659 | 118.155 | 7.7843 | 0.1285 | 0.0085 |
| 25 | 17.000 | 0.0588 | 133.334 | 7.8431 | 0.1275 | 0.0075 |
| 26 | 19.040 | 0.0525 | 150.334 | 7.8957 | 0.1267 | 0.0067 |
| 27 | 21.325 | 0.0469 | 169.374 | 7.9426 | 0.1259 | 0.0059 |
| 28 | 23.884 | 0.0419 | 190.699 | 7.9844 | 0.1253 | 0.0053 |
| 29 | 26.750 | 0.0374 | 214.583 | 8.0218 | 0.1247 | 0.0047 |
| 30 | 29.960 | 0.0334 | 421.333 | 8.0552 | 0.1242 | 0.0042 |
| 31 | 33.555 | 0.0298 | 271.293 | 8.0850 | 0.1237 | 0.0037 |
| 32 | 37.582 | 0.0266 | 304.848 | 8.1116 | 0.1233 | 0.0033 |
| 33 | 42.092 | 0.0238 | 342.429 | 8.1354 | 0.1229 | 0.0029 |
| 34 | 47.143 | 0.0212 | 384.521 | 8.1566 | 0.1226 | 0.0026 |
| 35 | 52.800 | 0.0189 | 431.664 | 8.1755 | 0.1223 | 0.0023 |

## *i*＝15％的复利系数表

| 年份 | 一　次　支　付 | | 等　　额　　系　　列 | | | |
| --- | --- | --- | --- | --- | --- | --- |
| | 终值系数 | 现值系数 | 年金终值系数 | 年金现值系数 | 资本回收系数 | 偿债基金系数 |
| *n* | *F/P, i, n* | *P/F, i, n* | *F/A, i, n* | *P/A, i, n* | *A/P, i, n* | *A/F, i, n* |
| 1 | 1.150 | 0.8696 | 1.000 | 0.8696 | 1.1500 | 1.0000 |
| 2 | 1.323 | 0.7562 | 2.150 | 1.6257 | 0.6151 | 0.4651 |
| 3 | 1.521 | 0.6575 | 3.473 | 2.2832 | 0.4380 | 0.2880 |
| 4 | 1.749 | 0.5718 | 4.993 | 2.8550 | 0.3503 | 0.2003 |
| 5 | 2.011 | 0.4972 | 6.742 | 3.3522 | 0.2983 | 0.1483 |
| 6 | 2.313 | 0.4323 | 8.754 | 3.7845 | 0.2642 | 0.1142 |
| 7 | 2.660 | 0.3759 | 11.067 | 4.1604 | 0.2404 | 0.0904 |
| 8 | 3.059 | 0.3269 | 13.727 | 4.4873 | 0.2229 | 0.0729 |
| 9 | 3.518 | 0.2843 | 16.786 | 4.7716 | 0.2096 | 0.0596 |
| 10 | 4.046 | 0.2472 | 20.304 | 5.0188 | 0.1993 | 0.0493 |
| 11 | 4.652 | 0.2150 | 24.349 | 5.2337 | 0.1911 | 0.0411 |
| 12 | 5.350 | 0.1869 | 29.002 | 5.4206 | 0.1845 | 0.0345 |
| 13 | 6.153 | 0.1652 | 34.352 | 5.5832 | 0.1791 | 0.0291 |
| 14 | 7.076 | 0.1413 | 40.505 | 5.7245 | 0.1747 | 0.0247 |
| 15 | 8.137 | 0.1229 | 47.580 | 5.8474 | 0.1710 | 0.0210 |
| 16 | 9.358 | 0.1069 | 55.717 | 5.9542 | 0.1680 | 0.0180 |
| 17 | 10.761 | 0.0929 | 65.075 | 6.0472 | 0.1654 | 0.0154 |
| 18 | 12.375 | 0.0808 | 75.836 | 6.1280 | 0.1632 | 0.0123 |
| 19 | 14.232 | 0.0703 | 88.212 | 6.1982 | 0.1613 | 0.0113 |
| 20 | 16.367 | 0.0611 | 102.444 | 6.2593 | 0.1598 | 0.0098 |
| 21 | 18.822 | 0.0531 | 118.810 | 6.3125 | 0.1584 | 0.0084 |
| 22 | 21.645 | 0.0462 | 137.632 | 6.3587 | 0.1573 | 0.0073 |
| 23 | 24.891 | 0.0402 | 159.276 | 6.3988 | 0.1563 | 0.0063 |
| 24 | 28.625 | 0.0349 | 184.168 | 6.4338 | 0.1554 | 0.0054 |
| 25 | 32.919 | 0.0304 | 212.793 | 6.4642 | 0.1547 | 0.0047 |
| 26 | 37.857 | 0.0264 | 245.712 | 6.4906 | 0.1541 | 0.0041 |
| 27 | 43.535 | 0.0230 | 283.569 | 6.5135 | 0.1535 | 0.0035 |
| 28 | 50.066 | 0.0200 | 327.104 | 6.5335 | 0.1531 | 0.0031 |
| 29 | 57.575 | 0.0174 | 377.170 | 6.5509 | 0.1527 | 0.0027 |
| 30 | 66.212 | 0.0151 | 434.745 | 6.5660 | 0.1523 | 0.0023 |
| 31 | 76.144 | 0.0131 | 500.957 | 6.5791 | 0.1520 | 0.0020 |
| 32 | 87.565 | 0.0114 | 577.100 | 6.5905 | 0.1517 | 0.0017 |
| 33 | 100.700 | 0.0099 | 664.666 | 6.6005 | 0.1515 | 0.0015 |
| 34 | 115.805 | 0.0086 | 765.365 | 6.6091 | 0.1513 | 0.0013 |
| 35 | 133.176 | 0.0075 | 881.170 | 6.6166 | 0.1511 | 0.0011 |

## $i=20\%$ 的复利系数表

| 年份 | 一　次　支　付 | | 等　额　系　列 | | | |
|---|---|---|---|---|---|---|
| | 终值系数 | 现值系数 | 年金终值系数 | 年金现值系数 | 资本回收系数 | 偿债基金系数 |
| $n$ | $F/P,i,n$ | $P/F,i,n$ | $F/A,i,n$ | $P/A,i,n$ | $A/P,i,n$ | $A/F,i,n$ |
| 1 | 1.200 | 0.8333 | 1.000 | 0.8333 | 1.2000 | 1.0000 |
| 2 | 1.440 | 0.6845 | 2.200 | 1.5278 | 0.6546 | 0.4546 |
| 3 | 1.728 | 0.5787 | 3.640 | 2.1065 | 0.4747 | 0.2747 |
| 4 | 2.074 | 0.4823 | 5.368 | 2.5887 | 0.3863 | 0.1963 |
| 5 | 2.488 | 0.4019 | 7.442 | 2.9906 | 0.3344 | 0.1344 |
| 6 | 2.986 | 0.3349 | 9.930 | 3.3255 | 0.3007 | 0.1007 |
| 7 | 3.583 | 0.2791 | 12.916 | 3.6046 | 0.2774 | 0.0774 |
| 8 | 4.300 | 0.2326 | 16.499 | 3.8372 | 0.2606 | 0.0606 |
| 9 | 5.160 | 0.1938 | 20.799 | 4.0310 | 0.2481 | 0.0481 |
| 10 | 6.192 | 0.1615 | 25.959 | 4.1925 | 0.2385 | 0.0385 |
| 11 | 7.430 | 0.1346 | 32.150 | 4.3271 | 0.2311 | 0.0311 |
| 12 | 8.916 | 0.1122 | 39.581 | 4.4392 | 0.2253 | 0.0253 |
| 13 | 10.699 | 0.0935 | 48.497 | 4.5327 | 0.2206 | 0.0206 |
| 14 | 12.839 | 0.0779 | 59.196 | 4.6106 | 0.2169 | 0.0169 |
| 15 | 15.407 | 0.0649 | 72.035 | 4.7655 | 0.2139 | 0.0139 |
| 16 | 18.488 | 0.0541 | 87.442 | 4.7296 | 0.2114 | 0.0114 |
| 17 | 22.186 | 0.0451 | 105.931 | 4.7746 | 0.2095 | 0.0095 |
| 18 | 26.623 | 0.0376 | 128.117 | 4.8122 | 0.2078 | 0.0078 |
| 19 | 31.948 | 0.0313 | 154.740 | 4.8435 | 0.2065 | 0.0065 |
| 20 | 38.338 | 0.0261 | 186.688 | 4.8696 | 0.2054 | 0.0054 |
| 21 | 46.005 | 0.0217 | 225.026 | 4.8913 | 0.2045 | 0.0045 |
| 22 | 55.206 | 0.0181 | 271.031 | 4.9094 | 0.2037 | 0.0037 |
| 23 | 66.247 | 0.0151 | 326.237 | 4.9245 | 0.2031 | 0.0031 |
| 24 | 79.497 | 0.0126 | 392.484 | 4.9371 | 0.2026 | 0.0026 |
| 25 | 95.396 | 0.0105 | 471.981 | 4.9476 | 0.2021 | 0.0021 |
| 26 | 114.475 | 0.0087 | 567.377 | 4.9563 | 0.2018 | 0.0018 |
| 27 | 137.371 | 0.0073 | 681.853 | 4.9636 | 0.2015 | 0.0015 |
| 28 | 164.845 | 0.0061 | 819.223 | 4.9697 | 0.2012 | 0.0012 |
| 29 | 197.814 | 0.0051 | 984.068 | 4.9747 | 0.2010 | 0.0010 |
| 30 | 237.376 | 0.0042 | 1181.882 | 4.9789 | 0.2009 | 0.0009 |
| 31 | 284.852 | 0.0035 | 1419.258 | 4.9825 | 0.2007 | 0.0007 |
| 32 | 341.822 | 0.0029 | 1704.109 | 4.9854 | 0.2006 | 0.0006 |
| 33 | 410.186 | 0.0024 | 2045.931 | 4.9878 | 0.2005 | 0.0005 |
| 34 | 492.224 | 0.0020 | 2456.118 | 4.9899 | 0.2004 | 0.0004 |
| 35 | 590.668 | 0.0017 | 2948.341 | 4.9915 | 0.2003 | 0.0003 |

## $i=25\%$的复利系数表

| 年份 | 一 次 支 付 | | 等 额 系 列 | | | |
|---|---|---|---|---|---|---|
| | 终值系数 | 现值系数 | 年金终值系数 | 年金现值系数 | 资本回收系数 | 偿债基金系数 |
| $n$ | $F/P, i, n$ | $P/F, i, n$ | $F/A, i, n$ | $P/A, i, n$ | $A/P, i, n$ | $A/F, i, n$ |
| 1 | 1.250 | 0.8000 | 1.000 | 0.8000 | 1.2500 | 1.0000 |
| 2 | 1.156 | 0.6400 | 2.250 | 1.4400 | 0.6945 | 0.4445 |
| 3 | 1.953 | 0.5120 | 3.813 | 1.9520 | 0.5123 | 0.2623 |
| 4 | 2.441 | 0.4096 | 5.766 | 2.3616 | 0.4235 | 0.1735 |
| 5 | 3.052 | 0.3277 | 8.207 | 2.6893 | 0.3719 | 0.1219 |
| 6 | 3.815 | 0.2622 | 11.259 | 2.9514 | 0.3388 | 0.0888 |
| 7 | 4.678 | 0.2097 | 15.073 | 3.1611 | 0.3164 | 0.0664 |
| 8 | 5.960 | 0.1678 | 19.842 | 3.3289 | 0.3004 | 0.0504 |
| 9 | 7.451 | 0.1342 | 25.802 | 3.4631 | 0.2888 | 0.0388 |
| 10 | 9.313 | 0.1074 | 33.253 | 3.5705 | 0.2801 | 0.0301 |
| 11 | 11.642 | 0.0859 | 42.566 | 3.6564 | 0.2735 | 0.0235 |
| 12 | 14.552 | 0.0687 | 54.208 | 3.7251 | 0.2685 | 0.0185 |
| 13 | 18.190 | 0.0550 | 68.760 | 3.7801 | 0.2646 | 0.0146 |
| 14 | 22.737 | 0.0440 | 86.949 | 3.8241 | 0.2615 | 0.0115 |
| 15 | 28.422 | 0.0352 | 109.687 | 3.8593 | 0.2591 | 0.0091 |
| 16 | 35.527 | 0.0282 | 138.109 | 3.8874 | 0.2573 | 0.0073 |
| 17 | 44.409 | 0.0225 | 173.636 | 3.9099 | 0.2558 | 0.0058 |
| 18 | 55.511 | 0.0180 | 218.045 | 3.9280 | 0.2546 | 0.0046 |
| 19 | 69.389 | 0.0144 | 273.556 | 3.9424 | 0.2537 | 0.0037 |
| 20 | 86.736 | 0.0115 | 342.945 | 3.9539 | 0.2529 | 0.0029 |
| 21 | 108.420 | 0.0092 | 429.681 | 3.9631 | 0.2523 | 0.0023 |
| 22 | 135.525 | 0.0074 | 538.101 | 3.9705 | 0.2519 | 0.0019 |
| 23 | 169.407 | 0.0059 | 673.626 | 3.9764 | 0.2515 | 0.0015 |
| 24 | 211.758 | 0.0047 | 843.033 | 3.9811 | 0.2511 | 0.0012 |
| 25 | 264.698 | 0.0038 | 1054.791 | 3.9849 | 0.2510 | 0.0010 |
| 26 | 330.872 | 0.0030 | 1319.489 | 3.9879 | 0.2508 | 0.0008 |
| 27 | 413.590 | 0.0024 | 1650.361 | 3.9903 | 0.2506 | 0.0006 |
| 28 | 516.988 | 0.0019 | 2063.952 | 3.9923 | 0.2505 | 0.0005 |
| 29 | 646.235 | 0.0016 | 2580.939 | 3.9938 | 0.2504 | 0.0004 |
| 30 | 807.794 | 0.0012 | 3227.174 | 3.9951 | 0.2503 | 0.0003 |
| 31 | 1009.742 | 0.0010 | 4034.968 | 3.9960 | 0.2503 | 0.0003 |
| 32 | 1262.177 | 0.0008 | 5044.710 | 3.9968 | 0.2502 | 0.0002 |
| 33 | 1577.722 | 0.0006 | 6306.887 | 3.9975 | 0.2502 | 0.0002 |
| 34 | 1073.152 | 0.0005 | 788.009 | 3.9980 | 0.2501 | 0.0001 |
| 35 | 2465.190 | 0.0004 | 9856.761 | 3.9984 | 0.2501 | 0.0001 |

## $i=30\%$的复利系数表

| 年份 | 一　次　支　付 | | 等　额　系　列 | | | |
|---|---|---|---|---|---|---|
| | 终值系数 | 现值系数 | 年金终值系数 | 年金现值系数 | 资本回收系数 | 偿债基金系数 |
| $n$ | $F/P,\ i,\ n$ | $P/F,\ i,\ n$ | $F/A,\ i,\ n$ | $P/A,\ i,\ n$ | $A/P,\ i,\ n$ | $A/F,\ i,\ n$ |
| 1 | 1.300 | 0.7692 | 1.000 | 0.7692 | 1.3000 | 1.0000 |
| 2 | 1.690 | 0.5917 | 2.300 | 1.3610 | 0.7348 | 0.4348 |
| 3 | 2.197 | 0.4552 | 3.990 | 1.8161 | 0.5506 | 0.2506 |
| 4 | 2.856 | 0.3501 | 6.187 | 2.1663 | 0.4616 | 0.1616 |
| 5 | 3.713 | 0.2693 | 9.043 | 2.4356 | 0.4106 | 0.1106 |
| 6 | 4.827 | 0.2072 | 12.756 | 2.6428 | 0.3784 | 0.0784 |
| 7 | 6.275 | 0.1594 | 17.583 | 2.8021 | 0.3569 | 0.0569 |
| 8 | 8.157 | 0.1226 | 23.858 | 2.9247 | 0.3419 | 0.0419 |
| 9 | 10.605 | 0.0943 | 32.015 | 3.0190 | 0.3321 | 0.0312 |
| 10 | 13.786 | 0.0725 | 42.620 | 3.0915 | 0.3235 | 0.0235 |
| 11 | 17.922 | 0.0558 | 65.405 | 3.1473 | 0.3177 | 0.0177 |
| 12 | 23.298 | 0.0429 | 74.327 | 3.1903 | 0.3135 | 0.0135 |
| 13 | 30.288 | 0.0330 | 97.625 | 3.2233 | 0.3103 | 0.0103 |
| 14 | 39.374 | 0.0254 | 127.913 | 3.2487 | 0.3078 | 0.0078 |
| 15 | 51.186 | 0.0195 | 167.286 | 3.2682 | 0.3060 | 0.0060 |
| 16 | 66.542 | 0.0150 | 218.472 | 3.2832 | 0.3046 | 0.0046 |
| 17 | 86.504 | 0.0116 | 285.014 | 3.2948 | 0.3035 | 0.0035 |
| 18 | 112.455 | 0.0089 | 371.518 | 3.3037 | 0.3027 | 0.0027 |
| 19 | 146.192 | 0.0069 | 483.973 | 3.3105 | 0.3021 | 0.0021 |
| 20 | 190.050 | 0.0053 | 630.165 | 3.3158 | 0.3016 | 0.0016 |
| 21 | 247.065 | 0.0041 | 820.215 | 3.3199 | 0.3012 | 0.0012 |
| 22 | 321.184 | 0.0031 | 1067.280 | 3.3230 | 0.3009 | 0.0009 |
| 23 | 417.539 | 0.0024 | 1388.464 | 3.3254 | 0.3007 | 0.0007 |
| 24 | 542.801 | 0.0019 | 1806.003 | 3.3272 | 0.3006 | 0.0006 |
| 25 | 705.641 | 0.0014 | 2348.803 | 3.3286 | 0.3004 | 0.0004 |
| 26 | 917.333 | 0.0011 | 3054.444 | 3.3297 | 0.3003 | 0.0003 |
| 27 | 1192.533 | 0.0008 | 3971.778 | 3.3305 | 0.3003 | 0.0003 |
| 28 | 1550.293 | 0.0007 | 5164.311 | 3.3312 | 0.3002 | 0.0002 |
| 29 | 2015.381 | 0.0005 | 6714.604 | 3.3317 | 0.3002 | 0.0002 |
| 30 | 2619.996 | 0.0004 | 8729.985 | 3.3321 | 0.3001 | 0.0001 |
| 31 | 3405.994 | 0.0003 | 11349.981 | 3.3324 | 0.3001 | 0.0001 |
| 32 | 4427.793 | 0.0002 | 14755.975 | 3.3326 | 0.3001 | 0.0001 |
| 33 | 5756.130 | 0.0002 | 19183.768 | 3.3328 | 0.3001 | 0.0001 |
| 34 | 7482.970 | 0.0001 | 24939.899 | 3.3329 | 0.3001 | 0.0001 |
| 35 | 9727.860 | 0.0001 | 32422.868 | 3.3330 | 0.3000 | 0.0000 |

## i＝35％的复利系数表

| 年份 | 一 次 支 付 | | 等 额 系 列 | | | |
| --- | --- | --- | --- | --- | --- | --- |
| | 终值系数 | 现值系数 | 年金终值系数 | 年金现值系数 | 资本回收系数 | 偿债基金系数 |
| $n$ | $F/P，i，n$ | $P/F，i，n$ | $F/A，i，n$ | $P/A，i，n$ | $A/P，i，n$ | $A/F，i，n$ |
| 1 | 1.3500 | 0.7407 | 1.0000 | 0.7404 | 1.3500 | 1.0000 |
| 2 | 1.8225 | 0.5487 | 2.3500 | 1.2894 | 0.7755 | 0.4255 |
| 3 | 2.4604 | 0.4064 | 4.1725 | 1.6959 | 0.5897 | 0.2397 |
| 4 | 3.3215 | 0.3011 | 6.6329 | 1.9969 | 0.5008 | 0.1508 |
| 5 | 4.4840 | 0.2230 | 9.9544 | 2.2200 | 0.4505 | 0.1005 |
| 6 | 6.0534 | 0.1652 | 14.4384 | 2.3852 | 0.4193 | 0.0693 |
| 7 | 8.1722 | 0.1224 | 20.4919 | 2.5075 | 0.3988 | 0.0488 |
| 8 | 11.0324 | 0.0906 | 28.6640 | 2.5982 | 0.3849 | 0.0349 |
| 9 | 14.8937 | 0.0671 | 39.6964 | 2.6653 | 0.3752 | 0.0252 |
| 10 | 20.1066 | 0.0497 | 54.5902 | 2.7150 | 0.3683 | 0.0183 |
| 11 | 27.1493 | 0.0368 | 74.6976 | 2.7519 | 0.3634 | 0.0134 |
| 12 | 36.6442 | 0.0273 | 101.8406 | 2.7792 | 0.3598 | 0.0098 |
| 13 | 49.4697 | 0.0202 | 138.4848 | 2.7994 | 0.3572 | 0.0072 |
| 14 | 66.7841 | 0.0150 | 187.9544 | 2.8144 | 0.3553 | 0.0053 |
| 15 | 90.1585 | 0.0111 | 254.7385 | 2.8255 | 0.3539 | 0.0039 |
| 16 | 121.7139 | 0.0082 | 344.8970 | 2.8337 | 0.3529 | 0.0029 |
| 17 | 164.3138 | 0.0061 | 466.6109 | 2.8398 | 0.3521 | 0.0021 |
| 18 | 221.8236 | 0.0045 | 630.9247 | 2.8443 | 0.3516 | 0.0016 |
| 19 | 299.4619 | 0.0033 | 852.7483 | 2.8476 | 0.3512 | 0.0012 |
| 20 | 404.2736 | 0.0025 | 1152.2103 | 2.8501 | 0.3509 | 0.0009 |
| 21 | 545.7693 | 0.0018 | 1556.4838 | 2.8519 | 0.3506 | 0.0006 |
| 22 | 736.7886 | 0.0014 | 2102.2532 | 2.8533 | 0.3505 | 0.0005 |
| 23 | 994.6646 | 0.0010 | 2839.0418 | 2.8543 | 0.3504 | 0.0004 |
| 24 | 1342.797 | 0.0007 | 3833.7064 | 2.8550 | 0.3503 | 0.0003 |
| 25 | 1812.776 | 0.0006 | 5176.5037 | 2.8556 | 0.3502 | 0.0002 |
| 26 | 2447.248 | 0.0004 | 6989.2800 | 2.8560 | 0.3501 | 0.0001 |
| 27 | 3303.785 | 0.0003 | 9436.5280 | 2.8563 | 0.3501 | 0.0001 |
| 28 | 4460.110 | 0.0002 | 12740.313 | 2.8565 | 0.3501 | 0.0001 |
| 29 | 6021.148 | 0.0002 | 17200.422 | 2.8567 | 0.3501 | 0.0001 |
| 30 | 8128.550 | 0.0001 | 23221.570 | 2.8568 | 0.3500 | 0.0000 |
| 31 | 10973.54 | 0.0001 | 31350.120 | 2.8569 | 0.3500 | 0.0000 |
| 32 | 14814.28 | 0.0001 | 42323.661 | 2.8569 | 0.3500 | 0.0000 |
| 33 | 19999.28 | 0.0001 | 57137.943 | 2.8570 | 0.3500 | 0.0000 |
| 34 | 20999.03 | 0.0000 | 77137.223 | 2.8570 | 0.3500 | 0.0000 |
| 35 | 36448.69 | 0.0000 | 104136.25 | 2.8571 | 0.3500 | 0.0000 |

## $i＝40\%$的复利系数表

| 年份 | 一　次　支　付 | | 等　额　系　列 | | | |
| --- | --- | --- | --- | --- | --- | --- |
| | 终值系数 | 现值系数 | 年金终值系数 | 年金现值系数 | 资本回收系数 | 偿债基金系数 |
| $n$ | $F/P,i,n$ | $P/F,i,n$ | $F/A,i,n$ | $P/A,i,n$ | $A/P,i,n$ | $A/F,i,n$ |
| 1 | 1.400 | 0.7143 | 1.000 | 0.7143 | 1.4001 | 1.0001 |
| 2 | 1.960 | 0.5103 | 2.400 | 1.2245 | 0.8167 | 0.4167 |
| 3 | 2.744 | 0.3654 | 4.360 | 1.5890 | 0.6294 | 0.2294 |
| 4 | 3.842 | 0.2604 | 7.104 | 1.8493 | 0.5408 | 0.1408 |
| 5 | 5.378 | 0.1860 | 10.946 | 2.0352 | 0.4914 | 0.0914 |
| 6 | 7.530 | 0.1329 | 16.324 | 2.1680 | 0.4613 | 0.0613 |
| 7 | 10.541 | 0.0949 | 23.853 | 2.2629 | 0.4420 | 0.0420 |
| 8 | 14.758 | 0.0678 | 34.395 | 2.3306 | 0.4291 | 0.0291 |
| 9 | 20.661 | 0.0485 | 49.153 | 2.3790 | 0.4204 | 0.0204 |
| 10 | 28.925 | 0.0346 | 69.814 | 2.4136 | 0.4144 | 0.0144 |
| 11 | 40.496 | 0.0247 | 98.739 | 2.4383 | 0.4102 | 0.0102 |
| 12 | 56.694 | 0.0177 | 139.234 | 2.4560 | 0.4072 | 0.0072 |
| 13 | 79.371 | 0.0126 | 195.928 | 2.4686 | 0.4052 | 0.0052 |
| 14 | 111.120 | 0.0090 | 275.299 | 2.4775 | 0.4037 | 0.0037 |
| 15 | 155.568 | 0.0065 | 386.419 | 2.4840 | 0.4026 | 0.0026 |
| 16 | 217.794 | 0.0046 | 541.986 | 2.4886 | 0.4019 | 0.0019 |
| 17 | 304.912 | 0.0033 | 759.780 | 2.4918 | 0.4014 | 0.0014 |
| 18 | 426.877 | 0.0024 | 104.691 | 2.4942 | 0.4010 | 0.0010 |
| 19 | 597.627 | 0.0017 | 1491.567 | 2.4959 | 0.4007 | 0.0007 |
| 20 | 836.678 | 0.0012 | 2089.195 | 2.4971 | 0.4005 | 0.0005 |
| 21 | 1171.348 | 0.0009 | 2925.871 | 2.4979 | 0.4004 | 0.0004 |
| 22 | 1639.887 | 0.0007 | 4097.218 | 2.4985 | 0.4003 | 0.0003 |
| 23 | 2295.842 | 0.0005 | 5373.105 | 2.4990 | 0.4002 | 0.0002 |
| 24 | 3214.178 | 0.0004 | 8032.945 | 2.4993 | 0.4002 | 0.0002 |
| 25 | 4499.847 | 0.0003 | 11247.110 | 2.4995 | 0.4001 | 0.0001 |
| 26 | 6299.785 | 0.0002 | 15746.960 | 2.4997 | 0.4001 | 0.0001 |
| 27 | 8819.695 | 0.0002 | 22046.730 | 2.4998 | 0.4001 | 0.0001 |
| 28 | 12347.570 | 0.0001 | 30866.430 | 2.4998 | 0.4001 | 0.0001 |
| 29 | 17286.590 | 0.0001 | 43213.990 | 2.4999 | 0.4001 | 0.0001 |
| 30 | 24201.230 | 0.0001 | 60500.580 | 2.4999 | 0.4001 | 0.0001 |

## i＝45％的复利系数表

| 年份 | 一 次 支 付 | | 等 额 系 列 | | | |
| | 终值系数 | 现值系数 | 年金终值系数 | 年金现值系数 | 资本回收系数 | 偿债基金系数 |
| $n$ | $F/P, i, n$ | $P/F, i, n$ | $F/A, i, n$ | $P/A, i, n$ | $A/P, i, n$ | $A/F, i, n$ |
|---|---|---|---|---|---|---|
| 1 | 1.4500 | 0.6897 | 1.0000 | 0.690 | 1.45000 | 1.00000 |
| 2 | 2.1025 | 0.4756 | 2.450 | 1.165 | 0.85816 | 0.40816 |
| 3 | 3.0486 | 0.3280 | 4.552 | 1.493 | 0.66966 | 0.21966 |
| 4 | 4.4205 | 0.2262 | 7.601 | 1.720 | 0.58156 | 0.13156 |
| 5 | 6.4097 | 0.1560 | 12.022 | 1.867 | 0.53318 | 0.08318 |
| 6 | 9.2941 | 0.1076 | 18.431 | 1.983 | 0.50426 | 0.05426 |
| 7 | 13.4765 | 0.0742 | 27.725 | 2.057 | 0.48607 | 0.03607 |
| 8 | 19.5409 | 0.0512 | 41.202 | 2.109 | 0.47427 | 0.02427 |
| 9 | 28.3343 | 0.0353 | 60.743 | 2.144 | 0.46646 | 0.01646 |
| 10 | 41.0847 | 0.0243 | 89.077 | 2.168 | 0.46123 | 0.01123 |
| 11 | 59.5728 | 0.0168 | 130.162 | 2.158 | 0.45768 | 0.00768 |
| 12 | 86.3806 | 0.0116 | 189.735 | 2.196 | 0.45527 | 0.00527 |
| 13 | 125.2518 | 0.0080 | 267.115 | 2.024 | 0.45326 | 0.00362 |
| 14 | 181.6151 | 0.0055 | 401.367 | 2.210 | 0.45249 | 0.00249 |
| 15 | 263.3419 | 0.0038 | 582.982 | 2.214 | 0.45172 | 0.00172 |
| 16 | 381.8458 | 0.0026 | 846.324 | 2.216 | 0.45118 | 0.00118 |
| 17 | 553.6764 | 0.0018 | 1228.170 | 2.218 | 0.45081 | 0.00081 |
| 18 | 802.8308 | 0.0012 | 1781.846 | 2.219 | 0.45056 | 0.00056 |
| 19 | 1164.1047 | 0.0009 | 2584.677 | 2.220 | 0.45039 | 0.00039 |
| 20 | 1687.9518 | 0.0006 | 3748.782 | 2.221 | 0.45027 | 0.00027 |
| 21 | 2447.5301 | 0.0004 | 5436.743 | 2.221 | 0.45018 | 0.00018 |
| 22 | 3548.9187 | 0.0003 | 7884.246 | 2.222 | 0.45013 | 0.00013 |
| 23 | 5145.9321 | 0.0002 | 11433.182 | 2.222 | 0.45009 | 0.00009 |
| 24 | 7461.6015 | 0.0001 | 16579.115 | 2.222 | 0.45006 | 0.00006 |
| 25 | 10819.322 | 0.0001 | 24040.716 | 2.222 | 0.45004 | 0.00004 |
| 26 | 15688.017 | 0.0001 | 34860.038 | 2.222 | 0.45003 | 0.00003 |
| 27 | 22747.625 | 0.0000 | 50548.056 | 2.222 | 0.45002 | 0.00002 |
| 28 | 32984.056 | | 73295.681 | 2.222 | 0.45001 | 0.00001 |
| 29 | 47826.882 | | 106279.74 | 2.222 | 0.45001 | 0.00001 |
| 30 | 69348.978 | | 154106.62 | 2.222 | 0.45001 | 0.00001 |

## $i=50\%$的复利系数表

| 年份 | 一　次　支　付 | | 等　额　系　列 | | | |
|---|---|---|---|---|---|---|
| | 终值系数 | 现值系数 | 年金终值系数 | 年金现值系数 | 资本回收系数 | 偿债基金系数 |
| $n$ | $F/P,\,i,\,n$ | $P/F,\,i,\,n$ | $F/A,\,i,\,n$ | $P/A,\,i,\,n$ | $A/P,\,i,\,n$ | $A/F,\,i,\,n$ |
| 1 | 1.5000 | 0.6667 | 1.000 | 0.667 | 1.50000 | 1.00000 |
| 2 | 2.2500 | 0.4444 | 2.500 | 1.111 | 0.90000 | 0.40000 |
| 3 | 3.3750 | 0.2963 | 4.750 | 1.407 | 0.71053 | 0.21053 |
| 4 | 5.0625 | 0.1975 | 8.125 | 1.605 | 0.62303 | 0.12308 |
| 5 | 7.5938 | 0.1317 | 13.188 | 1.737 | 0.57583 | 0.07583 |
| 6 | 11.3906 | 0.0878 | 20.781 | 1.824 | 0.54812 | 0.04812 |
| 7 | 17.0859 | 0.0585 | 32.172 | 1.883 | 0.53108 | 0.03108 |
| 8 | 25.6289 | 0.0390 | 49.258 | 1.922 | 0.52030 | 0.02030 |
| 9 | 38.4434 | 0.0260 | 74.887 | 1.948 | 0.51335 | 0.01335 |
| 10 | 57.6650 | 0.0173 | 113.330 | 1.965 | 0.50882 | 0.00882 |
| 11 | 86.4976 | 0.0116 | 170.995 | 1.977 | 0.50585 | 0.00585 |
| 12 | 129.7463 | 0.0077 | 257.493 | 1.985 | 0.50388 | 0.00388 |
| 13 | 194.6195 | 0.0051 | 387.239 | 1.990 | 0.50258 | 0.00258 |
| 14 | 291.9293 | 0.0034 | 581.859 | 1.993 | 0.50172 | 0.00172 |
| 15 | 437.8939 | 0.0023 | 873.788 | 1.995 | 0.50114 | 0.00114 |
| 16 | 656.8408 | 0.0015 | 1311.682 | 1.997 | 0.50076 | 0.00076 |
| 17 | 985.2613 | 0.0010 | 1968.523 | 1.998 | 0.50051 | 0.00051 |
| 18 | 1477.8919 | 0.0007 | 2953.784 | 1.999 | 0.50034 | 0.00034 |
| 19 | 2216.8378 | 0.0005 | 4431.676 | 1.999 | 0.50023 | 0.00023 |
| 20 | 3325.2567 | 0.0003 | 6648.513 | 1.999 | 0.50015 | 0.00015 |
| 21 | 4987.8851 | 0.0002 | 9973.770 | 2.000 | 0.50010 | 0.00010 |
| 22 | 7481.8276 | 0.0001 | 14961.655 | 2.000 | 0.50007 | 0.00007 |
| 23 | 11222.742 | 0.0001 | 22443.483 | 2.000 | 0.50004 | 0.00004 |
| 24 | 16834.112 | 0.0001 | 33666.224 | 2.000 | 0.50003 | 0.00003 |
| 25 | 25251.168 | 0.0000 | 50500.337 | 2.000 | 0.50002 | 0.00002 |

# 参 考 文 献

[1] 杨淑娥，胡元木. 财务管理研究 [M]. 北京：经济科学出版社，2003.

[2] 王蔚松，陈文浩. 财务管理学 [M]. 上海：上海财经大学出版社，2002.

[3] 王庆成，王化成. 西方财务管理 [M]. 北京：中国人民大学出版社，1990.

[4] 郭复初，王庆成. 财务管理学 [M]. 北京：高等教育出版社，2005.

[5] 骆玛等. 项目管理教程 [M]. 北京：机械工业出版社，2003.

[6] 叶晓甦，刘绍敏，佘渝娟. 工程财务与风险管理 [M]. 北京：中国建筑工业出版社，2007.

[7] 温作民等. 财务管理 [M]. 南京：东南大学出版社，2002.

[8] 王庆成，王化成. 西方财务管理. [M]. 北京：中国人民大学出版社，1990.

[9] 刘伊生. 建设项目管理 [M]. 北京：北方交通大学出版社，2001.

[10] 荆新，王化成. 财务管理学 [M]. 北京：中国人民大学出版社，1993.

[11] （美）詹姆斯. C. 范霍恩，小约翰. M. 瓦霍维奇. 现代企业财务管理 [M]. 北京：经济科学出版社，2002.

[12] 张极井. 项目融资 [M]. 北京：中信出版社，2003.

[13] 卢家仪，卢有杰等. 项目融资 [M]. 北京：清华大学出版社，1998.

[14] 佘健明等. 项目决策分析与评价 [M]. 北京：中国计划出版社，2003.

[15] 注册会计师全国统一考试指定辅导教材—财务成本管理 [M]. 大连：东北财经大学出版社，2009.

[16] 刘恩，秦书华，陈林. 财务成本控制技术 [M]. 北京：中国经济出版社，2003.

[17] 陆正飞. 财务管理 [M]. 大连：东北财经大学出版社，2001.

[18] 孟凡利. 财务报表分析 [M]. 北京：科学技术文献出版社，1995.

[19] 张友棠. 财务预警系统研究 [M]. 北京：中国人民大学出版社，2004.

[20] 顾晓安. 公司财务预警系统的构建 [J]. 财经论丛，2000，(7)：65-71.

[21] 袁小勇. 论企业财务预警模型及预警指标体系的建立 [M]. 上海：立信会计出版社，2003.

[22] 杨雄胜. 高级财务管理 [M]. 大连：东北财经大学出版社，2004.

[23] （美）CheolS. Eun，BruceG. Resnick. 国际财务管理（财务教材译丛）[M]. 北京：机械工业出版社，2007.

[24] 叶晓甦. 工程财务管理 [M]. 北京：中国建筑工业出版社，2010.

[25] 汪平. 财务理论 [M]. 北京：经济管理出版社，2003.